*Não se vendem cinco pardais por duas moedinhas?
Contudo, nenhum deles é esquecido por Deus.
Até os cabelos da cabeça de vocês estão todos contados.
Não tenham medo;
vocês valem mais do que muitos pardais!*

Lucas 12:6-7

PROBLEMAS E SOLUÇÕES EM DIREITO

Eugênio Rosa de Araújo

PROBLEMAS E SOLUÇÕES EM DIREITO

Niterói, RJ
2018

© 2018, Editora Impetus Ltda.

Editora Impetus Ltda.
Rua Alexandre Moura, 51 – Gragoatá – Niterói – RJ
CEP: 24210-200 – Telefax: (21) 2621-7007

Conselho Editorial
Ana Paula Caldeira • Benjamin Cesar de Azevedo Costa
Ed Luiz Ferrari • Eugênio Rosa de Araújo
Fábio Zambitte Ibrahim • Fernanda Pontes Pimentel
Izequias Estevam dos Santos • Marcelo Leonardo Tavares
Renato Monteiro de Aquino • Rogério Greco
Vitor Marcelo Aranha Afonso Rodrigues • William Douglas

Projeto Gráfico: SBNigri Artes e Textos Ltda.
Editoração Eletrônica: SBNigri Artes e Textos Ltda.
Capa: Luis Claudio Duque
Revisão de Português: C&C Criações e Textos Ltda.
Impressão e encadernação: Editora e Gráfica Vozes

DADOS INTERNACIONAIS PARA CATALOGAÇÃO NA PUBLICAÇÃO (CIP)

A688p

    Araújo, Eugênio Rosa de
        Problemas e soluções em direito / Eugênio Rosa de Araújo – Niterói, RJ: Impetus, 2018.
        724 p. ; 17x24 cm.

        Inclui bibliografia.
        ISBN: 978-85-7626-999-1

    1. Direito – Filosofia. I. Título.

        CDD – 3340.1

O autor é seu professor; respeite-o: não faça cópia ilegal.
TODOS OS DIREITOS RESERVADOS – É proibida a reprodução, salvo pequenos trechos, mencionando-se a fonte. A violação dos direitos autorais (Lei nº 9.610/1998) é crime (art. 184 do Código Penal). Depósito legal na Biblioteca Nacional, conforme Decreto nº 1.825, de 20/12/1907.

A Editora Impetus informa que quaisquer vícios do produto concernentes aos conceitos doutrinários, às concepções ideológicas, às referências, à originalidade e à atualização da obra são de total responsabilidade do autor/atualizador.

www.impetus.com.br

Para Danielli, pelo amor que aquece minha vida.

O Autor

Eugênio Rosa de Araújo é carioca, Juiz Federal Titular da 17ª Vara Federal do Rio de Janeiro.

Foi membro do Ministério Público Estadual do Rio de Janeiro (91/96).

É Juiz por várias vezes convocado ao Tribunal Regional Federal da 2ª Região para compor as Turmas Especializadas de Direito Administrativo e Tributário.

Foi Juiz convocado na Vice-Presidência do TRF2 para análise de recebimento de Recursos Extraordinários e Especiais.

Foi Professor da Universidade Candido Mendes (prática forense), PUC/RJ (Direito Econômico) e UFF (convidado do Mestrado).

Compôs a primeira Turma Recursal na Seção Judiciária do Rio de Janeiro.

É conselheiro da *Revista da EMARF* e foi conselheiro da *Revista da Seção Judiciária do Rio de Janeiro*.

Atua como consultor *ad hoc* do Centro de Estudos Jurídicos do Superior Tribunal de Justiça.

Mestre em Direito Constitucional Econômico pela UCAM.

Doutorando em ciências jurídicas na Universidade Autónoma de Lisboa (Portugal).

Foi presidente da CAE – Comissão de Acompanhamento do Estágio Probatório dos Juízes Substitutos.

Prefácio

Foi com enorme alegria que recebi o pedido de prefaciar a obra *Problemas e Soluções em Direito* do professor, magistrado e querido amigo Eugênio Rosa de Araujo.

Antes de falar do livro, falo sobre seu autor.

Eugênio, além de fraterno amigo é, por assim dizer, meu guru e conselheiro em matéria jurídica. Não há ramo do Direito no qual ele não ofereça um norte seguro e, como sabido por todos que com ele convivem, conhece bem e com rara profundidade as áreas mais diferentes da ciência jurídica. A impressão que a convivência confirma é que desde cedo lançou-se numa cruzada intelectual para revirar as profundezas de cada matéria, tomando de tudo notas na sua prodigiosa memória, mas também em seus arquivos de computador. Esse propósito e essa disciplina trouxeram resultados concretos: o correr dos anos dotou o autor da presente obra de saber enciclopédico. Estas características me fizeram convidá-lo para o Conselho Editorial da Editora Impetus e a recomendá-lo com frequência como analista, revisor e/ou aperfeiçoador de conteúdos. Outra característica do autor é a disposição para explicar tudo o que sabe de forma paciente e didática, e o desejo de facilitar a vida dos alunos e colegas com recensões, resumos, explicações ora sucintas, ora pormenorizadas, conforme a necessidade indique. Se em algum momento ele disser que vai pesquisar algo que não domina ainda, saiba que só por modéstia pode dizer algo assim.

A obra é singular. Trata-se de coletânea de artigos e recensões que esse estudioso do Direito veio elaborando nos últimos anos de intenso estudo, atividade docente e judicatura.

Estou certo de que este livro de preciosos trabalhos jurídicos representa, em verdade, um grande livro sobre a Teoria do Direito e que levará seus privilegiados leitores a um patamar de conhecimento muito aprofundado, permitindo dar aos problemas que assolam a Justiça, um tratamento mais humano e adequado com a consequente obtenção da solução mais justa do caso concreto.

Que Deus continue iluminando o Eugênio e que lhe dê forças para produzir inúmeros outros trabalhos desse quilate.

William Douglas
Juiz Federal, Professor Universitário e
Presidente do Conselho Editorial

Apresentação I

É como muito orgulho que tenho a honra de apresentar o trabalho do Dr. Eugênio Rosa Araújo, Juiz Federal, que está sendo lançado ao mercado editorial com o escopo de auxiliar os estudiosos do Direito e demais profissionais, cujo título é **Problemas e Soluções em Direito**.

Eugênio (deixarei com respeito o "Doutor" de lado para me referir ao ser humano) é um amigo que conheci nos idos dos anos 90, quando fizemos juntos o concurso para Promotor de Justiça do Estado do Rio de Janeiro. Lá se vão, pelo menos, 28 anos. Sempre foi um ledor voraz e compulsivo capaz de devorar um livro denso em poucos dias o que, por sua vez, deu envergadura à sua trajetória profissional. Não há assunto que não seja por ele conhecido e discutido com profundidade e, o que porventura desconheça, tem a humildade de procurar saber, o que o torna um profissional diferenciado.

A obra que ora é lançada no mundo jurídico traz soluções para problemas do cotidiano do Direito. Eugênio passeia com desenvoltura pela análise dos Direitos e Garantias Fundamentais para mergulhar no Direito Penal Econômico e nas normas gerais de Direito Financeiro, sem descuidar da teoria geral do delito, tema tão caro aos penalistas e pedra angular do Direito Penal.

A densidade da obra não deixa de fora o Direito de Empresa com a solução dos problemas inerentes a cada instituto, o que torna a obra fantástica.

O interesse da jurisprudência à jurisprudência da valoração não ficou de fora da arguta observação da obra em que o "Juiz não pode decidir unicamente com base na lei ou nas valorações do legislador", o que, por sua vez, exige um "Q" a mais do juiz do século XXI. Neste particular aspecto a obra também vale muito a pena ser lida.

Eugênio rompe com aquela visão formalista do Direito, isto é, aquelas posturas que tendem à conservação ou sedimentação dos modelos jurídicos projetados nos textos legais, visando, unicamente, ao fortalecimento do Poder Legislativo, em detrimento de um juiz livre e consciente do seu papel social, comprometido com as diferenças sociais.

Os que pensam num juiz imparcial e neutro acreditam no legislador como um ser mitológico que não se engana e tudo prevê, sendo sempre racional, justo e sábio e no juiz como um robô, neutro, frio e previsível que dará sempre a decisão justa calcada no que o superlegislador previu para o caso concreto.

Ilusão!

O legislador não é infalível e o juiz não é neutro e imparcial coisa nenhuma. Cada vez mais se exige do juiz compromisso com os valores morais, econômicos, políticos e sociais que estão se discutindo em juízo. E por isso se deve dar ao juiz liberdade de investigar, perquirir, conhecer, valorar, justificar para que possa decidir de acordo com os interesses sociais que estão em jogo, sem descuidar da ética da alteridade (alter = outro). É isto que esta obra faz e muito irá colaborar aos operadores jurídicos.

Em verdade, em sendo um trabalho escrito há anos pelo amadurecimento profissional do Eugênio Rosa Araújo desnecessário seria tecer qualquer manifestação sobre o tema, bastando seu nome para engrandecer a obra e aguçar a curiosidade de qualquer profissional do Direito, por isso recomendo a leitura e agradeço imensamente ao amigo a honra de apresentá-la.

Deus sempre o ilumine e proteja.

Inverno Carioca de 21 de agosto de 2018.

Paulo Rangel
Desembargador e
professor universitário

Apresentação II

Foi com muita honra que recebi o convite para escrever a apresentação do mais novo livro do incansável estudioso e prestigiado Juiz Federal, Dr. Eugênio Rosa de Araújo.

A partir daquele momento, tive a oportunidade de ler em primeira mão a compilação dos textos e recensões escolhidos com muito cuidado pelo renomado autor para compor essa obra.

De antemão, posso afirmar que se trata de exposição multifacetária do Direito brasileiro acrescida de análises de valiosas obras estrangeiras, que acrescentaram em minha bagagem jurídica profundo conhecimento de temas relevantes, razão pela qual reputo a obra como leitura obrigatória para os estudiosos do Direito.

A primeira parte do livro traz ao leitor textos que abordam técnicas de hermenêutica, ferramentas de enorme utilidade na interpretação das normas constitucionais e infraconstitucionais, assim como explana a sistemática das competências legislativas e dos princípios constitucionais, entre eles o tão invocado "reserva do possível".

Ainda nos capítulos iniciais, é possível entender melhor uma árida questão para o operador do Direito: a normatividade dos princípios, que muitas vezes gera questionamentos. Finalizando a área do Direito Constitucional, o autor expõe e instiga o leitor a refletir sobre um tema permanente em nossos Tribunais, a judicialização da política.

XV

Na segunda parte, que trata de Direito Financeiro e Econômico, o leitor poderá se debruçar sobre a interligação entre Direito e Economia, tendo a oportunidade de visualizar a dependência entre os fatores econômicos e a formulação das normas. À análise do texto constitucional e infraconstitucional somam-se as noções de Direito Econômico e Financeiro e a recensão dos primeiros capítulos da emblemática obra do jurista norte-americano Richard Posner (*El Analisis Econômica del Derecho*).

Aqui, tomo a liberdade de indicar a completa obra do autor *Direito Econômico & Financeiro*, Ed. Impetus, 2013; pela qual poderá o leitor mergulhar nas profundezas desses ramos do Direito.

O Direito Penal também está presente na obra, na terceira parte, onde o leitor encontrará interessantíssimo e não menos atual texto envolvendo a evasão de divisas, no qual o autor provoca o leitor a refletir sobre a semântica, e o conduzirá à importante conclusão sobre a incidência da Lei nº 7.492/86. O autor apresenta ainda duas recensões absurdamente úteis (digo com convicção, pois se tratam de leituras leves e objetivas de obras clássicas e consagradas): *Teoria Geral do Delito*, de Francisco Muñoz Conde; e *Princípios Básicos de Direito Penal*, de Francisco de Assis Toledo.

Deslocando-se para o Direito Privado, o leitor tem a oportunidade de se atualizar em texto altamente explicativo e didático sobre Direito Civil, especificamente sobre as relações de consumo e o tratamento dispensado pela Magna Carta. Ainda na esfera civilista, é possível enfrentar o tema da *disregard doctrine* e se aprofundar sobre as garantias das obrigações. Há também importante texto sobre noções introdutórias do Direito Empresarial, que fornece ao leitor conceitos sólidos, oriundos de explanações consistentes, nas quais o autor fornece exemplos; em suma, pode-se dizer que se trata de leitura obrigatória para todos aqueles que pretendam se aventurar no Direito Comercial, hoje denominado Direito Empresarial.

No último e não menos instigante capítulo, o autor aborda textos sobre a Metodologia e o Direito como ciência. Nessa visão, o leitor é chamado a encarar o Direito como sistema, compreendendo a finalidade dos princípios e buscando enxergar uma adequação valorativa deles dentro desse sistema.

O texto "Breve contribuição ao método de estudo de casos em Direito" deve ser lido com extrema atenção e foco e, em que pese o título "breve", me atrevo a afirmar que é um breve indispensável, pois cada frase é uma orientação vital para o intérprete dos fatos jurídicos, principalmente para os que prestam concursos públicos. Assim, nesse capítulo final está uma ferramenta de utilidade ímpar, verdadeira "chave-mestra" para quem se vê diante de um caso concreto a ser entendido, julgado, ou simplesmente analisado.

Hoje, digo com tranquilidade que *Problemas e Soluções* é muito mais que um livro, é um verdadeiro guia à disposição do admirador do Direito e daqueles que buscam o aprimoramento constante na batalha diária dos concursos públicos.

Boa leitura!

Thiago Fernandes Carvalho
Graduado em Direito pela Universidade Federal
do Estado do Rio de Janeiro – UNIRIO – 2010
Pós-graduado pela EMERJ – Curso de
Especialização em Direito Público e Privado - 2015
Analista Judiciário da Justiça Federal
do Rio de Janeiro desde 2015

XVIII

Sumário

Parte I – Direito Constitucional... **1**

Capítulo 1 – Uma introdução aos direitos fundamentais................ 2

Capítulo 2 – Espaço ajurídico, lacunas legais e hermenêutica........ 43

Capítulo 3 – O princípio da reserva do possível e ponderação
com regras a ele pertinentes. Viagem na irrealidade do
cotidiano financeiro 54

Capítulo 4 – Recensão – *Teoria dos Princípios*, de Humberto Ávila. 73

Capítulo 5 – Execução de débitos de pequeno valor diante das
Fazendas estaduais e municipais – exegese do art. 87 do
ADCT da Constituição Federal....................................... 97

Capítulo 6 – Competência privativa para legislar sobre energia e
licenciamento ambiental.. 106

Capítulo 7 – A nova estrutura conceitual do direito: a natureza
normativa dos princípios jurídicos 134

Capítulo 8 – A judicialização da política e o ativismo judicial:
distinção, causas e perspectivas..................................... 144

Parte II – Direito Econômico e Financeiro............................ **165**

Capítulo 1 – Normas gerais de Direito Financeiro..................... 166

Capítulo 2 – A judicialização da política econômica 187

Capítulo 3 – Notas sobre política econômica............................. 209

XX   Problemas e Soluções em Direito • Eugênio Rosa de Araújo

Capítulo 4 – Correção monetária de caderneta de poupança –
outra visão 233

Capítulo 5 – Recensão – *El Análisis Econômica del Derecho*, de
Richard Posner 248

Parte III – Direito Penal 267

Capítulo 1 – Finanças públicas e Direito Penal: o conceito de
evasão de divisas no parágrafo único do art. 22 da Lei
nº 7.492/86.. 268

Capítulo 2 – Recensão – *Teoria Geral do Delito*, de Francisco
Munoz Conde 279

Capítulo 3 – Recensão – *Princípios Básicos de Direito Penal*, de
Francisco de Assis Toledo 332

Parte IV – Direito Civil e Empresarial 435

Capítulo 1 – Direito Civil Constitucional – o novo Código
Civil e seu relacionamento com o microssistema do
consumidor 436

Capítulo 2 – Breve introdução ao Direito de Empresa 482

Capítulo 3 – Aplicação da *disregard doctrine* em benefício da
pessoa singular do sócio 496

Capítulo 4 – Garantias das obrigações: configuração das
garantias especiais atípicas 511

Parte V – O Direito e a Metodologia 539

Capítulo 1 – Recensão – *Metodologia da Ciência do Direito*, de Karl
Larenz 540

Capítulo 2 – Recensão – *Pensamento Sistemático e Conceito de
Sistema na Ciência do Direito*, de Claus-Wilhelm Canaris ... 635

Capítulo 3 – Breve contribuição ao método de estudo de casos
em Direito 652

Capítulo 4 – Recensão – *Introdução ao Pensamento Jurídico*, de
Karl Engisch 664

PARTE I

Direito Constitucional

Capítulo 1

Uma introdução aos direitos fundamentais[1]

SUMÁRIO: 1.1. Introdução. **1.2.** As primeiras declarações de direitos. **1.3.** O Estado absolutista e as declarações de direitos. **1.4.** As influências filosófico-religiosas. **1.5.** A base econômica das declarações de direitos. **1.6.** As gerações de direitos fundamentais. **1.7.** A "fundamentalidade" dos direitos fundamentais. **1.8.** Os direitos fundamentais e suas características. **1.8.1.** Direitos universais e absolutos. **1.8.2.** Historicidade. **1.8.3.** Inalienabilidade e indisponibilidade. **1.8.4.** Constitucionalização. **1.9.** Vinculação dos Poderes Públicos. **1.9.1.** Vinculação do Poder Legislativo. **1.9.2.** Vinculação do Poder Executivo. **1.9.3.** Vinculação do Poder Judiciário. **1.10.** A questão da aplicabilidade imediata (art. 5º, § 1º, CF). **1.11.** Os direitos fundamentais e suas funções. **1.11.1.** Direitos de defesa. **1.11.2.** Direitos à prestação. **1.11.3.** Direitos à prestação jurídica. **1.11.4.** Direitos a prestações materiais. **1.11.5.** Direitos fundamentais de participação. **1.12.** As dimensões subjetiva e objetiva dos direitos fundamentais. **1.13.** Distinção entre direitos e garantias. **1.13.1.** As garantias institucionais. **1.14.** Direitos decorrentes de tratados na Constituição Federal. **1.15.** Titularidade dos direitos fundamentais. **1.15.1.** Capacidade de fato e de direito diante dos direitos fundamentais. **1.15.2.** Os sujeitos passivos dos direitos fundamentais. **1.16.** Colisão entre direitos fundamentais. **1.17.** As relações especiais de sujeição e as limitações aos direitos fundamentais. **1.17.1.** As limitações aos direitos fundamentais. **1.17.2.** Determinação do âmbito de proteção. **1.18.** Conformação e restrições aos direitos fundamentais. **1.18.1.** Os direitos fundamentais de âmbito de proteção estritamente normativo. **1.18.2.** Os direitos fundamentais e suas restrições. **1.18.3.** A tipologia das restrições aos direitos fundamentais. **1.19.** Os limites dos limites: princípio

---

1   Enviado em 06/07, aprovado em 06/07 e aceito em 30/07/2009.

> da proteção ao núcleo essencial. **1.19.1.** Os limites dos limites. **1.19.2.** Do princípio da proteção do núcleo essencial. **1.20.** Colisão de direitos fundamentais e solução de conflitos. **1.20.1.** Tipos de colisão. **1.20.2.** Solução de conflitos. **1.21.** Concorrência de direitos fundamentais. **1.22.** Referências.

1.1. Introdução

Desde a Revolução Francesa de 1789, o regime constitucional é associado à garantia dos direitos fundamentais. Já no art. 16 da Declaração dos Direitos do Homem e do Cidadão, condicionou-se à proteção dos direitos individuais a própria existência da Constituição. "A sociedade em que não esteja assegurada a garantia dos direitos, nem estabelecida a separação dos Poderes não tem Constituição".

Tal fato tinha uma profunda significação. O governo se conduziria por uma Constituição escrita, na qual ficava estabelecida em favor do indivíduo uma esfera, uma zona de autonomia de ação, delimitando o campo de intervenção legítima do Estado na vida de qualquer um.

O tempo passou e um novo modo de encarar a relação entre o indivíduo e o Estado se estabeleceu, com o reconhecimento de novos direitos, de cunho positivo, que o Estado estava obrigado a prestar.

Por outro lado, com a relativização do individualismo, foram também reconhecidos direitos fundamentais com caráter de inalienabilidade, imprescritibilidade e irrenunciabilidade.

O reconhecimento de tais direitos permaneceu intocado como uma das metas do constitucionalismo, e inspirou a formulação de Constituições, declarações de direitos e garantias.

1.2. As primeiras declarações de direitos

As declarações de direitos são um dos traços mais característicos do constitucionalismo. A ideia de se estabelecer por escrito uma lista de direitos em favor dos indivíduos – direitos estes que se imporiam ao próprio Poder que os concedeu ou reconheceu – não é nova.

Os forais e as cartas de franquia continham, já na Idade Média, uma enumeração com esse caráter; entre as declarações, de um lado, e os forais e as cartas de franquia, de outro, a distinção fundamental se assentava no fato de que, nas declarações, o objeto de preocupação era o homem, o cidadão, em abstrato; enquanto nos forais e nas cartas o documento voltava-se para determinadas categorias ou grupos de homens.

Em síntese, nas declarações reconheciam-se direitos a todos os homens, pelo simples fato de serem homens, em razão de sua natureza; ao passo que nos forais e cartas de franquia, os direitos eram reconhecidos a alguns homens por fazerem parte de certa corporação ou pertencerem a determinada cidade.

Por outro lado, as declarações dos séculos XVIII e XIX apresentam nítida hostilidade ao poder, considerado o inimigo, por excelência, da liberdade.

Em todas elas ressalta-se a mesma preocupação de armar os indivíduos de meios e modos de resistência contra o Estado. Por vezes, esta preocupação revelava-se com o estabelecimento de uma zona imune à intervenção do Estado (liberdades/limites); por outras, armando o indivíduo contra o poder dentro do próprio domínio estatal (liberdades/oposição).

Dois grupos de direitos, portanto, aparecem bem nítidos:

a) o das liberdades/limites, como a liberdade pessoal, o direito de propriedade, a liberdade de comércio, a liberdade de indústria, de religião etc., que impedem a intromissão do Estado numa esfera íntima da vida humana; e

b) o das liberdades/oposição, com a liberdade de imprensa, a liberdade de reunião, a liberdade de manifestação etc., que servem de meios de oposição política.

1.3. O Estado absolutista e as declarações de direitos

Atribui-se à opressão do Estado absolutista a causa próxima do surgimento das declarações. Destas, a primeira foi a do Estado da Virgínia, de 1776, a qual serviu de modelo para as demais colônias da América do Norte, muito embora a mais famosa delas – a declaração dos "Direitos do Homem e do Cidadão" – tenha sido editada pela Revolução Francesa em 1789.

Em todas essas declarações existe, de forma pontuada, resposta para cada abuso do absolutismo. O que se buscava, enfim, era enumerar os direitos imemoriais que, como no caso dos cidadãos ingleses, julgavam gozar os que haviam sido vilipendiados pelo monarca.

Também os franceses procuraram impedir os abusos mais frequentes. Fizeram-no de forma mais racional, tornando seu produto mais universal e perene.

1.4. As influências filosófico-religiosas

A causa mais profunda do reconhecimento de direitos naturais e intangíveis em prol dos indivíduos, direitos que derivam, de forma imediata, da natureza humana, é de ordem filosófico-religiosa.

O cristianismo pregou a igualdade fundamental de todos os homens, criados à imagem e semelhança de Deus. Consolida-se a ideia sobre o direito natural como aquela participação na lei eterna que o homem concretiza pela sua essência: a vontade de Deus, o criador de tudo, revelada pela razão da criatura.

Essa base religiosa do direito natural foi substituída pela obra dos racionalistas do século XVII sob o fundamento de que o direito material não seria a vontade de Deus, mas a razão – medida última do certo e do errado, do bem e do mau, do verdadeiro e do falso. Foi a versão racionalista do direito material, inserida no Iluminismo, que inspirou as primeiras declarações de direitos.

1.5. A base econômica das declarações de direitos

A absorvente preocupação econômica da época do surgimento das declarações impulsionou a afirmação do indivíduo, posto que a revolução individualista era a mola mestra do capitalismo emergente, ávido pelo progresso econômico.

O individualismo é o traço fundamental das declarações dos séculos XVIII e XIX e daquelas editadas até a Primeira Guerra Mundial, com a marca da preocupação em defesa do indivíduo contra o Estado, considerado um mal, embora necessário.

Tal viés individualista grava essa preocupação dos direitos individuais contra o Estado e perdura na maioria das Constituições do século XX. Nestas, porém, surge outro vetor: conceder aos indivíduos determinados direitos a serem positivamente assegurados pelo Estado, direitos em geral de cunho econômico.

Pontuamos algumas ideias-síntese:

a) o Direito Constitucional é veículo de afirmação dos direitos fundamentais, constituindo-se no local para a proteção do núcleo de tais direitos por via da dignidade da pessoa humana;

b) a Constituição, como norma suprema do ordenamento jurídico, acolhe valores relevantes que merecem garantia estampada em tal documento, dotado de força normativa máxima;

c) o preâmbulo de nossa Constituição aponta para a importância da proclamação dos direitos fundamentais – pilar ético/jurídico/político da compreensão de todo o texto constitucional.

1.6. As gerações de direitos fundamentais

Embora a classificação de gerações dos direitos fundamentais seja criticada por alguns autores, posto que indicaria uma falsa superação de fases (gerações), e não a concomitância e convivência entre elas, impõe-se listá-las para a compreensão histórica do tema.

Os direitos de primeira geração são os referidos nas Revoluções Americana e Francesa, os quais fixaram a esfera de autonomia pessoal imune à intervenção do Estado ou a qualquer expansão de seu poder. Traduzem postulados de abstenção dos governos, de viés universalista, e podem ser traduzidos nas liberdades individuais de consciência, de culto, da inviolabilidade de domicílio e de reunião.

Não aparece, ainda, a preocupação com as desigualdades sociais, visto que o paradigma de proteção é o homem individualmente considerado.

Com o tempo, o Estado passou a ser convocado a realizar a denominada justiça social em decorrência, basicamente, das tensões sociais causadas pela industrialização, do rápido crescimento demográfico e dos consequentes reclames de sua intervenção, com vistas a realizar um papel mais ativo na sociedade.

Os direitos de segunda geração são os que obrigam o Estado a entregar prestações positivas, estabelecendo uma liberdade real e igualitária para todos por meio da ação corretiva dos poderes públicos, como a prestação de assistência social, a saúde, a educação, o trabalho, o lazer, o direito de greve, a sindicalização etc.

Sob os direitos de segunda geração o princípio da igualdade toma contornos de igualdade substancial, gerando direitos a prestações positivas. Por isso, são chamados "sociais", por se ligarem a reivindicações de justiça social, tendo como titulares os indivíduos.

Os direitos de terceira geração são os de titularidade difusa ou coletiva. Aqui, concebe-se a proteção de coletividades ou de grupos: não se volta para o indivíduo. Como exemplos, temos o direito à paz, ao desenvolvimento, ao meio ambiente, à conservação do patrimônio histórico e cultural etc.

Os direitos de quarta geração surgem como os relativos à manipulação do patrimônio genético, como a clonagem, os alimentos transgênicos, a fertilização *in vitro* com a escolha do sexo do bebê, ou ainda, como ressalta parte da doutrina, são aqueles ligados à globalização econômica.

A classificação dos direitos fundamentais em gerações revela o caminho histórico da evolução desses direitos, sendo que cada geração interage e se complementa, permitindo a completa compreensão do tema.

Quanto à justificação dos direitos fundamentais, diversas correntes filosóficas disputam vertentes filosófico-jurídicas sobre a razão de ser dos direitos humanos.

Os *jusnaturalistas* afirmam que os direitos do homem são decorrentes do direito natural, anteriores e superiores à vontade do Estado. Para os *positivistas*, os direitos do homem são faculdades concedidas pela lei e por ela reguladas. Já os *idealistas* ponderam que os direitos humanos são ideias, princípios abstratos que a vida de relação acolhe e sedimenta ao longo do tempo, os quais, para os *realistas,* seriam o resultado do direito das lutas sociais e políticas.

Parte da doutrina considera que os direitos humanos seriam fruto de vários momentos históricos diferentes, e a busca de uma base absoluta seria incompatível com sua própria diversidade.

Melhor será colher, em cada caso, as razões basilares para elevar um direito à categoria de fundamental, em face das condições, meios e situações nas quais esta ou aquela pretensão haverá de atuar. Dessa forma, além de motivos filosóficos, devem ser agregadas condições sociais e históricas para que um direito se incorpore aos estatutos vinculantes.

1.7. A "fundamentalidade" dos direitos fundamentais

Trataremos aqui da noção material ou substancial dos direitos fundamentais, sua fundamentalidade material, assinalando a dificuldade de revelá-los, como encontrar um conceito que alcance todo o seu conteúdo.

A doutrina muito se esforçou nesse campo. Parte dela entende que os direitos fundamentais teriam como nota primordial a intenção de explicitar a dignidade da pessoa humana, e nisso residiria a sua fundamentalidade.

Para outros, em sentido oposto, a ideia de dignidade da pessoa humana não seria um vetor único e suficiente para definir os direitos fundamentais, a exemplo do que ocorre com a proteção ao meio ambiente e às coletividades.

Embora existam direitos que não apresentam uma ligação direta com a dignidade da pessoa humana, o fato é que sua fundamentalidade inspira e norteia os direitos fundamentais típicos, como a vida, a liberdade, a integridade, a igualdade etc.

É o princípio da dignidade humana que exige fórmulas de limitação do poder ao prevenir o arbítrio e a injustiça, deixando entrever a conclusão segundo a qual os direitos fundamentais podem ser considerados cristalizações ou materializações do princípio da dignidade humana.

Os direitos e garantias fundamentais, em sentido material, constituem-se em pretensões que, em cada momento histórico, se revelam a partir da perspectiva do valor da dignidade humana.

Torna-se difícil, por vezes, identificar quais pretensões podem ser consideradas como ligadas à dignidade humana. Em certos casos, a subjetividade do intérprete é decisiva, mesmo que informada e influenciada pelas circunstâncias sociais e culturais do momento considerado.

Os direitos fundamentais, assim, designam no nível do direito positivo, as prerrogativas e instituições que o ordenamento jurídico concretiza em garantia de uma convivência digna, livre e igual de todas as pessoas.

No qualificativo "fundamentais" encontra-se a indicação de que se trata de situações jurídicas sem as quais a pessoa humana não se realiza, não convive e, por vezes, sequer sobrevive.

Nosso Supremo Tribunal Federal é sensível a identificar normas de direito fundamental fora do catálogo específico (art. 5º, § 2º, CF) a partir do exame da existência de um especial vínculo – que pode ser evidenciado por elementos de ordem histórica – do bem jurídico protegido com alguns dos valores essenciais do resguardo da dignidade humana, tais como a vida, a liberdade, a igualdade, a segurança e a propriedade.

Destaca-se, na doutrina, Robert Alexy, ao sugerir o critério de verificação para apurar a fundamentalidade de um direito posto na Constituição.

Liga-se o critério aos interesses e carências que, em geral, podem e devem ser protegidos e fomentados pelo Direito. Nesse sentido, uma carência ou interesse é fundamental, quando sua violação ou não satisfação significa morte, sofrimento grave ou frustração do núcleo central da autonomia individual.

1.8. Os direitos fundamentais e suas características

Conceituar os direitos fundamentais, isto é, descrever seus contornos, não é tarefa simples, muito menos fixar as características que sejam sempre válidas. A validade universal dos direitos fundamentais não pressupõe uma uniformidade. O conteúdo concreto e a significação dos direitos fundamentais para um Estado dependem de numerosos fatores extrajurídicos, especialmente das peculiaridades da cultura e da história de cada sociedade.

1.8.1. Direitos universais e absolutos

A universalidade deve ser compreendida em termos. Não é inadequado afirmar que todas as pessoas sejam titulares de direitos fundamentais e que a qualidade de ser humano constitua condição suficiente para titularizá-los, embora, como no direito ao trabalho, não se liguem a todas as pessoas.

Disso conclui-se que a fundamentalização de certos bens que venham a satisfazer certas necessidades implica reconhecer que determinados objetivos vitais de algumas pessoas ostentam tanta importância que podem ser generalizados para todos os indivíduos.

Também não é exato falar sempre em universalidade no que concerne ao polo passivo das relações jurídicas desenvolvidas no entorno de um direito fundamental, pois há casos em que se debate o problema de saber se os direitos fundamentais têm como obrigados os Poderes Públicos e também os particulares.

Como posto, os direitos fundamentais podem ser objeto de limitação – não são, portanto, absolutos. Podem sofrer limitações quando atritam com outros valores de ordem constitucional, inclusive outros direitos fundamentais.

1.8.2. Historicidade

Por não serem absolutos, os direitos fundamentais não podem pretender validade unívoca de conteúdo a todo tempo e em todos os lugares. Por isso, formam um conjunto de faculdades e instituições que somente faz sentido dentro de um contexto histórico e cultural.

Tal historicidade explica que os direitos podem ser proclamados em determinada época, desaparecendo em outras; ou mesmo que se modificam no tempo, deixando à mostra uma índole evolutiva dos direitos fundamentais.

Em doutrina costuma-se afirmar que os direitos nascem quando devem ou podem nascer. Nasce o direito quando o poder do homem sobre o homem cria novas ameaças à liberdade do indivíduo ou permite novos remédios para suas carências: ameaças enfrentadas por meio de demandas de limitação de poder; remédios providenciados por meio da exigência de que o mesmo poder intervenha de modo protetor.

1.8.3. Inalienabilidade e indisponibilidade

Um direito ou uma coisa serão inalienáveis quando estiverem numa posição de exclusão de quaisquer atos de disposição, sejam de natureza jurídica (renúncia, compra e venda, doação etc.) ou de natureza material (destruição do próprio bem). Essa inalienabilidade impede que o titular do direito o torne impossível de ser exercitado para si próprio, física ou juridicamente. Veja-se o exemplo do direito à integridade física, de cunho inalienável, posto que o indivíduo não pode vender uma parte do seu corpo ou mesmo uma função vital e tampouco mutilar-se.

A inalienabilidade traz uma consequência prática importante: a pretensão de um direito fundamental não estará sempre justificada pelo mero fato de o titular do direito nela consentir – o direito não pode permitir que o homem se prive de sua dignidade.

Nem todos os direitos fundamentais, porém, ostentam esta característica; a indisponibilidade funda-se na dignidade, e esta, na potencialidade de o homem autodeterminar-se e ser livre.

Apenas os direitos que visam a resguardar diretamente a potencialidade do homem de se autodeterminar deveriam ser considerados indisponíveis.

A nota de indisponibilidade resguardaria apenas os direitos que tocam à potencialidade de o homem autodeterminar-se, como a vida biológica – sem a qual não há base física para a dignidade –, ou os que busquem preservar as condições adequadas de saúde física e mental, e, ainda, a liberdade de tomar decisões sem coação externa.

Nesse passo, seria inalienável o direito à vida – característica que tornaria inadmissíveis atos de disponibilidade material do ser humano que o reduzissem à miséria absoluta – e, no mesmo sentido, a saúde, as liberdades pessoais (liberdade ideológica, religiosa, de expressão, de reunião etc.) e a já mencionada integridade física. A disponibilidade de tais direitos levaria à nulidade, por ilicitude do objeto, de qualquer negócio jurídico que veiculasse a sua alienação.

Embora exista a inviabilidade de renúncia à titularidade de certos direitos, nada impede que apenas o seu exercício seja restringido em proveito de uma finalidade protegida ou tolerada pelo ordenamento constitucional – por exemplo, a liberdade de expressão (sigilo profissional), a liberdade de fé (no seio de uma ordem religiosa específica) ou a existência de regime especial de sujeição – militares, servidores públicos etc.).

1.8.4. Constitucionalização

Outra característica de suma importância ligada aos direitos fundamentais é o fato de estarem consagrados em preceitos de ordem pública. Tal característica serve, inclusive, de linha divisória entre direitos fundamentais e direitos humanos.

A expressão "direitos humanos" (ou "direitos do homem") é reservada às reivindicações sobre determinadas posições essenciais do homem. São direitos pretendidos em bases jusnaturalistas, envolvidos em uma índole filosófica e não possuem como característica básica a positivação de uma ordem jurídica particular.

Tal expressão, por sua vocação universalista, supranacional, é usualmente empregada para designar pretensões de respeito à pessoa humana, inseridas em documentos de Direito Internacional.

Por outro lado, a expressão "direitos fundamentais" é reservada aos direitos relacionados com posições jurídicas básicas das pessoas inseridas em diplomas normativos, como direito positivado em determinado Estado. São, assim, direitos vigentes em uma ordem jurídica concreta e particular sendo, por isso, garantidos e limitados no espaço e no tempo, pois são assegurados na medida em que cada Estado os consagra.

Há, como se vê, uma interação recíproca no tocante à distinção conceitual entre os direitos humanos e os direitos fundamentais.

Tais direitos, porém, não coincidem no modo de proteção ou no grau de efetividade. As ordens internas apresentam mecanismos de adoção mais céleres e eficazes do que a ordem internacional.

No Brasil, a constitucionalização dos direitos fundamentais revela a sua impositividade máxima em face de todos os Poderes constituídos, com destaque para o poder de reforma que na Constituição encontra limite intransponível de alteração (art. 60, § 4º, CF) nas cláusulas pétreas.

1.9. Vinculação dos Poderes Públicos

O fato de os direitos fundamentais estarem previstos na Constituição torna-os paradigmas de organização e de limitação dos Poderes constituídos, cuja inobservância ou desconformidade redundará em invalidade dos atos produzidos.

1.9.1. Vinculação do Poder Legislativo

Não somente a atividade legiferante deve compatibilizar-se com os direitos fundamentais, mas também assumir um conteúdo positivador, tornando, assim, necessário editar normas que regulamentem os direitos fundamentais dependentes de concretização normativa.

Um direito fundamental pode necessitar de normas infraconstitucionais que disciplinem o processo para a sua efetivação ou, ainda, que definam a própria organização de que depende a sua efetividade. Exemplo: regras processuais para o mandado de injunção e regras administrativas de funcionamento da assistência judiciária gratuita.

O vínculo do legislador aos direitos fundamentais implica, ainda, que na tarefa de restringir certos direitos – como livre exercício profissional – seja respeitado o núcleo essencial do direito, e não se criem condições desarrazoadas ou que tornem impraticável o direito previsto na Constituição.

Disso decorre a proibição de retrocesso, posto que, no que pertine aos direitos fundamentais que dependem de interposição legislativa para sua concreção, uma vez obtido certo grau ou nível de realização, o legislador não poderá reverter o estágio das conquistas já obtidas e consolidadas. Exemplo: nova lei de imprensa que restringisse, ainda mais, o exercício da liberdade de imprensa e de opinião.

O princípio da proibição de retrocesso social implica que o núcleo essencial do direito já realizado e efetivado considera-se garantido, salvo se a lei criar algum sistema alternativo ou compensatório – como lei que aumente, desproporcionalmente, o tempo para a aposentadoria.

Ressalta-se que os direitos fundamentais têm sido aplicados também aos atos externos do Poder Legislativo, como no caso das comissões parlamentares de inquérito (art. 58, § 3º, CF).

1.9.2. Vinculação do Poder Executivo

Também a Administração vincula-se aos direitos fundamentais. A expressão "Administração" compreende as pessoas jurídicas de direito público e privado que dispõem de poderes públicos, de faculdades do *jus imperium* (impositivo) ao tratar com os particulares.

Aqui, algumas posturas devem ser observadas pelo administrador:

a) os direitos fundamentais devem ser observados na interpretação e aplicação de cláusulas gerais (ex.: boa-fé) e de conceitos jurídicos indeterminados (ex.: interesse público, necessidade do serviço etc.);

b) o chefe do Poder Executivo não pode negar cumprimento a preceito que considere inconstitucional (para tanto existe o controle judicial de constitucionalidade);

c) mesmo o prefeito, o qual não pode arguir diretamente a inconstitucionalidade de uma lei em abstrato, não pode recusar sua aplicação por inconstitucionalidade, podendo valer-se de outros meios processuais (*habeas corpus*, ação declaratória pedindo declaração de correção das relações decorrentes de seus atos "contrários" à lei) que lhe garantam uma administração proba.

É até mesmo intuitivo que, em casos limites, o agente pode deixar de cumprir a lei, por entendê-la inconstitucional, como quando o direito fundamental agredido surja de forma aberta e clara (*prima facie*) e ponha em grave risco a vida ou integridade física de alguém, resultando da lei inválida o cometimento de fato definido como crime. Exemplo: deixar de comprar remédio essencial por ausência de dotação orçamentária específica.

1.9.3. Vinculação do Poder Judiciário

Conforme previsto no art. 5º, XXXV, da Constituição Federal, a defesa dos direitos fundamentais constitui a essência da função jurisdicional. As Cortes têm o dever de conferir máxima eficácia aos direitos fundamentais. Sob uma perspectiva negativa, a vinculação do Judiciário gera o poder-dever de recusar a aplicação de preceitos que não respeitem os direitos fundamentais.

1.10. A questão da aplicabilidade imediata (art. 5º, § 1º, CF)

Os sistemas jurídicos democráticos devem evitar que as posições tidas como essenciais da pessoa resultem em letra morta ou só adquiram a necessária eficácia a partir da atuação do legislador.

Com isso, supera-se a concepção do Estado de Direito formal, no qual os direitos fundamentais somente conquistam expressividade quando regulados em lei. O significado essencial dessa cláusula é reafirmar que os preceitos que definem ou denotam direitos fundamentais geram normas de cunho preceptivo, e não meramente programático. Explicita-se que os direitos fundamentais se assentam na Constituição Federal, e não na lei. Não são meras normas matrizes de outras normas, mas também possuem capacidade de regulação direta de relações jurídicas. Podem e devem os juízes, então, aplicar diretamente os preceitos constitucionais para resolver os casos sob sua apreciação.

O dispositivo em foco (art. 5º, § 1º, CF) autoriza que os operadores do Direito, mesmo à míngua de comando legislativo, venham a concretizar os direitos fundamentais pela via interpretativa.

Do mesmo modo, e com mais razão, podem os juízes aplicar os direitos fundamentais mesmo contra a lei, caso esta não esteja conforme o sentido constitucional daqueles.

Tal característica não implica que os direitos fundamentais constituam sempre direitos subjetivos, concretos e definitivos. Há normas relativas a direitos fundamentais que evidentemente não são autoaplicáveis, carecem de interposição do legislador para que produzam todos os seus efeitos. Exemplos: educação, lazer, habitação, propriedade etc.

A plenitude dos efeitos desses preceitos depende de ação normativa do legislador em vista da baixa densidade normativa que veiculam. Ademais, a inteligência do § 1º do art. 5º da Constituição Federal não deve ser feita em detrimento da natureza das coisas.

Como foi assinalado, o § 1º do art. 5º da Constituição Federal constitui norma-princípio, estabelecendo um mandado de otimização, uma determinação para conferir maior eficácia possível aos direitos fundamentais. O princípio valeria como indicador de aplicabilidade imediata da norma constitucional – deve-se presumir a sua perfeição, quando possível.

1.11. Os direitos fundamentais e suas funções

A multiplicidade de funções dos direitos fundamentais leva a que a sua própria estrutura não seja unívoca e propicie algumas classificações úteis para se compreender o conteúdo e a eficácia de cada um deles.

Uma sistematização clássica é a dos quatro *status* (Jellinek), bem como a que classifica os direitos fundamentais em direitos de defesa e direitos à prestação. Sob outro ângulo, no estudo das funções dos direitos fundamentais devem ser analisadas suas dimensões subjetiva e objetiva.

Na teoria dos quatro *status* há uma pressuposição de que o indivíduo pode encontrar-se de quatro modos diante do Estado, disso derivando direitos e deveres diferenciados.

O *status subjectionis* ou *status passivo* revela a posição de subordinação, na qual o indivíduo se obriga em face do Estado, tendo este competência para vincular comportamentos por meio de mandamentos e proibições.

Ocorre o *status negativo* quando a personalidade exige desfrutar um espaço de liberdade em relação às ingerências do Poder Público. O homem deve gozar de algum âmbito de ação desvencilhado do império do Estado, posto que a autoridade é exercida sobre homens livres.

Verifica-se o *status civitatis* no direito de exigir do Estado uma atuação positiva, preordenada à realização de uma prestação. Aqui o indivíduo se vê com a capacidade de pretender que o Estado atue em seu favor.

Por fim, no *status ativo*, o indivíduo desfruta de competência para influir sobre a formação da vontade do Estado (ex.: voto), como nos direitos políticos.

Tomando como base a teoria dos quatro *status*, depuram-se os três grupos de direitos fundamentais mais destacados: os direitos de defesa (direitos de liberdade), os direitos a prestações (direitos cívicos) e os direitos de participação (observe que o *status subjectionis* identifica deveres do indivíduo).

1.11.1. Direitos de defesa

Os direitos de defesa caracterizam-se por impor ao Estado um dever de abstenção, de não interferência, de não intromissão no espaço de autodeterminação do indivíduo. Tais direitos objetivam limitar a ação do Estado, evitam sua ingerência sobre os bens protegidos (ex.: liberdade, propriedade etc.) e fundamentam eventual pretensão de reparo pelas agressões consumadas.

Em nosso ordenamento constitucional, os direitos de defesa estão em grande parte contidos no art. 5º da Constituição Federal: inciso I (legalidade); inciso II (proibição de tortura); inciso III (liberdade de manifestação do pensamento); inciso IV (liberdade de culto); inciso VI (liberdade de expressão artística); inciso IX (proteção da intimidade); inciso X (proteção ao sigilo das comunicações); inciso XII (liberdade de profissão); inciso XIII (liberdade de locomoção); inciso XV (liberdade de associação); e inciso XVII (proibição de penas de caráter perpétuo). Ressalte-se haver quem entenda o direito à igualdade – vedação de discriminações impróprias – entre os direitos de defesa.

Entre os desdobramentos da função de defesa dos direitos fundamentais, podemos citar:

a) vedação de interferência do Estado no âmbito de liberdades dos indivíduos – normas de competência negativa para o Estado;

b) o Estado não pode embaraçar o exercício de liberdade do indivíduo, material ou juridicamente;

c) é vedada ao Estado a censura prévia a manifestações artísticas;

d) de igual forma, é vedado impedir a formação de religiões e a manifestação de cultos;

e) há proibição de se instituir requisitos exagerados para o exercício de uma profissão.

Os *direitos de defesa* também protegem os bens jurídicos contra ações do Estado. Em vista do direito à vida, o Estado não pode assumir comportamentos que afetem a existência do ser humano. Em face do direito de privacidade, o Estado não pode divulgar certos dados pessoais dos seus cidadãos. O direito de defesa, nesse passo, ganha forma de direito à não afetação dos bens protegidos.

O aspecto de defesa dos direitos fundamentais pode ainda expressar-se pela pretensão de que não sejam suprimidas certas posições jurídicas.

Neste ponto, o direito fundamental assume conteúdo preordenado a que o Estado não derrogue determinados preceitos, produzindo um efeito inibidor a que o Estado elimine posições jurídicas concretas, como, por exemplo, no caso em que se extinga o direito de propriedade de quem adquiriu certo bem segundo o ordenamento em vigor.

O direito de defesa também poderá atuar como proibição que o Estado suprima posições jurídicas em abstrato, como a possibilidade de transmitir a propriedade de determinados bens.

Nas liberdades consagradas ou consolidadas, inclui-se a faculdade simétrica da não fruição da posição prevista no preceito considerado. O direito de reunião, por exemplo, implica o direito de não se reunir – o art. 5º, XX, da Constituição Federal, deixa expresso que ninguém é obrigado a se associar ou a manter-se associado.

No contexto dos direitos de defesa, a liberdade contém uma nota específica: o traço típico da liberdade é a disponibilidade de alternativa de comportamento, a possibilidade de escolher uma conduta. O direito à vida não é uma liberdade: seu titular não tem o direito de viver ou morrer. Ele tem natureza defensiva contra o Estado. No caso da liberdade de profissão, a própria escolha da carreira ou ofício fica assegurada.

Por fim, no que se refere à estrutura dos direitos de defesa, seus preceitos são, de regra, autoexecutáveis, mesmo que redigidos em termos vagos ou com várias acepções e sentidos (polissêmicos).

1.11.2. Direitos à prestação

Como acabamos de ver, os direitos de abstenção visam a assegurar o *status quo* do indivíduo. Os direitos à prestação exigem que o Estado atue para corrigir desigualdades, moldando o futuro da sociedade.

Tais direitos à prestação partem da premissa de que o Estado deve agir para libertar os indivíduos das necessidades básicas e figuram entre os direitos de promoção. São direitos que se realizam por intermédio do Estado e surgem da necessidade de se estabelecer uma igualdade efetiva, solidária e fraterna entre os membros da comunidade.

Se os direitos de defesa asseguram liberdades, os direitos à prestação asseguram desfrutar as condições materiais para o exercício dessas liberdades (obrigações de fazer ou de dar).

Neste caso, a ação do Estado imposta pelo direito à prestação pode referir-se tanto a uma prestação material quanto a uma prestação jurídica.

1.11.3. Direitos à prestação jurídica

Existem direitos fundamentais cujo objeto se esgota na satisfação, pelo Estado, de uma prestação de natureza jurídica. O objeto do direito será a normação (regulamentação) pelo Estado do bem jurídico protegido como direito fundamental. Essa prestação jurídica pode consistir na emissão de normas jurídicas penais ou de normas de organização e de procedimento.

A Constituição, por vezes, estabelece diretamente ao Estado a obrigação de legislar para coibir práticas atentatórias aos direitos e liberdades fundamentais (art. 5º, LXLI), ao racismo (art. 5º, XLII) ou à tortura e ao terrorismo (art. 5º, XLIII).

Para além disso, há direitos fundamentais que dependem, essencialmente, de normas infraconstitucionais para ganhar pleno sentido. Há direitos que se condicionam a outras normas que definirão o modo do seu exercício e até mesmo o alcance do seu significado.

Existem, portanto, direitos fundamentais que necessitam de criação, por via de lei de estruturas organizacionais (ex.: Defensoria Pública), para que se tornem efetivos. Tais direitos podem reivindicar a adoção de medidas normativas que permitam aos indivíduos o desfrute efetivo da organização e a participação nos procedimentos estabelecidos.

O direito à organização e ao procedimento redunda não só na edição de normas que realizem os direitos fundamentais, mas que também elas sejam interpretadas de acordo com os direitos que as justificam.

Nesse contexto, é reconhecida ao Estado alguma discricionariedade na conformação desses direitos de índole normativa, já que no conteúdo das normas a serem editadas será observado o postulado da razoabilidade, entregue ao juízo político do Poder Legislativo.

1.11.4. Direitos a prestações materiais

Também denominados "direitos à prestação em sentido estrito", resultam da concepção social do Estado e são tidos como direitos sociais. Visam a atenuar desigualdades de fato, no seio da sociedade, ensejando satisfazer necessidades aptas a tornar possível o gozo da liberdade efetiva por um maior número de indivíduos. Seu objeto consiste numa utilidade concreta que poderá ser um bem ou um serviço.

São exemplos de tais direitos os enumerados no art. 6º da Constituição Federal (direitos sociais) e que são devidos pelo Estado – embora, neste caso, os particulares também estejam vinculados, como ocorre com os descritos no art. 7º (direitos do trabalhador).

No que pertine à estrutura dos preceitos que veiculam normas que consagram os direitos à prestação, podemos destacar algumas peculiaridades:

a) apresentam alta densidade normativa;

b) não carecem de interposição do legislador para serem aplicados sobre as relações jurídicas (direitos originais à prestação);

c) exigem, no entanto, legislação para produzir efeitos plenos, em sua maior parte.

Como já ressaltado, os direitos à prestação material visam a atenuar desigualdades fáticas de oportunidades, distribuindo riqueza no âmbito da sociedade. Não é menos certo, porém, que tais direitos têm sua efetivação sujeita às condições em cada momento da riqueza nacional, sendo satisfeitos segundo as conjunturas econômicas e orçamentárias. Diz-se que estão submetidos à reserva do possível.

Nosso texto constitucional não oferece comando indeclinável para as opções de alocação de recursos, salvo em casos excepcionais (ex.: arts. 198 e 212, CF); tais decisões devem ficar a cargo de decisão política, com a legitimação da representação popular competente para delinear as balizas da política financeira, social e monetária.

Essa legitimação popular é importante porque a realização de direitos sociais importa privilegiar um bem jurídico em prejuízo de outro. A efetivação de tais direitos favorece segmentos da população e necessita da legitimação democrática do Parlamento – como sede natural dessas deliberações – e, em segundo lugar, do Poder Executivo.

Não cabe, assim, ao Judiciário, salvo em casos excepcionalíssimos, extrair direitos subjetivos das normas constitucionais que tratam de direitos não originários à prestação. O direito subjetivo pressupõe que as prestações materiais já tenham sido suficientemente delineadas. É tarefa do órgão legislativo e não do Poder Judiciário. Um exemplo bastante esclarecedor é o direito ao trabalho (arts. 6º e 170, VIII, CF), em que o desempregado não tem o direito subjetivo a que o Estado lhe proporcione um posto de trabalho.

Assim, os direitos sociais fundamentais (identificados com os de prestação material) não justificam pretensões invocáveis de forma direta. Em princípio, não podem ensejar direitos subjetivos individuais, já que se denominam direitos na medida da lei.

Esses direitos não podem ser determinados pelos juízes quanto aos seus pressupostos, bem como à extensão do seu conteúdo. Para determinar seu conteúdo é necessária a atuação legislativa que o defina concretamente, fazendo uma opção dentro de um quadro de possibilidades e prioridades a que obrigam a escassez de recursos, o caráter limitado da intervenção do Estado na vida em sociedade e, em geral, o próprio princípio democrático.

Com isso, os direitos à prestação material aproximam-se dos direitos à prestação normativa. Em se tratando de direito à prestação, o dever imediato que toca ao Estado é, em primeiro lugar, o de legislar, por ser tarefa devida (no caso dos direitos a prestações jurídicas) como condição organizativa (no caso dos direitos a prestações materiais) – caso do art. 215 da Constituição Federal (cultura).

Nesse diapasão, os direitos à prestação material e à prestação jurídica recaem na esfera de liberdade de conformação do legislador, tanto em soluções normativas quanto no modelo de organização e ritmo de concretização.

A eficácia constitucional dessas normas é servir de parâmetro de controle da constitucionalidade de medidas restritivas desses direitos e revogar normas anteriores incompatíveis com os programas de ação que entronizam. São utilizadas, ainda, como modelo interpretativo das demais normas do ordenamento jurídico, sob pena de quebrar a harmonia do sistema e invalidar a norma.

Adverte-se para o perigo que corre a força normativa da Constituição quando é tencionada com promessas demagógicas e excessivas que frustram expectativas. A teoria do grau mínimo de efetividade dos direitos à prestação material procura uma garantia, um mínimo social dos direitos à prestação, sem o qual fica configurada indesejável omissão legislativa.

Em mais de uma oportunidade, o Supremo Tribunal Federal adotou a referida teoria, ao garantir um grau mínimo social do direito à saúde (art. 201, § 5º, CF) no caso de fornecimento de medicamentos para portadores de Aids e o acesso à pré-escola (art. 208, IV, CF).

Encontra-se na doutrina ensinamento segundo o qual quando o direito à prestação material vem a ser concretizado pelo legislador, fala-se do direito derivado à prestação. Aqui, teremos direito subjetivo concedido por lei, e não simplesmente direito fundamental.

Extrai-se, pois, dos direitos fundamentais concretizados pretensões de igual acesso a instituições criadas (ex.: ensino e saúde) e de igual participação nos benefícios fornecidos por estes serviços. Conceituam-se tais direitos derivados à prestação como direitos à igual distribuição das prestações disponíveis.

1.11.5. Direitos fundamentais de participação

Conforme já suscitado em sede doutrinária, os direitos de participação constituiriam uma categoria mista, reunindo elementos dos direitos de defesa e dos direitos a prestações; garantiriam a participação dos cidadãos na formação da vontade do país, por via dos direitos políticos.

1.12. As dimensões subjetiva e objetiva dos direitos fundamentais

A dimensão subjetiva dos direitos fundamentais está mais ligada a suas origens históricas e a suas finalidades mais elementares. Tal dimensão corresponde a uma pretensão a que se adote um dado comportamento ou ao poder de produzir efeitos sobre certas relações jurídicas.

Nessa perspectiva, os direitos fundamentais correspondem à exigência de uma ação negativa (ex.: liberdade do indivíduo) ou positiva de outrem. Do mesmo modo, correspondem à competência, isto é, ao poder de modificar determinadas posições jurídicas.

A dimensão objetiva resulta do significado dos direitos fundamentais como princípios básicos da ordem constitucional. Os direitos fundamentais participam da essência do Estado Democrático de Direito, operando como limite do poder, bem como diretriz para sua ação. As Constituições de feição democrática assumem um sistema de valores que os direitos fundamentais revelam e positivam. Tal fenômeno faz com que eles influam sobre todo o ordenamento jurídico.

Tal dimensão faz com que os direitos fundamentais transcendam à perspectiva da garantia de posições individuais para atingir a estatura de normas que traduzam os valores básicos da sociedade política, fazendo sua expansão para todo o direito positivo.

Constituindo, dessa forma, a base do ordenamento jurídico do Estado democrático, é possível afirmar que a dimensão objetiva dos direitos fundamentais transporta-os para além da perspectiva individualista como um valor em si, a ser preservado e fomentado.

A perspectiva objetiva legitima inclusive restrições aos direitos subjetivos individuais, limitando o conteúdo e o alcance dos direitos fundamentais em benefício de seus próprios titulares ou de outros bens constitucionalmente valiosos.

Mais uma consequência da dimensão objetiva dos direitos fundamentais está em atrair um dever de proteção pelo Estado contra agressões dos próprios Poderes Públicos, de particulares ou de outros Estados (dever de proteção), cobrando providências materiais ou jurídicas de resguardo dos bens protegidos. Corrobora-se a assertiva segundo a qual a dimensão objetiva interfere na dimensão subjetiva, atribuindo-lhe reforço de efetividade.

O propósito de reforço de posições jurídicas fundamentais pode exigir a elaboração de regulamentações restritivas de liberdades. Respeita-se a liberdade de conformação do legislador, a quem se reconhece certo grau de discricionariedade na opção normativa tida como mais oportuna para proteger os direitos fundamentais.

Caberá, então, aos órgãos políticos, indicar a medida a ser adotada para proteger os bens jurídicos abrigados pelas normas definidoras dos direitos fundamentais.

A dimensão objetiva cria um direito à prestação associado ao direito de defesa, e esse direito à prestação há de se sujeitar à liberdade de conformação dos órgãos políticos e aos limites da reserva do possível.

Parte da doutrina alude à necessidade de o Estado agir em defesa dos direitos fundamentais com um mínimo de eficácia: não se pode exigir afastamento absoluto da ameaça que se procura prevenir.

Se é possível visualizar um dever de agir do Estado, não é razoável impor-lhe o como agir. Uma pretensão individual somente poderá ser acolhida nos casos em que o espaço de discricionariedade estiver reduzido a zero.

Assim, o aspecto objetivo dos direitos fundamentais comunica-lhes uma eficácia irradiante, o que os converte em uma diretriz para a interpretação e aplicação das normas dos diversos ramos do Direito. A dimensão objetiva enseja, ainda, a discussão sobre a eficácia horizontal dos direitos fundamentais, eficácia destes direitos na esfera privada, no âmbito das relações entre particulares.

1.13. Distinção entre direitos e garantias

Na classificação dos direitos fundamentais, intenta-se distinguir os direitos das garantias. Aqueles teriam como objeto imediato um bem específico da pessoa (ex.: vida, honra, liberdade, integridade física etc.); estas seriam as normas que protegeriam os direitos fundamentais indiretamente, assegurando ao indivíduo a possibilidade de exigir dos Poderes Públicos o respeito ao direito que instrumentalizam (ex.: *habeas corpus* e mandado de segurança).

Nem sempre, porém, a fronteira entre uma categoria e outra mostra-se evidente: nossa ordem constitucional confere tratamento unívoco aos direitos e garantias fundamentais.

1.13.1. As garantias institucionais

As garantias institucionais resultam da percepção de que determinadas instituições (de direito público) ou institutos (de direito privado) desempenham papel relevante na ordem jurídica e devem ser preservados em seu núcleo essencial (suas características elementares) da erosão do legislador.

Seu objeto é constituído de um complexo de normas jurídicas de ordem pública (ex.: família, art. 226, CF) e privada (ex.: universidade, art. 207, CF).

A família, por exemplo, é preservada por intermédio da proteção das normas essenciais que lhe dão configuração jurídica. Sua essência é resultante de um feixe de normas infraconstitucionais (Direito Civil) que, em seu conjunto, devem ser preservadas – podem ser desenvolvidas ou adaptadas, jamais esvaziadas.

Como regra, as garantias institucionais não outorgam direitos subjetivos aos indivíduos, diferenciando-se das garantias fundamentais. Por vezes, um mesmo preceito apresenta aspectos de garantia institucional e de direito subjetivo, como no direito de propriedade que, além de estabelecer a imputação subjetiva de um bem a um sujeito também enlaça as pretensões de adquirir, fruir e transmitir o domínio sobre a coisa.

Tais garantias existem para que possam preservar os direitos subjetivos que lhes dão sentido. Têm por objetivo reforçar o aspecto de defesa dos direitos fundamentais.

Assim, as garantias institucionais visam a assegurar a permanência da instituição ou instituto, preservando o mínimo de substancialidade ou essencialidade – aquele cerne que não deve ser atingido nem violado, porquanto pereceria o ente ou instituto protegido. Ao legislador reconhece-se, porém, certa liberdade de conformação.

1.14. Direitos decorrentes de tratados na Constituição Federal

O Brasil adotou um sistema aberto de direitos fundamentais – não se pode considerar taxativo (*numerus clausus*) o rol constante do art. 5º da Constituição Federal.

Existem direitos materialmente fundamentais previstos na Constituição Federal fora daquele elenco. A fundamentalidade decorre da sua referência a posições jurídicas ligadas ao valor da dignidade humana e, em vista da sua importância, não podem ser deixadas à disposição discricionária do legislador ordinário.

É possível, a partir do próprio catálogo dos direitos fundamentais e de seus princípios elementares constantes do texto constitucional, deduzir a existência de outros, a exemplo do que ocorreu com a redação do § 36 do art. 153 da Carta de 1969.

A técnica da cláusula aberta em relação aos direitos fundamentais deriva da IX emenda da Carta norte-americana, a qual diz que a enumeração de alguns direitos na Constituição brasileira não pode ser interpretada no sentido de excluir ou enfraquecer outros direitos que o povo tenha. Parte da doutrina inclusive argumenta que o § 2º do art. 5º da Carta de 1988 confere *status* constitucional aos tratados sobre direitos humanos.

Em relação ao § 1º do art. 5º da Constituição Federal – que estabelece que as normas definidoras dos direitos e garantias fundamentais são autoaplicáveis –, diz-se, obviamente, que elas são aplicáveis até o limite em que as instituições e os institutos propiciem condições para o seu atendimento. O Judiciário, sendo chamado para resolver pretensão concreta nelas garantida, não pode deixar simplesmente de aplicá-las ou de considerá-las em sua fundamentação e argumentação, mas segundo o direito posto existente.

Veja-se, por exemplo, a garantia do mandado de injunção que, por ter sido considerado instituto processual de aplicação imediata, independente de interposição legislativa, tornou-se um instituto de mera retórica no controle jurisdicional da omissão legislativa.

Recentemente, consciente da falta de eficácia do instituto, o Supremo Tribunal Federal passou a adotar o entendimento de propiciar ao demandante buscar seu direito subjetivo a partir da legislação ordinária já existente (Ex.: MI nº 721, Rel. Min. Marco Aurélio).

Ainda com respeito ao preceito em epígrafe, vale a consulta ao recente julgado do Supremo Tribunal Federal na Extradição nº 986 (Rel. Min. Eros Grau), em que nossa Corte reafirmou a eficácia imediata dos direitos fundamentais com a vinculação direta dos órgãos estatais a esses direitos, devendo o Estado guardar-lhes estrita observância.

Outra cláusula de suma importância no art. 5º da Constituição Federal é a visível no preceito do § 2º, segundo o qual os direitos e garantias expressos na Constituição não excluem outros decorrentes do regime e dos princípios por ela adotados, ou dos tratados internacionais em que a República Federativa do Brasil seja parte.

Tal preceito revela a conhecida "norma de encerramento", que institui as liberdades residuais, inominadas, implícitas ou decorrentes – as quais, a despeito de não enunciadas ou específicas na Carta, resultam do regime e dos princípios que esta adota. O rol é apenas exemplificativo, não se admite, no plano dos direitos fundamentais, qualquer exegese que suprima, restrinja ou neutralize outros direitos e garantias que, embora não especificados, são titularizados pelo ser humano. O objetivo da cláusula constitucional é inibir ações, atentados ou abusos do Estado contra as liberdades públicas.

Nossa Corte Constitucional tem admitido que embora a Convenção Interamericana de Direitos Humanos (Pacto de São José da Costa Rica) não possua dignidade de preceito constitucional, sua incorporação ao nosso ordenamento teve o condão de modificar legislação ordinária anterior (HC nº 888.420, Rel. Min. Ricardo Lewandowski).

Por outro lado, o STF decotou a aplicação do Código de Defesa do Consumidor, que trata dos consumidores em geral, em face da Convenção de Varsóvia, que trata de limitação da responsabilidade civil do transportador aéreo internacional, fazendo prevalecer o art. 178 da Constituição Federal em confronto com o § 2º do art. 5º (RE nº 297.901, Rel.ª Min.ª Ellen Gracie).

Uma importante novidade foi a inserção, pela Emenda Constitucional nº 45/2004, do § 3º no art. 5º da Constituição Federal, segundo o qual os tratados e convenções internacionais sobre direitos humanos que forem aprovados, em cada casa do Congresso Nacional, em dois turnos, por três quintos dos votos dos respectivos membros, serão equivalentes a emendas constitucionais.

A emenda é resposta ao entendimento do Supremo Tribunal Federal que, no HC nº 72.131 (Rel. Min. Moreira Alves), decidiu que os tratados internacionais ingressam em nosso ordenamento tão somente com força de lei ordinária. Não se lhes aplica, quando tiverem integrado nossa ordem jurídica posteriormente à Constituição de 1988, o disposto no art. 5º, § 2º, pela singela razão de que não se admite emenda constitucional realizada por meio de ratificação de tratado.

Recentemente, porém (HC nº 90.172, Rel. Min. Gilmar Mendes), o Supremo, já após a EC nº 45/2004, está pendendo para a exegese de adotar o Pacto de São José da Costa Rica como paradigma absorvido pelo nosso ordenamento constitucional, para controle de constitucionalidade das leis.

Por derradeiro, o § 4º do art. 5º da Constituição Federal, com a redação dada pela referida emenda, afirmou que o Brasil se submete à jurisdição de tribunal penal internacional a cuja criação tenha manifestado adesão.

O Estatuto de Roma do Tribunal Penal Internacional das Nações Unidas foi assinado na Itália em 17/7/1998, aprovado pelo Decreto Legislativo nº 112/2002 e promulgado pelo Decreto nº 4.388/2002, entrando em vigor em nosso ordenamento interno em 1º/7/2002. Nele são tratados crimes de genocídio, contra a humanidade, de guerra e de agressão, conforme o art. 5º. Submete-se o Brasil à jurisdição deste tribunal, sendo, no entanto, essa jurisdição "complementar" à jurisdição nacional (art. 1º, CF).

1.15. Titularidade dos direitos fundamentais

Todos os seres humanos são titulares de direitos fundamentais.

Mesmo estrangeiros não residentes (ex.: turistas) não estão à margem dos direitos fundamentais, posto que tais direitos estão radicados na dignidade da pessoa humana, e a nacionalidade seria fator apenas acidental, que não vulneraria a proteção ao indivíduo. Dessa forma, no âmbito dos direitos individuais, os direitos do estrangeiro não residente ganham maior significação, posto que a ele não se garantem os direitos políticos ou direitos sociais, como o trabalho.

Pessoas jurídicas também são titulares de direitos fundamentais. O princípio da igualdade, o direito de resposta, o direito de propriedade, o direito ao sigilo de correspondência, a inviolabilidade de domicílio, o direito adquirido, o ato jurídico perfeito, a coisa julgada, o direito de associação, todos fazem parte do elenco posto à disposição das pessoas jurídicas pelo nosso ordenamento constitucional. Evidentemente, certos direitos fundamentais relacionados a prisão, direitos políticos e direitos sociais têm como destinatárias apenas as pessoas físicas.

Mesmo as pessoas jurídicas de direito público titularizam direitos fundamentais. Não se pode esquecer o caráter objetivo dos direitos fundamentais, pondo-se às entidades federadas, pelo menos, as garantias de cunho eminentemente processual.

Nota-se que os direitos fundamentais nascem da intenção de garantir uma esfera ou zona de liberdade justamente em face dos Poderes Públicos.

1.15.1. Capacidade de fato e de direito diante dos direitos fundamentais

Em decorrência da tendência à especificação dos direitos fundamentais, alguns deles podem ser referidos, com exclusividade, a certas categorias de pessoas, suscitando a questão de se saber quando começa sua titularidade.

Muitas vezes, tende-se a resolver o problema com base na conhecida referência no Direito Privado à capacidade de direito (aptidão concreta para o seu exercício).

Uma criança pode ser titular do direito de propriedade, mas pode não ter capacidade para exercer as faculdades inerentes a esse direito, como a alienação do bem, por exemplo.

Tais critérios de cunho civilista, se exacerbados, podem restringir os direitos fundamentais. Em certos casos, porém, não faria sentido, pela natureza das coisas, reconhecer direitos fundamentais a pessoas que não os pudessem exercer na ordem prática, como, por exemplo, o direito de reunião para recém-nascidos.

Não se desconhece, no entanto, a necessidade de se estabelecerem lineamentos gerais para identificar casos de limitação da capacidade de fato.

Quanto aos direitos fundamentais que não implicam em exigência de conhecimento ou tomada de decisão, não seria possível cogitar da distinção entre capacidade de fato e de direito, pois tais direitos não podem ser vistos como dependentes de limitação de idade, posto que sua fruição não dependeria da capacidade intelectiva do titular, como, por exemplo, o direito à vida ou à integridade pessoal.

Outros direitos que não prescindem de um certo grau de maturidade para serem exercidos teriam a sua titularidade vinculada às exigências de idade mínima, fixadas na lei civil. Deve-se reconhecer que o Direito Constitucional não tem condições de fornecer uma fundamentação global da capacidade de exercício de direitos, relativamente ao problema da idade mínima.

Parte da doutrina, no entanto, não acata a diferenciação entre capacidade de fato e capacidade de direito quanto aos direitos fundamentais. Advoga-se a tese segundo a qual a atribuição de direitos fundamentais envolve a correspondente atribuição de capacidade para o seu exercício.

É preciso analisar o caso por meio do sopesamento de valores, mantendo-se a perspectiva de que toda limitação de ordem etária a um direito fundamental deve ser compreendida à luz da proteção do menor, visando à fruição ótima por ele próprio do bem juridicamente tutelado.

1.15.2. Os sujeitos passivos dos direitos fundamentais

A partir de uma perspectiva histórica, é o Poder Público o destinatário natural das obrigações decorrentes dos direitos fundamentais. A ideia inicial era criar um espaço mínimo de imunidade de intervenção estatal na vida do ser humano.

Com os desdobramentos das crises sociais, políticas e econômicas do século XX, ficou evidente que ao Estado incumbia preservar a sociedade das turbulências que o próprio trato social faz eclodir, atuando para garantir a liberdade para todos.

Verificou-se que diversas forças sociais, políticas e econômicas poderiam constranger os indivíduos, competindo ao Estado prevenir tal estado de coisas. Por evolução, os direitos fundamentais passaram também a ser opostos em face de particulares, em razão de sua eficácia imediata e objetiva.

A feição objetiva dos direitos fundamentais acarreta não só a obrigação do Estado em respeitá-los, mas também a aceitação desses direitos pelos próprios particulares, nas suas relações recíprocas.

Tal fenômeno ficou conhecido como efeito externo ou eficácia horizontal dos direitos fundamentais. No âmbito das relações entre particulares que se encontrem em relativa igualdade de condições, será necessário proceder a uma ponderação de valores com vistas a atingir uma harmonização entre eles, uma concordância prática para o caso, e não se pode sacrificar completamente um direito fundamental, tampouco o núcleo da autonomia da vontade.

Na ponderação de valores será necessário sopesar o fato segundo o qual a liberdade é conatural à possibilidade de se vincular, o que importa em aceitar limitações no âmbito protetor dos direitos fundamentais.

Evidentemente, tal possibilidade de limitação pressupõe efetiva liberdade contratual, bem como igualdade fática de armas na construção consentida dos direitos fundamentais.

Não é simples, e é necessário ponderar no caso, buscar definir em que hipótese um direito fundamental incide sobre uma relação entre particulares, dosando o peso do mesmo direito fundamental e o princípio da autonomia da vontade.

Existe uma disputa entre duas teorias no tocante à incidência dos direitos fundamentais sobre as relações entre particulares, nas quais sempre se encontrará um certo grau de subjetividade.

Trata-se dos que propugnam pela eficácia imediata e direta dos direitos fundamentais sobre as relações privadas e dos que defendem o dever de os direitos fundamentais atuarem, indiretamente, na denominada "teoria da eficácia mediata ou indireta".

No que concerne à teoria da eficácia direta ou imediata, defende-se que os direitos fundamentais devem ter aplicação incondicionada e plena sobre as decisões das entidades privadas que desfrutem de poder social, ou diante de indivíduos que estejam, em relação a outros, numa situação de supremacia de fato ou de direito, a exemplo do que deflui do § 1º do art. 5º.

Por outro lado, a teoria da eficácia indireta ou mediata pretende conferir maior densidade ao princípio da autonomia da vontade e do livre desenvolvimento da personalidade, recusando a incidência direta dos direitos fundamentais na esfera privada, sugerindo a indevida intromissão do Estado na vida privada do indivíduo sob o argumento de se observar desvios decorrentes da incidência dos direitos fundamentais nas relações entre particulares.

Em nosso ordenamento, os direitos fundamentais são protegidos nas relações entre particulares e comumente são postos em prática na interpretação de cláusulas gerais e de conceitos jurídicos indeterminados.

De uma infinidade de exemplos que poderiam ser oferecidos, pinçamos o da jurisprudência sedimentada em torno dos contratos de adesão, na qual o STF admitiu a incidência direta dos direitos fundamentais para solucionar um caso em que se concluiu pela incidência direta da garantia da ampla defesa em sede de punição de integrante de entidade privada.

1.16. Colisão entre direitos fundamentais

O conflito entre direitos fundamentais, ou entre estes e os valores constitucionais, tem despertado a atenção dos estudiosos do Direito.

Para resolver a questão é necessário buscar o enquadramento do seu conteúdo, bem como dos limites dos direitos em antagonismo.

Diante de tal quadro, como agir quando duas situações protegidas por direitos fundamentais diversos entram em choque em determinada circunstância?

Para iniciar a solução do conflito, é necessário esclarecer a classificação, já consagrada em sede doutrinária, entre princípios e regras, os dois grandes grupos de normas jurídicas.

Regras são normas que, diante da descrição contida no suporte de fato do preceito legal, exigem, proíbem ou permitem algo em termos categóricos. Caso haja conflito de regras, os critérios de solução do conflito serão a hierarquia, a anterioridade e a especialidade dos comandos.

Princípios, por outro lado, são demandas para que determinado bem jurídico seja satisfeito e protegido da melhor forma possível que a situação permita, explicitando valores e estabelecendo comportamentos. Daí dizer-se que são mandados de otimização, já que impõem a realização, na máxima extensão possível, veiculando situações em que os princípios sejam aplicados em graus diferenciados, conforme o caso.

Diferentemente do que ocorre com o conflito de regras, o conflito de princípios propõe a busca da conciliação, a aplicação com extensão variada segundo as peculiaridades do caso concreto, sem sacrificar um dos princípios por contradição intransponível com o outro – nada obstante não se descartar a ponderação entre regras em casos específicos.

Consideradas as circunstâncias do caso concreto, soluciona-se a colisão sopesando-se os interesses em tensão, procurando o princípio a prevalecer nas condições dadas.

O conhecimento da abrangência de um princípio e de seu campo de significação não decorre imediatamente da leitura do preceito que o acolhe, mas deve ser complementado pela consideração de diversos fatores. Por isso, a normatividade dos princípios, ao se adaptar à situação de fato, é provisória e potencial, visto que se volta a uma solução tida como ótima ao caso.

O juízo de ponderação a ser realizado vincula-se ao princípio da proporcionalidade, que exige que o sacrifício de um direito seja apto a solucionar o problema, que não exista outro meio menos gravoso para atingir o resultado visado e que seja proporcional em sentido estrito, isto é, que o ônus imposto ao sacrificado não seja de maior monta do que o benefício que se pretende obter com a solução alcançada.

Acolhe o juízo de ponderação o princípio da concordância prática, o qual permite que se comprimam, no menor nível possível, os direitos em causa, preservando, em todo caso, seu núcleo essencial. Aqui o princípio da unidade da Constituição sobressai: todas as normas constitucionais têm a mesma força vinculativa, podendo, porém, em certos casos, denotar maior grau de densidade eficacial.

Circunstância interessante ocorrerá quando em uma dada situação houver aparente conflito entre direitos fundamentais, na qual abre-se a possibilidade de negar-lhe a real ocorrência, dada a não abrangência da norma constitucional no caso.

É possível chegar à conclusão que a pretensão do indivíduo envolvido no conflito aparente simplesmente não se encontra no âmbito de proteção do direito que evoca.

Há situações que não acham proteção na norma fundamental invocada. O direito simplesmente não existe. Temos como exemplo o curandeirismo como liberdade de culto, o discurso do ódio racial como liberdade de expressão, a prostituição como liberdade de ir e vir etc.

1.17. As relações especiais de sujeição e as limitações aos direitos fundamentais

Em certos casos, em decorrência de posição jurídica singular de titular de direito fundamental em face do Estado, existe a possibilidade de restrição do referido direito, como modalidade de sujeição mais intensa. Exemplos bem marcantes são os dos militares, magistrados, presos, estudantes em escolas públicas, nos quais o conjunto de circunstâncias particulares permite um tratamento diferenciado em respeito ao gozo dos direitos fundamentais. A condição subjetiva de tais sujeitos é a principal fonte justificadora de suas posições jurídicas.

Tais limitações devem ser proporcionais, e não abrangem todos os aspectos da vida do sujeito; por exemplo, a liberdade de expressão do militar deve ser contida na medida da preservação da hierarquia e da disciplina.

1.17.1. As limitações aos direitos fundamentais

São pressupostos elementares de quaisquer direitos fundamentais sua definição e seu âmbito de proteção. Em razão dos conflitos entre os direitos fundamentais, é necessário apontar uma definição do âmbito ou núcleo de proteção e, conforme o caso, a precisa fixação das restrições ou limitações a esses direitos.

Assim, o âmbito de proteção de um direito fundamental abarca os diferentes pressupostos de fato e de direito contemplados na norma jurídica como, por exemplo, reunir-se sob determinadas condições. Devem ser descritos os bens ou objetos protegidos ou garantidos pelo direito fundamental.

Nos casos de direitos fundamentais de proteção ou de defesa, podem ser identificadas normas sobre os elementos básicos de determinadas condutas de forma clara, com referência, por exemplo, à propriedade, à liberdade de imprensa, à inviolabilidade de domicílio, entre outros.

O âmbito de proteção é a parcela da realidade definida pelo constituinte como objeto de especial proteção, ou ainda a fração da vida acolhida por uma garantia fundamental.

Alguns direitos fundamentais, no entanto, são dotados de um âmbito de proteção estritamente normativo, como o direito de propriedade e o direito à proteção judiciária.

Aqui, não se limita o Legislativo a restringir o direito, mas também a necessária definição da amplitude e conformação desses direitos individuais. Note-se, porém, que o poder de conformar não se equipara a uma faculdade ilimitada de disposição.

Indo além, é necessário identificar não só o objeto de proteção – o que é efetivamente protegido –, como também contra que tipo de agressão ou restrição se outorga essa proteção.

Assim, quanto mais amplo for o âmbito de proteção de um direito fundamental, maior a possibilidade de o Estado estipular restrições a este direito. Em sentido oposto, quanto mais restrito for o âmbito de proteção, menor será a possibilidade de conflito entre o Estado e o indivíduo.

1.17.2. Determinação do âmbito de proteção

O exame das restrições aos direitos individuais exige a identificação do seu âmbito de proteção. Esse processo não pode ser fixado em regras gerais: exige, para cada direito, determinado procedimento.

Muitas vezes a definição do âmbito de proteção de determinado direito depende de uma interpretação sistemática, abrangente de outros direitos e preceitos postos na Constituição. Disso decorre que, por vezes, a delimitação do âmbito de proteção só é obtida em contraste com eventual restrição ao direito em foco.

Logo, para se definir o âmbito de proteção, exige-se, na análise da norma garantidora de direitos, a identificação dos bens protegidos (âmbito de proteção da norma) e das restrições no próprio texto constitucional (expressa restrição constitucional), com a consequente identificação das reservas legais de índole restritiva.

O debate sobre o âmbito de proteção de certo direito constitui o ponto central da dogmática dos direitos fundamentais, exigindo-se um renovado e constante esforço hermenêutico.

1.18. Conformação e restrições aos direitos fundamentais

A ideia de restrição aos direitos fundamentais é de conhecimento corriqueiro. O próprio princípio da reserva legal (art. 5º, II, CF) refere-se à possibilidade de se estabelecerem restrições legais, que podem ser visualizadas mais claramente no sigilo postal, no telegráfico, no telefônico e no de dados (art. 5º, XII, CF); na liberdade de exercício profissional (art. 5º, XIII, CF); e até na liberdade de locomoção (art. 5º, XV, CF).

Tais restrições também podem ser vazadas em expressões como "nos termos da lei" ou em um conceito jurídico indeterminado como a "função social" de um instituto.

Os preceitos mencionados permitem limitar ou restringir posições abrangidas pelo âmbito de proteção de determinado direito fundamental.

Dessa forma, o preceito que contenha uma reserva de lei restritiva veiculará, do mesmo modo, o reconhecimento e a garantia de determinado âmbito de proteção, bem como uma norma de autorização de restrições que permita ao legislador estabelecer os limites do âmbito de proteção constitucionalmente assegurado.

Nem todos os preceitos referentes a direitos individuais têm o propósito de restringir ou limitar poderes ou faculdades. Por diversas vezes, os preceitos se destinam a completar, densificar ou concretizar os direitos fundamentais. Por exemplo, a disciplina ordinária do direito de propriedade material e intelectual, o direito de sucessões (art. 5º, XXII e XXXI, CF), a proteção ao consumidor (art. 5º, XXXII, CF) e o direito à proteção judiciária (art. 5º, XXXV, LXVII e LXXII, CF).

Sem se pressupor as normas de direito privado relativas ao direito de propriedade, não se poderia cogitar uma efetiva garantia constitucional deste direito fundamental.

Desse modo, a interposição legislativa não só se apresenta inevitável, como também necessária, ficando, no entanto, vedada a intervenção do legislador que venha a aniquilar a sua efetiva proteção.

Logo, a simples supressão de normas da legislação ordinária sobre esses institutos pode lesar não apenas a garantia institucional objetiva, mas também um direito subjetivo constitucionalmente tutelado, posto que a conformação dos direitos individuais sobressai nos direitos com âmbito de proteção estrita ou de cunho marcadamente normativo.

1.18.1. Os direitos fundamentais de âmbito de proteção estritamente normativo

Merecem enfoque os direitos individuais cujo âmbito de proteção esteja instituído pelo próprio ordenamento legal.

A vida, o ir e vir, a manifestação de opinião e a possibilidade de reunião preexistem a qualquer disciplina jurídica.

No entanto, é a ordem jurídica que converte o simples ter em propriedade, que institui o direito de herança e que transforma a coabitação entre homem e mulher em casamento. Tais direitos não teriam sentido sem as normas legais referentes ao direito de propriedade, ao direito de sucessão e ao de família.

Com a categoria dos direitos fundamentais de âmbito de proteção normativa, atribui-se ao legislador o papel de definir a essência, o próprio conteúdo do direito regulado. Daí falar-se em regular ou conformar, e não em restringir.

Tais preceitos não se destinam a estabelecer restrições aos institutos. Eles se voltam para a função de normas de concretização ou de conformação desses direitos.

Por isso, a Constituição Federal confere amplo poder de conformação, permitindo que a lei concretize ou densifique determinada faculdade fundamental – por exemplo, a pequena propriedade rural (art. 5º, XXVI), os direitos do autor (art. 5º, XXVII), dentre outros.

Os direitos com âmbito de proteção normativo ao mesmo tempo dependem de concretização e conformação por parte do legislador, e não pode este dispor livremente sobre o tema, disciplinando de forma desatrelada da tradição, ultrapassando os limites da conformação.

Nesse caso, a supressão de um instituto viola tais garantias e afronta o instituto como direito constitucional objetivo, bem como as posições jurídicas tuteladas; não se pode, à guisa de concretizar determinado instituto, esvaziar a existência que lhe foi conferida constitucionalmente.

Ao dever de preservar, imposto ao legislador, correlaciona-se o dever de legislar – isto é, conferir conteúdo e efetividade aos direitos constitucionais com âmbito de proteção estritamente normativo.

1.18.2. Os direitos fundamentais e suas restrições

Em primeiro lugar, nossa Constituição consignou a técnica da restrição legal a diferentes direitos fundamentais.

Muitos exemplos podem ser trazidos. No caso do sigilo das comunicações telefônicas, este somente pode ser suspenso mediante ordem judicial (art. 5º, XII, CF), na forma que a lei estabelecer; do mesmo modo que o "livre exercício do trabalho" deve observar as qualificações profissionais que a lei estabelecer (art. 5º, XIII, CF) – e assim vai o texto limitando, em face da lei, a livre locomoção no território nacional (art. 5º, XV, CF), a liberdade de associação para fins lícitos (art. 5º, XVII, CF), dentre outros.

Cumpre ressaltar que, por vezes, o texto constitucional, ao definir a garantia, limita com clareza o exercício do direito assegurado. Não se assegura, por exemplo, a inviolabilidade de domicílio em caso de flagrante delito ou desastre, ou para prestar socorro, ou durante o dia, por determinação judicial (art. 5º, XI, CF).

Do mesmo modo, o direito de reunião, em locais públicos, é assegurado, desde que realizado de forma pacífica e sem armas (art. 5º, XVI, CF).

Perquire-se sobre a possibilidade lógica da restrição de direitos individuais. Alega-se que não haveria restrição ao direito em si, mas apenas ao conceito de restrição. Eventual dúvida sobre o limite não se confunde com a dúvida sobre a amplitude das restrições que lhe devem ser impostas – o problema diz respeito ao próprio conteúdo do direito.

Para solucionar o problema, tem-se considerado que o modo de conciliar tais perplexidades é conceber os direitos fundamentais primordialmente como princípios.

1.18.3. A tipologia das restrições aos direitos fundamentais

Os direitos fundamentais, enquanto direitos de hierarquia constitucional, somente podem ser limitados por dispositivo expresso (restrição imediata), embora a lei ordinária possa limitá-los com fundamento na própria Constituição Federal (restrição mediata).

Sobressai na doutrina a controvérsia sobre a presença de restrições aos direitos fundamentais na Constituição. A teoria interna afirma que as restrições diretamente estabelecidas pelo texto constitucional nada mais seriam do que a própria definição do direito assegurado, ao passo que a teoria externa acusa a presença de limitações, distinguindo o direito assegurado e sua eventual restrição.

Dessa forma, se considerarmos como restritiva qualquer cláusula (interna ou externa) que dificulte ou impeça a concretização de um direito fundamental, constitucional ou infraconstitucional, estaremos diante da restrição de direitos– o resultado prático ontológico imanente de ambas as teorias será a constrição do direito.

Confirmando essa realidade, algumas restrições derivam diretamente do texto constitucional, como por exemplo, o estado de defesa (art. 136, CF) e o estado de sítio (art. 137, CF), bem como é possível que restrições legais imponham a determinados direitos individuais algumas restrições, como, por exemplo, a liberdade de culto (art. 5º, VI, CF) e a liberdade de profissão (art. 5º, XIII, CF).

O fato é que todos os sistemas constitucionais preveem limitações ou restrições de direitos individuais, considerando-se a experiência histórica, sociológica e cultural de cada ordem jurídica estatal.

Cumpre, ainda, ressaltar que a formulação sem definição precisa de garantia, ou a delegação ao legislador para sua concretização, não pode esvaziar completamente o significado e a eficácia dos direitos fundamentais em determinada ordem constitucional. Exemplo bem claro é o do mandado de injunção (art. 5º, LXXI, CF), embora não tenha atingido a eficiência desejada.

No que pertine à reserva legal, esta envolve aspectos formais relacionados à competência para estabelecer restrições, o processo e a forma de sua realização, bem como aspectos materiais, referentes ao exercício dessa competência, principalmente quanto às reservas qualificadas, aos limites estabelecidos pela proteção do núcleo essencial, à aplicação do princípio da proporcionalidade e ao princípio de ponderação.

Note-se que uma vinculação inflexível do legislador aos direitos fundamentais poderia diminuir sua tarefa a uma simples confirmação do juízo de ponderação sobre os princípios relevantes, gerando uma confusão entre as restrições constitucionais imediatas e as reservas legais, atribuindo-se a estas um caráter meramente declaratório.

Com isso, podemos compreender que todas as restrições aos direitos individuais seriam limitações imanentes (permanentes e inseparáveis de um ser), e, por isso, o legislador não teria propriamente competência para fixar restrições, mas para interpretar os limites.

A teoria da interpretação aloja-se no fato de que o legislador decide (em muitos casos) sobre o estabelecimento (ou não) de restrições, de modo que a competência para restringir direitos pode assumir caráter nitidamente constitutivo.

Segue-se que a restrição a direito não se limita à constatação pelo legislador do que efetivamente se encontra em vigência, mas também autoriza a estabelecer limitações ao direito de liberdade.

Nesse passo, impõe-se a notícia da sistematização das restrições a direitos, chamadas constitucionalmente indiretas, como a restrição legal simples e a restrição legal qualificada.

Na *reserva simples*, o constituinte limita-se a autorizar o legislador sem fazer qualquer exigência quanto ao conteúdo ou finalidade da lei; ao passo que na *reserva qualificada*, eventual restrição deve ser feita tendo-se em vista alcançar determinado objetivo ou atender requisito constitucional.

Como exemplos de *reserva legal simples*, em que a Constituição Federal autoriza a intervenção do legislador no âmbito de proteção de direitos individuais, deve-se consultar o art. 5º, incs. VI, VII, XV, XXIV, XXVI, XXVII, XXVIII, XXIX, XXXIII, XLV, XLVI e LVIII.

Diante de normas densas de significado fundamental, a Constituição defere ao legislador atribuições de cunho instrumental, procedimental, conformador ou criador do direito. Como exemplo marcante de caso com significado instrumental ou procedimental temos a desapropriação (art. 5º, XXIV), ou o direito de receber informações dos órgãos públicos, a serem prestados no prazo que a lei fixar (art. 5º, XXXIII).

Em outros casos, a lei assume caráter substancializador ou definidor do próprio direito fundamental, como por exemplo, na impenhorabilidade da pequena propriedade (art. 5º, XXVI, CF) e a propriedade intelectual (art. 5º, XXVII, XXVIII, XXIX, CF).

Há de se considerar, ainda, que outras vezes a Constituição se vale de formas menos precisas, submetendo o direito fundamental à aplicação de conceito ou instituto jurídico que exige posterior densificação, como, por exemplo, nos crimes hediondos (art. 5º, XLIII), no tratamento da prisão e da liberdade provisória (art. 5º, LXVI) ou da prisão por dívida (art. 5º, LXVII).

No caso dos crimes hediondos, o constituinte adotou um conceito jurídico indeterminado que conferiu ao legislador ordinário amplo espectro de atuação, o que permite quase a conversão da reserva legal em caso de interpretação da Constituição segundo a lei, o mesmo ocorrendo com o conceito de depósito para fins de prisão por dívida.

Tem-se uma *reserva legal qualificada* quando a Constituição não se limita a exigir que eventual restrição ao âmbito de proteção de determinado direito seja prevista em lei, estabelecendo, também, as condições especiais, os fins a serem perseguidos ou os meios a serem utilizados.

No art. 5º, XIII, por exemplo, a Constituição Federal diz ser livre o exercício de qualquer trabalho, ofício ou profissão, atendidas as qualificações profissionais que a lei estabelecer. Aqui, as restrições legais à liberdade de exercício profissional somente podem ser levadas a cabo no tocante às qualificações profissionais.

Nos casos de direitos fundamentais sem expressa previsão de reserva legal, a Constituição não prevê a intervenção legislativa (*interpositio legislatoris*), ainda que neles não se exclua a possibilidade de conflitos em razão de abusos ou de situações peculiares. Nesses casos não pode o legislador ultrapassar os limites definidos no próprio âmbito de proteção.

Nem tudo, porém, que se encontra amparado, em tese, pelo âmbito de proteção dos direitos fundamentais sem reserva legal expressa colhe efetiva proteção dos direitos fundamentais, como, por exemplo, a liberdade religiosa, a inviolabilidade do domicílio e a inviolabilidade de correspondência escrita.

Em nosso ordenamento, uma eventual limitação de direito fundamental sem reserva legal expressa deve estar assentada em norma constitucional, como por exemplo, a fiscalização de correspondência de preso (Lei de Execução Penal, nº 7.210/84, art. 41, XV), que deve ser ponderada com a segurança pública, a disciplina prisional e a preservação da ordem pública – isso porque a cláusula tutelar da inviolabilidade do sigilo epistolar não pode constituir-se em instrumento de salvaguarda de práticas ilícitas.

1.19. Os limites dos limites: princípio da proteção ao núcleo essencial

1.19.1. Os limites dos limites

Da análise dos direitos fundamentais é possível concluir que direitos, liberdades, poderes e garantias são passíveis de limitação ou restrição.

Cogita-se aqui dos limites imanentes (permanentes, inseparáveis de um ser) ou "limites dos limites" que balizam a ação do legislador quando restringe direitos individuais. Tais limites decorrem da própria Constituição e referem-se tanto à necessidade de proteção de um núcleo essencial do direito fundamental quanto à clareza, à determinação, à generalidade e à proporcionalidade das restrições impostas.

1.19.2. Do princípio da proteção do núcleo essencial

Tal princípio destina-se a obstar o esvaziamento do conteúdo do direito fundamental decorrente de restrições descabidas, desmesuradas ou desproporcionais.

Duas correntes de pensamento debruçam-se sobre o tema. A *teoria absoluta*, que adota a premissa segundo a qual existe um espaço interior livre de qualquer intervenção estatal, insuscetível de limitação. Para os que adotam a *teoria relativa*, o núcleo essencial deve ser definido casuisticamente diante de cada situação, tendo em vista o objetivo perseguido pela norma de caráter restritivo.

O núcleo essencial seria aferido ou identificado mediante um processo de ponderação entre meios e fins com base no princípio da proporcionalidade. O núcleo essencial seria aquele mínimo insuscetível de restrição ou redução com base nesse processo de ponderação. Segundo tal concepção, a proteção do núcleo essencial teria significado marcadamente declaratório.

Não parece possível caracterizar-se – em abstrato – a existência ou o contorno de um mínimo intangível, essencial e imanente, posto que esta premissa aponta para a presença de elementos não essenciais e, portanto, acidentais.

A fórmula de conciliação reconhece no princípio da proporcionalidade uma linha contra as limitações arbitrárias ou desarrazoadas, mas também contra a lesão ao núcleo essencial dos direitos fundamentais.

1.20. Colisão de direitos fundamentais e solução de conflitos

Fala-se de colisão entre direitos fundamentais quando ocorre o exercício de direitos individuais por diferentes titulares. O conflito pode resultar, ainda, de colisão entre o direito individual e bens jurídicos da comunidade. Nem tudo, porém, que se pratica na premissa de exercício de determinado direito encontra abrigo no seu âmbito de proteção, pois tais conflitos podem ser apenas aparentes. Por exemplo, o assassinato de uma pessoa no palco teatral em nome de uma suposta liberdade artística.

A colisão ocorre apenas quando um direito individual afeta diretamente o âmbito de proteção de outro direito individual. Do contrário, não há propriamente colisão: a conduta se encontrará fora do âmbito de proteção do direito fundamental.

1.20.1. Tipos de colisão

Na classificação doutrinária, são encontradas referências às *colisões em sentido estrito*, que se reportam apenas aos conflitos entre direitos fundamentais, e às *colisões em sentido amplo*, as quais envolvem os direitos fundamentais e outros princípios ou valores que tenham por escopo proteger os interesses da comunidade.

As colisões de *direitos fundamentais em sentido estrito* podem trazer à colação direitos fundamentais *idênticos* ou *diversos*.

No primeiro caso, a doutrina identificou quatro tipos básicos de colisão, a saber:

a) colisão de direito fundamental enquanto direito liberal de defesa. Exemplo: a deliberação de grupos distintos e adversários de realizar o direito de reunião no mesmo local público, no mesmo horário;

b) colisão entre direito de defesa de caráter liberal e direito de proteção. Exemplo: atirar no sequestrador em defesa da vida da vítima. Em tal caso, a colisão entre a vida do sequestrador e a do refém é parte de um problema mais complexo (colisão complexa). A colisão poderia ser resolvida com a aceitação das condições impostas pelo sequestrador. Deve ser considerado, ainda, o dever de proteção em face da comunidade, disso decorrendo o dever de atuação para obstar novos atos de violência;

c) colisão do caráter negativo de um direito com o cunho positivo do mesmo direito. Exemplo: a liberdade religiosa, que tanto pressupõe a prática de uma religião ou culto, como o direito fundamental de não se envolver ou participar de qualquer prática religiosa;

d) colisão entre o aspecto jurídico de um direito fundamental e o seu aspecto fático. No caso de assistência jurídica a hipossuficientes, indaga-se sobre a dimensão fática (a existência, no caso, da pobreza) para que exsurja a dimensão jurídica da igualdade.

Nas colisões de *direitos fundamentais diversos* relevantes, por exemplo, sempre é possível visualizar fricção entre a liberdade de opinião, de imprensa e artística, de um lado; e o direito à honra, à privacidade e à intimidade de outro.

Em se tratando de colisões em sentido amplo de direitos fundamentais que se esbarram em outros valores constitucionais relevantes, comum é a pugna entre o direito de propriedade e os interesses coletivos, associados, por exemplo, à utilização da água em prol da defesa de um meio ambiente equilibrado.

1.20.2. Solução de conflitos

Nesse passo, perquire-se sobre qual bem jurídico ou direito fundamental há de prevalecer no caso de uma autêntica colisão.

Alguns critérios podem ser utilizados como guia mínimo de raciocínio e ponderação.

Valores relativos às pessoas, por exemplo, têm precedência sobre valores de índole material.

No juízo de ponderação entre valores em conflito há de se utilizar o critério da concordância prática, de modo que cada um dos valores jurídicos em conflito ganhe em realidade prática.

Com o objetivo de sistematizar para a ponderação de bens, em face do caso concreto, isto é, de um sopesamento que leve em conta todas as circunstâncias do problema, a doutrina pugna três etapas:

a) definir a intensidade da intervenção;

b) identificar o fundamento justificador da intervenção;

c) promover uma ponderação em sentido estrito.

Aqui, o postulado da proporcionalidade em sentido estrito pode ser compreendido e formulado como uma lei de ponderação, segundo a qual quanto mais intensa se revelar a intervenção em determinado direito fundamental, mais relevantes serão os fundamentos justificadores dessa intervenção.

1.21. Concorrência de direitos fundamentais

Ocorre a disputa de direitos fundamentais quando determinada situação ou conduta pode ser subsumida no âmbito de proteção de diversos direitos fundamentais.

Nesse caso, cumpre saber qual das normas fundamentais seria aplicável e, por consequência, a que tipo de restrição estaria o cidadão submetido, revelando uma coincidência ou divergência de limitações ou restrições.

Em muitos casos em que concorrem, por exemplo, direito fundamental geral (direito amplo de liberdade) e direitos fundamentais especiais (inviolabilidade de domicílio), tem-se como regra o critério de proteção ao direito fundamental especial.

Nesse sentido, as medidas restritivas em relação à liberdade de reunião ou à inviolabilidade de domicílio aplicam-se tendo como base constitucional o art. 5º, incs. XVI e XI, respectivamente, e não com lastro no princípio geral da liberdade insculpido no art. 5º, II, da Constituição Federal.

Poderá ocorrer, no entanto, que determinada conduta seja abrangida pelo âmbito de proteção de dois direitos fundamentais especiais. Nesse caso, pode-se optar por aplicar aquele direito que compreenda notas específicas e adicionais da conduta, revelando uma especialidade intrínseca entre eles. Exemplo: a liberdade de comunicação (art. 5º, IX, CF) e a liberdade de exercício profissional de um redator de jornal.

Em tais casos de disputa de direitos fundamentais especiais, o legislador fica submetido a uma dupla vinculação, e deve observar o preceito que fornece maior densidade normativa, isto é, aquele menos suscetível de restrição.

Ainda que se verifique que determinada conduta se adapta ao âmbito de proteção de direitos individuais diversos, sem que haja relação de especialidade entre eles (concorrência apenas ideal), a solução se dará operando a proteção com base nas duas garantias.

Caso se trate de direitos fundamentais diversos, uma restrição só será legítima se compatível com o direito que confere proteção mais abrangente. Por exemplo, uma procissão a céu aberto está protegida pela liberdade de culto (art. 5º, VI, CF), pela liberdade de reunião (art. 5º, XVI, CF) e até mesmo pela liberdade de locomoção (art. 5º, XV, CF).

De arremate, a referência a uma disciplina geral do trabalho não justifica a intervenção em outros direitos fundamentais concorrentes. Como exemplo, é possível citar a proibição de trabalho aos domingos, a qual não pode atingir os empregados de igreja, com base no princípio da liberdade religiosa.

Por fim, no âmbito dos direitos fundamentais de caráter processual, verifica-se, não raras vezes, a invocação e a aplicação da garantia do devido processo legal, como garantia geral, em lugar das garantias especiais do direito ao contraditório, da ampla defesa, do juiz natural e do uso da prova ilícita.

1.22. Referências

ALEXY, Robert. *Teoria dos direitos fundamentais*. São Paulo: Malheiros, 2008.

ANDRADE, José Carlos Vieira de. *Os direitos fundamentais na Constituição portuguesa de 1976*. 2. ed. Coimbra: Almedina, 2001.

BARCELLOS, Ana Paula de. *A eficácia jurídica dos princípios constitucionais. O princípio da dignidade da pessoa humana*. Rio de Janeiro: Renovar, 2002.

BASTOS, Celso Ribeiro. *Curso de direito constitucional*. São Paulo: Celso Bastos, 2002.

BOBBIO, Norberto. *A era dos direitos*. Rio de Janeiro: Campus, 1992.

BONAVIDES, Paulo. *Curso de direito constitucional*. 6. ed. São Paulo: Malheiros, 1996.

BRANCO, Paulo Gustavo Gonet. *Aspectos da teoria geral dos direitos fundamentais*. In: MENDES, Gilmar Ferreira; COELHO, Inocêncio Mártires; BRANCO, Paulo Gustavo Gonet. *Hermenêutica constitucional e direitos fundamentais*. Brasília: Brasília Jurídica, 2000.

BRASIL. *A Constituição do Brasil de 1988*. São Paulo, Price Waterhouse, 1989.

BULLOS, Uadi Lammêgo. *Constituição Federal anotada*. 8. ed. São Paulo: Saraiva, 2008.

CANOTILHO, J. J. Gomes. *Direito constitucional e teoria da Constituição*. Coimbra: Almedina, 1998.

_____. *Fundamentos da Constituição*. Coimbra: Coimbra, 1991.

COLLIARD, Claude Albert. *Libertés publicces*. Paris: Dalloz, 1975.

COMPARATO, Fabio Konder. *A afirmação histórica dos direitos humanos*. 2. ed. São Paulo: Saraiva, 2001.

FERREIRA FILHO, Manoel Gonçalves. *Direitos humanos fundamentais*. 7. ed. São Paulo: Saraiva, 2005.

GALDINO, Flavio. *O custo dos direitos*. In: TORRES, Ricardo Lobo (Org.). *Legitimação dos direitos humanos*. Rio de Janeiro: Renovar, 2002.

HESSE, Conrad. *Elementos de direito constitucional da República Federal da Alemanha*. Porto Alegre: Sérgio Antonio Fabris, 1998.

LEAL, Rogério Gesta. *Perspectivas hermenêuticas dos direitos humanos e fundamentais no Brasil*. Porto Alegre: Livraria do Advogado, 2000.

LUÑO, Antonio Enrique Pérez. *Derechos humanos, estado de derecho y constitucion*. 6. ed. Madrid: Tecnos, 1999.

MARTINS COSTA, Judith (Org.). *A reconstrução do direito privado*. São Paulo: RT, 2002.

MEDEIROS, Rui. *Constituição portuguesa anotada*. Coimbra: Coimbra, 2005. T. I.

MIRANDA, Jorge. *Manual de direito constitucional*. 2. ed. Coimbra: Coimbra, 1993. T. IV.

_____. *Constituição portuguesa anotada*. Coimbra: Coimbra, 2005. T. I.

MORAES, Alexandre de. *Direitos humanos fundamentais*. 4. ed. São Paulo: Atlas, 2002.

PEREIRA, Jane Reis Gonçalves. *Interpretação constitucional e direitos fundamentais*. Rio de Janeiro: Renovar, 2006.

PÉREZ LUÑO, Antonio Enrique. *Derechos humanos, estado de derecho y constitucion*. 6. ed. Madrid: Tecnos, 1999.

PINA, Antonio Lopez. *Da garantia constitucional de los derechos fundamentales*. Madrid: Civitas, 1991.

PIOVESAN, Flávia. *Direitos humanos e o direito constitucional internacional*. 3. ed. São Paulo: Max Limonad, 1997.

SAMPAIO, Jose Adércio Leite. *Direitos fundamentais*. Belo Horizonte: Del Rey, 2004.

SARLET, Ingo Wolfgang. *A eficácia dos direitos fundamentais*. 3. ed. Porto Alegre: Livraria do Advogado, 2003.

_____. (Org.). *Constituição*: direitos fundamentais e direito privado. Porto Alegre: Livraria do Advogado, 2003.

_____. *Dignidade da pessoa humana e direitos fundamentais*. 4. ed. Porto Alegre: Livraria do Advogado, 2006.

SARMENTO, Daniel. *A ponderação de interesses na Constituição Federal*. Rio de Janeiro: Lumen Juris, 2000.

_____. *Direitos fundamentais e relações privadas*. Rio de Janeiro: Lumen Juris, 2004.

SILVA, José Afonso da. *Curso de direito constitucional positivo*. 2. ed. São Paulo: Malheiros, 2007.

TAVARES, André Ramos. *Curso de direito constitucional*. 5.ed. São Paulo: Saraiva, 2007.

TORRES, Ricardo Lobo. *A cidadania multidimensional na era dos direitos*. In: _____ (Org.). *Teoria dos direitos fundamentais*. 2. ed. Rio de Janeiro: Renovar, 2001.

VITAL MOREIRA. *Fundamentos da Constituição*. Coimbra: Coimbra, 1991.

Capítulo 2

Espaço ajurídico, lacunas legais e hermenêutica[1]

> **SUMÁRIO: 2.1.** Interpretação e integração. **2.2.** Lacuna como pressuposto da integração. **2.3.** O espaço ajurídico. **2.4.** Natureza das coisas e disciplina legal. **2.5.** Travessia do ajurídico para o jurídico. **2.6.** Conclusão. **2.7.** Referências.

Pretende-se no presente trabalho realizar um esforço de síntese, no sentido de iluminar o tema do espaço ajurídico, com vistas a evidenciar os contornos mais nítidos das lacunas legais.

Sabendo-se que incumbe ao Poder Judiciário o dever de completar as lacunas legais, torna-se necessário delimitar este âmbito de atuação, lançando algumas luzes no processo de transição do espaço ajurídico – indiferente ao Direito – para o das lacunas legais, onde se depara o Judiciário com uma incompletude no plano da norma carente de realização.

Propõe-se um critério mínimo de verificação, não só para a aferição das condições necessárias à presença do legislador, mas também, os modos – via natureza das coisas – de extirpação dos excessos do Poder Legislativo por desconcerto da disciplina jurídica com a realidade.

2.1. Interpretação e integração

Impõe-se, em primeiro lugar, destacar a diferença primordial entre interpretação e integração da lei, como formas de aproximação do sujeito cognoscente ao texto legal.

---

1 Estudo em homenagem ao Dr. Mauro Luis Rocha Lopes, Juiz Federal Titular da 2ª Vara da Seção Judiciária do Estado do Rio de Janeiro: professor de Direito Tributário do curso Master Juris, no Rio de Janeiro.

No que tange à interpretação[2], já é clássica a lição de Carlos Maximiliano[3], segundo a qual "o executor extrai da norma tudo o que na mesma se contém: é o que se chama interpretar, isto é, determinar o sentido e o alcance das expressões do Direito". No mesmo sentido são as lições de José de Oliveira Ascensão[4]: "Toda fonte necessita de ser interpretada para que revele a regra que é o seu sentido"; de Karl Engisch[5]: "A tarefa da interpretação é fornecer ao jurista o conteúdo e o alcance (extensão) dos conceitos jurídicos. A indicação do conteúdo é feita por meio de uma definição, ou seja, pela indicação das conotações conceituais". Segundo Karl Larenz[6]: "Objeto da interpretação é o texto legal como 'portador' do sentido nele vertido, de cuja compreensão se trata na interpretação. Interpretação (*auslegung*) é, se nos ativermos ao sentido das palavras, "desentranhamento" (*auseinanderlegung*), difusão e exposição do sentido disposto no texto, mas, de certo modo, ainda oculto. Mediante a interpretação, "faz-se falar" este sentido, quer dizer, ele é enunciado com outras palavras, expressado de modo mais claro e preciso, e tornado comunicável"; e Emilio Betti[7]: "Podemos caracterizar a interpretação como ação, cujo evento útil é o entendimento".

Tais visões ou perspectivas do fenômeno da interpretação ecoam no pronunciamento do Judiciário. Apenas para indicar um julgado paradigmático, no AI-AGR, 179.560, da relatoria do Ministro Celso de Mello, ficou consignado, por unanimidade de votos:

> A súmula, embora refletindo a consagração jurisprudencial de uma dada interpretação normativa, não constitui, ela própria, norma de decisão, mas, isso sim, decisão sobre normas, na medida em que exprime – no conteúdo de sua formulação – o resultado de pronunciamentos jurisdicionais reiterados sobre o sentido, o significado e a aplicabilidade das regras jurídicas editadas pelo Estado.

---

2   Aqui, tomaremos interpretação e hermenêutica como expressões equivalentes, posto que se voltam para a determinação do sentido e alcance das expressões do Direito.

3   MAXIMILIANO, Carlos. *Hermenêutica e aplicação do direito.* 5. ed. Rio de Janeiro: Livraria Freitas Bastos, 1951, p. 13.

4   ASCENSÃO, José de Oliveira. *Introdução à ciência do direito.* 3. ed. Rio de Janeiro: Renovar, 2005, p. 371.

5   ENGISCH, Karl. *Introdução ao pensamento jurídico.* 7. ed. Lisboa: Fundação Calouste Gulbenkian, 1996, p. 126.

6   LARENZ, Karl. *Metodologia da ciência do direito.* 3. ed. Lisboa: Fundação Calouste Gulbenkian, 1997, p. 441.

7   BETTI, Emilio. *Interpretação da lei e dos atos jurídicos.* São Paulo: Martins Fontes, 2007, p. XCVI.

Sem prejuízo do entendimento doutrinário e judicial do fenômeno da interpretação, não se olvida que também ao Legislativo é dado o impulso de fornecer determinado sentido às regras de direito, como ocorre, por exemplo, com as leis interpretativas, a exemplo do que ocorreu na ADI-MC 605, da relatoria do Ministro Celso de Mello, onde ficou consignado:

> É plausível, em face do ordenamento constitucional brasileiro, o reconhecimento da admissibilidade das leis interpretativas, que configuram instrumento juridicamente idôneo de veiculação da denominada interpretação autêntica. As leis interpretativas – desde que reconhecida a sua existência em nosso sistema de direito positivo – não traduzem usurpação das atribuições institucionais do Judiciário e, em consequência, não ofendem o postulado fundamental da divisão funcional do poder. Mesmo as leis interpretativas expõem-se ao exame e à interpretação dos juízes e tribunais. Não se revelam, assim, espécies normativas imunes ao controle jurisdicional.

Podemos, enfim, dizer, na elegante síntese de Jerzy Wroblewski[8], que a interpretação jurídica é "o processo ou o resultado da determinação do sentido das regras jurídicas ou de seus elementos".

Se, para a interpretação pressupõe-se a presença de um texto, o mesmo não ocorre com a integração, que presume e necessita da verificação de uma "ausência" de texto, de uma lacuna na lei a ser preenchida pelo intérprete. Ressalte-se que a própria distinção entre interpretação e integração é fugidia, posto que a identificação da situação de lacuna já envolve um processo de interpretação.

Merece menção a lúcida distinção realizada por Ricardo Lobo Torres[9], ao destacar:

> A grande diferença entre interpretação e integração, portanto, está em que, na primeira, o intérprete visa a estabelecer as premissas para o processo de aplicação através do recurso à argumentação retórica, aos dados históricos e às valorizações éticas e políticas, tudo dentro do sentido possível do texto; já na integração o aplicador se vale dos argumentos de ordem lógica, como a analogia e o argumento a contrário, operando fora da possibilidade expressiva do texto da norma.

---

8 WROBLEWSKI, Jerzy. Verbete "interpretação jurídica". In: *Dicionário enciclopédico de teoria e sociologia do direito*. ARNAUD, André-Jean (Coord.). Rio de Janeiro: Renovar, 1999, p. 125.

9 TORRES, Ricardo Lobo. *Normas de interpretação e integração do direito tributário*. Rio de Janeiro: Forense, 1991, p. 23-24.

Nosso ordenamento jurídico contém regras expressas ligadas ao tema das lacunas do direito e vamos nos ater a elas: o art. 4º da Lei de Introdução ao Código Civil (atualmente denominada Lei de Introdução às Normas do Direito Brasileiro) e o art. 126 do Código de Processo Civil (atual art. 140, NCPC).

O primeiro tem a seguinte redação: "Quando a lei for omissa, o juiz decidirá o caso de acordo com a analogia, os costumes e os princípios gerais do direito". O segundo é vazado da seguinte forma: "O juiz não se exime de sentenciar ou despachar alegando lacuna ou obscuridade da lei. No julgamento da lide caber-lhe-á aplicar as normas legais; não as havendo, recorrerá à analogia, aos costumes e aos princípios gerais do direito".

Note-se que é dever imperativo do magistrado colmatar os vazios eventualmente existentes no ordenamento, reveladores da incompletude do sistema ou do plano da norma. Tal dever legal se afirma não só nos já referidos diplomas legais, mas também na Lei Orgânica da Magistratura (LC nº 35/79) que, em seu art. 35, inc. I, impõe ao magistrado o dever de cumprir as disposições legais, o que implica dizer que é vedada em nosso ordenamento a negação da prestação jurisdicional por suposta ausência de texto legal, o que, caso ocorresse, poderia gerar, em tese, submissão a processo administrativo disciplinar.

Embora a lacuna revele uma incompletude no plano da norma, é preciso destacar duas figuras encontradiças na experiência jurídica e que podem propiciar o delineamento do fenômeno da lacuna legal: a lacuna técnica e o silêncio eloquente.

Em breve síntese, é possível afirmar que a lacuna técnica é a inércia involuntária do legislador, ao passo que o silêncio eloquente é a lacuna desejada, planejada pelo legislador.

Em casos que tais, o exemplo sempre ilumina a teoria. No caso do silêncio eloquente, temos como exemplo a impossibilidade de veiculação de ação direta de inconstitucionalidade de lei municipal perante o Supremo Tribunal Federal. Neste caso, não há lacuna, mas uma ausência desejada, no caso, do legislador constituinte. A lacuna técnica, aquela indesejada pelo legislador, pode ser aferida nos casos em que o texto constitucional impõe ao legislador o dever de elaborar determinado diploma, com ou sem prazo. No caso do Código de Defesa do Consumidor, por exemplo, o art. 5º, inc. XXXII, da Constituição Federal estipulou que "o Estado promoverá, na forma da lei, a defesa do consumidor", o qual se conecta com o art. 48 do Ato das Disposições Constitucionais Transitórias que estipulou o prazo de cento e oitenta dias, a partir de 5 de outubro de 1988, para a elaboração do Código de Defesa do Consumidor.

Parte I • Direito Constitucional

No caso do Código de Defesa do Consumidor, o prazo assinalado constitucionalmente foi ultrapassado, gerando uma inconstitucionalidade por omissão, somente sanada com a edição da Lei nº 8.078/90.

2.2. Lacuna como pressuposto da integração

Colocada a questão da presença de texto como pressuposto para a interpretação e da lacuna para a integração, inicia-se o enfrentamento do reconhecimento da lacuna. Nos limites deste trabalho, que visa a destacar o denominado espaço ajurídico da lacuna, importa localizá-la como uma imperfeição dentro de uma ordem limitada, dentro de um sistema de normas.

Na esteira de Tercio Sampaio Ferraz[10], é preciso perceber que os fatos e as situações jurídicas devem ser entendidos como um entrelaçamento entre a realidade viva e a significação de direito, no sentido de que ambas se prendem fortemente uma a outra.

Nesse diapasão, adotamos, na lição do referido mestre, a postura contrária à posição positivista de sistema enquanto estrutura formal fechada, posto que o Direito nele se revela como realidade complexa, numa pluralidade de dimensões que apontam para uma estrutura necessariamente aberta[11], onde a ocorrência de lacunas é inexorável.

Não há como prever, dessa forma, um sistema que contenha todas as possibilidades de ocorrência de conflitos possíveis e imagináveis, daí a possibilidade do surgimento de fatos que não tenham sido previstos pelo legislador, mas que por seu emolduramento fático, possam se amoldar em enquadramento já estabelecido para situação jurídica semelhante, integrando-se o sistema mediante analogia.

A existência de lacuna, portanto, revela uma incompletude no sistema e será solucionada, como leciona José de Oliveira Ascensão, com os processos gerais de integração previstos em lei e que se revelam como processos normativos. "Deve-se primeiro buscar uma regra que abranja aquele caso omisso, a aplicação desta dará a solução"[12].

Existem, no entanto, fatos que não se encontram, ainda, dentro da realidade passível de regulação, vivendo como um indiferente jurídico. Trata-se do espaço ajurídico, sobre o qual passaremos a tratar.

---

10 FERRAZ JR., Tercio Sampaio. *Conceito de sistema no direito*. São Paulo: RT, 1976, p. 37-38.
11 FERRAZ JR., Tercio Sampaio. Op. cit., p. 38.
12 ASCENSÃO, José de Oliveira. *Introdução à ciência do direito*. 3. ed. Rio de Janeiro: Renovar, 2005, p. 416.

2.3. O espaço ajurídico

Uma das primeiras indagações postas ao estudante do Direito é a fatídica pergunta "O que é o Direito?".

Rios de tinta já correram para responder a esta indagação e muito ainda há que se dizer, conforme a história avança, a realidade se altera e as fricções aumentam em quantidade e rapidez.

O fato é que em ciência o que importa não é a resposta, mas a pergunta: O que é o Direito?

Para o que nos ocupa no momento – a problematização do espaço ajurídico – devemos fazer algumas perguntas.

É necessário regular o limite de velocidade no espaço sideral? São necessárias normas edilícias para o planeta Júpiter? Será razoável regra que proíba seu clone de prestar, em seu lugar, o serviço militar, eleitoral ou de jurado?

Hoje tais perguntas podem passar por ficção científica ou piada de mau gosto, mas não se passaram muitos anos desde que passamos a conviver com as carroças, bondes, caminhões e automóveis, sem qualquer legislação que lhes regulasse o trânsito. Temos notícia de empresas que em breve poderão propiciar passeios fora da atmosfera terrestre e, como se sabe, a clonagem humana, descontado o aspecto ético, é uma questão de tempo.

Nos casos acima relatados, na medida em que indiferentes jurídicos (serviço militar do clone) saem do espaço ajurídico e penetram na realidade passível de regulação, surge a existência de uma lacuna, trazendo consigo o regime de integração das normas jurídicas.

É justamente a passagem do espaço ajurídico para a lacuna que nos interessa de perto neste momento.

Tratando do conceito de espaço ajurídico, Karl Engisch[13] afirma que este conceito:

> [...] – de resto em si plurifacetado – permite na verdade a seguinte argumentação: O todo jurídico estende-se sobre um determinado domínio e é, nestes termos, fechado. Ao lado daqueles domínios regidos pelo Direito há, na verdade, aqueles outros que não são por ele afetados, como, por exemplo, os domínios do pensamento puro, da crença ou das relações de sociabilidade. Estes domínios caem no "espaço ajurídico". Aqui não se trata de lacunas jurídicas, mas de algo

13 ENGISCH, Karl. *Introdução ao pensamento jurídico*. 7. ed. Lisboa: Fundação Calouste Gulbenkian.

que se situa completamente fora do Direito. Temos, consequentemente, a seguinte alternativa: ou uma questão encontra solução no Direito positivo, e então não estamos perante uma lacuna, ou ela não é resolvida pelo Direito positivo, e então cai no "espaço ajurídico" – pelo que também não temos perante nós qualquer lacuna jurídica. Com efeito, uma lacuna jurídica seria uma lacuna no todo jurídico, quando o certo é que o espaço ajurídico se estende para além e em volta do jurídico.

Prossegue, mais adiante[14], asseverando:

> O conceito acima referido do "espaço ajurídico" tem, pois, uma certa justificação, na medida em que implica a ideia de que a não ligação, "consciente e deliberada", de consequências jurídicas a determinados factos, possivelmente deixa estes factos totalmente fora do Direito e não provoca qualquer verdadeira lacuna.

Embora dê ao fenômeno a designação de "espaço livre de Direito", Karl Larenz[15] assim se pronuncia sobre o tema:

> Ainda que, de vez em quando, também possa ser duvidosa a delimitação exata entre o que cai dentro da esfera da possível e elegível regulação jurídica e o que em cada caso se há de atribuir ao espaço livre de Direito, a distinção é contudo indispensável para uma determinação, plena de sentido, do conceito de lacuna. Uma lei particular e também uma codificação completa, só pode conter "lacunas" sempre e na medida em que falte pelo menos uma regra que se refere a uma questão que não tenha sido deixada ao "espaço livre do Direito".

Demonstra-se que é relevante a distinção entre lacuna e espaço ajurídico, posto que este, ao contrário daquela, não representa fato da realidade que clame por regulamentação.

Na casuística forense, podemos destacar alguns casos em que fatos da vida de relação saíram do espaço ajurídico e penetraram no campo da lacuna.

Na Apelação Cível 317.721, do Tribunal Regional Federal da 2ª Região, a Desembargadora Relatora Dra. Vera Lúcia Lima julgou improcedente pedido de indenização em face da União Federal, por contaminação de HIV em transfusão

---

14 ENGISCH, Karl. Op. cit., p. 282
15 LARENZ, Karl. Op. cit., p. 526-527

de sangue, posto que na época dos fatos (1985) a doença ainda não era de todo conhecida, sendo que, com a edição da Lei nº 10.205/2001, que regulamentou o § 4º do art. 199 da Constituição Federal, tornou-se obrigatório o controle hemoterápico específico.

O Tribunal de Justiça do Rio de Janeiro, no processo nº 2006.001.03709, da relatoria do Desembargador Reinaldo P. Alberto Filho, da 4ª Câmara Cível, considerou inconstitucional norma estadual que disciplinou o transporte coletivo de mototáxi, modalidade de transporte que não se acha contemplada no Código Nacional de Trânsito.

No REsp 22.362 do Superior Tribunal de Justiça, da relatoria do Ministro Gilson Dipp, debateu-se a tipicidade do suposto crime de pornografia envolvendo criança na internet. No caso, dois indivíduos trocaram, via e-mail, fotos pornográficas de crianças. O tribunal entendeu que houve violação do art. 241 do Estatuto da Criança e do Adolescente (ECA).

Vê-se que a categoria do espaço ajurídico pode servir de importante instrumento de problematização, permitindo a inclusão de determinadas realidades no interior do ordenamento jurídico e permitindo, ainda, o afastamento de determinado diploma legal, por ter indevidamente regulado o que não deveria ter sido regulado, o que será pontuado no próximo ponto, à luz da categoria denominada "natureza das coisas".

2.4. Natureza das coisas e disciplina legal

Assim como a evolução dos fatos pode transportar determinadas situações para o campo da lacuna ou da disciplina jurídica, pode-se identificar situações normadas que, por sua natureza, não deveriam ter ingressado no mundo jurídico, gerando um excesso legislativo e falta de razoabilidade.

Larenz[16] assinala que a "natureza das coisas" é um conceito-chave. Ressalta que: "Em toda estatuição e achamento do Direito, trata-se de levar o dever-ser e o ser a 'corresponderem-se'". Tal, porém, não poderia ocorrer na linha de um silogismo lógico, mas apenas na linha de elaboração de uma analogia, pois que a norma e a situação de fato não seriam nunca completamente idênticas, mas apenas semelhantes, e isso exatamente naquilo que constitui o seu sentido".

No mesmo sentido é o entendimento de Luiz Siches[17]:

---

16 LARENZ, Karl. Op. cit., p. 186-187.

17 SICHES, Luis Recaséns. *Experiência juridica, naturaleza de la cosa y lógica "razonable"*. México: Fondo de Cultura Económica, 1971, p. 199.

Dice que navegan bajo pabellón de la "naturaleza de la cosa" todas las deducciones del Derecho a partir de la realidad, del deber ser a partir del ser: que el Derecho no puede pretender nada imposible; que de los fines del Derecho se derivan determinados medios; que los instintos, las necesidades y los intereses exigen consideración; que deben respetarse las valoraciones tradicionales o las contemporáneas.

O eminente jurista prossegue sua explanação aduzindo perfeitamente o ponto em que o legislador pretende disciplinar determinada realidade ao arrepio da própria realidade:

Em primer lugar, se trata de poner de manifiesto que la realidad tiene sus propias leyes fácticas, las cuales operan como limitaciones al arbitrio del legislador y del órgano jurisdiccional, quienes, ni uno ni otro, no pueden preceptuar aquello que no es realizable, porque tropiezan contra imposibilidades físicas, o biológicas, o psíquicas, o sociales, o económicas etc.

En segundo lugar, se hace patente que, cuando en la normación jurídica, se trate de instituir los medios para la realización de un propósito, entonces, se tiene que respetar las leyes reales de los hechos. Esto es así, porque, en fin de cuentas, los medios son las causas para la producción de los efectos deseados como meta, o puestos como fines.

Das lições suso citadas se conclui que a eventual regulação de realidade a qual deveria permanecer no espaço ajurídico revela prepotência do legislador e promove o atropelo do Estado Democrático de Direito.

Alguns exemplos da casuística forense podem dar conta do desataviamento da realidade fática da eventual disciplina jurídica.

Na ADI 2.019, da relatoria do Ministro Ilmar Galvão, o Supremo Tribunal Federal declarou a inconstitucionalidade de lei do Mato Grosso do Sul que instituía pensão mensal para crianças geradas a partir de estupro. O argumento utilizado pelo relator foi no sentido de que não havia razoabilidade porque a discriminação que a lei estabeleceu se baseava não na necessidade dos beneficiados mas nas circunstâncias em que foram gerados. Uma criança milionária, portanto, poderia receber o benefício, atentando, assim, contra a realidade dos fatos.

Julgando tema referente à concessão de contas públicas, o Supremo Tribunal Federal, na STA 235 (Info 505), da relatoria do Ministro Gilmar Mendes, ficou consignado que "a vontade do Poder Executivo ou de quem quer que seja não tem o condão de alterar a natureza das coisas". Isto é, não se pode ter árvore como terra e vice-versa.

2.5. Travessia do ajurídico para o jurídico

Como discernir, então, em que casos o Direito deve ou não disciplinar determinada realidade? Como expungir aquilo que não deveria estar no jurídico e como identificar aquilo que deveria, mas não está, no jurídico, formando uma lacuna?

A transposição do espaço ajurídico para a lacuna se dará, como elucida Paul Laband, citado por Almiro do Couto e Silva[18], "[...] onde a esfera da vontade do Estado que administra entra em contato com qualquer outra esfera de vontade reconhecida pelo Direito, pode haver espaço para uma proposição jurídica". Prossegue, afirmando que "só quando a ação do Estado entrasse em colisão com a liberdade ou com a propriedade dos indivíduos é que seria necessária uma proposição jurídica, ou seja, uma lei".

É possível afirmar, portanto, que sempre que houver a possibilidade de fricção ou fratura na liberdade, propriedade e segurança do círculo jurídico do ser humano haverá a necessidade de regulação e, portanto, a possibilidade do surgimento de uma lacuna ou da disciplina jurídica da realidade, aquela "correspondência" entre o ser e o dever-ser assinalado por Larenz.

Cumpre frisar: poderá ser fator de motivação para o legislador e consequente preenchimento do espaço ajurídico, qualquer fato da realidade que comprima valores acolhidos em nosso ordenamento constitucional, notadamente a dignidade da pessoa humana, a livre-iniciativa e o trabalho, os quais compõem o quadro geral dos princípios fundamentais da República.

2.6. Conclusão

Em nossa vida contemporânea globalizada, capitalista, pluralista, multirracial e com pretensão a ser democrática, o hermeneuta deve estar atento, equipado e consciente do necessário diálogo de coerência entre a realidade dos fatos e a disciplina destes, não só para que o legislador deixe de regular situações de conflito, criando lacunas (até mesmo inconstitucionalidades por omissão) ou atropele a natureza das coisas, impondo, de modo desarrazoado, obrigações cujo dever-ser não se concretiza no ser.

Será neste ambiente que o hermeneuta se moverá no trato com as lacunas normativas e o espaço ajurídico.

---

18   SILVA, Almiro do Couto e. Princípios da legalidade da administração pública e da segurança jurídica no estado de direito contemporâneo, *RDP* 84, p. 46-63.

2.7. Referências

ASCENSÃO, José de Oliveira. *Introdução à ciência do direito*. 3. ed. Rio de Janeiro: Renovar, 2005.

BETTI, Emilio. *Interpretação da lei e dos atos jurídicos*. São Paulo: Martins Fontes, 2007.

ENGISCH, Karl. Introdução ao pensamento jurídico. 7. ed. Lisboa: Fundação Calouste Gulbenkian, 1996.

FERRAZ JR., Tercio Sampaio. *Conceito de sistema no direito*. São Paulo: RT, 1976.

LARENZ, Karl. *Metodologia da ciência do direito*. 3. ed. Lisboa: Fundação Calouste Gulbenkian, 1997.

MAXIMILIANO, Carlos. *Hermenêutica e aplicação do direito*. 5. ed. Rio de Janeiro: Livraria Freitas Bastos, 1951.

SICHES, Luis Recaséns. *Experiência juridica, naturaleza de la cosa y lógica "razonable"*. México: Fondo de Cultura Económica, 1971.

SILVA, Almiro do Couto e. Princípios da legalidade da administração pública e da segurança jurídica no estado de direito contemporâneo, *RDP* 84.

TORRES, Ricardo Lobo. *Normas de interpretação e integração do direito tributário*. Rio de Janeiro: Forense, 1991.

WROBLEWSKI, Jerzy. Verbete "interpretação jurídica". In: *Dicionário enciclopédico de teoria e sociologia do direito*. ARNAUD, André-Jean (Coord.). Rio de Janeiro: Renovar, 1999.

Capítulo 3

O princípio da reserva do possível e ponderação com regras a ele pertinentes. Viagem na irrealidade do cotidiano financeiro

> **SUMÁRIO: 3.1**. A crise brasileira. **3.2**. A reserva do possível no plano financeiro constitucional. As vedações financeiras na Constituição Federal de 1988. **3.3**. As regras do Direito Financeiro limitadoras do princípio da reserva do possível. **3.4**. A possibilidade de tutela específica de caráter injuncional com base no art. 461 do Código de Processo Civil (atuais arts. 497, 500, 536, § 1º, e 537, *caput*, todos do NCPC). **3.5**. Referências.

3.1. A crise brasileira

O Brasil passa por uma crise sem precedentes. Embora haja certa liberdade de expressão (a mídia é fortemente monopolizada), algum acesso ao Judiciário (os juizados especiais de pequenas causas explodiram com a demanda reprimida), eleições diretas (apesar de o financiamento das campanhas eleitorais ser um pântano nauseabundo), o fato é que, passada a fase das privatizações (realizadas sob o argumento de que o Estado mínimo se ocuparia, satisfatoriamente, dos serviços essenciais), a população brasileira, até agora, só conseguiu gastar 20% do seu salário mínimo com a conta do celular, cujo manual, não sabe ler.

Não há à disposição da população brasileira o mínimo essencial em termos de serviços públicos, isto é, não há escola suficiente e de nível adequado, a saúde talvez seja o pior serviço; é um circo de horrores em todo o Brasil e a segurança é uma utopia nas grandes cidades e uma quimera nas de menor porte.

O discurso da desestatização acenou para uma situação ideal onde os serviços mal prestados pelo Estado passariam para as mãos competentes das concessionárias que, além de tudo, pagariam tributos. Diminuição de despesa, aumento de receita, melhora dos serviços e dedicação exclusiva para os serviços essenciais – o melhor dos mundos...

O que se vê, no entanto, é um Estado endividado com o sistema financeiro internacional (onde acordos gravosos com o FMI sequer passam pelo Congresso), a mais completa ausência dos serviços de saúde e educação e o atingimento de níveis de insegurança pública equivalentes a uma guerra civil.

Nesse ambiente, onde a redemocratização do Estado brasileiro permitiu o aumento das demandas por serviços públicos, iniciou-se uma pressão popular que desaguou num Judiciário despreparado para tais demandas, agravado ou incentivado por um Executivo abúlico, corrupto e descomprometido com o bem-estar da população e com os gastos inerentes às prestações positivas previstas em sede constitucional.

O Judiciário, pelas mãos do Supremo Tribunal Federal, foi o maior responsável por este estado de coisas calamitoso. As grandes decisões do STF na década de 90 permitiram a completa desorganização da economia financeira do Estado brasileiro. Vejamos as mais flagrantes: aprovação do modelo genérico de privatização, permissão de reedição indefinida de medidas provisórias e a demissão da análise da relevância e urgência das medidas; absoluta ineficácia da ação direta de inconstitucionalidade por omissão e do mandado de injunção; não conhecimento de ações diretas contra leis orçamentárias por considerá-las leis apenas em sentido formal; permissão do desvio das contribuições sociais da previdência para o orçamento fiscal, medidas que mergulharam o país no caos em que hoje se encontra.

Claro que o *princípio financeiro da reserva do possível* é a outra face da verdadeira pletora de prestações a serem minimamente atendidas e que devem, na medida do possível, ser satisfeitas sob os auspícios do Poder Judiciário, que deverá atuar dentro dos princípios da razoabilidade e da proporcionalidade, conjugando princípios e regras financeiras de modo a dar eficácia à Constituição Federal.

3.2. A reserva do possível no plano financeiro constitucional. As vedações financeiras na Constituição Federal de 1988

Segundo o art. 167 da Constituição Federal, são vedados o início de programas ou projetos não incluídos na lei orçamentária anual (I); a realização de despesas ou a assunção de obrigações diretas que excedam os créditos orçamentários ou adicionais (II); a abertura de crédito suplementar ou especial sem **prévia autorização legislativa** e sem indicação dos recursos correspondentes (V); a transposição, o remanejamento ou a transferência de recursos de uma categoria de programação para outra ou de um órgão para outro, sem **prévia autorização legislativa** (VI); a concessão de créditos ilimitados (VII); e a permissão de abertura de crédito extraordinário para atender a despesas imprevisíveis e urgentes, como as decorrentes de guerra, comoção interna ou calamidade pública, observado o art. 62 da Constituição Federal (§ 3º do art. 167).

Dessas vedações, exsurge o princípio da reserva do possível, ou da reserva da lei orçamentária, segundo o qual "os direitos sociais e a ação governamental vivem sob a reserva do possível, isto é, da arrecadação dos ingressos previstos nos planos anuais e plurianuais"[1].

Para Ana Paula de Barcellos:

> A expressão reserva do possível procura identificar o fenômeno econômico da limitação dos recursos disponíveis diante das necessidades quase sempre infinitas a serem por eles supridas. No que importa no estudo aqui empreendido, a reserva do possível significa que, para além das discussões jurídicas sobre o que se pode exigir judicialmente do Estado – e em última análise da sociedade, já que é esta que o sustenta –, é importante lembrar que há um limite de possibilidades materiais para esses direitos. Em suma: pouco adiantará, do ponto de vista prático, a previsão normativa ou a refinada técnica hermenêutica se absolutamente não houver dinheiro para custear a despesa gerada por determinado direito subjetivo[2].

Discorrendo sobre o tema, Ingo Sarlet ressalta o entendimento da Corte Constitucional da Alemanha no caso *numerus clausus*, versando sobre o direito de acesso ao ensino superior, segundo o qual:

> A prestação reclamada deve corresponder ao que o indivíduo pode razoavelmente exigir da sociedade, de tal sorte que, mesmo em dispondo o Estado dos recursos e tendo o poder de disposição, não se pode falar em uma obrigação de prestar algo que não se mantenha nos limites do razoável[3].

O mesmo autor prossegue citando a lição de Canotilho, segundo o qual "ao legislador compete, dentro das reservas orçamentárias, dos planos econômicos e

---

1 TORRES, Ricardo Lobo. *Tratado de direito constitucional financeiro e tributário*. 2. ed. Rio de Janeiro: Renovar, 2000, p. 61. v. V.
2 BARCELLOS, Ana Paula. *A eficácia jurídica dos princípios constitucionais. O princípio da dignidade da pessoa humana*. Rio de Janeiro: Renovar, p. 236/237.
3 SARLET, Ingo. *A eficácia dos direitos fundamentais*. Porto Alegre: Liv do Advogado, 2003, p. 276.

financeiros, das condições sociais e econômicas do país, garantir as prestações integradoras dos direitos sociais, econômicas e culturais"[4].

A posição tradicional do Poder Judiciário tem sido a de prestigiar o princípio, como se pode ver dos seguintes arestos:

> ADMINISTRATIVO. PROCESSO CIVIL. AÇÃO CIVIL PÚBLICA.
>
> 1. O Ministério Público está legitimado para propor ação civil pública para proteger interesses coletivos.
>
> 2. Impossibilidade do juiz substituir a Administração Pública determinando que obras de infraestrutura sejam realizadas em conjunto habitacional. Do mesmo modo, que desfaça construções já realizadas para atender projetos de proteção ao parcelamento do solo urbano.
>
> 3. Ao Poder Executivo cabe a conveniência e a oportunidade de realizar atos físicos de administração (construção de conjuntos habitacionais etc.). O Judiciário não pode, sob o argumento de que está protegendo direitos coletivos, ordenar que tais realizações sejam consumadas.
>
> 4. As obrigações de fazer permitidas pela ação civil pública não têm força de quebrar a harmonia e independência dos Poderes.
>
> 5. O controle dos atos administrativos pelo Poder Judiciário está vinculado a perseguir a atuação do agente público em campo de obediência aos princípios da legalidade, da moralidade, da eficiência, da impessoalidade, da finalidade e, em algumas situações, o controle do mérito.
>
> 6. As atividades de realização dos fatos concretos pela Administração dependem de dotações orçamentárias prévias e do programa de prioridades estabelecidos pelo governante. Não cabe ao Poder Judiciário, portanto, determinar as obras que deve edificar, mesmo que seja para proteger o meio ambiente.
>
> 7. Recurso provido.
>
> (REsp 169.876, Rel. Min. José Delgado DJ 21/09/98, p. 70)

---

4   SARLET, Ingo. Op. cit., p. 277.

ADMINISTRATIVO E PROCESSO CIVIL. ANTECIPAÇÃO DE TUTELA. AÇÃO CIVIL PÚBLICA. OBRAS DE RECUPERAÇÃO E CONSERVAÇÃO DE RODOVIAS.

1. Não é possível ao juiz substituir a Administração Pública determinando a realização de obras de infraestrutura e instalação de equipamentos de sinalização em rodovia federal sem a existência de recursos disponíveis em previsão orçamentária, ainda mais em se tratando de pedido requerido em sede de antecipação de tutela.

2. O controle dos atos administrativos pelo Judiciário está vinculado a perseguir a atuação do agente público na obediência aos princípios da legalidade, da moralidade, da eficiência, da impessoalidade e da finalidade.

3. Agravo de instrumento conhecido e desprovido.

(TRF – 4ª Região, AG 138.172, Rel. Juiz Carlos Eduardo Thompson Flores Lenz DJ 24/09/2003, p. 508)

Importante destacar, a propósito dos julgamentos suso citados, a lição do membro do Ministério Público fluminense, Marcos Masilli Gouvêa, no seu precioso *O Controle Judicial das Omissões Administrativas*[5], segundo o qual:

> É possível detectar nos acórdãos estudados, a presença tanto do conceito de reserva do possível fática (efetiva existência dos recursos financeiros) quanto do conceito de reserva do possível jurídica (respeito à legalidade orçamentária). Como é natural, os acórdãos contrários aos direitos perseguidos reportam-se à reserva do possível jurídica, salientando que "no sistema jurídico constitucional vigente, a nenhum órgão público ou autoridade é conferido o poder de realizar despesas sem a devida previsão orçamentária".

O Judiciário, portanto, tem sido guiado pelo princípio constitucional da reserva do possível (art. 167, CF) para absolver o Estado-devedor das prestações positivas de bem-estar mínimo previstas em outras normas constitucionais, o que contém um manifesto equívoco na interpretação do ordenamento financeiro infraconstitucional.

---

5   GOUVÊA, Marcos Masilli. *O controle judicial das omissões administrativas.* Rio de Janeiro: Forense, 2003, p. 384.

3.3. As regras do Direito Financeiro limitadoras do princípio da reserva do possível

Como se sabe, a Lei nº 4.320/64, que instituiu as normas gerais de direito financeiro para elaboração e controle dos orçamentos e balanços das Unidades da Federação, estabelece os recursos que servirão para abertura dos créditos suplementares e especiais que servirão para suplementar dotações do orçamento, bem como atender a situações não previstas no orçamento, a saber:

> **Art. 41.** Os **créditos adicionais** classificam-se em:
>
> I – **suplementares**, os destinados a reforço de dotação orçamentária;
>
> II – **especiais**, os destinados a despesas para as quais não haja dotação orçamentária específica;
>
> III – **extraordinários**, os destinados a despesas urgentes e imprevistas, em caso de guerra, comoção intestina ou calamidade pública.
>
> **Art. 42.** Os créditos suplementares e especiais **serão autorizados por lei e abertos por decreto executivo**.
>
> **Art. 43.** A abertura dos créditos suplementares e especiais depende da existência de **recursos disponíveis** para ocorrer a despesa e será precedida de exposição justificativa.
>
> § 1º Consideram-se recursos para o fim deste artigo, desde que não comprometidos:
>
> I – o **superávit financeiro** apurado em balanço patrimonial do exercício anterior;
>
> II – os provenientes de **excesso de arrecadação**;
>
> III – os resultantes de **anulação parcial ou total de dotações orçamentárias ou de créditos adicionais**, autorizados em Lei;
>
> IV – o produto de operações de crédito autorizadas, em forma que juridicamente possibilite ao Poder Executivo realizá-las.
>
> § 2º Entende-se por **superávit financeiro** a diferença positiva entre o ativo financeiro e o passivo financeiro, conjugando-se, ainda, os saldos dos créditos adicionais transferidos e as operações de crédito a eles vinculadas.
>
> § 3º Entende-se por **excesso de arrecadação**, para os fins deste artigo, o saldo positivo das diferenças acumuladas mês a mês

entre a arrecadação prevista e a realizada, considerando-se, ainda, a tendência do exercício. (Grifos nossos.)

Regulamentando a autorização para a abertura dos créditos suplementares por meio de decreto, a lei orçamentária anual para 2004, de nº 10.837, de 16 de janeiro, nos seus arts. 4º e 5º, dispôs:

> Art. 4º **Fica autorizada a abertura de créditos suplementares**, observado o disposto no parágrafo único do art. 8º da Lei de Responsabilidade Fiscal e no art. 64 da Lei de Diretrizes Orçamentárias para o exercício de 2004, desde que demonstrada, em relatório que acompanhe os dados informados por força do § 5º do citado dispositivo da Lei de Diretrizes Orçamentárias, a compatibilidade das alterações promovidas na programação orçamentária com a obtenção da meta de resultado primário estabelecida no Anexo de Metas Fiscais da referida Lei de Diretrizes Orçamentárias, respeitados os limites e condições estabelecidos neste artigo, para suplementação de dotações consignadas:
>
> I – a cada subtítulo, até o limite de dez por cento do respectivo valor, constante desta Lei, ressalvado o disposto no parágrafo único deste artigo, mediante a utilização de recursos provenientes de:
>
> a) **anulação parcial de dotações**, limitada a dez por cento do valor do subtítulo objeto da anulação, constante desta Lei, ressalvado o disposto no parágrafo único deste artigo;
>
> b) **reserva de contingência**, inclusive à conta de recursos próprios e vinculados;
>
> c) **excesso de arrecadação** de receitas próprias; e
>
> d) até dez por cento do **excesso de arrecadação** de receitas do Tesouro Nacional;
>
> II – aos grupos de natureza de despesa – GND "3 – Outras Despesas Correntes", "4 – Investimentos" e "5 – Inversões Financeiras", mediante utilização de **recursos provenientes da anulação de dotações** consignadas a esses grupos, no âmbito do mesmo subtítulo, sendo a suplementação limitada a trinta por cento da soma das dotações constantes desta Lei;

III – para o **atendimento de despesas decorrentes de sentenças judiciais transitadas em julgado, inclusive daquelas consideradas de pequeno valor nos termos da legislação vigente e relativas a débitos periódicos vincendos, mediante a utilização de recursos provenientes de**:

a) **reserva de contingência**, inclusive à conta de recursos próprios e vinculados;

b) **anulação de dotações** consignadas a grupos de natureza de despesa no âmbito do mesmo subtítulo;

c) **anulação de dotações** consignadas a essa finalidade, na mesma ou em outra unidade orçamentária;

d) **excesso de arrecadação** de receitas próprias e do Tesouro Nacional;

e) **superávit financeiro** apurado em balanço patrimonial do exercício de 2003;

IV – para o atendimento de despesas com juros e encargos da dívida, mediante a utilização de recursos provenientes da anulação de dotações consignadas a essa finalidade ou à amortização da dívida, na mesma ou em outra unidade orçamentária;

V – para o atendimento de despesas com a amortização da dívida pública federal, mediante a utilização de recursos provenientes:

a) da anulação de dotações consignadas a essa finalidade ou ao pagamento de juros e encargos da dívida, na mesma ou em outra unidade orçamentária;

b) do excesso de arrecadação decorrente dos pagamentos de participações e dividendos pelas entidades integrantes da Administração Pública Federal indireta, inclusive os relativos a lucros acumulados em exercícios anteriores;

c) do superávit financeiro da União, apurado no balanço patrimonial do exercício de 2003, nos termos do art. 43, § 2º, da Lei nº 4.320, de 17 de março de 1964; e

d) do resultado positivo do Banco Central do Brasil, observado o disposto no art. 7º da Lei de Responsabilidade Fiscal;

VI – para o atendimento das despesas com pessoal e encargos sociais, mediante a utilização de recursos oriundos da anulação de dotações consignadas a esse grupo de despesa no âmbito de cada Poder e do Ministério Público;

VII – a subtítulos aos quais foram alocadas receitas de operações de crédito previstas nesta Lei, mediante a utilização de recursos decorrentes de variação monetária ou cambial relativas a essas operações;

VIII – para o atendimento das mesmas ações em execução no ano de 2003, no caso das empresas públicas e das sociedades de economia mista integrantes dos Orçamentos Fiscal e da Seguridade Social, até o limite dos saldos orçamentários dos respectivos subtítulos aprovados para o exercício de 2003, mediante a utilização de superávit financeiro apurado no balanço patrimonial do exercício de 2003, nos termos do art. 43, § 2º, da Lei nº 4.320, de 1964;

IX – a subtítulos aos quais possam ser alocados recursos oriundos de doações e convênios, observada a destinação prevista no instrumento respectivo;

X – ao atendimento do refinanciamento, juros e outros encargos da dívida pública federal, mediante a utilização de recursos decorrentes da emissão de títulos de responsabilidade do Tesouro Nacional, até o limite de vinte por cento do montante do refinanciamento da dívida pública federal estabelecido no art. 3º, inciso III, desta Lei;

XI – para o atendimento de transferências de que trata o art. 159 da Constituição, bem como daquelas devidas aos Estados, ao Distrito Federal e aos Municípios decorrentes de vinculações legais, mediante a utilização do superávit financeiro correspondente apurado no balanço patrimonial da União do exercício de 2003, nos termos do art. 43, § 2º, da Lei nº 4.320, de 1964;

XII – para o atendimento de despesas com equalização de preços nas ações destinadas à execução da Política de Garantia de Preços Mínimos, Formação e Administração de Estoques Reguladores e Estratégicos de produtos agropecuários, mediante a utilização de recursos provenientes de anulação de dotações consignadas a essas despesas no âmbito do órgão "Operações Oficiais de Crédito";

XIII – para o atendimento de despesas no âmbito do Fundo de Universalização dos Serviços de Telecomunicações – FUST, do Fundo para o Desenvolvimento Tecnológico das Telecomunicações – FUNTTEL e dos fundos setoriais de ciência e tecnologia constantes do Fundo Nacional de Desenvolvimento Científico e Tecnológico – FNDCT, mediante a utilização dos respectivos:

a) superávits financeiros apurados nos balanços patrimoniais do exercício de 2003;

b) excessos de arrecadação de receitas próprias e vinculadas, nos termos do art. 43, §§ 1º, incisos I e II, 2º e 3º, da Lei nº 4.320, de 1964; e

c) reservas de contingências à conta de recursos próprios e vinculados constantes desta Lei;

XIV – a subtítulos aos quais tenham sido alocadas receitas do salário-educação com vista a adequá-los às exigências da Lei nº 10.832, de 29 de dezembro de 2003, e de sua posterior regulamentação;

XV – para o atendimento das despesas cujos empenhos tenham sido cancelados, no exercício de 2003, em cumprimento do art. 39, § 3º, da Lei nº 10.524, de 25 de julho de 2002, Lei de Diretrizes Orçamentárias para o exercício de 2003, que venham a ser devidamente reconhecidas, no exercício de 2004, como de exercícios anteriores, mediante utilização de recursos do superávit financeiro da União do exercício de 2003.

Parágrafo único. A autorização de que trata este artigo fica condicionada à publicação, até o dia 15 de dezembro de 2004, do decreto de abertura do crédito suplementar.

Art. 5º Fica o Poder Executivo autorizado a abrir créditos suplementares à conta de recursos de excesso de arrecadação, nos termos do art. 43, §§ 1º, inciso II, 3º e 4º, da Lei nº 4.320, de 1964, destinados:

I – a transferências aos Estados, ao Distrito Federal e aos Municípios, decorrentes de vinculações constitucionais ou legais;

II – aos fundos constitucionais de financiamento do Norte, Nordeste e Centro-Oeste, nos termos da Lei nº 7.827, de 27 de setembro de 1989; e

III – ao Fundo de Amparo ao Trabalhador – FAT, mediante a utilização de recursos das contribuições para o Programa de Integração Social – PIS e o de Formação do Patrimônio do Servidor Público – PASEP, inclusive da parcela a que se refere o art. 239, § 1º, da Constituição.

Temos, então, as exigências constitucionais do art. 167 e da Lei nº 4.320/64 complementadas pela Lei Orçamentária Anual, permitindo que, pela via de ato administrativo normativo do Executivo, dotações orçamentárias sejam criadas ou reforçadas por meio de superávit financeiro, excesso de arrecadação ou anulação total ou parcial de dotações, o que retira o apelo dramático de ruína econômica que o princípio da reserva do possível parece oferecer, como meio eficiente de frustração das legítimas prestações positivas de que o Estado é devedor.

A casuística forense oferece alguns julgados que destacam a possibilidade de o Executivo remanejar suas dotações diante da obrigação de fazer derivada de prestação positiva a ele imposta, *verbis*:

PROCESSUAL CIVIL. AGRAVO DE INSTRUMENTO. AÇÃO CIVIL PÚBLICA. SEGURANÇA NO SETOR DE NAVEGAÇÃO AEROPORTUÁRIA. CONSTRUÇÃO DE ATERRO OU USINA DE LIXO. NECESSIDADE. **ABERTURA DE CRÉDITO SUPLEMENTAR.** DOTAÇÃO. OBRIGAÇÃO DE FAZER. SUBORDINAÇÃO. PRAZO E MULTA JUDICIAIS.

– Com o aparecimento de "lixões" em torno de aeroporto, torna-se premente a construção de aterro sanitário ou usina de compostagem de lixo, questão em que se encontra envolvida a segurança aeroportuária. **A dotação orçamentária para este fim é a providência de abertura de crédito suplementar por parte da autoridade municipal que, em se tratando de ação civil pública e caso não queira adotar essa providência, decorrido o prazo fixado de trinta dias, se subordinará à multa judicial.**

– Agravo parcialmente provido.

(TRF – 5ª Região, AG 980506588-0, Rel. Des. Federal Ubaldo Ataíde Cavalcante, DJ 06/07/2001, p. 229)

PROCESSUAL CIVIL. AGRAVO DE INSTRUMENTO – CONHECIMENTO PARCIAL. REAJUSTE DAS TABELAS DO SUS. ANTECIPAÇÃO DE TUTELA.

1. Não se conhece da parte do recurso que propugna julgamento de matéria ainda não decidida pelo MM. Juízo *a quo*, sob pena de supressão de instância.

2. O instituto do reexame necessário, dizendo com condição de validade da sentença exarada em face da Fazenda Pública, não se aplica às decisões interlocutórias.

3. **A UNIÃO não se exime do cumprimento de ordem deferitória de antecipação de tutela ao argumento de ausência de previsão orçamentária, pois consabido possuir várias fontes de receita e meios orçamentários de relocação de verbas.**

4. Motivação de cunho político – grave lesão à ordem econômica, jurídica e administrativa – não aproveita ao recurso de agravo interposto de decisão deferitória de antecipação de tutela, cujo fundamento tem caráter jurisdicional.

5. Preenchidos os pressupostos legais a tanto, é factível o deferimento de antecipação de tutela em ações ordinárias versando sobre o reajuste da tabela remuneratória dos serviços prestados ao Sistema Único de Saúde – SUS, ações essas que não se subsumem às hipóteses legais que vedam tal providência contra o Poder Público.

6. **A execução de *decisum* que dita obrigação de fazer contra o Poder Público não se subsume ao regime de precatórios** (CF, art. 100).

(TRF – 4ª Região, AG 2000.04.01.007955-5, Rel. Juiz Amaury Chaves de Athayde, DJ 03/10/2001, p. 872)

PROCESSUAL CIVIL. MANDADO DE SEGURANÇA. LIMINAR. EX-COMBATENTE. ASSISTÊNCIA MÉDICA. Art. 53 DO ADCT. ALEGAÇÃO DE OFENSA ÀS LEIS NºS 8.437/92, 6.880/80, 8.237/91, 92.512/86 E PRINCÍPIO DA ISONOMIA.

1. Estão presentes os requisitos necessários à concessão da medida liminar. O fato de o pedido ser de assistência médica, ainda mais, *in casu*, para pessoas de idade tão avançada, revela por si só o risco de dano irreparável para os agravados.

2. A norma em tela impõe interpretação de forma a diferenciá-la dos demais artigos que tratam do direito à saúde como, por exemplo, o art. 196, CF. É que este cuida do Sistema Único de Saúde (SUS) e o outro resgata uma dívida de ordem social para com os ex-combatentes, distinguindo-os de maneira a se conferir tratamento desigual aos que não se encontram na mesma situação em homenagem ao princípio constitucional da igualdade. Dessa forma, dar tratamento igual aos ex-combatentes seria fazer do art. 53 do ADCT uma norma inócua.

3. Do texto constitucional deflui o entendimento de que o legislador não condicionou sua eficácia à edição de norma posterior que lhe complementasse. Ao contrário, entende-se que o legislador constituinte almejou conferir-lhe aplicabilidade imediata e eficácia plena para disciplinar as situações fáticas que se apresentam.

4. Também não encontra amparo legal a alegação de que seria necessária a contribuição para o SAMMED/FUSEX. A uma porque, a própria norma constitucional não faz esta previsão. Não há condições impostas nesse sentido. **A duas porque, sendo o Ministério do Exército o órgão da Administração responsável pela prestação da referida assistência médica, faltando recursos financeiros lhe é possível solicitar dotação orçamentária suplementar para tais fins.**

5. Por todo o exposto no voto, não se vislumbra a alegada ofensa às normas mencionadas. Precedentes desta Egrégia Turma.

6. Agravo de instrumento improvido.

(TRF – 2ª Região, AGV 2001.02.01.030657-2, Rel. Juiz Poul Erik Dyrlund, DJ 25/10/2002, p. 367)

AGRAVO DE INSTRUMENTO CONTRA INDEFERIMENTO PARCIAL DE LIMINAR EM AÇÃO CIVIL PÚBLICA. PEDIDO RELATIVO A OBRIGAÇÕES DE FAZER E À SEGURANÇA E CONSERVAÇÃO DE BARRAGENS. **CONDICIONAMENTO DO DEFERIDO À DISPONIBILIDADE ORÇAMENTÁRIA DO DEMANDADO.** PRINCÍPIO DA EFETIVIDADE DO PROCESSO.

É de ser parcialmente provido o agravo, no que se refere à condicionante imposta, visto que **a verificação pelo órgão público da existência ou não de disponibilidade orçamentária capaz de possibilitar o cumprimento da ordem judicial, implicaria em submissão do poder de tutela jurisdicional ao juízo de conveniência e oportunidade do administrador.** O princípio da efetividade processual deve garantir, mais do que a declaração do direito, a possibilidade de efetivo exercício dele.

(TRF – 4ª Região, AG 97.04.72594-9, Rel. Juiz Amaury Chaves de Athayde e Juiz Edgard A. Lippmann Junior, DJ 29/05/2002, p. 543)

AÇÃO CIVIL PÚBLICA – ADMINISTRATIVO E CONSTITUCIONAL – DIREITO À SAÚDE – PORTADORES DA DOENÇA DE GAUCHER – MEDICAMENTO IMPORTADO – TRATAMENTO DE RESPONSABILIDADE DO ESTADO – INTERRUPÇÃO – **PRINCÍPIOS DA RESERVA DO POSSÍVEL E DA DIGNIDADE DA PESSOA HUMANA – CONFLITO – PONDERAÇÃO DE INTERESSES E RAZOABILIDADE** – PODER JUDICIÁRIO E CONTROLE DE LEGITIMIDADE DOS ATOS ADMINISTRATIVOS.

I – O HEMORIO é o hospital de referência no Estado do Rio de Janeiro para os portadores do Mal de Gaucher, fornecendo, aos pacientes cadastrados, o tratamento da doença, cujo único medicamento eficaz – CEREZYME – de custo elevado, é produzido exclusivamente por um fabricante dos EUA e importado pela Secretaria de Estado de Saúde.

II – Não tendo a Administração adquirido o medicamento em tempo hábil a dar continuidade ao tratamento dos pacientes, atuou de forma ilegítima, violando o direito à saúde daqueles pacientes, o que autoriza a ingerência do Poder Judiciário. Inexistência de afronta à independência de poderes.

III – **Os atos da Administração Pública que importem em gastos estão sujeitos à reserva do possível, consoante a previsão legal orçamentária. Por outro lado, a interrupção do tratamento de saúde aos portadores do Mal de Gaucher importa em violação da própria dignidade da pessoa humana. Princípios em conflito cuja solução é dada à luz da ponderação** de interesses, permeada pelo princípio da razoabilidade, no sentido de determinar que a Administração Pública mantenha sempre em estoque quantidade do medicamento suficiente para garantir 02 meses de tratamento aos que dele necessitem.

IV – Recurso e remessa oficial desprovidos.

(TRF – 2ª Região, AC 302546, Rel. Juiz Valmir Peçanha, DJ 04/11/2003, p. 86)

Vê-se que, embora rígidas as regras constitucionais quanto aos gastos públicos, ao Executivo é dado, mediante o estrito cumprimento das regras gerais da Lei nº 4.320/64, bem como das regras específicas autorizativas da lei orçamentária anual, remanejar dotações orçamentárias para o afastamento tanto da reserva do possível fática (ausência de recursos) quanto da reserva do possível jurídica (legalidade orçamentária).

Não poderá, então, o Executivo, diante de pleito de prestação positiva ligada ao mínimo existencial de bem-estar, negar sua fruição sob o argumento escoteiro da ausência de recursos, deixando de exarar o ato administrativo normativo para o rearranjo das contas públicas.

Ao Poder Executivo não é dado deixar de promover as prestações mínimas e básicas da população previstas nas normas constitucionais, submetendo-as ao argumento pedestre da discricionariedade de tomada da decisão financeira de realizar ou não determinadas prestações, sob pena de o Poder Executivo promover um inaceitável processo legislativo supressivo de direitos fundamentais por via de omissão regulamentar.

José Carlos Vieira de Andrade, neste aspecto, ensina:

> A mediação legal mantém-se, mas a proibição de actuação administrativa *praeter legem* não pode prejudicar a actividade administrativa de aplicação directa dos preceitos constitucionais. Assim, por exemplo, a Administração não pode restringir, mas pode e deve, no âmbito das suas atribuições e competências, proteger, promover e até concretizar, na falta de lei específica, as normas relativas aos direitos, liberdades e garantias. Não é então uma actividade de execução da lei, mas de execução vinculada da Constituição[6].

---

6   ANDRADE, José Carlos Vieira de. *Os direitos fundamentais na Constituição portuguesa de 1976*. 2. ed. São Paulo: Almedina, 2001, p. 232.

É de se notar, então, que a oposição às prestações positivas sob o argumento da reserva do possível é de ser submetida ao princípio da razoabilidade, podendo o Judiciário promover o controle jurisdicional da omissão orçamentária, legal ou regulamentar, quando esta entrar em choque frontal com as normas constitucionais, ou revelar opção de gasto manifestamente desprovida de correlação entre motivos, meios e fins.

Adite-se que, sob o aspecto penal, o ordenador de despesa não comete nenhuma conduta penal típica. Primeiro porque a decisão judicial força a criação da dotação orçamentária; e em segundo, ainda que realize a despesa ao arrepio da Lei de Responsabilidade Fiscal, por exemplo, sua conduta será atípica por ausência de dolo, aplicando-se aqui a teoria do domínio final do fato, segundo a qual o autor é quem tem o poder de decisão sobre a realização do fato e, no caso, não há como descumprir o comando judicial, salvo, evidentemente, ordem manifestamente ilegal ou emanada por juiz absolutamente incompetente.

3.4. A possibilidade de tutela específica de caráter injuncional com base no art. 461 do Código de Processo Civil (atuais arts. 497, 500, 536, § 1º, e 537, *caput*, todos do NCPC)

Nosso ordenamento processual oferece a tutela processual adequada ao preenchimento da omissão regulamentar do Poder Executivo, em ordem a garantir a prestação positiva a quem dela necessitar concretamente.

No tempo e espaço dedicados para desenvolver o tema neste trabalho, existe, no entanto, a possibilidade constitucional de preenchimento, por parte do Judiciário, do vácuo regulamentar por meio de uma tutela específica injuncional para as hipóteses de obrigação de fazer prevista no art. 461 do Código de Processo Civil (atuais arts. 497, 500, 536, § 1º, e 537, *caput*, todos do NCPC).

O instituto do mandado de injunção oferece ao juiz de primeiro grau, no controle difuso da ausência ilegal de exercício do poder regulamentar, a tutela jurisdicional adequada para a concreção da lei já existente, porém carecida de executoriedade; aqui, a tutela jurisdicional integrará a lei dando concretude ao comando legal abstrato, tornando eficaz a prestação positiva requerida.

É que o instituto do mandado de injunção permite ao juiz de primeiro grau em controle difuso da ilegalidade decorrente da ausência de regulamentação de lei já existente (porém carente de executoriedade pela sua não integração por meio de ato administrativo normativo) conceder a tutela jurisdicional adequada para a concreção da prestação positiva pleiteada.

O art. 105, I, letra "h", da Constituição Federal, é expresso no sentido do cabimento de mandado de injunção, quando a elaboração da norma regulamentadora for atribuição de órgão, entidade ou autoridade federal, da Administração direta ou indireta, excetuados os casos de competência do Supremo Tribunal Federal e dos órgãos da Justiça Militar, da Justiça Eleitoral, da Justiça do Trabalho e da Justiça Federal.

Veja-se que o preenchimento, através do controle difuso da omissão regulamentar, se torna factível pela via da tutela específica de obrigação de fazer, sendo necessário, no entanto, extremado cuidado por parte do Judiciário no que tange à razoabilidade do que venha a ser determinado com base nas regras financeiras já aludidas, de molde a paralisar ou limitar o princípio da reserva do possível, diante do caso concreto.

A concessão de tutela injuncional não é novidade em nossa casuística forense, conforme se verifica dos julgados abaixo:

MANDADO DE INJUNÇÃO. APOSENTADO DA PREVIDÊNCIA SOCIAL. IMPETRAÇÃO CONTRA O SUPERINTENDENTE REGIONAL DO INSS. REVISÃO DO BENEFÍCIO: ARTS. 201 E 202 DA CF/88. **FALTA DE NORMA REGULAMENTADORA.** LEGITIMIDADE PASSIVA *AD CAUSAM*.

1. A autoridade contra a qual deve ser dirigido o mandado de injunção é aquela a quem compete ou competiria o deferimento da prerrogativa ou do direito assegurado pela Constituição, e não aquela à qual compete editar ou pôr em vigor a norma regulamentadora desse direito.

2. Caso em que o impetrante pretende seja compelido o superintendente regional do INSS a revisar seus proventos da aposentadoria de acordo com os arts. 201 e 202 da CF/88, tendo em vista a falta da lei regulamentadora ali prevista.

3. Na conformidade das normas já existentes, compete às superintendências regionais do INSS conceder, manter e revisar os benefícios devidos aos segurados do instituto e seus dependentes. Logo, é o superintendente regional parte legítima para figurar no polo passivo do mandado de injunção que busca a revisão de aposentadoria previdenciária segundo os critérios estabelecidos no art. 202 da Constituição.

4. Apelação provida. Sentença anulada, para que seja apreciado o mérito da impetração.

Parte I • Direito Constitucional

(TRF – 5ª Região, AC 8.469, Rel. Juiz Orlando Rebouças, DJ 17/05/91, p. 11.003)

MANDADO DE INJUNÇÃO: IMPETRAÇÃO EM FACE DO INSS – DIREITOS SOCIAIS: EFETIVAÇÃO – EQUIDADE: CRIAÇÃO DA REGRA COMPLEMENTAR PELO JUIZ.

Ementa do voto vencido:

Constitucional, Processual Civil e Previdência Social. Mandado de Injunção. Cabimento. Art. 5º, LXXI, da CF. Abrangência dos direitos sociais trabalhistas e previdenciários. Pertinência do emprego do remédio mandamental, mesmo se se trata de regra de eficácia plena, com subjetivação de direitos, como os dos arts. 201 e 202 da Carta Magna. Art. 202, § 1º: aposentadoria proporcional. **Necessidade de complementação normativa para a fixação da forma do cálculo da proporção: inviabilidade relativa do exercício de direito constitucionalmente assegurado. Alternativa do direcionamento do *injunction*:**

(a) em face do órgão competente para a expedição da regra viabilizadora;

(b) **edição da mesma pelo juiz, com base na equidade (art. 114 do CPC de 1939), em ação tendo como réu aquele obrigado a agir em favor do impetrante, como foi feito *in casu*, caminho rico, que afasta o mandado de injunção de ação de inconstitucionalidade por omissão, e evita que aquele se torne mera notificação.** Competência da Justiça Federal. Diferença entre as disposições dos arts. 102, I, *q*, e 105, I, *h,* da CF. Art. 184, § 2º, do Regimento Interno desta Corte Regional de Justiça. Sentença que fixou a forma de cálculo da proporção, confirmada em duplo grau obrigatório de jurisdição. Vogal: Des. Federal D´Andrea Ferreira. MI 920202708-0/RJ, 2ª Turma. Julgamento: 02/02/94[7].

Evidente que o Poder Executivo, para o convívio com a decisão regulamentadora, poderá dela recorrer e até com sucesso, em vista do perfil conservador do Poder Judiciário, ou adequar-se a ela, valendo-se de instrumentos como a dispensa ou inexigibilidade de licitação, contratação de pessoal por tempo determinado, ocupação temporária e mesmo desapropriação por interesse social, que podem ser

---

7   In: FERREIRA, D´Andrea. *O controle da administração pública pelo judiciário*. Rio de Janeiro: Renovar, 1998, p. 354.

de enorme eficiência e eficácia no cumprimento da decisão judicial ou adaptação aos seus efeitos.

Não se está advogando aqui a possibilidade de, por exemplo, em sede de ação pública, obrigar-se um Município a fazer vinte escolas e contratar dois mil professores no prazo de seis meses sob pena de multa milionária, mas a factibilidade de, independentemente de existência de dotação orçamentária específica, determinar-se a matrícula de menor carente de seis anos de idade em escola particular às expensas do Município, o que tem um impacto infinitamente menor e, ao mesmo tempo, atender-se à preservação do comando constitucional do art. 208, IV, da Constituição Federal.

Guiará o magistrado o princípio da razoabilidade, ponderando o fato (motivos), o fim a ser atingido e, principalmente, a adequação do meio a ser determinado por via do comando injuncional específico, para que não se cometam desatinos, com o inevitável descrédito da proposta aqui defendida da relativização do princípio da reserva do possível por intermédio do exercício do poder injuncional do juiz na aplicação das regras infraconstitucionais do ordenamento financeiro.

Nesse sentido, o princípio da reserva do possível deverá ser ponderado com as regras de Direito Financeiro veiculadoras do direito material de rearranjo das dotações orçamentárias, colmatando eventual vácuo regulamentar que frustre ou iniba a regular fruição de direitos fundamentais garantidos pela ordem constitucional.

O argumento, já maltrapilho, de que não se pode "desorganizar" as finanças públicas, deve ser confrontado com outro, o de que o princípio da dignidade da pessoa humana não tolera uma sociedade de maltrapilhos com finanças públicas "organizadas" pela corrupção e pelo completo desrespeito pelos direitos humanos.

3.5. Referências

ANDRADE, José Carlos Vieira de. *Os direitos fundamentais na Constituição portuguesa de 1976.* 2. ed. São Paulo: Almedina, 2001.

BARCELLOS, Ana Paula. *A eficácia jurídica dos princípios constitucionais. O princípio da dignidade da pessoa humana.* Rio de Janeiro: Renovar, p. 236/237.

FERREIRA, D'Andrea. *O controle da administração pública pelo judiciário.* Rio de Janeiro: Renovar, 1998.

GOUVÊA, Marcos Masilli. *O controle judicial das omissões administrativas.* Rio de Janeiro: Forense, 2003.

SARLET, Ingo. *A eficácia dos direitos fundamentais.* Porto Alegre: Liv do Advogado, 2003.

TORRES, Ricardo Lobo. *Tratado de direito constitucional financeiro e tributário.* 2. ed. Rio de Janeiro: Renovar, 2000, p. 61. v. V.

Capítulo 4

Recensão – *Teoria dos Princípios*, de Humberto Ávila

> **SUMÁRIO: 4.1.** Distinções preliminares. **4.2.** Descrição, construção e reconstrução. **4.3.** Panorama da evolução da distinção entre princípios e regras. **4.4.** Critérios usuais de distinção entre princípios e regras. **4.5.** Análise crítica. **4.6.** Critério do modo final de aplicação. **4.7.** Critério do conflito normativo. **4.8.** Proposta de dissociação entre princípios e regras. **4.9.** Critérios da dissociação. **4.10.** Proposta conceitual das regras e dos princípios. **4.11.** Diretrizes para análise de princípios. **4.12.** Postulados normativos. **4.13.** Diretrizes para análise dos postulados normativos aplicativos. **4.14.** Espécies de postulado. **4.15.** Postulados inespecíficos. **4.16.** Postulados específicos.

4.1. Distinções preliminares

Texto e norma

Normas não são textos, mas os sentidos construídos a partir da interpretação sistemática de textos normativos. Os dispositivos se constituem no objeto da interpretação, e as normas, no seu resultado.

Não existe correspondência necessária entre dispositivo e norma, i.e, onde houver um não terá obrigatoriamente de haver o outro.

4.2. Descrição, construção e reconstrução

A função da ciência do Direito é mera descrição do significado (comunicação de uma informação, conhecimento de um texto, intenção do autor).

O significado não é algo incorporado ao conteúdo das palavras, algo que depende de seu uso e interpretação.

A interpretação não se caracteriza como um ato de descrição de um significado previamente dado, mas como um ato de decisão que constitui a significação e os sentidos de um texto.

O intérprete não atribui o significado correto aos termos legais. Ele constrói exemplos de uso da linguagem ou versões de significado – sentidos – já que a linguagem nunca é algo pré-dado, mas algo que se concretiza no uso, ou melhor, com o uso.

O intérprete não descreve o significado previamente existente dos dispositivos, mas constitui esses significados, daí por que não se pode considerar a ideia de que a aplicação do Direito envolve uma atitude de conceitos prontos antes mesmo do processo de aplicação.

Existem, entretanto, significados mínimos, constatáveis antes do processo de interpretação. O significado depende do uso, mas ele não surge apenas com o uso específico e individual. Termos como: vida, morte, mãe, antes e depois apresentam significados que não precisam ser fundamentados a toda nova situação. Eles atuam como condições dadas da comunicação.

O intérprete não só constrói, mas reconstrói o sentido. Interpretar é construir a partir de algo, por isso significa reconstruir.

O Judiciário e a ciência do Direito constroem significados, mas enfrentam limites cuja desconsideração cria um descompasso entre a previsão constitucional e o direito constitucional concretizado, v.g. – provisória, 30 dias, "todos os recursos", ampla defesa. Não se pode menosprezar os sentidos mínimos.

É preciso substituir a convicção de que o dispositivo identifica-se com a norma, pela constatação de que o dispositivo é o ponto de partida da interpretação; a função do intérprete não é meramente descrever significados, mas reconstruir sentidos, concretizando o ordenamento jurídico diante do caso concreto.

O ordenamento estabelece realização de fins, a preservação desses valores, e a realização ou busca de determinados bens jurídicos essenciais à realização daqueles fins e à preservação desses valores.

A interpretação é atividade de reconstrução: o intérprete deve interpretar os dispositivos constitucionais de modo a explicitar suas versões de significados de acordo com os fins e os valores entremostrados na linguagem constitucional.

A qualificação de determinadas normas como princípio ou regras depende da colaboração constitutiva do intérprete.

4.3. Panorama da evolução da distinção entre princípios e regras

ESSER: Princípios são normas que estabelecem fundamentos para que determinado mandamento seja encontrado.

LARENZ: Princípios estabelecem fundamentos normativos para interpretação e aplicação do Direito; deles decorrendo, direta ou indiretamente, normas de comportamento. São pensamentos diretivos. Não são regras suscetíveis de aplicação, pois faltam-lhes caráter de proposição jurídica, i.e, a conexão entre uma hipótese de incidência e uma consequência jurídica.

CANARIS: Princípios possuem conteúdo axiológico explícito e carecem, por isso, de regras para sua concretização. Os princípios (ao contrário das regras) recebem seu conteúdo de sentido somente por meio de um processo dialético de complementação e limitação.

DWORKIN: Regras são aplicadas no modo do tudo ou nada. Se a hipótese de incidência de uma regra é preenchida; ou é a regra válida e a consequência normativa deve ser aceita, ou ela não é considerada válida. No caso de colisão de regras, uma delas deve ser considerada inválida.

Os princípios, ao contrário, não determinam a decisão mas contêm fundamentos que devem ser congregados com fundamentos de outros princípios. Os princípios, ao contrário das regras, possuem uma dimensão de peso demonstrável na hipótese de colisão entre princípios, caso em que o de maior peso se sobrepõe ao outro sem que perca sua validade. Aqui a distinção não é de grau, mas uma diferenciação quanto à estrutura lógica, baseada em critérios classificatórios, em vez de comparativos. A distinção se baseia no modo de aplicação e no relacionamento normativo, estremando as duas espécies normativas.

ALEXY: Princípios jurídicos consistem apenas em uma espécie de normas jurídicas por meio da qual são estabelecidos deveres de otimização aplicáveis em vários graus, segundo as possibilidades normativas e fáticas.

Na colisão de princípios, um não prevalece sobre o outro; estabelece-se uma ponderação entre os princípios colidentes, em função da qual um deles, em determinadas circunstâncias concretas, recebe a prevalência.

Os princípios possuem peso, mas não determinam as consequências normativas de forma direta, ao contrário das regras.

A ponderação dos princípios conflitantes é resolvida mediante a criação de regras de prevalência, o que faz com que os princípios, desse modo, sejam aplicados também no modo do tudo ou nada. Essa espécie de tensão e o modo como ela é resolvida é o que distingue os princípios das regras: no conflito entre regras é preciso verificar se a regra está dentro ou fora de determinada ordem jurídica (problema do dentro ou fora), o conflito entre princípios já se situa no interior desta mesma ordem (teoria da colisão).

Alexy define os princípios como deveres de otimização aplicáveis em vários graus segundo as possibilidades normativas e fáticas.

No caso de colisão entre princípios a solução não é da prevalência de um sobre o outro, mas de ponderação entre princípios colidentes, em função da qual um deles, em determinadas circunstâncias concretas, recebe a prevalência.

Aplica-se, neste caso, a cláusula de reserva: "se no caso concreto um outro princípio não obtiver maior peso".

Para Alexy, a distinção entre princípios e regras não pode ser baseada no modo tudo ou nada (Dworkin), mas deve resumir-se a dois fatores:

- diferença quanto à colisão: os princípios têm sua realização normativa limitada reciprocamente; ao contrário das regras, cuja colisão é solucionada com a declaração de invalidade de uma delas ou com a abertura de uma exceção que exclua a antinomia;
- diferença quanto à obrigação que instituem: as regras instituem obrigações absolutas, enquanto os princípios instituem obrigações *prima facie*, na medida em que podem ser superadas ou derrogadas em função dos outros princípios colidentes.

4.4. Critérios usuais de distinção entre princípios e regras

- Critério do caráter hipotético-condicional: regras possuem uma hipótese e consequência que predeterminam a decisão, sendo aplicadas ao modo "se, então"; enquanto os princípios apenas indicam o fundamento a ser utilizado pelo aplicador para, futuramente, encontrar a regra para o caso concreto.
- Critério do modo final de aplicação: regras são aplicadas de modo absoluto ("tudo ou nada") e os princípios são aplicados de modo gradual ("mais ou menos").
- Critério do relacionamento normativo: fundamenta-se na ideia de que a antinomia entre as regras consubstancia conflito solucionável pela exceção ou declaração de invalidade, ao passo que os princípios imbricam-se,

solucionando o conflito mediante ponderação que atribua uma dimensão de peso a cada um deles.

- Critério do fundamento axiológico: considera os princípios, ao contrário das regras, como fundamentos axiológicos para a decisão a ser tomada.

- Critério de distinção entre princípios e regras: critério do "caráter hipotético-condicional". Conteúdo. Regras possuem uma hipótese e uma consequência; os princípios apenas indicam o fundamento a ser utilizado pelo aplicador.

4.5. Análise crítica

Regra – elemento frontalmente descritivo.

Princípio – diretriz.

O conteúdo normativo de qualquer norma (regra/princípio) depende de possibilidades normativas e fáticas a serem verificadas no processo de aplicação.

Algumas normas qualificáveis, por esse critério, como princípios, podem ser reformuladas de modo hipotético.

A existência de hipótese depende mais do modo de formulação do que propriamente de uma característica atribuível empiricamente a apenas uma categoria de normas.

Ocorre uma confusão entre dispositivo e norma e uma transposição de atributos dos enunciados formulados pelo legislador para os enunciados formulados pelo intérprete.

Mesmo que o dispositivo tenha sido formulado pelo Legislativo de modo hipotético, isso não quer dizer que não possa ser visto pelo intérprete como princípio.

O intérprete mede a intensidade da relação entre o dispositivo interpretado e os fins e valores que lhes são sobrejacentes, podendo fazer a interpretação de um dispositivo hipoteticamente formulado como regra ou princípio. Tudo dependerá das conexões valorativas que, por meio da argumentação, o intérprete intensifica ou deixa de intensificar e da finalidade que entende que deva ser alcançada (ex.: Princípio da Legalidade Tributária).

Enfim, o qualificativo de princípio ou de regra depende do uso argumentativo, e não da estrutura hipotética.

O ponto decisivo não é, pois, a ausência da prescrição de comportamento e de consequências no caso dos princípios, mas o tipo da prescrição de comportamento e de consequências, o que é algo diverso.

4.6. Critério do modo final de aplicação

Conteúdo

Regras são aplicadas de modo absoluto (tudo ou nada), ao passo que os princípios, de modo gradual (mais ou menos).

O modo de aplicação não está determinado no texto objeto de interpretação, mas é decorrente de conexões axiológicas que são construídas pelo intérprete. Muitas vezes o caráter absoluto da regra é completamente modificado depois da consideração de todas as circunstâncias do caso.

A característica específica das regras (implementação de consequências predeterminadas) só pode surgir após a sua interpretação.

Os princípios são normas que geram para a argumentação razões substanciais ou razões finalísticas. As regras geram para a argumentação razões de correção ou razões autoritativas.

É o modo como o intérprete justifica a aplicação dos significados preliminares dos dispositivos, se frontalmente finalístico ou comportamental, que permite o enquadramento numa ou noutra espécie normativa.

4.7. Critério do conflito normativo

Conteúdo

A antinomia entre as regras consubstancia verdadeiro conflito, a ser solucionado com a declaração de invalidade de uma delas ou com a criação de uma exceção; ao passo que o relacionamento entre os princípios consiste num imbricamento a ser decidido mediante uma ponderação que atribui uma dimensão de peso a cada um deles.

Análise crítica

Não é apropriado afirmar que a ponderação é método privativo de aplicação dos princípios, nem que os princípios possuem uma dimensão de peso.

A ponderação não é método privativo de aplicação dos princípios.

A atividade de ponderação ocorre na hipótese de regras que abstratamente convivem, mas concretamente podem entrar em conflito.

Em alguns casos as regras entram em conflito sem que percam sua validade, e a solução para o conflito depende da atribuição de peso maior a uma delas.

Somente mediante a ponderação de razões pode-se decidir se o aplicador deve abandonar os elementos da hipótese de incidência da regra em busca dos seus fundamentos, nos casos em que existe uma discrepância entre eles.

A ponderação diz respeito tanto aos princípios quanto às regras, na medida em que qualquer norma possui um caráter provisório que poderá ser ultrapassado por razões havidas como mais relevantes pelo aplicador decorrente do caso concreto. O tipo de ponderação é que é diverso.

Também não é coerente afirmar que somente os princípios possuem uma dimensão de peso. A aplicação das regras exige o sopesamento de razões, cuja importância será atribuída pelo aplicador. A dimensão axiológica não é privativa dos princípios, mas elemento integrante de qualquer norma jurídica, v.g., as interpretações extensiva e restritiva, onde há relacionamento, ampliação ou restrição do sentido das regras em função de valores e fins que elas visam a resguardar.

A dimensão de peso (atribuído aos princípios) não é algo que já esteja incorporado a um tipo de norma. As normas não regulam sua própria aplicação; às razões e aos fins aos quais eles fazem referência é que deve ser atribuída dimensão de importância.

A dimensão de importância é a qualidade das razões e dos fins a que eles fazem referência, cuja importância concreta é atribuída pelo aplicador.

A dimensão de peso não é atributo empírico dos princípios, mas resultado de juízo valorativo do aplicador.

Não são as normas jurídicas que determinam, em absoluto, quais são os elementos que deverão ser privilegiados em detrimento de outros, mas os aplicadores, diante do caso concreto.

A dimensão de peso desse ou daquele elemento não está previamente decidida pela sua estrutura normativa, mas é atribuída pelo aplicador diante do caso concreto.

O Poder Judiciário pode desprezar os limites textuais ou restringir o sentido usual de um dispositivo. A consideração ou não de circunstâncias específicas não está predeterminada pela estrutura da norma, mas depende do uso que dela se faz.

Em razão de sua dimensão de peso, os princípios são definidos como deveres de otimização, porque seu conteúdo deve ser aplicado na máxima medida.

Nem sempre é assim, sendo necessário verificar quais as espécies de colisão existentes entre os princípios, posto que eles não se relacionam de uma só maneira.

Os princípios determinam fins sem estipular os meios e, no caso de entrecruzamento entre dois princípios, várias hipóteses podem ocorrer.

1º A realização do fim instituído por um princípio leva à realização do fim estipulado pelo outro (princípios interdependentes).

Exemplo: Princípio do Estado de Direito e Princípio da Segurança jurídica = não há limitação recíproca entre princípios, mas reforço entre eles. Não há o dever de realização na máxima medida, mas na medida necessária.

2º Princípios que apontam para finalidades alternativamente excludentes – Princípio da Liberdade de Informação × Princípio da Proteção da Esfera Privada. A colisão entre eles só pode ser solucionada com a rejeição de um.

3º A realização do fim de um princípio leva apenas à realização de parte do fim estipulado pelo outro (princípios parcialmente imbricados). Neste caso ocorrem limitação e complementação recíprocas de sentido na parte objeto de imbricamento.

4º Realização do fim instituído por um princípio não interfere na realização do fim estipulado pelo outro. Hipóteses de princípios que determinam a promoção de fins indiferentes entre si.

A diferença entre princípios e regras não está no fato de que as regras devem ser aplicadas no todo e os princípios, só na medida máxima. Ambos devem ser aplicados de tal modo que seu conteúdo de dever-ser seja realizado totalmente. Tanto as regras quanto os princípios possuem o mesmo conteúdo de dever-ser.

A única distinção é quanto à determinação da prescrição de conduta que resulta da sua interpretação: os princípios não determinam diretamente (por isso *prima facie*), apenas estabelecem fins normativos relevantes; nas regras o comportamento já está previsto frontalmente pela norma.

Os princípios não são, eles próprios, mandados de otimização. Mandado consiste numa proporção normativa sobre os princípios, e, como tal, atua como uma regra (norma hipotética – condicional) [um mandado de otimização não pode ser aplicado mais ou menos. Ou se otimiza ou não se otimiza].

Um mandado de otimização diz respeito, portanto, ao uso de um princípio: o conteúdo de um princípio deve ser otimizado no procedimento de ponderação. Há diferenças entre comandos para otimizar e comandos para serem otimizados (Alexy).

4.8. Proposta de dissociação entre princípios e regras

Fundamentos

Dissociação justificante

Os princípios remetem o intérprete a valores e a diferentes modos de promover resultados.

Embora os valores dependam de avaliação subjetiva, tal não impossibilita o encontro de comportamentos que sejam obrigatórios em decorrência da positivação de valores, nem a incapacidade de distinguir entre a aplicação racional e a utilização irracional desses valores.

Modos opostos de investigação dos princípios jurídicos:

- análise de modo a exaltar os valores por eles protegidos;
- investigação que privilegie o exame da sua estrutura.

Dissociação abstrata

Finalidades fundamentais para distinção das categorias normativas (princípios e regras).

Antecipar características das espécies normativas de modo que o intérprete ou o aplicador, encontrando-as, possa ter facilitado seu processo de interpretação e aplicação do Direito.

Aliviar o ônus de argumentação do aplicador do Direito, na medida em que a uma qualificação das espécies normativas permite minorar a necessidade de fundamentação, pelo menos indicando o que deve ser justificado.

Dissociação heurística (método de perguntas e respostas para solução de problemas)

As normas são constituídas pelo intérprete a partir dos dispositivos e do seu significado usual. A distinção entre princípios e regras funciona como modelo ou hipótese provisória de trabalho para uma reconstrução de conteúdos normativos, sem, no entanto, assegurar qualquer procedimento estritamente dedutivo de fundamentação ou de decisão a respeito desses conteúdos.

Dissociação em alternativas inclusivas

Admite-se a coexistência das espécies normativas em razão de um mesmo dispositivo. Um ou mais princípios podem funcionar para construção de regras, princípios e postulados.

A classificação que acolhe alternativas inclusivas permite que os dispositivos possam gerar, simultaneamente, mais de uma espécie normativa: regra (comportamental), princípio (finalística) e postulado (metódica), v.g., legalidade tributária – art. 150, I, da Constituição Federal.

4.9. Critérios da dissociação

Critério da natureza do comportamento prescrito

Regras são normas imediatamente descritivas que estabelecem obrigações, permissões e proibições mediante a descrição da conduta a ser adotada – há previsão de comportamento.

Princípios são normas imediatamente finalísticas, já que estabelecem um estado de coisas para cuja realização é necessária a adoção de determinados comportamentos – determinam a realização de um fim relevante.

Princípios estabelecem um estado ideal de coisas a ser atingido. Estado de coisas é uma situação qualificada por determinadas qualidades. Transforma-se em fim quando alguém aspira conseguir, gozar ou possuir as qualidades presentes naquela situação.

Possuem caráter deôntico-teleológico: *deôntico,* porque estipulam razões para a existência de obrigações, permissões ou proibições; *teleológico*, porque as obrigações, permissões e proibições decorrem dos efeitos de determinado comportamento que preservam ou promovem determinado estado de coisas. São normas do que deve ser.

Regras são normas mediatamente finalísticas e estabelecem indiretamente fins e maior exatidão para o comportamento devido, daí dependerem menos da sua relação com outras normas.

Possuem caráter deôntico-deontológico – *deôntico*, porque estipulam razões para a existência de obrigações, permissões ou proibições; *deontológico*, porque indicam o que deve ser feito, são normas do-que-fazer.

A distinção entre princípio e regra é centrada na proximidade de sua relação, imediata ou mediata, com fins que devem ser atingidos e com condutas que devem ser adotadas.

Saberá o aplicador, de antemão, que princípios e regras fazem referência a fins e condutas: regras, a fins devidos, princípios, a condutas necessárias.

Critério da natureza da justificação exigida

A interpretação e a aplicação das regras exigem avaliação da correspondência entre a construção conceitual dos fatos e a construção conceitual da norma e da finalidade que lhe dá suporte; as dos princípios demandam avaliação da correlação entre o estado de coisas posto como fim e os efeitos decorrentes da conduta havida como necessária.

Se a construção conceitual do fato, embora corresponda à construção conceitual da descrição normativa, não se adequar à finalidade que lhe dá suporte ou for superável por outras razões, o ônus argumentativo é muito maior. Casos difíceis: proibição de animais em vans não pode atingir o cão de guia para cegos.

Quando há uma divergência entre o conteúdo semântico de uma regra (entrada de cães nas vans) e a justificação que a suporta (segurança do trânsito), o intérprete, em casos excepcionais e justificáveis, termina analisando razões para adaptar o conteúdo da própria regra.

É necessário ponderar a razão geradora da regra com as razões substanciais para o seu não cumprimento, diante de determinadas circunstâncias, com base na finalidade da própria regra ou em outros princípios.

O traço distintivo das regras não é o modo absoluto de cumprimento, mas o modo como podem deixar de ser aplicadas integralmente – o que é diferente.

É de ver que as regras têm caráter retrospectivo (descrevem uma situação de fato conhecida pelo legislador) ao passo que os princípios possuam caráter prospectivo, já que determinam um estado de coisas a ser constituído.

Quadro esquemático

	Princípios	Regras
Dever Imediato	Promoção de um estado ideal de coisas.	Adoção da conduta descrita.
Dever Mediato	Adoção da conduta descrita.	Manter fidelidade à finalidade e aos princípios superiores.
Justificação	Correlação entre efeitos da conduta e o estado de coisas.	Correspondência entre o conceito da norma e o conceito do fato.
Pretensão de decidibilidade	Ocorrência e parcialidade.	Exclusividade e abrangência.

4.10. Proposta conceitual das regras e dos princípios

Regras são normas imediatamente descritivas, primariamente retrospectivas e com pretensão de decidibilidade e abrangência, para cuja aplicação se exige a avaliação da correspondência, sempre centrada na finalidade que lhes dá suporte ou nos princípios que lhes são axiologicamente sobrejacentes, entre a construção conceitual da descrição normativa e a construção conceitual dos fatos.

Princípios são normas imediatamente finalísticas, primariamente prospectivas e com pretensão de complementaridade e de parcialidade, para cuja aplicação se demanda uma avaliação da correlação entre o estado de coisas a ser promovido e os efeitos decorrentes da conduta havida como necessária à sua promoção.

Princípios se situam no plano deontológico, estabelecendo a adoção de condutas necessárias à promoção gradual de um estado de coisas e os valores situam-se no plano axiológico ou meramente teleológico e apenas atribuem uma qualidade positiva a determinado elemento.

4.11. Diretrizes para análise de princípios

Como saber quais as condições que compõem o estado ideal de coisas a ser buscado – quais são os comportamentos necessários a essa realização?

Para a investigação dos princípios deve ser considerado que estes são *normas finalísticas* que exigem a *delimitação de um estado ideal de coisas* a ser buscado por meio de *comportamentos necessários* a essa realização.

- Especificação dos fins ao máximo: quanto menos específico for o fim, menos controlável será sua realização.

É preciso trocar o fim vago pelo fim específico: (1) ler a Constituição Federal com atenção específica aos dispositivos relacionados ao princípio objeto de análise; (2) relacionar os dispositivos em função dos princípios fundamentais; (3) tentar diminuir a vagueza dos fins por meio da análise das normas constitucionais que possam, direta ou indiretamente, restringir o ângulo de aplicação do princípio.

- Pesquisa de casos paradigmáticos que possam iniciar esse processo de esclarecimento das condições que compõem o estado ideal de coisas a ser buscado pelos comportamentos necessários à sua realização.

É preciso substituir o fim vago por condutas necessárias à sua realização: (1) investigar a jurisprudência na base de casos paradigmáticos exemplares; (2) investigar a íntegra dos acórdãos escolhidos; (3) verificar, em cada caso, quais foram os comportamentos havidos como necessários à realização do princípio objeto de análise.

- Exame, nos casos, das similaridades capazes de possibilitar a legitimação de quais são os bens jurídicos que compõem o estado ideal de coisas e quais são os comportamentos considerados necessários à sua realização.

Troca-se a busca de um ideal pela realização de um fim concretizável: (1) analisar a existência de critérios que permitam definir, também para outros casos, quais são os comportamentos necessários para a realização de um princípio; (2) expor os critérios que podem ser utilizados e os fundamentos que levam à sua adoção.

- Realização de percurso inverso: descobertos o estado de coisas e os comportamentos necessários à sua promoção, torna-se necessária a verificação da existência de outros casos que deveriam ter sido decididos com base no princípio em análise.

- Superar a mera exaltação de valores em favor de uma delimitação progressiva e racionalmente sustentável de comportamentos necessários à realização dos fins postos pela Constituição Federal.

4.12. Postulados normativos

Modo como o dever de promover a realização de um estado de coisas deve ser aplicado.

Está no âmbito das metanormas, e não das normas. Estabelecem a estrutura de aplicação de outras normas, princípios e regras. Eles permitem verificar os casos em que há violação às normas cuja aplicação estruturam. Só por elipse (omissão de uma ou mais palavras que se subentendem) é que se pode afirmar que são violados os postulados da razoabilidade, proporcionalidade ou da eficiência. A rigor, violadas são as normas – princípios e regras – que deixaram de ser devidamente aplicadas.

Os postulados normativos situam-se num plano distinto daquele das normas cuja aplicação estruturam, e sua violação consiste na não interpretação de acordo com sua estruturação. São metanormas (normas de 2º grau).

Os postulados normativos não funcionam como qualquer norma que fundamenta a aplicação de outras normas, como ocorre com os sobreprincípios, como o princípio do estado do direito ou do devido processo legal. Esses sobreprincípios situam-se no próprio nível das normas que são objeto de aplicação, e não no nível das normas que estruturam a aplicação de outras. Os sobreprincípios funcionam como fundamento, formal e material, para a instituição e atribuição de sentido às normas hierarquicamente inferiores, ao passo que os postulados normativos funcionam como estrutura para aplicação de outras normas.

Ter-se os postulados como deveres estruturantes da aplicação de outras normas implica na questão de saber se eles podem ser considerados princípios ou regras.

O funcionamento dos postulados difere muito dos princípios e regras.

Os princípios são normas que impõem a promoção de um estado ideal de coisas por meio da prescrição indireta de comportamentos, ao passo que os postulados não impõem a promoção de um fim, mas estruturam a aplicação do dever de promover um fim e, ainda, não prescrevem indiretamente comportamentos, mas modos de raciocínio e argumentação relativamente a normas que imediatamente prescrevem comportamentos.

As regras são normas imediatamente descritivas de comportamentos devidos ou atributivas de poder, ao passo que os postulados não descrevem comportamentos, mas estruturam a aplicação de normas que o fazem.

Os postulados de razoabilidade e proporcionalidade, v.g., não exigem do aplicador uma mera atitude subsuntiva. Eles demandam a ordenação e a relação entre vários elementos (meio e fim, critério e medida; regra geral e caso individual), e não um mero exame de correspondência de fato.

4.13. Diretrizes para análise dos postulados normativos aplicativos

Considerando a definição de postulados como normas estruturantes da aplicação de princípios e regras, são os seguintes os passos para sua investigação.

- Necessidade de levantamento de casos cuja solução tenha sido tomada com base em algum postulado normativo.

- Análise de fundamentação das decisões para verificação dos elementos ordenados e da forma como foram relacionados entre si.

Exemplo: a razoabilidade é usada na aplicação da igualdade para exigir uma relação de congruência entre o critério distintivo da medida discriminatória. Elementos analisados: critério e medida.

- Investigação das normas que foram objeto de aplicação e dos fundamentos utilizados para a escolha de determinada aplicação.

Como os postulados são deveres que estruturam a aplicação de normas jurídicas, deve-se analisar quais as normas que foram objeto de aplicação e qual a fundamentação da decisão, v.g: o postulado da proporcionalidade exige que as medidas adotadas pelo Poder Público sejam adequadas, necessárias e proporcionais em sentido estrito.

Devem ser verificados os elementos ou grandezas que foram manipulados e encontrar os motivos que levaram os julgadores a entender existentes ou inexistentes determinadas relações entre eles.

- Realização do percurso inverso: descoberta a estrutura exigida na aplicação do postulado, verifica-se a existência de outros casos que deveriam ter sido decididos com base nele.

4.14. Espécies de postulado

Postulados normativos são deveres estruturais, i.e, deveres que estabelecem a vinculação entre elementos e impõem determinada relação entre eles.

Postulados inespecíficos

Alguns postulados são aplicáveis independentemente dos elementos que serão objeto de relacionamento. São meras ideias gerais, despidas de critérios orientadores da aplicação.

Postulados específicos

Dependem da existência de determinados elementos e são pautados por determinados critérios.

4.15. Postulados inespecíficos

Ponderação

A ponderação de bens consiste em método destinado a atribuir pesos a elementos que se entrelaçam, sem referência a pontos de vista materiais que orientem esse sopesamento. É preciso estruturar a ponderação com a inserção de critérios.

A ponderação como mero método ou ideia geral despida de critérios formais e materiais é muito mais ampla que os postulados de proporcionalidade e da razoabilidade.

Importa separar os elementos que são objeto de ponderação, os quais, ainda que sejam relacionados entre si, podem ser dissociados.

- **Bens jurídicos:** são situações, estados ou propriedades essenciais à promoção dos princípios jurídicos, v.g., o princípio da livre-iniciativa pressupõe liberdade de escolha e autonomia. Liberdade e autonomia são bens jurídicos protegidos pelo princípio da livre-iniciativa.
- **Interesses:** são os próprios bens jurídicos na sua vinculação com algum sujeito que os pretende obter.
- **Valores:** constituem o aspecto axiológico das normas, na medida em que indicam que algo é bom e, por isso, digno de ser buscado e preservado, v.g., a liberdade é um valor, por isso deve ser buscada e preservada.
- **Princípios:** constituem aspecto deontológico dos valores, pois demonstram que algo vale a pena ser buscado e que esse estado de coisa deve ser promovido.

Na ponderação, todos os elementos acima referidos são dignos de ser objeto de sopesamento, importante é conhecer a sutil diferença entre eles.

Sejam quais forem os elementos objeto de ponderação pode-se evoluir para uma ponderação intensamente estruturada com a aplicação dos postulados específicos e, para tanto, algumas etapas são fundamentais.

Preparação da ponderação

Devem ser analisados todos os elementos e argumentos, o mais exaustivamente possível, para que fique claro o que, precisamente, está sendo objeto de sopesamento.

Realização da ponderação

Aqui se vai fundamentar a relação estabelecida entre os elementos objetos de sopesamento. No caso de princípios, a ponderação deve indicar a relação de primazia entre um e outro.

Reconstrução da ponderação

Mediante a formulação de regras de relação, inclusive de primazia entre os elementos objetos de sopesamento, com a pretensão de validade para além do caso.

Concordância prática

Finalidade que deve direcionar a ponderação: o dever de realização máxima de valores que se imbricam. Este postulado surge da coexistência de valores que apontam total ou parcialmente para sentidos contrários. Há o dever de buscar uma síntese dialética entre as normas imbricadas, com a finalidade de encontrar uma otimização entre os valores em conflito.

Proibição de excesso

A promoção das finalidades constitucionalmente postas possui, porém, um limite, que é fornecido pelo postulado da proibição de excesso, que proíbe a restrição excessiva de qualquer direito fundamental. Deve ser investigado separadamente do postulado da proporcionalidade, posto que sua aplicação não pressupõe a existência de uma relação de causalidade entre um meio e um fim. O postulado de proibição de excesso depende, unicamente, de estar um direito fundamental sendo excessivamente restringido, retirando-lhe um mínimo de eficácia.

Nenhuma medida pode restringir excessivamente um direito fundamental sejam quais forem as razões que a motivem. Daí se falar em proibição de excesso separadamente do postulado da proporcionalidade.

Para compreender a distinção entre a proporcionalidade e a proibição de excesso é preciso verificar que a primeira gira num âmbito a partir do qual o núcleo essencial do princípio fundamental restringido está preservado.

A promoção de uma finalidade pública de grau 1 não justifica uma restrição a um princípio fundamental equivalente ao grau 4. A medida, nessa hipótese, seria desproporcional em sentido estrito. A proibição de excesso apenas indicaria, por suposição, que nenhuma restrição poderia equivaler ao grau 5, pois ele representaria o anel central não passível de invasão, independentemente da sua finalidade justificativa e do grau de intensidade da sua realização.

4.16. Postulados específicos

Igualdade

Pode funcionar como regra, prevendo a proibição de tratamento discriminativo, como princípio, instituindo um estado igualitário com o fim a ser promovido e como postulado, estruturando a aplicação do Direito em função de elementos (critério de diferenciação e finalidade da distinção) e da relação entre eles (congruência do critério em razão do fim).

A concretização do princípio da igualdade depende do critério-medida objeto de diferenciação. As pessoas passam a ser iguais ou diferentes de acordo com um critério, dependendo da finalidade a que ele serve (idade, sexo, capacidade, economia etc.).

A aplicação da igualdade depende de um critério diferenciador e de um fim a ser alcançado.

Fins diversos levam à utilização de critérios distintos porque alguns são adequados à realização de determinados fins, outros não.

Fins diversos conduzem a medidas diferentes de controle.

Como postulado, sua violação reconduz a uma violação de alguma norma jurídica. A violação da igualdade implica a violação de algum princípio fundamental.

Razoabilidade

Generalidades

Estrutura a aplicação de outras normas, princípios e regras (notadamente regras).

Reconstruindo os critérios implicitamente utilizados pelo STF, o autor chegou às seguintes conclusões:

- a razoabilidade é utilizada como diretriz que exige a relação das normas gerais com as individualidades do caso concreto, mostrando qual a perspectiva da norma que deve ser aplicada ou indicando em quais hipóteses o caso individual deixa de se enquadrar na norma geral;
- é empregada como diretriz que exige uma vinculação das normas jurídicas com o mundo ao qual elas fazem referência, reclamando suporte empírico e adequado a qualquer ato jurídico ou demandando uma relação congruente entre a medida adotada e o fim que ela pretende atingir;
- é utilizada como diretriz que exige a relação de equivalência entre duas grandezas.

Tipologia

Razoabilidade como equidade

Harmonização da norma geral com o caso individual. Impõe, na aplicação das normas jurídicas, a consideração daquilo que normalmente acontece.

A razoabilidade atua como instrumento para determinar que as circunstâncias de fato devem ser consideradas com a presunção de estarem dentro da normalidade. Atua na interpretação dos fatos descritos em regras jurídicas. Exige determinada interpretação como meio de preservar a eficácia de princípios axiologicamente sobrejacentes. Interpretação diversa das circunstâncias de fato levaria à restrição de algum princípio constitucional, como, v.g., o devido processo legal.

A razoabilidade exige a consideração ao aspecto individual do caso nas hipóteses em que ele é sobremodo desconsiderado pela generalização legal. Em determinados casos, a norma geral não pode ser aplicável por se tratar de caso anormal. Nem toda norma incidente é aplicável. É preciso diferenciar a aplicabilidade de uma regra da satisfação das condições previstas em sua hipótese. Uma regra não é aplicável somente porque as condições previstas em sua hipótese são satisfeitas. Uma regra é aplicável a um caso se, e somente se, suas condições são satisfeitas e sua aplicação não é excluída pela razão motivadora da própria regra ou pelo princípio que institua uma razão contrária.

A natureza da equidade consiste em ser um corretivo da lei quando e onde ela é omissa, por ser geral.

A razoabilidade serve de instrumento metodológico para demonstrar que a incidência da norma é condição necessária, mas não suficiente para sua aplicação. Para ser aplicável, o caso concreto deve adequar-se à generalização da norma geral. A razoabilidade atua na interpretação das regras gerais como decorrência do princípio da justiça.

Razoabilidade como congruência

O postulado da razoabilidade exige a harmonização das normas com suas condições externas de aplicação. A razoabilidade exige, para qualquer medida, a recorrência a um suporte empírico existente.

O legislador não pode eleger uma causa inexistente ou insuficiente para a atuação estatal. Ao fazê-lo, viola a exigência de vinculação à realidade. A interpretação das normas exige o confronto com parâmetros externos a elas. Daí falar-se em dever de congruência e/ou de fundamentação na natureza das coisas. Os princípios constitucionais do Estado de Direito (art. 1º, CF) e do devido processo legal (art. 5º, LIV, CF) impedem a utilização de razões arbitrárias e a subversão dos procedimentos institucionais utilizados. Desvincular-se da realidade é violar os princípios do Estado de Direito e do devido processo legal.

A razoabilidade exige uma relação congruente entre o critério de diferenciação escolhido e a medida adotada. Exige-se, ainda, que haja uma correlação entre o critério distintivo utilizado pela norma e a medida por ela adotada. Não é a relação entre meio e fim, mas entre critério e medida. Os critérios distintivos devem ser adequados, pois, diferenciar sem razão é violar o princípio da igualdade.

Razoabilidade como equivalência

Da razoabilidade também se exige uma relação de equivalência entre a medida adotada e o critério que a dimensiona, v.g., as taxas devem ser equivalentes ao serviço prestado; a punição deve ser equivalente ao ato delituoso.

Distinção entre razoabilidade e proporcionalidade

O postulado da proporcionalidade exige que o Legislativo e o Executivo escolham, para a realização de seus fins, meios adequados, necessários e proporcionais.

Adequado, se promove o fim.

Necessário se, dentre aqueles igualmente adequados para promover o fim, for o menos restritivo aos direitos fundamentais.

Proporcional, em sentido estrito, se as vantagens que promove superam as desvantagens que provoca.

A aplicação da proporcionalidade exige a relação de causalidade entre o meio e o fim, de tal sorte que, adotando-se o meio, promove-se o fim.

A razoabilidade não faz referência a uma relação de causalidade entre um meio e um fim, tal como o faz o postulado da proporcionalidade.

A razoabilidade como dever de harmonização do geral com o individual (dever de equidade) recolhe as circunstâncias de fato a serem consideradas com a presunção de estarem dentro da normalidade, ou para expressar que a aplicabilidade da regra geral depende do enquadramento do caso concreto.

A razoabilidade como dever de harmonização do direito com suas condições externas (dever de congruência) exige a relação das normas com suas condições externas de aplicação, quer demandando um suporte empírico existente para a adoção de uma medida, quer exigindo uma relação congruente entre o critério de diferenciação escolhido e a medida adotada.

A proporcionalidade exige relação de causalidade entre meio (efeito de uma ação) e fim (promoção de um estado de coisas). Adotando-se o meio, promove-se o fim: o meio leva ao fim.

A razoabilidade (exigência de congruência entre o critério de diferenciação escolhido e a medida adotada) impõe uma relação entre uma qualidade e uma medida adotada: uma qualidade não leva à medida, mas é critério intrínseco a ela.

É plausível enquadrar a proibição de excesso e a razoabilidade no exame da proporcionalidade em sentido estrito.

Proporcionalidade

Considerações gerais

Não se confunde com a ideia de proporção. Ela se aplica apenas a situações em que há uma relação de causalidade entre dois elementos empiricamente discerníveis, um meio e um fim, de tal sorte que se possa proceder aos três exames fundamentais: o da adequação ("o meio promove o fim?"), o da necessidade (dentre os meios disponíveis e igualmente adequados para promover o fim, não há outro meio menos restritivo do direito fundamental afetado?) e o da proporcionalidade um sentido estrito (as vantagens trazidas pela promoção do fim correspondem a desvantagens provocadas pela adoção do meio?).

Sem um meio, um fim concreto e uma relação de causalidade entre eles não há aplicabilidade do postulado da proporcionalidade em seu caráter trifásico.

Aplicabilidade

Relação entre meio e fim

Se não houver uma relação meio/fim devidamente estruturada, então cai o exame de proporcionalidade, pela falta de pontos de referência.

O exame da proporcionalidade aplica-se sempre que houver uma medida concreta destinada a realizar uma finalidade.

Nesse caso devem ser analisadas as possibilidades de a medida levar à realização da finalidade (exame da adequação), de a medida ser a menos restritiva aos direitos envolvidos dentre aquelas que poderiam ter sido utilizadas para atingir a finalidade (exame da necessidade) e de a finalidade pública ser tão valorosa que justifique tamanha restrição (exame da proporcionalidade em sentido estrito).

Fim consiste num ambicionado resultado concreto (extrajurídico); um resultado que possa ser concebido mesmo na ausência de normas jurídicas e de conceitos jurídicos, tal como obter, aumentar ou extinguir bens, alcançar determinados estados ou preencher determinadas condições, dar causa ou impedir a realização de ações.

Fim significa um estado desejado de coisas. Os princípios estabelecem, justamente, o dever de promover fins. Uma medida pode ser adequada, ou não, em função da determinabilidade do fim.

Fins internos e fins externos

Fins internos estabelecem um resultado a ser alcançado que reside na própria pessoa ou situação objeto de comparação e diferenciação (medida [capacidade econômica], fim almejado [cobrança de tributos]).

Fins externos estabelecem resultados que não são propriedades de características dos sujeitos atingidos, mas que se constituem em finalidades atribuídas ao Estado, e que possuem uma dimensão extrajurídica. Podem ser empiricamente dimensionados; os fins sociais e econômicos podem ser qualificados como fins externos, como o são na praticabilidade administrativa, o planejamento econômico específico, a proteção ambiental.

Quando houver um fim específico a ser atingido pode-se considerar o meio como causa da realização do fim. Nessa hipótese, o exame admite o controle de adequação, necessidade e proporcionalidade em sentido estrito.

É preciso separar a proporcionalidade dos outros postulados ou princípios hermenêuticos:

- **justa proporção**: exige uma realização proporcional de bens que se entrelaçam numa dada relação jurídica, independentemente da existência de uma restrição decorrente de medida adotada para atingir um fim externo. A proporcionalidade exige adequação, necessidade de proporcionalidade em sentido estrito de uma medida havida como meio para atingir um fim empiricamente controlável;

- **ponderação de bens**: exige a atribuição de uma dimensão de importância a valores que se imbricam, sempre que contenha qualquer determinação quanto ao modo como deve ser feita essa ponderação – a proporcionalidade contém exigências precisas em relação à estrutura de raciocínio a ser empregada no ato de aplicação;

- **concordância prática**: exige a realização máxima de valores que se imbricam, também sem qualquer referência ao modo de implementação dessa otimização – proporcionalidade – relaciona o meio relativamente ao fim, em função de uma estrutura racional de aplicação;

- **proibição do excesso**: veda a restrição da eficácia mínima de princípios, mesmo na ausência de um fim externo a ser atingido – proporcionalidade – exige uma relação proporcional de um meio relativamente a um fim;

- **razoabilidade**: exige, v.g., a consideração das particularidades individuais dos sujeitos atingidos pelo ato de aplicação concreta do direito, sem qualquer menção a uma proporção entre meios e fins.

Exames inerentes à proporcionalidade

Adequação: exige uma relação empírica entre meio e fim. O meio deve levar à realização do fim.

O administrador deve utilizar um meio cuja eficácia (e não o meio, ele próprio) possa contribuir para a promoção gradual do fim.

Meio adequado à realização de um fim: é preciso analisar as espécies de relações existentes entre os vários meios disponíveis e o fim que se deve promover.

Aspectos dessa relação:

- em termos quantitativos: um meio pode promover menos, igualmente ou mais o fim do que outro meio;
- em termos qualitativos: um meio pode promover pior, igualmente ou melhor o fim do que outro meio.
- em termos probabilísticos: um meio pode promover com menos, igual ou mais certeza o fim do que outro meio.

A Administração não tem o dever de escolher o mais intenso, o melhor e o mais seguro meio para atingir o fim, mas escolher um meio que simplesmente promova o fim.

A adequação pode ser analisada de três dimensões:

- abstração/concretude: a medida será adequada se o fim for possivelmente realizado com sua adoção, e se o fim for efetivamente realizado no caso concreto;
- generalidade/particularidade: a medida será adequada se o fim for realizado na maioria dos casos com sua adoção;
- antecedência/posteridade: a medida será adequada se o administrador avaliou e projetou bem a promoção do fim no momento da adoção da medida.

A adequação do meio escolhido pelo Poder Público deve ser julgada mediante a consideração das circunstâncias existentes no momento da escolha e de acordo com o modo como contribui para a promoção do fim.

Intensidade de controle das decisões adotadas pela Administração

- Modelo forte: qualquer demonstração de que o meio não promove a realização do fim é suficiente para declarar a invalidade da atuação administrativa.
- Modelo fraco: apenas uma demonstração objetiva, evidente e fundamentada pode conduzir à declaração de invalidade da atuação administrativa da escolha de um meio para atingir um fim.

O modelo fraco é mais adequado, pois não é dado ao julgador escolher o melhor meio sem um motivo manifesto de inadequação do meio eleito pela Administração para promover o fim. Somente uma comprovação cabal da inadequação permite a invalidação da escolha do legislador ou administrador.

A anulação das medidas adotadas pelos Legislativo e Executivo só são possíveis se sua inadequação for evidente (controle da evidência) e não for de qualquer modo plausível, justificável (controle da justificabilidade).

Necessidade

Verificação da existência de meios que sejam alternativos àquele inicialmente escolhido, pelo Poder Legislativo ou pelo Poder Executivo, e que possam promover igualmente o fim sem restringir, na mesma intensidade, os direitos fundamentais afetados.

Envolve duas etapas de investigação:

- exame da igualdade de adequação dos meios: verificar se os meios alternativos promovem igualmente o fim. Comparação entre os efeitos alternativos e os do meio adotado pelo Poder Legislativo ou pelo Poder Executivo;
- exame do meio menos restritivo – examinar se meios alternativos restringem em menor medida os direitos fundamentais colateralmente afetados. Deve ser usado o meio mais suave.

O exame da necessidade não é singelo. A comparação do grau de restrição dos direitos fundamentais e do grau de promoção de finalidade preliminarmente pública pode envolver certa complexidade.

A ponderação entre o grau de restrição e o grau de promoção é inafastável. O processo de ponderação deve ser o esclarecimento do que está sendo objeto de ponderação, da ponderação propriamente dita e da reconstrução posterior da ponderação.

Proporcionalidade em sentido estrito

Exige a comparação entre a importância da realização do fim e a intensidade da restrição aos direitos fundamentais. O julgamento daquilo que será considerado como vantagem e daquilo que será contado como desvantagem depende de uma avaliação fortemente subjetiva.

A pergunta é a seguinte: o grau de importância da promoção do fim justifica o grau de restrição causada aos direitos fundamentais? As vantagens causadas pela promoção do fim são proporcionais às desvantagens causadas pela adoção do meio? A valia da promoção do fim corresponde à desvalia da restrição causada?

Normalmente um meio é adotado para atingir uma finalidade pública relacionada ao interesse coletivo (proteção do meio ambiente, proteção dos consumidores) e sua adoção causa, como efeito colateral, restrição a direitos fundamentais do cidadão.

Capítulo 5

Execução de débitos de pequeno valor diante das Fazendas estaduais e municipais – exegese do art. 87 do ADCT da Constituição Federal

Com o advento da Emenda Constitucional nº 37, de 12 de junho de 2002, o regime jurídico dos pagamentos devidos pelas Fazendas estaduais e municipais sofreu profunda e oportuna alteração.

Sabe-se que o regime geral de pagamentos contra a Fazenda normalmente obedece ao princípio do precatório como medida inspirada nos princípios da isonomia e da moralidade, impedindo o privilégio de pessoas e traçando um fluxo previsível ao erário, de modo a não turbar o necessário equilíbrio das contas públicas.

Neste sentido, o art. 100, *caput*, da Constituição Federal estipula:

> **Art. 100.** À exceção dos créditos de natureza alimentar, os pagamentos devidos pela Fazenda Federal, Estadual e Municipal, em virtude de sentença judiciária, far-se-ão exclusivamente na ordem cronológica de apresentação de precatórios e à conta dos créditos respectivos, proibida a designação de casos ou de pessoas nas dotações orçamentárias e nos créditos adicionais abertos para este fim.

O legislador constituinte, por ocasião da Emenda Constitucional nº 30, de setembro de 2000, optou por aclarar – exemplificando – quais seriam os créditos que ostentariam a qualificação de alimentares, dispondo no § 1º-A do art. 100:

> § 1º-A. Os débitos de natureza alimentícia compreendem aqueles decorrentes de salários, vencimentos, proventos, pensões e suas complementações, benefícios previdenciários e indenizações por morte ou invalidez, fundadas na responsabilidade civil, em virtude de sentença transitada em julgado.

Por outro lado, o § 3º do referido artigo, com a redação da Emenda nº 30/2000, sofreu importante alteração, ao permitir que débitos de pequeno valor fossem pagos sem o procedimentalismo do precatório, dispondo:

> § 3º O disposto no *caput* deste artigo, relativamente à expedição de precatórios, não se aplica aos pagamentos de obrigações definidas em lei como de pequeno valor que a Fazenda Federal, Estadual, Distrital ou Municipal deva fazer em virtude de sentença judicial transitada em julgado.

No âmbito federal, tais alterações repercutiram fortemente em favor dos pequenos credores da Fazenda Nacional.

A Emenda Constitucional nº 22/99 criou a possibilidade de criação dos, até então inexistentes, Juizados Especiais Federais, de enorme sucesso, dada a verdadeira demanda reprimida que se verificou após abertas as portas dos referidos órgãos, possibilitando o pagamento de pequenas quantias por meio das denominadas RPVs – Requisições de Pequeno Valor –, o que foi realizado com o advento da Lei nº 10.259, de 12/07/2001.

Tal despretensioso e sucinto estudo se volta, agora, para o regime jurídico trazido pela Emenda Constitucional nº 37, de 12/06/2002, que acrescentou o art. 87 no Ato das Disposições Constitucionais Transitórias, com a seguinte redação:

> **Art. 87.** Para efeito do que dispõe o § 3º do art. 100 da Constituição Federal e o art. 78 deste Ato das Disposições Constitucionais Transitórias serão considerados de pequeno valor, **até que se dê a publicação oficial das respectivas leis definidoras pelos entes da Federação**, observado o disposto no § 4º do art. 100 da Constituição Federal, os débitos ou obrigações consignados em precatório judiciário, que tenham valor igual ou inferior a:
>
> I – 40 (quarenta) salários mínimos perante a Fazenda dos Estados e do Distrito Federal;
>
> II – 30 (trinta) salários mínimos perante a Fazenda dos Municípios.
>
> Parágrafo único. Se o valor da execução ultrapassar o estabelecido neste artigo, o pagamento far-se-á, sempre, por meio de precatório, sendo facultada à parte exequente a renúncia ao crédito do valor excedente, para que possa optar pelo pagamento do saldo sem o precatório, da forma prevista no § 3º do art. 100. (grifo nosso)

Parte I • Direito Constitucional

De uma leitura ligeira do texto do art. 87 do ADCT, pode-se concluir que, em sede de Justiça Estadual, é lícita a apresentação de pretensões perante as Fazendas estadual e municipal, **independentemente de precatório**, nos valores ali descritos, sendo certo que o dispositivo tem feitio de norma de direito material de aplicabilidade imediata.

Ao discorrer sobre a natureza do Ato das Disposições Constitucionais Transitórias, lecionou Pontes de Miranda:

> No Ato das Disposições Constitucionais Transitórias, que se promulgou no mesmo dia que a Constituição há regras que não são de direito intertemporal, e sim de direito substancial. Sempre que aparecer o elemento "tempo", o legislador constituinte tomou a norma como se fosse de direito transitório ou intertemporal, desprezando a classificação científica das regras de direito. Poucos são, portanto, os artigos de direito intertemporal. Quase todos são de direito transitório, expressão mais larga[1].

O insigne Raul Machado Horta, ao discorrer sobre as soluções de acomodação legislativa, típicas dos Atos das Disposições Constitucionais Transitórias, assevera:

> A técnica constitucional elaborou soluções de acomodação normativa, que afastam o colapso que adviria do vazio jurídico: a recepção do direito anterior pela Constituição, a vigência da legislação anterior que não contrariar as disposições da nova Constituição e as normas de transição para regular situações discrepantes das normas constitucionais permanentes[2].

Por derradeiro, no plano doutrinário, impende transcrever passagem de subida precisão e clareza da lavra de Sérgio A. Frazão do Couto, em *A Atual Constituição Explicada*[3], em que o ilustre jurista assevera:

> As disposições transitórias incidem sobre um determinado ato ou fato socioconstitucional relevante. A efemeridade desses preceitos não lhes subtrai a força das disposições permanentes, no que tange à

---

1   MIRANDA, Francisco Cavalcanti Pontes de. *Comentários à Constituição de 1946*. Rio de Janeiro: Borsoi, 1960, p. 4. v. VII.

2   HORTA, Raul Machado. Constituição e ato das disposições constitucionais transitórias, *apud Estudos de direito constitucional*. Belo Horizonte: Del Rey, 1995, p. 321.

3   COUTO, Sérgio A. Frazão do. *A atual Constituição explicada*. Belém: Cejup, 1989, p. 205.

aplicabilidade e cogência, embora localizados e fixados em um determinado lapso de tempo, ou até que ocorrida certa condição de exigibilidade fática.

Tal escólio encontra esteio, no plano jurisprudencial, no entendimento firmado no Supremo Tribunal Federal, segundo o qual, pelo princípio da unidade da Constituição, há de ser dado o mesmo *status* e a mesma vinculação eficacial da parte permanente, para o que se tenha inserido no Ato das Disposições Constitucionais Transitórias, a saber:

> AÇÃO DIRETA DE INCONSTITUCIONALIDADE. PARÁGRAFOS 1º E 2º DO ARTIGO 45 DA CONSTITUIÇÃO FEDERAL.
>
> A tese de que há hierarquia entre normas constitucionais originárias dando azo à declaração de inconstitucionalidade de umas em face de outras e incompossível com o sistema de Constituição rígida.
>
> Na atual Carta Magna "compete ao Supremo Tribunal Federal, precipuamente, a guarda da Constituição" (art. 102, *caput*), o que implica dizer que essa jurisdição lhe é atribuída para impedir que se desrespeite a Constituição como um todo, e não para, com relação a ela, exercer o papel de fiscal do Poder Constituinte originário, a fim de verificar se este teria, ou não, violado os princípios de direito suprapositivo que ele próprio havia incluído no texto da mesma Constituição.
>
> Por outro lado, as clausulas pétreas não podem ser invocadas para sustentação da tese da inconstitucionalidade de normas constitucionais inferiores em face de normas constitucionais superiores, porquanto a Constituição as prevê apenas como limites ao Poder Constituinte derivado ao rever ou ao emendar a Constituição elaborada pelo Poder Constituinte originário, e não como abarcando normas cuja observância se impôs ao próprio Poder Constituinte originário com relação às outras que não sejam consideradas como cláusulas pétreas, e, portanto, possam ser emendadas. Ação não conhecida por impossibilidade jurídica do pedido.
>
> (ADI nº 815/DF. Rel. Min. Moreira Alves. Pleno. DJ 10/05/96, p. 15.131)

PRECATÓRIO. PAGAMENTO PARCELADO. ADCT, Art. 33. NATUREZA JURÍDICA DAS NORMAS INTEGRANTES DO ADCT. RELAÇÕES ENTRE O ADCT E AS DISPOSIÇÕES PERMANENTES DA CONSTITUIÇÃO. ANTINOMIA APARENTE. A QUESTÃO DA COERÊNCIA DO ORDENAMENTO POSITIVO. RECURSO EXTRAORDINÁRIO CONHECIDO E PROVIDO.

Os postulados que informam a teoria do ordenamento jurídico e que lhe dão o necessário substrato doutrinário assentam-se na premissa fundamental de que o sistema de direito positivo, além de caracterizar uma unidade institucional, constitui um complexo de normas que devem manter entre si um vínculo de essencial coerência.

O Ato das Disposições Transitórias, promulgado em 1988 pelo legislador constituinte, qualifica-se, juridicamente, como um estatuto de índole constitucional. A estrutura normativa que nele se acha consubstanciada ostenta, em consequência, a rigidez peculiar às regras inscritas no texto básico da Lei Fundamental da República. Disso decorre o reconhecimento de que inexistem, entre as normas inscritas no ADCT e os preceitos constantes da Carta Política, quaisquer desníveis ou desigualdades quanto à intensidade de sua eficácia ou a prevalência de sua autoridade. Situam-se, ambos, no mais elevado grau de positividade jurídica, impondo-se, no plano do ordenamento estatal, enquanto categorias normativas subordinantes, a observância compulsória de todos, especialmente dos órgãos que integram o aparelho de Estado.

Inexiste qualquer relação de antinomia real ou insuperável entre a norma inscrita no art. 33 do ADCT e os postulados da isonomia, da justa indenização, do direito adquirido e do pagamento mediante precatórios, consagrados pelas disposições permanentes da Constituição da República, eis que todas essas cláusulas normativas, inclusive aquelas de índole transitória, ostentam grau idêntico de eficácia e de autoridade jurídicas.

O preceito consubstanciado no art. 33 do ADCT – somente inaplicável aos créditos de natureza alimentar – compreende todos os precatórios judiciais pendentes de pagamento em

05/10/88, inclusive aqueles relativos a valores decorrentes de desapropriações efetivadas pelo Poder Público.

(RE nº 160.486/SP. Rel. Min. Celso de Mello. 1ª Turma. DJ: 09/06/95, p. 17.246)

O que se depreende do que se acaba de explicitar sobre a natureza jurídica do ADCT, o qual tem *status* de norma constitucional vinculante, cujo desenho pode traduzir-se em regra veiculadora de direito substancial, é o fato de ser indeclinável a fixação de exegese da expressão "até que se dê a publicação oficial das respectivas leis definidoras pelos entes da Federação", segundo a qual não há óbice à propositura de demandas perante os Juizados Estaduais, em face das Fazendas estaduais e municipais, nos tetos estabelecidos pelo legislador constituinte derivado.

Há de ser considerada revogada, portanto, a proibição constante do art. 8º da Lei nº 9.099, de 26/09/95, que proíbe as pessoas jurídicas de direito público de serem partes rés perante estes valiosíssimos órgãos do Poder Judiciário, preordenados que se encontram na Carta Magna à garantia do amplo acesso ao mínimo existencial à Justiça, justificando-se a cláusula geral de tutela da dignidade da pessoa humana, insculpida no art. 1º, III, da Constituição Federal.

É imprescindível o benfazejo alargamento da competência dos Juizados Estaduais trazido pela Emenda nº 37/2002, que vem ao encontro da filosofia esposada pela Carta Magna do amplo acesso à Justiça, bem como ao binômio segurança/celeridade, tão bem equacionados por Paulo Cezar Pinheiro Carneiro em seu precioso *Acesso à justiça: juizados especiais cíveis e ação civil pública*[4], no qual o eminente processualista alerta:

> Esse ideal da justiça instantânea, evidentemente, é impossível de ser alcançado, na medida em que as partes precisam de tempo para postular, demonstrar seus respectivos direitos e, finalmente, é preciso também um tempo para que o juiz possa decidir. É, justamente, entre este dilema da rapidez de um lado e da segurança de outro que os grandes debates sobre a atividade jurisdicional vêm acontecendo através dos tempos.
>
> No passado, a opção do legislador foi a de privilegiar o aspecto da segurança em detrimento da rapidez. Quanto mais longo o procedimento, quanto maior o número de oportunidades, de recursos, que as partes pudessem utilizar, possivelmente mais justa seria a decisão final.

---

4 CARNEIRO, Paulo Cezar Pinheiro. *Acesso à justiça:* juizados especiais cíveis e ação civil pública. Rio de Janeiro: Forense, 1999, p. 79.

Essa opção foi feita com base numa realidade totalmente diversa da atual. Hoje o modo de vida predominante, com a evolução da indústria, da tecnologia, dos meios de comunicação, dos sistemas de troca, da economia, é pautado na celeridade. No que diz respeito ao Poder Judiciário, alguns fatores prejudicam a rapidez de suas atividades. Observamos atualmente um aumento vertiginoso do número de litígios, em contraste com um número reduzido de magistrados para julgá-los. Soma-se a esse quadro a própria estrutura antiquada e materialmente deficiente do sistema.

Para que se tenha uma ideia, em pesquisa recentemente realizada pela CNT em conjunto com a *Vox Populi*, 89% das pessoas entrevistadas consideram a justiça demorada, lenta, enquanto 67% acham que ela só favorece aos ricos, e 58% não confiam nela.

Tudo isso está a evidenciar que o dilema de ontem entre a segurança e a celeridade, hoje é um falso dilema. A rapidez, sem dúvida, deve ser priorizada, com o mínimo de sacrifício da segurança dos julgados.

Da exacerbação do fator segurança, como ocorre em regra no nosso sistema, não decorre maior justiça das decisões. É perfeitamente possível priorizar a rapidez e ao mesmo tempo assegurar justiça, permitindo que o vencedor seja aquele que efetivamente tem razão.

Todavia, é preciso que os instrumentos hoje existentes e que acenam e que priorizam a rapidez sejam efetivamente utilizados, na prática, pelos operadores da justiça e, em especial, pelos juízes.

O maior inimigo da efetividade nos dias de hoje é o tempo. Quanto mais demorado for o processo, menor será a utilidade do vencedor de poder usufruir o bem da vida.

Como já examinamos anteriormente, existe uma grande preocupação do legislador no sentido de evitar que o processo sirva e se constitua em uma vantagem para a parte que não tem razão.

A preocupação com a correção do comportamento das partes, as sanções previstas para a litigância de má-fé, a possibilidade de imposição de pena de multa, de ofício, pelo juiz, no processo de execução (arts. 644 e 645 do Código de Processo Civil), procuram desestimular que uma demora provocada possa beneficiar a parte que se utiliza de tal expediente.

De outro lado, as reformar recentes, quer aquelas que criaram os Juizados, primeiro os de Pequenas Causas, depois os Especiais, a ação civil pública, e ainda as que modificaram o Código de Processo

Civil, com novos títulos extrajudiciais (art. 585), a criação da ação monitória e, em especial, a tutela antecipada, demonstram, de um modo inequívoco, o direcionamento do legislador pela efetividade e pela rapidez do processo.

Vê-se que não há exegese possível que mantenha a injusta e agora inconstitucional vedação de pequenos pleitos contra a Fazenda em sede de Juizados Especiais Estaduais, o que traduz um grande avanço no prestígio da cidadania e do Estado Democrático de Direito.

O comando constitucional é claro, desenhado na forma de regra do tudo ou nada, e não se pode – sob pena de violar a norma constitucional – atribuir-lhe o feitio de norma de eficácia limitada, à espera de *interpositio legislatoris*, posto que o próprio texto constitucional, em norma de cunho nitidamente substantivo e auto-executável, determina que a *via crucis* do precatório não seja imposta ao pequeno credor da Fazenda.

Não há de se ter medo, seja por parte dos magistrados, na aplicação da lei, seja por parte do Poder Executivo, posto que o aumento do movimento forense, em decorrência da demanda reprimida, traz consigo o prestígio do Judiciário como Poder da República; República esta que tem como um de seus pilares a responsabilidade do governante, obrigado a pagar, pelo regime de requisições de pequeno valor, somas muito diminutas, incapazes de impactar, por si só, a burra estatal.

Vivemos, no instante de elaboração destas linhas (novembro de 2004), a visita do relator especial da Comissão de Direitos Humanos da Organização das Nações Unidas (ONU), Leandro Despouy, que identificou o fato de que grande parte da população não tem acesso à Justiça por razões sociais, econômicas ou de exclusão; o que demonstrou que também sob o aspecto das relações internacionais, a abertura dos Juizados Especiais Estaduais aos pleitos contra as Fazendas Municipais ou Estaduais prestigia o comando do inc. II do art. 4º da Carta Magna, segundo o qual a República Federativa do Brasil rege-se nas suas relações internacionais pelo princípio da prevalência dos direitos humanos.

O fato é que, com as referidas emendas constitucionais, bem como com a edição da Lei dos Juizados Especiais Federais, não há mais ambiente constitucional ou legislativo que justifique a vedação de ingresso de demandas de pequena monta em face das Fazendas estaduais e municipais, e deve-se considerar como revogado, em parte, o art. 8º da Lei nº 9.099, de 26/09/95.

Resistir a esta realidade legislativa e fática é tornar o discurso da proteção da dignidade da pessoa humana e do acesso democrático ao Judiciário mera peça de retórica.

Espera-se que estas poucas e despretensiosas linhas tenham o impulso de uma brisa leve, que faça a vela do barco da Justiça esticar e mover a aplicação do art. 87 do ADCT rumo a uma distribuição mais equânime de igualdade entre o nosso povo já excessivamente maltratado.

Referências

CARNEIRO, *Paulo Cezar* Pinheiro. *Acesso à justiça:* juizados especiais cíveis e ação civil pública. Rio de Janeiro: Forense, 1999.

COUTO, Sergio Alberto Frazão do. *A atual Constituição explicada.* 4. ed. Belém: Cejup, 1989.

HORTA, Raul Machado. Constituição e ato das disposições constitucionais transitórias. *Apud Estudos de direito constitucional.* Belo Horizonte: Del Rey, 1995.

MIRANDA, Francisco Cavalcanti Pontes de. *Comentários à Constituição de 1946.* Rio de Janeiro: Borsoi, 1960. v. VII.

Capítulo 6
COMPETÊNCIA PRIVATIVA PARA LEGISLAR SOBRE ENERGIA E LICENCIAMENTO AMBIENTAL

> **SUMÁRIO: 6.1.** Introdução. **6.2.** Direito da energia. **6.3.** A energia na Constituição de 1988. **6.4.** Federação e competência legislativa na Constituição Federal de 1988. **6.5.** A repartição de competências em matéria ambiental. **6.6.** O regime de licenciamento ambiental. **6.7.** Critérios para conciliação da competência privativa em energia (art. 22, IV, CF). **6.8.** Conclusão. **6.9.** Referências.

6.1. Introdução

O texto que se segue representa o esforço de enfrentamento de tema de grande importância no atual estágio do desenvolvimento energético nacional, tendo em vista as possibilidades multifacetadas de utilização de formas e fontes de energia, renováveis ou não, as quais devem receber disciplina jurídica adequada de modo a permitir seu uso racional e isonômico.

Para tanto, fixou-se o conceito de Direito de Energia, a partir da obra ainda não superada de Walter Tolentino Álvares, para, em seguida, gizar os limites legislativos sobre o tema no âmbito de nosso federalismo de cooperação.

Com tais limites aviventados, operou-se um rigoroso cotejo com o instituto do licenciamento ambiental à luz das competências dos diversos entes da Federação para disciplinar o instituto, com a eventual primazia da União Federal.

Alfim, conclui-se o esforço propondo-se alguns critérios para conciliação da competência privativa da União para legislar sobre o Direito da Energia e as diversas competências para a disciplina do licenciamento ambiental.

Parte I • Direito Constitucional   107

6.2. Direito da energia[5]

Neste tópico, relacionado com a competência privativa da União Federal em legislar privativamente sobre energia, faremos breve incursão na obra seminal de Walter Tolentino Álvares[6].

Segundo o referido autor, o "Direito da Energia é o ramo da ciência jurídica que estuda as relações jurídicas pertinentes à disciplina de utilização de resultantes tecnológicas da energia, com repercussão econômica"[7].

Da conceituação acima explicitada podem-se extrair quatro parâmetros essenciais; isto é: a energia como substância; resultantes tecnológicas, como a consequência do envolvimento da energia pela técnica proveniente do progresso das ciências; a repercussão econômica destas resultantes ao envolverem a energia, assim comunicando um teor de economicidade à energia sob formas tecnológicas e, por fim, a utilização no meio social desta energia sob o pálio tecnológico portador de consequências econômicas.

É evidente que não haveria necessidade de disciplina jurídica para as variadas formas de energia (elétrica, solar, eólica, termoelétrica, maremotriz, atômica, hidráulica etc.) caso não houvesse, no curso da relação do meio social, nenhuma destas manifestações e suas consequentes aplicações.

Ocorre que, conforme sublinha Walter Álvares, "as variadas formas de energia, controladas pelo engenho humano, podem ser orientadas por tecnologias específicas, as quais, também se isoladas, prescindem do direito para sua manifestação"[8].

Prossegue o mestre mineiro ressaltando:

> [...] desde o momento que estas tecnologias envolvem a energia, e um toque econômico lhe é insuflado, para fins de utilização no meio social, então irrompe, inflama-se, brota a chama da disciplina jurídica, sem a qual a energia jamais seria utilizada, sob o manto tecnológico, e com repercussões econômicas, no meio social[9].

---

5   "Energia" (do grego *energéia* = eficácia, ação, força; ou do grego *ergon* = trabalho), em linguagem científica, é a capacidade que tem um corpo de produzir trabalho. O conceito de energia está intimamente relacionado com o de trabalho; daí afirmar-se, em sentido amplo, que energia é a grandeza que mede a capacidade de um sistema realizar trabalho. Sempre que uma força desloca seu ponto de aplicação, executa um trabalho". In: *Enciclopédia Saraiva do direito*, verbete "energia", São Paulo, 1977. v. 32.

6   ÁLVARES, Walter Tolentino. *Curso de direito da energia*. Rio de Janeiro: Forense, 1978.

7   Idem. Op. cit., p. 1.

8   Idem. Op. cit., p. 2.

9   ÁLVARES, Walter Tolentino. Op. cit., p. 2.

Impende ressaltar, nesse passo, que a energia identificada tecnologicamente e passível de utilização econômica deixa o espaço ajurídico, conceito desenvolvido por Karl Engisch e que permite o seguinte argumento:

> O todo jurídico estende-se sobre um determinado domínio e é, nestes termos, fechado. Ao lado daqueles domínios regidos pelo Direito há, na verdade, aqueles outros que não são por ele afectados, como, por exemplo, os domínios do pensamento puro, da crença ou das relações de sociabilidade. Estes domínios caem no "espaço ajurídico". Aqui não se trata, pois, de lacunas, mas de algo que se situa completamente fora do Direito. Temos, consequentemente, a seguinte alternativa: ou uma questão encontra solução no Direito Positivo, e então não estamos perante uma lacuna, ou ela não é resolvida pelo Direito Positivo, e então cai no "espaço ajurídico", pelo que também não temos perante nós qualquer lacuna jurídica. Com efeito, uma lacuna jurídica seria uma lacuna no todo jurídico, quando o certo é que o espaço ajurídico se estende para além e em volta do jurídico[10].

O que se depreende destas lições é que toda vez que uma determinada energia possa ser controlada pelo engenho humano com potencialidade de repercussão econômica e economicidade, exsurgirá oportunidade de o Direito da Energia atuar, disciplinando o que antes se encontrava no espaço ajurídico.

Nesta direção se desloca o raciocínio de Walter Álvares ao destacar:

> Assim como a energia se apresenta na natureza, e, por efeitos do engenho humano, a tecnologia a transforma de modo a lhe comunicar um resultado econômico, que se desenvolve pela mais extrema e variada utilização no meio social, então, justamente porque utilizado no meio social, essa energia envolvida de tecnologia e economicidade exige, precisa, necessita de formas jurídicas para sua adequada circulação[11].

Esta perspectiva escapou do Supremo Tribunal Federal, no julgamento da ADI 855/PR, cujo relator para o acórdão foi o Ministro Gilmar Mendes. No referido julgado, que tratava da pesagem de gás liquefeito entregue em botijões, nossa mais alta Corte, no corpo do acórdão, baralhou a competência para legislar sobre energia – privativa da União Federal – (art. 22, V, CF) e a competência concorrente prevista no inc. VIII do art. 24, para defesa do consumidor.

---

10 KARL, Engisch. *Introdução ao pensamento jurídico*. 7. ed. Lisboa: Fundação Calouste Gulbenkian, 1996, p. 278-279.

11 ÁLVARES, Walter Tolentino. Op. cit., p. 2.

Legislar sobre energia, na perspectiva que aqui se desenvolve, não diz respeito ao vasilhame no qual se contém a energia: seria confundir a lâmpada com a energia elétrica.

No corpo da ação direta existe menção ao voto do Ministro Gallotti no sentido de que a amplitude do termo "energia", despido de adjetivação que lhe dedicavam Constituições anteriores, torna induvidosa a inaptidão do Estado-membro para legislar sobre qualquer espécie de combustível, salvo lei complementar – inexistente – que o viesse autorizar (parágrafo único do art. 22, CF).

Veja-se que, mesmo no caso de o Estado poder legislar sobre o gás, sua competência se restringe à exploração dos "serviços locais de gás canalizado".

Tornando translúcida a questão da competência para legislar sobre energia – que será retomada mais adiante em tópico específico – o voto do Ministro Menezes Direito na ADI contribui, de forma bastante relevante, para obnubilar o tema, quando afirma:

> O fato de estar na Constituição Federal apenas a especificação de ser da competência privativa da União legislar sobre "energia" não significa que não pode o Estado-membro legislar para a proteção dos direitos dos consumidores, sendo certo que está na sua competência concorrente legislar sobre "responsabilidade por dano ao meio ambiente, ao, consumidor, a bens e direitos de valor histórico, turístico e paisagismo" como consta do art. 24, VIII, da Constituição vigente.

A expressão "não significa que não pode", constante do acórdão, desconsidera o que venha a ser energia e confunde institutos, dando a falsa impressão que os entes federativos constantes do art. 24 da Carta Magna podem legislar, sem peias, no campo do Direito da Energia.

Conclui-se que o Direito da Energia, tão bem esclarecido pela obra de Walter T. Álvares, tem conteúdo específico e vem qualificado pela competência constitucional privativa do núcleo deôntico "energia", previsto no inc. IV do art. 22 da Carta Magna, com a reserva de lei complementar inserida no parágrafo único do mesmo preceito, para o exercício de competência legislativa estadual para questões específicas.

6.3. A energia na Constituição de 1988

Fixados os contornos da matéria que pode ser objeto do Direito de Energia, na concepção do Prof. Walter T. Álvares, bem como a conclusão segundo a qual, dentro da noção de energia que o étimo sugere no inc. IV do art. 22 da Constituição

Federal, na vertente de que ele permite a disciplina por parte da União Federal da capacidade que um corpo, uma substância ou um sistema físico tem de atuar de maneira continuada e com esforço para a obtenção de um resultado útil (trabalho), mister se faz um inventário dos dispositivos constitucionais aptos à disciplina do Direito da Energia.

Antes, de iniciarmos a empreitada, no entanto, apontamos, como método de escolha dos preceitos, a fixação da categoria "competência" como a capacidade reconhecida a um sujeito de realizar um ato jurídico, relativa à criação, aplicação ou à sanção das regras de Direito (normas de competência).

Necessário, ainda, esclarecer, com fins metodológicos, que nosso esforço tem como objeto não só as formas de energia (calorífica [térmica], cinética [corpo em movimento], elétrica, eletromagnética, mecânica, potencial [posição do corpo ou do sistema], química e radiante), mas também as fontes de energia, destacáveis em não renováveis (ex.: petróleo, carvão, gás natural, turfa, xisto etc.) e renováveis (ex.: elétrica, solar, eólica, maremotriz, nuclear, biocombustíveis [etanol, biodiesel], geotérmica, biomassa, hidrogênio etc.).

A energia na Constituição Federal

Guiados pelo princípio da unidade da Constituição, é possível conectar o preceito do inc. IV do art. 22 da Constituição Federal, no campo da competência privativa para legislar sobre energia, com os seguintes dispositivos:

> **Art. 20.** São bens da União:
>
> [...]
>
> VIII – os potenciais de energia hidráulica;
>
> IX – os recursos minerais, inclusive os do subsolo;
>
> [...]
>
> § 1º É assegurada, nos termos da lei, aos Estados, ao Distrito Federal e aos Municípios, bem como a órgãos da administração direta da União, participação no resultado da exploração de petróleo ou gás natural, de recursos hídricos para fins de geração de energia elétrica e de outros recursos minerais no respectivo território, plataforma continental, mar territorial ou zona econômica exclusiva, ou compensação financeira por essa exploração.
>
> **Art. 21.** Compete à União:

[...]

XII – explorar, diretamente ou mediante autorização, concessão ou permissão:

[...]

b) os serviços e instalações de energia elétrica e o aproveitamento energético dos cursos de água, em articulação com os Estados onde se situam os potenciais hidroenergéticos;

[...]

XXIII – explorar os serviços e instalações nucleares de qualquer natureza e exercer monopólio estatal sobre a pesquisa, a lavra, o enriquecimento e reprocessamento, a industrialização e o comércio de minérios nucleares e seus derivados, atendidos os seguintes princípios e condições:

[...]

b) sob regime de permissão, são autorizadas a comercialização e a utilização de radioisótopos para a pesquisa e usos médicos, agrícolas e industriais;

c) sob regime de permissão, são autorizadas a produção, comercialização e utilização de radioisótopos de meia-vida igual ou inferior a duas horas;

Art. 22. Compete privativamente à União legislar sobre:

[...]

IV – águas, energia, informática, telecomunicações e radiodifusão;

[...]

XII – jazidas, minas, outros recursos minerais e metalurgia;

[...]

Parágrafo único. Lei complementar poderá autorizar os Estados a legislar sobre questões específicas das matérias relacionadas neste artigo.

[...]

Art. 43. Para efeitos administrativos, a União poderá articular sua ação em um mesmo complexo geoeconômico e social, visando a seu desenvolvimento e à redução das desigualdades regionais.

[...]

§ 2º Os incentivos regionais compreenderão, além de outros, na forma da lei:

[...]

IV – prioridade para o aproveitamento econômico e social dos rios e das massas de água represadas ou represáveis nas regiões de baixa renda, sujeitas a secas periódicas.

[...]

§ 3º Nas áreas a que se refere o § 2º, IV, a União incentivará a recuperação de terras áridas e cooperará com os pequenos e médios proprietários rurais para o estabelecimento, em suas glebas, de fontes de água e de pequena irrigação.

[...]

Art. 176. As jazidas, em lavra ou não, e demais recursos minerais e os potenciais de energia hidráulica constituem propriedade distinta da do solo, para efeito de exploração ou aproveitamento, e pertencem à União, garantida ao concessionário a propriedade do produto da lavra.

§ 1º A pesquisa e a lavra de recursos minerais e o aproveitamento dos potenciais a que se refere o *caput* deste artigo somente poderão ser efetuados mediante autorização ou concessão da União, no interesse nacional, por brasileiros ou empresa constituída sob as leis brasileiras e que tenha sua sede e administração no País, na forma da lei, que estabelecerá as condições específicas quando essas atividades se desenvolverem em faixa de fronteira ou terras indígenas.

Art. 177. Constituem monopólio da União:

I – a pesquisa e a lavra das jazidas de petróleo e gás natural e outros hidrocarbonetos fluidos;

[...]

V – a pesquisa, a lavra, o enriquecimento, o reprocessamento, a industrialização e o comércio de minérios e minerais nucleares e seus derivados, com exceção dos radioisótopos cuja produção, comercialização e utilização poderão ser autorizadas sob

Parte I • Direito Constitucional

regime de permissão, conforme as alíneas *b* e *c* do inciso XXIII do *caput* do art. 21 desta Constituição Federal.

[...]

Art. 225. Todos têm direito ao meio ambiente ecologicamente equilibrado, bem de uso comum do povo e essencial à sadia qualidade de vida, impondo-se ao Poder Público e à coletividade o dever de defendê-lo e preservá-lo para as presentes e futuras gerações.

§ 1º Para assegurar a efetividade desse direito, incumbe ao Poder Público:

[...]

IV – exigir, na forma da lei, para instalação de obra ou atividade potencialmente causadora de significativa degradação do meio ambiente, estudo prévio de impacto ambiental, a que se dará publicidade;

§ 2º Aquele que explorar recursos minerais fica obrigado a recuperar o meio ambiente degradado, de acordo com solução técnica exigida pelo órgão público competente, na forma da lei.

[...]

§ 6º As usinas que operem com reator nuclear deverão ter sua localização definida em lei federal, sem o que não poderão ser instaladas.

Art. 231. São reconhecidos aos índios sua organização social, costumes, línguas, crenças e tradições, e os direitos originários sobre as terras que tradicionalmente ocupam, competindo à União demarcá-las, proteger e fazer respeitar todos os seus bens.

[...]

§ 3º O aproveitamento dos recursos hídricos, incluídos os potenciais energéticos, a pesquisa e a lavra das riquezas minerais em terras indígenas só podem ser efetivados com autorização do Congresso Nacional, ouvidas as comunidades afetadas, ficando-lhes assegurada participação nos resultados da lavra, na forma da lei.

[...]

Art. 238. A lei ordenará a venda e revenda de combustíveis de petróleo, álcool carburante e outros combustíveis derivados de matérias-primas renováveis, respeitados os princípios desta Constituição.

ADCT

Art. 43. Na data da promulgação da lei que disciplinar a pesquisa e a lavra de recursos e jazidas minerais, ou no prazo de um ano, a contar da promulgação da Constituição, tornar-se-ão sem efeito as autorizações, concessões e demais títulos atributivos de direitos minerários, caso os trabalhos de pesquisa ou de lavra não hajam sido comprovadamente iniciados nos prazos legais ou estejam inativos.

Art. 44. As atuais empresas brasileiras titulares de autorização de pesquisa, concessão de lavra de recursos minerais e de aproveitamento dos potenciais de energia hidráulica em vigor terão quatro anos, a partir da promulgação da Constituição, para cumprir os requisitos do art. 176, § 1º.

§ 1º Ressalvadas as disposições de interesse nacional previstas no texto constitucional, as empresas brasileiras ficarão dispensadas do cumprimento do disposto no art. 176, § 1º, desde que, no prazo de até quatro anos da data da promulgação da Constituição, tenham o produto de sua lavra e beneficiamento destinado a industrialização no território nacional, em seus próprios estabelecimentos ou em empresa industrial controladora ou controlada.

§ 2º Ficarão também dispensadas do cumprimento do disposto no art. 176, § 1º, as empresas brasileiras titulares de concessão de energia hidráulica para uso em seu processo de industrialização.

§ 3º As empresas brasileiras referidas no § 1º somente poderão ter autorizações de pesquisa e concessões de lavra ou potenciais de energia hidráulica, desde que a energia e o produto da lavra sejam utilizados nos respectivos processos industriais.

Art. 45. Ficam excluídas do monopólio estabelecido pelo art. 177, II, da Constituição as refinarias em funcionamento no

País amparadas pelo art. 43 e nas condições do art. 45 da Lei nº 2.004, de 3 de outubro de 1953.

Parágrafo único. Ficam ressalvados da vedação do art. 177, § 1º, os contratos de risco feitos com a Petróleo Brasileiro S.A. (Petrobras), para pesquisa de petróleo, que estejam em vigor na data da promulgação da Constituição.

O esforço empreendido no sentido de realizar um inventário dos dispositivos pertinentes ao tema do Direito de Energia revela que nosso ordenamento encarrega, prioritariamente à União Federal, o trato da inovação legislativa em sede de energia (art. 22, IV, CF).

6.4. Federação e competência legislativa na Constituição Federal de 1988

Sem descuidarmos do foco do presente trabalho no que se refere ao Direito da Energia, parece importante traçar os contornos mais gerais da partilha de competências administrativas e legislativas em nossa Federação.

Cumpre relembrar, pela sua precisão ao tratar do princípio federativo, a noção de Federação veiculada por Celso Ribeiro Bastos, segundo o qual:

> A federação é a forma de Estado pela qual se objetiva distribuir o poder, preservando a autonomia dos entes políticos que a compõem. No entanto, nem sempre se alcança uma racional distribuição do poder. O acerto da Constituição, quando dispõe sobre a Federação, estará diretamente vinculado a uma racional divisão de competência entre, no caso brasileiro, União, Estados e Municípios; tal divisão para alcançar logro poderia ter como regra principal, a seguinte: nada será exercido por um poder mais amplo quando puder ser exercido pelo poder local, afinal os cidadãos moram nos municípios e não na União[12].

Temos então, para os fins deste trabalho, que o inc. IV do art. 22 dispõe que compete privativamente à União dispor sobre "energia".

Cumpre ressaltar que em nosso modelo de repartição de competências, o art. 21 dispõe sobre as competências materiais que competem com exclusividade à União Federal, não havendo a possibilidade de delegação, conclusão a que se atinge no confronto das competências elencadas nos arts. 21 e 22 da Constituição Federal,

---

12 BASTOS, Celso Ribeiro. *Dicionário de direito constitucional*. Verbete "federação". São Paulo: Saraiva, 1994, p. 72,

com o parágrafo único do último dispositivo, segundo o qual "lei complementar poderá autorizar os Estados a legislar sobre questões específicas das matérias relacionadas neste artigo".

Neste caso, os Estados poderão, mediante lei complementar, legislar sobre energia, mas apenas sobre questões específicas que se vinculem a interesse regional ou intermunicipal.

É comum, material e reveladora de competência administrativa, aquela prevista no art. 23 da Constituição, estando aberta a todas as entidades da Federação: União, Estados, Distrito Federal e Municípios.

Veja-se que no âmbito da competência material, o constituinte originário não deixou espaço para o Direito de Energia, embora, no que tange ao licenciamento ambiental, podemos visualizar alguma pertinência com os incisos I, III, IV, VI, VII, XI daquele artigo, com a ressalva de que os temas nacionais terão prevalência sobre os regionais e estes sobre os municipais, dando concretude ao federalismo de cooperação adotado em nosso ordenamento constitucional.

Isto porque o condomínio administrativo previsto no art. 23 não pode ser de molde a turbar a cooperação entre as entidades fechadas; e não é por outra razão que o constituinte originário inseriu no art. 23 o parágrafo único, segundo o qual: "Leis complementares fixarão normas para a cooperação entre a União e os Estados, o Distrito Federal e os Municípios, tendo em vista o equilíbrio do desenvolvimento e do bem-estar em âmbito nacional".

Prosseguindo na análise das competências previstas em nossa Carta Magna, cumpre referir a competência concorrente legislativa, inserta no art. 24, e que permite, com exclusão dos Municípios, que a União, Estados e o Distrito Federal legislem sobre os diversos temas ali previstos, sendo que os seus parágrafos trazem importantes limites ao condomínio legislativo concorrente.

Segundo o § 1º do art. 24, em tais assuntos, a competência da União limitar-se-á a estabelecer normas gerais.

O professor Diogo de Figueiredo Moreira Neto[13], neste particular, oferece seguro caminho interpretativo para a identificação de normas gerais:

> 1º São declarações principiológicas – não se identificando com os princípios *tout court* ou as normas – princípios que possam contê-los;

---

13 MOREIRA NETO, Diogo de Figueiredo. Competência concorrente limitada. O problema da conceituação das normas gerais, *RIF* nº 100, p. 160/162.

2º São declarações que cabem ser editadas pela União, no uso de sua competência concorrente limitada;

3º São declarações que estabelecem diretrizes nacionais sobre certos assuntos – enumerados constitucionalmente;

4º São declarações que deverão ser respeitadas pelos Estados--membros na feitura de suas respectivas legislações, através de normas específicas e particularizantes – bem como pelos Municípios, quando na relação de competência limitada com a União ou, nas previsões constitucionais estaduais, com o Estado-Membro a que pertença;

5º São declarações que, uma vez detalhadas, podem ser aplicadas indireta e mediatamente às relações e situações concretas a que se destinam, em seus respectivos âmbitos políticos.

Em consequência, na linha da práxis, vale retirar, ainda, alguns corolários de possível utilidade exegética:

1º A União está limitada à edição de diretrizes nacionais que se dirigem precipuamente aos legisladores estaduais, para os quais são cogentes, direta e imediatamente eficazes.

2º As normas específicas baixadas pela União juntamente com as normas gerais, ou os aspectos específicos por acaso nestas contidas, não têm aplicação aos Estados-membros, considerando-se particularizantes federais, dirigidas ao Governo Federal.

3º Inexistindo, e enquanto inexistir, legislação estadual específica, tanto as diretrizes nacionais contidas nas normas gerais quanto sua pormenorização federal se aplicam subsidiariamente, direta e imediatamente às relações concretas nelas previstas.

4º Inexistindo normas gerais da União versativas sobre qualquer assunto ou aspecto que deva ser legislado pela modalidade de competência concorrente limitada, o Estado-membro poderá legislar amplamente a respeito, prevalecendo sua legislação até que sobrevenham diretrizes nacionais que com ela sejam incompatíveis.

5º A norma específica estadual que regular, direta e imediatamente, uma relação ou situação jurídica concretamente configurada afasta a aplicação de norma federal coincidente, salvo se contrariar diretrizes principiológicas de norma geral, na 3ª hipótese acima;

6º Em razão de sua inafastável característica nacional, não será norma geral a que dispuser sobre organização, servidores, bens dos Estados ou Municípios mas, em consequência, simples norma inconstitucional.

Quanto às competências reservadas ou remanescentes dos Estados, o § 1º do art. 25 dispõe que "são reservadas aos Estados as competências que não lhes sejam vedadas por esta Constituição".

Neste caso, as competências exclusivas (art. 21, CF), privativas (art. 22, CF) e de interesse local (art. 30, I, CF) escapam do âmbito de atuação do interesse regional ou intermunicipal.

Pode o § 2º do art. 25 sugerir que o Estado-membro possa legislar sobre energia (gás), o que não ocorre, posto que o que ali se observa é a possibilidade de exploração do serviço local de gás canalizado e não da fonte de energia em si.

Cumpre, por derradeiro, a análise da competência legislativa dos Municípios.

Segundo o inc. I do art. 30 da Constituição Federal, compete aos Municípios legislar sobre interesse local.

Trata-se de conceito jurídico indeterminado cuja exegese ainda não se consolidou na doutrina e na jurisprudência, o que não nos impede de afirmar que o interesse local se relaciona aos aspectos únicos e peculiares ocorrentes e visíveis no âmbito do território municipal.

Com respeito ao inc. II do art. 30, a Constituição conferiu ao Município competência para "suplementar" a legislação federal e estadual "no que couber".

O dispositivo encerra complexa exegese, posto que o Município não pode legislar em matéria exclusiva, privativa, concorrente e reservada, restando a possibilidade de "suplementar, no que couber" a legislação federal e estadual de cunho material administrativo prevista no art. 23 da Constituição Federal.

Vemos aqui, unicamente, a possibilidade de o Município expedir leis para o cumprimento dos deveres que lhe foram impostos no art. 23 no que se refere à cooperação com a União e Estados, no âmbito estrito do Município, nos termos do que dispuser lei complementar, a teor do parágrafo único do já citado preceito[14].

---

14 Tais linhas de raciocínio assinaladas no texto encontram eco na jurisprudência do Supremo Tribunal Federal: AI 317.111, Rel. Min. Celso de Mello, decisão monocrática; ADI 2.995, Rel. Min. Celso de Mello, pleno; AI 622.405, AGR, Rel. Min. Eros Grau; ADI 384, Rel. Min. Moreira Alves, pleno; ADIMC 1.980, Rel. Min. Sanches, pleno; ADI 3.645, Rel.ª Min.ª Ellen Gracie, pleno; ADI 2.359, Rel. Min. Eros Grau, pleno; ADI 3.113, Rel. Min. Eros Grau, decisão monocrática; ADI 3.338, Rel. Min. Joaquim Barbosa; ADI 2.656, Rel. Min. Mauricio Correa; RE 286.789, Rel.ª Min.ª Ellen Gracie; ADI 2.396, Rel.ª Min.ª Ellen Gracie; ADI 329, Rel.ª Min.ª Ellen Gracie; RE 227.384-8, Rel. Min. Moreira Alves. E, no Superior Tribunal de Justiça: RMS 20.277, Rel.ª Min.ª Denise Arruda; MC 011.870, Rel. Min. Luiz Fux; REsp 1.090.774.

6.5. A repartição de competências em matéria ambiental

Segundo as regras do Direito Constitucional clássico, um Estado se caracteriza como Federal, quando o poder político é descentralizado, detendo ordens jurídicas parciais, com autonomia política e participação na formação da vontade nacional. É de se exigir, outrossim, a rigidez constitucional nesse tópico, de molde a impedir a transformação do Estado Federal em Estado Unitário.

O federalismo brasileiro, além da sua peculiar divisão em três esferas: federal, estadual e municipal, adotou o denominado federalismo cooperativo, com notável interação entre os diversos entes estatais.

Esse federalismo cooperativo é patente em matéria ambiental, já que a Constituição Federal atribuiu às três esferas de poder estatal competência na matéria.

O modo como o constituinte implementou esse federalismo cooperativo foi atribuindo aos diversos entes da Federação as denominadas competências concorrentes e comuns. Ao lado de tais modalidades de competência, foi fixada pela Constituição algumas competências privativas em matéria ambiental, especialmente no que tange à União Federal. No que se refere aos Estados e Municípios, a competência privativa nessa matéria fica restrita à regra geral em matéria de distribuição de competência, na qual incumbe aos Estados cuidar dos assuntos de interesse regional, enquanto aos Municípios incumbe o tratamento dos temas de interesse local, no seu âmbito territorial.

Na competência comum, a Constituição Federal atribui aos entes de mais de um nível da Federação o poder-dever de agir em determinada matéria. Trata-se de uma competência material administrativa, caso em que as legislações de todos os entes federativos envolvidos terão de ser respeitadas, não podendo haver, no entanto, conflito entre elas.

Pode-se dizer, a princípio, que em uma hipótese de competência comum entre União, Estado e Município, se o ente local tiver uma legislação mais restritiva que o Estado que, por sua vez, dispuser de legislação mais restritiva que a União, todos os requisitos de todas as legislações terão de ser respeitados, não havendo qualquer prevalência de uma sobre a outra, o que poderia trazer sérios transtornos hermenêuticos.

Tal entendimento, especialmente no que tange ao exercício do poder de polícia e licenciamento ambiental (Resolução nº 237/97 – Conama), mostra que deve ser evitada a atuação conflitante de mais de um ente da Federação.

Neste sentido, é de se ressaltar o escólio de Édis Milaré, segundo o qual:

A questão está em saber, em cada caso concreto de competência comum, a que ente político está afeto o poder de polícia ambiental. Seguro, nesse passo, o alvitre de Paulo Régis da Rosa da Silva, no sentido de que a regra do art. 23 da Constituição deve ser interpretada da seguinte forma:

a) matérias de interesse local, isto é, que não extrapolem os limites físicos do Município, devem ser administrados pelo Executivo Municipal;

b) quando a matéria extrapola os limites físicos do Município, ou seja, os seus efeitos não ficam confinados na área física do Município ou envolvem mais de um Município, desloca-se a competência do Executivo Municipal para o Executivo Estadual;

c) tratando-se de bens públicos estaduais e de questões ambientais supramunicipais, a competência será do Executivo Estadual;

d) nas hipóteses em que as matérias envolvam problemas de poluição transfronteiriça ou duas ou mais unidades federadas brasileiras, a competência será do Executivo Federal[15].

No caso da competência concorrente, a Constituição Federal também atribui a entes de mais de um nível da Federação poder de legislar em determinada matéria. Porém, nesse caso, limitou a capacidade legislativa da União às normas gerais sobre o assunto (salvo, evidentemente, se tiver o dever de editar também normas específicas), deixando aos Estados a capacidade legislativa para editar normas específicas na matéria.

Toma-se como exemplo um caso em que União e o Estado são concorrentemente competentes para legislar sobre pesca (art. 24, VI, CF). Incumbe à União editar normas gerais. Porém, se a lei federal regular aspectos específicos do regime de pesca no Pantanal Mato-Grossense, contrariando lei do Mato Grosso do Sul, poderá haver inconstitucionalidade por ferimento ao § 1º do art. 24 da Constituição Federal.

Mais uma outra característica da competência concorrente é permitir a edição pelos Estados, no caso da omissão da União Federal, de normas de cunho geral sobre determinada matéria, a qual perderá sua eficácia, quando suprida pela legislação federal, a teor dos §§ 3º e 4º do art. 24 da Carta Magna.

Temos então, ao menos em tese, a depender evidentemente do caso concreto e suas peculiaridades, que a diferença, em matéria ambiental, entre a competência

---

15   MILARÉ, Édis. *Direito do ambiente.* 2. ed. São Paulo: RT, 2001, p. 264.

comum e a concorrente é o fato de que na segunda, a atuação de cada ente fica delimitada pelas normas gerais da União Federal, cujo conflito poderá gerar uma inconstitucionalidade, ao passo que na primeira, as normas dos diversos entes federados devem coexistir nos seus campos específicos, obrigando a adequação a todas elas, dentro dos critérios acima referidos.

Quanto à União, a competência privativa está prevista nos seguintes artigos:

Art. 21. Compete à União:

[...]

IX – elaborar e executar planos nacionais e regionais de ordenação do território e de desenvolvimento econômico e social;

[...]

XVIII – planejar e promover a defesa permanente contra as calamidades públicas, especialmente as secas e as inundações;

XIX – instituir sistema nacional de gerenciamento de recursos hídricos e definir critérios de outorga de direitos de seu uso;

XX – instituir diretrizes para o desenvolvimento urbano, inclusive habitação, saneamento básico e transportes urbanos;

Art. 22. Compete privativamente à União legislar sobre:

I – direito civil, comercial, penal, processual, eleitoral, agrário, marítimo, aeronáutico, espacial e do trabalho;

II – desapropriação;

[...]

IV – águas, energia, informática, telecomunicações e radiodifusão;

[...]

XII – jazidas, minas, outros recursos minerais e metalurgia;

[...]

XIV – populações indígenas;

[...]

XVIII – sistema estatístico, sistema cartográfico e de geologia nacionais;

[...]

XXVI – atividades nucleares de qualquer natureza;

[...]

Art. 225. Todos têm direito ao meio ambiente ecologicamente equilibrado, bem de uso comum do povo e essencial à sadia qualidade de vida, impondo-se ao Poder Público e à coletividade o dever de defendê-lo e preservá-lo para as presentes e futuras gerações.

[...]

§ 6º As usinas que operem com reator nuclear deverão ter sua localização definida em lei federal, sem o que não poderão ser instaladas.

A competência concorrente está prevista no art. 24:

Art. 24. Compete à União, aos Estados e ao Distrito Federal legislar concorrentemente sobre:

I – direito tributário, financeiro, penitenciário, econômico e urbanístico;

[...]

VI – florestas, caça, pesca, fauna, conservação da natureza, defesa do solo e dos recursos naturais, proteção do meio ambiente e controle da poluição;

VII – proteção ao patrimônio histórico, cultural, artístico, turístico e paisagístico;

VIII – responsabilidade por dano ao meio ambiente, ao consumidor, a bens e direitos de valor artístico, estético, histórico, turístico e paisagístico;

A competência comum, por sua vez, no art. 23:

Art. 23. É competência comum da União, dos Estados, do Distrito Federal e dos Municípios:

[...]

III – proteger os documentos, as obras e outros bens de valor histórico, artístico e cultural, os monumentos, as paisagens naturais notáveis e os sítios arqueológicos;

VI – proteger o meio ambiente e combater a poluição em qualquer de suas formas;

> [...]
>
> VII – preservar as florestas, a fauna e a flora;
>
> [...]
>
> XI – registrar, acompanhar e fiscalizar as concessões de direitos de pesquisa e exploração de recursos hídricos e minerais em seus territórios;

Exceção se colhe no § 6º do art. 225 ("As usinas que operem com reator nuclear deverão ter sua localização definida em lei federal, sem o que não poderão ser instaladas"), eis que apenas lei federal pode dispor sobre a localização de usinas nucleares no país.

Quanto aos Estados, a competência é aquela remanescente genérica, segundo o sistema de repartição de competências adotado pela nossa Carta Magna e previsto no § 1º do art. 25. A competência concorrente dos Estados é a mesma prevista para a União, obviamente, cabendo a eles legislar sobre questões específicas e observando as normas gerais fixadas em lei federal. A competência comum também é a mesma prevista para a União Federal.

No caso dos Municípios, a competência privativa também é a genérica prevista na Constituição Federal, no art. 30, I ("legislar sobre assuntos de interesse local;"), enquanto a competência comum é a mesma da União Federal. Merece, ainda, registro, a competência suplementar da legislação federal e estadual, nos termos do art. 30, II ("suplementar a legislação federal e a estadual no que couber;").

6.6. O regime do licenciamento ambiental

O licenciamento ambiental vem disciplinado pela Resolução nº 237/97 do Conselho Nacional do Meio Ambiente – Conama e foi editada com base na Lei nº 6.938/81 e no Decreto nº 99.274/90.

Segundo o art. 1º da Resolução nº 237/97:

> I – Licenciamento Ambiental: procedimento administrativo pelo qual o órgão ambiental competente licencia a localização, instalação, ampliação e a operação de empreendimentos e atividades utilizadoras de recursos ambientais, consideradas efetiva ou potencialmente poluidoras ou daquelas que, sob qualquer forma, possam causar degradação ambiental, considerando as disposições legais e regulamentares e as normas técnicas aplicáveis ao caso.

II – Licença Ambiental: ato administrativo pelo qual o órgão ambiental competente, estabelece as condições, restrições e medidas de controle ambiental que deverão ser obedecidas pelo empreendedor, pessoa física ou jurídica, para localizar, instalar, ampliar e operar empreendimentos ou atividades utilizadoras dos recursos ambientais consideradas efetiva ou potencialmente poluidoras ou aquelas que, sob qualquer forma, possam causar degradação ambiental.

O licenciamento ambiental, então, é um procedimento administrativo, levado adiante pelo órgão ambiental competente, no exercício do poder de polícia, para que o empreendimento levado a cabo em determinado local seja harmonizado com as normas protetivas do meio ambiente. Envida-se uma limitação de direitos – pelo exercício do poder de polícia – em prol do interesse público, no caso, a proteção ambiental.

Nem todas as atividades humanas, no entanto, dependem de uma licença ambiental para serem implantadas, mas tão somente aquelas potencialmente poluidoras ou que utilizam recursos naturais.

A licença ambiental é o ato administrativo produzido – ou ao menos que se almeja – pelo procedimento de licenciamento, onde a atividade do particular é limitada com o estabelecimento de condições para a implementação de um empreendimento.

Segundo a já mencionada Resolução nº 237/97 do Conama, a licença ambiental, segundo seu art. 8º, se divide em três espécies, a saber:

Art. 8º O Poder Público, no exercício de sua competência de controle, expedirá as seguintes licenças:

I – Licença Prévia (LP) – concedida na fase preliminar do planejamento do empreendimento ou atividade aprovando sua localização e concepção, atestando a viabilidade ambiental e estabelecendo os requisitos básicos e condicionantes a serem atendidos nas próximas fases de sua implementação;

II – Licença de Instalação (LI) – autoriza a instalação do empreendimento ou atividade de acordo com as especificações constantes dos planos, programas e projetos aprovados, incluindo as medidas de controle ambiental e demais condicionantes, da qual constituem motivo determinante;

III – Licença de Operação (LO) – autoriza a operação da atividade ou empreendimento, após a verificação do efetivo cumprimento do que consta das licenças anteriores, com as medidas de controle ambiental e condicionantes determinados para a operação.

Parágrafo único. As licenças ambientais poderão ser expedidas isolada ou sucessivamente, de acordo com a natureza, características e fase do empreendimento ou atividade.

Em verdade, a licença ambiental é gênero, do qual são espécies a licença prévia, a licença de instalação e a licença de operação.

Entrando na questão acerca da natureza jurídica da licença ambiental, iniciaremos uma distinção entre licença e autorização e, para tanto, nos valeremos das lições de Celso Antonio Bandeira de Mello[16]:

d) autorização é o ato unilateral pelo qual a Administração, discricionariamente, faculta o exercício de atividade material, tendo, como regra, caráter precário. É o caso da autorização de porte de arma [...];

e) Licença é o ato vinculado unilateral pelo qual a Administração faculta a alguém o exercício de uma atividade, uma vez demonstrado pelo interessado o preenchimento dos requisitos legais exigidos [...]. Uma vez cumpridas as exigências legais, a Administração não pode negá-las. Daí seu caráter vinculado, distinguindo-se assim, da autorização.

Temos então que a licença ambiental, como ato administrativo que estabelece condições para o desenvolvimento de atividades potencialmente poluidoras, tem efetivamente a natureza jurídica de licença.

Não se pode considerar autorização, porque a atividade desenvolvida pelo particular em seu domínio – e em especial a atividade econômica – via de regra constitui direito subjetivo seu, nos termos dos arts. 5º, II e XII, e 170, parágrafo único, da Constituição Federal, pelo que não está sujeita a ser cerceada por ato discricionário da Administração.

---

16 MELLO, Celso Antonio Bandeira de. *Curso de direito administrativo*. 5. ed. São Paulo: Malheiros, 1994, p. 209/210.

De arremate, verifica-se que a licença ambiental efetivamente ostenta a natureza de licença, já que a atividade desenvolvida pelo particular é direito subjetivo seu, apenas dependendo do cumprimento dos requisitos legais exigidos.

A caracterização da licença ambiental como ato administrativo de licença, plenamente vinculado, gera efeitos e entre eles está a possibilidade de pronunciamento judicial compelindo a Administração a emitir a licença, já que não se analisa mérito administrativo, mas apenas a sujeição do administrado às condições fixadas para o exercício da atividade.

Em sentido contrário, no entanto, é o escólio de Paulo Affonso Leme Machado[17]:

> Empregarei a expressão "licenciamento ambiental" como equivalente a "autorização ambiental", mesmo quando o termo utilizado seja simplesmente licença.
>
> O TJSP, ao analisar a Lei 6.938/81, julgou com grande perspicácia a questão: "O exame dessa lei revela que a licença em tela tem natureza jurídica de autorização, tanto que o § 1º de seu art. 10 fala em pedido de renovação de licença, indicando, assim, que se trata de autorização, pois, se fosse juridicamente licença, seria ato definitivo, sem necessidade de renovação". "A alteração (sic) é ato precário e não vinculado, sujeito sempre às alterações ditadas pelo interesse público". "Querer o contrário é postular que o Judiciário confira à empresa um cheque em branco, permitindo-lhe que, com base em licenças concedidas anos atrás, cause total e qualquer degradação ambiental".

Com relação às etapas do procedimento para o licenciamento ambiental, assim dispõe o art. 10 da Resolução nº 237/97 do Conama:

> **Art. 10.** O procedimento de licenciamento ambiental obedecerá às seguintes etapas:
>
> I – Definição pelo órgão ambiental competente, com a participação do empreendedor, dos documentos, projetos e estudos ambientais, necessários ao início do processo de licenciamento correspondente à licença a ser requerida;
>
> II – Requerimento da licença ambiental pelo empreendedor, acompanhado dos documentos, projetos e estudos ambientais pertinentes, dando-se a devida publicidade;

---

17 MACHADO, Paulo Affonso Leme. *Direito ambiental brasileiro.* 10. ed. São Paulo: Malheiros, 2002, p. 248/249.

III – Análise pelo órgão ambiental competente, integrante do SISNAMA, dos documentos, projetos e estudos ambientais apresentados e a realização de vistorias técnicas, quando necessárias;

IV – Solicitação de esclarecimentos e complementações pelo órgão ambiental competente integrante do Sisnama, uma única vez, em decorrência da análise dos documentos, projetos e estudos ambientais apresentados, quando couber, podendo haver a reiteração da mesma solicitação caso os esclarecimentos e complementações não tenham sido satisfatórios;

V – Audiência pública, quando couber, de acordo com a regulamentação pertinente;

VI – Solicitação de esclarecimentos e complementações pelo órgão ambiental competente, decorrentes de audiências públicas, quando couber, podendo haver reiteração da solicitação quando os esclarecimentos e complementações não tenham sido satisfatórios;

VII – Emissão de parecer técnico conclusivo e, quando couber, parecer jurídico;

VIII – Deferimento ou indeferimento do pedido de licença, dando-se a devida publicidade.

Tormentosa é a questão a respeito da autoridade competente para promover o licenciamento ambiental, principalmente porque, como vimos, os entes da Federação têm competência comum para atuar em matéria ambiental, o que revela cuidado na interpretação da resolução.

A sobreposição de diversas licenças, para cada ente federativo, para um empreendimento não é algo desejável pelo desperdício de recursos e a burocratização no licenciamento de atividades ligadas ao Direito de Energia, de suma importância, daí por que, antes de apontarmos as normas específicas da Resolução nº 237/97 do Conama, destacaremos o preceito do art. 7º, segundo o qual:

> **Art. 7º** Os empreendimentos e atividades serão licenciados em um único nível de competência, conforme estabelecido nos artigos anteriores.

Tal divisão de atribuições se encontra nos arts. 4º, 5º e 6º da Resolução do Conama:

Art. 4º Compete ao Instituto Brasileiro do Meio Ambiente e dos Recursos Naturais Renováveis – Ibama, órgão executor do Sisnama, o licenciamento ambiental a que se refere o artigo 10 da Lei nº 6.938, de 31 de agosto de 1981, de empreendimentos e atividades com significativo impacto ambiental de âmbito nacional ou regional, a saber:

I – localizadas ou desenvolvidas conjuntamente no Brasil e em país limítrofe; no mar territorial; na plataforma continental; na zona econômica exclusiva; em terras indígenas ou em unidades de conservação do domínio da União.

II – localizadas ou desenvolvidas em dois ou mais Estados;

III – cujos impactos ambientais diretos ultrapassem os limites territoriais do País ou

de um ou mais Estados;

IV – destinados a pesquisar, lavrar, produzir, beneficiar, transportar, armazenar e dispor material radioativo, em qualquer estágio, ou que utilizem energia nuclear em qualquer de suas formas e aplicações, mediante parecer da Comissão Nacional de Energia Nuclear – CNEN;

V – bases ou empreendimentos militares, quando couber, observada a legislação específica.

§ 1º O Ibama fará o licenciamento de que trata este artigo após considerar o exame técnico procedido pelos órgãos ambientais dos Estados e Municípios em que se localizar a atividade ou empreendimento, bem como, quando couber, o parecer dos demais órgãos competentes da União, dos Estados, do Distrito Federal e dos Municípios, envolvidos no procedimento de licenciamento.

§ 2º O Ibama, ressalvada sua competência supletiva, poderá delegar aos Estados o licenciamento de atividade com significativo impacto ambiental de âmbito regional, uniformizando, quando possível, as exigências.

Art. 5º Compete ao órgão ambiental estadual ou do Distrito Federal o licenciamento ambiental dos empreendimentos e atividades:

I – localizados ou desenvolvidos em mais de um Município ou em unidades de conservação de domínio estadual ou do Distrito Federal;

II – localizados ou desenvolvidos nas florestas e demais formas de vegetação natural de preservação permanente relacionadas no artigo 2º da Lei nº 4.771, de 15 de setembro de 1965, e em todas as que assim forem consideradas por normas federais, estaduais ou municipais;

III – cujos impactos ambientais diretos ultrapassem os limites territoriais de um ou mais Municípios;

IV – delegados pela União aos Estados ou ao Distrito Federal, por instrumento legal ou convênio.

Parágrafo único. O órgão ambiental estadual ou do Distrito Federal fará o licenciamento de que trata este artigo após considerar o exame técnico procedido pelos órgãos ambientais dos Municípios em que se localizar a atividade ou empreendimento, bem como, quando couber, o parecer dos demais órgãos competentes da União, dos Estados, do Distrito Federal e dos Municípios, envolvidos no procedimento de licenciamento.

Art. 6º Compete ao órgão ambiental municipal, ouvidos os órgãos competentes da União, dos Estados e do Distrito Federal, quando couber, o licenciamento ambiental de empreendimentos e atividades de impacto ambiental local e daquelas que lhe forem delegadas pelo Estado por instrumento legal ou convênio.

Tais dispositivos podem, em primeira vista, parecer inconstitucionais, por invasão de competência em relação aos Estados e Municípios, mas não são.

Diz o art. 225, inc. IV, da Constituição Federal, que o Poder Público poderá "exigir, na forma da lei, para instalação de obra ou atividade potencialmente causadora de significativa degradação do meio ambiente, estudo prévio de impacto ambiental, a que se dará publicidade".

O art. 10 da Lei nº 6.938/81 deixa entrever que o dispositivo revela um feitio de lei nacional, aplicável a todos os entes federativos, e de lei federal, aplicável às relações pertinentes à União Federal, tornando um pouco mais complexa a exegese da lei ao descer em pormenores, embora não deixe de enquadrá-los no âmbito de normas gerais.

130 Problemas e Soluções em Direito • Eugênio Rosa de Araújo

Infelizmente, neste ponto, temos de discordar do Professor Paulo Affonso Leme Machado[18], segundo o qual:

> A competência dos Estados para legislar, quando a União já editou uma norma geral, pressupõe uma obediência à norma federal. Situa-se no campo da hierarquia das normas e faz parte de um sistema chamado de "fidelidade federal".
>
> Não é a mesma situação perante a execução da lei, onde não há hierarquia na atuação das Administrações Públicas, isto é, a Administração Pública federal ambiental não está num plano hierárquico superior ao da Administração Pública ambiental estadual, nem ao da Administração Pública ambiental municipal. As atribuições e obrigações dos Estados e dos Municípios só a Constituição Federal pode estabelecer. Leis infraconstitucionais não podem repartir competências, pois essa matéria é fundamental da lei maior.

Tal raciocínio afronta o sistema constitucional para dispor sobre energia, constante do art. 22, IV, bem como desconsidera, por completo, o comando do inc. IV do art. 225, ambos da Carta Magna, permitindo que Município de grande extensão faça exigências desarrazoadas a empreendimento federal, sob o argumento do desrespeito ao princípio federativo.

6.7. Critérios para conciliação da competência privativa em energia (art. 22, IV, CF)

Cumpre repisar que o tema do presente trabalho é a conciliação da competência privativa da União Federal para legislar sobre energia (art. 22, IV, CF) e o licenciamento ambiental.

Para tanto, cumpre estabelecer, desde logo, para este mister, que o art. 20 da Constituição Federal, elenca como bens da União:

- os que atualmente lhe pertencem;
- os que lhe vierem a ser atribuídos;
- as terras devolutas indispensáveis à defesa das fronteiras, das fortificações e construções militares, das vias federais de comunicação e à preservação ambiental, definidas em lei;

---

18 MACHADO, Paulo Affonso Leme. Competência Comum, Concorrente e Supletiva em matéria de meio ambiente, palestra – Reunião da Câmara Técnica, Conama, Maceió, 27/7/96. In: FINK, Daniel Roberto. *Aspectos jurídicos do licenciamento ambiental.* 1. ed. Rio de Janeiro: Forense Universitária, 2000, p. 39/40.

- os lagos, rios e quaisquer correntes de água em terrenos de seu domínio, ou que banhem mais de um Estado, sirvam de limites com outros países, ou se estendam a território estrangeiro ou dele provenham, bem como os terrenos marginais e as praias fluviais;
- as ilhas fluviais e lacustres nas zonas limítrofes com outros países;
- as praias marítimas;
- as ilhas oceânicas;
- as ilhas costeiras, excluídas, destas, as que contenham a sede de Municípios, exceto aquelas áreas afetadas ao serviço público e a unidade ambiental federal e as referidas no art. 26, II;
- os recursos naturais da plataforma continental e da zona econômica exclusiva;
- o mar territorial;
- os terrenos de marinha e seus acrescidos;
- os potenciais de energia hidráulica;
- os recursos minerais, inclusive os do subsolo;
- as cavidades naturais subterrâneas e os sítios arqueológicos e pré-históricos;
- as terras tradicionalmente ocupadas pelos índios.

Desse rol inserido na Constituição Federal, fácil é perceber que o Direito de Energia se encontra intimamente ligado aos bens da União Federal, posto que deles é possível a utilização de diversas fontes de energia.

Nesse ponto, impende analisar a competência privativa da União para legislar sobre energia, desde já relembrando que o Direito de Energia tem objeto próprio como já referido na obra de Walter T. Álvares.

Assim, no caso de competência privativa, não estão Estados, Distrito Federal e Municípios autorizados a legislar de forma comum, concorrente, supletiva ou remanescente. Somado a este fato, o § 1º do art. 22 é expresso em dispor que somente por lei complementar (inexistente até o momento) poderá a União autorizar os Estados (Distrito Federal e Municípios estão de fora) a legislar sobre "questões específicas" das matérias relacionadas no referido artigo.

Por outro lado, o sempre decantado art. 23, que estabelece a competência comum administrativa para União, Estados, Distrito Federal e Municípios atuarem sobre questões ambientais, carece de importante edição de leis complementares exigidas pelo seu parágrafo único, que fixarão normas para a cooperação entre a União e os Estados, o Distrito Federal e os Municípios, tendo em vista o equilíbrio do desenvolvimento e do bem-estar em âmbito nacional, demonstrando que a cooperação revelada no sobredito condomínio administrativo se volta para o atendimento de questões federais nacionais e não regionais ou locais.

No campo da competência concorrente, vê-se que não há espaço para edição de normas sobre energia entre União, Estados e Distrito Federal, muito menos por parte dos Municípios que sequer encontra menção no dispositivo, em claro silêncio eloquente.

Veja-se que as tentativas de facultar aos Estados legislar sobre energia derivaram do equívoco de confundir a energia com o recipiente que o acolhe, como no caso da ADI 855, da relatoria do Ministro Sepúlveda Pertence, com base no art. 24, V, da Constituição Federal, confundindo a competência privativa federal para tratar de energia com a concorrente estadual de legislar sobre produção e consumo, voltados que estão, quando muito, para o acondicionamento da energia.

É de se concluir, portanto, a ausência de competência concorrente para que Estados, Distrito Federal e, com maior razão, Municípios, legislem de forma suplementar em matéria de energia.

Também pelo caminho do art. 25, não teriam os Estados como legislar de forma remanescente em tema de energia, não só pelas limitações dos arts. 21, 22, 24 e 30 da Constituição Federal, mas porque o que faculta a Carta Maior é a exploração do serviço do gás canalizado e não o tratamento, em si, da fonte energética.

Melhor sorte não colhem os Municípios em sede de competência privativa de legislar em matéria de energia, posto que o art. 30, inc. I, faculta ao Município legislar sobre assuntos de interesse local, ao passo que o próprio texto constitucional, em interpretação sistemática submissa ao princípio da unidade da Constituição, coloca o tema sob o interesse de âmbito nacional (*vide* parágrafo único do art. 23); do mesmo modo não há que se falar em competência suplementar do Município em matéria de energia, posto que a competência privativa não admite delegação (art. 22, parágrafo único, CF), bem como há silêncio eloquente em relação ao Município na competência concorrente prevista no art. 24 da Constituição Federal[19].

6.8. Conclusão

Terminado o escorço sobre o tema, conclui-se que a competência privativa da União para legislar sobre energia, constante do inc. IV do art. 22 da Carta Magna,

---

19 Os argumentos suso expostos encontram lastro em julgados do próprio Supremo Tribunal Federal: ADI 622.405 AGR, Rel. Min. Eros Grau, Segunda Turma; ADI 2.995, Rel. Min. Celso de Mello, Pleno; AI 317.111, Rel. Min. Celso de Mello, decisão monocrática; RE 227.384-8, Rel. Min. Moreira Alves, Pleno.

Parte I • Direito Constitucional   133

em contraste com o condomínio legislativo dos demais entes da Federação para inovar em matéria ambiental, mormente em sede de licenciamento ambiental, está a merecer urgente disciplina, o que poderia ser, ao menos, em parte, obviado, com a edição da lei complementar a que se reporta o parágrafo único do art. 22, bem como das leis complementares a que se refere o parágrafo único do art. 23, ambos da Constituição Federal de 1988.

6.9. Referências

ÁLVARES, Walter Tolentino. *Curso de direito da energia*. Rio de Janeiro: Forense, 1978.

BASTOS, Celso Ribeiro. *Dicionário de direito constitucional*. Verbete "federação". São Paulo: Saraiva, 1994.

Enciclopédia Saraiva do Direito. Verbete "energia". São Paulo: Saraiva, 1977. v. 32.

ENGISCH, Karl. *Introdução ao pensamento jurídico*. 7. ed. Lisboa: Fundação Calouste Gulbenkian, 1996.

MACHADO, Paulo Affonso Leme. Competência comum, concorrente e supletiva em matéria de meio ambiente, palestra, Reunião Câmara Técnica, Conama, Maceió, 27/7/96. In: FINK, Daniel Roberto. *Aspectos jurídicos do licenciamento ambiental*. 1. ed. Rio de Janeiro: Forense Universitária, 2000.

_____. *Direito ambiental brasileiro*. 10. ed. São Paulo: Malheiros, 2003.

MILARÉ, Edis. *Direito do ambiente*. 2. ed. São Paulo: RT, 2001.

MELLO, Celso Antonio Bandeira de. *Curso de direito administrativo*. 5. ed. São Paulo: Malheiros, 1994.

MOREIRA NETO, Diogo de Figueiredo. Competência concorrente limitada. O problema da conceituação das normas gerais. *Revista de Informação Legislativa*, nº 100, p. 160/162.

Capítulo 7

A nova estrutura conceitual do direito: a natureza normativa dos princípios jurídicos[1]

> **SUMÁRIO**: **7.1.** Introdução. **7.2.** O caso difícil (*hard case*). **7.3.** Conclusão. **7.4.** Referências.

7.1. Introdução

O tema do presente trabalho se insere no quadro do pós-positivismo[2], movimento surgido no pós-guerra e que vem se tornando doutrina já estabelecida em todos os ordenamentos constitucionais, daí por que todo operador do Direito deve dominar seu relevante conteúdo, e é o que se propõe com este trabalho, por meio da análise de um caso concreto pinçado da jurisprudência do Superior Tribunal de Justiça.

A ciência jurídica tem estabelecido que texto e norma não se confundem. Há o texto da norma e a norma do texto. Explica-se: a norma é o resultado ou o produto da interpretação do texto por parte do intérprete, produzindo a norma para o caso concreto.

---

1 Texto apresentado em Doutorado na Universidade Autónoma de Lisboa (POR).

2 BARRETTO, Vicente de Paulo (Coord.). *Dicionário de filosofia do direito*. São Leopoldo: 2006, p. 653. Verbete "pós-positivismo": "e) *O papel dos princípios na resolução dos casos difíceis*. Uma das principais façanhas do pós-positivismo consiste em reabilitar a centralidade dos princípios nos domínios da interpretação judicial, elevados agora à condição de protagonistas e não mais confinados a um papel de meros coadjuvantes ou figurantes como na etapa positivista tradicional. Com efeito, já não se trata de ver nos princípios teoremas racionais abstratos, metafísicos e desprovidos de eficácia, como na fase jusnaturalista, nem tampouco o caráter meramente subsidiário e supletivo – de baixa ou nenhuma normatividade – assumido no ciclo positivista, desde o século XIX até a primeira metade do século XX. A proposta pós-positivista coloca em primeiro plano a proclamação da eficácia normativa dos princípios, agora erigidos em normas-primárias de todo o sistema jurídico. Distanciando-se do cânone positivista da separação entre direito e moral (*tese da separabilidade*), o pós-positivismo enceta uma rearticulação entre direito e moral por mais manejo dos princípios. Para Alexy, os princípios constituem mandados de otimização que ordenam que algo seja realizado na maior medida possível, enquanto Dworkin os considera fonte da justificação moral e política do Direito vigente em uma determinada comunidade".

Parte I • Direito Constitucional   135

Já se estabeleceu na doutrina e na jurisprudência a normatividade dos princípios e sua distinção das regras, baseado nas lições de Ronald Dworkin[3] e Robert Alexy[4]; no entanto, para que o intérprete distinga uma da outra, faz-se necessário um exercício de pré-compreensão do texto que se lhe apresenta.

O intérprete, num primeiro momento identifica o texto como norma ou como regra, passando a interpretá-la como princípio ou como regra, delas extraindo uma norma, uma interpretação.

A tal procedimento tem-se denominado círculo hermenêutico[5], uma vez que o intérprete faz uma primeira aproximação, para identificar se o texto é princípio

---

3   DWORKIN, Ronald. *Levando os direitos a sério*. Trad. Nelson Boeira. São Paulo: Martins Fontes, 2002, p. 39 e 42-43. A diferença entre princípios jurídicos e regras jurídicas é de natureza lógica. Os dois conjuntos de padrões apontam para decisões particulares acerca da obrigação jurídica em circunstâncias específicas, mas distinguem-se quanto à natureza da orientação que oferecem. As regras são aplicáveis à maneira do tudo-ou-nada. Dados os fatos que uma regra estipula, então ou a regra é válida, e neste caso a resposta que ela fornece deve ser aceita, ou não é válida, e neste caso em nada contribui para a decisão".
Os princípios possuem uma dimensão que as regras não têm – a dimensão do peso ou importância. Quando os princípios se intercruzam (por exemplo, a política de proteção aos compradores de automóveis se opõe aos princípios de liberdade de contrato), aquele que vai resolver o conflito tem de levar em conta a força relativa de cada um. Se duas regras entram em conflito, uma delas não pode ser válida. A decisão de saber qual delas é válida e qual deve ser abandonada ou reformulada, deve ser tomada recorrendo-se a considerações que estão além das próprias regras. Um sistema jurídico pode regular esses conflitos através de outras regras, que dão precedência à regra promulgada pela autoridade de grau superior, à regra promulgada mais recentemente, à regra mais específica ou outra coisa desse gênero. Um sistema jurídico também pode preferir a regra que é sustentada pelos princípios mais importantes.

4   ALEXY, Robert. *Teoria dos direitos fundamentais*. Trad. Virgílio Afonso da Silva. São Paulo: Malheiros, 2008, p. 90-91. O ponto decisivo na distinção entre regras e princípios é que princípios são normas que ordenam que algo seja realizado na maior medida possível dentro das possibilidades jurídicas e fáticas existentes. Princípios são, por conseguinte, mandamentos de otimização, que são caracterizados por poderem ser satisfeitos em graus variados e pelo fato de que a medida devida de sua satisfação não depende somente das possibilidades fáticas, mas também das possibilidades jurídicas. O âmbito das possibilidades jurídicas é determinado pelos princípios e regras colidentes. Já as regras são normas que são sempre ou satisfeitas ou não satisfeitas. Se uma regra vale, então, deve se fazer exatamente aquilo que ela exige; nem mais, nem menos. Regras contêm, portanto, determinações no âmbito daquilo que é fática e juridicamente possível. Isso significa que a distinção entre regras e princípios é uma distinção qualitativa, e não uma distinção de grau. Toda norma é ou uma regra ou um princípio.

5   GADAMER, Hans-Georg. *Verdade e método. Traços fundamentais de uma hermenêutica filosófica*. Trad. Flavio Paulo Meurer. 4. ed. Petrópolis: Vozes, 2002, p. 402. "Quem quiser compreender um texto realiza sempre um projetar. Tão logo apareça um primeiro sentido no texto, o intérprete prelineia um sentido do todo. Naturalmente que o sentido somente se manifesta porque quem lê o texto lê a partir de determinadas expectativas e na perspectiva de um sentido determinado. A compreensão do que está posto no texto consiste precisamente na elaboração desse projeto prévio, que, obviamente, tem que ir sendo constantemente revisado com base no que se dá conforme se avança na penetração do sentido." GADAMER, Hans-Georg. *Verdade e método II. Complementos e índice*. Trad. Enio Paulo Giachini. Petrópolis: Vozes, 2010, p. 72: "5. Sobre o círculo da compreensão (1959). A regra hermenêutica, segundo a qual devemos compreender o todo a partir do singular e o singular a partir do todo, provém da retórica antiga e foi transferida, pela hermenêutica moderna, da arte de falar para a arte de compreender. Em ambos os casos, estamos às voltas com uma relação circular prévia. A antecipação de sentido, que comporta o todo, ganha uma compreensão explícita através do fato de as partes, determinadas pelo todo, determinarem por seu lado esse mesmo todo."

ou regra, voltando posteriormente para, conforme os autores citados, usar a metodologia de princípio (otimização) ou de regra (definição).

No caso de conflito de princípios, deve ser manejado o método da ponderação, sopesando o princípio, no caso concreto, que mais se adapta à interpretação do texto, ao passo que no conflito de regras, os métodos usualmente utilizados são o da hierarquia, cronologia e especialidade, nada obstante possa também haver a necessidade de ponderação de regras, como se verá no caso concreto.

7.2. O caso difícil (*hard case*)

O Estado está movendo ação de regresso contra policial que causou danos a terceiros ao conduzir veículo oficial na contramão de direção em situação de urgência.

O aresto em tela é o Agrg no REsp 1.454.429, da lavra do Ministro Herman Benjamim, assim ementado, *verbis*:

> PROCESSUAL CIVIL. POLICIAL MILITAR. CONDUÇÃO DE VIATURA NA CONTRAMÃO. ACIDENTE. RESPONSABILIDADE CIVIL DO ESTADO. RESSARCIMENTO AO ERÁRIO DEVIDO. SÚMULA 7/STJ. RECURSO ESPECIAL. ALÍNEA "C". NÃO DEMONSTRAÇÃO DA DIVERGÊNCIA. AGRAVO REGIMENTAL NÃO PROVIDO.
>
> 1. Cuida-se, na origem, de Ação de reparação de danos proposta pelo Estado do Paraná contra o ora recorrente, objetivando

A jurisprudência tem seguido essa doutrina: Informativo STF 673, 1º a 3/8/2002: "Prefeito itinerante" e segurança jurídica – 9: "Nestes termos, enfatizou que, em verdade, a norma jurídica não consubstanciaria o pressuposto, mas o resultado do processo interpretativo, isto é, a norma seria a sua interpretação. Nesse diapasão, não existiria norma jurídica, senão aquela interpretada, de sorte que interpretar ato normativo seria colocá-lo no tempo ou integrá-lo na realidade pública. Introduziu o conceito de pós-compreensão, que seria o conjunto de fatores temporalmente condicionados com base nos quais se compreenderia "supervenientemente" certa norma. Para o relator, todo esse esforço hermenêutico resultaria na pós-compreensão, a qual seria a pré-compreensão do futuro, ou seja, o elemento dialético correspondente da ideia de pré-compreensão. Essa concepção permitiria atestar que toda lei interpretada – não apenas as denominadas leis temporárias – caracterizaria dispositivo com duração temporal limitada, de modo que a atividade hermenêutica nada mais seria que procedimento historicamente situado. Em outras palavras, o texto, confrontado com novas experiências, transformar-se-ia necessariamente em outro texto, o que originaria a ideia desse contínuo interpretar: a pré-compreensão levaria à pós-compreensão. Discorreu, pois, que a interpretação constitucional aberta dispensaria o conceito de mutação constitucional enquanto categoria autônoma, porquanto se estaria sempre em mutação constitucional. Ficaria, então, evidente que o Tribunal não poderia fingir que sempre pensara de certa forma ao modificar seu entendimento. Expressou que, diante disto, haveria a necessidade de, nesses casos, fazer-se o ajuste do resultado, adotando-se técnica de decisão que, tanto quanto possível, traduzisse mudança de valoração (RE 637.485/RJ, Rel. Min. Gilmar Mendes, 1º/8/2012).

a condenação no pagamento de R$ 12.912,22 (doze mil, novecentos e doze reais e vinte e dois centavos).

2. Alega o Estado do Paraná que o réu, ora recorrente, Policial Militar, ao conduzir viatura policial pela contramão enquanto atendia a uma ocorrência, colidiu com um veículo Fiat/Uno que se encontrava à sua frente, e que o impacto acarretou danos à viatura policial. Dispôs que o encarregado pelo Inquérito Técnico instaurado pelo Comando da Polícia concluiu pela culpabilidade do réu no sinistro e que, na Solução de Inquérito Técnico, foi imputado ao recorrente o pagamento de R$ 12.912,22 (doze mil, novecentos e doze reais e vinte e dois centavos).

3. **O Juiz de 1º Grau julgou improcedente o pedido, por entender, em síntese, que "o requerido agiu em estrito cumprimento do dever legal, razão pela qual resta descaracterizado o caráter ilícito da conduta e, assim, o dever de reparar as perdas e danos"** (fl. 355).

4. O Tribunal *a quo* deu provimento à Apelação do Estado do Paraná, ora recorrido, e assim consignou na sua decisão: "**Veja-se que o texto legal, não permite que os veículos dos entes públicos que estejam se dirigindo para atendimento de urgência, transitem na contramão de direção da via**". "Porém, devem obedecer as demais normas do Código de Trânsito Brasileiro, conforme expressamente dispõe a alínea "d", acima destacada, dentre as quais, não transitar na contramão de direção." "**Portanto, não há que se falar em estrito cumprimento do dever legal quando a conduta do agente público foge aos parâmetros legalmente estabelecidos. Nestes casos, sua conduta e imprudente e deve, por essa razão, ser responsabilizado pelos danos que venha a provocar.**"

(AgRg no REsp 1.454.429/PR. Agravo Regimental no Recurso Especial 2014/0115543-8. Rel. Min. Herman Benjamin, 2ª Turma, julgamento 07/04/2015, DJe 22/05/2015) (grifos nossos)

O tribunal considerou que não houve malferimento de lei federal, aliado ao fato de que, em sede de Recurso Especial, não há análise de provas e estabilizou a decisão que condenou o policial a pagar pelos danos causados na condução do veículo oficial em situação de emergência.

Aqui será necessária a ponderação[6] de princípios e de regras face ao inusitado da situação e, para tanto, nos valeremos do método de ponderação adotado pelo Ministro Roberto Barroso em decisão monocrática prolatada recentemente, *verbis*:

> Em caso de conflito entre normas dessa natureza, impõe-se a necessidade de **ponderação, que, como se sabe, é uma técnica de decisão que se desenvolve em três etapas: (i) na primeira, verificam-se as normas que postulam incidência ao caso; (ii) na segunda, selecionam-se os fatos relevantes; (iii) e, por fim, testam-se as soluções possíveis para verificar, em concreto, qual delas melhor realiza a vontade constitucional.** Idealmente, a ponderação deve procurar fazer concessões recíprocas, preservando o máximo possível dos direitos em disputa. No limite, porém, fazem-se escolhas. Todo esse processo intelectual tem como fio condutor o princípio instrumental da proporcionalidade ou razoabilidade.
>
> (Rcl 22.328 MC/RJ, Rel. Min. Roberto Barroso, julgamento 20/11/2015) (grifo nosso)

Assim, na primeira etapa, cabe ao intérprete proceder à identificação dos enunciados normativos em tensão. Na segunda etapa cabe-lhe a identificação dos fatos relevantes e a apreciação da repercussão da incidência dos enunciados normativos sobre os fatos selecionados. Por fim, chega-se à terceira etapa, que é a fase decisória da ponderação.

No caso em comento, parece-nos que andou mal o Superior Tribunal de Justiça, tendo em vista que o policial militar atuava em estrito cumprimento do dever legal, em situação de urgência, no desempenho de serviço público indispensável e *uti universi*, com benefício para toda comunidade e em fiel observância ao

---

6   BARCELLOS, Ana Paula de. *Ponderação, racionalidade e atividade jurisdicional*. Rio de Janeiro: Renovar, 2005, p. 300-302. "Na primeira delas lhe cabe identificar todos os enunciados aparentemente em conflito e agrupá-los em função das soluções que indiquem para o caso. Na segunda etapa do processo ponderativo, cabe ao intérprete examinar as circunstâncias concretas do caso e suas repercussões sobre os enunciados identificados na fase anterior. A relevância atribuída aos fatos, algumas vezes instintivamente, funda-se em geral em elementos jurídicos ou na experiência cultural da sociedade, ou ainda em uma mistura desses dois fenômenos, e deve ser justificada. Os fatos repercutem de duas maneiras principais sobre os grupos de enunciados identificados na etapa anterior: (i) eles podem atribuir maior ou menor peso a alguns desses grupos; e/ou (ii) eles podem esclarecer o grau de restrição que cada solução (norma) possível impõe aos diferentes enunciados envolvidos. Terceira e última etapa é o momento de decidir tendo em conta os grupos de enunciados, os fatos relevantes e sua repercussão sobre a hipótese e as diferentes normas que podem ser construídas para a solução do conflito."

Parte I • Direito Constitucional 139

texto constitucional, à legislação militar, de trânsito e ao decreto disciplinador de suas atribuições[7].

Primeiramente, o policial tem o dever de observar o princípio da dignidade da pessoa humana[8], bem como o da disciplina, insculpidos nos arts. 1º e 142 da Carta Magna[9].

Some-se a isso que, pelo Estatuto dos Militares[10], Lei nº 6.880/80, nos arts. 14, 28, 31 e 32, bem como pelo art. 8º do Regulamento Disciplinar do Exército,

---

7 Aqui, utilizamos a legislação federal militar por comodidade na explanação do processo de ponderação, posto que o raciocínio para a legislação estadual – no caso o Paraná – seria o mesmo.

8 SARLET, Ingo Wolfgang. *Dignidade da pessoa humana e direitos fundamentais na Constituição Federal de 1988.* 4. ed. Porto Alegre: Livraria do Advogado, 2006, p. 60: "Assim sendo, temos por dignidade da pessoa humana a qualidade intrínseca e distintiva reconhecida em cada ser humano que o faz merecedor do mesmo respeito e consideração por parte do Estado e da comunidade, implicando, neste sentido, um complexo de direitos e deveres fundamentais que assegurem a pessoa tanto contra todo e qualquer ato de cunho degradante e desumano, como venham a lhe garantir as condições existenciais mínimos para uma vida saudável, além de propiciar e promover sua participação ativa e corresponsável nos destinos da própria existência e da vida em comunhão com os demais seres humanos".

9 "Art. 1º A República Federativa do Brasil, formada pela união indissolúvel dos Estados e Municípios e do Distrito Federal, constitui-se em Estado Democrático de Direito e tem como fundamentos: [...] III – a dignidade da pessoa humana"; "Art. 142. As Forças Armadas, constituídas pela Marinha, pelo Exército e pela Aeronáutica, são instituições nacionais permanentes e regulares, organizadas com base na hierarquia e na disciplina, sob a autoridade suprema do Presidente da República, e destinam-se à defesa da Pátria, à garantia dos poderes constitucionais e, por iniciativa de qualquer destes, da lei e da ordem."

10 Estatuto dos Militares, Lei nº 6.880/80: "Art. 14. A hierarquia e a disciplina são a base institucional das Forças Armadas. A autoridade e a responsabilidade crescem com o grau hierárquico. § 1º A hierarquia militar é a ordenação da autoridade, em níveis diferentes, dentro da estrutura das Forças Armadas. A ordenação se faz por postos ou graduações; dentro de um mesmo posto ou graduação se faz pela antiguidade no posto ou na graduação. O respeito à hierarquia é consubstanciado no espírito de acatamento à sequência de autoridade. § 2º Disciplina é a rigorosa observância e o acatamento integral das leis, regulamentos, normas e disposições que fundamentam o organismo militar e coordenam seu funcionamento regular e harmônico, traduzindo-se pelo perfeito cumprimento do dever por parte de todos e de cada um dos componentes desse organismo. § 3º A disciplina e o respeito à hierarquia devem ser mantidos em todas as circunstâncias da vida entre militares da ativa, da reserva remunerada e reformados". "Art. 28. O sentimento do dever, o pundonor militar e o decoro da classe impõem, a cada um dos integrantes das Forças Armadas, conduta moral e profissional irrepreensíveis, com a observância dos seguintes preceitos de ética militar: I – amar a verdade e a responsabilidade como fundamento de dignidade pessoal; II – exercer, com autoridade, eficiência e probidade, as funções que lhe couberem em decorrência do cargo; III – respeitar a dignidade da pessoa humana; IV – cumprir e fazer cumprir as leis, os regulamentos, as instruções e as ordens das autoridades competentes; VII – empregar todas as suas energias em benefício do serviço"; "Art. 31. Os deveres militares emanam de um conjunto de vínculos racionais, bem como morais, que ligam o militar à Pátria e ao seu serviço, e compreendem, essencialmente: I – a dedicação e a fidelidade à Pátria, cuja honra, integridade e instituições devem ser defendidas mesmo com o sacrifício da própria vida; III – a probidade e a lealdade em todas as circunstâncias; IV – a disciplina e o respeito à hierarquia; V – o rigoroso cumprimento das obrigações e das ordens"; e "Art. 32. Todo cidadão, após ingressar em uma das Forças Armadas mediante incorporação, matrícula ou nomeação, prestará compromisso de honra, no qual afirmará a sua aceitação consciente das obrigações e dos deveres militares e manifestará a sua firme disposição de bem cumpri-los."

Decreto nº 4.346/2002[11] fica expressamente estipulado como dever do militar dar a própria vida se for necessário no desempenho de seus misteres e ainda guardar a Constituição, as leis e decretos a que estiver submetido, de forma que ao militar não é dado descumprir a Constituição ou as leis, sem embargo de eventualmente ter de usar de certa discricionariedade na observância da legislação, como é o caso.

É que o Código Nacional de Trânsito, em seu art. 29, dispõe que os veículos policiais têm livre circulação em situações de emergência, prioridade e liberdade de trânsito, devendo manter as sirenes acionadas e trafegar de forma cuidadosa[12].

Ora, não se pode imaginar um veículo do corpo de bombeiros indo em direção a um incêndio (urgência) estar impedido de trafegar na contramão de direção de uma rua ou mesmo avenida, do mesmo modo que um policial não pode ficar impedido de trafegar na contramão de direção, devagar, com alarmes sonoro e luminoso intermitentes, para atender situação de urgência, posto que tal interpretação tangencia ao absurdo e pode se constituir em grave erro na análise de prova, o que redundaria em erro de direito, apto a ser combatido pela via do recurso especial.

Não se olvide que, nas grandes cidades, por vezes para se entrar em uma rua, sem que seja pela contramão de direção, pode ser necessário percorrer um pequeno trecho que demande mais de uma hora de circulação, o que chega a ser fato público e notório (art. 374, inc. I, CPC/2015).

---

11 Regulamento Disciplinar do Exército. Decreto nº 4.346/2002. "Art. 8º A disciplina militar é a rigorosa observância e o acatamento integral das leis, regulamentos, normas e disposições, traduzindo-se pelo perfeito cumprimento do dever por parte de todos e de cada um dos componentes do organismo militar."

12 Código Nacional de Trânsito. Lei nº 9.503/97. "Art. 29. O trânsito de veículos nas vias terrestres abertas à circulação obedecerá às seguintes normas: VII – os veículos destinados a socorro de incêndio e salvamento, os de polícia, os de fiscalização e operação de trânsito e as ambulâncias, além de prioridade de trânsito, gozam de livre circulação, estacionamento e parada, quando em serviço de urgência e devidamente identificados por dispositivos regulamentares de alarme sonoro e iluminação vermelha intermitente, observadas as seguintes disposições: a) quando os dispositivos estiverem acionados, indicando a proximidade dos veículos, todos os condutores deverão deixar livre a passagem pela faixa da esquerda, indo para a direita da via e parando, se necessário; b) os pedestres, ao ouvir o alarme sonoro, deverão aguardar no passeio, só atravessando a via quando o veículo já tiver passado pelo local; c) o uso de dispositivos de alarme sonoro e de iluminação vermelha intermitente só poderá ocorrer quando da efetiva prestação de serviço de urgência; d) a prioridade de passagem na via e no cruzamento deverá se dar com velocidade reduzida e com os devidos cuidados de segurança, obedecidas as demais normas deste Código;"

Parte I • Direito Constitucional

7.3. Conclusão

Do que foi exposto, quanto à distinção entre princípios e regras[13], podemos concluir com o Professor e Ministro do TST, Mauricio Godinho Delgado:

> Agregando ponderações ao debate acerca da nova concepção de princípios e de seu papel no Direito, parece-nos adequado sustentar que os princípios, enquanto comandos jurídicos instigadores, além das tradicionais funções interpretativa e supletória, têm, na verdade, uma função normativa concorrente. Trata-se de papel normativo concorrente, mas não autônomo, apartado do conjunto jurídico geral e a ele contraposto.

A função normativa do Poder Judiciário explicitada pelo eminente doutrinador e julgador está conforme ao novo papel do Judiciário na medida em que ao decidir o caso concreto, interpretar o texto, dele retira norma – produto da interpretação – norma de decisão, posto que ao magistrado incumbe o dever-poder de formular a norma para o caso concreto. Não se trata de função legislativa, mas de função normativa inerente ao poder de julgar, conforme preleciona Eros Grau[14].

---

13 "As regras são normas imediatamente descritivas, primariamente retrospectivas e com pretensão de decidibilidade e abrangência, para cuja aplicação se exige a avaliação da correspondência, sempre centrada na finalidade que lhes dá suporte ou nos princípios que lhes são axiologicamente sobrejacentes, entre a construção conceitual da descrição normativa e a construção conceitual dos fatos. Os princípios são normas finalísticas, primariamente prospectivas e com pretensão de complementaridade e de parcialidade, cuja aplicação demanda uma avaliação da correlação entre o estado de coisas a ser promovido e os efeitos decorrentes da conduta havida como necessária à sua promoção."

14 "Ainda que não seja o juiz, meramente a 'boca que pronuncia as palavras da lei', sua função – dever-poder – está contida nos lindes da legalidade. A discricionariedade – não será demasiada esta repetição – é exercitada em campo onde se formulam juízos de oportunidade, exclusivamente, porém, quando uma norma jurídica tenha atribuído à autoridade pública sua formulação." Prossegue: "O que se tem erroneamente denominado de discricionariedade é poder de definição de normas de decisão, posterior à produção de normas jurídicas que o juiz exercita formulando juízos de legalidade (não de oportunidade). A distinção entre ambos esses juízos – repito-o, ainda – encontra-se em que o juízo de oportunidade comporta uma opção entre indiferentes jurídicos, procedida subjetivamente pelo agente; o juízo de legalidade é atuação, embora desenvolvida no campo da prudência, o que o intérprete autêntico desenvolve atado, retido pelo texto. Por isso mesmo é que, não atuando no mesmo plano lógico, de modo que possa opor a legalidade à discricionariedade – e esta decorrendo, necessariamente e sempre, de uma atribuição normativa a quem a pratica –, a discricionariedade se converte em uma técnica da legalidade". Arremata: "Ainda quando o juiz cogite dos princípios, ao atribuir peso maior a um deles – e não a outro –, ainda então não exercita discricionariedade. O momento dessa atribuição é extremamente rico porque nele, quando se esteja a perseguir a definição de uma das soluções corretas, no elenco das possíveis soluções corretas a que a interpretação do direito pode conduzir, pondera-se o direito, todo ele (e a Constituição inteira), como totalidade. Variáveis múltiplas, de fato – as circunstâncias peculiares do caso – e jurídicas – linguísticas, sistêmicas e funcionais –, são descortinadas. E, paradoxalmente, é precisamente o fato de o intérprete autêntico estar vinculado, retido, pelos princípios que torna mais criativa a prudência que pratica" (GRAU, Eros Roberto. *Direito posto e direito pressuposto*. 4. ed. São Paulo: Malheiros, 2002, p. 209-210).

Após a análise do caso em testilha, verifica-se que houve uma ponderação entre os princípios da dignidade da pessoa humana e da disciplina da atuação militar, na vertente de que houve uma concorrência entre eles, desaguando na atuação destemida do policial no cumprimento do seu dever.

Por outro lado, tais princípios iluminaram as regras do Código Nacional de Trânsito, na vertente de que a interpretação do art. 29 do referido diploma não pode estar em desarmonia com os princípios constitucionais já mencionados, mas também com os textos infraconstitucionais que disciplinam a atividade policial.

Segue-se que, no caso, e esta é a crítica que se faz ao julgado, o policial tinha a discrição de, no momento de urgência, identificar a necessidade, ou não, de ingressar, com os aparatos de segurança acionados, na contramão de direção, atuando em seu estrito dever funcional, retirando qualquer ilicitude da sua conduta (art. 23, III, CP, e art. 188, II, CCB/2002).

A aplicação do Código Nacional de Trânsito como regra, no caso, na base do "tudo ou nada", gerou, s.m.j., uma análise incompatível com a Constituição Federal e em desarmonia gramatical, sistemática e teleológica do ordenamento jurídico pátrio.

Com estas considerações, se trouxe uma visão prática e conceitual da aplicação dos princípios e regras, demonstrando sua metodologia de aplicação e de obtenção da norma para o caso concreto.

7.4. Referências

ALEXY, Robert. *Teoria dos direitos fundamentais*. Trad. Virgílio Afonso da Silva. São Paulo: Malheiros, 2008.

ÁVILA, Humberto. *Teoria dos princípios:* da definição à aplicação dos princípios jurídicos. 5. ed. São Paulo: Malheiros, 2006.

BARCELLOS, Ana Paula de. *Ponderação, racionalidade e atividade jurisdicional*. Rio de Janeiro: Renovar, 2005.

BARRETTO, Vicente de Paula (Coord.). *Dicionário de filosofia do direito*. Rio de Janeiro: Renovar, 2006.

BARROSO, Luis Roberto (Org.). Fundamentos teóricos e filosóficos do novo direito constitucional brasileiro (pós-modernidade, teoria crítica e pós-positivismo). In: *A nova interpretação constitucional. Ponderação, direitos fundamentais e relações privadas*. Rio de Janeiro: Renovar, 2008.

DELGADO, Mauricio Godinho. *Princípios de direito individual e coletivo do trabalho*. 4. ed. São Paulo: LTr, 2013.

DWORKIN, Ronald. *Levando direitos a sério*. São Paulo: Martins Fontes, 2002.

GRAU, Eros Roberto. *Direito posto e direito pressuposto.* 4. ed. São Paulo: Malheiros, 2002.

_____. *Ensaio e discurso sobre a interpretação/aplicação do direito.* 2. ed. São Paulo: Malheiros, 2003.

HANS-GEORG GADAMER. *Verdade e Método. Traços fundamentais de uma hermenêutica filosófica.* Trad. Flavio Paulo Meurer. 4 ed. Petrópolis: Vozes, 2002.

HANS-GEORG GADAMER. *Verdade e Método II.* Complementos e Índice. Trad. Enio Paulo Giachini. Petrópolis: Vozes, 2010.

SARLET, Ingo Wolfgang. *Dignidade da pessoa humana e direitos fundamentais na Constituição Federal de 1988.* 4. ed. Porto Alegre: Livraria do Advogado Editora, 2006.

Jurisprudência

Brasil. Superior Tribunal de Justiça. Disponível em: <http://www.stj.jus.br/SCON/jurisprudencia/toc.jsp?tipo_visualizacao=null&livre=+1454429+e+herman&b=ACOR&thesaurus=JURIDICO>.

Capítulo 8

A judicialização da política e o ativismo judicial: distinção, causas e perspectivas[1]

> SUMÁRIO: 8.1. Introdução. 8.2. Judicialização da política e ativismo judicial. 8.3. Conclusão. 8.4. Referências.

8.1. Introdução

Com o advento da Constituição de 1988, o Poder Judiciário passa a ser visto como um receptor de insatisfações para com o Executivo e o Legislativo, sendo chamado a dar respostas que o colocaram na posição de guardião da Constituição e dos direitos fundamentais.

Sabe-se que o Poder Legislativo tem sido incapaz de dar respostas céleres à verdadeira miríade de necessidades da sociedade pós-moderna, expressamente explicitadas em nossa Carta Magna, muitas das quais como direitos econômicos sociais, os quais têm a conformação de prestações positivas de direitos fundamentais, conectadas com o mínimo existencial e aptas a serem exigidas na via de direitos qualificados como subjetivos, coletivos e difusos.

Tal circunstância, somada à democratização ocorrida com o novo ambiente de constitucionalização de nosso ordenamento sob o sopro do neoconstitucionalismo, trouxe um novo papel para o Poder Judiciário, que se viu diante de novos desafios no que tange à omissão dos Poderes Executivo e Legislativo na fruição e conformação de tais direitos.

Apenas para dar um primeiro perlustre em nosso ordenamento, destaca-se a letra do *caput* do art. 6º da Carta Magna, *verbis*:

---

1 Texto apresentado em Doutorado na Universidade Autónoma de Lisboa (Portugal).

Art. 6º São direitos sociais a educação, a saúde, a alimentação, o trabalho, a moradia, o transporte, o lazer, a segurança, a previdência social, a proteção à maternidade e à infância, a assistência aos desamparados, na forma desta Constituição. (Redação dada pela Emenda Constitucional nº 90, de 2015)

Parece, à primeira vista, que nada fica de fora e é fácil concluir, da mera interpretação literal/gramatical do texto constitucional, que os direitos ali previstos podem, com facilidade, ser veiculados judicialmente por meio de demandas judiciais postulando direitos difusos, coletivos e individuais; em síntese: a possibilidade de judicialização destes direitos é quase ilimitada.

Todos os direitos sociais ali previstos podem ser judicializados, isto é, podem ser objeto de demanda em face do Poder Executivo, no sentido de que sejam prestados efetivamente por meio de políticas públicas, sem prejuízo do ajuizamento de ações individuais veiculando direitos subjetivos individualizados.

A situação se apresenta ainda mais evidente com o advento da nova redação do § 3º do art. 5º da Constituição, segundo o qual, *verbis*:

§ 3º Os tratados e convenções internacionais sobre direitos humanos que forem aprovados, em cada Casa do Congresso Nacional, em dois turnos, por três quintos dos votos dos respectivos membros, serão equivalentes às emendas constitucionais. (Incluído pela Emenda Constitucional nº 45, de 2004)

Com a alteração da redação constitucional, os tratados que cuidam de direitos fundamentais econômico-sociais passaram a ter um *status* de superlei, posto que se colocam em hierarquia superior à legislação infraconstitucional, gerando a necessidade de um novo tipo de controle, qual seja, o controle de convencionalidade do texto legal em confronto com o tratado ou convenção internacional.

Nessa toada, faz-se necessário um novo olhar para o princípio da separação dos poderes, o sistema representativo, o papel de legislador negativo do Poder Judiciário, bem como para as técnicas legislativas das cláusulas gerais, dos conceitos jurídicos indeterminados e dos tipos (tipificação), trazendo novas e inusitadas funções para o Judiciário.

Neste cenário, cumpre deixar bem gizado o plano e o âmbito da norma, a aplicação do postulado da proporcionalidade e seus subprincípios da adequação, necessidade e proporcionalidade em sentido estrito, os quais, manejados de forma escorreita, prestam-se a evitar que as decisões constitucionalmente obrigatórias propiciem as deformações da proibição de excesso, da proibição de retrocesso e da proibição da proteção deficiente.

Neste ponto, urge frisar a emergência das decisões que, sob o argumento de completar o ordenamento jurídico, assumem um caráter aditivo e modificativo, com viés de legislador positivo, trazendo para o Supremo Tribunal Federal a crítica da falta de legitimidade para a substituição dos Poderes eleitos pelo povo.

8.2. Judicialização da política e ativismo judicial

O fato é que, muitas das decisões que deveriam ser tomadas pelo Poder Legislativo, mas que são impopulares, acabam por desaguar no Judiciário, bem como, uma vez tomada uma decisão pela maioria do Congresso, fica aberta a via jurisdicional da minoria descontente para arrostar a legislação no Judiciário.

Tais fenômenos têm se tornado cada vez mais frequentes, com muitas críticas, daí terem sido denominados com a expressão quase pejorativa "ativismo judicial", o que, como se verá, nada mais é do que o escorreito cumprimento da ordem constitucional, sob o manto de nova perspectiva dos princípios adrede mencionados e que não só revelam o compromisso com os direitos fundamentais, mas também com a governabilidade, posto que, mesmo nas hipóteses em que se estabelece a adoção de políticas públicas por parte dos governos, têm-se determinado a observância da reserva do possível, isto é, a implantação paulatina dos programas, sem que um direito social cause a ruína das finanças públicas e, consequentemente, a frustração de outros direitos sociais igualmente relevantes.

O ambiente normativo é de tal ordem propício, tanto para a judicialização da política quanto para o ativismo judicial, que basta um elementar exercício de interpretação gramatical para se perceber o quanto ainda se há que burilar os limites e possibilidades dos referidos fenômenos, a saber os arts. 5º, § 3º, e 6º, *caput*, da Constituição Federal, o teor do Protocolo adicional à Convenção Americana sobre Direitos Humanos em Matéria de Direitos Econômicos, Sociais e Culturais, "Protocolo de São Salvador", concluída em El Salvador em 1988 (arts. 1º e 2º), veiculado pelo anexo do Decreto nº 3.321/99, o art. 12-H e § 1º da Lei nº 9.868/99, que dispõe sobre a ação direta de inconstitucionalidade por omissão e, por fim, os arts. 297, 301, 311 e 536 do novo Código de Processo Civil, Lei nº 13.105/2015[2].

---

2   **Constituição Federal: Art. 5º**, "§ 3º Os tratados e convenções internacionais sobre direitos humanos que forem aprovados, em cada Casa do Congresso Nacional, em dois turnos, por três quintos dos votos dos respectivos membros, serão equivalentes às emendas constitucionais. (Incluído pela Emenda Constitucional nº 45, de 2004) **"Art. 6º** São direitos sociais a educação, a saúde, a alimentação, o trabalho, a moradia, o transporte, o lazer, a segurança, a previdência social, a proteção à maternidade e à infância, a assistência aos desamparados, na forma desta Constituição." (Redação dada pela

Parte I • Direito Constitucional   147

O leque de decisões judiciais aptas a influenciar as decisões políticas é muito dilargado, o que vem trazendo o desafio para o Poder Judiciário da autocontenção, uma vez que o arcabouço legislativo se vê hoje com amplo instrumental de textos com técnica legislativa aberta, permitindo, no julgamento dos casos concretos, a construção de normas nem sempre previstas nos textos, embora neles fundamentadas.

Dessa forma, necessária a explicitação do panorama que vem se consolidando a respeito dos fenômenos da judicialização da política e do ativismo judicial[3],

---

Emenda Constitucional nº 90, de 2015)
Decreto nº 3.321/99, que promulga o Protocolo adicional à Convenção Americana sobre Direitos Humanos em Matéria de Direitos Econômicos, Sociais e Culturais "Protocolo de São Salvador", concluída em El Salvador em 1988. "Artigo 1. Obrigação de Adotar Medidas. Os Estados-Partes neste Protocolo Adicional à Convenção Americana sobre Direitos Humanos comprometem-se a adotar as medidas necessárias, tanto de ordem interna como por meio da cooperação entre os Estados, especialmente econômica e técnica, até o máximo dos recursos disponíveis e levando em conta seu grau de desenvolvimento, a fim de conseguir, progressivamente e de acordo com a legislação interna, a plena efetividade dos direitos reconhecidos neste Protocolo. **Artigo 2.** Obrigação de Adotar Disposições de Direito Interno. Se o exercício dos direitos estabelecidos neste Protocolo ainda não estiver garantido por disposições legislativas ou de outra natureza, os Estados-Partes comprometem-se a adotar, de acordo com suas normas constitucionais e com as disposições deste Protocolo, as medidas legislativas ou de outra natureza que forem necessárias para tornar efetivos esses direitos." **Art. 12-H e § 1º da Lei nº 9.868/99, que dispõe sobre a ação direta de inconstitucionalidade por omissão.** "Art. 12-H.** Declarada a inconstitucionalidade por omissão, com observância do disposto no art. 22, será dada ciência ao Poder competente para a adoção das providências necessárias. (Incluído pela Lei nº 12.063, de 2009). § 1º Em caso de omissão imputável a órgão administrativo, as providências deverão ser adotadas no prazo de 30 (trinta) dias, ou em prazo razoável a ser estipulado excepcionalmente pelo Tribunal, tendo em vista as circunstâncias específicas do caso e o interesse público envolvido. (Incluído pela Lei nº 12.063, de 2009)." **Arts. 297, 301 e 536 do novo Código de Processo Civil. "Art. 297.** O juiz poderá determinar as medidas que considerar adequadas para efetivação da tutela provisória. Parágrafo único. A efetivação da tutela provisória observará as normas referentes ao cumprimento provisório da sentença, no que couber." **"Art. 301.** A tutela de urgência de natureza cautelar pode ser efetivada mediante arresto, sequestro, arrolamento de bens, registro de protesto contra alienação de bem e qualquer outra medida idônea para asseguração do direito." **"Art. 536.** No cumprimento de sentença que reconheça a exigibilidade de obrigação de fazer ou de não fazer, o juiz poderá, de ofício ou a requerimento, para a efetivação da tutela específica ou a obtenção de tutela pelo resultado prático equivalente, determinar as medidas necessárias à satisfação do exequente. § 1º Para atender ao disposto no *caput*, o juiz poderá determinar, entre outras medidas, a imposição de multa, a busca e apreensão, a remoção de pessoas e coisas, o desfazimento de obras e o impedimento de atividade nociva, podendo, caso necessário, requisitar o auxílio de força policial. § 2º O mandado de busca e apreensão de pessoas e coisas será cumprido por 2 (dois) oficiais de justiça, observando-se o disposto no art. 846, §§ 1º a 4º, se houver necessidade de arrombamento. § 3º O executado incidirá nas penas de litigância de má-fé quando injustificadamente descumprir a ordem judicial, sem prejuízo de sua responsabilização por crime de desobediência. § 4º No cumprimento de sentença que reconheça a exigibilidade de obrigação de fazer ou de não fazer, aplica-se o art. 525, no que couber. § 5º O disposto neste artigo aplica-se, no que couber, ao cumprimento de sentença que reconheça deveres de fazer e de não fazer de natureza não obrigacional."

3   "**Judicialização** significa que algumas questões de larga repercussão política ou social estão sendo decididas por órgãos do Poder Judiciário, e não pelas instâncias políticas tradicionais: o Congresso Nacional e o Poder Executivo – em cujo âmbito se encontram o Presidente da República, seus ministérios e a Administração Pública em geral – como intuitivo, a judicialização envolve uma transferência de poder para os juízes e tribunais, com alterações significativas na linguagem, na argumentação e no modo de participação da sociedade. O fenômeno tem causas múltiplas. Algumas delas expressam uma tendência

impondo-se a análise de alguns julgados do Supremo Tribunal Federal do Brasil, com vistas à exemplificação, e o estado em que se encontram referidos fenômenos na Suprema Corte.

mundial; outras estão diretamente relacionadas ao modelo institucional brasileiro." Prossegue lecionando: "A judicialização e o ativismo judicial são primos. Vêm, portanto, da mesma família, frequentam os mesmos lugares, mas não têm as mesmas origens. São gerados, a rigor, pelas mesmas causas imediatas. A judicialização, no contesto brasileiro, é um fato, uma circunstância que decorre do modelo constitucional que se adotou, e não um exercício deliberado de vontade política. Em todos os casos referidos acima, o Judiciário decidiu porque era o que lhe competia fazer, sem alternativa. Se uma norma constitucional permite que dela se deduza uma pretensão, subjetiva ou objetiva, ao juiz cabe dela conhecer, decidindo a matéria. Já o **ativismo judicial** é uma atitude, a escolha de um modo específico e proativo de interpretar a Constituição, expandindo o seu sentido e alcance. Normalmente ele se instala em situações de retração do Poder Legislativo, de um certo descolamento entre a classe política e a sociedade civil, impedindo que as demandas sociais sejam atendidas de maneira efetiva. A ideia de ativismo judicial está associada a uma participação mais ampla e intensa do Judiciário na concretização dos valores e fins constitucionais, com maior interferência no espaço de atuação dos outros dois Poderes. A postura ativista se manifesta por meio de diferentes condutas, que incluem: (I) a aplicação direta da Constituição a situações não expressamente contempladas em seu texto e independentemente de manifestação do legislador ordinário; (II) a declaração de inconstitucionalidade de atos normativos emanados do legislador, com base em critérios menos rígidos que os de patente e ostensiva violação da Constituição; (III) a imposição de condutas ou de abstenções ao Poder Público, notadamente em matéria de políticas públicas." (BARROSO, Luis Roberto. Judicialização, ativismo judicial e legitimidade democrática. *Revista de Direito do Estado*, nº 13, p. 71/91, jan./mar. 2009. Manoel Messias leciona: "O ativismo judicial não é a usurpação das competências parlamentares. O juiz deve ser fiel servidor da Constituição e guardião da democracia. A falsa tensão posta entre o juiz e o legislador decorre em razão da redução dos papéis de ambos os atores. O legislador continua a ter competência indeclinável e irrenunciável de representatividade popular e principal fonte da normatividade jurídica. O juiz, por sua vez, com o neoconstitucionalismo descolou-se da pseudovisão de imparcialidade e assumiu a competência de não somente ser o guarda da Constituição, mas de transformar a Constituição num ordenamento vivo, real e concreto mediante uma metodologia ligadora". Prossegue dizendo: "Os argumentos sobre a constituição viva se centram nos perigos da jurisprudência criativa, tornada possível pela interpretação evolutiva. A crítica seria que, uma vez separada das origens, aumentaria a discricionariedade e equivaleria a politização e esta seria inconciliável com o caráter judicial da justiça constitucional, além de ofender a separação dos poderes com prejuízo ao Poder Legislativo. A ofensa à separação dos poderes, por sua vez, destruiria a legitimidade da justiça constitucional. Desta forma, é preciso manter a separação de poderes para preservar o caráter judicial da justiça constitucional e salvaguardar as razões de sua legitimidade. Assim, é necessário refutar a doutrina da Constituição viva, ainda que seja uma prática que tenha se imposto com a força dos fatos pela atuação das cortes de justiça" (PEIXINHO, Manoel Messias. *As teorias e os métodos de interpretação aplicados aos direitos fundamentais. Doutrina e Jurisprudência do STF e STJ*. Rio de Janeiro: Lumen Juris, 2010, p. 52). Na mesma toada, Elival da Silva se manifesta: "Ao se fazer menção ao ativismo judicial o que se está a referir é a ultrapassagem das linhas demarcatórias da função jurisdicional, em detrimento principalmente da função legislativa, mas, também, da função administrativa e, até mesmo, da função de governo. Não se trata de exercício descabido da legislação (ou de outra função não jurisdicional), que, aliás em circunstâncias bem delimitadas, pode vir a ser definido pela própria Constituição aos órgãos superiores do aparelho judiciário, e assim da descaracterização da função típica do Pode Judiciário, com incursão insidiosa sobre o núcleo essencial de funções constitucionalmente atribuídas a outros poderes. Não se deve restringir o exame do ativismo judicial de natureza constitucional ao controle de constitucionalidade, ou seja, à jurisdição constitucional em sentido estrito. Se a essência do fenômeno está no menoscabo aos marcos normativos que balizam a atividade de concretização de normas constitucionais por juízes e tribunais, toda e qualquer situação que envolva a aplicação da Constituição por esses órgãos há que se dar em sede de fiscalização de atos legislativos ou administrativos, mas também, no âmbito do controle de atos administrativos de natureza concreta, de atos jurisdicionais atribuídos a outro Poder ou de atos relativos ao exercício da função de chefia de Estado" (RAMOS, Elival da Silva. *Ativismo judicial, parâmetros dogmáticos*. São Paulo: Saraiva, 2010, p. 116).

Parte I • Direito Constitucional   149

A judicialização da política é fenômeno que reflete a democratização do acesso à Justiça e o anseio de progressão dos direitos sociais já alcançados por parcela da população, mostrando a ausência da ação do Estado na fruição dos direitos sociais em espécie ou na ausência de políticas públicas.

O ativismo judicial, da mesma forma, reflete os anseios da sociedade, porém na vertente da atuação mais firme e – por vezes – criadora do Judiciário face à inércia dos Poderes Executivo e Legislativo na implementação de políticas públicas, chegando à determinação de implementação de políticas públicas aos Poderes omissos, seja na via administrativa, seja na via legal, traduzindo um forte protagonismo do Judiciário, nem sempre compreendido pelos demais Poderes.

Evidente que os exemplos não esgotam a casuística; apenas se pretende dar, em limitado espaço, uma breve visão do tema.

O primeiro caso selecionado diz respeito ao direito social à saúde, especialmente às crianças, onde o STF estabeleceu alguns postulados no controle jurisdicional das políticas públicas, conforme a transcrição da ementa que se segue:

> RECURSO EXTRAORDINÁRIO COM AGRAVO (LEI Nº 12.322/2010). MANUTENÇÃO DE REDE DE ASSISTÊNCIA À SAÚDE DA CRIANÇA E DO ADOLESCENTE. **DEVER ESTATAL RESULTANTE DE NORMA CONSTITUCIONAL**. CONFIGURAÇÃO, NO CASO, DE TÍPICA HIPÓTESE DE **OMISSÃO INCONSTITUCIONAL** IMPUTÁVEL AO MUNICÍPIO. DESRESPEITO À CONSTITUIÇÃO PROVOCADO POR INÉRCIA ESTATAL (*RTJ* 183/818-819).COMPORTAMENTO QUE TRANSGRIDE A AUTORIDADE DA LEI FUNDAMENTAL DA REPÚBLICA (*RTJ* 185/794-796).
>
> A questão da **reserva do possível**: reconhecimento de sua inaplicabilidade, sempre que a invocação dessa cláusula puder comprometer o núcleo básico que qualifica o **mínimo existencial** (*RTJ* 200/191-197). **O papel do Poder Judiciário na implementação de políticas públicas instituídas pela Constituição e não efetivadas pelo Poder Público.** A fórmula da reserva do possível na perspectiva da teoria dos custos dos direitos: impossibilidade de sua invocação para legitimar o injusto inadimplemento de **deveres estatais de prestação constitucionalmente impostos ao poder público**. A teoria da "restrição das restrições" (ou da "limitação das limitações"). Caráter

cogente e vinculante das normas constitucionais, inclusive daquelas de conteúdo programático, que veiculam diretrizes de políticas públicas, especialmente na área da saúde (CF, arts. 6º, 196 e 197). A questão das "escolhas trágicas". A colmatação de omissões inconstitucionais como necessidade institucional **fundada em comportamento afirmativo dos juízes e tribunais e de que resulta uma positiva criação jurisprudencial do direito**. Controle jurisdicional de legitimidade da omissão do Poder Público: atividade de fiscalização judicial que se justifica pela necessidade de observância de certos parâmetros constitucionais (**proibição de retrocesso social, proteção ao mínimo existencial, vedação da proteção insuficiente e proibição de excesso**). Doutrina. Precedentes do Supremo Tribunal Federal em tema de implementação de políticas públicas delineadas na Constituição da República (*RTJ* 174/687 – *RTJ* 175/1212-1213 – *RTJ* 199/1219-1220). Existência, no caso em exame, de relevante interesse social. Recurso de agravo improvido.

(ARE-AgR 745.745 AgR/MG, Rel. Min. Celso de Mello, 2ª Turma, julgamento 02/12/2014) (grifos nossos)

Da leitura da ementa, pode-se extrair algumas conclusões a que chegou a Suprema Corte brasileira: a Constituição possui normatividade cuja inobservância faz emergir uma omissão inconstitucional, em face de sua força vinculante[4]; que o princípio da reserva do possível[5] é inaplicável, quando se tratar de direito ligado ao mínimo existencial[6]; o papel do Poder Judiciário na implementação de

---

4   "A norma constitucional não tem existência autônoma em face da realidade. A sua essência reside na sua vigência, ou seja, a situação por ela regulada pretende ser concretizada na realidade. Essa pretensão de eficácia (*Geltungsanspruch*) não pode ser separada das condições históricas de sua realização, que estão, de diferentes formas, numa relação de interdependência criando regras próprias que não podem ser desconsideradas. Devem ser contempladas aqui as condições naturais, técnicas, econômicas, e sociais. A pretensão de eficácia da norma jurídica somente será realizada se levar em conta essas condições. Há de ser, igualmente, contemplado o substrato espiritual que se consubstancia num determinado povo, isto é, as concepções sociais concretas e o baldrame axiológico que influenciam decisivamente a conformação, o entendimento e a autoridade das proposições normativas". HESSE, Konrad. *A força normativa da Constituição.* Trad. Gilmar Ferreira Mendes. Porto Alegre: Sergio Antonio Fabris, 1991, p. 14-15.

5   Princípio segundo o qual "o Estado se limita à reserva do possível, isto é mesmo que o ordenamento prescreva uma prestação positiva, deverá haver previsão orçamentária suficiente para cobri-la". ARAUJO, Eugênio Rosa de. *Direito econômico & financeiro.* 3. ed. Niterói: Impetus, 2013, p. 306.

6   Há um direito às condições mínimas de existência humana digna que não pode ser objeto de intervenção do Estado na via dos tributos (=imunidade) e que ainda exige prestações estatais positivas. O direito é mínimo do ponto de vista objetivo (universal) ou subjetivo (parcial). É objetivamente mínimo

políticas públicas[7] instituídas na Constituição e não instituídas pelo Poder Público, não viola o princípio da separação dos poderes; é legítimo o comportamento do Poder Judiciário na colmatação de omissões inconstitucionais como necessidade institucional fundada em comportamento afirmativo do julgador e do qual resulta uma positiva criação jurisprudencial; que a fiscalização judicial dos parâmetros da Constituição se estabelece para afastar abusos que redundem em proibição de excesso[8], proibição de retrocesso social[9], proteção ao mínimo existencial e ao combate à proteção insuficiente ou deficiente[10].

---

por coincidir com o conteúdo essencial dos direitos fundamentais e por ser garantido a todos os homens, independentemente de suas condições de riqueza; isso acontece, por exemplo, com os direitos de eficácia negativa e com direitos positivos como o ensino fundamental, os serviços de pronto-socorro, as campanhas de vacinação pública etc. Subjetivamente, em seu *status positivus libertatis*, é mínimo por tocar parcialmente a quem esteja abaixo da linha de pobreza. TORRES, Ricardo Lobo. O direito ao mínimo existencial. Rio de Janeiro: Renovar, 2009, p. 35-36.

7   "A compreensão da dinâmica governamental, seus arranjos institucionais e seus processos, não visa, como observado, 'definir um campo', mas estruturar uma abordagem ou perspectiva que permita a sistematização e agregação de conhecimentos sobre as políticas públicas, combinando elementos do direito, política, economia e gestão pública, especialmente. Essa abordagem estruturada deve possibilitar que pesquisadores de várias formações participem, de forma colaborativa, de pesquisas comuns, compondo um acervo de práticas epistemológicas sobre padrões governamentais, jurídicos e conexos com as disciplinas afins, incorporando e elaborando experiências e habilitando à construção de um instrumental de análise e ação passível de ser utilizado e replicado em outros programas de ação governamental, para a potencialização das forças sociais subjacentes à ordem democrática." BUCCI, Maria Paula Dallari. *Fundamentos para uma teoria das políticas públicas.* São Paulo: Saraiva, 2013, p. 292.

8   Conforme destaca Canotilho, ao tratar da proporcionalidade em sentido estrito: "Está aqui em causa o princípio da proporcionalidade em sentido restrito, entendido como princípio da 'justa medida'. Meios e fim são colocados em equação mediante um juízo de ponderação, com o objetivo de se avaliar se o meio utilizado é ou não desproporcionado em relação ao fim. Trata-se, pois, de uma questão de 'medida' ou 'desmedida' para se alcançar um fim: pesar as desvantagens dos meios em relação às vantagens do fim" (CANOTILHO, José Joaquim Gomes. *Direito constitucional e teoria da constituição.* Coimbra: Almedina s/d, p. 263).

9   Como afirmamos em outra obra "O princípio da proibição de retrocesso social implica em que o núcleo essencial do direito já realizado e efetivado considera-se garantido, salvo se a lei criar algum sistema alternativo ou compensatório (ex.: lei que aumente, desproporcionalmente, o tempo para a aposentadoria), ARAUJO, Eugênio Rosa de. *Resumo de direitos humanos fundamentais.* Niterói: Impetus, 2009, p. 18.

10   Segundo Canotilho. Op. cit., p. 265: "Existe um direito de protecção quando as entidades sobre quem recai um dever de proteção (*Schutzpflicht*) adoptam medidas insuficientes para garantir uma protecção constitucionalmente adequada dos direitos fundamentais. A verificação de uma insuficiência de juridicidade estatal deverá atender à natureza das posições jurídicas ameaçadas e à intensidade do perigo de lesão de direitos fundamentais".
"Os direitos fundamentais não podem ser considerados apenas como proibições de intervenção (*Eingriffsverbote*), expressando também um postulado de proteção (*Schutzgebote*). Pode-se dizer que os direitos fundamentais expressam não apenas uma proibição do excesso (*Ubermassverbote*), como também podem ser traduzidos como proibições de proteção insuficiente ou imperativos de tutela (*Untermassverbote*). Os mandatos constitucionais de criminalização, portanto, impõem ao legislador, para o seu devido cumprimento, o dever de observância do princípio da proporcionalidade como proibição de excesso e como proibição de proteção insuficiente (HC 104.410/RS. Rel. Min. Gilmar Mendes, julgamento 06/03/2012, Segunda Turma).

Outro exemplo que marca o ordenamento jurídico brasileiro é o entendimento do Supremo Tribunal Federal a respeito do *status* de sobrelei dos tratados que tratam de direitos humanos, trazendo um novo fenômeno de controle de convencionalidade, em conjugação com o princípio da proporcionalidade e seus subprincípios da adequação, necessidade e da proporcionalidade em sentido estrito, como se verá.

PRISÃO CIVIL DO DEPOSITÁRIO INFIEL EM FACE DOS TRATADOS INTERNACIONAIS DE DIREITOS HUMANOS. INTERPRETAÇÃO DA PARTE FINAL DO INCISO LXVII DO ART. 50 DA CONSTITUIÇÃO BRASILEIRA DE 1988. POSIÇÃO HIERÁRQUICO-NORMATIVA DOS TRATADOS INTERNACIONAIS DE DIREITOS HUMANOS NO ORDENAMENTO JURÍDICO BRASILEIRO.

Desde a adesão do Brasil, sem qualquer reserva, ao Pacto Internacional dos Direitos Civis e Políticos (art. 11) e à Convenção Americana sobre Direitos Humanos – Pacto de San José da Costa Rica (art. 7, 7), ambos no ano de 1992, não há mais base legal para prisão civil do depositário infiel, pois **o caráter especial desses diplomas internacionais sobre direitos humanos lhes reserva lugar específico no ordenamento jurídico, estando abaixo da Constituição, porém acima da legislação interna. O *status* normativo supralegal dos tratados internacionais de direitos humanos subscritos pelo Brasil torna inaplicável a legislação infraconstitucional com ele conflitante, seja ela anterior ou posterior ao ato de adesão.** Assim ocorreu com o art. 1.287 do Código Civil de 1916 e com o Decreto-Lei nº 911/69, assim como em relação ao art. 652 do novo Código Civil (Lei nº 10.406/2002). Alienação fiduciária em garantia. Decreto-Lei nº 911/69. Equiparação do devedor-fiduciante ao depositário. Prisão civil do devedor-fiduciante em face do princípio da proporcionalidade. A prisão civil do devedor-fiduciante no âmbito do contrato de alienação fiduciária em garantia viola o princípio da proporcionalidade, visto que: a) o ordenamento jurídico prevê outros meios processuais-executórios postos à disposição do credor-fiduciário para a garantia do crédito, de forma que a prisão civil, como medida extrema de coerção do devedor inadimplente, não passa no exame da proporcionalidade como proibição de excesso, em sua tríplice configuração: adequação, necessidade e proporcionalidade em sentido estrito; e b) o Decreto-Lei nº 911/69, ao instituir uma ficção jurídica, equiparando o devedor-fiduciante ao depositário, para todos os efeitos previstos nas leis civis e penais, criou uma figura atípica de depósito, transbordando os limites do conteúdo semântico da expressão "depositário infiel" insculpida no art. 5º, inc. LXVII, da Constituição e, dessa forma, desfigurando o instituto do depósito em sua conformação constitucional, o que perfaz a violação ao princípio da reserva legal proporcional. Recurso extraordinário conhecido e não provido.

(RE 349.703/RS, Tribunal Pleno, Rel. Min. Carlos Britto, julgamento 03/12/2008) (grifo nosso).

Neste aresto, o Supremo Tribunal Federal, decidiu que em nosso ordenamento jurídico, os tratados internacionais de direitos humanos se posicionam hierárquica e normativamente abaixo da Constituição e acima da legislação interna.

Tal entendimento revela o *status* normativo supralegal dos tratados internacionais de direitos humanos subscritos pelo Brasil, tornando inaplicável a legislação com ele conflitante, seja ela anterior ou posterior ao ato de adesão.

Daí se poder falar em controle de convencionalidade, isto é, da eficácia da legislação infraconstitucional perante o tratado. Deverá o intérprete realizar uma filtragem da legislação em face do comando supralegal da Convenção, ou um controle de constitucionalidade se se tratar de tratado já incorporado em nosso ordenamento se já houver sido submetido ao procedimento previsto no § 3º do art. 5º da Constituição Federal, pois, neste caso, o tratado terá *status* de texto constitucional (Decreto nº 6.949/2009 e Decreto Legislativo do Senado nº 186/2008)[11].

No caso, o tratado de direitos humanos não tornado emenda constitucional tem caráter de texto supralegal, ao passo que o texto do tratado que vier a ser submetido ao processo legislativo de emenda constitucional, terá *status* de texto constitucional. Na primeira hipótese, o texto confrontado cumprirá parâmetro de eficácia, ao passo que no segundo, prioritariamente de validade constitucional.

---

11 "Quanto aos tratados de direitos humanos, entendemos que os mesmos ostentam o *status* de norma constitucional, independentemente do seu eventual quórum qualificado de aprovação. A um resultado similar pode-se chegar aplicando o princípio – hoje cada vez mais difundido na jurisprudência interna de outros países, e consagrado em sua plenitude pelas instâncias internacionais – da supremacia do Direito Internacional e da prevalência de suas normas em relação a toda normatividade interna, seja ela anterior ou posterior" (MAZZUOLI, Valério de Oliveira. *Direito dos tratados*. São Paulo: RT, 2011, p. 399-400).

Destaca que o princípio da proporcionalidade é violado pela prisão civil do devedor fiduciante uma vez que não se adapta aos subprincípios da adequação, da necessidade e proporcionalidade em sentido estrito, uma vez que o ordenamento jurídico prevê outros meios menos gravosos, constituindo a prisão violação da proibição de excesso.

O princípio da proporcionalidade tem sido amplamente utilizado na aferição dos meios adotados pelo Estado para o atingimento de seus fins, com forte inserção no controle jurisdicional de políticas públicas, trazendo maior racionalização para as decisões judiciais, as quais devem submeter os atos vergastados ao exame da adequação, necessidade e proporcionalidade em sentido estrito.

Assim, o ato não será adequado quando não proteja o direito fundamental de forma ótima; não será necessário na hipótese de existirem medidas alternativas que favoreçam ainda mais a realização do direito fundamental; e violará o subprincípio da proporcionalidade em sentido estrito se o grau de satisfação do fim legislativo for inferior ao grau em que não se realiza o direito fundamental de proteção. Em síntese: adequação diz respeito ao atingimento do fim perseguido; a necessidade se conecta com a inexistência de outro meio menos gravoso e, por fim, a proporcionalidade em sentido estrito sublinha a relação custo/benefício entre a constrição encetada e o benefício obtido.

No campo do ativismo judicial, o Supremo Tribunal Federal tem se utilizado da técnica de sentença denominada sentença aditiva ou modificativa/manipulativa, decorrente de complementação de lacunas técnicas que, por inércia, se tornaram em inconstitucionalidade por omissão, permitindo a construção de decisão para o caso com base em interpretação construtiva diretamente do texto constitucional, completando o texto infraconstitucional faltante, ou mesmo alterando o texto legal para que seja adotada a solução constitucionalmente obrigatória, como se vê no caso em tela, *verbis*:

> DIREITO CONSTITUCIONAL E ELEITORAL. MODELO NORMATIVO VIGENTE DE FINANCIAMENTO DE CAMPANHAS ELEITORAIS. LEI DAS ELEIÇÕES, ARTS. 23, § 1º, INCS. I e II, 24 e 81, *CAPUT* e § 1º. LEI ORGÂNICA DOS PARTIDOS POLÍTICOS, ARTS. 31, 38, INC. III, e 39, *CAPUT* e § 5º. CRITÉRIOS DE DOAÇÕES PARA PESSOAS JURÍDICAS E NATURAIS E PARA O USO DE RECURSOS PRÓPRIOS PELOS CANDIDATOS. PRELIMINARES. IMPOSSIBILIDADE JURÍDICA DO PEDIDO. REJEIÇÃO. PEDIDOS DE

DECLARAÇÃO PARCIAL DE INCONSTITUCIONALIDADE SEM REDUÇÃO DE TEXTO (ITENS E.1.e E.2). **SENTENÇA DE PERFIL ADITIVO (ITEM E.5). TÉCNICA DE DECISÃO AMPLAMENTE UTILIZADA POR CORTES CONSTITUCIONAIS. ATUAÇÃO NORMATIVA SUBSIDIÁRIA E EXCEPCIONAL DO TRIBUNAL SUPERIOR ELEITORAL, SOMENTE SE LEGITIMANDO EM CASO DE *INERTIA DELIBERANDI* DO CONGRESSO NACIONAL PARA REGULAR A MATÉRIA APÓS O TRANSCURSO DE PRAZO RAZOÁVEL (*IN CASU*, DE DEZOITO MESES).** INADEQUAÇÃO DA VIA ELEITA. IMPROCEDÊNCIA. PRETENSÕES QUE VEICULAM ULTRAJE À LEI FUNDAMENTAL POR AÇÃO, E NÃO POR OMISSÃO. MÉRITO. OFENSA AOS PRINCÍPIOS FUNDAMENTAIS DEMOCRÁTICO E DA IGUALDADE POLÍTICA. CUMULAÇÃO DE PEDIDOS DE ADI E DE ADI POR OMISSÃO EM UMA ÚNICA DEMANDA DE CONTROLE CONCENTRADO DE CONSTITUCIONALIDADE. VIABILIDADE PROCESSUAL. PREMISSAS TEÓRICAS. **POSTURA PARTICULARISTA E EXPANSIVA DA SUPREMA CORTE NA SALVAGUARDA DOS PRESSUPOSTOS DEMOCRÁTICOS.** SENSIBILIDADE DA MATÉRIA, AFETA QUE É AO PROCESSO POLÍTICO-ELEITORAL. AUTOINTERESSE DOS AGENTES POLÍTICOS. AUSÊNCIA DE MODELO CONSTITUCIONAL CERRADO DE FINANCIAMENTO DE CAMPANHAS. CONSTITUIÇÃO-MOLDURA. NORMAS FUNDAMENTAIS LIMITADORAS DA DISCRICIONARIEDADE LEGISLATIVA. PRONUNCIAMENTO DO SUPREMO TRIBUNAL FEDERAL QUE NÃO ENCERRA O DEBATE CONSTITUCIONAL EM SENTIDO AMPLO. DIÁLOGOS INSTITUCIONAIS. ÚLTIMA PALAVRA PROVISÓRIA. MÉRITO. DOAÇÃO POR PESSOAS JURÍDICAS. INCONSTITUCIONALIDADE DOS LIMITES PREVISTOS NA LEGISLAÇÃO (2% DO FATURAMENTO BRUTO DO ANO ANTERIOR À ELEIÇÃO). VIOLAÇÃO AOS PRINCÍPIOS DEMOCRÁTICO E DA IGUALDADE POLÍTICA. CAPTURA DO PROCESSO POLÍTICO PELO PODER ECONÔMICO. "PLUTOCRATIZAÇÃO" DO PRÉLIO ELEITORAL. LIMITES DE DOAÇÃO POR NATURAIS

E USO DE RECURSOS PRÓPRIOS PELOS CANDIDATOS. COMPATIBILIDADE MATERIAL COM OS CÂNONES DE-MOCRÁTICO, REPUBLICANO E DA IGUALDADE POLÍTICA. AÇÃO DIRETA DE INCONSTITUCIONALIDADE JULGADA PARCIALMENTE PROCEDENTE.

1. A postura particularista do Supremo Tribunal Federal, no exercício da *judicial review*, é medida que se impõe nas hipóteses de salvaguarda das condições de funcionamento das instituições democráticas, de sorte (i) a corrigir as patologias que desvirtuem o sistema representativo, máxime quando obstruam as vias de expressão e os canais de participação política, e (ii) a proteger os interesses e direitos dos grupos políticos minoritários, cujas demandas dificilmente encontram eco nas deliberações majoritárias.

2. O funcionamento do processo político-eleitoral, conquanto matéria deveras sensível, impõe uma postura mais expansiva e particularista por parte do Supremo Tribunal Federal, em detrimento de opções mais deferentes e formalistas, sobre as escolhas políticas exercidas pelas maiorias no seio do Parlamento, instância, por excelência, vocacionada à tomada de decisão de primeira ordem sobre a matéria.

3. A Constituição da República, a despeito de não ter estabelecido um modelo normativo pré-pronto e cerrado de financiamento de campanhas, forneceu uma moldura que traça limites à discricionariedade legislativa, com a positivação de normas fundamentais (e.g., princípio democrático, o pluralismo político ou a isonomia política), que norteiam o processo político, e que, desse modo, reduzem, em alguma extensão, o espaço de liberdade do legislador ordinário na elaboração de critérios para as doações e contribuições a candidatos e partidos políticos.

4. O hodierno marco teórico dos diálogos constitucionais repudia a adoção de concepções juriscêntricas no campo da hermenêutica constitucional, na medida em que preconiza, descritiva e normativamente, a inexistência de instituição detentora do monopólio do sentido e do alcance das disposições magnas, além de atrair a gramática constitucional para outros fóruns de discussão, que não as Cortes.

5. O desenho institucional erigido pelo constituinte de 1988, mercê de outorgar à Suprema Corte a tarefa da guarda precípua da Lei Fundamental, não erigiu um sistema de supremacia judicial em sentido material (ou definitiva), de maneira que seus pronunciamentos judiciais devem ser compreendidos como última palavra provisória, vinculando formalmente as partes do processo e finalizando uma rodada deliberativa acerca da temática, sem, em consequência, fossilizar o conteúdo constitucional.

6. A formulação de um modelo constitucionalmente adequado de financiamento de campanhas impõe um pronunciamento da Corte destinado a abrir os canais de diálogo com os demais atores políticos (Poder Legislativo, Executivo e entidades da sociedade civil).

7. Os limites previstos pela legislação de regência para a doação de pessoas jurídicas para as campanhas eleitorais se afigura assaz insuficiente a coibir, ou, ao menos, amainar, a captura do político pelo poder econômico, de maneira a criar indesejada "plutocratização" do processo político.

8. O princípio da liberdade de expressão assume, no aspecto político, uma dimensão instrumental ou acessória, no sentido de estimular a ampliação do debate público, de sorte a permitir que os indivíduos tomem contato com diferentes plataformas e projetos políticos.

9. A doação por pessoas jurídicas a campanhas eleitorais, antes de refletir eventuais preferências políticas, denota um agir estratégico destes grandes doadores, no afã de estreitar suas relações com o poder público, em pactos, muitas vezes, desprovidos de espírito republicano.

10. O telos subjacente ao art. 24 da Lei das Eleições, que elenca um rol de entidades da sociedade civil que estão proibidas de financiarem campanhas eleitorais, destina-se a bloquear a formação de relações e alianças promíscuas e não republicanas entre aludidas instituições e o Poder Público, de maneira que a não extensão desses mesmos critérios às demais pessoas jurídicas evidencia desequiparação desprovida de qualquer fundamento constitucional idôneo.

11. Os critérios normativos vigentes relativos à doação a campanhas eleitorais feitas por pessoas naturais, bem como o uso próprio de recursos pelos próprios candidatos, não vulneram os princípios fundamentais democrático, republicano e da igualdade política.

12. O Conselho Federal da Ordem dos Advogados do Brasil ostenta legitimidade *ad causam* universal para deflagrar o processo de controle concentrado de constitucionalidade, *ex vi* do art. 103, VII, da Constituição da República, prescindindo, assim, da demonstração de pertinência temática para com o conteúdo material do ato normativo impugnado.

13. As disposições normativas adversadas constantes das Leis nº 9.096/95 e nº 9.504/97 revelam-se aptas a figurar como objeto no controle concentrado de constitucionalidade, porquanto primárias, gerais, autônomas e abstratas.

14. A "possibilidade jurídica do pedido", a despeito das dificuldades teóricas de pertinência técnica (i.e., a natureza de exame que ela envolve se confunde, na maior parte das vezes, com o próprio mérito da pretensão) requer apenas que a pretensão deduzida pelo autor não seja expressamente vedada pela ordem jurídica. Consectariamente, um pedido juridicamente impossível é uma postulação categoricamente vedada pela ordem jurídica (ARAGÃO, Egas Dirceu Moniz de. *Comentários ao código de processo civil*. 10. ed. Rio de Janeiro: Forense, p. 394).

15. *In casu*, a) Os pedidos constantes dos itens "e.1" e "e.2", primeira parte, objetivam apenas e tão somente que o Tribunal se limite a retirar do âmbito de incidência das normas impugnadas a aplicação reputada como inconstitucional, sem, com isso, proceder à alteração de seu programa normativo. b) Trata-se, a toda evidência, de pedido de declaração de inconstitucionalidade parcial sem redução de texto, cuja existência e possibilidade são reconhecidas pela dogmática constitucional brasileira, pela própria legislação de regência das ações diretas (art. 28, parágrafo único, Lei nº 9.868/99) e, ainda, pela práxis deste Supremo Tribunal Federal (ver, por todos, ADI nº 491/AM, Rel. Min. Moreira Alves, Tribunal Pleno, DJ 25/10/1991). c) Destarte, os pedidos constantes dos itens "e.1" e "e.2" são

comuns e naturais em qualquer processo de controle abstrato de constitucionalidade, razão por que a exordial não veicula qualquer pretensão expressamente vedada pela ordem jurídica. **d) O pedido aduzido no item "e.5" não revela qualquer impossibilidade que nos autorize a, de plano, reconhecer sua inviabilidade, máxime porque o Requerente simplesmente postula que a Corte profira uma "sentença aditiva de princípio" ou "sentença-delegação", técnica de decisão comumente empregada em Cortes Constitucionais algures, notadamente a italiana, de ordem a instar o legislador a disciplinar a matéria, bem assim a delinear, concomitantemente, diretrizes que devem ser por ele observadas quando da elaboração da norma, exsurgindo como método decisório necessário em casos em que o debate é travado nos limites do direito posto e do direito a ser criado.**

16. Ademais, a atuação normativa do Tribunal Superior Eleitoral seria apenas subsidiária e excepcional, somente se legitimando em caso de *inertia deliberandi* do Congresso Nacional para regular a matéria após o transcurso de prazo razoável (*in casu*, de dezoito meses), incapaz, bem por isso, de afastar a prerrogativa de o Parlamento, quando e se quisesse, instituir uma nova disciplina de financiamento de campanhas, em razão de a temática encerrar uma preferência de lei.

17. A preliminar de inadequação da via eleita não merece acolhida, visto que todas as impugnações veiculadas pelo Requerente (i.e., autorização por doações por pessoas jurídicas ou fixação de limites às doações por pessoas naturais) evidenciam que o ultraje à Lei Fundamental é comissivo, e não omissivo.

18. A cumulação simples de pedidos típicos de ADI e de ADI por omissão é processualmente cabível em uma única demanda de controle concentrado de constitucionalidade, desde que satisfeitos os requisitos previstos na legislação processual civil (CPC, art. 292).

19. Ação direta de inconstitucionalidade julgada parcialmente procedente para assentar apenas e tão somente a inconstitucionalidade parcial sem redução de texto do art. 31 da Lei

> nº 9.096/95, na parte em que autoriza, *a contrario sensu*, a realização de doações por pessoas jurídicas a partidos políticos, e pela declaração de inconstitucionalidade das expressões "ou pessoa jurídica", constante no art. 38, inciso III, e "e jurídicas", inserta no art. 39, *caput* e § 5º, todos os preceitos da Lei nº 9.096/95.
>
> (ADI 4.650/DF, Tribunal Pleno, Rel. Min. Luiz Fux, julgamento 17/09/2015)

No presente caso, o Supremo Tribunal Federal trouxe como tema a instigante técnica das sentenças aditivas ou modificativas/manipulativas, de uso subsidiário e excepcional por parte da Corte Suprema na colmatação de omissões legislativas, somente se legitimando em casos de *inertia deliberandi* do Congresso nacional para disciplinar determinada matéria após prazo irrazoável de lacuna técnica[12].

Destaca o Supremo Tribunal Federal que a sentença aditiva se legitima apenas nos casos de inércia irrazoável – progressão da lacuna técnica para inconstitucionalidade por omissão – a qual não afasta a prerrogativa do Parlamento de instituir, posteriormente, nova disciplina legal que substituirá a decisão aditiva ou modificativa, sendo estas submetidas à condição resolutiva da edição de regramento pelo Poder Legislativo.

Nesse caso, o Judiciário remove o obstáculo criado pela omissão legislativa para editar e disciplinar a norma disciplinadora faltante, remoção promovida pela formulação supletiva da decisão aditiva.

Veja-se que não há malferimento à separação de Poderes nos casos em que cabível a sentença aditiva, pois um direito previsto constitucionalmente (ex.: greve), não pode ficar submetido ao juízo de oportunidade e conveniência do Poder Legislativo.

Não cabe ao legislador inobservar o que se verifica já de uma vontade hipotética do legislador ou de solução constitucionalmente obrigatória (ex.: editar um

---

12 "Nas decisões aditivas (também nas ditas modificativas ou manipulativas) a inconstitucionalidade detectada não reside tanto naquilo que ela não preceitua; ou, por outras palavras, a inconstitucionalidade acha-se na norma na medida em que não contém tudo aquilo que deveria conter para responder aos imperativos da Constituição. E então, o órgão de fiscalização acrescenta (e acrescentando modifica) esse elemento que falta. Uma lei, ao atribuir um direito ou uma vantagem (v.g., uma pensão) ou ao adstringir a um dever o ônus (v.g., uma incompatibilidade) contempla certa categoria de pessoas e não prevê todas as que se encontram" (MIRANDA, Jorge. *Manual de direito constitucional*. Coimbra: 2001, p. 79-83. T. VI). GARAPON, Antoine. *Juger en Amérique et en France*. Paris: Odile Jacob, 2003, p. 313; PEGORARO, Lucio *et allii*, *Diritto costituzionale e pubblico*. Torino: G. Giappichelli Editore, 2009, p. 430/431; ZAGREBELSKY, Gustavo. *Giustizia costituzionale*. Bologna: Il Mulino Strumenti, 2012, p. 381/405.

código de defesa do consumidor). Ocorre, no caso, a necessidade de uma solução obrigatória da perspectiva constitucional, uma vez que ao legislador não é dado escolher se concede ou não um direito constitucionalmente previsto, podendo dispor, tão somente, sobre a adequada configuração de sua disciplina.

8.3. Conclusão

Os fenômenos da judicialização e do ativismo judicial, ainda por muito tempo, despertarão ódios e paixões. É certo que a Constituição de 1988, que chegou no fluxo de redemocratização do Brasil, trouxe consigo amplo acesso ao Judiciário e não se pode desconsiderar alguns excessos em razão de demandas exóticas ou decisões desarrazoadas, mas tudo fruto da redemocratização e da nova perspectiva que a normatividade da Carta Constitucional permitiu em termos de concretização de direitos para a cidadania.

Com uma Carta plena de direitos, muitas vezes vazados em termos genéricos e plurissignificativos, não é de se admirar que o Poder Judiciário venha sendo chamado a completar comandos constitucionais que suportem prestações positivas, seja na via legislativa, colmatando a normatividade ausente, de forma supletiva e sob condição de eficácia até o advento de legislação disciplinadora posterior, seja determinando obrigações de fazer, no sentido da implementação material de políticas públicas, como se tornaram comuns em sede de saúde e educação, duas chagas abertas em nossa sociedade.

Acresce que tais direitos sociais foram reforçados por adesão da República Federativa do Brasil a pactos de direitos sociais, com natureza de supralegalidade, indicando aos três Poderes, na aplicação dos tratados em face da legislação infraconstitucional, um verdadeiro controle de convencionalidade, haja vista que as convenções de direitos humanos se sobrepõem à legislação ordinária, salvo se observar o processo legislativo das emendas constitucionais, o que conferirá o *status* de texto constitucional, a teor do § 3º do art. 5º da Constituição Federal.

Constatou-se que o controle de constitucionalidade por omissão, muitas vezes decorrência de processo de inconstitucionalização de lacunas técnicas, exige do Poder Judiciário a solução prevista na Constituição, não podendo se demitir do *status* de guardião da Constituição, muito menos de mero expectador dos deveres descumpridos pelos Poderes Executivo e Legislativo, ainda que tal situação possa, por vezes, implicar na revisão do princípio da separação dos poderes, uma vez que harmonia não se equipara a omissão judicial.

No controle jurisdicional de omissões e de atos dos demais Poderes, o Judiciário tem implementado o princípio da proporcionalidade, vergastando eventuais proibições de excesso, proibições de retrocesso e na vertente das prestações positivas, a vedação de proteção deficiente ou insuficiente.

Na aplicação do princípio, deve ainda o Poder Judiciário ocupar-se da aferição do cumprimento dos subprincípios da adequação (atingimento do fim colimado), necessidade (aferição de inexistência de outro meio menos gravoso) e da proporcionalidade em sentido estrito (relação custo/benefício entre a constrição e o benefício obtido).

O complexo manejo do ordenamento jurídico com o objetivo de garantir a fruição de um mínimo existencial (saúde, educação, segurança etc.), no atual panorama de ausência de recursos públicos, traz a necessidade de observância do princípio da reserva do possível, em face das prestações positivas justamente reclamadas, pois, no afã de garantir um direito, pode o Judiciário frustrar outros tantos direitos, daí as críticas que muitas vezes são direcionadas ao seu ativismo em sede de direitos sociais.

Viu-se que crescem as oportunidades de edição de sentenças aditivas e modificativas e não seria demasiado prever que tais técnicas de sentença vão ao encontro das novas técnicas processuais de garantia de direitos, como se pode constatar pelas tutelas provisórias do atual ordenamento processual civil brasileiro.

O fluxo dos direitos previstos nas normas constitucionais tem agora uma nova perspectiva de efetivação e caberá ao Poder Judiciário importante papel de proa rumo a uma sociedade mais justa e solidária.

8.4. Referências

ALEXY, Robert. *Teoria dos direitos fundamentais*. Trad. Virgílio Afonso da Silva. São Paulo: Malheiros, 2008.

ARAÚJO, Eugênio Rosa de. *Direito econômico & financeiro*. 3. ed. Niterói: Impetus, 2013.

_____. Recensão "metodologia da ciência do direito" de Karl Larenz. Rio de Janeiro: Cadernos Temáticos. Parte da *Revista da Emarf*, 2006.

_____. *Resumo de direitos humanos fundamentais. Doutrina e jurisprudência selecionada.*

BARCELLOS, Ana Paula. Constitucionalização das políticas públicas em matéria de direitos fundamentais: o controle político no espaço democrático. *Revista de Direito do Estado*, ano 1, n. 3, p. 17/54, jul./set. 2006.

BARROSO, Luis Roberto. Judicialização, ativismo judicial e legitimidade democrática. *Revista de Direito do Estado* n. 13, p. 71/91, jan./mar. 2009.

BUCCI, Maria Paula Dallari. *Fundamentos para uma teoria das políticas públicas.* São Paulo: Saraiva, 2013.

Parte I • Direito Constitucional 163

CANOTILHO, José Joaquim Gomes. *Um olhar jurídico-constitucional sobre a judicialização da política e a politização da justiça. Tópicos para uma intervenção sobre o judiciário.* Lisboa: Supremo Tribunal de Justiça, 26/4/2007.

_____. *Direito constitucional e teoria da constituição.* Coimbra: Almedina, s/d.

CAPPELLETTI, Mauro. *Juízes legisladores?* Trad. Carlos Alberto Alvaro de Oliveira. Porto Alegre: Sergio Antonio Fabris Editor, 1999.

CITTADINO, Giselle. Poder Judiciário, ativismo judicial e democracia. *Revista da Faculdade de Direito de Campos*, ano II, n. 2 e ano III, n. 3, 2001-2002.

GARRIDO, Alexandre *et allii.* Edição especial de dezembro de 2008, da *Revista da Faculdade Nacional de Direito da UFRJ*, v. 1, n. 3. Rio de Janeiro: Faculdade Nacional de Direito.

DWORKIN, Ronald. *Levando os direitos a sério.* Trad. Nelson Boeira, São Paulo: Martins Fontes, 2002.

ENGISCH, Karl. *Introdução ao pensamento jurídico.* Trad. J. Baptista Machado. 7. ed. Lisboa: Calouste Gulbenkian, 1996.

GARAPON, Antoine. *O juiz e a democracia. O guardião das promessas.* Trad. Maria Luiza de Carvalho. Rio de Janeiro: Revan, 1999.

_____. *Juger en Amérique et en France. Culture juridique française et common law.* Paris: Odile Jacob, 2003.

GUASTINI, Ricardo. *Das fontes às normas.* Trad. Edson Bini, São Paulo: Quartier Latin, 2005.

GRAU, Eros Roberto. *Ensaio e discurso sobre a interpretação/aplicação do direito.* 2. ed. São Paulo: Malheiros, 2003.

_____. *O direito posto e o direito pressuposto.* 4. ed. São Paulo: Malheiros, 2002.

HESSE, Konrad. *A força normativa da Constituição.* Trad. Gilmar Ferreira Mendes. Porto Alegre: Sergio Antonio Fabris Editor, 1991.

LARENZ, Karl. *Metodologia da ciência do direito.* 5. ed. Trad. José Lamego, Lisboa: Fundação Calouste Gulbenkian, 1997.

MAZZUOLI, Valério de Oliveira. *Direito dos tratados.* São Paulo: RT, 2011.

MIRANDA, Jorge. *Manual de direito constitucional.* Coimbra: Coimbra Editora, 2001. T. VI.

NABAIS, José Casalta. *O dever fundamental de pagar impostos. Contributo para a compreensão constitucional do estado fiscal contemporâneo.* Coimbra: Almedina, 2012.

NETO, Claudio Pereira Souza. A justiciabilidade dos direitos sociais: críticas e parâmetros. *Revista de Direito do Estado*, ano 4, n. 13, 133-169, jan./mar. 2009.

OLIVEIRA, Claudio Ladeira de. *Direito como integridade e ativismo judicial: algumas considerações acerca de uma decisão do Supremo Tribunal Federal.* Disponível em: <http://www.fdv.br/sisbib/index.php/direitosegarantias/article/view/642>. Acesso em: 7 jun. 2016.

PEGORARO, Lucio *et allii*. *Diritto costituzionale e pubblico*. Torino: G. Giappichelli Editore, 2009.

PEIXINHO, Manoel Messias. *O princípio da separação dos poderes, a judicialização da política e os direitos fundamentais*. Disponível em: <http://www.google.com.br/url?url=http://www.fdv.br/sisbib/index.php/direitosegarantias/article/download/3/3&rct=j&frm=1&q=&esrc=s&sa=U&ved=0ahUKEwizz_Hhl5bNAhXCHh4KHQl1CV8QFggUMAA&usg=AFQjCNEmAnzPY8kmuwie9JAsyQhHnA6MW>. Acesso em: 7 jun. 2016.

_____. *As teorias e os métodos de interpretação aplicados aos direitos fundamentais. Doutrina e jurisprudência do STF e do STJ*. Rio de Janeiro: Lumen Juris, 2010.

RAMOS, Elival da Silva. *Ativismo judicial, parâmetros dogmáticos*. São Paulo: Saraiva, 2010.

RIBEIRO, Ricardo Lodi. *Justiça, interpretação e elisão tributária*. Rio de Janeiro: Lumen Juris, 2003.

SILVA, Virgílio Afonso. *Direitos fundamentais. Conteúdo essencial, restrições e eficácia*. 2. ed. 2. tir. São Paulo: Malheiros, 2011.

TORRES, Ricardo Lobo. *O direito ao mínimo existencial*. Rio de Janeiro: Renovar, 2009.

_____. *Normas de interpretação e integração no direito tributário*. Rio de Janeiro: Renovar, 2006.

VIANNA, Luiz Werneck *et allii*. *A judicialização da política e das relações sociais no Brasil*. Rio de Janeiro: Revan, 1999.

VIEIRA, Oscar Vilhena. Supremocracia. *Revista Direito FGV*, São Paulo, 4, jul.-dez. 2008.

ZAGREBELSKY, Gustavo. *Giustizia costituzionale*. Bologna: Societá Editrice il Mulino, 2012.

Jurisprudência

BRASIL. Supremo Tribunal Federal. ADI 4.650/DF, Tribunal Pleno, Rel. Min. Luiz Fux, julgamento 17/09/2015.

BRASIL. Supremo Tribunal Federal. ARE-AgR 745.745 AgR/MG, Rel. Min. Celso de Mello, 2ª Turma, julgamento 02/12/2014.

BRASIL. Supremo Tribunal Federal. RE 349.703/RS, Tribunal Pleno, Rel. Min. Carlos Britto, julgamento 03/12/2008.

PARTE II

Direito Econômico e Financeiro

Capítulo 1

Normas gerais de Direito Financeiro[1]

> **SUMÁRIO: 1.1.** As "normas gerais" na Teoria Geral do Direito e na Constituição Federal. **1.2.** A generalidade e abstração das normas. **1.3.** Normas gerais na Constituição Federal. **1.4.** As normas gerais sobre finanças públicas. **1.5.** A dívida pública (art. 163, II, CF). **1.6.** Concessão de garantias. **1.7.** Emissão e resgate dos títulos da dívida pública (art. 163, IV, CF). **1.8.** Fiscalização financeira da Administração Pública direta e indireta (art. 163, V, CF). **1.9.** Operações de câmbio realizadas por órgãos e entidades da União, Estados, Distrito Federal e Municípios (art. 163, VI, CF). **1.10.** Compatibilização das funções das instituições oficiais de crédito, com resguardo das características e condições operacionais plenas das instituições oficiais voltadas ao desenvolvimento regional (art. 163, VII, CF). **1.11.** O Banco Central (art. 164, CF). **1.12.** Referências.

1.1. As "normas gerais" na Teoria Geral do Direito e na Constituição Federal

Neste estudo, faremos uma necessária explanação sobre o tema das normas gerais e singulares, no domínio da Teoria Geral do Direito e do Direito Constitucional, focando o critério formal de sua distinção e utilizando o termo *norma* como sinônimo de *preceito,* para fins de explanação.

Como se sabe, o critério formal se relaciona exclusivamente com a estrutura lógica das proposições prescritivas.

---

1 Estudo em homenagem ao Dr. Joaquim Torres de Araújo, Juiz do Trabalho aposentado, ex-Procurador do Estado do Rio de Janeiro: ex-Procurador da Fazenda Nacional, ex-Procurador da Assembleia Legislativa do Rio de Janeiro: Professor de Português, Grego e Latim, e meu dileto tio e professor.

Tais proposições podem ser universais ou singulares. Serão universais aquelas em que o sujeito representa uma classe composta de vários membros (ex.: os homens são mortais); singulares, aquelas em que o sujeito representa um sujeito singular (ex.: Aristóteles é imortal).

Toda proposição prescritiva e, portanto, a norma jurídica é formada por dois elementos constitutivos e imprescindíveis: o **sujeito**, a quem a norma se dirige, i.e., o destinatário e o **objeto** da prescrição, i.e., a ação prescrita.

Mesmo a mais simples prescrição, como, por exemplo, "levante-se", possui um destinatário – (sujeito) – e uma ação – (objeto). Não se pode pensar em uma prescrição que não se dirija a alguém e que não regule um certo comportamento.

O primeiro passo, então, para interpretar uma norma jurídica seria o de identificar a quem ela se dirige e qual comportamento estabelece, sabendo-se que, tanto o destinatário-sujeito quanto a ação-objeto podem aparecer em uma norma jurídica, sob forma universal e sob forma singular.

Assim, tanto o destinatário quanto o objeto podem figurar em uma proposição com sujeito universal e com sujeito singular, de molde a obtermos quatro tipos de proposições jurídicas:

1) prescrições com **destinatário universal**;

2) prescrições com **destinatário singular**;

3) prescrições com **ação universal**;

4) prescrições com **ação singular.**

Podemos esclarecer o critério exposto com os seguintes exemplos (os itens são correlatos):

1) "O mandatário é obrigado a executar o mandato com a diligência do bom pai de família."

2) sentença que ordena o cônjuge a manter os filhos sob sua guarda e prover o seu sustento;

3) o marido tem o dever de prover tudo o que for preciso às necessidades da família, na proporção de seus ganhos;

4) juiz que ordena a exibição de um documento com base no Código de Processo Civil.

Confrontando o primeiro e o segundo casos, vemos que o mandatário não é uma pessoa determinada, não é um indivíduo concreto, mas uma classe de pessoas, voltando-se a norma para todos aqueles que se encontrem naquela classe, ao passo que o destinatário a quem se dirige o juiz que determina a guarda do filho é um indivíduo concreto, singularizado e que a norma se dirige a ele apenas, e a nenhum outro.

Quanto à diferença entre o terceiro e o quarto casos, pode-se dizer que a ação de prover é uma ação-tipo, que não se exaure na execução, mas se repete no tempo e vale para todos aqueles comportamentos que podem ser enquadrados na ação-tipo; a ação de exibir prevista no Código de Processo Civil, por outro lado, é uma ação singular, i.e., a exibição daquele particular documento que, uma vez exibido e cumprida a norma, perderá sua eficácia.

Assim, teremos:

- **ação-tipo**: supõe repetibilidade das hipóteses;
- **ação singular**: com o cumprimento da norma, esta perde sua eficácia.

1.2. A generalidade e abstração das normas

Normas **gerais** são as normas universais em relação aos destinatários, e normas **abstratas**, aquelas que são universais em relação à ação (**gerais** – universais para destinatários / **abstratas** – universais para ação).

Assim, falamos de **normas gerais** quando nos encontramos frente a normas que se dirijam a uma classe de pessoas e em **normas abstratas** quando nos encontramos diante de normas que regulam uma ação-tipo (ou uma classe de ações).

As **normas gerais** se contrapõem às que têm por destinatário um indivíduo singular (**normas individuais**); às **normas abstratas** se contrapõem as que regulam uma ação singular (**normas concretas**), que poderiam ser chamadas mais apropriadamente de **ordens**.

As **normas concretas** poderiam ser chamadas mais apropriadamente de **ordens**.

É preciso verificar quais valores inspiram a teoria da generalidade e da abstração.

A principal garantia de que a "lei é igual para todos" é a generalidade, i.e., o fato de que a norma se dirige não àquele ou a este cidadão, mas à totalidade dos cidadãos, ou a um tipo abstrato de operador da vida social (**generalidade – igualdade**).

Quanto à prescrição **abstrata**, ela é a única capaz de realizar outro fim a que tende todo o ordenamento jurídico: a certeza. Por certeza se entende a determinação dos efeitos que o ordenamento atribui a um dado comportamento, de modo que o cidadão esteja em grau de saber, com antecedência, as consequências das próprias ações (**abstração – certeza – ação tipo**).

Assim, a **generalidade** da norma é garantia de **igualdade** e a **abstração** é garantia de **certeza**.

Combinando-se os quatro requisitos, o da generalidade, o da abstração, o da individualidade e o da concretude, as normas jurídicas podem ser de quatro tipos:

1) **normas gerais e abstratas**: as leis penais, por exemplo;

2) **normas gerais e concretas**: uma lei que declara a mobilização geral se volta a uma classe de cidadãos e ao mesmo tempo prescreve uma ação singular que, uma vez cumprida, exaure a eficácia da norma (eleição – mesários);

3) **normas individuais e abstratas** – uma lei que atribui a uma determinada pessoa um ofício (ex.: ministro do STF) se dirige a um só indivíduo e lhe prescreve não uma ação singular, mas todas aquelas que são inerentes ao exercício da função ("direção geral" da administração do Presidente da República);

4) **normas individuais e concretas** – sentenças do juiz decidindo o caso concreto.

Infelizmente, a expressão "**normas gerais**" vem, ao longo do tempo, trazendo problemas doutrinários aos intérpretes da Constituição e, nesse passo da nossa síntese sobre o tema, faremos uma conexão com o Direito Constitucional.

1.3. Normas gerais na Constituição Federal

Na Constituição de 1988 o problema se visualiza, basicamente, no art. 24, I e II, e seus parágrafos:

> **Art. 24.** Compete à União, aos Estados e ao Distrito Federal legislar concorrentemente sobre:
>
> I – direito tributário, financeiro, penitenciário, econômico e urbanístico;
>
> II – orçamento;
>
> [...]
>
> § 1º No âmbito da legislação concorrente, a competência da União limitar-se-á a estabelecer normas gerais.
>
> § 2º A competência da União para legislar sobre normas gerais não exclui a competência suplementar dos Estados.
>
> § 3º Inexistindo lei federal sobre normas gerais, os Estados exercerão a competência legislativa plena, para atender a suas peculiaridades.
>
> § 4º A superveniência de lei federal sobre normas gerais suspende a eficácia da lei estadual, no que lhe for contrário.

O § 1º traz como **regra geral** a noção segundo a qual, no âmbito da legislação **concorrente**, a competência da União Federal deve limitar-se ao estabelecimento de **normas gerais**.

A *contrario sensu*, a competência dos Estados e do Distrito Federal, nas matérias enumeradas no art. 24, será para o estabelecimento de **normas particulares**.

Deve ser lembrado que o § 2º, ao conferir à União Federal a competência para legislar sobre **normas gerais**, determina que não fica excluída a **competência suplementar** dos Estados. Competência, sabemos, é exercício impositivo de comportamentos e relação de autoridade regulado por normas.

É preciso frisar que as competências do Estado Federal são repartidas **horizontal e verticalmente**.

A **repartição horizontal** (arts. 22 e 23, CF) ocorre pela atribuição a cada ente federativo de uma área reservada, que lhe cabe disciplinar em toda sua extensão.

Já a **repartição vertical** (art. 24, CF) distribui uma mesma matéria em diferentes níveis (do geral ao particular) e a reparte entre os entes federativos.

No caso da **repartição horizontal**, as competências são **comuns** (art. 23, CF) ou **privativas** (art. 22, CF); e no caso da **repartição vertical**, temos a competência **concorrente** (art. 24, CF).

Para a disciplina da **competência concorrente** (art. 24, CF), temos duas técnicas: a cumulativa e a não cumulativa.

Na **cumulativa**, os entes podem avançar na disciplina das matérias, desde que o que lhes é considerado superior não o faça (em caso de conflito, prevalece a regra da União).

Na **não cumulativa**, as matérias estão previamente delimitadas por sua extensão, como gerais e particulares.

Nossa Constituição de 1988 prevê tanto a repartição **horizontal** quanto a **vertical**.

No plano **horizontal**, o art. 22 enuncia o campo de **competência privativa** da União; o art. 30, a competência **privativa** dos Municípios; o art. 25, § 1º, a competência (**privativa**) **residual** dos Estados; e o art. 23, a **competência comum** da União, dos Estados, Distrito Federal e Municípios.

Oportuno aqui salientar que o art. 5º, XXII, da Constituição Federal, por exemplo ("O Estado promoverá, na forma da lei, a defesa do consumidor"), não instaura, por sua natureza (rol dos direitos fundamentais), uma competência comum, mas um **dever comum**, ao qual corresponde uma competência concorrente, nos moldes do art. 24 da Constituição Federal.

Ressalto que, pelo art. 24, § 1º, da Constituição Federal, a repartição **vertical é não cumulativa**, determinando que a União Federal "limitar-se-á" a legislar sobre normas gerais quanto às matérias que enumera.

No tocante ao § 4º, a competência é **cumulativa** posto que determina a prevalência de **norma geral da União Federal** superveniente à **norma geral contida em lei estadual**.

É importante frisar que a distinção entre normas gerais e particulares traz um problema de natureza lógica, referente à quantidade das proposições.

Do ponto de vista da lógica jurídica, as normas podem ser, quanto à quantidade, **gerais**, **particulares** ou **individuais**.

Esta distinção pode ser vista **quanto aos destinatários** ou **quanto ao conteúdo** da norma.

Uma norma é **geral** quanto aos **destinatários** quando se aplica à universalidade deles, sem distinções (norma universal).

A contrario sensu, ela será **particular** quando se destina a uma coletividade ou categoria dos destinatários (norma especial).

Por fim, é **individual** a que se destina a um único endereçado.

Quanto aos **conteúdos**, as normas são **gerais** quando a matéria prescrita se reporta a toda e qualquer ocorrência da espécie.

Serão **particulares** quanto ao conteúdo quando a matéria assinala apenas um grupo ou parte da espécie.

Será, ainda, **singular** quanto ao **conteúdo** quando sua matéria delimita um único caso.

Teremos, então, o seguinte quadro:

Quanto ao destinatário

- normas universais (todos)
- normas especiais (alguns)
- normas individuais (um único)

Quanto ao conteúdo

- normas gerais (totalidade dos casos)
- normas particulares (alguns casos)
- normas singulares (um único caso)

Assim, do ponto de vista lógico, quando a Constituição Federal fala de "**normas gerais**", pode estar tratando de normas gerais pelo conteúdo, ou de normas universais, i.e., gerais pelo destinatário, cabendo aos Estados e Distrito Federal a competência para o estabelecimento de normas especiais e individuais (conforme o destinatário), ou particulares e singulares (conforme o conteúdo).

A expressão constitucional – "normas gerais" – também exige uma hermenêutica teleológica. Sob o aspecto lógico sempre será possível dizer que, por exemplo, quanto ao conteúdo, normas gerais prescrevem princípios, diretrizes sistemáticas, temas que se refiram a uma espécie inteira e não a alguns aspectos.

Isto, no entanto, não é suficiente para reconhecer quando estamos diante de uma norma geral ou de uma particular. Sempre restarão dúvidas, no caso concreto, para aplicar o critério estritamente lógico-formal.

Deste modo, para o intérprete, a necessidade de se analisar o conteúdo num contexto finalístico se impõe. Do ângulo teleológico, a distinção há de se reportar ao interesse prevalecente na organização federativa.

Nossa Federação adota o modelo do federalismo do tipo cooperativo, que exige a colaboração dos entes federativos e confere, correspondentemente, menor importância à separação e independência recíproca entre eles. No federalismo cooperativo vê-se a necessidade de uniformização de certos interesses como ponto básico da colaboração.

Assim, toda matéria que extravase o interesse circunscrito de uma unidade (estadual, em face da União; municipal, em face do Estado), ou porque é comum (todos têm o mesmo interesse), ou porque envolve tipologias, conceituações, que, se particularizados num âmbito autônomo, engendrariam conflitos ou dificuldades no intercâmbio nacional, constitui matéria de **norma geral**. Será nesse diapasão que o art. 163 da Constituição deverá ser analisado.

Pelo art. 24, §§ 2º e 3º, duas situações merecem atenção. O § 3º regula caso de **inexistência de lei** federal sobre **normas gerais**, i.e., de **lacuna**. Ocorrida a lacuna, a Constituição Federal autoriza o Estado a preenchê-la, i.e., a legislar sobre normas gerais, mas apenas para atender a suas peculiaridades.

O Estado passa a exercer uma competência legislativa plena, mas com **função colmatadora de lacuna**, vale dizer, na medida necessária para exercer sua competência própria de legislador sobre normas particulares. Ele pode, pois, legislar sobre normas gerais naquilo em que elas constituem condições de possibilidade para a legislação própria sobre normas particulares.

Tais **normas gerais estaduais** com função colmatadora, por isso mesmo, só podem ser gerais quanto ao conteúdo, mas não quanto aos destinatários, posto que só obrigam nos limites da autonomia estadual.

A situação do § 2º é diferente, posto que, inobstante a competência privativa da União e supondo-a exercida (não há inexistência ou lacuna de normas gerais), garante aos Estados a chamada **competência suplementar**. Tal competência também é conferida aos Municípios (art. 30, II), que, no entanto, não participam da competência concorrente.

A **competência suplementar** não se confunde com o exercício da **competência plena** "para atender a suas peculiaridades", conforme consta do § 2º, que é competência para editar **normas gerais** em caso de lacuna (inexistência) na legislação federal. Não se trata, pois, de competência para editar normas gerais eventualmente concorrentes. Se assim fosse, o § 3º seria inútil, ou o § 3º tornaria inútil o § 2º.

Para além disso é competência também atribuída aos Municípios, que estão, porém, excluídos da legislação concorrente. Isto nos leva a concluir que a **competência suplementar** não é para a edição de **legislação concorrente**, mas para edição de **legislação decorrente**, que é uma legislação de regulamentação, consubstanciada em **normas gerais** que regulam situações já configuradas na legislação federal e às quais não se aplica o § 4º (ineficácia por superveniência de legislação federal), posto que com elas não concorrem (se concorrem, devem ser declaradas inconstitucionais). É, pois, competência que se exerce à luz de normas gerais da União, e não na falta delas.

No caso do Município, o que deve fazer em caso de inexistência de normas gerais da União ou do Estado? Se ele não pode exercer a competência plena com função colmatadora, pode, não obstante, editar suas normas particulares (art. 30, IV, CF)?

Na ausência de lei estadual, o Município pode editar normas particulares, não por intermédio da edição da norma geral que lhe falta (exercício de competência plena com função colmatadora), mas sim por meio de outros instrumentos de preenchimento de lacuna (analogia, princípios gerais de direito, costume). Agir como se legislador estadual fosse lhe é vedado.

Este item tem caráter introdutório ao tema seguinte sobre as normas gerais sobre finanças públicas, especificamente sobre o instigante art. 163 da Constituição Federal.

1.4. As normas gerais sobre finanças públicas

As normas gerais sobre finanças públicas se encartam no Capítulo II do Título VI (Da tributação e do Orçamento) do texto constitucional e constituem o núcleo da Constituição Financeira, sendo necessários alguns esclarecimentos prévios para a completa compreensão deste empolgante tema.

Na área de Economia, o termo "finanças" designa os ramos de atividade e os processos relacionados à gestão dos recursos públicos, privados, dinheiro, crédito, títulos, ações e obrigações pertencentes ao Estado, às empresas e aos indivíduos. Refere-se ao sistema financeiro, que engloba os estabelecimentos financeiros e seus agentes: bancos centrais, bancos comerciais, bancos de desenvolvimento, de investimentos, instituições não bancárias de crédito (como, por exemplo, as associações de poupança e empréstimos), instituições cooperativas, sociedades de investimento, casas de câmbio, bolsas de valores, corretoras e agentes intermediários na colocação de valores.

Por outro lado, as finanças públicas se constituem no setor que controla a massa de dinheiro e de crédito que o governo e os órgãos a ele subordinados movimentam em um país. Abrange não só as operações relacionadas com o processo de obtenção, distribuição e utilização dos recursos financeiros do Estado, como também a atuação dos organismos públicos em setores da vida econômica.

Nas finanças públicas, estão incluídas a receita e a despesa públicas. Em geral, a receita é obtida por meio de tributos, de rendas patrimoniais (alugueres, juros, dividendos de bens e valores patrimoniais), de rendas industriais (renda líquida de serviços públicos e industriais e saldos de empresas estatais), transferências correntes e empréstimos.

A despesa pública é realizada pelos órgãos da administração governamental. Em geral, nela se incluem: o pagamento de servidores, a compra de material e equipamentos para os diversos setores da administração, os investimentos públicos, os subsídios, subvenções etc.

No conceito de finanças públicas, também estão incluídas as finanças com o exterior, as quais dizem respeito à renda das exportações de bens e serviços, receitas de serviços como fretes, turismo, juros, assistência técnica, lucros, investimentos diretos, empréstimos e financiamentos. É o saldo apresentado pelo balanço de pagamentos do país que vai indicar se ele é devedor ou credor de outras nações.

Assim, o setor financeiro público, por intermédio de seus órgãos competentes é encarregado de receber ou efetuar pagamentos aos países estrangeiros. Essas transações com o exterior são geralmente feitas em dólares.

Logo, constituem as finanças públicas as operações voltadas para a obtenção, distribuição e utilização do dinheiro indispensável à satisfação das inúmeras necessidades públicas, tendo Plácido e Silva conceituado finanças públicas como "o conjunto de recursos e de meios, de que dispõe ou pode dispor o Estado, para satisfazer suas próprias necessidades e manter sua existência".

Neste sentido, então, deve ser realizada a leitura do art. 163 da Constituição Federal, que trata das finanças públicas, dívida pública, concessão de garantias pelas entidades públicas, emissão e resgate de títulos da dívida pública.

1.5. A dívida pública (art. 163, II, CF)

Para a realização dos seus objetivos e finalidades essenciais o Estado contrai débitos; daí recorrer ao crédito público ou empréstimo público, visando, precipuamente, a cobrir déficits orçamentários ou despesas imprevistas.

Em um sentido estrito, a dívida pública é o resultado das operações de crédito realizadas pelos órgãos do setor público, com vistas a antecipar receita orçamentária ou a acudir aos desequilíbrios orçamentários e a financiamentos de obras e serviços.

Em sentido mais amplo, a dívida pública abrange as operações de crédito destinadas exclusivamente aos objetivos da política monetária.

É possível ao Governo contrair a dívida pública em razão da confiança que inspira (crédito) para a contratação de empréstimos de pessoas físicas ou jurídicas nacionais (internas) e estrangeiras (externas).

A dívida pública é, assim, o ato pelo qual o Estado se beneficia de uma transferência de liquidez (dinheiro), tendo a obrigação de restituí-lo posteriormente, acrescido de juros. Trata-se de ato de natureza contratual.

É uma decorrência natural dos empréstimos, representando o conjunto de compromissos de curto ou longo prazos, assumidos pelo Estado com terceiros, nacionais ou estrangeiros e compreende os juros e a amortização do capital devido pelo Estado.

O tema vem tratado não só na Constituição Federal, mas também na Lei de Responsabilidade Fiscal, na lei das normas gerais sobre finanças públicas (LC nº 101/2000 e na Lei nº 4.320/64).

Assim, incumbe ao Congresso Nacional, nos termos do art. 48, XIV, da Constituição Federal, dispor sobre o montante da dívida mobiliária (títulos da dívida pública) federal; bem como incumbirá ao Senado Federal, nos termos do art. 52, autorizar operações externas (inciso V), fixar os limites globais e condições para o crédito externo e interno (inciso VII), fixar os limites e condições para a concessão de garantia da União Federal em operações de crédito externo e interno (inciso VIII) e estabelecer os limites globais e condições para o montante da dívida mobiliária (títulos da dívida pública) dos Estados, Distrito Federal e Municípios (IX).

Importante, nesse passo, sublinhar as definições elementares trazidas pela Lei de Responsabilidade Fiscal e pela Lei nº 4.320/64 sobre o assunto.

Segundo o art. 92 da Lei nº 4.320/64, dívida ativa flutuante, administrativa ou não consolidada, compreende: os restos a pagar, excluídos os serviços da dívida (inciso I), os serviços da dívida a pagar (inciso II), os depósitos (inciso III) e os débitos da tesouraria (inciso IV). Tal dívida tem um período de amortização ou resgate inferior a doze meses e pode ser entendida também como o conjunto dos débitos de curto prazo assumidos pelo Governo e representados por títulos negociáveis.

A dívida fundada ou consolidada, por outro lado, é aquela que representa um compromisso a longo prazo, de valor previamente determinado, garantida por títulos do Governo e é efetuada por meio de contratos de financiamento, sendo seu pagamento estipulado em prestações mensais (amortizações), distribuídas por certo período de anos.

Tratou a Lei de Responsabilidade Fiscal de regular o tema da dívida pública em vários dispositivos, dentre os quais destacamos as definições do próprio texto legal.

Assim, a Lei de Responsabilidade Fiscal, no art. 29, I, indica que dívida pública consolidada ou fundada é o montante total, apurado sem duplicidade (obrigação não pode ser computada duas vezes), das obrigações financeiras do ente da Federação, assumidas em virtude de leis, contratos, convênios ou tratados e da realização de operações de crédito, para amortização em prazo superior a doze meses.

O conceito de dívida pública mobiliária aparece no inc. II do art. 29, esclarecendo ser ela a dívida pública representada por títulos emitidos pela União, inclusive os do Banco Central do Brasil, Estados e Municípios.

O inc. III do art. 29 da Lei de Responsabilidade Fiscal anota ser operação de crédito todo compromisso financeiro assumido em razão de mútuo, abertura de crédito, emissão e aceite de título, aquisição financeira de bens, recebimento antecipado de valores provenientes da venda a termo de bens e serviços, arrendamento mercantil e outras operações assemelhadas, inclusive com o uso de derivativos (operações financeiras cujo valor deriva de outros ativos, com a finalidade de limitar ou transferir riscos financeiros).

Também traz a lei, no inc. IV do mesmo artigo, a definição de garantia, segundo a qual assim o será todo compromisso de adimplência de obrigação financeira ou contratual assumida por ente da Federação ou entidade a ele vinculada.

Por fim, considera, no inc. V do art. 29, refinanciamento de dívida mobiliária a emissão de títulos para pagamento do principal acrescido da atualização monetária. Sobre o tema, é de consultar, ainda, os arts. 31, c/c 9º; 25, § 3º, 34/37 e 38, todos da Lei de Responsabilidade Fiscal.

1.6. Concessão de garantias

A concessão de garantias pelas entidades públicas tem seu desenho inicial no inc. III do art. 163 e no inc. IV do art. 167, ambos da Constituição Federal, na qual se proíbe a vinculação da receita de impostos, ressalvando a prestação de garantia às operações de crédito por antecipação de receita, permitindo a retenção de transferências por parte da União Federal, nos termos do art. 160, parágrafo único, da Constituição Federal.

Com maiores detalhes, o art. 40 da Lei de Responsabilidade Fiscal regula o tema das garantias e contragarantias, permitindo aos entes da Federação a concessão de garantia em operações de crédito, observados os limites estabelecidos pelo Senado, sendo a garantia condicionada ao oferecimento de contrapartida em valor igual ou superior ao da garantia a ser concedida.

As garantias, sabemos, se constituem em meios de assegurar ou acautelar o direito de outrem contra a inexecução de uma obrigação. No caso de a União Federal conceder aval a um Município para contrair empréstimo externo, tal garantia deverá estar "contragarantida" com outro meio acautelatório por parte daquela Unidade Federada. Pode o Município oferecer, como contragarantia, parte de sua receita tributária ou de transferências constitucionais (art. 158, CF).

No caso de inadimplemento, a União Federal, poderá, com base no art. 160 da Constituição Federal, reter tais parcelas para a satisfação de seu crédito.

1.7. Emissão e resgate dos títulos da dívida pública (art. 163, IV, CF)

Na teoria geral do Direito, título é um documento que autoriza o exercício de um direito ou função.

O título da dívida pública é o documento emitido pelo Poder Público para atender aos compromissos oriundos de empréstimos, ou para antecipação de receita, e tem como função (aptidão) precípua certificar um valor; dito documento, emitido e garantido pelo Governo como instrumento de política econômica e monetária. Pode financiar um déficit do orçamento, antecipar receita ou garantir o equilíbrio do mercado de dinheiro.

Assim, serão três as suas aptidões básicas:

- financiamento da dívida pública;
- promover o equilíbrio da moeda;
- antecipar receitas.

Possuímos uma legislação sobre os referidos títulos (Lei nº 10.179/2001), que estabelece as finalidades essenciais dos títulos da dívida pública, a saber:

1 – cobertura de déficits explicitados nos orçamentos: aqui os TDP (Títulos da Dívida Pública) são emitidos para suprir o Governo de dinheiro para o cumprimento de suas finalidades, em razão de déficit orçamentário;

2 – realização de operações de crédito por antecipação de receita: trata-se de operação regular do tesouro que está sempre lançando títulos com resgate de cinco, dez, vinte ou até trinta anos, com vistas a antecipar receitas que seriam arrecadadas só no futuro (consulte o site <http://www.tesouro.fazenda.gov.br/tesouro_direito/>);

3 – utilização no programa de desestatização: os títulos da dívida pública podem ser utilizados para aquisição de ativos colocados no plano nacional de desestatização;

4 – trocar por bônus da dívida externa os denominados *"Brazil Investment Bonds-BIB"* (os denominados BIB-Bonds);

5 – troca por títulos decorrentes de reestruturação da dívida externa;

6 – permuta por títulos do tesouro em poder do Banco Central;

7 – permuta por créditos decorrentes de securitização de obrigações da União Federal. A securitização revela o processo de transformação de uma dívida com determinado credor em dívida com compradores de títulos originados no montante desta dívida. Trata-se da conversão de empréstimos bancários e outros ativos em títulos (*securities*) para a venda a investidores que passam a ser novos credores desta dívida, por exemplo: alguns bancos venderam títulos baseados na dívida externa para tomadores que compram estes títulos com deságio (desconto no valor de face) e passam a ser os novos credores dessa parte da dívida externa.

Dentre as denominações dos TDP as mais comuns são a Letra do Tesouro Nacional – LTN, para financiamento de curto e médio prazos; Letras Financeiras do Tesouro – LFT, para financiamento de curto e médio prazos; e as Notas do Tesouro Nacional – NTN, para financiamento de médio e longo prazos.

Em relação à forma, a emissão dos TDP, de regra, ocorre em oferta pública, por meio de leilões, nos quais podem ser colocados os títulos:

1 – ao par: pelo valor de face, em situação de igualdade entre o preço pelo qual está sendo vendido o título e seu preço nominal ou operacional, estampado na sua face;

2 – com ágio: com adição de um prêmio resultante da troca de um valor por outro, quando o Governo quer alterar o perfil da dívida pública, retirando certos papéis do mercado;

3 – com deságio: ocorre esta forma de emissão quando, em lugar de um preço maior, paga-se um preço menor pelo título. É uma forma de diminuir a dívida pública mobiliária em decorrência da desvalorização de um papel que esteja ainda sendo negociado no mercado.

Importante tema é o da forma escritural dos TDP.

Possuímos um sistema centralizado de liquidação e custódia (Selic), que cuida do registro escritural dos débitos e créditos de operações financeiras e é utilizado pelos bancos de liquidação de títulos, depósitos de cheques etc.

De regra, dito sistema registra os direitos creditórios e as cessões de tais direitos creditórios, além de acompanhar e registrar o creditamento dos resgates do principal e dos rendimentos.

Alguns títulos possuem poder liberatório para pagamentos de tributos federais. O art. 6º da Lei nº 10.179/2001 atribui à LTN, LFT e NTN a capacidade de pagar tributos federais como se fosse moeda (real), o que nem sempre é admitido pelo Judiciário, pela ausência de comprovação da propriedade e do registro do título, por receio de fraude, ou até por desconhecimento do tema.

O fato é que o Selic (Sistema Especial de Liquidação e Custódia) significa uma forma de registro escritural de débitos e créditos de operações financeiras utilizado pelos bancos na liquidação de títulos, depósitos de cheques etc. É um sistema informatizado do Banco Central, onde são registradas todas as operações de débitos e créditos feitas apenas entre bancos e demais instituições financeiras credenciadas. Seu funcionamento é semelhante ao sistema de compensação de cheques com a diferença do foco nos títulos públicos.

Pelo Selic é possível calcular a média dos juros que o Governo paga aos bancos que lhe emprestam dinheiro. Essa média é a taxa Over-Selic, que serve de referência para o cálculo de todas as outras taxas de juros do país. Por isso, ela é chamada taxa de juro básico.

Ainda duas palavras sobre as taxas de juros cobradas no mercado internacional, com reflexos em nossa dívida mobiliária – a *Libor* e a *Prime Rate*.

A primeira – *London Interbank Offered Rate* – é a taxa de juros cobrada pelos bancos londrinos e, juntamente com a *Prime Rate* – taxa cobrada pelos bancos norte-americanos a seus clientes preferenciais –, serve de base para os contratos internacionais. A *Libor* é taxa de juros cobrada pelos empréstimos em moedas, em prazos e magnitudes determinados no mercado de euromoedas. Serve de base para determinação das taxas de juros cobradas pelos bancos em seus empréstimos de médio prazo, que geralmente não ultrapassam os dois anos. A *Libor* flutua de acordo com a situação financeira internacional.

A segunda, *Prime Rate – Prescibed Right to Income and Maximum Equity* – é a taxa de juros que mais se aproxima daquela paga pelo investimento sem risco, tais como os títulos do governo americano. Atua como base de todo o sistema financeiro americano, com reflexos em todo o sistema financeiro mundial.

1.8. Fiscalização financeira da Administração Pública direta e indireta (art. 163, V, CF)

Apenas para fixar e relembrar, a Administração direta se constitui dos serviços integrados na estrutura administrativa da Presidência da República e dos Ministérios (art. 4º, I, DL nº 200/67), ao passo que a Administração indireta compreende as autarquias, empresas públicas, sociedades de economia mista, fundações públicas, entidades dotadas de personalidade jurídica própria (art. 40, II, DL nº 200/67).

A Constituição financeira aqui apenas indicou que lei complementar deverá regular o controle das receitas e despesas de modo genérico.

Sabemos que não há receita ou despesa sem controle, o que implica medir ou avaliar – qualitativa e quantitativamente – a atividade realizada, compará-la com um critério de boa gestão e corrigi-la para alcançar os resultados previstos.

O controle financeiro das receitas e despesas tem a finalidade de assegurar que o Executivo se mantenha dentro dos limites legais traçados pelo Parlamento, bem como obstar desperdícios e a má utilização dos recursos públicos.

Fiscalizar, então, implica na atividade de inspecionar, praticando o órgão competente os atos necessários para prevenir, apurar ou corrigir erros ou irregularidades na execução orçamentária, ajustando-a eventualmente aos objetivos legais.

1.9. Operações de câmbio realizadas por órgãos e entidades da União, Estados, Distrito Federal e Municípios (art. 163, VI, CF)

O contrato de câmbio realiza a troca, compra ou venda de moeda de outro país. É a conversão de uma moeda em outra e sua disciplina garante o balanço de pagamento, a manutenção do valor internacional da moeda e evita efeitos inflacionários.

Câmbio passou a designar o próprio preço pelo qual se adquire a moeda estrangeira e a própria taxa cambial que se fixa para a realização da taxa ou aquisição da moeda estrangeira.

Taxa de câmbio é o preço da moeda estrangeira em termos de moeda nacional corrente. A compra de moeda estrangeira, onde o preço é baixo, e a venda, onde o preço é mais alto, denomina-se arbitragem e é prática comum no mercado de moedas.

Segundo o art. 22, VII, da Constituição Federal, incumbe privativamente à União Federal legislar sobre câmbio, bem como, nos termos do art. 21, VIII, administrar as reservas cambiais do país e fiscalizar as operações de natureza financeira, especialmente as de crédito, câmbio e capitalização, bem como as de seguros e de previdência privada. De arremate, incumbe ao Congresso Nacional, com a sanção do Presidente da República, dispor sobre matéria cambial (art. 48, XIII) e moeda (art. 48, XIV).

As reservas cambiais traduzem o montante de moeda estrangeira acumulado pelo país. O resultado da balança de pagamentos reflete o resultado monetário das transações de bens e serviços realizados pelos brasileiros no exterior (saldo em transações correntes), assim como o fluxo de capitais entre o país e o exterior (empréstimos, financiamentos, aplicações em mercado financeiro etc.) e vai exprimir se houve acúmulo ou perda de moeda estrangeira no período, refletindo, portanto, a variação das reservas cambiais.

Em síntese, as reservas cambiais revelam o estoque de moedas estrangeiras do país em um determinado momento. Disso resulta a necessidade de o Governo manter uma política cambial, refletindo o modo pelo qual o país trava suas relações comerciais e financeiras com os demais países. Por exemplo: se o governo mantiver o dólar barato (v.g., um dólar valendo um real), as importações aumentarão e as exportações sofrerão um esfriamento, porque o nosso produto ficará mais caro, em dólares, no exterior, perdendo competitividade em termos de preço e afetando a atividade econômica exportadora. Por outro lado, se o governo desvalorizar o real (v.g., um dólar valendo cinco reais), dita desvalorização ocasionará o efeito contrário, ajudando as exportações, dificultando as importações e prejudicando a atividade econômica dependente de insumos importados, com possíveis efeitos inflacionários.

A política monetária, portanto, é de suma importância para o regular andamento da economia e importante instrumento de controle das reservas cambiais.

1.10. Compatibilização das funções das instituições oficiais de crédito, com resguardo das características e condições operacionais plenas das instituições oficiais voltadas ao desenvolvimento regional (art. 163, VII, CF)

O que visa a Constituição financeira com este preceito é estabelecer parâmetros isonômicos para as empresas privadas, as empresas públicas e as sociedades de economia mista. Os entes públicos que exploram atividade econômica em sentido estrito sujeitam-se ao regime próprio das empresas privadas, inclusive quanto aos direitos e obrigações civis, comerciais, trabalhistas e tributários, conforme o inc. II do § 1º do art. 173 da Constituição Federal.

Sabemos que as instituições oficiais podem atuar concorrencialmente (art. 173, CF) e em atividade de incentivo, nos termos do art. 174 da Constituição Federal, e fomento, nos termos do § 2º do art. 165 da Carta Magna.

Dessa forma, espera-se pela lei complementar que disporá sobre a compatibilização destas atividades (crédito e fomento), tendo em vista que algumas instituições atuam, concomitantemente, nestas duas áreas, existindo interesses a serem harmonizados.

No âmbito das instituições oficiais de fomento temos, por exemplo, a Caixa Econômica Federal (CEF), que oferece financiamentos para a casa própria (SFH), crédito educativo (FIES) e saneamento básico para Municípios. O Banco Nacional de Desenvolvimento Econômico e Social (BNDES) financia projetos industriais de grande envergadura, ao passo que o Banco do Brasil financia basicamente a agroindústria, garantindo oferta de alimentos para o mercado interno, produção agrícola para exportação, apoio à microempresa etc.

Quanto às instituições de crédito, temos o Banco do Nordeste, o Banco da Amazônia e o Banco do Brasil.

Tomando como paradigmas a CEF e o Banco do Brasil, veremos que ambas as instituições atuam como bancos ou agências de fomento, nos termos do art. 174 da Constituição Federal, bem como oferecem serviços de banco de varejo, em regime de concorrência com as demais instituições financeiras de crédito, nos termos do art. 173 da Carta Magna.

A futura legislação deverá cuidar de harmonizar estas peculiaridades institucionais, conciliando, quando necessário, as funções de crédito com as de fomento, evitando-se a indevida intervenção direta na economia, ao arrepio do *caput* do art. 173 da Constituição Federal.

1.11. O Banco Central (art. 164, CF)

São múltiplas as funções do Banco Central, sendo aquelas previstas no art. 8º da Lei nº 4.595/64 (Lei dos Bancos) as mais significativas e com força de lei ordinária após a Emenda Constitucional nº 40/2003.

Incumbe, basicamente, ao Banco Central:

1) formulação, execução e acompanhamento da política monetária;

2) controle das operações de crédito em todas as suas formas;

3) formulação, execução e acompanhamento da política cambial e de relações financeiras com o exterior;

4) organização, disciplinamento e fiscalização do sistema financeiro nacional e ordenamento do mercado financeiro;

5) emissão de papel-moeda e da moeda metálica e execução dos serviços do meio circulante.

O Banco Central é a autarquia com competência exclusiva para emitir moeda. Como se sabe, nossa moeda é o Real, conforme normatizado pelas Leis nº 9.069/95 e nº 10.192/2001, em observância às normas de competência do art. 21, VII, da Constituição Federal para emissão de moeda por parte da União Federal, bem como do Congresso, que, pelo art. 48, II, tem competência para as emissões de curso forçado, e seus limites de emissão, nos termos do inciso XIV do mesmo artigo.

Em breve síntese, podemos traçar os contornos básicos das funções da moeda.

É o meio de troca por excelência, substituindo o escambo. Difícil seria imaginar, nos dias que correm, realizarmos todas as transações de que necessitamos pagando com bens e objetos.

Como medida de valor, a moeda se constitui em padrão geral para exprimir valor, com avaliação fixada pelo Governo. Imagine-se o caso se cada um pudesse "emitir e cunhar" seu próprio dinheiro...

A função reserva de valor traduz a possibilidade de entesouramento da moeda, permitindo o acúmulo de valor por quem a possua.

A capacidade de pagamento de dívidas é a função da moeda que revela sua propriedade de pagar dívidas; é o meio de pagamento que tem o maior poder liberatório em face das dívidas. Quando se paga a dívida com dinheiro, o simples ato de entrega desprende (libera) o valor ali contido, solucionando a dívida e liberando o devedor do débito.

Denomina-se curso legal o atributo do papel-moeda que faz dele um meio irrecusável de pagamento (poder legal e liberatório do Real). Em um supermercado, por exemplo, pode o comerciante recusar o pagamento por cheque, cartão de crédito, ticket-restaurante e coisas do gênero, mas não poderá recusar o pagamento em Reais, em face do poder legal do curso forçado da moeda "Real".

Por outro lado, temos o curso legal da moeda-papel, identificável na hipótese de a lei conferir a determinado título o poder liberatório da moeda. Como exemplos temos os precatórios não honrados no prazo constitucional, nos termos do § 2º do art. 78 do ADCT e nos títulos da dívida pública (NTN, LTN e LFT) indicados no art. 2º da Lei nº 10.179/2001.

No que pertine à cunhagem, temos no Brasil a exclusividade da Casa da Moeda, empresa pública federal de atividade industrial, criada pela Lei nº 5.895/73.

Do que se depreende do *caput* do art. 164 da Constituição Federal, o perfil do Banco Central é de instituição técnica, cuja função primordial é evitar abusos em matéria monetária.

Para tanto, a proibição do § 1º do art. 164 da Constituição Federal revela a proibição absoluta de concessão de empréstimos ao Tesouro Nacional (mesmo de forma indireta) e a qualquer órgão ou entidade que não seja instituição financeira (*vide* o art. 17 da Lei nº 4.595/64 que indica a conceituação de instituição financeira).

O Banco Central pode, ainda, comprar e vender títulos de emissão do Tesouro Nacional, com o objetivo de regular a oferta de moeda e a taxa de juros.

Numa explicação bem singela, podemos dizer que, se o Bacen entender que seja necessário menos dinheiro em circulação (contração da base monetária), poderá colocar à venda títulos, os quais transferirão liquidez (dinheiro) do meio circulante para o Banco Central. Assim, "venda de títulos = menos dinheiro" em circulação. De outro modo, caso o Banco Central queira aumentar o volume de dinheiro em circulação, poderá comprar títulos do mercado, aumentando assim a base monetária e o meio circulante. Esse mecanismo é poderoso instrumento da política monetária.

A Lei de Responsabilidade Fiscal contém inúmeros dispositivos sobre o tema, para os quais remetemos o leitor: arts. 28, § 2º, 29, II e § 2º, 32, § 4º, 34, 38, §§ 2º e 3º e 39, *caput* e §§ 2º e 4º.

Em relação às disponibilidades de caixa dos Estados-membros, dos órgãos ou entidades que os integram e das empresas por eles controladas, o STF (ADI 3.578, Min. Sepúlveda) decidiu caber unicamente à União Federal, mediante lei de caráter nacional, definir as exceções autorizadas pelo art. 164, § 3º, da Constituição Federal, arrematando que o Estado-membro não possui competência normativa para, mediante ato normativo próprio, estabelecer ressalvas à incidência da cláusula geral que lhe impõe a compulsória utilização de instituições financeiras oficiais, para os fins referidos no dispositivo.

Sobre as funções do Banco Central do Brasil na Lei de Responsabilidade Fiscal, confira os seguintes artigos: 5º, § 6º; 7º; 9º, § 5º; 26, § 1º; 28, § 2º; 29, II e § 2º; 32, § 4º; 34; 38, §§ 2º e 3º; 39, §§ 2º e 4º.

Estes são, em linhas gerais, os contornos de nossa Constituição Financeira, na vertente das normas gerais sobre finanças públicas.

1.12. Referências

ABAD, Mariano *et allii*. *Notas de introducción al derecho financiero*. Madrid: Tecnos, 1992.

ALMEIDA, Fernanda Dias Menezes. *Competências na Constituição de 1988*. 2. ed. São Paulo: Atlas, 2000.

ARAÚJO, Eugenio Rosa de. *Resumo de direito econômico*. Niterói: Impetus, 2007.

ASCARELLI, Tullio. *La moneta*. Padova: Cedam, 1928.

ATALIBA, Geraldo. Normas gerais de direito financeiro, *Revista de Direito Público*, out./dez. 1969, v. 10.

BARACHO, Jose Alfredo de Oliveira. *Teoria Geral do Federalismo*. Belo Horizonte: FUMARC, UCMG, 1982.

BASTOS, Celso Seixas Ribeiro. *Curso de direito constitucional*. 11. ed. São Paulo: Saraiva, 1984.

BANCO CENTRAL. *O Banco Central do Brasil, estrutura e funções*, Brasília, 1994

BOBBIO, Norberto. *Teoria geral do direito*. São Paulo: Martins Fontes, 2007.

CAVALCANTI, Amaro. *O meio circulante nacional*. Rio de Janeiro: Imprensa Nacional, 1893.

CRETELLA JUNIOR, José. *Comentários à Constituição de 1988*. São Paulo: Forense Universitária, 1990. v. 3.

DOLINGER, Jacob. *A dívida externa brasileira*. Rio de Janeiro: Nova Fronteira, 1988.

FERRAZ JUNIOR, Tercio Sampaio. Normas gerais e competência concorrente: uma exegese do art. 24 da CF, *RTDP*, n. 7, p. 16/20, 1994.

_____. *Introdução ao estudo do direito*: técnica, decisão, dominação. São Paulo: Atlas, 1988.

FERREIRA FILHO, Manoel Gonçalves. *Comentários à Constituição brasileira de 1988*. São Paulo: Saraiva, 1999, v. I.

FERREIRA, Eduardo Manuel Hintze da Paz. *Da dívida pública e das garantias dos credores do Estado*. Coimbra: Almedina, 1995.

FORTUNA, Eduardo. *Mercado financeiro*. 10. ed. Rio de Janeiro: Qualitymark, 2006.

FILGUEIRAS, Cláudio. *Manual de contabilidade bancária*. Rio de Janeiro: Campus, 2006.

JANSEN, Letácio. *A face legal do dinheiro*. Rio de Janeiro: Renovar, 1991.

_____. *A norma monetária*. Rio de Janeiro: Forense, 1988.

_____. *Direito monetário*. Rio de Janeiro: Lumen Juris, 1997.

MOREIRA NETO, Diogo de Figueiredo. Competência concorrente limitada. O problema da conceituação das normas gerais, *Revista de Informação Legislativa*, Brasília, ano 25, n. 100, out./dez. 1988.

MUSSBAUM, Arthur. *Derecho monetario nacional e internacional*. Buenos Aires: Arayú, 1954.

PONTES DE MIRANDA, Francisco Cavalcante. *Comentários à Constituição de 1967*. São Paulo: RT, 1967. v. 2.

RAYA, Francisco José Carrera. *Manual de derecho financiero*. Madrid: Tecnos, 1994.

SILVA, José Afonso da. *Curso de direito constitucional positivo*. 5. ed. São Paulo: Malheiros, 1989.

SANDRONI, Paulo. *Dicionário de administração e finanças*. São Paulo: Best Seller, 2001.

TROTABAS, Louis. *Finances publiques*. Paris: Dalloz, 1970.

VIDIGAL, Geraldo. *Fundamentos de direito financeiro*. São Paulo: RT, 1973.

Capítulo 2

A judicialização da política econômica

> **SUMÁRIO: 2.1.** Introdução. **2.2.** O conceito de política econômica. **2.3.** A judicialização da política econômica. **2.4.** Casos de judicialização da política econômica. **2.5.** Conclusão. **2.6.** Referências.

2.1. Introdução

O tema judicialização da política econômica ou politização da Justiça apresenta a questão da intervenção do Poder Judiciário apta a desencadear efeitos na economia, semelhantes àqueles que poderiam ser implementados pelo Poder Executivo, em ordem ao cumprimento do ordenamento veiculado pelo Poder Legislativo.

Manoel Messias Peixinho[1] assevera:

> O tema judicialização da política ou politização da justiça denota a intervenção decisória do Poder Judiciário capaz de afetar a conjuntura política nas democracias contemporâneas. A consequência imediata dessa intervenção é a ampliação do poder judicial em matérias que seriam, em tese, reservadas às competências do Executivo e Legislativo, com inspiração na teoria dos checks and balances.

No mesmo sentido, Boaventura de Souza Santos[2]: "A judicialização da política conduz à politização da Justiça", ressaltando que "há judicialização da política

---

1 PEIXINHO, Manoel Messias. *O princípio da separação dos poderes, a judicialização da política e direitos fundamentais*. Disponível em: <http://www.publicadireito.com.br/conpedi/manaus/arquivos/anais/brasilia/07_252.pdf>.

2 SANTOS, Boaventura de Souza. *Judicialização da política*. Publicado em maio de 2003. Disponível em: <http://www.ces.uc.pt/opiniao/bss/of8en.php>. Acesso em: 3 nov. 2007.

sempre que os tribunais, no desempenho normal de suas funções, afetam de modo significativo as condições políticas".

É possível constatar que "o Poder Judiciário começa a ser percebido como mais um estuário para as insatisfações existentes com o ativismo legislativo do Executivo, sendo convocado ao exercício de papéis constitucionais que o identificam como o guardião dos valores fundamentais"[3].

O objetivo deste trabalho é delinear, em linhas gerais, os pressupostos que permitam identificar de que modo esse ativismo pode influenciar ou mesmo substituir uma política econômica em uma democracia.

2.2. O conceito de política econômica

Por certo, para que se precise os contornos da judicialização da política econômica, faz-se necessário o enfrentamento da questão prévia e metodológica de identificar o conteúdo de uma política econômica governamental.

Realmente, nem sempre fica claro sequer o que venha a ser uma política governamental, em curso de ação, real ou pretendida, concebida e deliberadamente selecionada após uma revisão das alternativas possíveis, adotadas ou que se pretenda adotar.

Dessa forma, o processo de geração de políticas se constitui na formulação e identificação de demandas e expectativas.

No caso da política econômica, inúmeros autores já se debruçaram sobre o tema e aqui faremos um breve escorço bibliográfico, com vistas a traçar seus contornos mais evidentes.

Paulo Sandroni[4] aponta para o "conjunto de medidas tomadas pelo Governo de um país com o objetivo de atuar e influir sobre os mecanismos de produção, distribuição e consumo de bens e serviços".

Para Fabio Nusdeo[5], a política econômica vem a ser "o estudo das relações entre certas variáveis, sob a ótica de que umas serão meios ou instrumentos para que as outras assumam determinado valor ou posição".

A expressão "política econômica", ressalta Paulo Henrique Rocha Scott[6]:

---

3   VIANNA, Luiz Werneck et allii. A judicialização da política e das relações sociais no Brasil. Rio de Janeiro: Revan, 1999.

4   SANDRONI, Paulo. Novíssimo dicionário de economia. São Paulo: Best Seller, 2001.

5   NUSDEO, Fabio. Curso de economia. São Paulo: RT, 1997, p. 195.

6   SCOTT, Paulo Henrique Rocha. Direito constitucional econômico. Porto Alegre, Sergio Fabris, 2000, p. 34.

Sendo espécie de política pública, surge como significante de toda atuação estatal interventiva sobre os setores da atividade socio-econômica, direcionando-se no sentido da manipulação de meios jurídicos e econômicos, dentro dos limites maiores ou menores, postos pelo sistema político-jurídico adotado, pela orientação ideológica do grupo social dominante – uma limitação importante, de ordem político-jurídica, por exemplo, esta na conformação constitucional do sistema econômico que é anterior à discussão definidora das escolhas que deverão formar o conteúdo operacional da política econômica a ser formulada –, e colocando-se sob o objetivo básico de viabilizar a concretização de finalidades transformadoras da realidade econômica.

De arremate, destaco a síntese de Maria Helena Diniz[7], segundo a qual a política econômica vem a ser "teoria e prática da direção econômica de uma nação, que procura, oficialmente, efetivar algumas mudanças na economia, relativas à produção, circulação e distribuição de riquezas, para a consecução de certos fins e obter o seu saneamento".

Em síntese, pode-se conceituar a política econômica como o conjunto de medidas (ou sua abstenção) com o objetivo de influir sobre os mecanismos de produção, distribuição e consumo de bens e serviços.

Será com base neste conceito que passaremos a enfrentar o tema da judicialização da política econômica.

2.3. A judicialização da política econômica

Com efeito, já ficou assentado na introdução deste escorço que a judicialização da política se revela na intervenção do Judiciário com vistas a alterar a conjuntura política, sendo que, nos limites deste trabalho, o foco se voltará para a política econômica.

Ocorre que nossa Constituição econômica, fruto da miscigenação de correntes liberais e de cunho marcadamente social, possui dispositivos cuja exegese deixa ao Poder Judiciário largo espectro de tomada de posição, seja por exemplo na observância intransigente do direito de propriedade, seja pelo grande elastério que agrega à função social da propriedade.

Disso resulta que na casuística forense sejam perceptíveis inúmeras decisões que interferem profundamente na ordem econômica, sem que, para tanto, se apure

---

7   DINIZ, Maria Helena. *Dicionário jurídico*. São Paulo: Saraiva, 1998, p. 629. v. 3.

os inevitáveis efeitos econômicos no mercado, deixando muitas vezes entrever-se um ativismo que desconsidera as políticas econômicas adotadas.

Em tópico próprio serão elencados e analisados julgados nos quais a interferência do Poder Judiciário foi bastante evidente e, na maioria dos casos, não houve fundamentação quanto à viabilidade ou os efeitos econômicos das decisões lançadas.

2.4. Casos de judicialização da política econômica

Salário mínimo

> DESRESPEITO À CONSTITUIÇÃO. MODALIDADES DE COMPORTAMENTOS INCONSTITUCIONAIS DO PODER PÚBLICO.
>
> O desrespeito à Constituição pode ocorrer tanto mediante ação estatal quanto mediante inércia governamental. A situação de inconstitucionalidade pode derivar de um comportamento ativo do Poder Público, que age ou edita normas em desacordo com o que dispõe a Constituição, ofendendo-lhe, assim, os preceitos e os princípios que nela se acham consignados. Essa conduta estatal, que importa em um *facere* (atuação positiva), gera a inconstitucionalidade por ação. – Se o Estado deixar de adotar as medidas necessárias à realização concreta dos preceitos da Constituição, em ordem a torná-los efetivos, operantes e exequíveis, abstendo-se, em consequência, de cumprir o dever de prestação que a Constituição lhe impôs, incidirá em violação negativa do texto constitucional. Desse *non facere* ou *non praestare*, resultará a inconstitucionalidade por omissão, que pode ser total, quando é nenhuma a providência adotada, ou parcial, quando é insuficiente a medida efetivada pelo Poder Público. SALÁRIO MÍNIMO. SATISFAÇÃO DAS NECESSIDADES VITAIS BÁSICAS. GARANTIA DE PRESERVAÇÃO DE SEU PODER AQUISITIVO.
>
> A cláusula constitucional inscrita no art. 7º, IV, da Carta Política – para além da proclamação da garantia social do salário mínimo – consubstancia verdadeira imposição legiferante, que, dirigida ao Poder Público, tem por finalidade vinculá-lo à efetivação de uma prestação positiva destinada (a) a satisfazer as

necessidades essenciais do trabalhador e de sua família e (b) a preservar, mediante reajustes periódicos, o valor intrínseco dessa remuneração básica, conservando-lhe o poder aquisitivo.

O legislador constituinte brasileiro delineou, no preceito consubstanciado no art. 7º, IV, da Carta Política, um nítido programa social destinado a ser desenvolvido pelo Estado, mediante atividade legislativa vinculada. Ao dever de legislar imposto ao Poder Público – e de legislar com estrita observância dos parâmetros constitucionais de índole jurídico-social e de caráter econômico-financeiro (CF, art. 7º, IV) –, corresponde o direito público subjetivo do trabalhador a uma legislação que lhe assegure, efetivamente, as necessidades vitais básicas individuais e familiares e que lhe garanta a revisão periódica do valor salarial mínimo, em ordem a preservar, em caráter permanente, o poder aquisitivo desse piso remuneratório.

SALÁRIO MÍNIMO. VALOR INSUFICIENTE. SITUAÇÃO DE INCONSTITUCIONALIDADE POR OMISSÃO PARCIAL.

A insuficiência do valor correspondente ao salário mínimo, definido em importância que se revele incapaz de atender as necessidades vitais básicas do trabalhador e dos membros de sua família, configura um claro descumprimento, ainda que parcial, da Constituição da República, pois o legislador, em tal hipótese, longe de atuar como o sujeito concretizante do postulado constitucional que garante à classe trabalhadora um piso geral de remuneração (art. 7º, IV, CF), estará realizando, de modo imperfeito, o programa social assumido pelo Estado na ordem jurídica.

A omissão do Estado – que deixa de cumprir, em maior ou em menor extensão, a imposição ditada pelo texto constitucional – qualifica-se como comportamento revestido da maior gravidade político-jurídica, eis que, mediante inércia, o Poder Público também desrespeita a Constituição, também ofende direitos que nela se fundam e também impede, por ausência de medidas concretizadoras, a própria aplicabilidade dos postulados e princípios da Lei Fundamental.

As situações configuradoras de omissão inconstitucional – ainda que se cuide de omissão parcial, derivada da insuficiente concretização, pelo Poder Público, do conteúdo material da norma impositiva fundada na Carta Política, de que é destinatário – refletem comportamento estatal que deve ser repelido, pois a inércia do Estado qualifica-se, perigosamente, como um dos processos informais de mudança da Constituição, expondo-se, por isso mesmo, à censura do Poder Judiciário.

INCONSTITUCIONALIDADE POR OMISSÃO. DESCABIMENTO DE MEDIDA CAUTELAR.

A jurisprudência do Supremo Tribunal Federal firmou-se no sentido de proclamar incabível a medida liminar nos casos de ação direta de inconstitucionalidade por omissão (*RTJ* 133/569, Rel. Min. Marco Aurélio; ADIn 267-DF, Rel. Min. Celso de Mello), eis que não se pode pretender que mero provimento cautelar antecipe efeitos positivos inalcançáveis pela própria decisão final emanada do STF.

A procedência da ação direta de inconstitucionalidade por omissão, importando em reconhecimento judicial do estado de inércia do Poder Público, confere ao Supremo Tribunal Federal, unicamente, o poder de cientificar o legislador inadimplente, para que este adote as medidas necessárias à concretização do texto constitucional.

Não assiste ao Supremo Tribunal Federal, contudo, em face dos próprios limites fixados pela Carta Política em tema de inconstitucionalidade por omissão (art. 103, § 2º, CF), a prerrogativa de expedir provimentos normativos com o objetivo de suprir a inatividade do órgão legislativo inadimplente.

IMPOSSIBILIDADE DE CONVERSÃO DA AÇÃO DIRETA DE INCONSTITUCIONALIDADE, POR VIOLAÇÃO POSITIVA DA CONSTITUIÇÃO, EM AÇÃO DE INCONSTITUCIONALIDADE POR OMISSÃO (VIOLAÇÃO NEGATIVA DA CONSTITUIÇÃO).

A jurisprudência do Supremo Tribunal Federal, fundada nas múltiplas distinções que se registram entre o controle abstrato

> por ação e a fiscalização concentrada por omissão, firmou-se no sentido de não considerar admissível a possibilidade de conversão da ação direta de inconstitucionalidade, por violação positiva da Constituição, em ação de inconstitucionalidade por omissão, decorrente da violação negativa do texto constitucional.
>
> (ADI-MC 1.439, Rel. Min. Celso de Mello DJ 30/05/2003, p. 28)

Na referida ADI, o STF estabeleceu ser "direito público subjetivo do trabalhador" (*sic*) um piso salarial que esteja em consonância com o inc. IV do art. 7º da Constituição Federal, segundo o qual deve ser "capaz de atender a suas necessidades vitais básicas e às de sua família com moradia, alimentação, educação, saúde, lazer, vestuário, higiene, transporte e previdência social, com reajustes periódicos que lhe preservem o poder aquisitivo, sendo vedada sua vinculação para qualquer fim".

É fato público e notório que o Dieese, instituto de pesquisa que se dedica a identificar o piso do salário mínimo, tem fixado tal valor em R$ 2.000,00 (dois mil reais), o que tornaria inviável, pelo menos, a previdência social (v.g., art. 201, § 2º, e art. 203, V, CF), a busca do pleno emprego (art. 170, VIII) e a viabilidade econômica das microempresas (art. 179, CF).

Aqui, a judicialização da política econômica se revela na vertente de impossibilidade fática de cumprimento do julgado, que analisou o texto constitucional sob um prisma meramente formal, sem considerar os graves danos à economia, trabalhadores e pensionistas; posto que a economia não pode atender ao gigantismo idealizado para o piso salarial, muito embora inserto em norma constitucional.

Creche e pré-escola

> CONSTITUCIONAL. RECURSO EXTRAORDINÁRIO. MATRÍCULA DE CRIANÇA DE ZERO A SEIS ANOS DE IDADE EM CRECHE E PRÉ-ESCOLAS MUNICIPAIS. FUNDAMENTOS INFRACONSTITUCIONAL E CONSTITUCIONAL. SÚMULA 283 DO STF.
>
> I – O acórdão recorrido determinou a matrícula de criança em creche municipal com apoio em fundamentos constitucional (art. 211, § 2º, CF) e infraconstitucional (art. 54, IV, do Estatuto da Criança e do Adolescente). Manutenção do

fundamento infraconstitucional. Incidência da Súmula 283 do STF. Precedentes.

II – Agravo regimental improvido.

(RE-AGR 465.066)

Considerou o STF ter a criança de até seis anos de idade direito público subjetivo à matrícula em creche ou pré-escola a ser posto à disposição pelos Municípios, com base em normas de cunho programático insertas tanto na Constituição Federal quanto no Estatuto da Criança e do Adolescente (ECA).

A omissão estatal por parte dos milhares de Municípios em todo o Brasil recebeu do STF ordem no sentido de colocar à disposição das mães e crianças de até seis anos custoso equipamento municipal, sem deixar espaço para meios consensuais administrativos (v.g., parcerias, convênios etc.) para a grave solução do problema orçamentário que qualifica a atenção à infância.

Note-se que o julgado não menciona sequer a eventual impossibilidade de meios ou a eventual desnecessidade econômica dos pais ou do menor, constituindo, dessa forma, clara substituição da política municipal de alocação de recursos por via de decisão judicial, muito embora digna de todos os elogios.

Demarcação da terra indígena

Preliminarmente, o Tribunal, por unanimidade, resolveu questão de ordem, proposta pelo Relator, no sentido de admitir o ingresso na lide do Estado de Roraima e de Lawrence Manly Harte, Olga Silva Fortes, Raimundo de Jesus Cardoso Sobrinho, Ivalcir Centenaro, Nelson Massami Itikawa, Genor Luiz Faccio, Luiz Afonso Faccio, Paulo Cezar Justo Quartiero, Itikawa Indústria e Comércio Ltda., Adolfo Esbell, Domício de Souza Cruz, Ernesto Francisco Hart, Jaqueline Magalhães Lima, e do espólio de Joaquim Ribeiro Peres, na condição de assistentes do autor popular, e da Fundação Nacional do Índio – Funai, da Comunidade Indígena Socó e da Comunidade Indígena Barro, Comunidade Indígena Maturuca, Comunidade Indígena Jawari, Comunidade Indígena Tamanduá, Comunidade Indígena Jacarezinho e Comunidade Indígena Manalai, na posição de assistentes da União, todos eles recebendo o processo no estado em que se encontra. Em seguida, após o voto do Relator, julgando improcedente a ação popular, pediu vista dos autos o Senhor

Ministro Menezes Direito. Falaram: pelo assistente Francisco Mozarildo de Melo Cavalcanti, o Dr. Antônio Glaucius de Morais; pelo Estado de Roraima, o Dr. Francisco Rezek; pelos assistentes Lawrence Manly Harte e outros, o Dr. Luiz Valdemar Albrecht; pela União e pela assistente Fundação Nacional do Índio – Funai, o Ministro José Antônio Dias Toffoli, Advogado--Geral da União; pela assistente Comunidade Indígena Socó, o Dr. Paulo Machado Guimarães; pelas assistentes Comunidade Indígena Barro e outras, a Dra. Joenia Batista de Carvalho, e pelo Ministério Público Federal, o Dr. Antônio Fernando Barros e Silva de Souza, Procurador-Geral da República. Presidência do Senhor Ministro Gilmar Mendes. Plenário, 27/08/2008.

Decisão: Após o voto-vista do Senhor Ministro Menezes Direito, que julgava parcialmente procedente a ação para que sejam observadas determinadas condições impostas pela disciplina constitucional ao usufruto dos índios sobre suas terras, nos termos de seu voto, o Tribunal, contra o voto do Senhor Ministro Celso de Mello, deliberou prosseguir no julgamento do processo, tendo em conta o pedido de vista formulado pelo Senhor Ministro Marco Aurélio. Em continuação ao julgamento, após o voto da Senhora Ministra Cármen Lúcia e dos Senhores Ministros Ricardo Lewandowski, Eros Grau, Cezar Peluso e da Senhora Ministra Ellen Gracie, que julgavam parcialmente procedente a ação popular para que sejam observadas as mesmas condições constantes do voto do Senhor Ministro Menezes Direito, com ressalvas da Ministra Cármen Lúcia, quanto aos itens X, XVII e XVIII, e o voto do Senhor Ministro Joaquim Barbosa, julgando-a improcedente, o Senhor Ministro Carlos Britto (Relator) reajustou o seu voto para também adotar as observações constantes do voto do Senhor Ministro Menezes Direito, com ressalvas em relação ao item IX, para excluir a expressão "em caráter apenas opinativo" e inserir a palavra "usos" antes da expressão "tradições e costumes dos indígenas", e propôs a cassação da medida cautelar concedida na AC nº 2.009-3/RR, no que foi acompanhado pelos Senhores Ministros Eros Grau, Cármen Lúcia, Joaquim Barbosa, Cezar Peluso, Ellen Gracie e Ricardo Lewandowski. Em seguida, pediu vista dos autos o Senhor Ministro Marco Aurélio. Ausente, ocasionalmente, na segunda parte da sessão, o Senhor Ministro Celso de Mello. Presidência do Senhor Ministro Gilmar Mendes. Plenário, 10/12/2008. Decisão: Após o voto-vista do Senhor Ministro Marco Aurélio que, preliminarmente, suscitava a nulidade do processo, tendo em conta a ausência de: 1) – citação das autoridades que editaram a Portaria nº 534/2005 e o Decreto de homologação; 2) – citação do Estado de Roraima e dos Municípios de Uiramutã, Pacaraima e Normandia; 3) – intimação do Ministério Público para acompanhar, desde o início, o processo; 4) – citação de todas as etnias indígenas interessadas; 5) – produção de prova pericial e testemunhal e 6) – citação dos detentores de títulos de propriedade consideradas frações da área envolvida, em especial dos autores de ações em curso no Supremo, e que, quanto ao mérito, julgava procedente o pedido, fixando como parâmetros para uma nova ação administrativa demarcatória: a) – audição de todas as comunidades indígenas existentes na área a ser demarcada; b) – audição de posseiros e titulares de domínio consideradas as terras envolvidas; c) – levantamento antropológico e topográfico para definir a posse indígena, tendo como termo inicial a data da promulgação da Constituição Federal, dele participando todos os integrantes do grupo interdisciplinar, que deverão subscrever o laudo a ser confeccionado; d) – em consequência da premissa constitucional de se levar em conta a posse indígena, a demarcação deverá se fazer sob tal ângulo, afastada a abrangência que resultou da primeira, ante a indefinição das áreas, ou seja, a forma contínua adotada, com participação do Estado de Roraima bem como dos Municípios de Uiramutã, Pacaraima e Normandia no processo demarcatório, e e) – audição do Conselho de Defesa Nacional quanto às áreas de fronteira; e, após o voto do Senhor Ministro Celso de Mello que julgava parcialmente procedente a ação, o julgamento foi suspenso para continuação na sessão seguinte. Ausente, justificadamente, a Senhora Ministra Ellen Gracie, com voto proferido em assentada anterior. Plenário, 18/03/2009.

Decisão: Suscitada questão de ordem pelo patrono da Comunidade Indígena Socó, no sentido de fazer nova sustentação oral, tendo em vista fatos novos surgidos no julgamento, o Tribunal, por maioria, indeferiu o pedido, vencido o Senhor Ministro

Joaquim Barbosa. Prosseguindo no julgamento, o Tribunal, vencidos os Senhores Ministros Joaquim Barbosa, que julgava totalmente improcedente a ação, e Marco Aurélio, que suscitara preliminar de nulidade do processo e, no mérito, declarava a ação popular inteiramente procedente, julgou-a o Tribunal parcialmente procedente, nos termos do voto do Relator, reajustado segundo as observações constantes do voto do Senhor Ministro Menezes Direito, declarando constitucional a demarcação contínua da Terra Indígena Raposa Serra do Sol e determinando que sejam observadas as seguintes condições: (i) o usufruto das riquezas do solo, dos rios e dos lagos existentes nas terras indígenas (art. 231, § 2º, da Constituição Federal) pode ser relativizado sempre que houver, como dispõe o art. 231, § 6º, da Constituição, relevante interesse público da União, na forma de lei complementar; (ii) o usufruto dos índios não abrange o aproveitamento de recursos hídricos e potenciais energéticos, que dependerá sempre de autorização do Congresso Nacional; (iii) o usufruto dos índios não abrange a pesquisa e lavra das riquezas minerais, que dependerá sempre de autorização do Congresso Nacional, assegurando-se-lhes a participação nos resultados da lavra, na forma da lei; (iv) o usufruto dos índios não abrange a garimpagem nem a faiscação, devendo, se for o caso, ser obtida a permissão de lavra garimpeira; (v) o usufruto dos índios não se sobrepõe ao interesse da política de defesa nacional; a instalação de bases, unidades e postos militares e demais intervenções militares, a expansão estratégica da malha viária, a exploração de alternativas energéticas de cunho estratégico e o resguardo das riquezas de cunho estratégico, a critério dos órgãos competentes (Ministério da Defesa e Conselho de Defesa Nacional), serão implementados independentemente de consulta às comunidades indígenas envolvidas ou à Funai; (vi) a atuação das Forças Armadas e da Polícia Federal na área indígena, no âmbito de suas atribuições, fica assegurada e se dará independentemente de consulta às comunidades indígenas envolvidas ou à Funai; (vii) o usufruto dos índios não impede a instalação, pela União Federal, de equipamentos públicos, redes de comunicação, estradas e vias de transporte, além das construções necessárias à prestação de serviços públicos pela

União, especialmente os de saúde e educação; (viii) o usufruto dos índios na área afetada por unidades de conservação fica sob a responsabilidade do Instituto Chico Mendes de Conservação da Biodiversidade; (ix) o Instituto Chico Mendes de Conservação da Biodiversidade responderá pela administração da área da unidade de conservação também afetada pela terra indígena com a participação das comunidades indígenas, que deverão ser ouvidas, levando-se em conta os usos, tradições e costumes dos indígenas, podendo para tanto contar com a consultoria da Funai; (x) o trânsito de visitantes e pesquisadores não índios deve ser admitido na área afetada à unidade de conservação nos horários e condições estipulados pelo Instituto Chico Mendes de Conservação da Biodiversidade; (xi) devem ser admitidos o ingresso, o trânsito e a permanência de não índios no restante da área da terra indígena, observadas as condições estabelecidas pela Funai; (xii) o ingresso, o trânsito e a permanência de não índios não pode ser objeto de cobrança de quaisquer tarifas ou quantias de qualquer natureza por parte das comunidades indígenas; (xiii) a cobrança de tarifas ou quantias de qualquer natureza também não poderá incidir ou ser exigida em troca da utilização das estradas, equipamentos públicos, linhas de transmissão de energia ou de quaisquer outros equipamentos e instalações colocadas a serviço do público, tenham sido excluídos expressamente da homologação, ou não; (xiv) as terras indígenas não poderão ser objeto de arrendamento ou de qualquer ato ou negócio jurídico que restrinja o pleno exercício do usufruto e da posse direta pela comunidade indígena ou pelos índios (art. 231, § 2º, Constituição Federal, c/c art. 18, *caput*, Lei nº 6.001/1973); (xv) é vedada, nas terras indígenas, a qualquer pessoa estranha aos grupos tribais ou comunidades indígenas, a prática de caça, pesca ou coleta de frutos, assim como de atividade agropecuária ou extrativa (art. 231, § 2º, Constituição Federal, c/c art. 18, § 1º, Lei nº 6.001/1973); (xvi) as terras sob ocupação e posse dos grupos e das comunidades indígenas, o usufruto exclusivo das riquezas naturais e das utilidades existentes nas terras ocupadas, observado o disposto nos arts. 49, XVI, e 231, § 3º, da CR/88, bem como a renda indígena (art. 43 da Lei nº 6.001/1973), gozam de plena imunidade tributária, não cabendo a cobrança de quaisquer impostos, taxas ou contribuições sobre uns ou outros; (xvii) é vedada a ampliação da terra indígena já demarcada; (xviii) os direitos dos índios relacionados às suas terras são imprescritíveis e estas são inalienáveis e indisponíveis (art. 231, § 4º, CR/88); e (xix) é assegurada a participação dos entes federados no procedimento administrativo de demarcação das terras indígenas, encravadas em seus territórios, observada a fase em que se encontrar o procedimento. Vencidos, quanto ao item (xvii), a Senhora Ministra Carmen Lúcia e os Senhores Ministros Eros Grau e Carlos Britto, Relator. Cassada a liminar concedida na Ação Cautelar nº 2.009-3/RR. Quanto à execução da decisão, o Tribunal determinou seu imediato cumprimento, independentemente da publicação, confiando sua supervisão ao eminente Relator, em entendimento com o Tribunal Regional Federal da 1ª Região, especialmente com seu Presidente. Votou o Presidente, Ministro Gilmar Mendes. Ausentes, justificadamente, o Senhor Ministro Celso de Mello e a Senhora Ministra Ellen Gracie, que proferiram voto em assentada anterior. Plenário, 19/03/2009. (Petição 3.388)

No julgamento da Petição 3.388 foi considerada constitucional a demarcação contínua da reserva indígena, com a imposição de dezenove (!) condições para a implementação do decreto presidencial, que dispôs sobre uma área de 1,7 milhão de hectares, onde há culturas de particulares, índios aculturados, entre outras peculiaridades que o STF, em claro exemplo de judicialização, apenas deu as ordens, mas não apontou, muito menos fornecerá os meios para o cumprimento das exigências feitas para a ultimação da demarcação das terras indígenas.

Fornecimento gratuito de medicamentos

PACIENTES COM ESQUIZOFRENIA PARANOIDE E DOENÇA MANÍACO-DEPRESSIVA CRÔNICA, COM EPISÓDIOS DE TENTATIVA DE SUICÍDIO. PESSOAS DESTITUÍDAS DE RECURSOS FINANCEIROS. DIREITO À VIDA E À SAÚDE. NECESSIDADE IMPERIOSA DE SE PRESERVAR, POR RAZÕES DE CARÁTER ÉTICO-JURÍDICO, A INTEGRIDADE DESSE DIREITO ESSENCIAL. FORNECIMENTO

GRATUITO DE MEDICAMENTOS INDISPENSÁVEIS EM FAVOR DE PESSOAS CARENTES. DEVER CONSTITUCIONAL DO ESTADO (ARTS. 5º, "*CAPUT*", E 196, CF). PRECEDENTES (STF). ABUSO DO DIREITO DE RECORRER. IMPOSIÇÃO DE MULTA. RECURSO DE AGRAVO IMPROVIDO. O DIREITO À SAÚDE REPRESENTA CONSEQUÊNCIA CONSTITUCIONAL INDISSOCIÁVEL DO DIREITO À VIDA.

O direito público subjetivo à saúde representa prerrogativa jurídica indisponível assegurada à generalidade das pessoas pela própria Constituição da República (art. 196). Traduz bem jurídico constitucionalmente tutelado, por cuja integridade deve velar, de maneira responsável, o Poder Público, a quem incumbe formular – e implementar – políticas sociais e econômicas idôneas que visem a garantir, aos cidadãos, o acesso universal e igualitário à assistência farmacêutica e médico-hospitalar.

O direito à saúde – além de qualificar-se como direito fundamental que assiste a todas as pessoas – representa consequência constitucional indissociável do direito à vida. O Poder Público, qualquer que seja a esfera institucional de sua atuação no plano da organização federativa brasileira, não pode mostrar-se indiferente ao problema da saúde da população, sob pena de incidir, ainda que por censurável omissão, em grave comportamento inconstitucional.

A INTERPRETAÇÃO DA NORMA PROGRAMÁTICA NÃO PODE TRANSFORMÁ-LA EM PROMESSA CONSTITUCIONAL INCONSEQUENTE.

O caráter programático da regra inscrita no art. 196 da Carta Política – que tem por destinatários todos os entes políticos que compõem, no plano institucional, a organização federativa do Estado brasileiro – não pode converter-se em promessa constitucional inconsequente, sob pena de o Poder Público, fraudando justas expectativas nele depositadas pela coletividade, substituir, de maneira ilegítima, o cumprimento de seu impostergável dever, por um gesto irresponsável de infidelidade governamental ao que determina a própria Lei Fundamental do Estado.

DISTRIBUIÇÃO GRATUITA, A PESSOAS CARENTES, DE MEDICAMENTOS ESSENCIAIS À PRESERVAÇÃO DE SUA VIDA E/OU DE SUA SAÚDE: UM DEVER CONSTITUCIONAL QUE O ESTADO NÃO PODE DEIXAR DE CUMPRIR.

O reconhecimento judicial da validade jurídica de programas de distribuição gratuita de medicamentos a pessoas carentes dá efetividade a preceitos fundamentais da Constituição da República (arts. 5º, *caput*, e 196) e representa, na concreção do seu alcance, um gesto reverente e solidário de apreço à vida e à saúde das pessoas, especialmente daquelas que nada têm e nada possuem, a não ser a consciência de sua própria humanidade e de sua essencial dignidade. Precedentes do STF.

MULTA E EXERCÍCIO ABUSIVO DO DIREITO DE RECORRER.

O abuso do direito de recorrer – por qualificar-se como prática incompatível com o postulado ético-jurídico da lealdade processual – constitui ato de litigância maliciosa repelido pelo ordenamento positivo, especialmente nos casos em que a parte interpõe recurso com intuito evidentemente protelatório, hipótese em que se legitima a imposição de multa. A multa a que se refere o art. 557, § 2º, do CPC possui função inibitória, pois visa a impedir o exercício abusivo do direito de recorrer e a obstar a indevida utilização do processo como instrumento de retardamento da solução jurisdicional do conflito de interesses. Precedentes.

(RE-AGR 393.175)

No caso em comento, o STF expressamente deixou assentado que "incumbe ao Poder Público formular – e implementar – políticas sociais e econômicas idôneas que visem a garantir aos cidadãos o acesso universal e igualitário à assistência farmacêutica e médico hospitalar".

No entretanto, o Excelso Pretório estabeleceu, de forma genérica, que ao Estado incumbe prestar toda assistência farmacêutica e médico-hospitalar a pessoas carentes, deixando um enorme caos da organização da saúde pública e seus efeitos orçamentários, manietando o Poder Executivo no sentido de, como disse, formular e implementar uma política pública.

Tal ativismo pode mesmo redundar em prejuízo à população carente, posto que o sistema de apoio irrestrito à saúde passa a ficar, na prática, atrelado àqueles que venham a dispor de ordem judicial a seu favor, em detrimento de quem não a possua.

O julgado representa clara judicialização de política econômica na vertente da substituição do Executivo pelo Judiciário, na alocação de recursos públicos provenientes da Lei Orçamentária Anual votada pelo Poder Legislativo respectivo.

Mensalidades escolares

RECURSO EXTRAORDINÁRIO. CONSTITUCIONAL. LEGITIMIDADE DO MINISTÉRIO PÚBLICO PARA PROMOVER AÇÃO CIVIL PÚBLICA EM DEFESA DOS INTERESSES DIFUSOS, COLETIVOS E HOMOGÊNEOS. MENSALIDADES ESCOLARES: CAPACIDADE POSTULATÓRIA DO PARQUET PARA DISCUTI-LAS EM JUÍZO.

1. A Constituição Federal confere relevo ao Ministério Público como instituição permanente, essencial à função jurisdicional do Estado, incumbindo-lhe a defesa da ordem jurídica, do regime democrático e dos interesses sociais e individuais indisponíveis (art. 127, CF).

2. Por isso mesmo detém o Ministério Público capacidade postulatória, não só para a abertura do inquérito civil, da ação penal pública e da ação civil pública para a proteção do patrimônio público e social, do meio ambiente, mas também de outros interesses difusos e coletivos (art. 129, I e III, CF).

3. Interesses difusos são aqueles que abrangem número indeterminado de pessoas unidas pelas mesmas circunstâncias de fato e coletivos aqueles pertencentes a grupos, categorias ou classes de pessoas determináveis, ligadas entre si ou com a parte contrária por uma relação jurídica base.

3.1. A indeterminidade é a característica fundamental dos interesses difusos e a determinidade a daqueles interesses que envolvem os coletivos.

4. Direitos ou interesses homogêneos são os que têm a mesma origem comum (art. 81, III, da Lei nº 8.078, de 11 de setembro de 1990), constituindo-se em subespécie de direitos coletivos.

4.1. Quer se afirme interesses coletivos ou particularmente interesses homogêneos, *stricto sensu*, ambos estão cingidos a uma mesma base jurídica, sendo coletivos, explicitamente dizendo, porque são relativos a grupos, categorias ou classes de pessoas, que conquanto digam respeito às pessoas isoladamente, não se classificam como direitos individuais para o fim de ser vedada a sua defesa em ação civil pública, porque su a concepção finalística destina-se à proteção desses grupos, categorias ou classe de pessoas.

5. As chamadas mensalidades escolares, quando abusivas ou ilegais, podem ser impugnadas por via de ação civil pública, a requerimento do Órgão do Ministério Público, pois ainda que sejam interesses homogêneos de origem comum, são subespécies de interesses coletivos, tutelados pelo Estado por esse meio processual como dispõe o art. 129, inc. III, da Constituição Federal.

5.1. Cuidando-se de tema ligado à educação, amparada constitucionalmente como dever do Estado e obrigação de todos (art. 205, CF), está o Ministério Público investido da capacidade postulatória, patente a legitimidade *ad causam*, quando o bem que se busca resguardar se insere na órbita dos interesses coletivos, em segmento de extrema delicadeza e de conteúdo social tal que, acima de tudo, recomenda-se o abrigo estatal.

Recurso extraordinário conhecido e provido para, afastada a alegada ilegitimidade do Ministério Público, com vistas à defesa dos interesses de uma coletividade, determinar a remessa dos autos ao Tribunal de origem, para prosseguir no julgamento da ação.

(RE 163.231)

Considerou o STF, no presente julgado, ser o contrato de prestação de serviço escolar um direito coletivo, apto a ser defendido pelo Ministério Público, por meio de ação civil pública.

No julgado, ponderou a Corte que o direito à educação é "dever do Estado e obrigação de todos" (*sic*), sendo certo que a mensalidade escolar, como consectário da prestação do serviço, pode ter seus contornos definidos por via da prestação jurisdicional, quando presentes a ilegalidade ou abusividade.

Evidentemente que, sendo a prestação de serviço de educação livre à iniciativa privada (art. 209, CF), fica claro que o entendimento do STF autoriza a judicialização das condições previstas no referido dispositivo constitucional, mormente no que se refere ao cumprimento das normas gerais da educação nacional e a avaliação da qualidade do estabelecimento de ensino.

Sendo tema pertinente aos fundamentos da República Federativa (art. 1º, IV, CF) e da ordem econômica (art. 170, *caput*, CF), permitir que o Ministério Público, via Poder Judiciário, possa deliberar sobre política de preços de estabelecimentos privados de ensino, abala seriamente o princípio da livre-iniciativa, principalmente pelo fato de ao Poder Público incumbir a oferta de ensino público a quem não puder ou não quiser valer-se da rede particular de ensino.

Aqui, a judicialização da política econômica se revela no desestímulo que tal decisão causa no mercado de serviços educacionais, com possibilidade de retração na oferta, sobrecarregando o Poder Público e, mais uma vez, as despesas orçamentárias.

Proibição de produtos à base de amianto

> AÇÃO DIRETA DE INCONSTITUCIONALIDADE. LEI Nº 2.210/2001, DO ESTADO DE MATO GROSSO DO SUL. OFENSA AOS ARTS. 22, I E XII; 25, § 1º; 170, *CAPUT*, II E IV; 1º; 18 E 5º, *CAPUT*, II E LIV. INEXISTÊNCIA. AFRONTA À COMPETÊNCIA LEGISLATIVA CONCORRENTE DA UNIÃO PARA EDITAR NORMAS GERAIS REFERENTES À PRODUÇÃO E CONSUMO, À PROTEÇÃO DO MEIO AMBIENTE E CONTROLE DA POLUIÇÃO E À PROTEÇÃO E DEFESA DA SAÚDE. ART. 24, V, VI E XII E §§ 1º E 2º, DA CONSTITUIÇÃO FEDERAL.
>
> Não cabe a esta Corte dar a última palavra a respeito das propriedades técnico-científicas do elemento em questão e dos riscos de sua utilização para a saúde da população. Os estudos nesta seara prosseguem e suas conclusões deverão nortear as ações das autoridades sanitárias. Competência do Supremo Tribunal Federal circunscrita à verificação da ocorrência de contraste inadmissível entre a lei em exame e o parâmetro constitucional. Sendo possível a este Supremo Tribunal, pelos fatos narrados na inicial, verificar a ocorrência de agressão a outros

> dispositivos constitucionais que não os indicados na inicial, verifica-se que ao determinar a proibição de fabricação, ingresso, comercialização e estocagem de amianto ou de produtos à base de amianto, destinados à construção civil, o Estado do Mato Grosso do Sul excedeu a margem de competência concorrente que lhe é assegurada para legislar sobre produção e consumo (art. 24, V); proteção do meio ambiente e controle da poluição (art. 24, VI); e proteção e defesa da saúde (art. 24, XII). A Lei nº 9.055/95 dispôs extensamente sobre todos os aspectos que dizem respeito à produção e aproveitamento industrial, transporte e comercialização do amianto crisotila. A legislação impugnada foge, e muito, do que corresponde à legislação suplementar, da qual se espera que preencha vazios ou lacunas deixados pela legislação federal, não que venha a dispor em diametral objeção a esta. Compreensão que o Supremo Tribunal tem manifestado quando se defronta com hipóteses de competência legislativa concorrente.
>
> Precedentes: ADI 903/MG-MC e ADI 1.980/PR-MC, ambas de relatoria do eminente Ministro Celso de Mello. Ação direta de inconstitucionalidade cujo pedido se julga parcialmente procedente para declarar a inconstitucionalidade do art. 1º e de seus §§ 1º, 2º e 3º, do art. 2º, do art. 3º e §§ 1º e 2º e do parágrafo único do art. 5º, todos da Lei nº 2.210/2001, do Estado do Mato Grosso do Sul.
>
> (ADI 2.396)

Na presente ação direta de inconstitucionalidade, a relatoria utilizou, para aferição de condição especial da ADI – pertinência temática –, argumentos revestidos de caráter nitidamente econômicos, face à alegada perspectiva de fechamento de mercado consumidor, com prejuízo à geração de empregos, ao desenvolvimento local e à arrecadação tributária estadual.

Tais argumentos se revelam interessantes à temática da judicialização da política econômica, porque, de regra, não são levados em conta pelo Supremo Tribunal Federal como lógica de manutenção de medidas administrativas, ao contrário e lamentavelmente, tais circunstâncias são deveras esquecidas nas decisões que, de algum modo, afetam a política econômica, seja em ambiente nacional, regional ou setorial.

Também o Superior Tribunal de Justiça tem tomado posições que revelam o fenômeno da judicialização da política econômica, isto é, elaborando normas jurídicas na interpretação de preceitos, cujo resultado é a nítida substituição do legislador ou dos meios utilizados pelo Executivo, de modo a conduzir a economia do país.

Caso emblemático diz respeito ao tratamento dado pelo Tribunal à política monetária introduzida pelo denominado Plano Collor I, no qual se travou intensa discussão sobre a incidência do índice de correção do IPC (84,32%) ou o BTNF (41,28%) sobre a inflação referente ao período de abril de 1990.

Impende esclarecer, em breve síntese, que o critério de correção monetária, no que tange ao trinômio FGTS, caderneta de poupança e saldo devedor do Sistema Financeiro de Habitação, tem íntima correlação, posto que os valores mutuados para o SFH derivam das cadernetas e do FGTS.

Logo, se o índice de correção das cadernetas e do FGTS for um, este deverá ser aplicado nos saldos devedores dos mútuos do SFH para manutenção do equilíbrio de todo o sistema.

O STJ estabeleceu um entendimento segundo o qual a correção monetária não é um *plus* que se adita às dívidas, mas um *minus* que se evita (REsp 508.931, Direito), que o juiz deve julgar de acordo com a realidade (EDREsp 218.426, Franciulli Netto), chegando à conclusão segundo a qual o índice de correção monetária deve ser o real e não o legal, preenchendo-se a "lacuna" da lei que "expurgou" o índice do IPC (84,32%) traduzido no BTNF (41,28%).

Dessa forma, corrigiu-se, ao arrepio da lei, em homenagem à "realidade", os saldos das cadernetas e do FGTS pelo IPC, fazendo explodir os saldos devedores dos mútuos do Sistema Financeiro da Habitação.

Tal circunstância não passou despercebida por alguns ministros do Superior Tribunal de Justiça, *in verbis*:

> Os financiamentos imobiliários contratados com bancos comerciais utilizavam recursos provenientes da poupança, cujos saldos foram transferidos ao Banco Central do Brasil e nele remunerados mediante a aplicação do índice do BTNF
>
> (EDREsp 218.426, voto Min. Fernando Gonçalves).

Destaco, por último, trecho do voto do Ministro Ruy Rosado de Aguiar, que corretamente antecipou, no REsp 254.395, os efeitos de concessão de correção monetária com base na inflação real e não no índice estipulado em lei, de acordo com o inc. VI do art. 22 da Constituição Federal, que atribui competência privativa à União para legislar sobre o sistema monetário, asseverando o que se segue:

> Ainda observo que, na sessão de 03/02/2000, ilustre advogado referiu da tribuna que dentro de um ano serão conhecidos os resultados da aplicação do índice de 84,32% em abril/90, com a inadimplência generalizada. Penso eu que não é preciso esperar tanto pois essa realidade já existe. Nesta mesma semana, os jornais publicaram ter o governo constatado que a maioria dos contratos apresenta um resíduo superior ao valor do imóvel.

Como se constata, a colmatação de "lacuna" identificada em lei monetária, por parte do Judiciário, gerou grave crise no Sistema Financeiro de Habitação, cujos efeitos ainda se observam por mais de uma década.

2.5. Conclusão

O presente estudo se voltou para identificação e análise de casos nos quais o Poder Judiciário judicializou a política econômica, por meio de ativismo judicial, determinando o pagamento de salário mínimo impossível de ser pago em nossa economia; obrigando o Estado, *rectius*, os Municípios de todo o país, a prover creches e pré-escolas, independentemente de fonte de recursos; impôs um modelo de demarcação de terras indígenas, embora saiba-se tratar de cerca de 10% do território nacional; determinou a entrega de medicamentos independentemente de qualquer política de saúde ou de prévio planejamento do Estado; determinou grave intervenção no preço de mensalidades escolares, independentemente de a atividade ser aberta à livre concorrência; proibiu a produção de quaisquer produtos à base de amianto, independentemente das condições regionais ou normas de segurança do trabalho existentes e; por fim, trouxe caso flagrante de legislação positiva por parte do Judiciário ao "escolher" índices de correção monetária em completo desconcerto com a política monetária escolhida pelo Governo Federal, em flagrante afronta ao inc. VI do art. 22 da Constituição Federal.

O que se conclui, nos estreitos limites do presente trabalho, é que o ativismo judicial, em termos de judicialização da política econômica, pode levar a efeitos diametralmente opostos aos pretendidos pelos magistrados que, muitas vezes imbuídos do espírito de Justiça, acabam por gerar graves danos aos princípios constitucionais regentes da ordem econômica.

2.6. Referências

DINIZ, Maria Helena. *Dicionário jurídico*. São Paulo: Saraiva, 1998. v. 3.

NUSDEO, Fabio. *Curso de economia*. São Paulo: RT, 1997.

PEIXINHO, Manoel Messias. *O princípio da separação dos poderes, a judicialização da política e direitos fundamentais*. Disponível em: <http://www.publicadireito.com.br/conpedi/manaus/arquivos/anais/brasilia/07_252.pdf>.

SANDRONI, Paulo. *Novíssimo dicionário de economia*. São Paulo: Best Seller, 2001.

SANTOS, Boaventura de Souza. *Judicialização da política*. Publicado em maio de 2003. Disponível em: <http://www.ces.uc.pt/opiniao/bss/of8en.php>. Acesso em: 3 nov. 2007.

SCOTT, Paulo Henrique Rocha. *Direito constitucional econômico*. Porto Alegre: Sergio Fabris, 2000.

VIANNA, Luiz Werneck *et allii*. *A judicialização da política e das relações sociais no Brasil*. Rio de Janeiro: Revan, 1999.

Capítulo 3

Notas sobre política econômica

SUMÁRIO: 3.1. Introdução: escorço do trabalho. **3.2.** Conceito de política econômica. **3.3.** Instrumentos da política econômica. **3.3.1.** Política cambial. **3.3.2.** Política fiscal. **3.3.3.** Política aduaneira. **3.3.4.** Política monetária. **3.4.** Conceito de moeda. **3.5.** Funções da moeda. **3.5.1.** Meio de troca. **3.5.2.** Medida de valor. **3.5.3.** Reserva de valor. **3.5.4.** Poder liberatório. **3.6.** O curso forçado da moeda. **3.7.** Competência constitucional de Direito Monetário. **3.8.** Referências.

3.1. Introdução: escorço do trabalho

Neste artigo serão mencionados alguns conceitos da ciência econômica tão somente para fundamentar e justificar a abordagem jurídica da política econômica, traçando exemplificativamente os contornos gerais dos seus instrumentos, a saber: as políticas cambial, fiscal, aduaneira e monetária, concluindo com a análise da competência constitucional da União Federal para legislar sobre Direito Monetário.

A judicialização da política é o fenômeno que tem gerado insegurança jurídica e uma cultura de ativismo judicial, produzindo um norte jurisprudencial no sentido de substituir-se o Legislativo e o Executivo na condução dos fundamentos da moeda em nosso ordenamento jurídico, mais especificamente no campo da política monetária.

3.2. Conceito de política econômica

No presente item o termo "conceito" expressa a representação de uma ideia universal conducente à formulação de uma imagem no pensamento do intérprete.

Com este intuito é que se percorre a doutrina que se debruçou sobre a conceituação da política econômica, procurando traçar seus contornos mais gerais.

Para Luiz Souza Gomes[1], a política econômica vem a ser o "sistema particular de Economia. Direção dada por um governo ou por um povo às relações econômicas dos indivíduos e corporações".

Prossegue, aduzindo que a política econômica "tem um sentido mais prático que o teórico, pois ela visa à aplicação prática de certos princípios econômicos"[2].

O tema também é tratado por Paulo Sandroni[3], para quem a política econômica é o "conjunto de medidas tomadas pelo Governo de um país com o objetivo de atuar e influir sobre os mecanismos de produção, distribuição e consumo de bens e serviços".

Pondera o autor:

> Embora dirigidas ao campo da economia, essas medidas obedecem também a critérios de ordem política e social – na medida em que determinam, por exemplo, quais segmentos da sociedade se beneficiarão com as diretrizes econômicas emanadas do Estado[4].

É certo que o conteúdo e o alcance de uma dada política econômica variam de um ordenamento para outro, em razão do grau de diversificação da economia, da natureza do regime social e do nível de atuação dos grupos de pressão, tais como partidos, sindicatos, associações de classe e mesmo a opinião pública.

Por isso, Sandroni[5] adverte que "[...] a política econômica depende da própria visão que os governantes têm do papel do Estado no conjunto da sociedade".

---

1   GOMES, Luiz Souza. Verbete "política econômica". In: *Dicionário econômico e financeiro*. 9. ed. Rio de Janeiro: Borsoi, s./d., p. 178/179. NUSDEO, Fabio. Verbete "política econômica". *Enciclopédia Saraiva do direito*. São Paulo: Saraiva, 1981, p. 225/232. v. 59. *Fundamentos para uma codificação do direito econômico*. São Paulo: RT, 1995, p. 5; CAMARGO, José Francisco. *Política econômica*. São Paulo: Atlas, 1967, p. 15-26; ROSSETTI, José Paschoal. *Política e programação econômicas*. 7. ed. São Paulo: Atlas, 1987, p. 28/30; SOUTO, Marcos Juruena Villela. *Aspectos jurídicos do planejamento econômico*. 2. ed. Rio de Janeiro: Lumen Juris, 2000, p. 25; ABREU, Marcelo de Paiva (Org.). *A ordem do progresso. Cem anos de política econômica republicana*. 1889-1989. Rio de Janeiro: Campus, 2000, p. 7/11; IANNI, Octavio. *Estado e planejamento econômico no Brasil*. 5. ed. Rio de Janeiro: Civilização Brasileira, 1991; CARNEIRO, Ricardo (Org.). *Política econômica da nova república*. 2. ed. Rio de Janeiro: Paz e Terra; GRAU, Eros Roberto. *Planejamento econômico e regra jurídica*. São Paulo: RT, 1978, p. 223/249; SPERBER, Monique Canto (Org.). Trad. Ana Maria Ribeiro-Althoff. Verbete "Economia". *Dicionário de ética e filosofia moral*. São Leopoldo: Unisinos, 2007, p. 497/503. v. 1.

2   GOMES, op. cit., p. 179.

3   SANDRONI, Paulo. Verbete "política econômica". In: *Novíssimo dicionário de economia*. 6. ed. São Paulo: Best Seller, 2004, p. 477/478.

4   SANDRONI, op. cit., p. 477.

5   SANDRONI, op. cit., p. 477.

Em escólio semelhante, Eduardo Fortuna[6] explica:

> Política econômica global do Governo que consiste, em síntese, em promover o desenvolvimento econômico, garantir o pleno emprego e sua estabilidade, equilibrar o volume financeiro das transações econômicas com o exterior, garantir a estabilidade do preço e o controle da inflação e promover a distribuição da riqueza e das rendas.

Calha, outrossim, trazer o aporte de Allain Cotta[7], para quem a política econômica "é o conjunto coordenado das intervenções públicas, destinadas a atingir determinados objetivos. Toda política se define pelos seus objetivos e meios. Estes têm evoluído consideravelmente através da história".

Esclarecendo a origem histórica do aparecimento das políticas econômicas, diz o economista francês:

> É só a partir do fim da crise de 1929 que se vê, realmente, o Estado definir e aplicar uma verdadeira política econômica. Este facto está intimamente ligado à "revolução" Keynesiana, que introduz novos objetivos e estabelece os meios que permitem atingi-los. O objetivo principal torna-se o pleno emprego dos homens, visto que a finalidade de Keynes era provar que o subemprego era possível numa economia capitalista e que, para mais, podia permanecer, desde que não fosse elaborada uma política destinada a eliminá-lo. Os meios desta política encontram-se inteiramente definidos na Teoria Geral (cf. Keynes)[8].

Nesse contexto, sabe-se que:

> Através de instrumentos fiscais (política fiscal), através de medidas de intervenção direta (controle de preços), através de instrumentos financeiros de redistribuição dos rendimentos, por intermédio do orçamento (política financeira), através de instrumentos monetários destinados a aumentar o volume da massa monetária (política monetária), o Estado está, ao fim de trinta anos, devotado à realização do objectivo economico e social por excelência que é o pleno emprego[9].

---

6   FORTUNA, Eduardo. *Mercado financeiro*. 16. ed. Rio de Janeiro: Qualitymark, 2006, p. 17.

7   COTTA, Alain. Verbete "política econômica". In: *Dicionário de economia*. Trad. Álvaro de Figueiredo. Lisboa: Don Quixote, 1976, p. 327/329.

8   COTTA, op. cit., p. 327.

9   COTTA, op. cit., p. 328.

Conclui o autor dizendo:

> As intervenções públicas tornaram-se, por outro lado, tão diversas que "a política econômica" transformou-se na escolha da importância relativa a atribuir aos diferentes instrumentos. Esta arbitragem, cada vez mais complexa, já não poderá ser efectuada segundo as vias políticas tradicionais[10].

Nada obstante as definições e conceitos já expostos, Fabio Nusdeo[11] alerta que "o estudo dos fins a serem propostos para o desempenho do sistema econômico tende a escapar a qualquer tratamento de cunho científico, – pelo menos no campo da ciência econômica –, porque a sua definição e colocação se passam na esfera política".

Reconhecendo, embora, tais dificuldades, o referido autor destaca que "agir sobre o mercado significa, em essência, atuar sobre um conjunto de dados, pois eles representam a estrutura condicionante do sistema"[12] e acrescenta que "mais do que isso, significará subtrair dele, mercado, certas variáveis, para transformá-las em dados passíveis de, por sua vez, serem institucionalmente fixadas"[13].

Avança no tema, esclarecendo:

> No momento em que o poder político se dispõe a influir sobre os fenômenos, terá dois caminhos a seguir, muito embora não mutuamente excludentes. O primeiro deles será alterar a definição legal de certas faculdades dos agentes econômicos, seja em termos de direito de propriedade, seja no que se refere aos direitos obrigacionais, seja ainda quanto ao poder de polícia[14].

Tratando do segundo caminho explica que "[...] consiste em subtrair ao próprio mercado a determinação de certas variáveis, transformando-as, elas também, em dados modificáveis, os quais, por sua vez, irão influir no comportamento das demais variáveis ou fenômenos econômicos"[15].

---

10 Cotta, op. cit., p. 329.
11 NUSDEO, Fabio. *Curso de economia. Introdução ao direito econômico*. São Paulo: RT, 1997, p. 196.
12 NUSDEO, op. cit., p. 218.
13 NUSDEO, op. cit., p. 218.
14 NUSDEO, op. cit., p. 219.
15 NUSDEO, op. cit., p. 220.

Dos conceitos trazidos, nota-se que a judicialização no campo da política econômica traduz importante transferência de poderes do Legislativo e Executivo na condução dos agentes e meios disponíveis de intervenção no mercado.

No caso da política monetária, chegou o Poder Judiciário a ultrapassar os limites da função jurisdicional, legislando positivamente de forma geral e abstrata, como se verá no âmbito deste trabalho.

3.3. Instrumentos da política econômica

Para a implementação global da política econômica são necessárias medidas de ordens diversas nos campos da produção, distribuição, consumo e circulação de bens e serviços.

O Governo pode, nesse sentido, promover políticas parciais, mas complementares, que objetivem a arrecadação, o câmbio, a política de importação/exportação e a política monetária.

A política estrutural está voltada para a modificação da estrutura econômica do país (podendo chegar até mesmo a alterar o modelo de propriedade vigente), regulando o funcionamento do mercado (proibição de monopólios, cartéis, trustes etc.) criando empresas estatais, alterando a distribuição de renda ou mesmo nacionalizando empresas estrangeiras.

Por outro lado, uma política econômica de estabilização conjuntural visa à superação de desequilíbrios ocasionais. Pode envolver tanto uma luta contra uma depressão da economia, como o combate à inflação ou à escassez de determinados produtos.

Pode-se ainda anotar que uma política de expansão tem por objetivo a manutenção ou a aceleração do desenvolvimento econômico. Nesse caso, podem ocorrer reformulações estruturais e medidas de combate à inflação, proteção alfandegária e maior rigor na política cambial contra a concorrência estrangeira.

3.3.1. Política cambial

O contrato de câmbio realiza a troca, compra ou venda de moeda de outro país. É a conversão de uma moeda em outra e a sua disciplina que garantem o balanço de pagamento, a manutenção do valor internacional da moeda e evitam efeitos inflacionários[16].

---

16 ARAÚJO, Eugênio Rosa de. *Resumo de direito financeiro*. 2. ed. Niterói: Impetus, 2009, p. 32.

Segundo o art. 22, VII, da Constituição Federal, incumbe privativamente à União legislar sobre câmbio, bem como, nos termos do art. 21, VIII, administrar as reservas cambiais do país e fiscalizar as operações de natureza financeira, especialmente as de crédito, câmbio e capitalização, bem como as de seguros e de previdência privada. De arremate, incumbe ao Congresso Nacional, com a sanção do Presidente da República, dispor sobre matéria cambial, a teor do art. 48, XIII, e moeda, conforme a dicção do art. 48, XIV, da Constituição Federal.

As reservas cambiais traduzem o montante de moeda estrangeira acumulado pelo país. O resultado da balança de pagamentos reflete o resultado monetário das transações de bens e serviços realizados pelos brasileiros no exterior (saldo em transações correntes), assim como o fluxo de capitais entre o país e o exterior (empréstimos, financiamentos, aplicações em mercado financeiro etc.) e vai exprimir se houve acúmulo ou perda de moeda estrangeira no período, refletindo, portanto, a variação das reservas cambiais. Estas, portanto, revelam o estoque de moedas estrangeiras do país em determinando momento.

Conforme dissemos em outro lugar:

> Disso resulta a necessidade de o governo manter uma política cambial, refletindo o modo pelo qual o país trava suas relações comerciais e financeiras com os demais países. Por exemplo: se o governo mantiver o dólar barato (um dólar valendo um real), as importações aumentarão e as exportações sofrerão um resfriamento, porque nosso produto ficará mais caro, em dólares, no exterior, perdendo competitividade em termos de preço e afetando a atividade econômica exportadora. Por outro lado, se o Governo desvalorizar o real (um dólar valendo cinco reais), dita desvalorização ocasionará o efeito contrário, ajudando as exportações, dificultando as importações e prejudicando a atividade econômica dependente de insumos importados, com possíveis efeitos inflacionários[17].

A política cambial, como se percebe é de suma importância para o regular desenvolvimento da economia e importante instrumento de política econômica.

Ressaltando a importância da política cambial, Eduardo Fortuna[18] afirma que ela "está fundamentalmente baseada na administração da taxa de câmbio e no controle das operações cambiais. Embora, indiretamente ligada à política monetária, destaca-se desta por atuar mais diretamente sobre todas as variáveis relacionadas às transações econômicas do país com o exterior".

---

17   ARAÚJO, op. cit., p. 32/33.
18   FORTUNA, Eduardo, op. cit., p. 60.

Como já foi dito, a política cambial deve ser cuidadosamente administrada no que tange ao seu impacto sobre a política monetária.

Um desempenho muito forte nas exportações pode ter grande impacto monetário, porque o ingresso de divisas implica na conversão para reais e a expansão da emissão de moeda tem inegáveis efeitos inflacionários.

Segundo Eduardo Fortuna[19]:

> [...] para o Brasil, uma boa política cambial deverá permitir um elevado volume de fluxo de moeda com o exterior nos dois sentidos (exportação, importação, compras e vendas financeiras), garantindo que os eventuais déficits em transações correntes sejam assegurados pelo conjunto de financiamentos externos, quer seja na forma de investimentos diretos nas privatizações, nas multinacionais, colocação de bônus, linhas de crédito de exportação/importação, em crédito de fornecedores.

Importante trazer a autorizada lição de Paulo Sandroni[20] no que se refere à política cambial para quem ela representa um "instrumento da política de relações comerciais e financeiras entre um país e o conjunto dos demais países."

Em dado momento, pode ser importante para o país adquirir certos produtos no exterior, necessários ao desenvolvimento de seu setor industrial; para tanto, as autoridades monetárias podem manter o câmbio artificialmente valorizado, barateando o custo, em moeda nacional, desses produtos; em contrapartida, ocorreria o encarecimento dos produtos nacionais para os importadores de outros países.

Constata-se que a política cambial é importante instrumento de política econômica, o qual viabiliza objetivos no campo das relações econômicas com os demais países, com evidentes reflexos na economia interna.

3.3.2. Política fiscal

A política fiscal, na visão de José Afonso da Silva[21] "estuda a determinação do plano, o tempo e o procedimento a seguir na realização dos gastos públicos e na obtenção dos ingressos públicos".

---

19 FORTUNA, Eduardo, op. cit., p. 61.
20 SANDRONI, Paulo, op. cit., p. 477.
21 SILVA, José Afonso da. *Tributos e normas de política fiscal na Constituição do Brasil*. São Paulo: RT, 1968, p. 41. SMITHIES, Artur (Org.). *Lecturas sobre política fiscal*. Trad. Miguel Paredes. Madrid: Biblioteca de La Ciência Econômica, 1959, p. 225/358.

Trata a política fiscal de utilizar o poder de gastar e de cobrar tributos por parte do Governo para influir sobre os preços, os ingressos e o emprego.

Citando Neumark, José Afonso da Silva[22] entende por política fiscal:

> A teoria que considera os motivos, métodos e efeitos que, na política de produção e distribuição, podem ocasionar as diversas decisões econômico-financeiras, com o fim de assegurar um crescimento econômico mais constante e – dentro de certos limites de justiça – o mais elevado possível em um alto grau de ocupação, assim como um valor estável do dinheiro.

Trata-se de entendimento geral, segundo o qual a política fiscal consiste no uso de instrumentos fiscais – gastos fiscais, tributos, crédito público, administração financeira etc.; com o fim de influir no desenvolvimento e na orientação da atividade econômica.

Destacando os objetivos da política fiscal, Fabio Giambiagi e Ana Cláudia Além[23] esclarecem:

> A ação do governo através da política fiscal abrange três funções básicas. A função alocativa diz respeito ao fornecimento de bens públicos. A função distributiva, por sua vez, está associada a ajustes na distribuição de renda que permitam que a distribuição prevalente seja aquela considerada justa pela sociedade. A função estabilizadora tem como objetivo o uso da política econômica visando a um alto nível de emprego, à estabilidade dos preços e à obtenção de uma taxa apropriada de crescimento econômico.

Tal política de receitas e despesas do governo compreende a definição e a aplicação da carga tributária exercida sobre os agentes econômicos, bem como a definição dos gastos do governo, que tem como base principal os tributos captados.

Do ponto de vista de sua integração com as políticas monetária e cambial, uma política fiscal adequada deve permitir neutralizar o endividamento interno do Tesouro por meio de um superávit fiscal primário que, inclusive, gere recursos para aquisição dos títulos anteriormente emitidos.

---

22 SILVA, op. cit., p. 42.
23 GIAMBIAGI, Fabio; ALÉM, Ana Claudia. *Finanças públicas – teoria e prática no Brasil*. 2. ed. Rio de Janeiro: Campus, 2001, p. 30.

No sentido do raciocínio desenvolvido é o ensinamento de Norman Wood[24], para quem "a expressão política fiscal designa a política de alteração da tributação e das despesas adotadas por uma nação com vistas à manutenção da estabilidade econômica nacional".

Conclui Norman Wood[25], pontuando:

> A política fiscal tem frequentemente conexões com a política monetária, já que ambas visam à manutenção do pleno emprego com estabilidade de preços. A política monetária tenta atingir esse objetivo facilitando o crédito, o que estimula a tomada de empréstimos, os mecanismos de compra, a produção e o emprego quando a economia não atinge o pleno emprego. Quando uma economia de pleno emprego está sob ameaça de inflação, o crédito é restringido para que a tomada de empréstimos e a procura excessiva de bens e serviços sejam refreadas. No esforço para a obtenção do pleno emprego, as políticas monetária e fiscal podem ser coordenadas.

De arremate, é possível destacar dois instrumentos fundamentais referentes à política fiscal, no que se refere à programação, gestão e controle dos gastos do governo: a Lei de Diretrizes Orçamentárias (art. 165, II, CF) e a Lei de Responsabilidade Fiscal (LC nº 101/2000).

A Lei de Diretrizes Orçamentárias de cada ano faz parte de um processo que se inicia com o plano plurianual (art. 165, I, CF) e se estende até a Lei Orçamentária Anual (art. 165, § 5º, CF), observando-se os requisitos prudenciais impostos pela Lei de Responsabilidade Fiscal.

3.3.3. Política aduaneira

Nosso ordenamento jurídico dispõe de um sistema de proteção do comércio exterior e de defesa da concorrência, impregnado da proteção da indústria nacional e do desenvolvimento equilibrado e sustentável à luz do objetivo fundamental da República, insculpido no art. 3º, II, da Constituição Federal.

Não obstante isso, o § 4º do art. 173 da Constituição Federal preceitua que a lei reprimirá o abuso do poder econômico que vise à dominação dos mercados, à eliminação da concorrência e ao aumento arbitrário dos lucros; em seguida, o

---

24 WOOD, Norman Jr. Verbete "política fiscal". In: *Dicionário de ciências sociais*. Rio de Janeiro: Fundação Getulio Vargas, 1986, p. 923.

25 WOOD, Norman, op. cit., p. 923.

art. 219 dispõe que o mercado integra o patrimônio nacional e será incentivado de modo a viabilizar o desenvolvimento cultural e socioeconômico, o bem-estar da população e a autonomia tecnológica do país; por último, o art. 237 estabelece que a fiscalização e o controle sobre o comércio exterior essenciais à defesa dos interesses fazendários serão exercidos pelo Ministério da Fazenda.

É neste ambiente constitucional que se destaca a Lei nº 9.019/95, que trata dos direitos antidumping e dos direitos compensatórios, aptos à proteção de nosso mercado interno diante das disfunções e das falhas do mercado internacional, seja pela via da prática do *dumping*, seja pela concessão de subsídios por países aos seus produtos exportados.

O *dumping* é prática comercial que se caracteriza pela venda de produtos a preços inferiores ao seu custo, com a finalidade de eliminar a concorrência ou ganhar maiores fatias do mercado; ao passo que os subsídios se caracterizam por incentivos, diretos ou indiretos, por parte de Governos, com o objetivo de fomentar a competitividade do produto ou serviço subsidiado.

O art. 1º do já citado diploma estabelece que os direitos antidumping e os compensatórios serão aplicados mediante a cobrança de importância em moeda corrente do País, que corresponderá a percentual da margem de *dumping* ou do montante de subsídios apurados em processo administrativo, suficientes para sanar o dano ou a ameaça de dano à indústria doméstica (incluindo produtos agrícolas, minerais e industriais).

Na visão de Paulo Sandroni[26], "a política aduaneira visa atuar sobre as práticas de *dumping*". Trata-se de:

> Prática comercial que consiste em vender produtos a preços inferiores aos custos com a finalidade de eliminar concorrentes e/ou ganhar maiores fatias de mercado. No mercado internacional, o *dumping* pode ser persistente quando existem subsídios governamentais para o incremento das exportações e as condições de mercado permitem uma discriminação de preços tal que a maior parte dos lucros de uma empresa que a pratica seja obtida no mercado interno. O *dumping* temporário é utilizado para afastar concorrentes de determinados mercados quando um país necessita colocar neles excedentes de certos produtos, sem prejudicar os preços praticados em seu mercado interno.

---

26 SANDRONI, Paulo, op. cit., p. 187.

Há que se pontuar, ainda, o *dumping* social, posto que:

> À medida que a globalização da produção, isto é, produção e fornecimento de produtos em escala mundial, se aprofunda, vai atingindo o capital, os bens e a tecnologia, mas não os trabalhadores. Os países que vêm perdendo condições competitivas, especialmente em face daqueles que contam com mão de obra barata e pagam encargos sociais muito baixos, acusam estes últimos de estar praticando *dumping* social, isto é, sacrificando seus trabalhadores (em seu bem-estar) para conquistar mercados de seus vizinhos[27].

Dessa forma, a política aduaneira, como vertente da política econômica, é importante mecanismo de proteção do mercado interno e do desenvolvimento equilibrado e sustentável, conforme objetivo fundamental previsto no art. 3º, II, da Constituição Federal.

3.3.4. Política monetária

Como bem define Eduardo Fortuna, a política monetária pode ser definida como o "controle da oferta da moeda e das taxas de juros de curto prazo que garanta a liquidez ideal de cada momento econômico"[28].

Como se sabe, o executor dessa política econômica é o Banco Central, e os instrumentos utilizados são, basicamente, o depósito compulsório, o redesconto ou empréstimo de liquidez, o mercado aberto e o controle e seleção de crédito, os quais serão adiante explicitados.

---

27 SANDRONI, Paulo, op. cit., p. 187.

28 FORTUNA, Eduardo, op. cit., p. 47. Sobre política monetária, ver ainda: Chacel Julian *et allii. A correção monetária*. Rio de Janeiro: APEC Editora S/A, 1970; FILGUEIRAS, Luiz. *História do plano real*. São Paulo: Boitempo, 2000; MOSQUERA, Roberto Quiroga. *Direito monetário e tributação da moeda*. São Paulo: Dialética, 2006; FERNANDES, Antonio Alberto Grossi. *O Brasil e o sistema financeiro nacional*. Rio de Janeiro: Qualimark, 2002; MARINHO, Henrique. *Política monetária no Brasil*. Rio de Janeiro: Campus, 1996; TEIXEIRA, Ernani. *Economia monetária. A macroeconomia no contexto monetário*. São Paulo: Saraiva, 2002; MODENESI, André de Mello. *Regimes monetários*. Barueri: Manole, 2005; BORDES, Christian. *La politique monetaire*. Paris: La Découverte, 2007; LELART, Michel. *Le systéme monétaire internationel*. Paris: La Découverte, 2007; NUSSBAUM, Arthur. Trad. de Alberto D. Schoo. *Derecho monetário nacional e internacional*. Buenos Aires: Ediciones Arayú, 1952. VIDIGAL, Geraldo. *Direito monetário*. São Paulo: Instituto Brasileiro de Ciência Bancária, 1995; GUDIN, Eugênio. *Princípios de política monetária*. 2. ed. Rio de Janeiro: Livraria Agir Editora, 1956. v. 2; WALD, Arnoldo. *O novo direito monetário. Os planos econômicos e a justiça*. Belo Horizonte: Edições Ciência Jurídica, 1996; MUNIZ, Marco Antônio (Coord.), *Direito e processo inflacionário*. Belo Horizonte: Del Rey, 1994; JANSEN, Letácio. *Limites jurídicos da moeda*. Rio de Janeiro: Lumen Juris, 2000; JANSEN, Letácio. *A norma monetária*. Rio de Janeiro: Forense, 1988; JANSEN, Letácio. *A moeda nacional brasileira*. Rio de Janeiro: Renovar, 2009; JANSEN, Letácio. *Crítica da doutrina da correção monetária*. Rio de Janeiro: Forense, 1983; CANTO, Gilberto de Ulhôa (Org.). *A correção monetária no direito brasileiro*. São Paulo: Saraiva, 1983.

Para Paulo Sandroni[29], trata-se do:

> Conjunto de medidas adotadas pelo governo visando adequar os meios de pagamento disponíveis às necessidades da economia do país. Essa adequação geralmente ocorre por meio de uma ação reguladora, exercida pelas autoridades sobre os recursos monetários existentes, de tal maneira que estes sejam plenamente utilizados e tenham um emprego tão eficiente quanto possível.

A política monetária pode recorrer a diversas técnicas de intervenção, controlando a taxa de juros por meio da fixação das taxas de redesconto cobradas dos títulos apresentados pelos bancos, regulando operações de mercado aberto ou impondo aos bancos o sistema de reservas obrigatórias (depósitos compulsórios) para garantir a liquidez do sistema bancário.

O depósito compulsório sobre os depósitos à vista e sobre os recursos de terceiros regula o multiplicador bancário, imobilizando, de acordo com a taxa de recolhimento de reserva obrigatória fixada pelo Conselho Monetário Nacional – CMN –, uma parte, maior ou menor, dos depósitos bancários e dos recursos de terceiros que neles circulem (títulos em cobrança, tributos recolhidos, garantias de operações de crédito), restringindo ou alimentando o processo de expansão dos meios de pagamento.

O instituto é bem explicitado por Paulo Sandroni[30], para quem o depósito compulsório é:

> Dispositivo de política monetária utilizado pelo Banco Central quando deseja reduzir a liquidez do sistema e/ou restringir a capacidade de expansão de crédito do sistema bancário. Consiste em estabelecer uma taxa de depósitos compulsórios que cada banco deverá efetuar junto ao Banco Central em relação aos empréstimos que realizar e aos depósitos que obtiver, sendo que tais depósitos compulsórios não proporcionam juros para o banco depositante.

O redesconto ou empréstimo de liquidez é o socorro que o Banco Central fornece aos bancos para atender às suas necessidades monetárias de caixa. É, em tese, a última linha de atendimento aos fluxos de caixa das instituições monetárias.

As operações de mercado aberto são o mais ágil instrumento de política monetária de que dispõe o Banco Central, pois, através delas, são permanentemente

---

29   SANDRONI, Paulo, op. cit., p. 478.
30   SANDRONI, Paulo, op. cit., p. 164/165.

regulados a oferta monetária e o custo primário do dinheiro na economia referenciado na troca de reservas bancárias, por meio do mercado de títulos.

Tais operações permitem o controle do volume de moeda ofertada no mercado, a manipulação da taxa de juros; a realização, por parte das instituições financeiras, das aplicações de curto prazo de suas disponibilidades monetárias; e a garantia de liquidez dos títulos públicos.

Dessa forma, os principais movimentos desse mercado são a compra de títulos públicos pelo Banco Central, com o aumento do volume de reservas bancárias e consequente aumento de liquidez no mercado e queda da taxa de juros pelo resgate dos títulos, bem como a venda de títulos públicos pelo Banco Central, com diminuição do volume de reservas bancárias e consequente redução de liquidez do mercado e aumento da taxa de juros, em razão da colocação de títulos no mercado.

Por fim, a política monetária pode realizar o controle e a seleção do crédito como instrumento de restrição ao livre funcionamento das forças do mercado, estabelecendo controles diretos sobre o volume e o preço do crédito.

Tal contingenciamento pode ser feito por meio do controle do volume e destino do crédito; pelo controle da taxa de juros; pela fixação de limites e condições dos créditos, em todos os casos, podendo atingir quaisquer ativos financeiros que não sejam representados pela moeda.

Observa-se que a política monetária constitui um instrumento poderoso de combate aos surtos inflacionários, especialmente no Brasil, onde muitos planos foram editados com o objetivo de controlar a inflação.

A política monetária, enfim, tem grande eficácia em relação às outras políticas econômicas, dada a flexibilidade com que pode ser aplicada e ao conjunto de medidas práticas que põe ao alcance das autoridades monetárias, desobrigando-as de submeter suas decisões ao Poder Legislativo.

3.4. Conceito de moeda

Muitos autores já se dispuseram a conceituar a mais conhecida representação do dinheiro entre os seres humanos: a moeda.

Para Ross Robertson[31], moeda pode ser definida como:

> Tudo aquilo que, a qualquer tempo, num dado sistema nacional
> de mercados, pode ser usado como meio de troca. A moeda tem sido

---

31 ROBERTSON, Ross M. Verbete "moeda". In: *Dicionário de ciências sociais.* Rio de Janeiro: Fundação Getulio Vargas, 1986, p. 777.

por vezes definida em termos de outras funções, mas tais categorias não incluem tudo quanto é denominado moeda, nem excluem tudo quanto não é moeda.

Em sentido semelhante, Luiz Souza Gomes[32] afirma que a moeda é "instrumento de troca utilizado nas transações, constituído em geral por peças de metal, de forma, peso e título constantes, ou por bilhetes ou notas emitidos em representação dessas peças".

Na mesma toada, João do Carmo Lopes e José Paschoal Rosseti[33] conceituam a moeda "como um bem econômico qualquer que desempenha as funções básicas de intermediário de trocas, que serve como medida de valor e que tem aceitação geral".

A dificuldade de superar sua abstração para atingir um conceito exato é bem delineada por Arnoldo Wald[34] em lição memorável ao dizer:

> Os próprios economistas ainda não chegaram a elaborar uma definição da moeda geralmente aceita e adotada. Stanley Jevons, por exemplo, a conceitua como todo meio de pagamento. Já Nussbaum se impressiona muito mais pelo caráter ideal da moeda, definindo-a como fração equivalente ou múltiplo de uma unidade real. Louis Baudin faz da moeda um meio de compra indeterminado. Esclarecendo o seu pensamento assinala que a moeda transforma a dívida, de uma relação individual que era, num meio de compra indeterminado: ela a torna social, estendendo-a em relação ao espaço, às pessoas, ao objeto, e perpetuando-a no tempo. Não é apenas na definição abstrata da moeda que há divergências. Economistas e juristas nem sempre concordam no que sua realidade prática deva ser considerado como sendo ou não moeda. Geralmente abrangemos em seu conceito tanto a moeda metálica quanto o papel-moeda. Há, todavia, reservas importantes que devem ser feitas nesta matéria. Charles Rist hesita em incluir o papel-moeda na moeda *stricto sensu* considerada como padrão de valor. Para ele constituiria apenas créditos circulantes, ou seja, moeda fiduciária. Sérias dúvidas também surgiram em relação à moeda estrangeira e aos depósitos bancários, que ora são, ora não são abrangidos no conceito de moeda.

---

32 GOMES, Luiz de Souza. Verbete "moeda", op. cit., p. 151.

33 LOPES, João do Carmo; ROSSETI, José Paschoal. *Economia monetária.* 7. ed. São Paulo: Atlas, 1998, p. 18.

34 WALD, Arnoldo. Verbete "moeda II". In: *Enciclopédia Saraiva do direito.* São Paulo: Saraiva, 1977, p. 123. v. 53.

Para efeito deste trabalho moeda é todo meio de troca, com aceitação geral, apto a liquidar dívidas e viabilizar transações de mercado.

Em seguida, serão mencionadas as funções da moeda como meio de troca, medida de valor, reserva de valor e poder liberatório.

3.5. Funções da moeda

3.5.1. Meio de troca

Na lição de Lopes e Rosseti[35]:

> A função essencial da moeda, geralmente caracterizada como razão principal de seu aparecimento, é a de servir como intermediária de trocas. Esta função permite a superação da economia de escambo e a passagem à economia monetária. Os benefícios decorrentes da superação da fase primitiva das trocas diretas por processos indiretos à base de instrumentos monetários são, realmente, de grande alcance. Fundamentalmente, consistem em aumento generalizado da eficiência econômica e um sensível acréscimo da quantidade de bens e serviços que passam a ser postos à disposição da sociedade para o atendimento de suas necessidades. A descoberta e a aceitação generalizada de um instrumento de trocas facilita o processo da produção e de distribuição, ampliando consideravelmente as possibilidades de especialização.

A função de meio de troca enseja vários benefícios: a) torna possível maior grau de especialização e de divisão social do trabalho; b) redução do tempo empregado nas transações; c) permite ao homem, como consumidor, generalizar sua capacidade aquisitiva e demandar da sociedade aquilo que lhe convém.

Em síntese, a função de meio de troca ajuda a sociedade a descobrir quais os bens de que precisa e em que quantidades.

3.5.2. Medida de valor

A função da moeda como medida de valor decorre da utilização generalizada da moeda e redunda na criação de uma unidade-padrão de medida, à qual são convertidos os valores de todos os bens e serviços disponíveis.

---

35 LOPES, João do Carmo; ROSSETI, José Paschoal, op. cit., p. 19.

Como lecionam Lopes e Rosseti[36]:

> A existência de um denominador comum de valores é de importância primordial para a vida econômica. Em sua essência, os valores de cada bem ou serviço são expressos em relação aos valores dos demais bens e serviços com os quais possam ser diretamente trocados.

Prosseguem, afirmando:

> A importância dessa função torna-se clara quando imaginamos uma economia de escambo, sem moeda, e, portanto, sem uma unidade de conta, em que cada produto tem seu valor expresso em relação a todos os demais produtos disponíveis. O número de relações de troca (expressão que significa, literalmente, as relações de valor entre os produtos, para a efetivação das trocas diretas) que os agentes econômicos precisam estabelecer é extremamente alto, crescendo geometricamente à medida que se ampliar o número de itens disponíveis no mercado[37].

Pode-se concluir que as vantagens da função de medida de valor/unidade de conta da moeda são: a) a racionalização do número de informações econômicas por meio de sistema de preços; b) torna possível a contabilização da atividade econômica; c) permite a construção de um sistema de contabilidade social para o cálculo de valores agregados da produção, dos investimentos, do consumo, da poupança e de outros fluxos macroeconômicos importantes para o planejamento e a administração da economia como um todo.

3.5.3. Reserva de valor

Uma outra função da moeda é a que decorre da particularidade de servir como uma reserva de valor, desde o momento em que é recebida até o instante em que é gasta por seu detentor. Esta capacidade traduz uma forma de guardar riqueza.

A moeda é um reservatório do poder de compra por excelência. Por sua liquidez não revela a incerteza de outros ativos, por vezes, altamente variáveis; daí por que ostenta a característica da liquidez por excelência.

Existem, assim, duas razões pelas quais a moeda é preferida como reserva de valor: imediata aceitação e previsibilidade.

---

36 LOPES, João do Carmo; ROSSETI, José Paschoal, op. cit., p. 20.
37 LOPES, João do Carmo; ROSSETI, José Paschoal, op. cit., p. 20/21.

Parte II • Direito Econômico e Financeiro

A pronta e imediata aceitação da moeda, quando da decisão de convertê-la em outros ativos financeiros ou reais, é fator determinante nas relações jurídicas; e a essa aceitação soma-se a particularidade de ser a moeda um ativo conversível em ampla área geográfica.

Por outro lado, a imprevisibilidade do valor futuro de outros ativos, sobretudo os não financeiros é evidente. Nada garante que o valor de um determinado ativo esteja a um nível adequado quando vier a ser utilizado. Em muitos casos os ativos reais perdem a sua reversibilidade. Há bens de uso durável que, imediatamente após sua compra em primeira mão, já não serão mais reversíveis ao valor com que foram adquiridos.

3.5.4. Poder liberatório

A moeda detém um poder, como ativo, de saldar dívidas e de liquidar débitos, de livrar seu detentor de uma situação passiva. Dá-se a esta particularidade a denominação poder liberatório ou função liberatória.

Esse poder é garantido pelo Estado, que pode forçar o curso da moeda, impondo sua aceitação como forma de pagamento.

No entanto, como lecionam Lopes e Rosseti[38]:

> Se a sociedade deixa de confiar na moeda, não há formas eficazes que, pela simples imposição legal, levem os agentes econômicos a participar das transações em que a moeda corrente venha a ser utilizada como meio de pagamento, mesmo que o Estado declare, uma vez realizada a transação, estar extinta a relação jurídica de débito e crédito resultante da troca.

Há, portanto, evidente vínculo entre a função liberatória da moeda e o seu nível de aceitação por parte da sociedade. A aceitação generalizada é que garantirá à moeda o exercício dessa importante função.

3.6. O curso forçado da moeda

O curso forçado, ou seja, a obrigatoriedade de recebimento, pelos credores, em pagamento de seus créditos, de moeda-papel, a qual libera, por conseguinte, os devedores de suas respectivas dívidas se conecta e viabiliza o poder liberatório já enfocado.

---

38   LOPES, João do Carmo; ROSSETI, José Paschoal, op. cit., p. 23.

Na lição de Paulo Sandroni[39]:

> [é o] atributo do papel-moeda (e das moedas metálicas que não sejam metais preciosos) que faz dele um meio irrecusável de pagamento. O papel-moeda oficial é atualmente de curso forçado, o mesmo não acontecendo com o cheque e a nota promissória. Nos antigos sistemas monetários baseados no padrão ouro, em épocas de grave crise econômico-financeira, de convulsões sociais ou de guerras, os governos decretavam o curso forçado do seu papel-moeda ou das notas bancárias, tornando obrigatória a sua aceitação e ao mesmo tempo desobrigando os bancos emissores, ou o Tesouro Nacional, de convertê-los em ouro amoedado, ou em moedas metálicas, suspendendo dessa forma a convertibilidade. Este atributo do papel-moeda tem origem em determinação governamental, obrigando a aceitação desse tipo de moeda desprovida de lastro metálico (ouro ou prata).

No Brasil, nossa moeda de curso forçado é o Real, a teor das Leis nº 9.069/95 e nº 10.192/2001.

3.7. Competência constitucional de Direito Monetário

Destacando-se do Direito Econômico e tendo vínculos com o Direito Constitucional e o Direito Administrativo, o Direito Monetário representa o conjunto de preceitos aplicáveis à moeda nas suas duas acepções básicas de moeda de liquidação: instrumento de pagamento e de unidade de conta, denominador comum de valores – ponte entre o passado e o futuro, abrangendo os índices ou indexadores.

O Direito Monetário também trata da política monetária implementada pelo Banco Central (emissão de moeda, fixação da taxa de juros, depósitos compulsórios, operações de redesconto e operações de mercado aberto de títulos).

Como se vê, trata-se, portanto, da disciplina limitadora do poder monetário do Estado, o qual fixa o valor da moeda e do índice ou indexador, interferindo nas relações públicas e privadas.

O presente item tem como desafio traçar os contornos do que se pode afirmar ser a "Constituição monetária" em razão da disciplina adotada em nossa Constituição, que dotou a União Federal de competência exclusiva para legislar sobre moeda, bem como do monopólio do Banco Central do Brasil na emissão da moeda e na condução da política monetária.

---

39 SANDRONI, Paulo. Op. cit., p. 147.

Parte II • Direito Econômico e Financeiro   **227**

Em primeiro lugar, cabe o destaque para a distinção entre competência exclusiva e privativa, cujo manejo é de grande importância para a compreensão do tema.

A competência exclusiva é aquela que se caracteriza pela nota da indelegabilidade[40]. O art. 21, VII, da Constituição Federal, afirma que compete à União Federal legislar sobre moeda, o que difere da competência do art. 22, VI, referente ao sistema monetário, posto que o parágrafo único do dispositivo permite a delegação aos Estados por meio de lei complementar.

Conforme ressalta José Afonso da Silva[41], sobre o art. 21, VII, da Constituição Federal:

> A União ficou ainda bem aquinhoada na partilha de competências federativas. Dispõe de competência material exclusiva, conforme ampla enumeração dos assuntos do art. 21; de competência legislativa privativa, consoante discriminação constante do art. 22; de competência comum com os Estados, Distrito Federal e Municípios, arrolada no art. 23; e, ainda, de competência legislativa concorrente com os Estados sobre temas especificados no art. 24.

Comentando o inciso VII do mesmo dispositivo, Manoel Gonçalves Ferreira Filho[42] assim se pronuncia:

> É essencial para a unidade nacional que em todo território circule e valha uma só moeda. Na verdade, a unidade monetária é exigida pela unidade econômica, sem a qual um Estado não pode sobreviver. Natural se torna que a emissão de moeda, inclusive e evidentemente de papel-moeda, seja atribuída à União.

No mesmo sentido, Manoel Gonçalves Ferreira Filho[43], ao examinar a competência privativa da União para legislar sobre sistema monetário prevista no art. 22, VI, da Constituição Federal, afirma:

> Compete à União fixar o tipo de moeda, seus padrões, suas divisões, bem assim legislar sobre sua circulação e convertibilidade. Sendo essencial para a unidade nacional, a unidade monetária, é

---

40 BULOS, Uadi Lamego. *Constituição federal anotada.* 8. ed. São Paulo: Saraiva, 2008, p. 538.

41 SILVA, José Afonso da. Op. cit., p. 260.

42 FERREIRA, Filho, Manoel Gonçalves. *Comentários à Constituição Brasileira de 1988.* 2. ed. São Paulo: Saraiva, 1997, p. 154. v. 1,

43 FERREIRA, Filho, Manoel Gonçalves, op. cit., v. 1, p. 168/169.

necessário que a União e só ela conte com o poder de legislar sobre o sistema monetário.

Discorrendo sobre o mesmo dispositivo, José Afonso da Silva[44] afirma ser o sistema monetário:

> [...] o conjunto de elementos jurídicos, proporções e relações econômicas que caracterizam a circulação da moeda de um determinado país: metal, papel-moeda, divisão e subdivisões e padrão da moeda. É a lei – de competência da União, como se vê – que vai dizer o que é e o que não é "moeda legal", como meio de troca e de pagamento, seja metal ou papel-moeda, evolução da moeda-papel (nota bancária), que passou de conversível a nota inconversível (papel-moeda) com poder liberatório e curso forçado. Envoltos nisso tudo estão o sistema de crédito e o sistema bancário produtor de moeda escritural, assim como a política monetária. A propósito, existe a Lei nº 4.595/64, que disciplina as instituições monetárias, bancárias e creditícias.

O Supremo Tribunal Federal, no RE 291.188, da relatoria do Ministro Sepúlveda Pertence, unânime, DJU de 14/11/2002, p. 33, acatou a exegese da competência exclusiva da União Federal, em legislar sobre moeda e sistema monetário, *in verbis*:

> DIREITO MONETÁRIO: COMPETÊNCIA LEGISLATIVA PRIVATIVA DA UNIÃO: CRITÉRIOS DE CONVERSÃO EM URV DOS VALORES FIXADOS EM CRUZEIRO REAL: APLICAÇÃO COMPULSÓRIA A ESTADOS E MUNICÍPIOS, INCLUSIVE AOS VENCIMENTOS DOS RESPECTIVOS SERVIDORES, QUE IMPEDE A INCIDÊNCIA DE DIFERENTE LEGISLAÇÃO LOCAL A RESPEITO.
>
> 1. Em todas as Federações, o estabelecimento do sistema monetário foi sempre típica e exclusiva função legislativa do ordenamento central; e estabelecer o sistema monetário – escusado o óbvio – consiste primacialmente na criação e eventual alteração do padrão monetário.
>
> 2. A alteração do padrão monetário envolve necessariamente a fixação do critério de conversão para a moeda nova do valor das obrigações legais ou negociais orçadas na moeda velha;

---

44 SILVA, José Afonso da. Op. cit., p. 266.

insere-se, pois, esse critério de conversão no âmbito material da regulação do "sistema monetário", ou do Direito Monetário, o qual, de competência legislativa privativa da União (CF, art. 22, VI), se subtrai do âmbito da autonomia dos Estados e Municípios. 3. A regra que confia privativamente à União legislar sobre "sistema monetário" (art. 22, VI) é norma especial e subtrai, portanto, o Direito Monetário, para esse efeito, da esfera material do Direito Econômico, que o art. 24, I, da Constituição da República inclui no campo da competência legislativa concorrente da União, do Estados e do Distrito Federal. [...]"[45].

Convém, ainda, pontuar a competência exclusiva do Congresso Nacional para dispor sobre as "emissões de curso forçado" (art. 48, II, CF), bem como sobre a moeda e seus limites de emissão (art. 48, XIV, CF).

Sobre o tema manifestou-se Manoel Gonçalves Ferreira Filho[46], explicando:

> São de curso forçado as emissões de qualquer espécie, às quais o Estado confere poder liberatório. Tais emissões, por serem dotadas de poder libertatório, não podem ser recusadas em pagamento, têm sua aceitação forçada, já que os credores não as podem recusar. Essas emissões geram, pois, moeda.

Por derradeiro, fechando o que se denominou "Constituição Monetária", vem a propósito o art. 164 da Constituição Federal, o qual confere ao Banco Central a exclusividade pela emissão da moeda, bem como a condução da política monetária, nos termos do seu parágrafo segundo, comprando e vendendo títulos de

---

45 Vale destacar a noção de Direito Bancário em face do Direito Monetário. Quanto ao Direito Bancário, vale relembrar a precisa lição de Nelson Abrão no seu *Direito bancário*. 3. ed. São Paulo: RT, 1996, p. 17, segundo o qual o Direito Bancário é "ramo do Direito comercial, inserindo-se no tronco do Direito Privado, pela qualidade das partes, cujas relações regula, o Direito Bancário, por outro lado, impregna-se de acentuada conotação pública, dada a importante repercussão, no interesse coletivo do exercício da atividade bancária, atualmente sob controle estatal. Com efeito, o Estado mantém hoje órgãos encarregados de "formular a política da moeda e do crédito, objetivando o progresso econômico e social do país" (v. art. 2º, parte final da Lei nº 4.595, de 31/12/64). Portanto, o primeiro caráter a assinalar no Direito Bancário é a submissão às normas de Direito Privado e, também, do Direito Público representado pelo Direito Econômico. Em segundo lugar, esse conjunto de regras compreendidas por nossa disciplina diz respeito às operações de banco, e a quem as pratica de modo reiterado, dentro do plano econômico da prestação de serviços. Consequentemente, é um direito profissional, reunindo especificamente as normas reguladoras de um determinado tipo econômico e de seus agentes. Postas, assim, as linhas mestras sobre os quais se assenta o Direito Bancário, podemos conceituá-lo como sendo o ramo do Direito Comercial que regula as operações de banco e a atividade daqueles que os praticam em caráter profissional".

46 FERREIRA FILHO, Manoel Gonçalves, op. cit., p. 289. v. 1.

emissão do Tesouro Nacional, com o objetivo de regular a oferta de moeda ou a taxa de juros.

Como se constata, o *caput* do art. 164 deve sofrer exegese sistemática, de acordo com as competências exclusivas da União Federal de emitir moeda e dispor sobre o sistema monetário (arts. 21, VII, e 22, VI, CF), bem como as competências exclusivas do Congresso Nacional de dispor sobre emissões de curso forçado e moeda (art. 48, II e XIV, CF), não deixando espaço para Estados, Distrito Federal e Municípios tratarem do tema.

Neste sentido, José Afonso da Silva[47] afirma:

> O Banco Central do Brasil foi criado pela Lei 4.595/64 (art. 8º), como autarquia federal, com personalidade jurídica e patrimônio próprios, cumprindo-lhe exercer a competência da União para emitir moeda, seja papel-moeda como moeda metálica, nos limites estabelecidos pelo Conselho Monetário Nacional; assim como para executar serviços do meio circulante, entre outras atribuições de controle do crédito – de tal sorte que essa norma do art. 164, como se disse acima, completa o disposto no art. 21, VII, porque indica o órgão que cumpre a competência da União para emitir moeda: exclusivamente o Banco Central.

Com estas considerações sobre a ciência econômica, que se fizeram necessárias para balizar a explanação sobre a judicialização da política monetária, na vertente da concessão pelo Judiciário de correção monetária não prevista em norma constitucional ou infraconstitucional, procurou-se contextualizar a ordem econômica constitucional vigente, complementando o cenário econômico-constitucional em que se operacionalizou a postura do Poder Judiciário.

3.8. Referências

ABREU, Marcelo de Paiva (Org.). *A ordem do progresso. Cem anos de política econômica republicana. 1889-1989*. Rio de Janeiro: Campus, 2000.

ARAÚJO, Eugênio Rosa de. *Resumo de direito financeiro*. 2. ed. Niterói: Impetus, 2009.

BORDES, Christian. *La politique monetaire*. Paris: La Découverte, 2007.

BULOS, Uadi Lamego. *Constituição federal anotada*. 8. ed. São Paulo: Saraiva, 2008.

CAMARGO, José Francisco. *Política econômica*. São Paulo: Atlas, 1967.

---

47   SILVA, José Afonso da, op. cit., p. 686/687.

CANTO, Gilberto de Ulhôa (Org.). *A correção monetária no direito brasileiro.* São Paulo: Saraiva, 1983.

CARNEIRO, Ricardo (Org.). *Política econômica da nova república.* 2. ed. Rio de Janeiro: Paz e Terra.

CHACEL Julian *et allii. A correção monetária.* Rio de Janeiro: APEC Editora S/A, 1970.

COTTA, Alain. Verbete "Política econômica". In: *Dicionário de economia.* Trad. Álvaro de Figueiredo. Lisboa: Don Quixote, 1976.

FERNANDES, Antonio Alberto Grossi. *O Brasil e o sistema financeiro nacional.* Rio de Janeiro: Qualimark, 2002.

FERREIRA, FILHO, Manoel Gonçalves. *Comentários à Constituição brasileira de 1988.* 2. ed. São Paulo: Saraiva, 1997. v. 1,

FILGUEIRAS, Luiz. *História do plano real.* São Paulo: Boitempo, 2000.

FORTUNA, Eduardo. *Mercado financeiro.* 16. ed. Rio de Janeiro: Qualitymark, 2006.

GIAMBIAGI, Fabio; ALÉM, Ana Claudia. *Finanças públicas – teoria e prática no Brasil.* 2. ed. Rio de Janeiro: Campus, 2001.

GOMES, Luiz Souza. Verbete "Política econômica". In: *Dicionário econômico e financeiro.* 9. ed. Rio de Janeiro: Ed. Borsoi, s/d.

GRAU, Eros Roberto. *Planejamento econômico e regra jurídica.* São Paulo: RT, 1978.

GUDIN, Eugênio. *Princípios de política monetária.* 2. ed. Rio de Janeiro: Livraria Agir Editora, 1956. v. 2.

IANNI, Octavio. *Estado e planejamento econômico no Brasil.* 5. ed., Rio de Janeiro: Civilização Brasileira, 1991.

JANSEN, Letácio. *Limites jurídicos da moeda.* Rio de Janeiro: Lumen Juris, 2000.

_____. *A norma monetária.* Rio de Janeiro: Forense, 1988.

_____. *A moeda nacional brasileira.* Rio de Janeiro: Renovar, 2009.

_____. *Crítica da doutrina da correção monetária.* Rio de Janeiro: Forense, 1983.

LELART, Michel. *Le systéme monétaire internationel.* Paris: La Découverte, 2007.

LOPES, João do Carmo; ROSSETI, José Paschoal. *Economia monetária.* 7. ed. São Paulo: Atlas, 1998.

MARINHO, Henrique. *Política monetária no Brasil.* Rio de Janeiro: Campus, 1996.

MODENESI, André de Mello. *Regimes monetários.* Barueri: Manole, 2005.

MOSQUERA, Roberto Quiroga. *Direito monetário e tributação da moeda.* São Paulo: Dialética, 2006.

MUNIZ, Marco Antônio (Coord.). *Direito e processo inflacionário.* Belo Horizonte: Del Rey, 1994.

NUSDEO, Fabio. Verbete "Política econômica". *Enciclopédia Saraiva do direito.* São Paulo: Saraiva, 1981. v. 59.

_____. *Fundamentos para uma codificação do direito econômico.* São Paulo: RT, 1995.

_____. *Curso de economia. Introdução ao direito econômico.* São Paulo: RT, 1997.

NUSSBAUM, Arthur. Trad. de Alberto D. Schoo. *Derecho monetário nacional e internacional.* Buenos Aires: Ediciones Arayú, 1952.

ROBERTSON, Ross M. Verbete "Moeda". In: *Dicionário de ciências sociais.* Rio de Janeiro: Fundação Getulio Vargas, 1986.

ROSSETTI, José Paschoal. *Política e programação econômicas.* 7. ed. São Paulo: Atlas, 1987.

SANDRONI, Paulo. Verbete "política econômica". In: *Novíssimo dicionário de economia.* 6. ed. São Paulo: Best Seller, 2004.

SILVA, José Afonso da. *Tributos e normas de política fiscal na Constituição do Brasil.* São Paulo: RT, 1968.

SMITHIES, Artur (Org.). *Lecturas sobre politica fiscal.* Trad. Miguel Paredes. Madrid: Biblioteca de La Ciência Econômica, 1959.

SOUTO, Marcos Juruena Villela. *Aspectos jurídicos do planejamento econômico.* 2. ed. Rio de Janeiro: Lumen Juris, 2000.

SPERBER, Monique Canto (Org.). Trad. Ana Maria Ribeiro-Althoff. Verbete "Economia". *Dicionário de ética e filosofia moral.* São Leopoldo: Unisinos, 2007. v. 1.

TEIXEIRA, Ernani. *Economia monetária. A macroeconomia no contexto monetário.* São Paulo: Saraiva, 2002.

VIDIGAL, Geraldo. *Direito monetário.* São Paulo: Instituto Brasileiro de Ciência Bancária, 1995.

WALD, Arnoldo. *O novo direito monetário. Os planos econômicos e a justiça.* Belo Horizonte: Edições Ciência Jurídica, 1996.

_____. Verbete "Moeda II". In: *Enciclopédia Saraiva do direito.* São Paulo: Saraiva, 1977. v. 53.

WOOD, Norman Jr. Verbete "Política fiscal". In: *Dicionário de ciências sociais.* Rio de Janeiro: Editora Fundação Getulio Vargas, 1986.

Capítulo 4

Correção monetária de caderneta de poupança – outra visão[1]

> **SUMÁRIO: 4.1.** Considerações preliminares. **4.2.** Competência legislativa em Direito Monetário. **4.3.** Do contrato de caderneta de poupança. **4.4.** Regime monetário e ciclo temporal do contrato de caderneta. **4.5.** Poder Judiciário e política monetária. **4.6.** A Caixa Econômica Federal não pode ser responsabilizada por expurgos inflacionários. **4.7.** Conclusão. **4.8.** Referências.

4.1. Considerações preliminares

Com a nova onda de ações condenatórias visando à reposição dos denominados planos Bresser e Verão, algumas considerações de ordem econômico-jurídica se tornam pertinentes, revolvendo-se velhos temas sob renovada ótica.

Neste pequeno ensaio, convidamos o leitor a refletir sobre a última década de reduzidíssima inflação, em lugar dos patamares de quatro (!) dígitos da década de oitenta, a ausência de declaração de inconstitucionalidade, pelo Supremo Tribunal Federal, de qualquer dos referidos planos, a ausência de responsabilidade civil do Estado por ato legislativo (inconstitucional ou conforme a Constituição) neste caso, bem como ausência dos pressupostos de enriquecimento ilícito.

Pugno, ainda, por considerar o caso específico da Caixa Econômica Federal, na qualidade de agência de fomento (inc. VII, art. 163, e § 2º do art. 165, CF) e as consequências decorrentes desta qualidade institucional.

Ressalto, por derradeiro, a inadequação ou impossibilidade de o Judiciário atuar como legislador positivo, bem como exercer poder regulamentar privativo do Poder Executivo no âmbito de normas em branco de Direito Monetário.

---

[1] Estudo em homenagem ao Desembargador Federal Clélio Erthal.

4.2. Competência legislativa em Direito Monetário

Nos termos da Constituição Federal vigente, bem assim das pretéritas, compete à União Federal dispor sobre as normas concernentes à moeda, seja ela moeda de pagamento (cruzeiro, cruzado, real etc.), seja moeda de conta (OTN, ORTN, UPC, URV etc.), nos termos dos arts. 21, incs. VII e VIII, 22, incs. VI, VII e XIX, e 48, incs. II, XIII e XIV, os quais têm a seguinte redação:

> **Art. 21.** Compete à União:
>
> [...]
>
> VII – emitir moeda;
>
> VIII – administrar as reservas cambiais do País e fiscalizar as operações de natureza financeira, especialmente as de crédito, câmbio e capitalização, bem como as de seguros e de previdência privada;
>
> [...]
>
> **Art. 22.** Compete privativamente à União legislar sobre:
>
> [...]
>
> VI – sistema monetário e de medidas, títulos e garantias dos metais;
>
> VII – política de crédito, câmbio, seguros e transferência de valores;
>
> [...]
>
> XIX – sistemas de poupança, captação e garantia da poupança popular;
>
> [...]
>
> **Art. 48.** Cabe ao Congresso Nacional, com a sanção do Presidente da República, não exigida esta para o especificado nos arts. 49, 51 e 52, dispor sobre todas as matérias de competência da União, especialmente sobre:
>
> [...]
>
> II – plano plurianual, diretrizes orçamentárias, orçamento anual, operações de crédito, dívida pública e emissões de curso forçado;
>
> [...]

XIII – matéria financeira, cambial e monetária, instituições financeiras e suas operações;

XIV – moeda, seus limites de emissão, e montante da dívida mobiliária federal.

Não se pode duvidar, portanto, de que cabe à União dispor sobre o regime monetário, abrangendo tanto a moeda de pagamento quanto a de conta ou indexador.

Assim, a política monetária traduz o conjunto de medidas adotadas pelo Governo visando a adequar os meios de pagamento disponíveis às necessidades da economia do país.

Cabe ao Banco Central, autarquia federal, o encargo de emitir a moeda, regular o crédito, manter o padrão monetário e controlar o câmbio. Nesse poder-dever, a política monetária pode recorrer a diversas técnicas de intervenção, controlando, de modo geral, a liquidez do sistema bancário.

Avançando nestas linhas sobre o Direito Monetário, é preciso compreender as competências infralegais mais gerais que norteiam todo o nosso sistema monetário, que regula a moeda de pagamento e de conta.

Neste sentido, a Lei nº 4.595/64, no seu art. 1º, dispõe sobre os principais agentes do Sistema Financeiro Nacional, sendo que, pela brevidade deste escrito, nos deteremos apenas sobre o Conselho Monetário Nacional e o Banco Central do Brasil.

Assim, o art. 3º do referido diploma dispõe que a política do Conselho Monetário Nacional objetivará:

- adaptar o volume dos meios de pagamentos às reais necessidades da economia nacional e seu processo de desenvolvimento;
- regular o valor interno da moeda, para tanto **prevenindo ou corrigindo os surtos inflacionários** ou deflacionários de origem interna ou externa, as depressões econômicas e outros desequilíbrios oriundos de fenômenos conjunturais;
- regular o valor externo da moeda e o equilíbrio no balanço de pagamento do País, tendo em vista a melhor utilização dos recursos em moeda estrangeira;
- orientar a aplicação dos recursos das instituições financeiras, **quer públicas, quer privadas**; tendo em vista propiciar, nas diferentes regiões do país, condições favoráveis ao desenvolvimento harmônico da economia nacional;

236 Problemas e Soluções em Direito • Eugênio Rosa de Araújo

- propiciar o aperfeiçoamento das instituições e dos instrumentos financeiros com vistas à maior eficiência do **sistema de pagamentos** e de mobilização de recursos;

- zelar pela liquidez e solvência das instituições financeiras;

- coordenar as políticas monetária, creditícia, orçamentária, fiscal e da dívida pública, interna e externa.

No mesmo diploma, o art. 9º dispõe que compete ao Banco Central cumprir e fazer cumprir as disposições que lhe são atribuídas pela legislação em vigor e as normas expedidas pelo Conselho Monetário Nacional.

Funciona o Banco Central como núncio das decisões do Conselho Monetário Nacional, por meio de resoluções, as quais, como bem acentua Fábio Konder Comparato (*RDM* 3/63) não constituem um simples ato administrativo regulamentar, mas sim o preenchimento de uma norma legal em branco, atuando portanto como o necessário momento integrativo do seu conteúdo e participando de sua natureza.

Inexiste, portanto, qualquer dúvida no campo normativo quanto à possibilidade e competência da União Federal para dispor sobre o regime monetário; e nos permitimos remeter o leitor para nosso *Resumo de Direito Econômico*, publicado pela Editora Impetus, 2. ed. 2007, Capítulo I, para maiores detalhes a respeito das funções da moeda.

4.3. Do contrato de caderneta de poupança

Como sabemos, a caderneta de poupança é um contrato cujo direito à correção monetária, em regra, passa a existir somente no 30º dia (com pequenas alterações). Caso o poupador retire o depósito antes deste dia, terá sua remuneração alterada. Disso decorre que a lei aplicável é aquela vigente no 30º dia, razão pela qual não existe direito adquirido antes desse dia – até ali só existirá expectativa de direito (não desconheço a distinção deste com o direito expectativo, que não se aplica ao caso).

Note-se, por outro lado, que o contrato de caderneta, por sua natureza, revela uma relação de trato sucessivo de ciclo temporal curto (30 dias). A cada transcurso de 30 dias, conclui-se um ciclo temporal do contrato, sendo certo que a moeda de conta (indexador) a ser aplicada será aquela vigente no 30º dia do fechamento do ciclo contratual (a jurisprudência sobre a retroatividade máxima, média e mínima sofisma quanto a estas premissas).

4.4. Regime monetário e ciclo temporal do contrato de caderneta

Sabemos do entendimento doutrinário e jurisprudencial que estabelece o mito de que os contratos de trato sucessivo estão cobertos pela proteção do ato jurídico perfeito e direito adquirido em face da mudança de moeda. No entanto, discordamos dessa metodologia monetária, o que tentaremos nos parágrafos seguintes demonstrar.

Em primeiro lugar, o Supremo Tribunal Federal, por diversas vezes, já ressaltou que não há direito adquirido a padrão monetário (imagine uma coisa julgada em contos de réis...), *in verbis:*

> A MOEDA DO PAGAMENTO DAS CONTRIBUIÇÕES E DOS BENEFÍCIOS DA PREVIDÊNCIA PRIVADA TEM O SEU VALOR DEFINIDO PELA LEI Nº 6.435/77, SEGUNDO OS ÍNDICES DAS ORTNS, PARA TODAS AS PARTES.
>
> Não há direito adquirido a um determinado padrão monetário pretérito, seja ele o mil réis, o cruzeiro velho ou a indexação pelo salário mínimo. O pagamento se fará sempre pela moeda definida pela lei do dia do pagamento.
>
> RE conhecido e parcialmente provido.
>
> (RE 105.137, Rel. Cordeiro Guerra, DJ 20/09/1985, p. 15.994, ement. v. 01393-05, p. 954, *RTJ*, v. 115-01, p. 379)

> TRABALHISTA. PLANO CRUZADO. ALEGAÇÃO DE OFENSA AO ART. 5º, INC. XXXVI, DA CF/88.
>
> Demasiado extremismo afirmar-se a existência de ofensa ao ato jurídico perfeito, ao direito adquirido e a coisa julgada – que a lei não pode modificar –, em face de a decisão recorrida ter adequado os reajustes salariais da categoria, emergentes de acordo em dissídio coletivo, ao plano de estabilização da economia, instituidor do novo padrão monetário dos cruzados. Jurisprudência do STF que se firmou no sentido de que as normas que alteram o padrão monetário e estabelecem critérios para conversão de valores em face dessa alteração se aplicam de imediato, não se lhes aplicando as limitações do ato jurídico perfeito e do direito adquirido.
>
> (RE 114.982, Rel. Min. Moreira Alves).

(AG. REG. NO AGRAVO DE INSTRUMENTO 139.160, Rel. Ilmar Galvão, DJ 22/05/92, p. 7.218, ement. v. 01662-03, p. 515. *RTJ*, v. 141-03, p. 1.001)

RECURSO EXTRAORDINÁRIO. REAJUSTE DE SALÁRIOS. CLÁUSULA FIXADA EM ACORDO COLETIVO. NORMA SUPERVENIENTE QUE ALTERA O PADRÃO MONETÁRIO E FIXA NOVA POLÍTICA SALARIAL. DIREITO ADQUIRIDO. INEXISTÊNCIA.

1. A sentença homologatória de acordo coletivo tem natureza singular e projeta no mundo jurídico uma norma de caráter genérico e abstrato, embora nela se reconheça a existência de eficácia da coisa julgada formal no período de vigência mínima definida em lei, e, no âmbito do direito substancial, coisa julgada material em relação à eficácia concreta já produzida.

2. Firmada ante os pressupostos legais autorizadores então vigentes, a sentença normativa pode ser derrogada por disposições legais que venham a imprimir nova política econômico-monetária, por ser de ordem pública, de aplicação imediata e geral, sendo demasiado extremismo afirmar-se a existência de ato jurídico perfeito, direito adquirido e coisa julgada, para infirmar preceito legal que veio dispor contrariamente ao que avençado em acordo ou dissídio coletivo.

Recurso extraordinário conhecido e provido.

(RE 202.686, Rel. Mauricio Correa, DJ 26/05/2000, p. 32, ement. v. 1992-02, p. 340)

LOCAÇÃO. PLANO CRUZADO. ALEGAÇÃO DE OFENSA AO § 3º DO Art. 153 DA EMENDA CONSTITUCIONAL Nº 1/69. DECRETO-LEI Nº 2.290/86 E DECRETO Nº 92.592/86.

Falta de prequestionamento da questão constitucional (alegação de ofensa ao § 3º do art. 153 da Emenda Constitucional nº 1/69), quanto à limitação da cláusula de reajuste semestral do aluguel referida no acórdão recorrido.

Já se firmou a jurisprudência desta Corte, como acentua o parecer da Procuradoria-Geral da República, no sentido de que as normas que alteram o padrão monetário e estabelecem os critérios para a conversão dos valores em face dessa alteração se aplicam de imediato, alcançando os contratos em curso de execução, uma vez que elas tratam de regime legal de moeda, não se lhes aplicando, por incabíveis, as limitações do direito adquirido e do ato jurídico perfeito a que se refere o § 3º do art. 153 da Emenda Constitucional nº 1/69. Recurso extraordinário não conhecido.

(RE 114.982, Rel. Moreira Alves, DJ 1º/03/1991, p. 1.808, ement. v. 01609-01, p. 150)

APLICAÇÕES EM CERTIFICADOS DE DEPÓSITOS BANCÁRIOS COM VALOR DE RESGATE PRÉ-FIXADO – CDB. DL 2.335, DE 12/6/1987 (CONGELAMENTO DE PREÇOS E SALÁRIOS POR 90 DIAS). PLANO BRESSER. DEFLAÇÃO. TABLITA. APLICAÇÃO IMEDIATA. ALTERAÇÃO DE PADRÃO MONETÁRIO. ALEGAÇÃO DE OFENSA AO ATO JURÍDICO PERFEITO.

O plano Bresser representou alteração profunda nos rumos da economia e mudança do padrão monetário do país.

Os contratos fixados anteriormente ao plano incorporavam as expectativas inflacionárias e, por isso, estipulavam formas de reajuste de valor nominal.

O congelamento importou em quebra radical das expectativas inflacionárias e, por consequência, em desequilíbrio econômico-financeiro dos contratos.

A manutenção íntegra dos pactos importaria em assegurar ganhos reais não compatíveis com a vontade que deu origem aos contratos.

A tablita representou a consequência necessária do congelamento como instrumento para se manter a neutralidade distributiva do choque na economia.

O decreto-lei, ao contrário de desrespeitar, prestigiou o princípio da proteção do ato jurídico perfeito (art. 5ª XXXVI, CF) ao reequilibrar o contrato e devolver a igualdade entre as partes contratantes.

(RE 141.190, Rel. Ilmar Galvão, DJ 26/05/2006, p. 8, ement. v. 02234-03, p. 403)

No STJ o entendimento é semelhante:

DIREITO ECONÔMICO. MANDADO DE SEGURANÇA. TÍTULOS PÚBLICOS. NOTAS DO TESOURO NACIONAL. ATUALIZAÇÃO MONETÁRIA. PLANO REAL. APLICAÇÃO DA LEI Nº 8.880/94. NORMA DE ORDEM PÚBLICA.

1. Cuidam os autos de mandado de segurança impetrado por DC Corretora de Títulos e Valores Mobiliários S/A objetivando que, a partir de 1º/01/94, por ocasião do resgate de Notas do Tesouro Nacional que adquiriu, fossem observados os critérios de atualização monetária ajustados no contrato de aquisição desses títulos, com incidência do IGPM e não dos índices instituídos pela Lei nº 8.880/94. O juízo monocrático concedeu a segurança e o TRF/2ª Região, por maioria de votos, reformou a sentença, dando provimento à remessa oficial e ao apelo voluntário do Bacen. Embargos de declaração foram opostos pela autora e rejeitados. Esta interpôs recurso especial apontando infringência dos arts. 2º da Lei nº 8.249/91 e 6º da LICC, além de divergência jurisprudencial. Contrarrazões oferecidas defendendo a manutenção do aresto vergastado.

2. A Lei nº 8.880/94 alterou o sistema de padrão monetário do País e o critério de cálculo dos índices de correção monetária, tomando como parâmetro a variação dos preços em Real (art. 38). Nesse contexto, o Governo passou a adotar o IGP-2, e não o IGPM, na atualização dos títulos que seriam resgatados a partir de julho de 1994.

3. O princípio da obrigatoriedade dos cumprimentos dos contratos – *pacta sunt servanda* – não pode ser levantado em face de uma norma de ordem pública, não havendo razão para que uma avença de natureza eminentemente privada se sobreponha ao interesse público.

4. As leis de natureza reguladora do mercado financeiro são de ordem pública, podendo alterar os índices de correção monetária e aplicá-los imediatamente para atualizar os valores dos títulos públicos em circulação no mercado.

5. Recurso especial improvido.

(EDERESP 663.781, Rel. José Delgado, DJ 20/03/2006, p. 198)

RECURSO ESPECIAL. LOCAÇÃO. DIFERENCIAIS LOCATÍCIOS. MP 542/94. EFEITO IMEDIATO DA LEI NOVA. INEXISTÊNCIA DE VIOLAÇÃO DE ATO JURÍDICO PERFEITO.

1. Por ser de ordem pública, a Medida Provisória nº 542/94, convertida na Lei nº 9.069/95, é de incidência imediata e plena, alcançando os contratos em curso, sem que se lhe possa opor direito subjetivo adquirido ou ato jurídico perfeito, à razão de serem ajustados à anterior avença locatícia.

3. Precedentes.

4. Recurso conhecido e improvido.

(RESP 94.850, Rel. Hamilton Carvalhido, DJ 04/08/2003, p. 444)

RECURSO ESPECIAL. PROCESSUAL CIVIL E CIVIL. PREQUESTIONAMENTO. PLANO ECONÔMICO. CONTRATOS ANTERIORMENTE FIRMADOS. APLICABILIDADE IMEDIATA. ART. 28, § 7º, DA LEI Nº 9.069/95. CONTRATO EM CRUZEIROS.

Não se conhece o recurso especial quanto a questões carentes de prequestionamento.

As normas que positivam os denominados planos econômicos são de aplicabilidade imediata, atingindo, inclusive, os contratos anteriormente firmados.

O fato de o contrato ter sido firmado em cruzeiros não afasta, por si só, a incidência do § 7º do art. 28 da Lei nº 9.069/95, ainda que este se refira às "obrigações em cruzeiros reais", tendo em vista que, quando do advento do referido dispositivo, os valores contratuais eram expressos em cruzeiros reais por força da alteração do padrão monetário promovida pela MP nº 336/93, convertida na Lei nº 8.697/93.

Hipótese em que se revelam presentes as premissas necessárias à incidência do § 7º do art. 28 da Lei nº 9.069/95 – obrigações em cruzeiros reais, contraídas antes de 15 de março de 1994 e não convertidas em URV, e decorrido um ano da conversão para o Real. Recurso especial. Processual civil e civil. Prequestionamento. Plano econômico. Contratos anteriormente firmados.

Aplicabilidade imediata. Art. 28, § 7º, da Lei nº 9.069/95. Contrato em cruzeiros.

Não se conhece o recurso especial quanto a questões carentes de prequestionamento.

(REsp 338.061, Rel.ª Min.ª Nancy Andrighi, DJ 23/09/2002, p. 353, *REPDJ*, 28/10/2002, p. 309)

LOCAÇÃO. PROCESSUAL CIVIL. PLANO REAL. NORMA DE ORDEM PÚBLICA. APLICAÇÃO IMEDIATA.

Conquanto por princípio a lei que rege o contrato é a da época da sua celebração, a norma de ordem pública – no caso modificadora do padrão monetário – tem incidência imediata, alcançando, inclusive, relações jurídicas estabelecidas antes da sua edição.

Recurso não conhecido.

(REsp 228.742, Rel. Felix Fischer, DJ 10/04/2000, p. 119)

DIREITO ECONÔMICO. PLANO BRESSER. TABLITA. LEGALIDADE. APLICAÇÃO. INCIDÊNCIA IMEDIATA DE NORMAS. INOCORRÊNCIA DE DIREITO ADQUIRIDO. RECURSO PROVIDO.

Em se tratando de normas de Direito Econômico, de ordem pública, sua incidência é imediata, consoante orientação assentada no tribunal, não sendo de invocar-se pretenso direito adquirido.

Por sua legalidade, é admissível a incidência da "tablita", imposta pelo Plano Bresser, calculando-se a deflação, nos termos previstos na respectiva legislação, sobre o total do título, ressalvada a impossibilidade de o investidor receber quantia menor que o capital aplicado, sob pena de enriquecimento indevido da entidade financeira.

(REsp 2.595, Rel. Sálvio de Figueiredo, DJ 1º/10/1990, p. 10.449, *JTS*, v. 23, p. 50, *RSTJ*, v. 21, p. 282)

No campo doutrinário, alguns estudiosos pendem pela aplicação imediata das normas de direito público ou ordem pública:

Pontes de Miranda preleciona:

Parte II • Direito Econômico e Financeiro

A cada passo se diz que as normas de direito público – administrativo, processual e de organização judiciária – são retroativas, ou contra elas não se pode invocar direitos adquiridos. Ora, o que em verdade acontece é que tais regras jurídicas, nos casos examinados, não precisam retroagir nem ofender direitos adquiridos, para que incidam desde logo. O efeito, que se lhes reconhece é normal, o efeito no presente, o efeito imediato, pronto, inconfundível com o efeito do passado, o efeito retroativo, que é anormal[2].

Roubier, por seu turno, aduz:

E precisamente, se produz efeito sobre os contratos em curso, é porque não se trata de lei relativa a uma situação contratual, mas a um estatuto legal, o estatuto da moeda; essa lei, considerada de direito público, atinge a todos os súditos do Estado, tanto em seus contratos como fora deles; é um erro considerá-la como lei concernente a contratos[3].

George Ripert, em sua insuperável obra *O Regime Democrático e o Direito Civil Moderno*, p. 312, aduz:

[...] a nova lei que estabelece uma regra de ordem pública, pode tolerar que algumas convenções antigas continuem a aplicar-se, ainda que toda a derrogação à ordem estabelecida é suscetível de comprometê-la, e torna-se então necessário anular cláusulas cuja regularidade era incontestável na época em que foram aceitas pelas partes. Quando a anulação é motivada pelo estabelecimento legal de um novo regime econômico, trata-se de uma nova aplicação da ideia de ordem pública.

Até aqui, portanto, podemos enumerar algumas conclusões retiradas da Constituição, da jurisprudência e da doutrina:

- existência das leis monetárias;
- abrangentes da moeda de pagamento e de conta;
- que se aplicam de imediato por integrarem o Direito Público;
- insuscetíveis de oposição por relação contratual;

2   PONTES DE MIRANDA, Francisco Cavalcante. *Comentários à Constituição de 1967*. 2. ed. São Paulo: RT, p. 99. t. V.

3   ROUBIER. *Le droit transitoire*. 2. ed., 1960, p. 426.

- inexiste direito adquirido a padrão monetário de pagamento ou de conta (indexador), pois reflete vontade e poder do Estado, que define a moeda e o seu regime em todos os seus efeitos.

O argumento segundo o qual a nossa Constituição não sustenta tais assertivas é falacioso, uma vez que ela não contém conceito, ou mesmo tipo (embora se possa falar de um sintagma tipificante...) que defina direito adquirido, ato jurídico perfeito e coisa julgada para os fins de estabelecimento da intangibilidade de atos jurídicos por regimes institucionais, haja vista que tais conceitos se encontram apenas na Lei de Introdução ao Código Civil (atual LINDB – Lei de Introdução às Normas do Direito Brasileiro) (nada impede que a lei amplie o conceito já estabelecido durante a Constituição de 1946).

4.5. Poder Judiciário e política monetária

Na linha informativa deste sucinto ensaio, cumpre alertar aos componentes do Poder Judiciário da sua grave missão na atividade julgadora, daí por que esperamos fornecer subsídios valiosos a respeito da impossibilidade ou, no mínimo, inadequação de o Poder Judiciário alterar conteúdos de política monetária, atuando como se legislador/regulador positivo fosse.

No caso dos denominados expurgos inflacionários, isto se torna evidente e aberrante ao princípio fundante da ordem constitucional da separação dos poderes.

O STF, no Conflito de Atribuições nº 35, decidiu neste sentido ao estabelecer:

> Operações entre bancos e clientes. Juiz de Direito do Estado do Rio de Janeiro que, em ação civil pública, movida pela Curadoria de Justiça dos Consumidores (Ministério Público Estadual) (Lei nº 7.347, de 24/07/1985) fixa, a título de medida liminar, normas genéricas de conduta, a serem seguidas por Bancos Privados, perante seus clientes.
>
> *Conflito de atribuições conhecido em parte, declarada a competência do Conselho Monetário Nacional e Banco Central do Brasil (já exercitada), tudo por maioria de votos.*

Dessa forma, quando o Judiciário afasta índice de correção monetária por considerá-lo "irreal", assume o papel destinado ao CMN e ao Bacen de fixar a política monetária, em inexplicável afronta à Constituição (artigos já citados), à Lei nº 4.595/64 e suas resoluções integrativas.

Tal atitude se agrava quando o banco depositário é a Caixa Econômica Federal, que teria de pagar os expurgos e, ao mesmo tempo, cumprir os índices oficiais para a cobrança dos créditos do SFH e do FGTS, sistemas que se relacionam intimamente e que sofreram grave interferência do Judiciário.

Basta analisarmos o caso do correntista de caderneta que pretende a correção "expurgada" e, ao mesmo tempo, como mutuário, defende com unhas e dentes a correção monetária oficial (?!), causando desequilíbrio ao sistema que acabou sendo "absorvido" pelo Tesouro Nacional (todos nós).

Terminando este item, é preciso que nova reflexão seja feita quanto à interferência do Poder Judiciário sobre a política monetária do Governo, impedindo que uma parcela da população se aproprie de numerário que, alfim, será pago por todos os contribuintes, via orçamento fiscal.

4.6. A Caixa Econômica Federal não pode ser responsabilizada por expurgos inflacionários

Em primeiro lugar, é preciso lembrar que nenhum plano econômico foi declarado inconstitucional pelo Supremo Tribunal Federal em ação direta. O máximo que ocorreu perante o Judiciário foi a declaração pelos Tribunais inferiores, mesmo assim por puro desconhecimento do Direito Monetário.

Como se sabe, a Caixa atua como banco de fomento (art. 163, VII, CF) e agência governamental de créditos subsidiados, com o denominado *spread* reduzido e abaixo do mercado dos bancos de varejo.

Veja que a CEF agiu estritamente dentro dos termos da legislação impositiva monetária, que foi regularmente aprovada pelo Legislativo e não foi declarada inconstitucional pelo STF, aplicando-se, em termos de responsabilidade civil, o princípio da exclusão da ilicitude consagrado no Direito Penal (art. 23, III, CP), segundo o qual não se responsabiliza aquele que age no estrito cumprimento do dever legal, em obediência aos termos da lei e no exercício regular de direitos reconhecidos legalmente.

No caso da agência de fomento CEF, esta sempre creditou os rendimentos determinados, não só pela legislação aplicável, mas também pelo CMN e pelo Bacen, não se podendo exigir da instituição financeira conduta diversa, muito menos falar em sua responsabilidade civil, mesmo por ato lícito que exige o dano singular e o benefício coletivo.

Também não se aplica, neste caso, o princípio da responsabilidade civil do Estado por ato legislativo, tendo em vista que o STF exige, em tais casos, a declaração de inconstitucionalidade, bem como o prejuízo singular, de determinado indivíduo, o que certamente não ocorreu no caso dos "expurgos" das cadernetas de poupança, onde toda a sociedade foi atingida de forma a atender ao princípio da proporcionalidade, face à incontestável queda da inflação, passando dos quatro dígitos anuais (!!!) para um dígito anual nos últimos 10 anos, o que demonstra que, de fato, não houve prejuízo com a política monetária adotada, mas flagrante e incontestável benefício para toda a população, pobre ou remediada.

Também pelo aspecto do regime do enriquecimento ilícito, não há como identificar seus pressupostos.

Com efeito, para a configuração do regime de responsabilidade objetiva do enriquecimento sem causa, devem estar presentes alguns requisitos, inexistentes no caso.

Nesse campo, ninguém pode obter um benefício econômico às custas de outrem, sem que este proveito decorra de uma causa (lei ou contrato) juridicamente reconhecida. A causa deve existir originariamente e subsistir, já que o seu desaparecimento também gera enriquecimento repugnante ao sistema.

Devem estar presentes o **enriquecimento/aumento patrimonial/vantagem** obtida pelo *accipiens*; o **empobrecimento-diminuição patrimonial/pagamento indevido** não recepção de uma verba; a relação de causalidade, reveladora do enriquecimento e empobrecimento resultantes de um mesmo fato; e a ausência de causa jurídica, isto é, inexistência de lei ou contrato que justifique o proveito.

Aqui, nada disso acontece. A CEF não auferiu nenhum benefício com os "expurgos", posto que também viu seus créditos regulados pelos índices de atualização monetária "expurgados".

Não houve empobrecimento do correntista, posto que, com o tempo, a política monetária extirpou uma hiperinflação de quatro dígitos para a tranquilidade de uma inflação de um dígito, aumentando significativamente o poder de compra da moeda e, *ipso facto*, a melhora financeira do poupador.

Por fim, não houve violação nem do contrato, nem da lei. Do contrato, porque este obriga somente a correção oficial, não a correção fixada ao alvedrio do juiz; também não houve qualquer violação constitucional de ordem formal ou material, face à proporcionalidade em sentido estrito, que se reconhece facilmente.

4.7. Conclusão

Com estas despretensiosas linhas, que são muito lacunosas, pretendeu-se fixar, no campo dos processos que envolvam expurgos inflacionários contra a CEF, elementos que levem a magistratura a pensar com isenção tema da maior importância e que pode permitir ao magistrado identificar pontos do Direito Econômico, do qual se destacou o Monetário, que reflitam os grandes temas do entrosamento entre o Direito e a Economia.

4.8. Referências

ARAÚJO, Eugênio Rosa de. *Resumo de direito econômico.* 2. ed. Niterói: Impetus, 2007.

ASCARELLI, Tullio. *Studi giuridici sulla moneta.* Milão: Giuffré, 1952.

BANCO CENTRAL DO BRASIL. *Finanças públicas, sumário dos planos brasileiros de estabilização e glossário de instrumentos e normas relacionadas à política econômico-financeira.* 3. ed. Brasília, 2002.

CHACEL, Julian *et alli. A correção monetária.* São Paulo: Apec Editora S/A, 1970.

COMPARATO, Fabio Konder. *Revista de Direito Mercantil,* n. 3, p. 63, 1971.

COSTA, Mario Julio de Almeida. *Noções fundamentais de direito civil.* 4. ed. Coimbra: Almedina, 2001.

FORTUNA, Eduardo. *Mercado financeiro.* 16. ed. Rio de Janeiro: Qualitymark, 2006.

GOMES, Orlando. *Direito econômico.* São Paulo. Saraiva: 1977.

GRAU, Eros Roberto. *Direito, conceitos e normas jurídicas.* São Paulo: RT, 1988.

JANSEN, Letácio. *Desindexação.* Rio de Janeiro: Lumen Juris, 1996.

LARENZ, Karl. *Derecho de obligaciones.* Madrid: Editorial Revista de Derecho Privado, 1958. t. I.

NUSSBAUM, Arthur. *Derecho monetário nacional e internacional.* Buenos Aires: Ediciones Araujú, 1954.

RIZZARDO, Arnaldo. *Contratos de crédito bancário.* 3. ed. São Paulo: RT, 1997.

ROSSETTI, José; LOPES, João. *Economia monetária.* 7. ed. São Paulo: Atlas, 1998.

SILVA, Wilson Melo da. *Responsabilidade sem culpa.* São Paulo: Saraiva, 1974.

SOLUS, Henry. *Influence de la dépréciation monétaire sur la vie juridique privée.* Paris: LGDJ, 1961.

VARELLA, João Matos Antunes. *Das obrigações em geral.* 10. ed. Coimbra: Almedina, 2000. v. 1.

WALD, Arnold. *O novo direito monetário.* Belo Horizonte: Nova Alvorada Edições Ltda., 1996.

Capítulo 5

Recensão – *El Análisis Econômica del Derecho*, de Richard Posner[1]

> SUMÁRIO: Parte I. **5.1.** O Direito e a Economia: introdução. **5.2.** Conceitos fundamentais. **5.3.** Valor, utilidade, eficiência. **5.4.** O realismo das premissas do economista. **Parte 2. 5.1.** O enfoque econômico do Direito. Sua história. **5.2.** A análise econômica do Direito, positivo e normativo. **5.3.** Críticas ao enfoque econômico.

PARTE I

5.1. O Direito e a Economia: introdução

A Economia é uma ferramenta para analisar um vasto conjunto de questões legais pensando, ao mesmo tempo, que os juristas têm dificuldades para relacionar os princípios econômicos com os problemas legais concretos.

O livro se propõe a basear a análise da teoria econômica com questões legais concretas e variadas.

5.2. Conceitos fundamentais

A Economia é a ciência da eleição racional em um mundo onde os recursos são limitados em relação às necessidades humanas.

Assim definida a Economia, sua tarefa consiste em explorar as consequências da suposição de que o homem é um maximizador racional de seus fins na vida, de seu interesse próprio. Não se deve confundir maximização com o cálculo

---

1   Editora Fondo de Cultura Econômica, Capítulos I e II.

conciente. A Economia não é uma teoria do consciente. O comportamento é racional, seja lá qual for o estado mental de quem a eleja. O interesse próprio não se confunde com o egoísmo; a felicidade (ou a miséria) de outras pessoas pode formar parte de nossas satisfações.

O conceito de homem como um maximizador racional de seu interesse próprio implica que as pessoas respondem a certos incentivos (se alteradas as circunstâncias de um indivíduo de tal modo que possa incrementar suas satisfações, modificando seu comportamento, o indivíduo em questão o fará). Desta proposição se derivam os três princípios fundamentais da Economia: 1. a relação inversa entre o preço cobrado e a quantidade demandada (lei da demanda). Se o preço aumenta, o consumidor, como é racional e com interesse próprio, reagirá procurando o mesmo bem, posto que os demais não são bons substitutos. Nada obstante, alguns consumidores comprarão menos do bem mais caro e mais dos substitutos, de modo que diminuirá a quantidade total demandada pelos compradores e portanto a quantidade produzida.

Esta análise supõe que a única alteração no sistema é a do preço relativo ou da quantidade. Não obstante, se, por exemplo, a demanda aumentar ao mesmo tempo em que o preço, quem sabe não diminuiria a quantidade demandada e oferecida; poderia inclusive aumentar.

A análise também omite o possível efeito de uma mudança do preço relativo sobre os ganhos. Tal mudança poderia ter um efeito de retroalimentação sobre a quantidade demandada. Suponha que uma redução de receita de uma pessoa a faça comprar mais de um bem particular. Em tal caso, um aumento de preço desse bem trará dois efeitos sobre os seus consumidores: 1) os produtos substitutos se tornarão mais atrativos e, 2) se reduzirá a riqueza dos consumidores, porque agora o mesmo dinheiro compra menos bens. O primeiro efeito reduz a demanda do bem, mas o segundo (sob a suposição de que se trata de um bem inferior) aumenta sua demanda e é concebível, ainda que improvável, que supere o primeiro. É improvável que os efeitos de riqueza de uma mudança de preço de apenas um bem sejam suficientemente grandes para exercer algo mais do que um insignificante efeito de retroalimentação sobre a demanda; é dizer, os efeitos de substituição de uma mudança de preço comumente superam os efeitos de ganhos ou riqueza. Portanto, de ordinário podemos omitir estes últimos efeitos.

A lei da demanda não se aplica só aos bens que tenham preços explícitos. Às vezes, professores impopulares aumentam o número de seus alunos, elevando a média dos estudantes; isto porque os professores rigorosos têm menos alunos que os flexíveis. Diz-se que o criminoso convicto "pagou sua dívida com a sociedade" depois de cumprida a pena. O castigo é o preço que a sociedade cobra por um delito. O economista prognostica que um aumento da severidade do castigo ou da probabilidade de sua imposição elevará o preço do delito e dessa forma reduzirá sua incidência; estimulará o criminoso para que se dedique a outra atividade. Os economistas chamam "preços de sombra" os preços que não são pecuniários.

Suponha-se que os consumidores do bem alternativo ou o criminoso tratem de maximizar sua utilidade (felicidade, prazer, satisfação). No caso dos vendedores, em regra, falamos de maximização de benefício e não da maximização da utilidade. Os vendedores tratam de maximizar a diferença entre seus custos e o valor de suas vendas, mas, por ora, só nos interessa o preço mais baixo que cobraria um vendedor racional com interesse próprio. Esse mínimo é o preço que os recursos consumidos na elaboração (e venda) do produto do vendedor alcançariam em seu seguinte uso melhor: o preço alternativo. Isto é o que o economista entende por custo de um bem, e sugere porque um vendedor racional não venderia abaixo do custo. Por exemplo, o custo de fabricação de uma podadora é o preço que deve pagar o fabricante pelo capital, a mão de obra, os materiais e outros recursos consumidos para fabricá-la. Esse preço deve ser maior do que o preço a que poderiam ter-se vendido os recursos ao melhor comprador, porque se o fabricante não estivesse disposto a melhorar esse preço não teria sido o melhor comprador e não teria obtido os recursos. Mais adiante se examinará a complicação que se apresenta quando os vendedores de um insumo fixam um preço maior do que seu preço alternativo.

Um corolário da noção de custo como preço alternativo é que só se incorre em um custo quando se nega a alguém o uso de um recurso. Dado que posso respirar todo o ar que queira sem privar ninguém do ar que desejo, ninguém me pagará para que entregue meu ar; portanto, o ar não custa nada. Para o economista o custo é "custo de oportunidade"; o benefício sacrificado ao empregar um recurso de tal modo que impeça seu uso para alguém mais. Vejamos outros exemplos de custo de oportunidade:

1) o custo da educação superior são os ganhos que o estudante teria se trabalhasse em lugar de assistir às aulas; esse custo é maior do que o custo do estudo;

2) suponhamos que os custos de mão de obra, capital e materiais de um barril de petróleo são $ 2, mas que, em virtude de o petróleo de custo baixo estar se esgotando, rapidamente se espera que em 10 anos custe $ 20 a produção de um barril de petróleo. O produtor que conserve seu petróleo todo esse tempo o venderá então a $ 20. Essa soma de $ 20 é um custo de oportunidade de venda do petróleo no presente (ainda que não um

custo de oportunidade líquido, porque se o produtor espera para vender seu petróleo perderá os juros que teria ganhado vendendo agora e investindo o dinheiro). Em contrapartida, suponhamos que o preço atual do petróleo é de só $ 4 o barril, de modo que se o produtor vender agora só obterá um lucro de $ 2. Investindo-se esta soma de $ 2, é pouco provável que a soma cresça até $ 20 dentro de 10 anos. Portanto, convirá deixar o petróleo no subsolo. Observe que, quanto mais se espera que o petróleo escasseie no futuro, maior será o preço futuro e em consequência será maior a probabilidade de que o petróleo seja deixado no subsolo (para aliviar a escassez futura).

Essa discussão do custo poderia ajudar a destruir uma das falácias mais tenazes acerca da Economia: que esta se ocupa do dinheiro. Pelo contrário, se ocupa do uso dos recursos; o dinheiro é só um direito sobre os recursos. O economista distingue entre as transações que afetam o uso dos recursos, independentemente de que o dinheiro troque de mãos, e as transações puramente pecuniárias. O trabalho doméstico é uma atividade econômica, ainda que quem a realize seja a esposa/marido que não recebe compensação pecuniária; suporta um custo, em particular o custo de oportunidade do tempo do trabalhador doméstico. O sexo também é uma atividade econômica. A busca de uma parceira sexual (assim como o ato sexual mesmo) toma tempo e assim impõe um custo, medido pelo valor desse tempo em seu uso melhor. O risco de contrair uma doença ou uma gravidez não desejada também é um custo do sexo: um custo real, ainda que não primordialmente pecuniário. Ao contrário, a transferência, por meio dos impostos, de $ 1.000 que passam de minhas mãos às de um pobre (ou rico) careceria de custo em si mesma, independentemente de seus efeitos sobre meus incentivos e os do beneficiário, os outros custos de sua execução, ou quaisquer diferenças possíveis no valor de um dólar para cada uma das partes; não diminuiria o acervo dos recursos. Diminuiria meu poder de compra, mas aumentaria na mesma quantidade o poder de compra do beneficiário. É dizer: havia um custo privado mas não um custo social. Um custo social diminui a riqueza da sociedade; um custo privado só redistribui essa riqueza.

A concorrência é grande fonte de externalidades pecuniárias por oposição às tecnológicas; é dizer: de transferência de riqueza, por oposição às imposições de custos àqueles que não os desejam.

Suponhamos que A abra um posto de gasolina em frente ao posto de B, de modo que subtrai os lucros de B. Dado que a perda de B é o ganho de A, não há diminuição da riqueza total e, portanto, não há custo social, ainda que B se veja prejudicado pela concorrência de A, pelo que incorre em um custo privado.

A distinção entre os custos de oportunidade e os pagamentos de transferência, i.e., entre os custos econômicos e contábeis, ajuda a mostrar que o custo é para o economista um conceito orientado para o futuro. Os custos incorridos não afetam as decisões sobre o preço e a quantidade.

Esta discussão dos custos sofridos ajuda a explicar a insistência dos economistas na perspectiva *ex ante* (antes do fato) mais do que na perspectiva *ex post* (depois do fato). As pessoas racionais baseiam suas decisões em suas perspectivas de futuro, não em suas lamentações sobre o passado. Tratam o passado como passado. Se se permite que as lamentações destruam as decisões, se prejudicará a capacidade das pessoas de forjar seu destino. Se se permite que um dos contratantes revise *ex post* os termos do contrato celebrado livremente, porque os resultados não foram bons para ele, deixarão de celebrar muitos contratos.

A aplicação mais famosa do conceito de custo de oportunidade em análise econômica do Direito é o Teorema de Coase.

Esse teorema sustenta que as externalidades não provocam a alocação imperfeita de recursos, desde que os custos de transação (para a elaboração de contratos e negociações de acordos) sejam nulos, e os direitos de propriedade, bem definidos e respeitados. Nesse caso, as partes – o produtor e o consumidor da externalidade – teriam um incentivo de mercado para negociar um acordo em benefício mútuo, de tal forma que a externalidade (economias externas) fosse "internalizada". O teorema estabelece que o resultado desse processo de troca seria o mesmo, qualquer que fosse – o produtor ou consumidor de externalidade – aquele que possuísse poder de veto ou direito de propriedade de usar ou não o recurso.

As externalidades, ou economias externas, seriam os benefícios obtidos por empresas que se formam (ou já existentes) em decorrência da implantação de um serviço público (ex.: energia elétrica) ou de uma indústria, proporcionando às primeiras, vantagens antes inexistentes.

Esse teorema de Coase diz que se as transações carecem de custo, a imputação inicial de um direito de propriedade não afetará o uso final da propriedade.

Suponhamos que um agricultor é proprietário de uma terra que inclui o direito de impedir a destruição de sua colheita, pelas fagulhas das locomotivas que transitam perto. A colheita vale $ 100 para ele. É muito maior o valor que tem para a ferrovia o uso irrestrito de seu direito de via, mas a um custo de $ 110 pode instalar dispositivos que eliminem o perigo de incêndios, de modo que então poderá operar quantos trens quiser sem prejudicar a colheita do agricultor. Com estas suposições, o valor real da colheita para o agricultor não é $ 100, mas um valor entre $ 100 e $ 110, porque a qualquer preço menor de $ 110 a ferrovia preferiria comprar o direito de propriedade do agricultor em lugar de instalar os dispositivos contra fagulhas. Sem embargo, o agricultor só pode avaliar o valor maior da colheita vendendo seu direito de propriedade à ferrovia; se não o faz, sua terra tenderá ao mesmo uso (uma espécie de uso insuscetível ao jogo) que se lhe haveria dado se a ferrovia tivesse sido seu proprietário inicial.

A concorrência tende a fazer com que o custo de oportunidade seja o preço máximo, assim como o preço mínimo.

Um preço maior que o custo de oportunidade é um imã que atrai recursos até a produção do bem e até que o aumento da produção faça baixar o preço até o nível do custo, por efeito da lei da demanda.

O custo marginal é o dispêndio de uma unidade adicional de uma determinada mercadoria ou produto; o custo marginal do capital é o custo de obtenção de fundos adicionais, o que geralmente equivale a taxas de juros vigentes no mercado para tal tipo de operação.

O custo marginal, para Posner, é a alteração gerada nos custos totais pelo acréscimo de uma unidade na produção, é dizer, é o custo que se evitará produzindo uma unidade a menos.

Equilíbrio significa um ponto estável, i.e., um ponto em que não há nenhum incentivo para que os vendedores alterem o preço ou a produção, a menos que mudem as condições de demanda ou de oferta.

A diferença entre os ganhos totais e os custos de oportunidade totais da produção denomina-se renda econômica. A renda é a diferença positiva entre os ganhos totais e os custos de oportunidade totais.

Sob concorrência, só ganham rendas os proprietários de recursos que não podem aumentar-se com rapidez e baixo custo, para satisfazer um aumento da demanda dos bens que estão habituados a produzir.

Os ganhos muito altos auferidos por cantores, atletas e advogados contêm rendas econômicas geradas pela escassez inerente aos recursos que controlam: uma excelente voz, a habilidade e a determinação atléticas, as habilidades analíticas e forenses do advogado exitoso. Seus ganhos podem superar amplamente seus ganhos potenciais mais altos em ocupações alternativas, ainda quando vendam seus serviços em um mercado plenamente competitivo. O monopolista, que cria escassez artificial de seu produto, ganha uma diferente classe de renda econômica, analisada no Capítulo IX (Teoria do Monopólio).

O autor, ao mencionar a hipótese em que a oferta é menor do que a demanda, pondera que a razão é que o preço menor reduz o incentivo dos produtores de produzir o bem ao mesmo tempo que aumenta o desejo dos consumidores de comprá-lo. O resultado é uma escassez. Como se restabelece o equilíbrio? Utilizando um método de ajuste da oferta à demanda distinto do preço. Por exemplo, os consumidores poderiam ver-se obrigados a fazer filas para obter o produto; o custo de seu tempo determinará o tamanho da fila. As filas são comuns nos mercados de preços controlados. A eliminação do controle de preços elimina as filas.

O terceiro princípio básico da Economia é que os recursos tendem a dirigir-se aos seus usos mais valiosos caso se permita o intercâmbio voluntário – um mercado.

Por um processo de intercâmbio voluntário, os recursos se deslocam até os usos em que é maior o valor para os consumidores, medidos pela sua disposição de pagar. Quando os recursos são usados onde seu valor é mais alto, podemos dizer que estão sendo empregados eficientemente.

Uma oportunidade de benefício é um imã que atrai recursos para uma atividade. Se o ímã não funciona, o economista não conclui que os indivíduos são tolos, ou têm gostos raros, ou tenham deixado de ser maximizadores racionais, mas que há barreiras para o livre fluxo dos recursos. A barreira poderia ser os elevados custos de informação, externalidade etc.

Valor, utilidade, eficiência

O valor econômico de algo consiste naquilo que alguém está disposto a pagar por ele ou, se já o tem, na quantidade de dinheiro que perde por desfazer-se dele. Estas quantidades não são sempre as mesmas, o que pode causar dificuldades.

Em Economia se usa a palavra "utilidade" em dois sentidos diferentes. O primeiro como o valor de um custo ou benefício incertos por oposição a um certo; neste sentido, a utilidade se liga ao conceito de risco. Suponhamos que lhe perguntem se prefere receber um milhão ou a probabilidade de 10% de ganhar 10 milhões. É provável que você prefira o primeiro, ainda que o valor esperado das duas eleições seja o mesmo: um milhão. É provável então que sinta aversão ao risco. A aversão ao risco é um corolário do princípio da utilidade marginal decrescente do dinheiro, o que significa que, quanto mais dinheiro tenha, menor será a felicidade que obterá em cada dólar adicional. A utilidade marginal decrescente se ilustra melhor com bens menos versáteis que o dinheiro (ex.: lâmpadas, cadeiras e chapéus). Sem embargo, podemos aceitar que outro dólar significará menos para uma pessoa à medida que sua riqueza aumenta. Suponhamos que você tenha uma riqueza líquida de um milhão. Estaria disposto a arriscá-la para ganhar dois milhões? Se não está disposto a fazê-lo, isto significa que seu primeiro milhão de dólares vale para você mais do que valeria o segundo.

A aversão ao risco não é um fenômeno universal, os jogos de azar ilustram isso. Os economistas creem que a maioria dos indivíduos sente aversão ao risco a maior parte do tempo, ainda que as respostas institucionais a ela, como o seguro e a formação de corporações, possam fazer com que os indivíduos se sintam neutralizados ao risco em muitas situações.

O uso das palavras "valor" e "utilidade" serve para distinguir entre:

1) um custo ou benefício esperados (o custo ou benefício em dólares multiplicado pela probabilidade que efetivamente se materialize); e

2) o que vale esse custo ou benefício esperado para alguém que não é neutro ao risco obscurece uma distinção mais importante. É a distinção entre: 1) o valor em um sentido econômico amplo, o que inclui a ideia de que uma pessoa que sente aversão ao risco "valorize" um dólar mais do que uma probabilidade de 10% de ganhar 10 dólares; e 2) a utilidade no sentido utilizado pelos filósofos do utilitarismo como um sinônimo (aproximado) da felicidade.

Suponhamos que o extrato de glândula pituitária apresenta uma oferta muito escassa em relação à demanda, de modo que é muito caro. Uma família pobre tem um filho que será um anão se não receber este extrato, mas a família não pode pagar o preço e não poderia, ainda que pudesse pedir emprestado sobre os ganhos que pudesse auferir o menino se este se tornasse uma pessoa de estatura normal, porque o valor presente de tais ingressos, descontando seu consumo, é menor do que o preço do extrato.

Uma família rica tem um filho que crescerá com uma estatura normal, mas o extrato garantirá mais uns centímetros se seus pais decidirem comprá-lo. No sentido de valor utilizado neste livro, o extrato é mais valioso para a família rica do que para a família pobre, porque o valor se mede pela disposição de pagar; mas o extrato geraria maior felicidade no seio da família pobre do que no da família rica.

Como revela este exemplo, o termo "eficiência" quando se usa, como neste livro, para denotar a dotação de recursos que maximiza o valor, tem certas limitações como um critério ético da tomada de decisões sociais. No sentido utilitário, a utilidade também tem graves limitações, e não só porque é difícil de medir quando se abandona o parâmetro da disposição de pagar. O fato de que uma pessoa tenha maior capacidade para o prazer que outra não é uma razão muito boa para impor uma transferência de riqueza da segunda para a primeira. Outros critérios éticos familiares têm seus próprios problemas graves. Neste livro não se tratará de defender a eficiência como o único critério válido da eleição social, mas suporemos que se trata de um critério importante, como provavelmente estará de acordo a maioria das pessoas. A eficiência é a preocupação principal dos estudiosos da política pública em muitas áreas de interesse para o analista econômico do Direito, tais como as leis antitruste.

Muitos economistas preferem uma definição de eficiência menos controversa que limita o parâmetro a transações puramente voluntárias. Suponhamos que A venda a B um adorno por $ 10, que ambas as partes estão plenamente informadas e que a transação não tem nenhum efeito sobre outras pessoas. Diremos então que a dotação de recursos gerada pela transação é ótima, no sentido de Pareto, antes da transação. Uma transação ótima no sentido de Pareto é aquela que melhora a posição de ao menos uma pessoa, sem piorar a posição de ninguém. O critério de otimização no sentido de Pareto é a unanimidade de todas as pessoas afetadas. Esta é uma concepção muito austera da eficiência, com poucas aplicações no mundo real, porque a maioria das transações tem efeitos sobre terceiros.

No conceito menos austero de eficiência que se utiliza neste livro – chamado de o conceito de Kaldor-Hicks ou de maximização da riqueza – se A avalia o adorno de madeira em $ 5 e B, em $ 12, com um preço de venda de $ 10, a transação gerará um benefício total de $ 7, – com um preço de $ 10, por exemplo, A se considera $ 5 melhor, enquanto B se considera $ 12 melhor –; haverá uma transação eficiente, sempre que o dano causado (se há algum) a terceiros não exceda $ 7. A transação só seria ótima no sentido de Pareto se A e B compensassem com os terceiros pelos danos que lhes infringiram. O conceito de Kaldor-Hicks também recebe o nome de superioridade potencial de Pareto. Os ganhadores podiam compensar os perdedores, ainda que não o fizessem efetivamente.

Em virtude de que quase nunca se satisfazem no mundo real as condições para a superioridade no sentido de Pareto, mas os economistas falam muito da eficiência, está fora de dúvida que a definição de eficiência que se usa em Economia não é a superioridade no sentido de Pareto. Quando um economista afirma que o livre comércio ou a concorrência ou o controle da contaminação ou alguma outra política do Estado do mundo é eficiente; nove de cada 10 vezes se refere à eficiência de Kaldor-Hicks, como o faremos neste livro.

O fato de incluir o conceito de eficiência baseado na superioridade no sentido de Pareto depender de uma distribuição de riqueza – porque a disposição a pagar, e portanto o valor, são uma junção dessa distribuição – limita mais a eficiência como um critério final do bem social. Se o ingresso e a riqueza se distribuem de outro modo, o padrão de demanda também poderia ser diferente e a eficiência requereria uma dotação diferente de nossos recursos econômicos. Dado que a Economia não decide se a distribuição atual do ingresso e da riqueza é boa ou má, justa ou injusta, tampouco pode dizer se uma dotação eficiente de recursos é desejável desde o ponto de vista social ou ético. Supondo que a distribuição atual do ingresso e da riqueza seja justa, o economista tampouco pode nos dizer se a satisfação do consumidor deverá ser o valor dominante na sociedade. Portanto, a competência numa discussão sobre o sistema legal é limitada. O economista pode prognosticar o efeito das regras e dos arranjos legais sobre o valor e a eficiência em seus sentidos estritamente técnicos, e sobre a distribuição atual do ingresso e da riqueza, mas não pode expedir prescrições obrigatórias para a mudança social.

Uma questão importante em análise econômica do Direito consiste em saber se uma troca involuntária poderia incrementar a eficiência e sob quais circunstâncias. Apesar de a eficiência não se definir como algo que só uma transação voluntária pode criar – ainda que use em seu lugar o conceito de Kaldor-Hicks –, sabemos que a disposição de pagar só pode ser determinada com confiança observando efetivamente uma transação voluntária. Quando os recursos se deslocam em decorrência de uma transação, podemos estar razoavelmente seguros de que a troca leva a um aumento da eficiência. A transação não teria ocorrido se ambas as partes não tivessem esperado melhorar. Isto significa que os recursos transferidos são mais valiosos nas mãos do seu novo proprietário. Sem embargo, muitas das transações efetuadas pelo sistema legal são involuntárias. A maioria dos delitos e dos acidentes é de transações involuntárias, como o é uma resolução legal para que se paguem danos ou uma multa. Como sabemos quando tais transações incrementam a eficiência e quando reduzem?

Não podemos sabê-lo com a mesma certeza com que podemos julgar que a maioria das transações voluntárias incrementa a eficiência. Se insistirmos em que uma transação seja efetivamente voluntária para poder saber que é eficiente – efetivamente voluntária porque se compensou plenamente a todos os perdedores potenciais –, teremos poucas oportunidades para formular juízos sobre a eficiência, posto que muito poucas transações são voluntárias neste sentido; teremos que regressar à superioridade no sentido de Pareto.

Um enfoque alternativo, que tem o espírito de Kaldor-Hicks e que se usa muito neste livro, consiste em conjecturar se, no caso de uma transação voluntária que tivesse sido viável, houvesse ocorrido (eficiência). Por exemplo, se se tratar de saber se a água limpa é mais valiosa como um insumo da produção de papel do que como um meio para passear de bote, poderíamos determinar (utilizando todos os dados quantitativos ou de outra classe de que dispusermos) se em um mundo de custos de transação nulos a indústria papeleira compraria daqueles que passeiam de bote o direito de usar a água em questão.

Este enfoque trata de reconstruir os termos prováveis de uma transação de mercado quando em realidade ocorreu um intercâmbio forçado (é dizer, trata de imitar ou simular a operação de mercado). Um intercâmbio forçado, quando o sistema legal trata mais de conjecturar se o intercâmbio incrementou ou reduziu a eficiência, é um método de dotação de recursos menos eficiente do que uma transação de mercado, quando são viáveis as transações de mercado. Não obstante, amiúde elas não são viáveis, e então a eleição se faz entre um sistema inevitavelmente rudimentar de intercâmbios forçados, legalmente regulados, e as ineficiências ainda maiores de proibir todos os intercâmbios forçados, porque todos têm algum efeito sobre terceiros.

Para além do problema implícito na aplicação do conceito de Kaldor-Hicks, existe um problema filosófico. Em um mercado explícito, as duas partes de uma transação se veem compensadas por sua participação; se não fosse assim, a transação não seria voluntária nem sequer em um sentido frouxo. Em contrapartida, quando, por exemplo, o sistema legal, invocando o conceito de prejuízo, ordena a uma pessoa que deixe de dar certo uso a sua terra, alegando que cria menos valor do que a diminuição do valor da terra circundante, o demandado não se vê compensado. Portanto, numa transação legalmente forçada, incrementa a felicidade líquida com menos certeza do que uma transação de mercado, porque o sofrimento dos perdedores (não compensados) poderia superar a alegria dos ganhadores. E se os esforços legais que se fazem para simular os resultados do mercado não promoverem a felicidade, como poderão defender-se? Em suma, qual é a base ética do conceito de Kaldor-Hicks, correspondente a base ética utilitária, ou referente à frequência, da superioridade no sentido de Pareto? Uma resposta é que as coisas que a riqueza possibilita – não só, ou principalmente, bens luxuosos, como também o ócio, a comodidade, a medicina moderna e as oportunidades de expressão própria e autorrealização – são ingredientes importantes da felicidade da maioria das pessoas, de modo que a maximização da riqueza ajuda a maximizar a utilidade. Esta resposta vincula a eficiência com o utilitarismo; nos capítulos VIII e XVL se discutirão as respostas que vinculam a eficiência com outros princípios éticos.

O enfoque de Kaldor-Hicks, o de maximização da riqueza, enfrenta um problema especial (ainda que se relacione com a observação anterior acerca da dependência da alocação eficiente dos recursos com respeito à distribuição atual do ingresso e da riqueza) quando o montante da transação é uma grande parcela da riqueza de uma das partes. Suponhamos que recuso uma oferta de $ 100.000 pela minha casa, mas em seguida é desapropriada pelo Governo, pagando-me $ 50.000, que é seu valor de mercado. O Governo estaria seduzido de vender-me a casa por $ 100.000 – vale menos do que isso para o Governo, mais que $ 50.000 –, mas não tenho $ 100.000 nem posso conseguir emprestada a soma. Em que mãos vale mais a casa, nas minhas ou nas do Governo? Ao considerar este enigma, tenha em conta que o termo "riqueza", tal como usam os economistas, não é um conceito contábil; mede-se pelo que os indivíduos pagariam pelas coisas (ou pediriam em troca de desfazer-se das coisas que possuem), não pelo que efetivamente pagam por elas. Assim, o ócio tem valor e forma parte da riqueza, ainda que não se compre e venda. Podemos dizer que o ócio tem um preço implícito ou sombra (calculado de que forma?).

5.4. O realismo das premissas do economista

O leitor não familiarizado com a Economia poderia estar desconcertado pelo que parecem ser os pressupostos muito pouco realistas da teoria econômica. O pressuposto básico, o de que o comportamento humano é racional, parece refutado pelas experiências e observações da vida diária, embora a contradição seja menos flagrante enquanto se compreende que o conceito de racionalidade utilizado pelo economista é objetivo, e não subjetivo, de modo que não é uma incongruência falar de uma rã racional. Ainda assim, os pressupostos da teoria econômica são unidimensionais e pálidos quando se contemplam como descrições do comportamento humano, em particular o comportamento de "atores" econômicos pouco convencionais como o juiz, o litigante, o padre, o violador e outros personagens que encontraremos na análise econômica do Direito. Sem embargo, a abstração está na essência da investigação científica, e a Economia aspira ser científica. Por exemplo, a Lei de Newton dos corpos que caem é pouco realista em seu pressuposto básico de que os corpos caem num vazio; porém segue sendo uma teoria útil, porque prognostica com razoável exatidão o comportamento de uma grande diversidade de corpos que caem em um mundo real. De igual modo, uma teoria econômica do Direito não incluirá toda a complexidade, riqueza e confusão dos fenômenos (penais, judiciais, maritais etc.) que trata de elucidar. Mas sua falta de realismo no sentido da plenitude descritiva, longe de invalidar a teoria, é uma condição desta. Uma teoria em que seus pressupostos tratarão de reproduzir fielmente a complexidade do mundo empírico não seria uma teoria – uma explicação – senão uma descrição.

Grande parte deste livro se ocupa de propor explicações econômicas para fenômenos legais modelados em termos econômicos.

Os efeitos da desregulamentação, por exemplo, da indústria aeronáutica nos Estados Unidos, e, nas economias socialistas da Europa Oriental, têm sido os prognosticados pelos economistas. Em particular, a desintegração econômica da antiga União das Repúblicas Socialistas Soviéticas (URSS) confirmou os prognósticos da análise econômica; a saber que a regulação de preços gera filas, mercados negros e escassez.

Outra prova de capacidade de uma teoria científica é sua capacidade de apoiar intervenções eficazes no mundo da ação. O exemplo mais palpável é o da bomba atômica, que demonstrou que a teoria atômica moderna não era só outra especulação engenhosa acerca de entidades invisíveis. Também neste sentido a Economia tem tido alguns êxitos, ainda que mais modestos do que os das ciências naturais. Os economistas criaram novos métodos para a determinação de preços dos produtos financeiros e outras classes, novas estratégias da atividade financeira, novos métodos para a compensação de empregados e executivos, e novos métodos de regulação (e estas intervenções têm funcionado, o que sugere que a teoria econômica é, em realidade, algo mais do que lindas matemáticas).

PARTE 2

5.1. O enfoque econômico do Direito. Sua história

Até uns trinta anos, a análise econômica do Direito era quase sinônimo de direito contra os monopólios, embora houvesse alguns trabalhos econômicos sobre o Direito Fiscal (Henry Simons), o Direito Corporativo (Henry Manne) e a regulação dos serviços públicos e os transportes coletivos (Ronald Coase et al.). Os arquivos de casos antitruste eram uma mina de informação sobre as práticas empresariais; e os economistas que nessa época estavam preocupados com a questão do monopólio trataram de descobrir as justificações e consequências econômicas de tais práticas. Seus descobrimentos tiveram consequências para a política legal, mas basicamente o que estavam fazendo não era diferente do que os economistas têm feito tradicionalmente: tratar de explicar o comportamento dos mercados econômicos explícitos.

A análise econômica das leis antitruste e de outras regulações legais dos mercados econômicos explícitos segue sendo um campo próspero e reabre uma atuação considerável com este livro. Sem embargo, o selo distintivo do "novo" direito e economia – o "direito e economia" que surge nos últimos 30 anos – é a aplicação da Economia ao sistema legal por todas as partes: a campos do Direito comum, tais como os danos, os contratos, a restituição e a propriedade; a teoria e a prática da pena; o procedimento civil, penal e administrativo; a teoria da legislação e da regulação; a imposição da lei e da administração judicial; e, inclusive, o Direito Constitucional, o Direito primitivo, o Direito Naval, o Direito de Família e a jurisprudência.

O "novo direito e economia" surgiu com o primeiro artigo de Guido Calabresi sobre os danos e com o artigo de Ronald Coase sobre o custo social. Estes foram os primeiros intentos modernos em aplicar sistematicamente a análise econômica a áreas do Direito que não regulam expressamente relações econômicas. Podemos encontrar indícios anteriores de um enfoque econômico para os problemas do direito de acidentes e de prejuízos discutidos por Calabresi e Coase, especialmente na obra de Pigou, que serviram para a análise de Coase; mas este trabalho influiu pouco no pensamento legal.

O artigo de Coase divulgou o Teorema de Coase, e criou um marco para analisar, atribuindo, em termos econômicos, os direitos de propriedade e a responsabilidade, abrindo um vasto campo à análise econômica.

Um aspecto importante do artigo de Coase foi o de suas consequências para a análise econômica da doutrina legal. Coase sugeriu que o Direito inglês dos prejuízos tinha uma lógica econômica implícita. Alguns autores posteriores generalizaram a ideia e sustentaram que muitas das doutrinas e das instituições do sistema legal se entendem e se explicam melhor como esforços para promover a alocação eficiente de recursos.

Uma lista dos fundadores do "novo" direito e economia estaria gravemente incompleta sem o nome de Gary Becker. A insistência de Becker na pertinência da Economia para um conjunto surpreendentemente grande de atividades que se realizam fora do mercado (tais como a caridade e o amor); assim como suas contribuições na análise econômica do crime, a discriminação racial, o matrimônio e o divórcio abriram para a análise econômica grandes áreas do sistema legal que os estudos do direito de propriedade e as regras de responsabilidade de Calabresi e Coase não abarcaram.

5.2. A análise econômica do Direito, positivo e normativo

O economista não pode dizer à sociedade que deveria tratar de limitar o roubo, mas pode demonstrar que seria ineficiente tolerar o roubo ilimitado e assim pode aclarar um conflito de valores, demonstrando quanto de um valor – a eficiência – deve sacrificar-se para alcançar outro. Ou então, tomando uma meta dada de limitação do roubo, o economista poderia demonstrar que os meios utilizados pela sociedade para alcançar essa meta são ineficientes: que a sociedade poderia obter mais prevenção a um custo menor, utilizando métodos diferentes. Se os métodos mais eficientes não prejudicam outros valores, seriam socialmente desejáveis ainda que a eficiência ocupasse um lugar baixo na escala tradicional dos valores sociais.

Pelo que toca ao papel positivo da análise econômica do Direito (o intento de explicar as regras e resultados legais tais como são em lugar de modificá-los para melhorá-los), veremos que em muitas áreas do direito comum da propriedade, os danos, os delitos e os contratos têm o selo do efeito econômico. Não é uma refutação que poucas opiniões judiciais contenham referências explícitas a conceitos econômicos. Com efeito, a educação legal consiste em cavar debaixo da retórica para encontrar o caráter econômico. Não seria surpreendente descobrir que muitas doutrinas legais se baseiam em passos titubeantes até a eficiência, sobretudo porque muitas doutrinas legais datam do século XIX, quando uma ideologia do *laissez faire* baseada na Economia clássica predominava entre as classes educadas.

O que poderíamos chamar de teoria da eficiência do Direito comum não é que toda doutrina e toda decisão desse Direito sejam eficientes. Isto seria muito pouco provável, dada a dificuldade das questões de que se ocupa, o direito e a natureza dos incentivos dos juízes. A teoria é que o Direito comum se explica melhor (não perfeitamente) como um sistema para maximizar a riqueza da sociedade. Os campos do Direito Estatutário ou Constitucional, por oposição aos do Direito comum, têm menos probabilidades de promover a eficiência, mas, incluindo eles, estão impregnados dos interesses econômicos e que são aclarados pela análise econômica. Tal análise é útil também para dilucidar as características institucionais ou estruturais do sistema legal, incluindo o papel do precedente e a alocação das responsabilidades da aplicação do Direito entre as pessoas privadas e as agências públicas.

Sem embargo, poderíamos nos perguntar se o advogado e o economista não tratam de um mesmo caso de formas tão diferentes que suscitam uma incompatibilidade essencial entre o Direito e a Economia. A Justiça não tem um paradigma econômico e ademais o economista não se interessa pela única questão que preocupa a vítima que sofreu o dano e seu advogado: quem deve suportar os custos do acidente? Para o economista, o acidente é um capítulo encerrado. Os custos que causou estão afundados. O economista se interessa nos métodos de prevenção de acidentes futuros que não se justifiquem por seus custos, e portanto, se interessa pela redução da soma dos custos de acidentes e prevenção de acidentes, mas às partes em litígio não interessa o futuro. Sua preocupação se limita às consequências financeiras de um acidente já ocorrido.

A decisão do caso afetará o futuro e portanto deve interessar ao economista, porque estabelecerá ou confirmará uma regra para guiar as pessoas que realizam atividades perigosas. A decisão é uma prevenção no sentido de que, se um se comporta de certo modo e produz um acidente, terá que pagar em decorrência de um julgamento, alterando assim o preço sombra (do comportamento arriscado) enfrentado pelos indivíduos; a prevenção poderia afetar seu comportamento e, portanto, os custos dos acidentes.

Por outro lado, o juiz (e, portanto, os advogados) não pode omitir o futuro. Dado que a decisão do juiz é um precedente que influirá na decisão de casos futuros, o juiz deve considerar o provável efeito de decisões alternativas sobre o comportamento futuro dos indivíduos que realizam atividades que provocam a classe de acidentes implícitos como os do caso que se lhe apresenta. Por exemplo, caso se fale a favor do demandado, alegando que é uma pessoa "merecedora", ainda que descuidada, tal decisão incentivará indivíduos semelhantes a serem descuidados, o que é um comportamento custoso. Assim, uma vez que o marco de referência se expande para além dos participantes em juízo, a justiça e a equidade assumem significados mais amplos do que simplesmente justo ou equitativo entre o queixoso e seu demandado. A controvérsia se converte num resultado justo e equitativo para uma classe de atividades, e não pode resolver-se sem considerar o efeito futuro de decisões alternativas sobre a frequência dos acidentes e o custo das preocupações. Depois de tudo, a perspectiva *ex ante* não é indiferente ao processo legal.

Não se deve confundir a "teoria econômica do direito" e a "teoria da eficiência do direito comum". A primeira trata de explicar o maior número possível de fenômenos legais diante da Economia. A segunda (que se inclui na primeira) postula uma meta econômica específica para um subconjunto limitado de regras legais, instituições etc. Esta distinção fica clara observando-se que o Direito do Trabalho aplicado pela Junta Nacional de Relações Trabalhistas, ainda que explicável em termos econômicos, não é um sistema para maximizar a eficiência; sua meta, que é econômica ainda que não eficiente, é aumentar os ganhos dos trabalhadores sindicalizados, limitando a oferta de mão de obra em mercados particulares.

5.3. Críticas ao enfoque econômico

A análise econômica do Direito tem provocado um antagonismo considerável, em especial, entre advogados acadêmicos aos quais desagrada a ideia de que a lógica do Direito pode ser econômica. Já examinamos as críticas de que a Economia é reducionista e de que advogados e juízes não falam seu idioma. Outra crítica comum é que os fundamentos normativos do enfoque econômico são tão repulsivos que resulta inconcebível que um sistema legal os adote. O Direito reflete e aplica normas sociais fundamentais. Como poderiam ser tais normas incongruentes com o sistema ético da sociedade? É o conceito de eficiência de Kaldor-Hicks realmente tão oposto a esse sistema? Ademais, veremos que a só condição de que este conceito seja um componente de nosso sistema ético, ainda que não necessariamente o único ou o mais importante, poderia ser que ele dominasse o Direito tal como o aplicam os tribunais, dada a incapacidade destes para promover outras metas com eficácia. E sempre que a eficiência seja qualquer espécie de valor em nosso sistema ético, o debate filosófico não se ocupa de dois usos normativos da Economia já mencionados: esclarecimentos de conflito de valores e a sinalização do caminho que se deve seguir para alcançar certos fins sociais dados de modo mais eficiente.

Ademais, não devemos rechaçar toda análise econômica do Direito só porque não nos convence a versão mais agressiva de tal análise, que sustenta que a Economia não explica as regras e instituições do sistema legal, como também provê a guia mais sensata desde o ponto de vista ético para o aprimoramento do sistema. Poderíamos crer que a Economia explica só umas quantas regras e instituições legais, mas pode ser utilizada para melhorar muitas delas; o que explica muitas delas, mas isso é lamentável porque a Economia é uma guia amoral para a política legal.

Outra crítica recorrente do enfoque econômico do Direito indica que desde um ponto de vista positivo é um fracasso, porque não tem podido explicar todas as regras, doutrinas, instituições e resultados importantes do sistema legal. É certo que não o tenha feito. Mas uma insistência exagerada nos mistérios, nas anomalias e nas contradições não se justifica quando se fala de um campo de investigação tão recente, tão frutífero e também assim se esquece de uma lição importante da história do progresso científico: a menos que esteja totalmente errada, uma teoria não se destrói assinalando seus defeitos ou limitações, mas propondo uma outra mais includente, mais poderosa, sobretudo mais útil. Os antropólogos, sociólogos, psicólogos, politólogos e outros cientistas sociais que não são economistas também elaboram análises positivas do sistema legal, mas seu trabalho tem um conteúdo teórico ou empírico insuficiente para gerar uma concorrência séria entre as dos economistas.

E uma crítica a mais sobre o novo direito e economia é seu viés político conservador. Veremos que a pena de morte dissuade, que a legislação de proteção ao consumidor acaba por prejudicá-lo, que o seguro automotivo, sobre ser ineficiente, a regulação dos valores é perda de tempo etc. A teoria dos bens públicos, por exemplo, poderia considerar-se como um dos fundamentos ideológicos do Estado *benefactor*, mas não ocorre assim.

A crítica também omite vários afagos dos analistas econômicos do Direito referentes ao direito de ter um defensor e de apresentar provas nos juízos penais, na França, a responsabilidade objetiva, a aplicação da primeira emenda à radiodifusão, os custos sociais do monopólio, os danos nos casos de prejuízos pessoais, a regulação do sexo e muitos outros – e que apoiam as posições progressistas.

Critica-se o enfoque econômico do Direito porque esquece da "justiça". Devemos distinguir os diferentes significados desta palavra. Às vezes significa justiça distributiva, o grau adequado de igualdade econômica, ainda que os economistas não possam dizer qual é este grau.

Um segundo significado de justiça, e talvez o mais comum, é o da eficiência. Entre outros exemplos, veremos que quando os indivíduos qualificam de injusto o fato de condenar uma pessoa sem submetê-la a julgamento, de expropriar sem uma compensação justa ou de não obrigar um motorista a pagar os danos causados à vítima de sua negligência, isso não significa nada mais que a afirmação de que esse comportamento desperdiça recursos. Inclusive o princípio do enriquecimento ilícito pode derivar-se do conceito de eficiência. E com um pouco de reflexão não nos surpreenderá que, em um mundo de recursos escassos, o desperdício deve ser considerado imoral.

Mas as noções de justiça incluem algo mais do que a eficiência. Não é obviamente ineficiente tolerar os pactos suicidas; tolerar a discriminação privada por razões raciais, religiosas ou sexuais; tolerar que se mate e se devore o passageiro mais fraco do barco em situações de desespero genuíno; obrigar os indivíduos a declarar contra si próprios; espancar os prisioneiros; permitir que se vendam crianças para adoção; permitir o uso da força homicida na defesa de um interesse puramente material; legalizar a chantagem; permitir que o condenado escolha entre a prisão ou a participação em experimentos médicos perigosos. Com efeito, todas estas coisas ofendem o sentimento de justiça dos americanos modernos e todas são ilegais em maior ou menor medida. É possível explicar algumas destas proibições em termos econômicos, mas isso não se pode fazer na maioria dos casos; a justiça é algo mais que a economia.

Pode haver limites definidos, ainda que amplos, para o poder explicativo e reformador da análise econômica do Direito. Sem embargo, a Economia sempre poderá proporcionar o que deve sacrificar para alcançar um ideal econômico de justiça. A demanda de justiça não é independente de seu preço.

PARTE III

Direito Penal

Capítulo 1

Finanças públicas e Direito Penal: o conceito de evasão de divisas no parágrafo único do art. 22 da Lei nº 7.492/86

> **SUMÁRIO: 1.1.** Introdução. **1.2.** O art. 22 da Lei nº 7.492/86. **1.3.** O núcleo deôntico "saída de divisa". **1.4.** Conclusão. **1.5.** Referências.

1.1. Introdução

O crime de evasão de divisas, previsto no art. 22 da Lei nº 7.492/86, que cuida dos Delitos contra o Sistema Financeiro Nacional, tem suscitado muita controvérsia, não só no âmbito doutrinário, mas também jurisprudencial.

No presente trabalho procurar-se-á tecer os contornos básicos do elemento descritivo do tipo "divisas", contido no parágrafo único do art. 22 da Lei nº 7.492/86, demonstrando que o conceito longe está de ser formulado em sede doutrinária e jurisprudencial.

O foco será, portanto, na definição ou conceituação do termo "divisas" contido no preceito penal.

Por fim, a contribuição do presente trabalho será a de oferecer uma exegese para o étimo, contribuindo para a segurança jurídica na interpretação do dispositivo, bem como a orientação daqueles que possam tornar-se sujeitos ativos do tipo penal.

1.2. O art. 22 da Lei nº 7.492/86

Cumpre apresentar, de início, a letra do artigo em foco, para, em seguida, iniciar o *iter* exegético a que nos propusemos.

> **Art. 22.** Efetuar operação de câmbio não autorizada, com o fim de promover evasão de divisas do País:
>
> Pena – Reclusão, de 2 (dois) a 6 (seis) anos, e multa.
>
> Parágrafo único. Incorre na mesma pena quem, a qualquer título, promove, sem autorização legal, a saída de moeda ou divisa para o exterior, ou nele mantiver depósitos não declarados à repartição federal competente.

Chama atenção, em primeiro plano, o fato de o bem jurídico tutelado, no caso, ter amplo espectro na doutrina, a saber: reservas cambiais e erário[1]; política cambial brasileira, a política econômica do Estado, as reservas cambiais e, também, o patrimônio fiscal[2]; a boa execução da política econômica do Estado, que sofre dano ou fica exposta ao perigo de dano[3]; política cambial[4]; Sistema Financeiro Nacional[5].

Em breve síntese, pode-se dizer que o bem jurídico tutelado no preceito em comento é a **condução da política cambial do Estado (país)**.

Para Paulo Sandroni[6], em preciso verbete sobre política cambial:

> Instrumento da política de relações comerciais e financeiras entre um país e o conjunto dos demais países. Os termos em que se expressa a política cambial refletem, em última instância, as relações políticas vigentes entre os países, com base no desenvolvimento econômico alcançado por eles. Por exemplo: em dado momento, pode ser importante a um país adquirir certos produtos no exterior, necessários ao desenvolvimento de seu setor industrial; para tanto, as autoridades monetárias podem manter o câmbio artificialmente valorizado, barateando o custo, em moeda nacional, desses produtos; em contrapartida ocorreria o encarecimento dos produtos nacionais para os importadores de outros países. A política cambial pode utilizar, ainda, uma série de mecanismos para evitar a evasão de divisas e contribuir para o equilíbrio do balanço de pagamentos, como a fixação de taxas múltiplas de câmbio (câmbio turismo, câmbio comercial,

---

1 PRADO, Luis Regis. *Direito penal econômico*. 3. ed. São Paulo: RT, 2009, p. 217.

2 BITTENCOURT, Cezar Roberto et *allii*. *Crimes contra o sistema financeiro nacional e contra o mercado de capitais*. Rio de Janeiro: Lumen Juris, 2010, p. 245.

3 PIMENTEL, Manoel Pedro. *Direito penal econômico*. São Paulo: RT, 1973, p. 157.

4 MAIA, 1999, p. 132.

5 BALDAN, Edson Luis. *Fundamentos do direito penal econômico*. Curitiba: Juruá, 2006, p. 252.

6 SANDRONI, Paulo. *Dicionário de economia do século XXI*. 6. ed. Rio de Janeiro: Record, 2010, p. 662/663.

câmbio financeiro etc.). E também lançar mão de medidas que favoreçam algum setor da economia, como manter a moeda nacional artificialmente desvalorizada para estimular as exportações.

Prossegue o economista, arrematando:

> Outras medidas de política cambial são comumente utilizadas, às vezes acopladas a mecanismos de política econômica que possibilitem compensar os efeitos indesejáveis à economia do país. As autoridades governamentais podem também tomar decisões em outras áreas da economia com o objetivo de obter determinados efeitos no setor externo; sem que haja necessidade de alterar a taxa cambial. No Brasil, por exemplo, são concedidos créditos como prêmio para incentivar as exportações e também são realizadas antecipações dos valores correspondentes aos contratos de câmbio (de exportações), denominadas antecipações de contratos de câmbio (ACCs), que permitem ao exportador recursos para financiar seu capital de giro ou início realizar aplicações financeiras, obtendo ganhos não operacionais que em certos momentos podem compensar eventuais defasagens cambiais.

Fez-se uma menção a país, posto que seu conceito é relevante em confronto com o de território, uma vez que a noção de país transcende à noção de território, mormente em sede de Teoria Geral do Estado.

Não sem razão leciona José Afonso da Silva[7]:

> País é palavra que se refere a aspectos físicos, ao habitat, ao torrão natal, à paisagem territorial. O termo país (de *pagus, pagos*) manifesta a unidade geográfica, histórica, **econômica** e cultural das terras ocupadas pelos brasileiros. (grifo nosso)

Veja-se que o *caput* ilumina o parágrafo único, ali devendo-se enxergar território na acepção econômica de país, no âmbito do atual mundo globalizado, imerso em grande teia interconectada de negócios.

Dessa forma, o parágrafo único, ao referir-se à saída de divisa para o exterior, deve levar em linha de consideração a realidade econômica globalizada, onde as fronteiras territoriais se dissolveram num espaço líquido.

---

7   SILVA, José Afonso da. *Curso de direito constitucional positivo*. 32. ed. São Paulo: Malheiros, 2009, p. 97.

1.3. O núcleo deôntico "saída de divisa"

O parágrafo único do art. 22 da Lei nº 7.492/86 torna proibida a conduta de promover, sem autorização legal, saída de divisa para o exterior, o que merece alguns esclarecimentos.

O ponto de grande dificuldade de interpretação do tipo é a conceituação do que venha a ser divisa. Aqui se fará um esforço de compreensão do instituto.

A doutrina econômica trata do tema, permitindo que se compreenda a extensão da conduta incriminada, com vistas à apreensão do instituto.

Em verbete bastante elucidativo, Luiz Souza Gomes[8], assim descreve divisa:

> Divisa (fr. *dévises*) – Expressão empregada para designar diferentes categorias de papel negociável: divisas bancáveis e não bancáveis. De um modo geral entendem-se por divisas os valores comerciais sobre o estrangeiro; saques, cheques, títulos provenientes de empréstimos públicos, ou de governo a governo.
>
> As divisas estão sujeitas à lei da oferta e da procura, segundo as necessidades de pagamento no estrangeiro e sofrem, portanto as oscilações decorrentes dessa lei.
>
> Num país que tem que realizar grandes pagamentos no estrangeiro a cotação das letras subirá acima do seu valor nominal em relação à paridade monetária. Se, ao contrário, não existe grande procura de letras, o possuidor destas terá de se conformar com menor soma do que lhe corresponde, feito o cálculo na base da paridade.
>
> Nos países de padrão ouro, as oscilações de divisas são insignificantes, podendo ser corrigidas pelo "*gold point*". Mas nos países à base de papel, não existindo paridade monetária, o preço das divisas é regulado pela capacidade aquisitiva da moeda do país, em relação à daquele sobre o qual são sacadas as letras. Não havendo a base material do metal, as oscilações são de maior amplitude, e estão sujeitas à situação econômica do país. Oscilações tão profundas na cotação das divisas alteram o preço das mercadorias estrangeiras, com reflexos nos preços internos, devido à conexão existente entre eles. Evitar tais alterações, é a finalidade da boa política de divisas. Medidas apropriadas permitem regular a cotação tendo em vista as solicitações do balanço de pagamento (v. câmbio, *gold point*, balanço de pagamentos).

---

8   GOMES, Luiz Souza. *Dicionário econômico e financeiro*. 9. ed. Rio de Janeiro: Borsoi, s./d., p. 83/84.

Tratando do tema das divisas, Paulo Sandroni[9] oferece conceito preciso sobre o instituto: "Divisas: Letras, cheques, ordens de pagamento etc. que sejam conversíveis em moedas estrangeiras, e as próprias moedas estrangeiras de que uma nação dispõe, em poder de suas entidades públicas ou privadas".

Veja-se que no conceito de divisas não se contém apenas "as próprias moedas estrangeiras de que uma nação dispõe em poder de seus entidades públicas ou privadas", o que, em ciência econômica, reflete as reservas internacionais do país – veja-se como o conceito de território não é revel ante de forma absoluta.

Ainda segundo Sandroni[10], as reservas internacionais de um país:

> São reservas em moeda forte mantidos por um país para garantir sua taxa de câmbio e do seu setor externo. Elas podem ser consideradas sob três abordagens diferentes:
>
> a) liquidez internacional. É constituída pela disponibilidade de caixa mais os créditos;
>
> b) disponibilidade imediata. É constituída pelas reservas efetivamente existentes em caixa em determinado momento; e
>
> c) liquidez ajustada. É constituída pela disponibilidade de caixa mais os créditos menos os recursos tomados do FMI (Fundo Monetário Internacional).

Como bem ressalta Luiz Regis Prado[11], "advirta-se que se trata de norma penal em branco, tendo em vista que o dispositivo necessita de complementação".

Assim, ao lado da moeda estrangeira, é preciso buscar a compreensão do conceito de "divisas" em outros diplomas.

Apenas como mero exemplo da complexidade da fixação de exegese de divisas "não monetárias", o art. 1º da Lei nº 4.131/62, que tem lastro constitucional no art. 172 da Constituição Federal ("A lei disciplinará, com base no interesse nacional, os investimentos de capital estrangeiro, incentivará os reinvestimentos e regulará a remessa de lucros"), dispõe o seguinte:

---

9   SANDRONI, Paulo. *Dicionário de economia do século XXI*. 6. ed. Rio de Janeiro: Record, 2010, p. 258.

10   SANDRONI, Paulo. *Dicionário de economia do século XXI*. 6. ed. Rio de Janeiro: Record, 2010, p. 730.

11   PRADO, Luis Regis. *Direito penal econômico*. 3. ed. São Paulo: RT, 2009, p. 218.

Art. 1º Consideram-se capitais estrangeiros, para os efeitos desta lei, os bens, máquinas e equipamentos, entrados no Brasil sem dispêndio inicial de divisas, destinados à produção de bens ou serviços, bem como os recursos financeiros ou monetários, introduzidos no país, para aplicação em atividades econômicas desde que, em ambas as hipóteses, pertençam a pessoas físicas ou jurídicas residentes, domiciliadas ou com sede no exterior.

Consultando o sítio do Conselho da Justiça Federal "Jurisprudência Unificada" com as palavras "penal" e "divisas", não foram encontrados acórdãos que definissem o conceito de divisas.

A título de exemplo, veja-se as ementas a seguir colacionadas:

PENAL. CRIME CONTRA O SISTEMA FINANCEIRO NACIONAL. EVASÃO DE DIVISAS. EXPORTAÇÃO DE MERCADORIAS. AUSÊNCIA DE LIQUIDAÇÃO DO CONTRATO CAMBIAL. DEPÓSITO NÃO DECLARADO NO EXTERIOR. PRESUNÇÃO. IMPOSSIBILIDADE. ÔNUS DA PROVA. RECURSO DESPROVIDO.

1. O crime de evasão de divisas previsto na última parte do parágrafo único do art. 22 da Lei nº 7.492/86 – manutenção de depósito no exterior – pressupõe a identificação da instituição e dos valores guardados ao arrepio da autoridade monetária brasileira.

2. O mero fato de não ter sido liquidado no Brasil o contrato de câmbio é incapaz de gerar a presunção de que a empresa exportadora recebeu o pagamento objeto do acordo e o mantém em instituição financeira situada fora do país.

3. Não pode o intérprete estender o sentido da norma contida na primeira parte do parágrafo único da lei em comento, a fim de considerar típica a ausência de internalização do pagamento recebido, sob pena de absoluto desvirtuamento do comando normativo, o qual apenas criminaliza a saída de divisas do território nacional.

4. O conceito de divisas não inclui, segundo a doutrina majoritária e precedentes dos tribunais superiores, mercadorias destinadas à exportação.

5. Recurso especial desprovido.

(REsp 914.077, Rel. Min. Jorge Mussi, DJE 17/12/2010)

RECURSO ESPECIAL. PENAL. CRIME CONTRA O SISTEMA FINANCEIRO NACIONAL. EVASÃO DE DIVISAS. TIPICIDADE. EXPORTAÇÃO DE MERCADORIAS SEM A COMPROVADA LIQUIDAÇÃO DO CONTRATO DE CÂMBIO, COM O INGRESSO DAS DIVISAS CORRESPONDENTES EM TERRITÓRIO NACIONAL. CONDUTA QUE NÃO SE SUBSUME AO TIPO DO ART. 22 DA LEI Nº 7.492/86. RECURSO DESPROVIDO.

1. O crime de evasão de divisas, previsto no art. 22 da Lei nº 7.492/86, pressupõe a remessa de disponibilidades cambiais para o exterior.

2. A conduta relativa à exportação de mercadorias sem a respectiva liquidação do contrato de câmbio, com o ingresso das correspondentes divisas, não se enquadra no fato típico supramencionado.

3. Primeiro, o tipo penal prevê como criminosa a conduta comissiva de "evadir". O Recorrente, por outro lado, argui omissão quanto ao não ingresso das divisas no país. Ocorre que o artigo não prevê, literalmente, a forma omissiva de conduta, carecendo, portanto, de legalidade.

4. Ainda, a pretensão recursal, de abarcar no conceito de "divisa" as mercadorias exportadas, implicaria interpretação extensiva, que não pode ser utilizada em desfavor do Réu, em respeito ao princípio da tipicidade.

5. Recurso desprovido.

(REsp 898.554, Rel.ª Min.ª Laurita Vaz, DJE 02/08/2010)

Certo é, porém, que o entendimento majoritário tem sido da não extrapolação do conceito de divisas para além de moeda estrangeira, aduzindo, caso a caso, que tal ou qual instituto não se amolda ao "conceito" de moeda estrangeira.

Neste sentido é paradigmático o acórdão da lavra do Desembargador Federal Aluísio Gonçalves de Castro Mendes, da 1ª Turma Especializada do Tribunal Regional Federal da 2ª Região, que, por ocasião do julgamento da Apelação Criminal 5.807, DJU 17/07/2009, p. 90/91, por unanimidade, decidiu:

PENAL. CRIME DE EVASÃO DE DIVISAS. ART. 22, PARÁGRAFO ÚNICO, DA LEI Nº 7.492/86. EXPORTAÇÃO DE MERCADORIAS SEM A EFETIVAÇÃO DO CÂMBIO. AUSÊNCIA DE INGRESSO DE DIVISAS. ATIPICIDADE DA CONDUTA. VEDAÇÃO DE INTERPRETAÇÃO ANALÓGICA. DESCLASSIFICAÇÃO PARA O CRIME DE ESTELIONATO. AUTORIA E MATERIALIDADE COMPROVADAS. CONDENAÇÃO MANTIDA. PARCIAL PROVIMENTO AO APELO DA ACUSAÇÃO.

1. O acusado foi denunciado pela prática de crime de evasão de divisas previsto no art. 22, parágrafo único, da Lei nº 7.492/86 porque teria realizado a exportação de mercadorias sem a liquidação dos contratos de câmbios pendentes aos despachos aduaneiros que autorizaram a saída dessas mercadorias, ocasionando a ausência de ingresso de divisas no país e causando lesão ao Tesouro Nacional, tendo em vista que essa conduta afetaria as reservas cambiais.

2. Não assiste razão ao Ministério Público Federal ao requerer a reforma da r. sentença para condenar o acusado pela prática do crime de evasão de divisas, previsto no art. 22, parágrafo único, da Lei nº 7.492/86. Isto porque "mercadoria" não se compreende no conceito de "divisas".

3. Incabível a utilização de interpretação analógica para compreender a expressão "mercadorias" no conceito de "divisas", sob o fundamento de compatibilizar a extensão desta última expressão à finalidade originariamente prevista pelo legislador, quando da criminalização da conduta prevista no art. 22, parágrafo único, da Lei nº 7.492/86, de proteger a política cambial brasileira.

4. Inobstante ser admissível, em sede de Direito Penal, o recurso à interpretação analógica para ampliar o alcance da norma penal, por ser impossível ao legislador prever todas as situações da vida, não se admite que o intérprete venha a promover a extensão do sentido de uma norma penal incriminadora para criminalizar certas condutas que não o foram pelo legislador, sob pena de violação do princípio da legalidade previsto no art. 5º, XXXIX, da Constituição Federal.

5. De outro lado, a descrição objetiva do tipo penal em análise somente prevê a saída de divisas do país. Significa dizer que, *a contrario sensu*, o simples ingresso de divisas em território nacional não se enquadra nessa hipótese de crime contra o sistema financeiro nacional. Portanto, com mais razão, não se ajusta ao tipo penal a conduta do agente que causa a omissão na entrada de divisas no país.

6. De qualquer forma, as exportações se deram, os contratos de câmbio não se realizaram, as divisas deixaram de ingressar no país e os pagamentos se fizeram à margem da lei, em razão dos valores terem sido cambiados de forma clandestina ou por terem sido mantidos em depósitos no exterior.

7. Diante desse quadro, a conduta do acusado se ajusta ao crime de estelionato previsto no art. 171, § 3º, do Código Penal, já que obteve, para si ou para outrem, vantagem ilícita em prejuízo do Poder Público, tendo em vista que os dólares, correspondentes às mercadorias exportadas pela empresa da qual o acusado é o sócio-gerente, ficaram em mãos alheias ao Tesouro Nacional.

8. Demonstradas a materialidade delitiva e a autoria pelo crime de estelionato previsto no art. 171, § 3º, do Código Penal, a condenação deve ser mantida por seus próprios fundamentos. No entanto, em razão da reiteração de condutas deve ser aplicada a causa de aumento da pena do art. 71 do Código Penal, tendo em vista que a empresa do acusado realizou um total de 69 exportações durante o período de 1º/06/2000 a 19/12/2002.

9. Dado parcial provimento ao apelo da acusação para reconhecer a continuidade delitiva e negado provimento ao recurso da defesa.

É preciso, portanto, fixar uma exegese para os fins do art. 22, parágrafo único, da Lei nº 7.492/86, segundo a qual haverá evasão de divisas sempre que a entrada ou saída do "país" de moeda estrangeira ou instrumentos negociais nela conversíveis, afetem, de forma negativa e sem autorização do órgão competente (Banco Central), as reservas cambiais do país.

Por fim, por tratar-se de norma penal em branco, vale aqui o decidido por unanimidade pela Sexta Turma do E. TRF-2ª Região, em aresto da lavra do

Desembargador Federal André Fontes, que, em trecho que se adapta com perfeição ao tema aqui versado, pondera na Apelação em Mandado de Segurança 37.239:

> A lei nem sempre há de ser exaustiva. Em situações o legislador é forçado a editar normas "em branco", cujo conteúdo final é deixado a outro foco de poder, sem que nisso se entreveja qualquer delegação legislativa.
>
> O Direito Penal também é regido pelo princípio da legalidade estrita e nem por isso deixa de admitir normas penais em branco: ninguém pode se eximir da punição por tráfico de drogas, por exemplo, alegando que a lei não elenca um rol de substâncias entorpecentes.

1.4. Conclusão

Com estas considerações, pretendeu-se trazer novas luzes para a interpretação do art. 22, parágrafo único, da Lei nº 7.492/86, buscando delinear, de forma descritiva, o núcleo do tipo "divisas", demonstrando que a doutrina e a jurisprudência ainda precisam trabalhar a sua hermenêutica, dando efetividade penal ao tipo de injusto, cujo bem jurídico tutelado é a política cambial, mais especificamente a proteção das reservas cambiais de nosso país.

1.5. Referências

BALDAN, Edson Luis. *Fundamentos do direito penal econômico*. Curitiba: Juruá, 2006.

BITTENCOURT, Cezar Roberto *et allii*. *Crimes contra o sistema financeiro nacional e contra o mercado de capitais*. Rio de Janeiro: Lumen Juris, 2010.

CASTILHO, Ela Wiecko V. de. *O controle penal nos crimes contra o sistema financeiro nacional*. Belo Horizonte: Del Rey, 1998.

CORREIA, Eduardo (Coord.). *Direito penal econômico e europeu. Problemas Gerais*. Coimbra: Coimbra Editora, 1998. v. I.

FORTUNA, Eduardo. *Mercado financeiro*.16. ed. Rio de Janeiro: Qualitimark, 2005.

GAMA, Guilherme Calmon Nogueira da *et allii*. *Temas de direito penal e processo penal em especial na justiça federal*. Rio de Janeiro: Renovar, 1999.

GOMES, Luiz Souza. *Dicionário econômico e financeiro*. 9. ed. Rio de Janeiro: Borsoi, s./d.

MARIA, Rodolfo Tigre. *Dos crimes contra o sistema financeiro nacional*. São Paulo: Malheiros, 1999.

PIMENTEL, Manoel Pedro. *Direito penal econômico*. São Paulo: RT, 1973.

_____. *Crimes contra o sistema financeiro nacional*. São Paulo: RT, 1987.

PRADO, Luis Regis. *Direito penal econômico*. 3. ed. São Paulo: RT, 2009.

SANDRONI, Paulo. *Dicionário de administração e finanças*. Rio de Janeiro: Record, 2008.

_____. *Dicionário de economia do século XXI*. 6. ed. Rio de Janeiro: Record, 2010.

SILVA, José Afonso da. *Curso de direito constitucional positivo*. 32. ed. São Paulo: Malheiros, 2009.

TÓRTIMA, José Carlos *et allii*. *Evasão de divisas*: uma crítica ao conceito territorial de saída de divisas contido no parágrafo único do art. 22 da Lei nº 7.492. Rio de Janeiro: Lumen Juris, 2006.

Capítulo 2

Recensão – *Teoria Geral do Delito*, de Francisco Munoz Conde[1]

> **SUMÁRIO: 2.1.** O conceito de delito. **2.1.1.** Conceito de delito. **2.1.2.** Elementos e estrutura do conceito de delito. **2.1.3.** Classificação dos delitos. **2.2.** Conceito de ação. **2.2.1.** O comportamento humano como base da teoria do delito. **2.2.2.** Formas de comportamento humano penalmente relevantes. **2.2.3.** A ação em sentido estrito. **2.2.4.** A polêmica acerca do conceito de ação. **2.2.5.** Sujeito da ação. Atuação em nome de outrem. **2.2.6.** Ausência de ação. **2.3.** A relação de causalidade. **2.3.1.** Ação e resultado. **2.3.2.** Relação de causalidade: a imputação objetiva. **2.4.** A omissão. **2.4.1.** Estrutura ontológica da omissão. **2.4.2.** A ação esperada. **2.4.3.** Espécies de omissão penalmente relevante. **2.4.3.1.** Os delitos omissivos próprios. **2.4.3.2.** Os delitos impróprios de omissão ou de comissão por omissão. **2.4.4.** Omissão e resultado nos delitos de comissão por omissão: a causalidade da omissão. **2.4.5.** O dever de evitar o resultado (a posição de garantidor): fontes deste dever. **2.5.** A tipicidade. **2.5.1.** Tipicidade e tipo. **2.5.2.** Tipo e antijuridicidade: tipo de injusto. **2.5.3.** Tipo e adequação social. **2.5.4.** Estrutura e composição do tipo. **2.6.** O tipo subjetivo. **2.6.1.** O tipo de injusto do delito doloso. **2.6.2.** O dolo. **2.6.3.** Elementos do dolo. **2.6.4.** Espécies de dolo. **2.6.5.** Erro de tipo. **2.7.** A negligência. **2.7.1.** Tipo de injusto do delito negligente. **2.7.2.** Ação típica e lesão do dever objetivo de cuidado. **2.7.3.** Resultado. **2.7.4.** Regulamentação da negligência. **2.75.** Responsabilidade pelo resultado. **2.8.** A antijuridicidade. **2.8.1.** Antijuridicidade e injusto. **2.8.2.** Antijuridicidade formal e material. **2.8.3.** Conceitos de lesão e perigo. **2.8.4.** Desvalor da ação e do resultado.

---

1 Trad. de Juarez Tavares – Sergio Antonio Fabris Editor.

2.9. A exclusão da antijuridicidade. **2.9.1.** Causas de justificação. **2.9.1.1.** Conceito. **2.9.1.2.** Natureza. **2.9.1.3.** Efeitos. **2.9.1.4.** Consequências. **2.9.1.5.** Espécies. **2.9.1.6.** Critério de classificação das causas de justificação. **2.9.1.7.** Elementos subjetivos e objetivos das causas de justificação. **2.9.1.8.** Erro nas causas de justificação. **2.9.1.9.** Justificação incompleta e atenuação da pena. **2.10.** As causas de justificação em espécie. **2.10.1.** A legítima defesa. **2.10.1.1.** Conceito. **2.10.1.2.** Natureza. **2.10.1.3.** Requisitos. **2.10.2.** Estado de necessidade. **2.10.2.1.** Conceito. **2.10.2.2.** Pressupostos. **2.10.2.3.** Requisitos. **2.11.** Outras causas de justificação. **2.11.1.** Obediência devida. **2.11.2.** O atuar no cumprimento de um dever ou no exercício legítimo de um direito, ofício ou cargo. **2.11.2.1.** O uso da violência por parte da autoridade. **2.11.2.2.** O direito correicional. **2.11.2.3.** As vias de fato. **2.11.2.4.** O exercício profissional. **2.11.3.** O caso fortuito e o risco permitido. **2.11.4.** O consentimento do ofendido. **2.11.5.** O consentimento nas lesões. **2.12.** A culpabilidade. **2.12.1.** As insuficiências do conceito tradicional de culpabilidade. **2.12.2.** Conceito dialético de culpabilidade: culpabilidade e prevenção geral. **2.12.3.** Conceito material de culpabilidade. **2.12.4.** Elementos da culpabilidade. **2.12.4.1.** A imputabilidade ou capacidade de culpabilidade. **2.12.4.2.** O conhecimento da antijuridicidade do fato praticado. **2.12.4.3.** A exigibilidade de um comportamento distinto. **2.13.** A imputabilidade. **2.13.1.** A imputabilidade ou capacidade de culpabilidade. **2.13.2.** Causas de exclusão da capacidade de culpabilidade (causas de inimputabilidade). **2.13.2.1.** A menoridade. **2.13.2.2.** Alteração na percepção. **2.13.2.3.** A alienação e o transtorno mental transitório. **2.13.2.4.** A *actio libera in causa*. **2.14.** O conhecimento da ilicitude. **2.14.1.** O erro de proibição. **2.14.2.** A não exigibilidade de outra conduta. **2.14.3.** Direito penal latino-americano. **2.14.3.1.** O conhecimento da antijuridicidade. O erro de proibição. **2.14.3.2.** A não exigibilidade de outra conduta: o estado de necessidade e o medo insuperável. **2.15.** A punibilidade. **2.15.1.** A punibilidade. **2.15.2.** Condições objetivas de punibilidade. **2.15.3.** Escusas absolutórias. **2.15.4.** Causas de extinção da responsabilidade criminal. **2.15.4.1.** A anistia e o indulto. **2.15.4.2.** A prescrição. **2.15.4.3.** O perdão do ofendido. **2.16.** Consumação e tentativa do delito. **2.16.1.** As fases de realização do delito. **2.16.2.** Consumação formal e material. **2.16.3.** Tentativa e frustração. **2.16.4.** Fundamento da punição da tentativa e da frustração. **2.16.5.** O dolo na tentativa e na frustração. **2.16.6.** Delimitação entre atos preparatórios e atos executivos. **2.16.7.** A distinção entre tentativa e frustração. **2.16.8.** Tentativa inidônea e delito impossível. **2.16.9.** A desistência voluntária de consumar o delito. **2.16.10.** Casos especiais de tentativa e frustração. **2.17.** Autoria e participação. **2.17.1.** Autoria e participação. **2.17.2.** Diferenças entre autoria e participação. **2.17.3.** Espécies de autoria. **2.17.3.1.** Autoria direta ou imediata. **2.17.3.2.** Autoria mediata. **2.17.3.3.** Coautoria. **2.17.3.4.** Participação. **2.17.3.5.** Formas de participação. **2.17.3.6.** Problemas especiais de participação: a participação nos delitos especiais. **2.17.3.7.** Formas de participação tentada. **2.17.3.8.** A autoria nos delitos praticados por procedimentos que facilitem a publicidade. **2.17.3.9.** O favorecimento. **2.18.** Unidade e pluralidade de delito (concurso de delitos). **2.18.1.** Unidade de ação e de delito. **2.18.2.** Unidade de ação e pluralidade de delitos (concurso ideal). **2.18.3.** Tratamento penal. **2.18.4.** Efeitos jurídicos. **2.18.5.** Pluralidade de ações e delitos (concurso real). **2.18.6.** Pluralidade de ações e unidades de delitos. **2.18.6.1.** O delito continuado. **2.18.6.2.** O delito coletivo.

2.1. O conceito de delito

A teoria geral do delito ocupa-se das características comuns a qualquer fato, para que possa ser considerado criminoso.

Há características que são comuns a todos os delitos e outras pelas quais se diferenciam entre si os tipos delitivos. Ressalta-se que cada um destes delitos apresenta peculiaridades distintas e tem cominadas, em princípio, penas de distinta gravidade. Porém, há características que são comuns a todos os delitos e constituem a essência do conceito geral do delito, quer dizer, a parte geral do Direito Penal. O estudo das figuras delitivas em espécie, pertence à parte especial.

2.1.1. Conceito de delito

Toda tentativa de definir o delito à margem do Direito Penal vigente situa-se fora do âmbito do Direito, para fazer filosofia, religião ou moral.

Do ponto de vista jurídico, delito é toda conduta que o legislador sanciona com uma pena. Isso é consequência do princípio *nullum crimen sine lege* que rege o moderno Direito Penal.

O conceito de delito como conduta unida legalmente com uma pena é inobstante, um conceito puramente formal que nada diz acerca dos elementos, que deve ter essa conduta para ser assim punida.

2.1.2. Elementos e estrutura do conceito de delito

A ciência do Direito Penal chegou à conclusão de que no conceito de delito, suas características comuns correspondem a uma dupla perspectiva que, simplificando, se apresenta como um juízo de desvalor que recai sobre um fato ou ato humano e como um juízo de desvalor que se faz sobre o autor desse fato. O primeiro juízo de desvalor se chama injusto ou antijuridicidade, o segundo, culpabilidade. Injusto ou antijuridicidade é, pois, a desaprovação do ato; culpabilidade, a atribuição de tal ato a seu autor.

Nestas duas grandes categorias, **antijuridicidade** e **culpabilidade**, distribuíram-se os diversos componentes do delito.

Na primeira incluem-se a ação ou omissão, os meios e formas em que se realiza, seus objetos e sujeitos, a relação causal e psicológica entre elas e o resultado.

Na culpabilidade, as faculdades psíquicas do autor (a chamada imputabilidade ou capacidade de culpabilidade), o conhecimento por parte do autor do caráter antijurídico do ato e a exigibilidade ao autor de um comportamento diverso.

Ambas as categorias têm também uma vertente negativa; assim, por exemplo, a existência de uma força irresistível exclui a ação; a absoluta imprevisibilidade exclui a relação psicológica com o resultado; as causas de justificação (por exemplo, a legítima defesa) autorizam a comissão do fato proibido; a ausência de faculdades psíquicas do autor (por ex., doença mental) exclui a imputabilidade etc.

Normalmente, são a *tipicidade*, a *antijuridicidade* e a *culpabilidade* as características comuns a todos os delitos. O ponto de partida é sempre a tipicidade, porque só o fato típico, quer dizer, o descrito no tipo penal, pode servir de base a posteriores valorações. Depois, segue a indagação acerca da antijuridicidade, quer dizer, a comprovação de que o fato típico cometido é ou não conforme ao Direito. Um fato típico, por exemplo, "A" mata "B", pode não ser antijurídico, se exigir causa de justificação que o permita (no mesmo exemplo, "A" mata "B" em legítima defesa). Uma vez comprovado que o fato é típico e antijurídico, deve-se ver se o autor desse fato é ou não culpável, quer dizer, se possui as condições mínimas indispensáveis para atribuir-se-lhe esse fato, por exemplo, se está mentalmente são ou conhece a antijuridicidade do fato.

Em alguns casos exige-se, inobstante, para poder classificar um fato como delito, a presença de alguns elementos adicionais que não pertençam nem à tipicidade, nem à antijuridicidade, nem à culpabilidade. Assim, por exemplo, exige-se para punir a falência a prévia declaração de insolvência, conforme o Código Comercial, ou a apresentação da queixa, nos crimes de calúnia ou injúria etc. Fala-se nesses casos de *punibilidade* e se considera que esta categoria é também um elemento pertencente à teoria geral do delito.

Assim, define-se o delito como a ação ou omissão típica, antijurídica, culpável e punível.

Observação

A doutrina brasileira segue orientação diversa, considerando que a punibilidade não faz parte da definição de delito. Este só seria, pois, definido como ação típica, antijurídica e culpável (Aníbal Bruno, Heleno Fragoso e Juarez Tavarez).

2.1.3. Classificação dos delitos

O Código Penal fala em delitos e contravenções (classificação bipartida). Ambos os termos correspondem em seu conteúdo à mesma estrutura já estudada anteriormente. A distinção é feita em função de sua gravidade.

Para saber quando estamos diante do delito ou de contravenção, deve-se ver, portanto, a pena que, no preceito penal correspondente, é cominada ao fato em questão (consideração abstrata), não a que corresponderia ao caso concreto (consideração concreta). Esta distinção entre delito e contravenção é, por conseguinte, puramente quantitativa. É, pois, uma questão de política legislativa considerar-se um fato como delito ou como contravenção.

2.2. Conceito de ação

2.2.1. O comportamento humano como base da teoria do delito

De todo comportamento humano que ocorre na realidade, a norma seleciona uma parte, valorando-a negativamente e cominando uma pena. Tal conduta origina uma reação jurídico-penal, agregando predicados (tipicidade, antijuridicidade e culpabilidade), convertendo-a em delito.

No Direito Penal brasileiro releva-se o ato e não o autor. O ato cometido é o que pode ser controlado e limitado democraticamente.

2.2.2. Formas de comportamento humano penalmente relevantes

A conduta humana, manifestada através de atos positivos ou omissões, é a base de toda reação jurídico-penal. Esses atos cumprem a função de elementos básicos da teoria do delito.

2.2.3. A ação em sentido estrito

Ação é todo o comportamento dependente da vontade humana dirigido a um fim. É o exercício da atividade final, realizada em duas fases: uma, externa; outra, interna.

a) fase interna: quando se propõe antecipadamente a realização de um fim;

b) fase externa: proposto o fim e ponderados os efeitos concomitantes, o autor realiza esse fim no mundo externo, seguindo para o segundo momento, chamado processo causal.

Alcançar a meta proposta não significa menosprezar a importância dos meios escolhidos para o determinado fim ou os efeitos concomitantes à sua realização.

2.2.4. A polêmica acerca do conceito de ação

A teoria final da ação (acima exposta e hoje usada pelo CP brasileiro) veio contra a teoria causal da ação, dominante na Alemanha no começo no século.

Para a segunda, ação também é uma conduta humana voluntária, mas prescinde do conteúdo da vontade, ou seja do fim. Só interessa a culpabilidade, deixando tipicidade e antijuridicidade sem importância.

Mas o que prevalece é a primeira teoria, pois o legislador, quando descreve ou tipifica as ações proibidas, o faz pensando na ação não como um simples processo causal, mas sim como um processo causal regido pela vontade. Sem recorrer à finalidade, ao conteúdo da vontade, não se poderia distinguir, com efeito, a ação humana de matar, da morte produzida por um raio, por exemplo.

Há ainda, uma terceira teoria que tenta superar as outras duas: teoria social da ação, sem eco no Brasil.

2.2.5. Sujeito da ação. Atuação em nome de outrem

Só a pessoa humana, como indivíduo, pode ser sujeito de uma ação penalmente relevante. Mesmo considerando a pessoa jurídica ente fictício, não quer dizer que o Direito Penal deva permanecer impassível diante dos abusos que, especialmente, no âmbito econômico, se produzem através da pessoa jurídica, sobretudo as sociedades anônimas.

A partir da Lei nº 7.492/86, o legislador buscou sancionar expressamente os dirigentes das pessoas jurídicas nos tipos delitivos, onde a comissão se faça por meio das respectivas entidades, penalizando através de dissoluções, multas, proibições de exercer determinadas atividades etc.

2.2.6. Ausência de ação

A ação não é penalmente relevante quando falta a vontade. Ocorrerá tal ausência em tais casos:

a) força irresistível: coação física absoluta. Ou seja, um ato de força proveniente do exterior que atua materialmente sobre o agente de tal forma absoluta que não deixa qualquer opção a quem sofre. Medo insuperável não se utiliza como desculpa de tal delito;

b) movimentos reflexos: estes são as convulsões epiléticas, movimentos instintivos de defesa;

c) estados de inconsciência: tais como sono, sonambulismo, embriaguez letárgica etc. Os atos que se realizam não dependem da vontade, com exceção do estado de inconsciência, aqueles casos cujo autor se tenha colocado voluntariamente em tal estado para delinquir.

2.3. A relação de causalidade
2.3.1. Ação e resultado

A ação penalmente relevante é a realizada no mundo exterior, modificando alguma coisa, que produza um resultado que não é parte integrante da ação.

Não são a mesma coisa "o produzir" e "o produzido". A distinção entre ação, como simples manifestação de vontade, e resultado, como consequência externa derivada da manifestação de vontade tem grande importância para o Direito Penal.

Nos delitos de perigo concreto, a ação perigosa é punida quando tenha colocado em perigo concreto o bem jurídico protegido. No delito negligente, a ação negligente só é punida se produzir um resultado lesivo etc.

2.3.2. Relação de causalidade: a imputação objetiva

Deve sempre haver uma relação de causalidade entre ação e resultado, ou seja, deve haver a imputação objetiva do resultado ao autor, à ação que o tenha causado.

Essa relação é o pressuposto mínimo de responsabilidade nos delitos de resultado. Porém, nem todas as relações são tão simples de solucionar. Para resolver situações complicadas, foram elaboradas diversas teorias.

a) Teoria da Equivalência das Condições: nesta teoria, causa é toda condição de um resultado concreto que, mentalmente suprimida, daria lugar a que esse resultado não se produzisse. Qualquer variante fica sem importância, pois o que importa é a causa e o resultado do agente.

b) Teoria da Adequação: nesta, nem toda condição do resultado concreto é causa em sentido jurídico, somente aquela que geralmente é adequada a produzir um resultado, mas objetivamente possível, pode ser quase tudo. Por isso, a teoria da causalidade adequada recorre a outro critério limitador: o da **diligência devida.**

Portanto, **previsibilidade objetiva** e **diligência devida** são os dois critérios que servem para precisar quando uma ação é adequada a produzir um resultado. Do ponto de vista jurídico, a causalidade natural (aquela onde condição é causa de um resultado no sentido lógico ou natural) deve ser limitada com a ajuda de critérios normativos, de tal forma que o problema causal se converta em um problema jurídico, a ser incluído na categoria do injusto ou antijuridicidade típica (teoria da causa juridicamente relevante ou da imputação objetiva). Do contrário, se poderia prender os pais de um assassino, simplesmente por terem gerado o agente.

O ideal é que a teoria da adequação seja completada com a da relevância jurídica (Mezger).

Foram propostos, recentemente, na doutrina outros critérios que servem de base para a imputação objetiva:

a) o do incremento do risco: ficam resolvidos alguns casos nos quais o resultado se teria produzido ainda quando o autor tivesse atuado com negligência devida;

b) o do fim de proteção da norma: serve para solucionar casos nos quais, ainda que o autor tenha criado ou incrementado um risco que se transforma em resultado lesivo, não é procedente que lhe seja imputado este resultado, caso não venha a se produzir no âmbito de proteção da norma. Exemplo: deixa-se uma pistola ao alcance de um depressivo.

Mesmo com a limitação trazida pelo § 1º do art. 13 do Código Penal, a questão de relação causal nos crimes culposos deve ser suplementada por outros critérios, como os sugeridos, tais como incremento ou excesso de risco ou a teoria do fim de proteção da norma.

Parte III • Direito Penal

A doutrina e a jurisprudência brasileira têm seguido invariavelmente a teoria da equivalência das condições, onde não se corrige a extensão da causalidade, senão para as causas supervenientes, deixando intactas as preexistentes ou concomitantes, as quais, muitas vezes situam-se em linha causal absolutamente anormal ou atípica.

2.4. A omissão

2.4.1. Estrutura ontológica da omissão

O legislador pune, nos crimes de omissão, a não realização da ação mandada.

Omissão não é um simples não fazer, mas o não fazer uma ação que o sujeito está em condições de poder fazer. Todas as qualidades que constituem a ação em sentido ativo (finalidade e causalidade) devem estar à disposição do sujeito para se poder falar da omissão. As causas que excluem a ação são também, ao mesmo tempo, causas de exclusão da omissão.

2.4.2. A ação esperada

A omissão penalmente relevante, a nível do tipo de injusto do delito, é a omissão da ação esperada.

O delito de omissão é, assim, estruturalmente sempre um delito que consiste na infração de um dever. Mas não de um dever social ou moral, senão de dever imposto pela lei, em função da proteção de um bem jurídico.

A omissão penalmente relevante não pode ser compreendida em um plano exclusivamente ontológico, sendo também necessário situá-la em referência às categorias da tipicidade e antijuridicidade para apreender sua essência.

2.4.3. Espécies de omissão penalmente relevantes

No Direito Penal, o delito omissivo aparece sob tríplice forma:

a) como delito de omissão pura ou própria, no qual se pune a simples infração de um dever de agir, sem mais nada. Equivale aos delitos de mera atividade;

b) como delitos de omissão e resultado, nos quais a omissão se vincula a um determinado resultado, como o que se associa normalmente;

c) como delitos impróprios de omissão, ou de comissão por omissão, nos quais, do mesmo modo que nas hipóteses anteriores da omissão, esta se associa a um determinado resultado proibido, mas no tipo penal concreto não se menciona expressamente a forma da comissão omissiva.

2.4.3.1. Os delitos omissivos próprios

Nestes delitos, o conteúdo típico é constituído pela simples infração a um dever de agir. Paradigma deste delito é a omissão do dever de socorro.

2.4.3.2. Os delitos impróprios de omissão ou de comissão por omissão

Nestes delitos, o comportamento omissivo não é mencionado expressamente no tipo, que só descreve e proíbe determinado comportamento ativo; contudo, a mais elementar sensibilidade jurídica obriga a considerar-lhe equivalentes, do ponto de vista valorativo, e a incluir, portanto, também na descrição típica do comportamento proibido, determinados comportamentos omissivos, que igualmente contribuem para a produção do resultado proibido.

Para identificar este delito é necessário o exame prévio de duas questões:

a) a relação causal entre a omissão e o resultado produzido;

b) o dever de evitar o resultado que incumbe ao sujeito da omissão.

2.4.4. Omissão e resultado nos delitos de comissão por omissão: a causalidade da omissão

O delito de comissão por omissão é um crime de resultado, no qual o resultado produzido deve ser imputado ao sujeito da omissão. O que importa na comissão por omissão é a constatação de uma causalidade hipotética, isto é, a possibilidade fática que teve o sujeito de evitar o resultado. Se der como certa, ou, pelo menos, como provável que, se o sujeito tivesse realizado a ação mandada, o resultado não se teria produzido, poder-se-á, então, imputar o resultado ao sujeito da omissão. Para isso, devem ser utilizados hipoteticamente os critérios antes consignados da teoria da adequação, do incremento do risco e do fim de proteção da norma.

O desconhecimento devido a erro evitável ou negligente pode dar lugar à imputação por negligência.

2.4.5. O dever de evitar o resultado (a posição de garantidor): fontes deste dever

Diferentemente do que ocorre no delito de ação, no crime de comissão por omissão não basta a simples constatação da causalidade hipotética da omissão com respeito ao resultado produzido, para imputar-se um resultado ao sujeito da omissão. É preciso, além disso, que este sujeito tenha a obrigação de impedir a produção do resultado, em virtude de determinados deveres cujo cumprimento assumiu ou lhe incumbe em razão de seu cargo ou profissão. Esta obrigação especial converte o sujeito em garantidor de que o resultado produzido não se realize, daí o nome de *posição de garantidor*.

São várias as fontes que podem fundamentar a posição de garantidor. Todas elas podem ser reduzidas a dois grandes grupos:

a) função protetora de um bem jurídico:

1º em virtude de uma vinculação natural que se dá sobretudo no âmbito familiar, entre cônjuges, entre pais e filhos etc. e que se funda nos preceitos do Direito de Família, o que impõe obrigações alimentares, de cuidado etc.;

2º uma comunidade de perigos, que se verifica sobretudo na prática de esportes coletivos, como o alpinismo, que impõe a obrigação de realizar determinadas ações para ajudar os demais participantes;

3º uma aceitação voluntária de específicas funções protetivas, que se dá sobretudo no âmbito da Medicina, dos guarda-vidas contratados nas piscinas públicas etc., além de pessoas que, de forma expressa ou tácita, assumam a obrigação de impedir determinados resultados e que constitui precisamente o objeto de sua aceitação.

b) dever de vigilância de uma fonte de perigo: posse de animais domésticos, substâncias explosivas ou inflamáveis etc.

Neste grupo destaca-se, sobretudo, a ideia do agir precedente ou da ingerência.

Quem, com seu fazer ativo, ainda que sem culpa, tenha dado lugar a perigo iminente de um resultado típico, tem a obrigação de impedir a produção desse resultado.

2.5. A tipicidade

Toda ação ou omissão será considerada um delito se infringir o ordenamento jurídico (antijuridicidade) na forma prevista pelos tipos penais (tipicidade) e puder ser atribuída a seu autor (culpabilidade).

2.5.1. Tipicidade e tipo

Tipicidade é a adequação de um fato cometido à descrição que dele se faz na lei penal.

No Direito Penal brasileiro deve ser observado o princípio da legalidade em sua vertente *nullum crimen sine lege*. O legislador seleciona os comportamentos antijurídicos mais intoleráveis e lesivos aos bens de maior importância (princípio da intervenção mínima) e os ameaça com uma pena. Descreve tais comportamentos na norma penal, cumprindo as exigências do princípio da legalidade.

Tipo é a descrição da conduta proibida que o legislador leva a cabo na hipótese de fato de uma norma penal.

2.5.2. Tipo e antijuridicidade: tipo de injusto

Antijuridicidade é um juízo negativo de valor que recai sobre um comportamento humano.

O Direito Penal apenas se preocupa com o comportamento antijurídico que seja ao mesmo tempo típico, em atenção aos princípios da legalidade e intervenção mínima.

A tipicidade de uma conduta não implica seja ela antijurídica. O que se dá nas hipóteses da ocorrência de alguma causa de justificação: legítima defesa, estado de necessidade, estrito cumprimento de dever legal ou o exercício regular de direito (art. 23, CP). A tipicidade da conduta deve ser entendida apenas como um indício da sua antijuridicidade.

Teoria dos elementos negativos do tipo: as causas de justificação excludentes da antijuridicidade (legítima defesa, estado de necessidade, estrito cumprimento de dever legal ou o exercício regular de direito – art. 23, CP) devem ser consideradas como elementos negativos do tipo, de tal forma que quem mata em legítima defesa sequer realiza o tipo de delito de homicídio, apenas um nada jurídico-penal – é conduta irrelevante para o Direito Penal.

2.5.3. Tipo e adequação social

Certas ações típicas carecem de relevância por serem correntes no meio social. Exemplo: entrega de presentes de pouca monta a funcionário público pode constituir um tipo de corrupção. Inobstante, considera-se que por ser comportamento socialmente adequado, não deve ser tido como típico e muito menos antijurídico.

O que é socialmente adequado não deve ser típico. Por vezes, as normas penais proíbem o que socialmente se considera adequado, e aí, não se pode admitir que a adequação social seja uma causa de exclusão da tipicidade. Deve ser rechaçado o critério da adequação social como causa de exclusão do tipo.

2.5.4. Estrutura e composição do tipo

O tipo tem que estar redigido de tal modo que de seu texto se possa deduzir com clareza a conduta proibida. Evita-se o casuísmo na descrição das condutas. É preferível usar cláusulas gerais, definições e descrições genéricas que reúnam os caracteres comuns essenciais a cada grupo de delitos (ex.: definições do roubo e do furto – arts. 155 e 157 e do estelionato – art. 171).

Devem ser evitados os conceitos indeterminados ("moral", "bons costumes", "pessoa viciosa ou de má vida" – art. 247), pelo perigo que representam para a segurança jurídica dos cidadãos ao deixar sem precisar claramente a conduta proibida.

Muitas vezes se torna impossível compreender num só tipo as diversas formas de aparecimento do delito. O legislador, assim, criou outros tipos derivados do tipo básico. Exemplo: art. 155 (tipo básico), art. 155, § 4º (tipo qualificado – agravação específica do básico), art. 155, § 2º (tipo privilegiado – circunstâncias atenuantes).

Tipo autônomo: diverso é o seu caso, pois o tipo derivado vem associado de características e peculiaridades que o distinguem de tal forma do tipo básico que o convertem em um tipo autônomo distinto.

Exemplo: Homicídio (art. 121 – tipo básico), homicídio qualificado (art. 121, § 2º), e homicídio privilegiado (art. 121, § 1º), estes últimos são tipos derivados. Infanticídio (art. 123) é tipo autônomo, embora derivado do homicídio.

Sujeito ativo: o delito como obra humana sempre tem um autor, aquele que precisamente realiza a ação proibida.

Quanto ao sujeito ativo:

Delitos plurissubjetivos: nos quais o tipo exige a concorrência de várias pessoas, ou participando uniformemente da consecução do mesmo objeto (delitos de convergência: bando, quadrilha), ou autonomamente como partes de uma mesma relação delitiva (delitos de encontro: corrupção, em que intervêm o funcionário e o particular que o suborna).

Participação necessária: dentre os vários sujeitos que participam da realização da ação, um deles permanece impune por ser o titular do bem juridicamente protegido (ex.: o menor no abuso de incapazes, a mulher na sedução).

Por vezes, a lei exige determinada qualidade para ser sujeito ativo do delito, são as hipóteses de **delitos especiais**. Exemplo seria o "funcionário público" no crime de peculato, ou o "devedor" na falência.

Distintos são os **delitos de mão própria**: o tipo exige a realização de uma ação determinada e só quem se encontre em posição de executar imediata e corporalmente, por si mesmo, a ação pode ser seu sujeito ativo (ex.: "conjunção carnal" no estupro).

Ação: em todo delito há uma ação, entendida como comportamento humano (ação/omissão) que constitui o núcleo do tipo.

Temos sob esse enfoque:

a) os **delitos de mera atividade**: o tipo só exige uma ação positiva ou uma omissão (injúria, falso testemunho);

b) os **delitos de resultado**: juntamente com a realização da ação, deve ocorrer a produção do resultado material (lesões, homicídio, dano).

Segundo o tipo compreenda uma ou várias ações, fala-se de delitos simples ou delitos compostos. Os últimos dividem-se em complexos (duas ou mais ações, cada uma constitutiva de um delito autônomo, mas de cuja união nasce um complexo delitivo autônomo distinto; ex:. latrocínio, art. 157, § 3º, segunda parte) e mistos (o tipo contém, sob a mesma cominação penal, diversas modalidades de conduta, bastando que se realize uma delas para que se constitua (violação de domicílio, art. 150; corrupção passiva, art. 317).

Bem jurídico: a norma penal tem uma função protetora de bens jurídicos. Este não é nada mais do que o valor, que a lei quer proteger de ações que possam lesá-lo.

2.6. O tipo subjetivo

2.6.1. O tipo de injusto do delito doloso

O tipo de injusto tem uma vertente objetiva (tipo objetivo: elementos de natureza objetiva que caracterizam a ação típica – o autor, a ação, as formas e meios da ação, o resultado) e uma vertente subjetiva (tipo subjetivo: o conteúdo da vontade rege a ação – fim, efeitos concomitantes e seleção dos meios).

O dolo e a culpa, enquanto conteúdos da vontade, devem ser levados em conta na hora de se estabelecer o tipo de injusto.

2.6.2. O dolo

O âmbito subjetivo do tipo de injusto dos delitos dolosos é constituído pelo dolo: consciência e vontade de realizar o tipo de um delito.

2.6.3. Elementos do dolo

a) Elemento intelectivo: para agir dolosamente, o sujeito ativo deve saber o que faz e conhecer os elementos que caracterizam sua ação como típica.

b) Elemento volitivo: para agir dolosamente não basta o mero conhecimento dos elementos objetivos do tipo. É necessário querer realizá-los.

2.6.4. Espécies de dolo

a) **Dolo direto**: o autor quer realizar precisamente o resultado proibido no tipo penal (nos delitos de resultado) ou a ação típica (nos delitos de mera atividade). Exemplo: quer matar José, e o mata. Incluem-se as hipóteses em que o autor, apesar de não querer diretamente uma das consequências que irão se produzir, admite-a como necessariamente unida ao resultado principal que persegue. Exemplo: quer matar José, que está atrás da cristaleira. Para matá-lo, admite ter que necessariamente quebrar a cristaleira. Não é o que quer, mas o faz mesmo assim.

b) **Dolo eventual**: o sujeito representa o resultado como de produção provável e, embora não queira produzi-lo, continua agindo e admitindo a sua eventual produção. Assume o risco de produzir o resultado. Exemplo: quer matar José, que se encontra ao lado de Maria. Confiando em sua boa pontaria, termina por alvejar José **e** Maria. A morte de Maria não era querida, mas o seu risco foi assumido pelo agente.

2.6.5. Erro de tipo

Qualquer erro acerca dos elementos objetivos do tipo exclui o dolo. O erro, como o dolo, deve referir-se a qualquer dos elementos integrantes do tipo, seja de natureza descritiva ou normativa. O erro quanto a qualquer outro elemento pertencente a outras categorias diversas do tipo carece de relevância para efeito da tipicidade.

O erro de tipo exclui o dolo e tudo o mais; quando seja evitável deixa subsistente uma possível responsabilidade a título de negligência. Exemplo: quem dispara contra uma pessoa, confundindo-a com um animal, não responde por homicídio doloso, mas sim a título de homicídio culposo, se o erro derivar de uma negligência.

O erro evitável, aquele que o autor não poderia superar nem se tivesse empregado grande diligência, exclui a responsabilidade tanto a título de dolo quanto de negligência.

O erro pode recair sobre diversos elementos típicos:

a) **erro sobre o objeto da ação**: art. 20, § 3º, do Código Penal – "O erro quanto à pessoa contra a qual o crime é praticado não isenta de pena. Não se consideram, neste caso, as condições ou qualidades da vítima, senão as da pessoa contra quem o agente queria praticar o crime";

b) **erro sobre a relação de causalidade**: em princípio, os desvios não essenciais ou que não afetem a produção do resultado querido pelo autor são irrelevantes (ex.: A dispara contra B com ânimo de matar, ferindo-o levemente; B morre em poucos dias por causa de uma infecção da ferida),

c) **erro na execução** (*aberratio ictus*): ocorre sobretudo nos delitos contra a vida e a integridade física. Exemplo: autor quer matar B e com péssima pontaria atinge e mata C. De acordo com o art. 73 do Código Penal, haverá um só crime consumado doloso, se for atingida tão só pessoa diversa daquela que o agente pretendia ofender. Se o agente atingir tanto a pessoa visada quanto uma estranha, responderá por dois crimes, em concurso formal, que poderão ser ambos dolosos, ou doloso quanto à pessoa visada e culposo quanto à pessoa estranha, dependendo das circunstâncias concretas que irão indicar a existência de dolo ou de negligência quanto ao último resultado verificado. O mesmo raciocínio serve para a interpretação do caso referido no art. 74 (*aberratio delicti*).

2.7. A negligência

2.7.1. Tipo de injusto do delito negligente

Tradicionalmente, dolo e culpa eram concebidos como formas de culpabilidade. Depois, verificou-se que o delito culposo oferecia particularidades já no tipo de injusto – o dever **objetivo de cuidado** (negligência devida), segundo o qual não basta a causação do resultado, é importante considerar a forma em que se realiza a ação.

Pune-se o delito negligente desde que se trate de: a) comportamentos que afetam bens jurídicos fundamentais; e b) produzam resultado lesivo. Daí por que exige expressa previsão legal (art. 18, II e parágrafo único, CP).

Componentes fundamentais: ação típica negligente e resultado.

2.7.2. Ação típica e lesão do dever objetivo de cuidado

Não vem determinada na lei com precisão, devendo ser complementada por via judicial ou doutrinária, até porque é impossível prever todas as formas negligentes de comportamento. Por isso não fere o princípio da legalidade – **tipo penal aberto.**

Deve ser aferida no caso concreto, adotando como parâmetro o **dever objetivo de cuidado**. O núcleo do tipo de injusto negligente é a divergência entre a ação esperada (em relação ao dever objetivo de cuidado) e a que foi realizada.

A finalidade da conduta é irrelevante, a desaprovação recai sobre a forma de realização da ação.

O conceito de **cuidado objetivo** é objetivo-normativo.

Objetivo porque não se afere no caso concreto, considera-se cuidado requerido na vida social para a realização da conduta. Normativo porque decorre da comparação da atuação do autor com a de um homem prudente e racional na mesma situação. Abrange dois elementos: **intelectivo** – consideração das consequências que, conforme um juízo racional, eram de produção previsível (previsibilidade objetiva) e **valorativo** – será contrária a ação que ultrapassar a medida socialmente adequada (desatenção às regras de cuidado). As regras de cuidado podem ser critérios abstratos (ex.: bom motorista), normas administrativas (ex.: Código de Trânsito) e regras de experiência. Sua inobservância constitui indício de negligência.

Há **lesão do cuidado objetivo** quando a ação fica aquém do que o cuidado exigia. Portanto, será típica.

2.7.3. Resultado

Exige-se para a sanção penal, além do desvalor da ação negligente, o desvalor do resultado, ou seja, a lesão ou colocação em perigo (mais difícil) do bem jurídico.

Exige-se também a relação de causalidade. Conexão que permite, já no plano objetivo, imputar o resultado à qual ação é adequada a provocar o resultado quando este era obviamente previsível e o autor atuou sem diligência devida.

A doutrina e a jurisprudência mais relevantes negam a causalidade sempre que seja certo que o atuar correto não evitaria o resultado.

2.7.4. Regulamentação da negligência

Princípio da excepcionalidade: só é punida quando expressamente previsto em lei. A pena deve ser menor do que a imposta para o crime doloso.

2.7.5. Responsabilidade pelo resultado

Em consequência da função motivadora do Direito Penal (que só pode motivar os cidadãos a se absterem de realizar ações aptas a produzir resultados previsíveis e evitáveis), a produção de resultado só deve ser imputada a comportamento doloso ou negligente, se não se considera fortuito, excluído do âmbito do penalmente relevante.

Proíbe-se o princípio do *versari in re illicita* (segundo o qual desde que se inicie uma conduta ilícita o resultado produzido será imputado, ainda que alheio à previsibilidade do sujeito).

Pressupostos da responsabilidade por negligência: a) previsibilidade objetiva; e b) lesão da diligência devida.

No Brasil, o art. 19 do Código Penal afasta a responsabilidade penal objetiva: "pelo resultado que agrava a pena responde o agente que houver causado apenas culposamente".

2.8. A antijuridicidade

Contradição entre a ação realizada e os mandamentos do ordenamento jurídico como um todo, não apenas do Direito Penal.

O Direito Penal não cria a antijuridicidade. Seleciona, por meio da tipicidade, uma parte dos comportamentos antijurídicos. Por isso, a realização de um fato típico gera a presunção de ilicitude (função incidiária da tipicidade), que pode ser afastada.

Na prática, a constatação da antijuridicidade traduz-se, na verdade, na verificação da existência de algumas das causas de justificação.

2.8.1. Antijuridicidade e injusto

A primeira é atributo que qualifica uma ação doutrinária ao ordenamento jurídico. O último é substantivo empregado para denominar a ação já qualificada de antijurídica.

2.8.2. Antijuridicidade formal e material

Aspectos do mesmo fenômeno:

a) formal – contradição entre a ação e o ordenamento e;

b) material – ofensa ao bem jurídico que a norma quer proteger.

Sua essência é, pois, a ofensa a bem jurídico protegido pela norma infringida. Inexistindo a ofensa ao bem jurídico, não há antijuridicidade.

2.8.3. Conceitos de lesão e perigo

Ambos são conceitos normativos.

Lesão é a destruição de bens materiais ou ideais. A colocação em perigo decorre de um juízo de probabilidade de que determinado bem possa ser lesado, emitido pelo julgador considerando o momento em que se realizou a ação. Pressupõe que o julgador deve conhecer a situação de fato (conhecimento ontológico), as leis da natureza e as regras de experiência que permitam deduzir a lesão ao bem jurídico (conhecimento nomológico).

2.8.4. Desvalor da ação e do resultado

Desvalor do resultado = lesão ou perigo.

Desvalor da ação = conduta desaprovada pelo ordenamento jurídico.

Não existe hierarquia entre eles, ambos são igualmente importantes e contribuem no mesmo nível para a configuração da antijuridicidade. No entanto, pode ser que o legislador, na hora de configurar os tipos de delitos, dê maior relevância a um ou outro.

O Código Penal brasileiro sanciona crimes de perigo abstrato (art. 133 – abandono de incapaz, art. 134 – abandono de recém-nascido, art. 225 – perigo de inundação), onde se destaca o desvalor da ação, o que é reprovável, sancionando a simples desobediência à norma jurídica, sem ofensa ao bem jurídico.

2.9. A exclusão da antijuridicidade

2.9.1. Causas de justificação

2.9.1.1. Conceito

São aquelas que convertem o fato, em si típico, em um fato perfeitamente lícito e aprovado pelo ordenamento jurídico.

2.9.1.2. Natureza

É causa de exclusão da antijuridicidade.

2.9.1.3. Efeitos

a) Impedem que se possa impor uma pena ao autor de um fato típico.

b) Convertem esse fato em lícito, aprovado pelo ordenamento jurídico.

2.9.1.4. Consequências

Partindo-se do entendimento que a conduta do agente é justificada, isto é, considerada lícita:

a) **não cabe legítima defesa**, porque esta pressupõe um ato ilícito, qual seja, uma agressão **injusta**;

b) **não cabe imposição de medida de segurança ou qualquer tipo de sanção**;

c) **não cabe comprovação de culpabilidade do autor**, pois para tanto se exige a existência de antijuridicidade;

d) a **participação** também estará justificada;

e) o exercício de uma causa de justificação ou lesão de um bem alheio, além do **limite de proteção** permitido no ordenamento jurídico, será considerado antijurídico.

2.9.1.5. Espécies

Exclusão de ilicitude – art. 23 do Código Penal:

a) legítima defesa;

b) estado de necessidade;

c) estrito cumprimento do dever legal;

d) exercício regular de direito.

Observação

A enumeração legal não impede que se reconheçam **outras causas** de justificação como:

a) consentimento do ofendido;

b) direito correicional;

c) risco permitido;

d) atuação no interesse do ofendido;

e) consentimento presumido etc.

2.9.1.6. Critério de classificação das causas de justificação

Deve-se estudar em cada causa de justificação em concreto, quais são os **princípios** que a inspiram, que podem ser:

a) princípio da ausência de interesse (ex.: consentimento do ofendido);

b) princípio do interesse preponderante (ex.: estado de necessidade);

c) princípio da prevalência do direito;

d) princípio da proporcionalidade; etc.

2.9.1.7. Elementos subjetivos e objetivos das causas de justificação

a) Objetivo: o resultado da ação do autor é considerado lícito.

b) Subjetivo: o autor ao praticar a ação sabia e tinha a vontade de atuar de um modo autorizado ou permitido juridicamente.

Assim, para se justificar uma ação típica **não basta** que se dê objetivamente a situação justificante, sendo preciso, ademais, que o autor atue voluntariamente dentro dos limites autorizados.

Logo, a justificação de uma ação só se dá quando ocorram tanto o elemento objetivo quanto o subjetivo da respectiva causa justificante.

Assim, só atua em **legítima defesa** quem sabe que está se defendendo de uma agressão injusta.

O guarda de presídio só atua em estrito **cumprimento do dever legal** se exerce voluntariamente a sua profissão dentro dos limites legais e sabe e quer atuar dentro desses limites.

2.9.1.8. Erro nas causas de justificação

É a falta do elemento objetivo ou do elemento subjetivo, determinando, assim, que o ato permaneça antijurídico.

Exemplos:

a) falta do elemento objetivo da respectiva causa de justificação:

Ação: autor disparou por acreditar erroneamente que a vítima iria agredi-lo.

Causa de justificação: legítima defesa.

Elemento objetivo da legítima defesa: agressão indevida realizada, e **não** suposição.

b) falta do elemento subjetivo da respectiva causa de justificação:

Ação: autor disparou contra a vítima por motivo de vingança.

Causa de justificação: legítima defesa.

Elemento subjetivo: proteção ao bem jurídico integridade física, e **não** vingança, que não é autorizada pelo ordenamento jurídico.

2.9.1.9. Justificação incompleta e atenuação da pena

As causas de justificação, quando ocorrem, implicam, necessariamente, na **exclusão da antijuridicidade ou ilicitude**, porque apresentaram todos os seus requisitos: elemento objetivo e elemento subjetivo ou ainda exercício da causa de justificação no limite autorizado pelo ordenamento jurídico.

Todavia, a falta de algum desses elementos ou o excesso no exercício da causa de justificação podem incidir **atenuando o juízo de antijuridicidade** sobre o fato.

Assim, a **legítima defesa putativa** (ex.: "a)" acima) é um ato antijurídico, porém reflete na **culpabilidade**, pois se configura como uma **atenuante na fixação de pena** em face de uma **justificação incompleta** na conduta.

2.10. As causas de justificação em espécie
2.10.1. A legítima defesa
2.10.1.1. Conceito

Sob o **aspecto individual**, é a defesa como resposta proporcionada a uma agressão injusta.

Sob o **aspecto supraindividual**, é a defesa da ordem jurídica e do Direito em geral, maculado pela agressão antijurídica.

2.10.1.2. Natureza

É a causa de justificação de excludente de ilicitude.

2.10.1.3. Requisitos

Estão no art. 25 do Código Penal.

a) agressão injusta: é ato de força ou ação de colocar em perigo algum bem jurídico defensável, seja devido a uma **ação** ou **omissão**, que o titular do bem não possa ser obrigado a tolerar;

b) agressão atual ou iminente: é aquela **real,** não bastando que só exista na imaginação de quem se defende;

c) uso de meios necessários e moderadamente: é a **necessidade de defesa**, por ser a única via possível para repelir a agressão, aliada à **racionalidade do meio empregado** para esta defesa, que deve ser proporcional à agressão sofrida;

d) agressão contra bem jurídico próprio ou de terceiro.

Observação

1. **Bens jurídicos comunitários: não** podem ser objeto de legítima defesa, porque existem outros mecanismos de proteção jurídica, aos quais se deve recorrer para torná-la efetiva, conforme doutrina dominante no Brasil.

2. **Crime de rixa:** a jurisprudência no Brasil reconhece a legítima defesa em crime de rixa.

2.10.2. O estado de necessidade

2.10.2.1. Conceito

É aquela situação na qual se encontra quem pratica um mal para se salvar de perigo atual que implicaria no acometimento de um outro mal.

2.10.2.2. Pressupostos

a) Atuação de necessidade: pressupõe que o bem jurídico a salvar esteja em **iminente perigo** de ser destruído, isto é, o perigo é **real e objetivo**, não podendo ser meramente suposto.

b) Único caminho possível.

2.10.2.3. Requisitos

Estão no art. 24 do Código Penal.

a) existência de uma situação de necessidade, representada por um perigo a bem jurídico próprio ou alheio;

b) perigo esse **não** provocado voluntariamente pelo agente (ver obs.);

c) perigo deve ser atual e inevitável de outro modo;

d) o sacrifício do bem jurídico alheio deve ser proporcional à manutenção do bem jurídico salvo pelo agente;

e) que o necessitado não tenha, em razão de seu cargo ou ofício, obrigação de sacrificar-se ou, se tiver esta obrigação, a exigência de sacrifício deve coincidir com os limites legais ou sociais do exercício de sua profissão.

Observação

Perigo provocado culposamente: a doutrina brasileira tem admitido o estado de necessidade nesta situação com base no **princípio da ingerência**, criando ao causador do perigo o dever de impedir o resultado dele decorrente.

2.11. Outras causas de justificação

Observação

As remissões aos artigos referem-se ao Código Penal brasileiro.

2.11.1. Obediência devida

Sua natureza é discutível. Pode ser **causa autêntica de justificação,** pois não se pode expor quem atua em obediência devido a uma reação de legítima defesa ou **causa de exculpação**, porque a ordem obedecida pode ser antijurídica, não perdendo esta característica por ser parcial.

Essa eximente só pode referir-se à obediência devida de uma ordem antijurídica, pois obviamente para as ordens lícitas não é necessário qualquer preceito expresso, bastando a eximente de cumprimento do dever.

O dever de obedecer ordens antijurídicas tem limites, e só quem atua dentro desses limites o faz justificadamente. Para que a ordem seja vinculante e possa ensejar a causa de justificação, devem haver os seguintes cinco pressupostos:

a) relação hierárquica;

b) competência abstrata de quem dá a ordem;

c) competência do subordinado;

d) a ordem deve ser expressa e revestida das formalidades legais;

e) a ordem deve ser antijurídica.

Este último pressuposto coloca a questão de quais ordens antijurídicas devem ser obedecidas. Como a ordem de um superior possui presunção de legalidade, havendo dúvida do funcionário sobre sua legalidade, prevalece o caráter vinculante desta.

No Brasil, a obediência devida não compreende causa de justificação, só constituindo causa de exculpação nos casos expressos do art. 22 do Código Penal, não importando se a ordem era de vinculação obrigatória ou facultativa. O erro incidente sobre os pressupostos da obediência hierárquica deve ser tratado de acordo com as regras dos erros de proibição do art. 21 do Código Penal.

O art. 22 do Código Penal dispõe que as condições para exclusão da culpabilidade são:

a) relação hierárquica;

b) competência do superior para ordenar:

c) competência do subordinado para cumpri-la;

d) ordem expressa e direta;

e) ordem antijurídica, mas a antijuridicidade não pode ser manifesta;

f) o subordinado deve desconhecer o caráter ilegal da ordem;

g) a execução da ordem deve ser nos limites restritos de sua expressão.

2.11.2. O atuar no cumprimento de um dever ou no exercício legítimo de um direito, ofício ou cargo

Para saber quando um médico ou funcionário atua dentro de sua respectiva competência é necessário conhecer o conteúdo da regra jurídica que disciplina tal atuação.

Um regulamento administrativo não deve justificar abusos de poder, porém muitas vezes isso ocorre por meio de conceitos juridicos indeterminados e de cláusulas que abrem grandes espaços para discricionariedade.

Acima dos regulamentos estão os princípios gerais das causas de justificação, que vigem nos casos concretos indicados a seguir.

2.11.2.1. O uso da violência por parte da autoridade

Deve-se evitar todo excesso ou desvio de poder, devendo a violência ser necessária e proporcional à medida do fato que o motivou. Exemplo: deter um criminoso em fuga.

No exemplo acima, no Brasil a jurisprudência admite o emprego da violência, enquanto a doutrina entende que a violência se afasta dos limites da proporcionalidade e razoabilidade.

2.11.2.2. O direito correicional

O Código Civil espanhol estabelece o direito de correção aos pais/tutores em relação aos filhos/tutelados, com finalidades educativas.

Em regra, nenhum tipo de delito pode ser justificado pelo direito de correção. Os princípios da proporcionalidade e necessidade de violência aqui são demasiados, só se admitindo a violência como forma correicional no caso de legítima defesa.

No Brasil, o art. 136 do Código Penal (crime de maus-tratos) dispõe que só constitui delito o abuso dos meios de correção, deixando à disposição dos pais/responsáveis o seu emprego. A jurisprudência admite esses meios quando praticados pelos pais e moderadamente.

2.11.2.3. As vias de fato

Qualquer tipo de realização do próprio direito fora dos procedimentos legais é antijurídico (crime de exercício arbitrário das próprias razões, art. 345, CP).

304 Problemas e Soluções em Direito • Eugênio Rosa de Araújo

Só são permitidos os atos *pro magistratu,* como o cidadão prender quem se ache em flagrante delito, ou o capitão/comandante de navio/aeronave, que possui poderes para prender passageiros que cometeram crimes ou comprometem a segurança a bordo, sendo também admitidos no Brasil (art. 301, CPP; art. 6 da Convenção de Tóquio sobre aeronaves). O art. 198 tratava do caso em navios, mas foi revogado pelo Código Civil de 2002.

2.11.2.4. O exercício profissional

Alguns profissionais possuem deveres que não estariam justificados no âmbito profissional, como o advogado que guarda segredo do cliente (sua revelação pode ser justificada pelo estado de necessidade; no Brasil está no art. 142, I, do Código Penal, sendo considerada causa de justificação pela doutrina e pela jurisprudência) e pode fazer manifestações injuriosas em juízo sobre a vida de particulares.

No caso de tratamento médico, há como pressupostos o consentimento do paciente e a necessária informação sobre a transcendência do tratamento ao paciente.

A prática de esportes pode justificar lesões corporais, quando forem produzidas com observância das regras desportivas.

2.11.3. O caso fortuito e o risco permitido

O Código Penal espanhol determina que "se o fato for causado por mero acidente, sem dolo nem culpa do sujeito, reputar-se-á fortuito e não será punível", porém, NÃO há regra semelhante no Brasil.

Questão diversa é a do risco permitido, que consiste no perigo de lesão a bens jurídicos pelo seu mero uso que instrumentos técnicos como máquinas, aviões e automóveis podem ocasionar, ainda que o delito seja na forma culposa.

Obviamente, a operação de tais máquinas é permitida, todavia, precisamente por ser perigosa, deve ser realizada com o máximo cuidado possível.

2.11.4. O consentimento do ofendido

Existem alguns casos em que se dá eficácia ao consentimento do ofendido, reconhecendo-se uma faculdade de disposição sobre determinados bens jurídicos, como a liberdade domiciliar e a propriedade, sendo exemplos os crimes de violação de domicílio (art. 150, CP) e de furto (art. 155, CP).

A oposição ou consentimento devem ser claramente manifestados, embora nem sempre o consentimento deva ser expresso. É cabível o consentimento tácito nos casos em que há uma prévia relação de confiança, como no caso de relação de vizinhança.

Para o consentimento atuar como causa de justificação, precisa-se dos seguintes requisitos:

a) faculdade dada pelo ordenamento jurídico para que o ofendido disponha validamente de bens jurídicos próprios;

b) capacidade para dispor, que não coincide necessariamente com a capacidade civil, exigindo faculdades intelectuais para compreender o alcance e significação de seus atos;

c) qualquer vício essencial da vontade do ofendido (erro, coação etc.) invalida o consentimento;

d) o consentimento deve ser manifestado antes da ocorrência do fato e deve ser conhecido por quem atua sob seu efeito.

2.11.5. O consentimento nas lesões

O ordenamento jurídico espanhol **não** reconhece faculdade à pessoa para dispor de sua **vida** (art. 122, CP). Porém, a questão é mais controvertida quanto à **saúde** e à **integridade física**, tendo o legislador pretendido extinguir a polêmica declarando a irrelevância do consentimento para eximir de pena o delito de lesões.

Entretanto, essa declaração é fonte de problemas interpretativos nas questões de tratamento médico, lesões desportivas etc., tendo a lei determinado que o consentimento livre e expresso exime de responsabilidade penal nas hipóteses de transplante de órgãos, esterilizações e cirurgia transexual, desde que em conformidade com a legislação.

Antes da reforma da lei penal espanhola em 1983, o consentimento nas lesões oferecia problemas especiais em alguns casos como esterilização voluntária, intervenção cirúrgica de mudança de sexo e qualquer espécie de atividade médica que não fosse exatamente de ordem terapêutica.

Contudo, nessas situações pode-se recorrer a outras causas de justificação, como o exercício legal de um direito, em que o consentimento é tão somente o pressuposto, mas não a própria causa de justificação. Por exemplo, com base constitucional, quem não se sentir identificado com seu sexo anatômico externo, pode exercer legitimamente seu direito fundamental (espanhol) de buscar sua própria identidade sexual.

2.12. A culpabilidade

Para imposição de uma pena, não é suficiente a prática de um fato típico e antijurídico. Existem casos em que o autor de um fato típico e antijurídico fica isento da responsabilidade penal. Isso demonstra que, junto à tipicidade e à antijuridicidade faz-se mister, na teoria geral do delito, uma terceira categoria, cuja presença é necessária para se impor uma pena. Esta categoria é a culpabilidade. Sua função consiste em acolher aqueles elementos que, sem pertencer ao tipo do injusto, determinam a imposição de uma pena.

Atua antijuridicamente quem, sem estar autorizado, realiza um tipo jurídico-penal e ataca com isso um bem jurídico penalmente protegido. Atua culpavelmente quem pratica um ato antijurídico, podendo atuar de modo diverso, quer dizer, conforme o Direito.

O conceito de culpabilidade coloca o penalista ante a difícil situação de ter que se decidir entre dois extremos igualmente questionáveis:

a) aceitar a capacidade humana para atuar livremente e aceitar, com isso, o conceito de culpabilidade; ou

b) negar essa capacidade, negando, consequentemente, a culpabilidade como elemento ou categoria da teoria geral do delito.

Pode-se sair dessa difícil situação sem aceitar o conceito tradicional de culpabilidade, relativizando o entendimento da liberdade que lhe serve de base e dotando-a de um conteúdo distinto, capaz de legitimar, explicar e limitar de modo racional a imposição de uma pena.

2.12.1. As insuficiências do conceito tradicional de culpabilidade

Afirma Rodriguez Devesa: "Atua culpavelmente quem em relação ao ordenamento jurídico podia proceder de maneira diferente daquela como agiu".

Esta definição reflete o conceito tradicional de culpabilidade. Esta concepção é cientificamente insustentável, já que se baseia em argumentos racionalmente indemonstráveis: a capacidade de se poder atuar de modo diverso daquele como realmente se atuou, fato em que se pode acreditar, mas que não se pode demonstrar.

A culpabilidade supõe algo mais que a mera possibilidade de poder agir de um modo diverso daquele como atuou. Se a culpabilidade se baseasse efetivamente na possibilidade de atuar de modo diverso, não se poderia explicar porque o nº 7 do art. 8º do Código Penal declara isentos de responsabilidade criminal os que, impelidos por um estado de necessidade, lesionam um bem jurídico de uma pessoa para evitar a lesão a outro bem de igual ou maior valor.

2.12.2. Conceito dialético de culpabilidade: culpabilidade e prevenção geral

Refutar o conceito tradicional de culpabilidade não significa ter que renunciar a ela como categoria jurídico-penal, mas sim a necessidade de buscar-lhe um fundamento distinto.

O conceito de culpabilidade tem um fundamento social, antes que psicológico: ela não é uma categoria abstrata ou a-histórica, à margem, ou, inclusive, como uns acreditam, contrária às finalidades preventivas do Direito Penal, mas a culminação de todo um processo de elaboração conceitual destinado a explicar por que e para que, em um determinado momento histórico, se recorre a um meio defensivo da sociedade tão grave como a pena, e em que medida se deve fazer uso desse meio.

Há evidente correlação entre culpabilidade e prevenção geral, quer dizer a defesa de determinados interesses, legítimos ou ilegítimos, por meio da pena.

Essas razões de prevenção geral podem exacerbar-se e, mal-entendidas, levar a exigências punitivas desmesuradas, como a punição de pessoas doentes mentais, a redução da idade penal para a exigência da responsabilidade penal etc.

Em um Estado social e democrático de direito, o Estado deve estar em condições de demonstrar por que faz uso da pena e a que pessoas se aplica; e isso sempre para proteger de modo eficaz e racional uma sociedade que, se não é plenamente justa, tem em seu seio e em sua configuração jurídica a possibilidade de vir a sê-lo. Se esses pressupostos não ocorrem, mal se pode falar de culpabilidade e exigir o cumprimento dos mandados normativos. Por isso, a culpabilidade tem também um fundamento material.

2.12.3. Conceito material de culpabilidade

Fora do tipo do injusto, quer dizer, da tipicidade e da antijuridicidade, existe uma série de elementos que fazem parte da teoria geral do delito e que também condicionam a aplicação de uma pena. Se não se quer assimilar a cada um destes elementos uma posição autônoma e independente, cada uma constitutiva de uma nova categoria do delito, dever-se-á procurar reconduzi-los a uma mesma categoria, na medida em que respondam a um denominador comum a todos eles, quer dizer, a um mesmo fundamento material.

O fundamento material da culpabilidade deve ser buscado na função motivadora da norma penal, que se dirige a indivíduos capazes de se motivarem, em seu comportamento, pelos mandamentos normativos. O importante não é que o indivíduo possa escolher entre várias ações possíveis: o importante é que a norma penal o motive, com seus mandados e proibições, a abster-se de realizar uma dessas várias ações possíveis, que é precisamente o que a norma proíbe com a ameaça de uma pena. A partir de determinados desenvolvimento mental, biológico e cultural do indivíduo, espera-se que este possa motivar-se por mandados normativos. A evolução cultural e dos conhecimentos sociológicos, psicológicos e biológicos permitiu fixar na legislação uns critérios que determinam os casos em que, a partir de determinado grau de desenvolvimento biológico, psíquico e cultural, é possível atribuir a um indivíduo o fato típico e antijurídico, e torná-lo responsável por esse ato. O fundamento material, comum a esses critérios que englobamos no conceito de culpabilidade, encontra-se, naquelas faculdades que permitem ao ser humano participar com seus semelhantes, em condições de igualdade, de uma vida em comum, pacífica e justamente organizada. A "motivação", a capacidade para reagir frente às exigências normativas, é, segundo o autor, a faculdade humana fundamental que, unida a outras (inteligência, afetividade etc.), permite a atribuição de uma ação a um sujeito e, em consequência, a exigência de responsabilidade pela ação por ele praticada. Qualquer alteração importante dessa faculdade – qualquer que seja a sua origem – deverá determinar a exclusão ou, se não é tão importante, a atenuação da culpabilidade.

A fixação desse fundamento material não pode ser feito fora do contexto histórico, à margem das necessidades preventivas refletidas na legislação penal vigente.

2.12.4. Elementos da culpabilidade

Para poder-se afirmar a culpabilidade de uma pessoa que, no caso concreto, praticou um fato típico e antijurídico, é necessário que ela preencha uma série de requisitos sem os quais não se pode falar de culpabilidade.

Os elementos específicos, sem os quais não se poderá formular o juízo de atribuição, inerente à culpabilidade, estão listados a seguir.

2.12.4.1. A imputabilidade ou capacidade de culpabilidade

Sob esta denominação se incluem aqueles requisitos que se referem à maturidade psíquica e à capacidade do sujeito de se motivar (idade, doença mental etc.).

2.12.4.2. O conhecimento da antijuridicidade do fato praticado

A norma penal só pode motivar o indivíduo na medida em que este possa conhecer, em linhas gerais, o conteúdo de suas proibições.

2.12.4.3. A exigibilidade de um comportamento distinto

O Direito exige comportamentos mais ou menos incômodos ou difíceis, mas não impossíveis. Quando a obediência da norma coloca o sujeito fora dos limites da exigibilidade, faltará esse elemento e, com ele, a culpabilidade.

Esses três elementos são graduais (exceto no caso da menoridade penal) e, quando há algo que os modifique ou os torne imprecisos, só pode ter efeito atenuante da culpabilidade quando não tem força para excluí-la totalmente.

As diferenças entre estas causas de exclusão ou anulação da culpabilidade e as causas de justificação são as seguintes:

a) as primeiras deixam intacto o tipo de injusto, com tudo que este comporta em relação à aplicação de sanções não penais, medidas de segurança, admissão da legítima defesa, possibilidade de participação de terceiros etc.

b) as segundas convertem o fato em algo lícito e aprovado pelo ordenamento jurídico, não admitem legítima defesa, nem tampouco responsabilidade penal por participação de terceiros etc.

Deve-se levar em conta alguns elementos específicos que aparecem em certos tipos de delitos que não fundamentam o tipo de injusto, mas que refletem uma maior ou menor culpabilidade do autor do delito.

Esses elementos, objetiva e subjetivamente configurados, constituem o chamado tipo de culpabilidade.

Suas diferenças em relação aos elementos subjetivos do tipo do injusto (ver tópico 2.6.) não são tão nítidas como seria desejável, mas pode-se afirmar que os elementos do tipo de culpabilidade só incidem na maior ou menor gravidade do marco penal aplicável a uma figura concreta do delito e que sua ausência não exclui a punibilidade de delito em questão; no máximo, convertem-se em outro delito.

2.13. A imputabilidade

Observação

As remissões aos artigos referem-se ao Código Penal brasileiro.

2.13.1. A imputabilidade ou capacidade de culpabilidade

A culpabilidade baseia-se no fato de que o autor do delito, do fato típico e antijurídico possui as faculdades psíquicas físicas mínimas necessárias para poder ser motivado em seus atos.

O conjunto dessas faculdades mínimas exigidas para se considerar um autor culpável por ter praticado um fato típico e antijurídico, chama-se imputabilidade ou capacidade de culpabilidade. Quem não possui essa capacidade, não pode ser declarado culpado e, consequentemente, não pode ser penalmente responsável por seus atos, mesmo que sejam típicos e antijurídicos.

Historicamente observou-se que as crianças e os doentes mentais não podiam ser tratados penalmente como os adultos sãos mentalmente. A doutrina clássica buscou uma base comum na liberdade de vontade, fundando-se a liberdade na capacidade de entender e querer o que se está fazendo, assim, na falta dela, não se atua livremente, então não se pode ser considerado culpado do que se faz.

Porém, essa tese é insustentável, pois se baseia em algo indemonstrável, a liberdade de vontade, e reduz todas as faculdades humanas aos planos intelectivo e volitivo, que são os únicos.

Atualmente a capacidade de culpabilidade engloba as faculdades intelectivas e volitivas, e também um complexo processo de interação e comunicação chamado motivação. A capacidade de motivação a nível individual é o que constitui a essência desse elemento de culpabilidade chamado de imputabilidade.

Na medida em que essa capacidade não se desenvolveu por falta de maturidade ou defeitos psíquicos, não se poderá falar de culpabilidade.

2.13.2. Causas de exclusão da capacidade de culpabilidade (causas de inimputabilidade)

No Direito Penal espanhol existem três causas de responsabilidade penal, que podem ser reduzidas ao âmbito da imputabilidade; alienação e transtorno mental transitório; menoridade penal e alteração na percepção, todas decorrentes da ideia antes exposta.

O Código Penal brasileiro relaciona como causas de exclusão de imputabilidade a doença mental, o desenvolvimento mental incompleto ou retardado, a menoridade e a embriaguez acidental completa (arts. 26, 27 e 28, § 1º). Constitui atenuante ser o agente menor de 21 anos (art. 65, I).

Parte III • Direito Penal 311

2.13.2.1. A menoridade

A lei declarou isento de responsabilidade o menor de 16 anos por razões de segurança jurídica.

2.13.2.2. Alteração na percepção

Esta se assemelha muito à alienação, sendo, de certa forma, supérflua. Exige-se que essa alteração transtorne gravemente a consciência da realidade.

Não existe disposição similar no Direito brasileiro.

2.13.2.3. A alienação e o transtorno mental transitório

O Direito espanhol declara isentos de responsabilidade penal o alienado e o que esteja em situação de transtorno mental transitório, salvo se os tenha buscado com o escopo de delinquir (art. 26, CP).

O Supremo Tribunal espanhol já decidiu que o que interessa ao Direito não são tanto as qualificações clínicas, mas seu reflexo no atuar. Ao jurista não interessa a nosologia psiquiátrica, nem o diagnóstico, mas sim os efeitos sobre a conduta humana que tem uma determinada qualificação clínica.

O Código Penal espanhol se estrutura sobre um modelo biológico puro e, no momento de sua aplicação, a doutrina e a jurisprudência completam a forma legal com referências psicológicas.

O Código Penal alemão considera que atua sem culpabilidade o que é incapaz de compreender a ilicitude do delito (efeito psicológico) por causa de uma pertur-bação na consciência, de debilidade mental ou qualquer outra grave degeneração mental (base biológica). Aqui a eximente se constitui pela presença de uma base biológica e pela adição de um efeito psicológico determinado.

Os sistemas sobre as causas de inimputabilidade são o biológico ou etiológi-co; o psicológico e o biopsicológico ou misto, sendo este último adotado no Brasil (art. 25, CP).

A seguir se analisará o efeito psicológico e, posteriormente, suas causas, que são os conceitos de alienado e de transtorno mental transitório.

a) o efeito psicológico

Equivale à perturbação plena das faculdades psíquicas, impedindo o indiví-duo de conhecer a ilicitude de seu comportamento ou de determinar suas ações conforme tal conhecimento. Se a perturbação é parcial, é considerada uma eximente incompleta, sendo tratada como atenuante pelo Direito espanhol.

O efeito psicológico tem dupla limitação, deve ser uma perturbação das faculdades intelectuais ou volitivas, e tal perturbação deve referir-se à compreensão da ilicitude do fato ou à capacidade de ter sua conduta de acordo com ela.

Para efeitos penais somente interessam os transtornos da inteligência e da vontade, reduzindo-se a ampla gama psicopatológica, pois aqueles não são os únicos capazes de provocar efeitos sobre a conduta humana.

Relevante também é a motivação que provoca com suas manifestações, condutas que são inteligentes e voluntárias.

A principal consequência dessa postura é que os transtornos da afetividade, característicos das psicopatias, não podem servir de base para a apreciação da eximente de alienação ou transtorno mental transitório.

Por exemplo, o Supremo Tribunal espanhol lavrou um acórdão em 1978 no qual afirma que as psicopatias são doenças endógenas, pois são anormalidades que acompanham o agente desde a origem, constituindo um defeito permanente que não afeta a inteligência profundamente.

Por outro lado, em acórdãos de anos anteriores, asseverava que as psicopatias seriam simples anomalias da personalidade humana, somente atenuando a responsabilidade penal quando fossem graves, afetando parcialmente a imputabilidade do agente, ou seja, sua inteligência e vontade. Essa tese se explicava ao se considerar o conceito de culpabilidade, acolhendo a alienação e o transtorno mental transitório como causas de exclusão de responsabilidade criminal.

Atualmente se refuta o critério tradicional, que considera que a culpabilidade radica na possibilidade que teve o autor de atuar de modo diverso, principalmente se lembrarmos que a maioria das condutas humanas é produto de motivações absolutamente determinantes, e não decorre de decisões "livremente" tomadas.

O diferencial para a culpabilidade não é que o indivíduo possa optar entre várias condutas possíveis, mas que tenha de fazê-lo para evitar uma delas, precisamente a que a norma penal proíbe.

Do exposto sobre a determinação do efeito psicológico na alienação e no transtorno mental transitório, infere-se que não há por que limitar o efeito psicológico aos defeitos ou alterações da inteligência ou da vontade.

Pelo contrário, qualquer fator que incida nos processos de socialização deve e pode ser tido como presente ao se fazer o correspondente juízo acerca da imputabilidade ou capacidade de imputabilidade do indivíduo que delinquiu, como causa de exclusão de sua capacidade de culpabilidade, ou como circunstância modifica-dora desta.

b) os conceitos de alienado e de transtorno mental transitório

Ressalte-se que há uma absoluta falta de correspondência entre a terminolo-gia penal e psiquiátrica, pois esse termo não é usado como conceito psiquiátrico definido na linguagem psiquiátrica técnica. Porém, lembre-se que juridicamente não importa a qualificação clínica, mas sim seu reflexo na conduta humana.

Considera-se uma vantagem do Código Penal espanhol usar o termo ambíguo "alienado", porque dá ao juiz absoluta liberdade para qualificar como "alienado" todas as manifestações psicopáticas relevantes para a determinação da imputabili-dade de um indivíduo, e também dispensa o psiquiatra da necessidade de adaptar sua terminologia científica à jurídica.

Entretanto, a jurisprudência tem negado a possibilidade de incluir as psicopa-tias no conceito de alienado por falta da incidência delas nas faculdades intelectivas e volitivas.

Quanto a outras entidades nosológicas, o Supremo Tribunal subsume no con-ceito de alienado as várias formas de psicoses, como oligofrenia e epilepsia, não obrigando, porém, à análise da eximente de alienação, pois é necessário que tenha causado efeito psicológico e que nesta situação ocorra a prática do crime.

Algo parecido ocorre ao **transtorno mental transitório**, pois o Direito es-panhol o considera, assim como a **alienação**, dois estados psicologicamente idên-ticos, distinguindo-se o primeiro por ser fugaz, e o segundo por ser permanente.

Boa parte da doutrina e jurisprudência considera necessária uma base pa-tológica ou de fundo patológico no indivíduo para poder apreciar a eximente de transtorno mental transitório.

A reação psicógena só terá efeito eximente se estiver condicionada por uma base mórbida constituída, por exemplo, por uma enfermidade somática ou por uma neurose.

Ressalva-se que não se pode exigir em todo caso essa base patológica, pois se denegaria eficácia eximente aos estados passionais/emocionais, que ocasional-mente podem produzir um efeito psicológico idêntico ao de um transtorno mental transitório, mesmo sem terem qualquer base patológica.

O Código Penal considera como simples circunstância atenuante atuar em estado de paixão ou emoção, ocorrendo apenas um problema de gradação, e quan-do alcançaram o grau de um transtorno mental transitório, deve-se prever esta eximente. Assim, não é um problema de fundo patológico o que se discute, mas de intensidade de reação. O Supremo Tribunal exclui do transtorno mental transitório os estados passionais e a embriaguez.

No Brasil, emoção e paixão não excluem a imputabilidade (art. 28, I), a violenta emoção pode ser circunstância atenuante (art. 65, III, *c*) ou tornar o homicídio/ lesão corporal privilegiados (arts. 121, § 1º, e 129, § 4º) e a paixão social pode ser uma circunstância agravante ou qualificadora (arts. 64, IV, e 121, § 2º, I)

A embriaguez acidental completa (art. 28, § 1º) e a patológica (art. 26) excluem a imputabilidade. Porém, a embriaguez não acidental (voluntária ou culposa) não tem o mesmo efeito (art. 28, II). Sendo a embriaguez acidental incompleta, pode ser atenuante (art. 28, § 2º), sendo preordenada, constitui circunstância agravante (art. 61, II, *l*).

c) as consequências jurídicas e sua crítica do ponto de vista psiquiátrico

Considera-se que internar o doente mental contrariamente à sua vontade é crime contra a humanidade, similar à escravidão.

Se a finalidade da medida é a cura do doente mental, sua imposição quando não seja necessária/útil para a cura converte o internamento obrigatório em uma espécie de prisão por tempo indeterminado, podendo até ser perpétua.

Na base dessa postura está a ideia de que o doente mental é sempre um ser perigoso, que deve ser isolado da sociedade, principalmente se cometeu um crime.

Isso não significa que em alguns casos o internamento involuntário não seja indicado, mas deve-se perguntar se a reclusão protege ou não a sociedade dos pacientes mentais perigosos. Atualmente, o Código Penal espanhol permite que o tribunal sentenciador substitua o internamento por outras medidas não privativas de liberdade.

No Brasil, a nova parte geral (1984) do Código Penal passou a adotar o sistema vicariante, substituindo o sistema binário, permitindo a aplicação de pena ou medida de segurança aos portadores de imputabilidade diminuída (art. 26, parágrafo único), conforme o art. 98. Estabeleceu-se a medida de segurança detentiva (internação) ou restritiva (sujeição a tratamento ambulatorial) para os inimputáveis (arts. 96 e 97).

2.13.2.4. A *actio libera in causa*

A questão de o autor possuir ou não capacidade suficiente para ser considerado culpado refere-se ao momento da prática do ato, sendo a *actio libera in causa* uma exceção a este princípio.

Neste caso, considera-se imputável o indivíduo que no momento de praticar seus atos não era imputável, mas o era no momento em que pensou em cometê-los ou iniciou o processo causal que gerou a ação típica.

Exemplos são o do guarda-chaves que dorme, provocando o choque de trens, e do que se embriaga para cometer um crime. As lesões são praticadas em estado de inimputabilidade, mas o autor antes de realizar a ação típica, iniciou o processo causal quando ainda era imputável.

O Código Penal alemão pune expressamente quem dolosa ou culposamente se põe em situação de inimputabilidade e assim comete um crime.

O Código Penal espanhol não tem diretamente essa figura, mas quando regula o transtorno mental transitório e a embriaguez atenuante, dispõe que quando esses estados foram procurados para delinquir, não se poderá invocar a respectiva eximente ou atenuante, sendo o delito imputado como doloso.

Se o delito praticado for distinto ou mais grave do que o que o agente queria praticar, só poderá ser imputado como culposo.

Quando a inimputabilidade foi provocada sem o propósito de delinquir, não há obstáculo legal para se apreciar a causa de inimputabilidade diminuída como atenuante, ainda que, de acordo com a teoria do atuar procedente, se possa fundamentar uma responsabilidade por culpa pelo fato cometido em estado de inimputabilidade. Isso é frequente nos crimes de comissão por omissão, como no caso de guarda-chaves que adormece.

2.14. O conhecimento da ilicitude

Ao lado da capacidade de culpabilidade ou imputabilidade, constitui também elemento da culpabilidade o conhecimento da ilicitude. Quem realiza dolosamente um tipo penal atua, em geral, com conhecimento da ilicitude de sua ação.

Esse conhecimento da ilicitude não precisa referir-se ao conteúdo exato do preceito penal infringido ou à sanção concreta do fato. Para a doutrina dominante é suficiente um conhecimento potencial da ilicitude de sua ação para que esta possa ser reprovada como culpável.

Desta forma, é necessário recorrer à concepção da função motivadora da norma penal, como uma função de comunicação e participação, que coroa o processo de socialização do indivíduo.

Se o agente desconhece a antijuricidade de sua ação, atua, então, em erro de proibição.

2.14.1. O erro de proibição

Há erro de proibição não só quando o autor crê que age licitamente, mas também quando nem ao menos considera a licitude ou ilicitude de seu ato.

O erro de proibição pode:

a) reportar-se à existência da norma proibida como tal (erro de proibição direto); ou,

b) à existência de uma causa de justificação que autorize a ação, geralmente proibida, em caso concreto (erro de proibição indireto ou erro sobre as causas de justificação).

No primeiro caso, o autor desconhece a existência de uma norma que proíbe sua conduta; no segundo, sabe que seu atuar está proibido, em geral, mas acredita que no caso concreto se dê uma causa de justificação que o permite. Na prática, este tipo de erro é o mais frequente.

O tratamento do erro de proibição é doutrinariamente muito discutido.

Pela teoria do dolo, exigia-se como forma de culpabilidade, tanto o conhecimento dos elementos do tipo como o da antijuridicidade.

A teoria finalista da ação partia da relevância do erro referente ao tipo ou à proibição; mas, ao incluir o dolo, como "dolo natural", no tipo e o conhecimento da ilicitude na culpabilidade, atribui a ambas as espécies de erro distinta transcendência prática e sistemática. O dolo, entendido como consciência e vontade de realizar os elementos objetivos do tipo, não tem, com efeito, nada a ver com a consciência da ilicitude; pode alguém realizar dolosamente um tipo (matar um homem) e acreditar que o realiza amparado por uma causa de justificação (matá-lo em legítima defesa). O erro de tipo inevitável exclui o dolo, e o evitável fundamenta a punição por negligência; o erro de proibição inevitável exclui a culpabilidade, e o evitável pode atenuá-la (teoria da culpabilidade), mas não afeta em nada o tipo de injusto.

A doutrina espanhola majoritária defende a teoria do dolo, considerando-o de acordo com a teoria causal da ação, como forma de culpabilidade. Assim, considera que o erro evitável, tanto de proibição como de tipo exclui o dolo, mas não a negligência.

Todavia, um setor doutrinário minoritário aceita a teoria da culpabilidade, partindo do finalismo, e considera que o erro de proibição não tem relação com o tipo e que, quando evitável, apenas permite a atenuação da culpabilidade, mas não converte o tipo doloso em negligente.

2.14.2. A não exigibilidade de outra conduta

O cumprimento dos preceitos normativos, é um dever que se pode exigir, em tese, de todos os cidadãos.

Em princípio, o ordenamento jurídico fixa uns níveis de exigência mínimos, que podem ser cumpridos por qualquer pessoa. Fala-se, nesses casos, de uma exigibilidade objetiva, normal ou geral.

Ao lado dessa exigibilidade normal, o ordenamento jurídico não pode impor o cumprimento de suas determinações.

O Direito não pode exigir comportamentos heroicos, ou em todo caso, não pode impor uma pena quando, em situações extremas, alguém prefere realizar um fato proibido pela lei penal a ter que sacrificar sua própria vida ou sua integridade física. Desse modo, a não exigibilidade de um comportamento diverso nessas situações não exclui a antijuridicidade (o fato não é justificado pelo ordenamento), mas a culpabilidade (o fato continua sendo antijurídico, mas seu autor não é culpável).

Em relação à matéria, o Código Penal espanhol prevê três hipóteses de isenção de pena:

a) o estado de necessidade entre bens de igual valor;

O estado de necessidade é uma causa de justificação que se encontra informada primariamente pelo princípio da ponderação de bens, isto é, pelo princípio de que é lícito sacrificar um bem jurídico para salvar outro de maior valor.

Existe, todavia, um estado de necessidade em que os bens jurídicos em colisão são de igual valor. A ideia da não exigibilidade de outra conduta aconselha isentar de sanção quem aja nestas circunstâncias por mais que o fato seja antijurídico e o autor atue com capacidade de culpabilidade e com conhecimento da antijuridicidade.

A redação no nº 7 do art. 8º do Código Penal espanhol autoriza, também, o auxílio necessário, quer dizer, a impunidade de quem, não se encontrando em situação de necessidade, acorra em auxílio de quem se encontra em tal situação.

Determinado setor doutrinário e jurisprudencial aplica ao erro sobre os pressupostos da existência de um estado de necessidade exculpante as mesmas regras do erro sobre os pressupostos das causas de justificação: exclusão da culpabilidade, se inevitável; atenuação, se evitável.

b) o medo insuperável;

Cita o art. 8º do Código Penal espanhol: "Está isento de responsabilidade aquele que atue motivado por medo insuperável de um mal maior ou igual".

O medo é um estado psíquico que pode levar inclusive à paralisação total daquele que o sofre.

"Insuperável" quer dizer superior à exigência média de suportar males e perigos. Além disso, como no estado de necessidade exculpante, o mal causado pelo medo deve ser sério, real e iminente, e igual ou maior que o praticado pelo agente amparado por esta exceção.

Nesta eximente podem ser incluídos alguns casos de excesso na legítima defesa, quando aquele que se defende ultrapassa os limites dela, por uma situação de medo (excesso intensivo), mas não quando inexiste agressão injusta ou esta já tenha cessado (excesso extensivo).

c) o favorecimento entre parentes.

Dispõe o art. 18 do Código Penal espanhol: "Estão isentos das penas impostas aos favorecedores os que o sejam de seu cônjuge ou de pessoa à qual se achem ligados por análoga relação de afetividade, de seus ascendentes, descendentes, irmãos legítimos, naturais ou adotivos, ou afins nos mesmos graus". Ficam excluídos desta isenção de pena, segundo o mesmo preceito, os que auxiliarem os delinquentes a aproveitar-se dos efeitos do delito.

A natureza deste preceito é controvertida. A favor de sua consideração como causa de exculpação, calcada na não exigibilidade de outra conduta, está a ideia de que, normalmente, as pessoas citadas no art. 18, por sua relação de parentesco com o autor do delito, não devem estar obrigadas a delatá-lo ou impedidas de ajudá-lo, quando ele se ache perseguido ou em situação de adversidade. Por outro lado, favorável à sua consideração como simples causa especial de exclusão penal, está a ideia de que o art. 18 também é aplicável, mesmo que, de fato, os vínculos afetivos que se presumem existentes entre estas pessoas não existam ou não sejam tão fortes.

O art. 18 é uma ponte entre as causas de inculpabilidade e as escusas absolutórias.

Parte III • Direito Penal   319

2.14.3. Direito penal latino-americano

2.14.3.1. O conhecimento da antijuridicidade. O erro de proibição

Foi-se impondo na América Latina, o critério de que é um aspecto importante da culpabilidade a possibilidade de conhecimento da antijuridicidade e de que sua exclusão lesionaria o princípio da culpabilidade (Soler). De qualquer modo, há autores que mantêm sem restrições o postulado de que o erro de direito não escusa, sob a alegação de que a lei se presume conhecida por todos, e que, além do mais, dão valor ao erro sobre a lei extrapenal, pois este seria um erro de fato (Novoa, Basileu Garcia, Estrada). Também é mantida por muitos autores a antiga distinção entre erro de fato e de direito, de influência claramente civilística, mas que não se adapta à estrutura do delito que construiu a doutrina.

Cresce, porém, o número de autores (Bacigalupo, Zaffaroni, Fragoso, Bustos) que, a partir de uma concepção coerente com o princípio de culpabilidade, colocam como elemento desta a possibilidade de conhecimento da antijuridicidade. Destarte, também admitem a plena eficácia do erro, distinguindo, conforme a estrutura do delito, um erro de tipo e outro sobre a antijuridicidade (proibição ou ilicitude).

2.14.3.2. A não exigibilidade de outra conduta: o estado de necessidade e o medo insuperável

O problema da exigibilidade e da não exigibilidade de outra conduta foi largamente debatido na América Latina, e isso pode ser notado nas discussões do Código Penal Tipo, que terminaram por desfazer uma fórmula de não exigibilidade, e decidiu-se regulamentar causas precisas, e o estado de necessidade e a coação.

O Código Penal Tipo acrescentou o estado de necessidade, como causa de não exigibilidade, a coação ou ameaça de perigo foi absorvida pelos novos Códigos (Colômbia, 1980, art. 40; Paraná, 1982, art. 37).

2.15. A punibilidade

2.15.1. A punibilidade

Com a constatação da tipicidade, da ilicitude e culpabilidade pode-se dizer que existe um delito completo em todos os seus elementos. Em alguns casos exige-se, contudo, para a punição de um fato como delituoso, a presença de alguns elementos adicionais, que não podem ser incluídos nem na tipicidade, nem na antijuridicidade, nem na culpabilidade, porque não correspondem à função dogmática e político-criminal destas categorias.

Na procura de um nome para essa categoria, na qual podem ser incluídos tais elementos, preferiria utilizar o mais neutro de "punibilidade" ou "penalidade". Esta é, portanto, uma categoria do delito que, diferentemente das anteriores (tipicidade, antijuridicidade e culpabilidade) nem sempre tem que existir, mas que o legislador, por razões utilitárias, pode exigir para fundamentar ou excluir a imposição de uma pena.

Também na punibilidade há certas causas que a amparam (condições objetivas de punibilidade) e outras que a excluem (causas de exclusão ou anulação da punibilidade, ou escusas absolutórias).

2.15.2. Condições objetivas de punibilidade

As condições objetivas de punibilidade são circunstâncias que, sem pertencer ao injusto ou à culpabilidade, condicionam em um delito concreto a imposição de uma pena.

Delas distinguem-se as condições objetivas de procedibilidade ou de persecução, que condicionam não a existência do delito, mas sua persecução processual, isto é, a abertura de um procedimento penal. Trata-se de obstáculos processuais que, no fundo, têm a mesma função das condições objetivas de punibilidade.

2.15.3. Escusas absolutórias

A punibilidade também pode ser extinta em alguns casos em que o legislador julgou conveniente não impor uma pena, apesar de existir uma ação típica, antijurídica e culpável. Trata-se, normalmente, de causas vinculadas à pessoa do autor e que, portanto, só a ele afetam, e não aos demais partícipes do delito.

Também se deve considerar neste grupo a desistência voluntária na tentativa que, quando evita a consumação do delito, exclui a pena e, finalmente, as imunidades do chefe de Estado e dos parlamentares.

2.15.4. Causas de extinção da responsabilidade criminal

A extinção da responsabilidade criminal diferencia-se das causas de justificação e de inculpabilidade, pois não afetam em nada a existência do delito, mas sim a persecução no processo penal.

Exemplos: o cumprimento da condenação (exceção da coisa julgada), a prescrição do delito, a anistia e o indulto.

Parte III • Direito Penal   321

2.15.4.1. A anistia e o indulto

Ambos os institutos são manifestações do direito de graça que, como reminiscência dos tempos da monarquia absoluta, ainda sobrevive nos atuais Estados de Direito.

A anistia constitui quase sempre uma ruptura ou uma mudança profunda de orientação do regime político e jurídico sob o qual ocorreram as condenações anistiadas.

Também o indulto, sobretudo o indulto geral, pode ser utilizado com a mesma finalidade e ter de fato a mesma amplitude da anistia.

2.15.4.2. A prescrição

Esta é uma causa de extinção da responsabilidade penal que se funda na ação do tempo sobre os acontecimentos humanos. A sua fundamentação radica-se, pois, mais em razões de segurança jurídica do que em considerações de estrita justiça material. Trata-se de impedir o exercício do poder punitivo, uma vez transcorridos determinados prazos a partir da prática do delito ou da prolação da condenação, sem se ter cumprido a sanção.

Duas espécies de prescrição reconhece o Código Penal espanhol: a do delito e a da pena. A diferença entre uma e outra reside no ato de ter havido ou não condenação. Os prazos são diferentes em cada modalidade.

A natureza jurídico-material e o caráter de norma favorável ao réu, limitativa do poder punitivo do Estado, fazem com que os prazos de prescrição do delito (os da pena são mais duvidosos) não possam ser modificados retroativamente em prejuízo do réu, por mais que isso possa ser uma solução injusta do ponto de vista da justiça material.

2.15.4.3. O perdão do ofendido

Em alguns delitos, chamados de ação privada, a persecução penal depende de o ofendido ou seu representante manifestar-se ou comunicar o fato. Isso ocorre naqueles casos que afetam mais a intimidade pessoal e familiar (injúria, calúnia, estupro, rapto, abandono familiar, atentado violento ao pudor etc.). Fora estes casos, a ação penal é pública e pode ser exercida à margem da vontade do ofendido, salvo quando este, com seu consentimento anterior ao ato, possa justificá-lo.

O perdão deve ser expresso e incondicionado, e pode ocorrer em qualquer momento do processo ou da execução da condenação.

2.16. Consumação e tentativa do delito

2.16.1. As fases de realização do delito

Normalmente, quando os preceitos penais descrevem e tipificam um delito, fazem-no referindo-se à sua forma consumada.

Mas, até chegar a esse momento, o fato punível doloso percorre um caminho mais ou menos longo (o *iter criminis*), que vai desde o surgimento da decisão de praticá-lo até a consecução dos objetivos últimos pretendidos com sua prática, passando por sua preparação, começo da execução, conclusão da ação executiva e produção do resultado típico. A simples cogitação, decisão de delinquir não é punível.

São graus puníveis de realização do delito a consumação, a frustração e a tentativa. Sendo a tentativa e a frustração tratadas como uma só figura de tentativa.

2.16.2. Consumação formal e material

Quando a lei previr genericamente a pena de uma infração, entender-se-á que a impõe à infração consumada.

A consumação do delito pode ser formal e material.

A consumação formal ou consumação típica é a plena realização do tipo em todos os seus elementos.

Geralmente, nos delitos de resultado a consumação ocorre no momento da produção do resultado lesivo.

Há também os delitos de consumação antecipada, onde o legislador não espera que se produza o resultado lesivo que, com a proibição penal se procura evitar, mas declara o fato já consumado em um momento anterior.

A consumação material ou exaurimento do delito ocorre quando o autor não só realiza todos os elementos típicos, mas também consegue satisfazer a intenção que perseguia. Algumas vezes, o legislador faz coincidir a consumação formal e a material, ou leva em conta, como elemento subjetivo do injusto, o propósito ulterior à consumação formal.

Alguns delitos apresentam problemas na determinação do momento de consumação.

Exemplos:

– delitos com condições objetivas de punibilidade: a consumação não se produz até o cumprimento da decisão;

Parte III • Direito Penal

– delito continuado: alguns entendem que só com a realização total do resultado se consuma o delito;

– delitos permanentes: não se dá nenhuma particularidade no que toca à consumação típica, mas esta pode prolongar-se durante certo tempo.

2.16.3. Tentativa e frustração

Em nosso ordenamento jurídico não existe dicotomia tentativa/frustração, mas tão somente a figura da tentativa (art. 14, II, CP) em abono à posição unitarista.

A distinção entre tentativa e frustração, tradicional no Código Penal espanhol, evoca rapidamente uma diferenciação de grau puramente objetivo na fase de execução do delito, que repercute depois na determinação da pena aplicável.

2.16.4. Fundamento da punição da tentativa e da frustração

A colocação em perigo dos bens jurídicos protegidos nos tipos da parte especial (critério objetivo) e a vontade de conseguir sua lesão típica (vontade criminal manifesta) (critério subjetivo) constituem os dois elementos que igualmente fundamentam a punição de todas as formas imperfeitas de execução puníveis.

2.16.5. O dolo na tentativa e na frustração

Tanto a tentativa quanto a frustração são tipos dependentes, pois todos os seus elementos se referem a um delito consumado.

O elemento subjetivo da tentativa é o dolo do delito consumado.

Não há tentativa ou frustração por negligência, pois nesses não se manifesta a vontade de praticar delito.

2.16.6. Delimitação entre atos preparatórios e atos executivos

Para distinção entre ato executivo (punível) e ato preparatório (em regra, impune, salvo quando elevado à categoria de delito autônomo) é preciso recorrer, em princípio, a uma teoria formal.

Diante das insuficiências de uma teoria puramente formal, surgiram variantes desta ou outras de natureza objetiva (exposição a perigo) e subjetiva (plano do autor). Atualmente, predomina uma teoria intermediária ou mista, que, partindo da descrição legal da ação típica, atende, em primeiro lugar, à imagem que tem o autor do curso dos acontecimentos (plano do autor), e, logo em seguida, de acordo com essa imagem, o comportamento realizado está tão estritamente ligado à ação típica, que praticamente não há escalões intermediários essenciais para pôr em atividade imediata sua realização (teoria objetiva-individual).

Segundo o autor: "Só uma teoria que observe o sentido literal possível dos termos empregados pela lei na descrição da ação típica respeita o princípio da legalidade".

2.16.7. A distinção entre tentativa e frustração

No Direito Penal espanhol é tradicional a diferenciação entre a tentativa e a frustração que se reflete na fixação da pena. Essa orientação se baseia numa diferenciação valorativa objetiva entre uma e outra figura, por sua proximidade com a consumação do delito.

Na determinação objetiva deve-se levar em conta também o plano do autor, para saber se a fase executiva terminou ou não. Assim, por exemplo, se a explosão depende de que um terceiro, que nada sabe, ligue o interruptor da luz ao qual a bomba está conectada, haverá tentativa, na medida em que a atividade do terceiro não ocorra. Ao contrário, se a produção do resultado só depende do acaso, uma vez concluída a atividade executiva sem que ocorra o resultado pretendido, haverá frustração.

Exceto no âmbito objetivo, não há diferença entre tentativa e frustração. O dolo e os demais elementos objetivos, como na consumação, são, pois, iguais em uma e outra.

2.16.8. Tentativa inidônea e delito impossível

A tentativa inidônea, para ser punível, deve ter as mesmas características da tentativa idônea: estar presente o dolo, estar iniciada a fase executiva e provocar uma exposição a perigo do bem jurídico protegido.

Nos casos de tentativa irreal ou absolutamente inidônea, o mesmo observador imparcial, isto é, um homem médio, em nenhum caso poderia admitir a periculosidade da ação. É aqui, portanto, que se deve buscar o limite da punibilidade da tentativa inidônea.

A tentativa inidônea sofreu uma ampliação, que, segundo alguns, veio a criar um novo título de imputação na fase de execução do delito: delito impossível.

O nosso Código Penal prevê no art. 17 o crime impossível: "por ineficácia absoluta do meio ou por absoluta impropriedade do objeto, é impossível consumar-se o crime".

Já o delito putativo ocorre quando o autor acredita estar cometendo um delito, quando, na realidade, seu comportamento é irrelevante do ponto de vista jurídico-penal. Nesses casos, o princípio da legalidade impede qualquer exigência de responsabilidade penal.

2.16.9. A desistência voluntária de consumar o delito

Quando o agente desiste, voluntariamente, da consumação do delito produz, por razões político-criminais e preventistas evidentes, sua impunidade. Essa impunidade se configura como causa pessoal de exclusão de pena sempre que for voluntária e impedir a consumação do delito.

A eficácia excludente da desistência voluntária de consumar o delito alcança só aquele que desiste, por ser ela uma causa pessoal de exclusão da pena.

2.16.10. Casos especiais de tentativa e frustração

Em certos delitos fica afastada a possibilidade de considerar a frustração, pois a realização de todos os atos executivos leva à consumação simultânea.

A tentativa cabe em todos os delitos dolosos, inclusive a tentativa da tentativa. Nos delitos de consumação antecipada e nos delitos de mera atividade ou simples omissão, admite-se a tentativa, embora esta, na prática não seja punida.

Nos delitos qualificados pelo resultado não cabe a tentativa em relação ao resultado qualificado, já que, em princípio, este não pode ser dolosamente alcançado.

2.17. Autoria e participação
2.17.1. Autoria e participação

O Código Penal espanhol declara responsáveis criminalmente pelos delitos e contravenções os autores, cúmplices e favorecedores.

Para o Código Penal espanhol, autores são aqueles que tomam parte direta na execução do fato; os que forçam ou instigam diretamente outros a executá-lo e aqueles que cooperam na execução do fato com um ato sem o qual ele não se teria realizado.

Nosso Código adotou a teoria unitária ou monista, não fazendo distinção entre autor, coautor e partícipe, pois os que concorrem para o crime são autores dele. A diferenciação ocorrerá na ocasião da aplicação da pena, conforme a culpabilidade de cada um.

2.17.2. Diferenças entre autoria e participação

A participação é acessória e a autoria principal, e independe da pena que mereça o partícipe ou o autor no caso concreto.

Autor é quem domina finalmente a realização do fato, quem decide, em linhas gerais "se" e o "como" de sua realização.

2.17.3. Espécies de autoria

2.17.3.1. Autoria direta ou imediata

Autor direto é aquele que realiza pessoalmente o delito, o que de modo direto e pessoal realiza o fato.

2.17.3.2. Autoria mediata

O autor não realiza direta e pessoalmente o delito, mas, para tal, serve-se de outra pessoa, geralmente não responsável. O autor mediato é que domina a realização do delito.

2.17.3.3. Coautoria

É a realização conjunta de um delito por várias pessoas que colaboram de forma consciente e voluntária. Na coautoria o domínio do fato pertence a várias pessoas que, em virtude do princípio da divisão funcional de trabalho, assumem por igual a responsabilidade de sua realização.

Como na coautoria todos são autores do fato, pode suceder que cada um responda por um título delitivo diferente.

Diversa da coautoria é a autoria acessória, na qual várias pessoas, independentemente uma das outras, produzem o resultado típico, geralmente um delito culposo.

2.17.3.4. Participação

Participação é a cooperação dolosa em um delito doloso alheio. Se não existe um fato pelo menos típico e antijurídico praticado por alguém como autor, não se pode falar de participação, já que não há por que punir alguém que se limita a participar de um fato penalmente irrelevante ou lícito para seu autor.

A participação só é punível em sua forma dolosa, ou seja, o partícipe deve conhecer e querer sua participação na realização do fato típico e antijurídico de outra pessoa, que é o autor.

2.17.3.5. Formas de participação

Instigação: ocorre quando o instigador faz surgir em outra pessoa (instigado) a ideia de praticar um delito, mas quem decide e domina a realização é o instigado, pois, do contrário, o instigador seria autor mediato.

Cumplicidade: é a contribuição para a realização do delito com atos anteriores ou simultâneos a ela que não podem, em nenhum caso, ser considerados como autoria.

2.17.3.6. Problemas especiais de participação: a participação nos delitos especiais

No delito especial, sendo o autor *intraneus* e, em virtude do princípio de unidade de imputação do título, todos os demais partícipes responderão por esse delito, ainda que não tenham as qualidades exigidas por ele. Ao contrário, se o autor é *extraneus*, o delito praticado será comum e os partícipes responderão pelo delito comum, qualquer que seja sua identificação pessoal.

2.17.3.7. Formas de participação tentada

A doutrina espanhola mais moderna entende que a conspiração, a determinação e a provocação são formas de participação tentada no delito ou são formas preparatórias puníveis de participação.

A conspiração ocorre quando duas ou mais pessoas se acordam para a execução de um delito e resolvem executá-lo.

A determinação existe quando o que resolveu praticar o delito convida outra pessoa ou outras para executá-lo.

A provocação ocorre quando se incita oralmente, por escrito ou através da imprensa, ou por outro meio possível de eficácia, à perpetração de qualquer delito. Se a provocação leva à perpetração do delito, será punida como instigação.

O Direito brasileiro não faz essa distinção.

2.17.3.8. A autoria nos delitos praticados por procedimentos que facilitem a publicidade

O art. 15 do Código espanhol conceitua autores dos delitos e contravenções praticados por meio da imprensa "aos que realmente tenham-no sido do texto, escrito ou estampa publicados, ou difundidos", com o que praticamente se exclui do campo da autoria todos os que não sejam autores diretos do texto, especialmente os instigadores e cooperadores necessários.

Em seguida, o art. 15 estabelece responsabilidade "em cascata" tanto dos diretores como dos impressores na medida em que sua conduta preencha plenamente os requisitos gerais de exigência de responsabilidade.

2.17.3.9. O favorecimento

O Código Penal espanhol inclui, na categoria de responsáveis por crimes e contravenções também os favorecedores. Para efeito de pena, o Código espanhol trata o favorecimento como uma forma de participação subsequente à execução (consumada ou não) do delito.

O legislador brasileiro considera o favorecimento um delito autônomo contra a administração da Justiça, nas modalidades de favorecimento pessoal (hospedagem, ocultação ou proporcionamento de fuga ao culpado) e favorecimento real (ocultação ou destruição do corpo, dos efeitos ou dos instrumentos do delito ou da contravenção, para impedir sua descoberta).

2.18. Unidade e pluralidade de delito (concurso de delitos)

Às vezes, uma ou várias pessoas praticam, com uma ou várias ações, dois ou mais delitos que são valorados conjuntamente, em um mesmo processo.

O concurso de delitos classifica-se em:

a) concurso ideal: ocorre unidade de ação e pluralidade de delitos;

b) concurso real: quando ocorre pluralidade de ações e de delitos.

Ao lado desses casos, existem os de pluralidade de ações e unidade de delito (delito continuado e delito coletivo) e de pluralidade de ações e de delitos, mas tratados como se fossem concurso ideal (concurso ideal impróprio).

O ponto de partida de todos estes casos é o conceito de unidade de ação e de delito.

2.18.1. Unidade de ação e de delito

São os seguintes fatores que contribuem para fixar o conceito de unidade de ação.

O primeiro deles é o fator final, isto é, a vontade que rege e dá sentido a uma pluralidade de atos físicos isolados.

O segundo fator é o normativo, isto é, a estrutura do tipo delitivo, em cada caso particular.

2.18.2. Unidade de ação e pluralidade de delitos (concurso ideal)

Quando uma única ação infringe várias disposições legais, ou várias vezes a mesma disposição, isto é, quando, com uma única ação, se realiza vários tipos delitivos homogêneos ou heterogêneos, ocorre o chamado concurso ideal ou formal.

Diferença entre o concurso ideal e concurso de leis:

a) concurso ideal: ocorre quando, aparentemente, são aplicáveis diversos preceitos penais, mas uma correta interpretação indica que só um deles é realmente aplicável;

b) concurso de leis: ocorre quando são aplicáveis todos os preceitos infringidos pela ação, ainda que com certas limitações em relação à pena total.

2.18.3. Tratamento penal

O concurso ideal está regulado no Código Penal: "[...] um fato constitua dois ou mais delitos".

O problema básico para a aplicação desse preceito é estabelecer o que se entende por "um fato".

Haverá unidade de fato quando a atuação corresponde a uma mesma manifestação de vontade e seja valorada unitariamente em um tipo penal. Não obstante, essa unidade de fato, para interpretar o pressuposto do concurso ideal, tem que propiciar a realização de vários delitos ("dois ou mais delitos"), motivo pelo qual o fato voluntário único deve abarcar uma pluralidade de fins (matar várias pessoas com uma só bomba). Assim, não deve haver tantos meios quanto os fins, mas o meio deve continuar sendo único, ainda que os fins sejam diversos.

Quando a conexão entre os diversos delitos é tão íntima que, na falta de um deles, não se praticaria o outro, deve-se considerar todo o complexo delitivo como uma unidade, e não como dois delitos.

2.18.4. Efeitos jurídicos

O problema do concurso é, na prática, fundamentalmente, um problema de fixação da pena.

Diante do problema, o legislador tem várias opções:

a) princípio da acumulação, pelo qual a pena de cada delito é fixada separadamente e depois somada;

b) princípio da absorção, pelo qual só se impõe a pena correspondente ao delito mais grave;

c) princípio da exasperação, pelo qual se impõe a pena mais grave em seu grau máximo;

d) princípio da combinação, pelo qual se reúnem em uma só pena as penas distintas aplicáveis;

e) princípio da pena unitária, pelo qual se impõe uma única pena, sem consideração do número de infrações delitivas.

Deve-se levar em conta que o legislador pretende tratar mais benignamente o concurso ideal do que o real e que as regras deste devem ser sempre um limite infranqueável na fixação da pena concreta que vai se impor.

2.18.5. Pluralidade de ações e delitos (concurso real)

O concurso real se verifica quando concorrem várias ações ou fatos, cada um constitutivo de um delito autônomo. Cada ação em separado constitui um delito e, em tese, o tratamento penal deve ser o do princípio da acumulação. Esse princípio, entendido de um modo aritmético, conduz, se não é limitado de alguma forma, a penas draconianas, incompatíveis com a valoração global de todos os delitos e com a sensibilidade jurídica. Assim, é necessário que se arbitrem determinados critérios pelos quais, combinando os diversos princípios citados, se chegue a penas proporcionais à valoração global, que merecem as diversas ações e delitos praticados.

2.18.6. Pluralidade de ações e unidades de delitos

A dificuldade de se estabelecer o conceito de unidade de ação faz com que, muitas vezes, se chegue a admitir um concurso de delito onde, realmente, com uma valoração global do acontecido, só há um delito, ainda que cometido em diversos momentos e por meio de ações perfeitamente separáveis umas das outras. Surge, assim, o problema da existência de pluralidade de ações constitutivas de um só delito. À vista deste conceito, tratamos aqui do delito continuado e do delito coletivo.

2.18.6.1. O delito continuado

Consiste em duas ou mais ações homogêneas, realizadas em tempo diverso, que infringem a mesma norma jurídica. O delito continuado caracteriza-se pelo fato de cada uma das ações que o constituem representar por si um delito consumado ou tentado, sendo todas elas valoradas juntas, como um só delito. A doutrina e a jurisprudência foram elaborando seu conceito, em que destacam os elementos seguintes:

a) objetivos: homogeneidade do bem jurídico lesado e modos de prática do delito; determinada conexão espacial e temporal;

b) subjetivos: presença de um dolo conjunto ou desígnio criminal comum às diversas ações realizadas.

A finalidade do delito continuado é beneficiar o réu, ao excluir suas ações delitivas da regra do concurso real.

2.18.6.2. O delito coletivo

O delito coletivo ocorre quando existe nas defraudações uma pluralidade de sujeitos indiferenciados, pessoas anônimas, público em geral, da qual o sujeito ativo extrai diversas quantias de dinheiro com o propósito único de enriquecimento, devendo-se considerar a existência de um só delito, pelo montante global do defraudado.

Capítulo 3

Recensão – *Princípios Básicos de Direito Penal*, de Francisco de Assis Toledo[1]

> **SUMÁRIO: 3.1.** Ordenamento jurídico e ciência penal. **3.2.** O fato crime. **3.3.** O injusto típico. **3.4.** Culpabilidade.

3.1. Ordenamento jurídico e ciência penal

§ 1º – Conceito de Direito Penal

Direito Penal

- Fatos humanos classificados como delitos.
- Responsáveis por estes fatos – os criminosos.
- Consequências – pena criminal ou medida de segurança.

Conceito: o Direito Penal é aquela parte do ordenamento jurídico que:

- estabelece e define o fato-crime;
- dispõe sobre quem deva por ele responder;
- fixa as penas e medidas a serem aplicadas.

É uma ciência prática por ser uma teoria do agir humano justo e injusto.

Com esse sentido, a ciência penal tem uma função criadora, não se limitando a repetir as palavras da lei.

A primeira característica do ordenamento jurídico penal é a sua finalidade preventiva.

Antes de punir, quer evitar o crime.

Por meio da elaboração dos tipos delitivos modelos de comportamento humano, o legislador penal revela aquilo que é vedado fazer ou deixar de fazer (homicídio/omissão de socorro).

---

1   5. ed. São Paulo: Saraiva, 1994.

Por meio da cominação de penas visa o legislador a atingir o sentimento de temor (intimidação) ou o sentimento ético das pessoas, a fim de que seja evitada a conduta proibida (prevenção geral).

Falhando essa ameaça, transforma-se a pena abstratamente cominada em realidade concreta e na fase de execução atua sobre a pessoa do condenado, ensejando sua emenda ou neutralização (prevenção especial).

Prevenção geral e especial são conceitos que se completam.

Tais prevenções não excluem o necessário caráter retributivo da pena criminal no momento de sua aplicação.

A pena cominada não é igual à pena concretizada e esta última é pena da culpabilidade, i.e., expiação, neutralização da atividade criminosa potencial, ensejo para recuperação, possibilitando o seu retorno à convivência pacífica na comunidade dos homens livres.

Os tipos legais de crime constituem verdadeira autorização primária para que o Estado possa intervir em certas áreas reservadas, na esfera da liberdade individual.

§ 2º – Missão e limites do Direito Penal

Objetivo do Direito Penal é a luta contra o crime, pelo menos uma luta preventiva.

Bettiol considera que o Direito Penal deve estar orientado para a ideia de "retribuição justa" e só pode ser um Direito Penal de fundo ético.

Welzel acentua a função ético-social. Parte da distinção entre **valor do resultado** e **valor da ação**. Pode-se valorar, por exemplo, o trabalho por seu produto material (pela obra que produz) – **valor do resultado** – ou valorado como tal, i.e., independentemente do seu produto – **valor da ação**.

Diz-se que a tarefa do Direito Penal é a proteção dos elementares valores ético-sociais da ação e só por extensão a proteção de bens jurídicos.

Afirma Welzel o caráter limitado e fragmentário dessa proteção.

Para **Engish**, o direito em geral e o Direito Penal, em particular, não se apresentam somente como proteção de interesses e decisão de conflitos de interesses, mas também como portadores de um pensamento ético.

O desvalor jurídico de delitos não se esgota no fato de serem lesados interesses merecedores de tutela, mas também no fato de estes delitos abalarem a ordem moral que o Direito é chamado a consolidar.

Mayer – o crime é violação de bens jurídicos, mas, para, além disso, é violação intolerável da ordem moral.

Jescheck – Direito Penal como ordenamento de proteção e de paz para as mais essenciais relações humanas, por isso sua tarefa "é a proteção da vida comunitária do homem na sociedade".

Wessels – Direito Penal como proteção dos valores elementares da vida comunitária e na manutenção da paz social.

Três notas se destacam no Direito Penal:

– fundo ético do ordenamento penal;

– seu caráter limitado ou fragmentário;

– estar dirigido à proteção de algo.

a) *Non omne quod licet honestum est* **– máxima pauliana segundo a qual nem tudo o que é lícito (conforme o Direito) é honesto (conforme a moral), indica certa distinção entre o Direito e a Moral.**

O Direito não pode prescindir das noções de dolo, culpa, boa-fé; precisa considerar o **foro íntimo**, i.e., o **aspecto interno da ação**.

A moral que se mantivesse neutra diante do **aspecto externo do comportamento** humano seria uma ética justificadora de toda espécie de monstruosidade ingênua, como no caso de certas formas de eutanásia.

No âmbito da Filosofia do Direito, é preciso registrar a separação entre Moral e Direito que, se levada a certos extremos, pode dar como resultado o oposto do que se pretendia.

O Estado, tornando-se todo poderoso, desvinculado de qualquer limitação na elaboração e imposição de *lex humana* (limitação que resulta no acatamento de valores éticos supralegais, únicos aptos a estabelecer tensão com determinada ordem jurídica "injusta"), embrenha-se nas teorias sobre profilaxia e da defesa social, sem limitações de qualquer ordem.

Com isso, após a Segunda Guerra, ressurge a preocupação com o velho tema de Direito Natural, e, consequentemente, com o da relação de Moral com o Direito.

Welzel – colocou no centro do Direito Penal os "valores ético-sociais da ação" e afirma que um ordenamento social só é Direito quando for mais do que uma contingente manifestação de força, quando procurar realizar o que é socialmente verdadeiro e justo.

Para ele, o Direito Penal deve apresentar-se ao indivíduo não apenas como constrição, mas também como a pretensão de obrigá-lo em consciência.

Há uma tendência à eticização do direito punitivo.

Existem duas proposições válidas e aparentemente contraditórias:

1. O Direito Penal tem um fundo ético. Os conceitos de culpabilidade, de ação injusta, de punição são de fundo ético.

2. Nem tudo que é lícito é honesto.

Uma compatibilização das duas proposições se busca na **Teoria do mínimo ético** (Jellinek), segundo a qual o Direito representaria apenas aquele **núcleo mínimo de moral** indispensável para a vida em sociedade.

Tal é verdade se considerarmos que princípios e máximas morais forjam os costumes que fornecem parte da elaboração legislativa, o que se vê no conteúdo de normas penais com idêntico conteúdo de normas de conduta.

Entretanto, os critérios jurídicos de valoração e de seleção do que deva ser erigido em penalmente relevante (o que seria o mínimo ético) são próprios do Direito e nem sempre coincidentes com os da Moral, não sendo difícil apontar normas penais de natureza diversa das normas éticas, v.g., art. 171 do Código Penal.

No estelionato tem-se entendido que não basta a esperteza nos negócios, mas que o agente tenha induzido em erro com o emprego de "ardil" ou "artifício" ou "meio fraudulento".

O legislador penal, ao elaborar a norma proibitiva do estelionato, desconsiderou o conteúdo ético e, por razões pragmáticas, optou por uma fórmula jurídica que permitisse o livre desenvolvimento das relações de negócio, reputadas necessárias para o tráfico de bens materiais.

O ético cede lugar ao utilitário.

A **teoria do mínimo ético** falha, igualmente, em relação aos crimes de pura criação legislativa, que não correspondem a um conceito de injusto material.

Não se pode admitir contradição ou oposição entre o Direito e a Moral, pois ambos contêm os princípios reguladores do comportamento humano.

O Direito Penal não pode colocar-se em oposição aos valores morais dominantes, por isso limita extremamente o seu campo de atuação. Não deve ser chamado a tudo resolver ou modelador da personalidade da pessoa.

Direito Penal não é instrumento de depuração ou salvação espiritual das pessoas.

Só quando a vida comunitária for afetada de maneira grave ou quando os direitos da pessoa forem desprezados é que o Direito Penal tem de cuidar da proteção correspondente.

É preciso distinguir imoralidade e punibilidade.

Não são medidas morais, mas as criminais e políticas que determinam a punibilidade de um crime. Mesmo não se punindo uma conduta imoral, não significa que esse comportamento seja moralmente livre ou permitido.

A tarefa do Direito Penal é jurídica e resume-se à proteção de bens jurídicos.

O ordenamento penal tem caráter subsidiário: onde a proteção de outros ramos do Direito revelar-se insuficiente, se a lesão ou exposição a perigo do bem jurídico tutelado apresentar certa gravidade, até aí deve estender-se o manto da proteção penal, como última *ratio segum*.

O Direito Penal é limitado sob duplo aspecto:

1) subsidiariedade de sua proteção a bens jurídicos;

2) sua intervenção deve estar condicionada à importância ou gravidade da lesão, real ou potencial.

O confinamento do Direito Penal a certos limites traduz a definição de um dos elementos estruturais do conceito de crime – a ilicitude ou antijuridicidade – i.e., ver no crime a relação de contrariedade entre o fato e o ordenamento jurídico no seu todo.

Isso quer dizer que nem todo fato ilícito reúne os elementos necessários para subsumir-se a um fato típico penal, bem como o crime deve ser sempre um fato ilícito para todo o direito.

Este é o caráter fragmentário do Direito Penal: dentre a multidão de feitos ilícitos possíveis, somente alguns – os mais graves – são selecionados para serem alcançados pelas malhas do ordenamento penal.

Todavia, na construção do injusto típico penal opera esse mesmo ordenamento autonomamente, sem subalternidade a outros ramos do Direito.

Assim, por exemplo, na apropriação indébita (CP, 168), o conceito de **posse** pode ser mais extenso no Direito Penal do que no Direito Civil, o mesmo podendo acontecer com o de **coisa móvel** no furto.

O Direito Penal pode "adiantar-se" na incriminação de fatos danosos para os quais ainda não se haja encontrado solução adequada em outras áreas extrapenais.

É preciso manter a preocupação de evitar-se a criminalização de condutas reprováveis, mas de relevância jurídica penal duvidosa.

b) O bem jurídico protegido.

O ordenamento jurídico penal está dirigido à proteção de certos bens jurídicos.

Conceito de bem jurídico: bem é tudo o que se nos apresenta digno, útil, necessário, valioso.

Os bens são coisas reais ou objetos ideais dotados de "valor", i.e., coisas materiais e objetos imateriais que, além de serem o que são, "valem".

Por isso, são procurados e defendidos, posto que sujeitos a ataques e lesões.

Sem um conjunto de medidas aptas a proteger certos bens, indispensáveis à vida comunitária, seria impossível a manutenção da paz social.

O Direito seleciona os bens que reputa dignos de proteção e os erige a bens jurídicos.

O bem jurídico pode apresentar-se de diferentes formas:

- objeto psicofísico – vida;
- objeto espiritual ideal – honra;
- situação real – inviolabilidade do domicílio;
- ligação vital – casamento ou parentesco;
- relação jurídica – propriedade, direito de casa;
- comportamento de terceiro – lealdade dos servidores protegida contra a corrupção.

Bem jurídico é, pois, toda situação social desejada que o Direito queira garantir contra lesões.

Podemos dizer "situação social desejada", "situação social valiosa" ou valores ético-sociais.

Bens jurídicos são valores ético-sociais que o Direito seleciona, com o objetivo de assegurar a paz social, e coloca sob sua proteção para que não sejam expostos a perigo de ataque ou a lesões efetivas.

Primeiro procurou-se a proteção de direitos subjetivos (Iluminismo – Feuerbach), depois, na lesão ou exposição a perigo de interesses vitais (Século XIX); **por fim, chegou-se à conclusão de que o conteúdo material do injusto só poderia ser a lesão ou a exposição a perigo de um bem jurídico**.

Nem todo bem é um bem jurídico. Nem todo bem jurídico como tal se coloca sob a tutela específica do Direito Penal.

Do ângulo penalístico, bem jurídico é aquele que esteja a exigir uma proteção especial, no âmbito das normas de Direito Penal, por se revelarem insuficientes, em relação a ele, as garantias oferecidas pelo ordenamento jurídico em outras áreas extrapenais.

Não se deve supor que essa especial proteção penal deva ser abrangente de todos os tipos de lesão possíveis.

Mesmo quanto aos bens jurídicos penalmente protegidos, restringe o Direito Penal sua tutela a certas espécies e formas de lesão, real ou potencial.

Viver é um risco permanente e não é missão do Direito Penal afastar esses riscos.

Protegem-se, em suma, penalmente, certos bens jurídicos e, ainda assim, contra determinadas formas de agressão; não todos os bens jurídicos contra todos os possíveis modos de agressão.

A criação legal de figuras delitivas que não impliquem **lesão real** ou **potencial** a bens jurídicos seria, com efeito, a admissão de um sistema penal que pretendesse punir o agente pelo seu modo de ser e pensar.

O autor dá como exemplo os crimes de perigo abstrato.

Não se deve confundir bem jurídico tutelado com objeto material do crime.

No homicídio, por exemplo:

- objeto material – corpo humano;.
- bem jurídico – vida.

O objeto de tutela são valores ético-sociais, não apenas coisas materiais sobre que recai a ação criminosa.

Na tentativa idônea de homicídio pode não haver dano algum, mas, apesar disso, haverá sempre um ataque ao bem jurídico da vida humana.

O **bem jurídico** orienta a elaboração do **tipo**, esclarece o seu conteúdo, mas não o esgota.

Os **elementos subjetivos do tipo** são também importantes, assim como a antijuridicidade e a culpabilidade, sem os quais não há que se falar em crime.

> *HABEAS CORPUS*. CONSTITUCIONAL E PENAL. CRIME MILITAR. PRINCÍPIO DA INSIGNIFICÂNCIA. RECONHECIMENTO NA INSTÂNCIA CASTRENSE. POSSIBILIDADE. DIREITO PENAL. *ULTIMA RATIO*. CONDUTA MANIFESTAMENTE ATÍPICA. REJEIÇÃO DA DENÚNCIA. ORDEM CONCEDIDA.

Parte III • Direito Penal

1. A existência de um Estado Democrático de Direito passa, necessariamente, por uma busca constante de um direito penal mínimo, fragmentário, subsidiário, capaz de intervir apenas e tão somente naquelas situações em que outros ramos do Direito não foram aptos a propiciar a pacificação social.

2. O fato típico, primeiro elemento estruturador do crime, não se aperfeiçoa com uma tipicidade meramente formal, consubstanciada na perfeita correspondência entre o fato e a norma, sendo imprescindível a constatação de que ocorrera lesão significativa ao bem jurídico penalmente protegido.

3. É possível a aplicação do Princípio da Insignificância, desfigurando a tipicidade material, desde que constatados a mínima ofensividade da conduta do agente, a inexistência de periculosidade social da ação, o reduzido grau de reprovabilidade do comportamento e a relativa inexpressividade da lesão jurídica. Precedentes.

4. O Supremo Tribunal admite a aplicação do Princípio da Insignificância na instância castrense, desde que, reunidos os pressupostos comuns a todos os delitos, não sejam comprometidas a hierarquia e a disciplina exigidas dos integrantes das forças públicas e exista uma solução administrativo-disciplinar adequada para o ilícito. Precedentes.

5. A regra contida no art. 240, § 1º, 2ª parte, do Código Penal Militar, é de aplicação restrita e não inibe a aplicação do Princípio da Insignificância, pois este não exige um montante prefixado.

6. A aplicação do princípio da insignificância torna a conduta manifestamente atípica e, por conseguinte, viabiliza a rejeição da denúncia.

7. Ordem concedida.

(STF, HC 107.638, Rel.ª Min.ª Cármen Lúcia)

O Direito Penal mínimo, fragmentário, subsidiário, é capaz de intervir apenas e tão somente naquelas situações em que outros ramos do Direito não foram aptos a propiciar a pacificação social.

§ 3º – Princípio da legalidade e da reserva legal e seus desdobramentos

Princípio da legalidade: nenhum fato pode ser considerado crime e nenhuma pena criminal pode ser aplicada, sem que antes deste fato tenham sido instituídos por lei o tipo eletivo e a pena respectiva.

Constitui uma real limitação ao poder estatal de interferir na esfera das liberdades individuais.

Constituição, art. 5º, incs. XXXIX e XI.

O princípio já constava:

- *Magna Charta Libertarum* (1215);
- *Bill of Rights*;
- Declaração dos Direitos do Homem e do Cidadão (Revolução Francesa).

Funda-se na ideia de que há direitos inerentes à pessoa humana que não são nem precisam ser outorgados pelo Estado.

Tal concepção hoje é obtida no quadro da denominada "**função de garantia da lei penal**"; provocando o desdobramento em quatro outros princípios:

- *Lex praevia* – proibição de edição de leis retroativas que agravem a punibilidade.
- *Lex saipta* – proibição do agravamento pelo Direito Consuetudinário.
- *Lex stricta* – proibição do agravamento da punibilidade pela analogia (analogia *in malon partem*).
- *Lex certa* – proibição de leis penais indeterminadas.

Com estes princípios constrói-se a função da garantia da lei penal, entendida como autêntica "função de garantia individual das cominações penais".

Tipos legais de crime constituem verdadeira autorização primária para que o Estado possa intervir em certas áreas reservadas, na esfera da liberdade individual.

O costume é aplicado no Direito Penal. Tem papel na elucidação do conteúdo dos tipos. Quando opera como causa de exclusão da ilicitude (causa supralegal), de atenuação da pena ou da culpa, constitui verdadeira fonte do Direito Penal.

Nessas hipóteses, não se fere o princípio da legalidade por não se estar piorando, antes melhorando, a situação do agente do fato.

A simples omissão da autoridade em reprimir determinados crimes ou contravenções não basta para revogar a norma incriminadora penal (ex.: jogo do bicho).

Para o nascimento do Direito Consuetudinário são exigidos certos requisitos essenciais: reconhecimento e vontade geral de que a norma costumeira atue como direito vigente, não identificável com a mera tolerância ou omissão das autoridades.

A **analogia**, por ser uma forma de suprirem-se as lacunas da lei, supõe, para sua aplicação, a inexistência de norma legal específica. Baseia-se na semelhança.

Estando regulamentada em lei uma situação particular, aplica-se por analogia essa mesma legislação a outra situação particular semelhante, mas não regulamentada. É conclusão que se extrai do particular para o particular.

Exemplo: consentimento do ofendido na lesão corporal que pode ser aplicado no cárcere privado.

A analogia pode ser considerada sob o aspecto da lei ou do direito: analogia da lei e analogia do Direito.

Na **analogia da lei**, parte-se de um preceito legal isolado.

Na **analogia do direito**, parte-se de um conjunto de normas, extrai-se delas o pensamento fundamental ou os princípios que as informam para aplicá-los a caso omisso, semelhante ao que encontraria subsunção natural naquelas normas ou princípios.

Analogia *in malam partem* fundamenta a aplicação ou agravação da pena em hipóteses não previstas em lei, semelhantes às que estão previstas.

Analogia *in bonam partem* fundamenta a não aplicação ou diminuição da pena em hipóteses não previstas em lei: encontra justificativa em um princípio de equidade.

Analogia pressupõe **omissão** da lei.

Na **interpretação extensiva** amplia-se o espectro de incidência da norma legal de modo a situar sob seu alcance fatos que, numa interpretação restritiva (procedimento oposto), ficariam fora desse alcance.

Não se trata aqui de analogia, visto que a ampliação referida está contida *in potentia* nas palavras, mais ou menos abrangentes, da própria lei.

Para Toledo, a interpretação analógica é uma forma de interpretação extensiva.

A analogia é admitida sem restrições no processo penal (art. 3º, CPP).

Lei certa diz com a clareza dos tipos que não devem deixar margens a dúvidas, nem abusar do emprego de normas gerais ou tipos incriminadores genéricos vazios.

§ 4º – Vigência da lei penal no tempo (princípios de Direito Penal intertemporal)

A eficácia da lei penal no tempo subordina-se a uma regra geral e a várias exceções (art. 5º, inc. XL, CF/88 e arts. 2º e 3º, CP).

A regra geral é a da prevalência da lei do tempo do fato (*tempus regit actum*), i.e., aplica-se a lei vigente quando da realização do fato.

Preserva-se os princípios da legalidade e da anterioridade da lei penal.

Havendo sucessão de leis penais que regulam as mesmas questões, e se o fato houver sido cometido no período de vigência da lei anterior, dá-se uma das seguintes hipóteses:

- lei posterior e mais grave que a anterior (*lex gravior*);
- lei posterior aboliu o crime, tornando o fato impunível (*abolitio criminis*);
- a lei posterior é mais benigna no tocante à pena ou à medida de segurança (*lex mitior*);
- a lei posterior contém alguns preceitos mais severos e outros mais benignos, em determinados aspectos.

Pode haver derrogação (revogação parcial) ou ab-rogação (revogação total) de uma lei por outra (arts. 2º e 3º, CP).

Lex gravior – irretroatividade absoluta.

Há proibição de retroatividade das normas mais severas de Direito Penal material.

A norma de Direito material mais severa só se aplica, enquanto vigente, aos fatos ocorridos durante sua vigência, vedada em caráter absoluto a sua retroatividade.

A proibição alcança normas incriminadoras, reguladoras de imputabilidade, dosimetria da pena, causas de justificação, entre outros institutos do Direito Penal.

Para aferir a maior gravidade de um dispositivo legal é necessário verificar não o dispositivo isolado e sim o conjunto de determinações ou de consequências acarretadas pela norma, devendo ser afastada aquela que produzir o resultado final mais gravoso para o agente de fato.

Tempo do crime para fixação da lei aplicável

Código Penal

Art. 4º O crime se considera praticado no momento da ação ou omissão, ainda que outro seja o momento do resultado.

"Teoria da Ação" – tem aplicação para a fixação do tempo do crime e da lei aplicável.

Se no momento da ação esta era lícita, mas já não o era no momento do resultado, não haverá punição possível, pois é no momento da ação que o imperativo da norma pode atuar como motivo no processo psicológico da própria ação.

Veja-se o caso dos delitos à distância nos quais um é o momento da ação, outro o ato do resultado.

Nos **crimes permanentes** cuja execução tenha tido início sob uma lei, prosseguindo sob uma outra, aplica-se a lei nova se esta tem vigência enquanto dura a conduta ilícita.

Nos **crimes continuados**, se a nova lei intervém no curso da série delitiva, só se pode aplicar a lei nova – se mais grave – ao segmento da série continuada ocorrido durante a sua vigência, caso os fatos anteriores sejam impuníveis pela lei da época.

Se os fatos anteriores já eram punidos, tendo ocorrido somente a agravação da pena, aplica-se, em princípio, o critério da lei nova a toda série delitiva, pois, no crime continuado, tanto se considera momento da ação o do primeiro fato parcial quanto o do último.

Se o crime é cometido na *vacatio legis*, depois de publicada a lei nova, mas antes do dia fixado para sua vigência, aplica-se a lei antiga até que a lei nova tenha início efetivo de vigência.

Abolitio criminis

Verifica-se quando lei nova exclui da órbita penal um fato considerado crime pela legislação anterior.

É hipótese de descriminalização.

Quando tal ocorre, extingue-se a punibilidade (art. 107, III, CP), arquivando-se os processos em curso ou cessando a execução e os efeitos penais da sentença condenatória, ainda que transitada em julgado (art. 2º, CP).

Nos processos pendentes o juiz declarará de ofício a extinção da punibilidade (art. 61, CPP).

Nos processos findos compete ao Juízo de execução a providência (art. 13, LICP, e art. 66, I, da Lei de Execuções Penais).

Revogada a norma especial (ex.: roubo a bancos para revolução), persiste a norma geral de roubo, que cedia lugar à norma especial em razão do princípio da especialidade.

Lex mitior

Denomina-se mais benigna a lei mais favorável ao agente, no tocante ao crime e à pena, sempre que, ocorrendo sucessão de leis penais no tempo, o fato previsto como crime tenha sido praticado na vigência da lei anterior.

Será benigna a que "de qualquer modo favorecer o agente" (art. 5º, XI, CF). Haverá ultratividade ou retroatividade.

Reputa-se benigna a lei na qual:

- a pena cominada for mais branda. Natureza, aplicação, dosimetria e modo de execução;
- novas circunstâncias atenuantes, causas de diminuição de pena, benefícios relacionados com a extinção, suspensão, dispensa de execução da pena, ou maiores facilidades para o livramento condicional;
- forem extintas circunstâncias agravantes, causas de aumento de pena ou qualificadoras;
- novas causas extintivas da punibilidade ou ampliação destas, prazos de decadência, prescrição, modo mais favorável para contagem de prazos;
- forem extintas medidas de segurança, penas acessórias ou efeitos da condenação;
- ampliação de hipóteses de inimputabilidade, de atipicidade, exclusão da ilicitude, exclusão da culpabilidade ou de isenção de pena.

O resultado benéfico deve ser analisado em concreto.

Combinação de leis *(Lex tertia)*

Saber se na determinação da lei benigna aplicável pode o juiz tomar os preceitos ou critérios mais favoráveis da lei anterior e, ao mesmo tempo, os da lei posterior, combiná-los e aplicá-los ao caso concreto, de modo a extrair o máximo benefício resultante da aplicação conjunta só dos aspectos mais favoráveis das duas leis.

Hungria é contra essa possibilidade, pois atuaria como legislador criando uma terceira lei. No mesmo sentido Fragoso e Bueno.

A favor da combinação Basileu Garcia e Delmanto, Frederico Marques.

STF – impossibilidade de combinação de leis.

Toledo é de opinião que, em matéria de direito transitório, não se pode estabelecer dogmas rígidos como esse da combinação de leis.

Direito transitório: saber que normas devem prevalecer para regular determinado fato, quando várias se apresentam como de aplicação possível.

Norma penal em branco: normas que estabelecem cominação penal, i.e., sanção penal, mas remetem a complementação da descrição da conduta proibida para outras normas legais, regulamentares ou administrativas.

Tais tipos penais sofrem alteração de conteúdo sempre que se alteram as respectivas normas complementares (ex.: rol de doenças compulsórias do art. 269, CP).

Se a norma regulamentar for revogada considera-se abolido o crime?

É preciso saber se a alteração da norma extrapenal implica, ou não, supressão do caráter ilícito do fato.

No caso de notificação de doença por exemplo, a revogação da norma torna a atitude lícita, sendo retroativa.

Nesse caso o que se alterou foi a própria matéria da proibição, com redução da área de incidência do tipo, e que diz respeito ao crime e à pena.

Diferente, pois, no caso de tabelamento, se ocorre atualização dos valores monetários.

Se uma lei penal fala de menoridade, para a tutela cumpre à lei civil cobrir o claro existente. Alterada a lei civil, deve o novo preceito ser aplicado porque a tutela da menoridade pela norma primitiva está ligada ao conceito desta pelo Direito Privado.

No caso do tabelamento, a norma penal não proíbe a venda pelo preço X, e sim a venda acima do tabelamento, como imprudência é trafegar na contramão, e não pela esquerda ou pela direita.

Lei excepcional ou temporária – art. 3º do CP

Como a lei é promulgada para vigorar por tempo determinado, seria ineficaz se não fosse ultrativa.

Mesmo que mais severa a lei temporária será sempre aplicada aos fatos cometidos durante sua vigência.

§ 5º – Vigência da lei penal no espaço (princípios de Direito Penal Internacional)

A solução de problemas de vigência espacial da lei penal se resolve de acordo com o Direito positivo, tratados e convenções internacionais.

Princípios de Direito Penal Internacional

- territorialidade;
- pavilhão (ou bandeira);
- personalidade (ou nacionalidade);
- defesa (ou real);
- da universalidade (ou justiça universal).

Art. 5º do Código Penal: a regra é que são submetidos à lei brasileira os crimes cometidos **dentro** da área terrestre, do espaço aéreo, e das águas fluviais e marítimas, sobre os quais o Estado brasileiro exerce sua soberania, pouco importando a nacionalidade do agente.

A lei prevê exceções, ressalvando as convenções, tratados e regras de Direito Internacional.

Exemplos: Convenção de Viena (Decreto nº 56.435/65), diplomatas. Imunidade de jurisdição penal no Estado acreditado (art. 31), sujeitando-se exclusivamente à jurisdição do Estado acreditante (art. 31.4).

O **território nacional** abrange toda a extensão terrestre situada até os limites das fronteiras do país, incluindo mares interiores, lagos e rios; abrange, ainda, o mar territorial, as ilhas, sobre as quais o Brasil exerce soberania e o espaço aéreo que cobre essas extensões.

Princípio do pavilhão (ou da bandeira): atribui ao Estado sob cuja bandeira está registrada a embarcação ou aeronave o poder de sujeitar à sua jurisdição penal os responsáveis por crimes praticados a bordo dessa embarcação ou aeronave, ainda que em alto-mar ou em território estrangeiro.

Trata-se de princípio complementar ao da territorialidade, previsto nas Convenções de Chicago e de Tóquio.

É adotado no art. 7º, II, "c", do Código Penal; aplica-se a lei brasileira nos crimes praticados a bordo de aeronaves ou navios brasileiros, mercantes ou de propriedade privada (art. 5º, § 1º – que fala de públicas, militares, ou a serviço do Governo) quando no estrangeiro e aí não tenham sido punidos.

Em casos de crimes permanentes ou continuados ocorrem dificuldades, posto que podem ocorrer em mais de um país (crime organizado, tráfico etc.).

Princípio da personalidade (ou da nacionalidade)

O Brasil não concede extradição de nacionais, exceto o naturalizado quando se tratar de crime comum (art. 5º, LI, CF, e art. 77, I, Lei nº 6.815/86).

Consequência disso é submeter à lei brasileira os nacionais que tenham cometido crime no estrangeiro (art. 7º, "b", CP), desde que ingressem no território nacional e se cumpram os demais requisitos do § 2º do art. 7º do Código Penal.

É o principal fundamento ao Princípio da Nacionalidade, que é subsidiário ao Princípio da Territorialidade.

Um dos requisitos para a aplicação do princípio em exame é o de que o agente não tenha cumprido pena ou sido absolvido no país onde praticou o crime (§ 2º, "d").

Princípio da Defesa (ou real) (art. 7º, I, "a", "b", "c", CP)

Tem em vista a titularidade ou a nacionalidade do bem jurídico lesado ou exposto a perigo de lesão pelo crime cometido.

Necessidade de os Estados se acautelarem contra os crimes praticados no estrangeiro contra seus interesses vitais.

Princípio da Universalidade (ou Justiça Universal – art. 7º, II, "a", CP)

- Convenção de Palermo/Roma.
- Tráfico internacional de drogas.
- Falsificação de moeda.
- Tráfico de mulheres.

Lugar do crime (art. 6º, CP)

O Código Penal adota a doutrina da ubiquidade.

Fixação do lugar do delito – *locus delicti commissi.*

§ 6º – Concurso aparente de normas ou de leis penais

A tipicidade de uma conduta, i.e., a subsunção de determinada conduta humana a um tipo legal de crime pode oferecer dificuldades quando a mesma conduta criminosa apresente características previstas em mais de um tipo incriminador.

É preciso ver se, nas normas em foco, existe uma certa relação de preponderância ou hierarquia, de modo que a aplicação de uma esgota a punição do fato, excluindo a aplicação cumulativa da outra. O concurso de normas não existia, em verdade, era só aparente.

Existem critérios para solução do concurso aparente de normas:

Lex specialis derogat legi generali

Se entre duas ou mais normas legais existe uma relação de especialidade, i.e., de gênero para espécie, a regra é a de que a norma especial afasta a incidência da norma geral.

Especial é a norma que contém todos os elementos da geral mais o elemento especializador.

Há um detalhe a mais que distingue a norma especial da norma geral.

Exemplo: há relação de especialidade entre tipos básicos e tipos privilegiados.

– Furto simples × privilegiado.

– Homicídio simples × privilegiado.

Entre tipos básicos e tipos especiais autônomos.

Exemplo: homicídio e infanticídio.

Lex primaria derogat legi subsidiariae

Há subsidiariedade quando diferentes normas protegem o mesmo bem jurídico em diferentes fases, etapas ou graus de agressão.

O legislador, ao punir a conduta da fase anterior, o faz na condição de que o agente não incorra na punição da fase posterior, mais grave, hipótese em que só esta última prevalece.

Exemplo: expor a vida de outrem constitui o crime do art. 132, "se o fato não constitui crime mais grave".

Essa norma é subsidiária em relação à da tentativa de homicídio, etapa mais grave subsequente da mera exposição a perigo.

A norma secundária só é aplicável na ausência de outra norma – a norma primária – já que esta última envolve inteiramente a primeira.

A subsidiariedade é **expressa** quando a própria lei ressalva a ocorrência de punição por crime mais grave.

Há subsidiariedade **tácita** nos tipos delitivos que descrevem a fase prévia, de passagem necessária para a realização do crime mais grave cuja punição abrange todas as etapas anteriores de execução.

Exemplo: tentativa em relação ao crime consumado, como as lesões corporais em relação ao homicídio.

Toledo diz que há uma zona cinzenta entre o princípio da subsidiariedade e o da consunção.

Lex consumens derogat legi consumptae

O princípio *ne bis in idem*, frequentemente invocado em Direito Penal, impede a dupla punição pelo mesmo fato.

Esse é o pensamento orientador do Princípio da Consunção.

Há casos não abrangidos pela especialidade ou subsidiariedade (pós-fato impunível) que encontram solução com aplicação do Princípio da Consunção, motivo para sua aceitação.

Há na lei penal tipos mais abrangentes e tipos mais específicos que, por visarem a proteção de bens jurídicos diferentes, não se situam numa perfeita relação de gênero para espécie (especialidade) nem se colocam numa posição de maior ou menor grau de execução do crime.

Exemplo: violação de domicílio que lesa a liberdade da pessoa e furto lesivo ao patrimônio (arts. 150 e 155, CP).

Se a violação do domicílio é meio empregado para a consumação do furto, a punição deste último absorve a punição do primeiro.

A norma mais ampla, mais abrangente, do furto, ao incluir como um de seus elementos essenciais a subtração, i.e., o apossamento da coisa contra a vontade do dono, abrange a hipótese de penetração na residência, contra a vontade do dono para o apossamento da coisa. Essa norma mais ampla consome, absorve, a proteção parcial que a outra menos abrangente objetiva.

A violação do domicílio não é etapa necessária para o furto, como na lesão corporal para o homicídio, pelo que o Princípio da Subsidiariedade Tácita seria discutível, embora defensável.

Mas, estando esse fato prévio abrangido pela prática do crime mais grave, numa relação de meio para fim, é por este consumido ou absorvido.

O mesmo ocorre com certas modalidades de *falsum* e estelionato, quando aquele se exaure na fraude, que constitui elemento essencial deste último.

Exemplos:
– falsificação de documento usado como fraude para obtenção de lucro indevido se esgota em sua potencialidade lesiva, permanecendo sem qualquer outra finalidade ou possibilidade de uso;
– assinatura falsa em cheque e obtenção do saque indevido.

No caso, como o cheque esgotou-se na consumação do estelionato, não podendo mais ser utilizado para outros fins, o crime-fim de estelionato absorve o *falsum*.

O mesmo não ocorre na falsificação de certos documentos que, utilizados na prática do estelionato, continuam com a potencialidade lesiva para o cometimento de outros delitos da mesma ou de variada espécie.

Nesse caso, verifica-se o concurso formal de crimes (falso e estelionato), como ocorre, por exemplo, com a falsidade de um instrumento de mandato para a emissão de cheque do pretenso mandante e seu recebimento no Banco sacado.

Consumado o estelionato, a procuração, se contiver poderes para outros saques ou para outros fins, não se exaure na fraude daquele delito.

Antefato e pós-fato impuníveis

Há violação de domicílio no exemplo do justo e certas falsificações no estelionato.

O pós-fato impunível se ajusta ao Princípio da Consunção. Ocorre em geral com atos de exaurimento do crime consumado, os quais estão previstos também como crimes autônomos.

A punição do primeiro absorve a dos últimos. Exemplo: o furto consumado com a posterior destruição da coisa pelo agente do justo. Como o agente, ao furtar a coisa, fê-lo para uso ou consumo, a punição pela lesão resultante do furto abrange a lesão posterior pelo crime de dano (art. 183, CP).

Se, porém, o agente vende a coisa para terceiro de boa-fé, comete estelionato em concurso material, com o antecedente furto, por enfrentar **nova lesão autônoma**, contra vítima diferente, por meio de conduta não compreendida como consequência natural e necessária da primeira.

3.2. O fato crime

§ 8º – Conceito de crime – elementos

O crime é fenômeno social e episódio da vida de uma pessoa humana.

Cada crime tem sua história e sua individualidade – não há dois que possam ser reputados iguais. Não se faz ciência do particular, no entanto. O Direito Penal quer ser uma ciência prática.

O Direito Penal teoriza a respeito do agir humano, ora submetendo-o a métodos analíticos, simplificadores ou generalizadores; ora sujeitando-os a amputações, por abstração, para a elaboração de conceitos, esquemas lógicos, institutos e sistemas mais ou menos cerrados.

O crime é um fato humano que lesa ou expõe a perigo bens jurídicos (jurídico-penalmente) protegidos.

Definição (conceito) analítica do crime: fato crime tem as seguintes notas fundamentais: ação típica (tipicidade), ilícita ou antijurídica (ilicitude) e culpável (culpabilidade) – ação típica, ilícita e culpável.

Punibilidade não é elemento do fato-crime, i.e., não está dentro do conceito de crime, porque é sanção do Direito Penal ou a possibilidade de sua aplicação. Pressupõe a existência de um crime já perpetrado, é consequência do crime.

Quando se fala em elemento ou nota essencial de um conceito, está se referindo a um *quid* sem o qual esse conceito se desfaz, ou não se aperfeiçoa.

Punibilidade é efeito, consequência jurídica do crime, não um seu elemento constitutivo.

A base fundamental de todo fato-crime é um comportamento humano (ação ou omissão).

Para que o comportamento seja crime é preciso submetê-lo à ordem de valoração: tipicidade, ilicitude e culpabilidade.

Ação ou conduta: compreende qualquer comportamento humano, comissivo ou omissivo, desenvolvido sob domínio da vontade.

O comportamento involuntário, resultante de caso fortuito ou força maior, não constitui ação digna de castigo para o Direito Penal.

A exigência de voluntariedade na conduta é imprescindível tanto para a ação dolosa quanto para a culposa.

Em ambas, a vontade domina a conduta. Na dolosa, a voluntariedade alcança até o resultado da conduta; na culposa, a voluntariedade vai só até a causa do resultado não querido.

A voluntariedade é que dá o conteúdo intencional – ou finalístico – de toda ação relevante para o Direito Penal distinguindo-a de meros "fatos", i.e., dos acontecimentos físicos ou daqueles produzidos pela mão do homem, mas sem intervenção da vontade.

Tais acontecimentos são puramente causais, derivados do fortuito ou da força maior. Não se pune uma pedra que cai e mata; não se deve igualmente punir quem não age mas "é agido".

Para o Direito Penal, só interessam as condutas com conteúdo finalístico, i.e., toda e qualquer ação que possa ser reconduzida à vontade humana como razão de ser de seu aparecimento no mundo exterior.

Dentro de uma concepção jurídica, **ação** é, pois, o comportamento humano, dominado ou dominável pela vontade, dirigido para a lesão ou para a exposição a perigo de lesão de um bem jurídico, ou, ainda, para a causação de uma possível lesão a um bem jurídico.

Nesta concepção jurídica de **ação**, a orientação do ânimo do agente ou o objetivo por ele perseguido com sua conduta é parte inseparável dessa mesma conduta, como seu elemento intencional ou finalístico.

O dolo e a negligência fazem parte da ação (Welzel), não do juízo de culpabilidade, fato que justifica a divisão de crimes dolosos e culposos, i.e., de ação dolosa e ação culposa.

Essa **concepção da ação humana** não suja o princípio da causalidade.

Reconhece que o homem, com base no reconhecimento dessa causalidade, que lhe é dado pela experiência, pode prever os acontecimentos (efeitos de determinadas causas) e com isso querê-los, produzindo-os ou provocando-os.

Nesse caso, a causalidade, sob o ângulo de um comportamento voluntário que lhe tenha orientado ou impulsionado, passa a ser causalidade dirigida.

Assim, certos efeitos abrangidos pelo querer do agente deixam de ser mera consequência mecânica de fenômenos físicos, no mundo exterior, para apresentarem-se como algo que se realiza de modo orientado pelo "fim" mentado pelo agente.

A grande distinção entre o crime doloso e o culposo está em que no **doloso** a voluntariedade do agente alcança todo o segmento do mundo da realidade descrito no tipo, inclusive o resultado; no **culposo** a voluntariedade esgota-se na causa de um resultado por ela não alcançado.

Tipo é a descrição abstrata da ação proibida ou da ação permitida.

Há, pois, **tipos incriminadores**, descritivos da conduta proibida e **tipos permissivos** ou **justificadores**, descritivos das condutas permitidas.

Os **tipos incriminadores** são os tipos legais de crime que só podem ser criados por lei.

Os **tipos permissivos ou justificadores** são as denominadas **causas de justificação** ou de **exclusão da ilicitude**.

Tipicidade é a subsunção, a justaposição, a adequação de uma conduta da vida real a um tipo legal de crime.

O **tipo** é um modelo de ação proibida, devendo exprimir os elementos essenciais da ação descrita.

A **ação** contém o **dolo** e a **negligência**, pelo que os crimes são de ação dolosa ou ação culposa.

Os tipos legais de crime contêm igualmente o dolo ou a negligência e, portanto, se dividem em crimes dolosos e culposos.

Os dolosos descrevem explícita ou implicitamente, como um de seus elementos essenciais (elemento subjetivo do tipo), o dolo.

Os culposos descrevem a culpa.

O **tipo**, como expressão esquemática da ação lícita, **contém**:

- a proibição da conduta descrita, i.e., o elemento valorativo que espelha o seu conteúdo material e atua como **fator limitativo do juízo de adequação típica** (ações ou omissões ético-socialmente permitidas não podem estar abrangidas por um modelo de conduta proibida);

- a modelagem, a descrição da conduta proibida, i.e., o **aspecto fático** sobre que incide a valoração e a proibição da norma.

Esse **aspecto fático** compõe-se de elementos **objetivos** e de elementos **subjetivos**.

O termo "fático" está empregado com o sentido de relativo a fenômenos que podem ser objeto de observação e de descrição.

Objetivos são todos aqueles elementos que devem ser alcançados pelo dolo do agente.

Elementos objetivos dividem-se em: **descritivos** e **normativos**.

Elementos descritivos: exprimem juízos de realidade (ex.: "matar", "coisa", "filho", "mulher" etc.).

Elementos normativos: são termos ou expressões que só adquirem sentido quando completados por um **juízo de valor**, preexistente em outras normas jurídicas (ex.: "coisa alheia", "funcionário público", "domicílio" etc.), ou em normas ético-sociais (ex.: "mulher honesta"), ou a ser emitido pelo próprio intérprete (ex.: "dignidade", "decoro", "reputação" etc.).

Elementos subjetivos: são os fenômenos anímicos do agente – o dolo, especiais motivos, tendências, intenções.

Toledo **não** adota a terminologia **tipo objetivo** e **tipo subjetivo**, por parecer que o tipo legal de crime é um só, contendo elementos objetivos e subjetivos.

O **tipo legal** abrange, ao descrever a conduta proibida:

- o sujeito da ação, o agente;
- a ação com seus elementos objetivos e subjetivos;
- o objeto da ação;
- o resultado, com a respectiva relação de causalidade.

Ilicitude ou antijuridicidade

É a relação de contrariedade entre certa conduta da vida real e o ordenamento jurídico.

Pode ser definida também como a relação de antagonismo que se estabelece entre uma conduta humana voluntária e o ordenamento jurídico, de sorte a causar lesão ou expor a perigo de lesão um bem jurídico tutelado.

Para o Direito Penal, o comportamento involuntário ou inócuo não é ato penalmente ilícito, mas fato penalmente irrelevante.

Por isso não se pune fato que resulta de caso fortuito ou de força maior.

Também não se pune a tentativa impossível, exemplo de punição de ânimo, da mera intenção irrealizável, sem consequências lesivas para o bem jurídico tutelado.

O crime, como ato ilícito, é, pois, a expressão de um ato de vontade (comissivo ou omissivo) apto a causar dano.

Para além da vontade e do dano potencial ao bem jurídico, não se estendem os domínios do ilícito penal.

A **ilicitude penal** só pode referir-se à ação humana.

A **contrariedade ao direito** se caracterizará com a existência de uma conduta voluntária na origem, positiva ou negativa (ação ou omissão) em antagonismo com o comando normativo (fazer o que está vedado ou não fazer o que está determinado).

A **contrariedade ao direito** também exige a existência de possíveis ou reais consequências danosas sobre o meio social dessa mesma conduta (lesão real ou potencial ao bem jurídico tutelado).

Culpabilidade: terceiro elemento do conceito jurídico do crime. Deve-se entender o Princípio da Culpabilidade como a exigência de um juízo de reprovação jurídica, na crença de que ao homem é dada a possibilidade de, em certas circunstâncias, "agir de outro modo".

A não utilização dessa faculdade, quando da prática do ilícito penal, autoriza aquela reprovação.

A noção de **culpabilidade** está, pois, vinculada à de evitabilidade da conduta ilícita, pois só se pode emitir um juízo de reprovação ao agente que não tenha evitado o fato incriminado quando lhe era possível fazê-lo.

O Princípio da Culpabilidade é entendido como censurabilidade da formação e da manifestação da vontade.

Existem duas concepções de culpabilidade que agrupam as várias teorias a respeito: a **concepção psicológica** e a **concepção normativa**.

Concepção psicológica da culpabilidade

A culpabilidade se esgota na ligação psíquica entre o agente e o seu fato. O pressuposto da culpabilidade seria a imputabilidade; o dolo e a culpa seriam seus elementos.

Concepção normativa da culpabilidade

Concebe a culpabilidade como a já referida "censurabilidade da formação da vontade".

Para a doutrina **finalista** que adota uma concepção normativa, a censura de culpabilidade pressupõe a capacidade de culpa (imputabilidade), i.e., que o agente tenha a idade mínima prevista na lei penal e que, ao tempo do fato, tenha higidez biopsíquica necessária à compreensão do injusto e que possa se orientar de acordo com essa compreensão.

Assim, excluem-se da capacidade de culpa os menores e os portadores de perturbação, doença ou debilidades mentais.

Os **elementos de culpabilidade** são:

– consciência potencial da ilicitude (possibilidade, nas circunstâncias, de compreensão do injusto);

– exigibilidade de outra conduta: o poder de evitar, i.e., a inocorrência de uma causa de exculpação.

Mesmo em relação aos imputáveis, excluem-se da censura da culpabilidade os que atuam em estado de erro de proibição inevitável e os que tenham agido diante de situações extraordinárias que lhes hajam reduzido a possibilidade de motivar-se de acordo com a norma (ex.: excesso exculpante de legítima defesa, estado de necessidade exculpante, coação moral irresistível, obediência hierárquica etc.).

A doutrina finalista transferiu o dolo e a culpa em sentido estrito da culpabilidade para o interior do injusto, considerando-os elementos característicos e inseparáveis do comportamento ilícito.

Valorizou-se assim a distinção entre "objeto da valoração" e "valoração do objeto".

O **dolo** como parte da ação e, por isso, elemento do tipo (o tipo é a descrição abstrata da ação) está no objeto da valoração, ao passo que a **culpabilidade**, como censurabilidade, é o especial juízo de valoração (juízo de censura) que irá recair sobre aquele "objeto", i.e., a ação ilícita a seu agente.

O **juízo de culpabilidade** distingue-se do **juízo de ilicitude**.

No **juízo de ilicitude** predominam as características do **fato**.

No **juízo de culpabilidade** predominam as características do **agente**.

Por isso, tanto faz, no furto, o agente ser rico ou pobre.

Tal fato, no entanto, no juízo de culpabilidade, é relevante no nível do juízo de reprovação, pois sobrelevam os pressupostos a partir dos quais cabe responsabilizar, como pessoa, o agente de um comportamento ilícito.

Em um **Direito Penal do fato** a culpabilidade deverá ser a culpabilidade pelo fato singular.

Em qualquer hipótese, o juízo de culpabilidade jurídico-penal, embora considere as características do agente, não deve desligar-se dos limites objetivos do fato, contidos na conduta criminosa, para penetrar no terreno inseguro do julgamento do homem pelo que ele é, pelo seu caráter, pela sua decisão ou condução de vida.

A vinculação da culpabilidade ao fato singular enseja a graduação da censurabilidade em função da gravidade do injusto.

A maior ou menor gravidade da culpabilidade dependerá da maior ou menor gravidade do injusto. Estabelece-se, assim, uma perfeita correspondência entre o injusto e a culpabilidade.

Apesar da inclusão do dolo no tipo de injusto, fala-se de formas de culpabilidade (Wessels). Com os conceitos de dolo e negligência contidos na lei, pode-se falar de duas formas diferenciadas de culpabilidade, nas quais o dolo, no sentido de culpabilidade dolosa, representa o degrau mais elevado e a negligência, no sentido de culpabilidade negligente, o mais diminuto.

O grau da culpabilidade é determinado em concreto, não só pelo caráter doloso ou culposo do ato, mas por outros **elementos subjetivos** (os denominados elementos dos "tipos de culpabilidade": a cobiça, o motivo fútil, torpe ou egoístico, a perversidade e outros), bem como por determinados **elementos objetivos** (a idade, relação de parentesco etc.)

3.3. O injusto típico

§ 9º – A ação humana

Sistema penal: conjunto de normas que proíbem, determinam ou permitem fazer ou não fazer.

Dirigem-se a todos aqueles capazes de realizar a ação proibida ou de omitir a determinada, e que, no caso, tenha o dever de realização ou abstenção do ato.

As **normas proibitivas** correspondem aos delitos de ação (agente faz o que estava proibido).

As **normas preceptivas** correspondem aos delitos de omissão (o agente não faz o que podia e estava obrigado a fazer).

Pode ainda ocorrer a hipótese híbrida de o agente, com o não fazer, contrariar duas normas, uma preceptiva, outra proibitiva, como ocorre nos denominados **delitos comissivos por omissão** (mãe que mata o filho deixando de amamentá-lo).

As **normas permissivas** correspondem às causas de justificação, ou de exclusão de crime (legítima defesa, estado de necessidade).

O fato-crime consiste sempre numa atividade humana, positiva ou negativa, pois a contrariedade do comando da norma, que concretiza a realização de um tipo delitivo, só se estabelece diante da existência de uma ação ou omissão que seja fruto de uma vontade, capaz de orientar-se pelo dever-ser da norma.

Isto se dá porque "o elemento teleológico da norma leva-nos a enxergar nela um fator de motivação do homem" (Comin Kaufmann).

No mundo social, só os seres humanos são capazes de ouvir e de entender as normas, portanto só eles podem cometer crimes (por comissão ou omissão).

Portanto, omissão e comissão são "ação humana" ou "conduta humana".

No Direito Penal a ação e omissão apresentam um aspecto comum relevante: ambas são, em certas circunstâncias, domináveis pela vontade e, por isso, podem ser dirigidas finalisticamente, i.e., podem ser orientadas para a consecução de determinados objetivos.

Por isso Toledo usa como sinônimos "ação", "comportamento" e "conduta".

Assim, (Bettrel) *nullum crimen sine actione* – art. 13 do Código Penal.

Inexiste divergência relevante sobre não haver crime sem ação humana.

O mesmo não acontece em relação ao conceito de **ação**, bastante controvertido.

Existem três tendências doutrinárias:

a) ação como fenômeno causal, materialista;

b) oposta à primeira, concebe a ação como um processo teleológico, orientado para a consecução de fins premeditados;

c) tentando superar as duas primeiras, quer colocar em destaque o momento da relevância social da ação humana.

Teoria causal da ação

Essa corrente considera a ação humana um processo mecânico regido pelas leis da causalidade.

Segundo Lizt, "[...] causa voluntária, mas não impeditiva, de uma modificação do mundo exterior".

Propõe a divisão da ação humana em dois segmentos distintos: de um lado, o "querer interno" do agente; de outro, o "processo causal" visível, isto é, a conduta corporal do agente e o seu "efeito" ou "resultado".

Situava-se no injusto o encadeamento causal externo e na culpabilidade, todos os elementos subjetivos, isto é, os elementos internos, anímicos do agente.

Com o tempo, não se abandonou a ideia da causalidade, mas foi ela substituída por outra mais enriquecida – a causalidade dirigida.

O antigo conceito puramente causal está sepultado na história.

Teoria finalista da ação: Welzel (Hans)

Parte essa doutrina de um conceito ontológico de ação humana.

Considera que o ordenamento jurídico também tem os seus limites: pode ele selecionar e determinar quais os dados da realidade que quer valorar e vincular a certos efeitos (efeitos jurídicos), mas não deve pretender ir além disso, porque não pode modificar os dados da própria realidade, quando valorados e incluídos nos tipos delitivos.

A ciência penal, embora tenha como ponto de partida o tipo delitivo (*Tatbstand*) necessita transcendê-lo para descer à esfera ontológica e, com isso, conseguir corretamente compreender o conteúdo dos conceitos e, igualmente, o das valorações jurídicas.

O resultado dessa descida é a revelação da estrutura "finalista" da ação humana, que não pode ser negada nem modificada pelo Direito ou pelo legislador.

Welzel:

> [...] o Direito não pode ordenar a mulheres que apressem a gravidez, como também não pode proibi-las de terem abortos.
>
> Pode o Direito, porém, ordenar-lhes que se comportem de modo a não facilitar a ocorrência de abortos.
>
> As normas jurídicas não podem, pois, ordenar ou proibir meros processos causais, mas somente atos orientados finalisticamente (ações) ou omissões desses mesmos atos.

Conceito de ação em Welzel: "Ação humana é um exercício de atividade finalística. Ação é, portanto, um acontecimento finalístico (dirigido a um fim), não um acontecimento puramente causal".

Assim é porque o homem, com base no conhecimento causal, que lhe é dado pela experiência, pode prever as possíveis consequências de suas condutas, bem como, e por isso mesmo, estabelecer diferentes **fins** (propor determinados objetivos) e orientar sua atividade para a consecução desses mesmos **fins** e objetivos.

A finalidade é "vidente". A causalidade é "cega".

No **conceito clássico causal** de ação humana, depois de desencadeada, é considerada em seus aspectos externos, numa sequência temporal "cega", de causa e efeito, como algo que se desprendeu do agente para causar modificações no mundo exterior.

No **novo conceito finalista** a ação é considerada, em sentido inverso, como algo que se realiza de modo orientado pelo "fim" (pelo objetivo) antecipado na mente do agente. É uma causalidade dirigida.

Toledo não dá importância ao esforço de se obter um conceito "ontológico" ou "pré-jurídico" da ação.

O que importa é verificar se a noção que se tem do comportamento humano é a que melhor atende às necessidades e exigências da ordem jurídica, o que implica a sua adequação à realidade ético-social existente.

Parece impossível deslocar-se a problemática da ação humana, eminentemente ético-jurídica, de um enfoque global valorativo-normativo.

O Direito, para estender suas malhas para as pedras das árvores, necessita adicionar-lhes alguma utilidade social ou econômica, transformando-as em bens jurídicos susceptíveis de regulação (propriedade pública ou privada).

As coisas do mundo físico, além de preexistentes à ordem jurídica, possuem a sua própria natureza que não pode ser modificada pelo Direito.

Se assim é uma relação ao mundo da natureza, que dizer a respeito da ação humana?

A ação humana surge e se realiza dentro de um sistema ético-social do qual é condição, mas pelo qual é também condicionada.

A ação humana é um fenômeno ético-social e nela se identifica um ponto de vista jurídico, a finalidade, o seu aspecto teleológico, como nota fundamental.

O que há de mais nítido e axiologicamente irredutível no comportamento humano, enquanto fenômeno ético-social, é o estar sempre dirigido para a realização de algo.

É sobre esse finalismo, sobre a capacidade humana de orientar-se na área de sua própria atividade – diferentemente de uma pedra que cai – que se construiu a Moral e o Direito.

Tanto a Moral como o Direito são ciências normativas, i.e., que estabelecem normas de comportamento.

Não se pode traçar regras de conduta para fenômenos causais, não dirigidos, mas só se pode pretender ordenar ou proibir o factível ou o evitável, i.e., ações ou omissões finalisticamente orientadas.

O Direito, por meio de conceitos negativos como os de "caso fortuito", "força maior", "incapacidade" etc., reduz a extensão do conceito de ação.

O conceito de ação fica limitado a certos comportamentos dominados ou domináveis pela vontade. Condutas que tenham coloração teleológica suficiente para apresentarem-se como juridicamente relevantes.

Ação tem significado de influência sobre alguma coisa, qualquer "execução de uma volição".

Nos crimes culposos o ordenamento proíbe ou ordena ações e omissões, sob pena de se cindir o arcabouço do sistema.

Nos crimes culposos há a inobservância de um dever de cuidado ou a violação de uma proibição, o que em si mesmo é uma **conduta voluntária na causa**, portanto finalista.

A exigência de "previsão" ou de "previsibilidade" do resultado, para o delito culposo, constitui alerta para um comportamento bem orientado, de modo a não incorrer o agente na ação ou omissão causadoras de resultados que o Direito quer sejam "finalisticamente" evitados.

Não se deve confundir "domínio da vontade" com "finalidade".

O domínio da vontade é pressuposto da finalidade, permitindo-se variação de graus ou de intensidade do domínio da vontade (*vide* arts. 26, parágrafo único, e 59, CP).

É preciso distinguir os atos impulsivos (a "impulsão") e os movimentos automáticos.

Nos atos impulsivos, a impulsividade é descontrolada por insuficiência das funções de inibição e controle (epilepsia, demência, debilidade mental) e então poderá inexistir uma verdadeira ação finalista; não excluem a predeterminação finalística a paixão, a emoção violenta, pois o agente percorre um complexo *iter criminis*, como que obcecado pelo "objetivo" de eliminar ou destruir a vítima.

São impulsos dirigidos (Welzel).

Os movimentos automáticos, congênitos ou adquiridos pelo hábito podem ser relevantes para o delito culposo, pois se deles resulta um fato "involuntário" (involuntariedade no resultado) o problema desloca-se para o campo da negligência, imprudência ou imperícia, onde encontra solução adequada.

Teoria "social" da ação

Aqui ressalta outra nota essencial do comportamento humano – o aspecto social.

Essa teoria consiste em que, ao decidir-se sobre a tipicidade de uma ação, são considerados não só os aspectos causal e finalístico, mas também o aspecto social.

Trata-se do "comportamento humano socialmente relevante" (Jescheck).

Deve-se entender por comportamento a resposta do homem a exigências situacionais, por meio da concretização da possibilidade de reação que lhe é ensejada pela sua liberdade.

O comportamento humano tanto pode consistir no exercício de uma atividade finalista (finalidade), como pode restringir-se à causação de efeitos domináveis pelo homem (causalidade).

Pode, finalmente, manifestar-se pela simples inatividade diante de uma determinada ação que se espera.

"Socialmente relevante" seria a conduta capaz de afetar o relacionamento do indivíduo com o seu meio social.

A teoria social inclui os conceitos final e causal de ação (Wessels).

O Direito Penal não regula todos os fatos jurídicos. É necessário a construção de um conceito de ação que possibilite a distinção do comportamento relevante para o Direito Penal.

Teoria jurídico-penal da ação

A causalidade dos fenômenos.

Só se pode pretender ordenar ou proibir condutas futuras, mas só se julga comportamentos realizados.

Nesta dupla função o Direito envolve-se na esfera da "possibilidade" que se situa no tempo futuro e com o mundo dos acontecimentos já realizados, que jaz no passado.

Se a ideia de causalidade está em nós e dela nos servimos para transformar-mo-nos em agentes produtores de fatos que o Direito qualifica como crimes, isso só se torna possível pela nossa capacidade de prever e de manipular, provocando e dirigindo, essa mesma causalidade, ou deixando de utilizá-la convenientemente.

Sob o ângulo da imputabilidade, no sentido de atributividade, só podem reconduzir ao homem, por meio de algum nexo de causalidade, fatos de cuja produção tenha ele participado com um mínimo de voluntariedade, não acontecimentos que, como os vendavais, nada pode ser feito para evitar suas consequências.

A **finalidade**, como um "modo de ser" é paradigma do agir humano que, em concreto, ora pode ser pernicioso para a paz social, ora valioso e necessário para a mesma paz social.

Para Toledo, de um ponto de vista jurídico-penal, a **ação** é o comportamento humano, dominado ou dominável pela vontade, dirigido para a lesão ou para a exposição a perigo de um bem jurídico, ou, ainda, para a causação de uma previsível lesão a um bem jurídico.

A definição – discursiva – destaca a ação humana:

a) o comportamento humano, abrangendo ação e omissão;

b) vontade;

c) o "poder-de-outro-modo" – domínio da vontade sobre nosso agir, sem o que não se pode falar de Direito Penal da culpabilidade;

d) o aspecto causal-teleológico do comportamento;

e) a lesão ou exposição a perigo de um bem jurídico.

O nexo de causalidade (art. 13, CP)

Procura-se interrogar por um "vínculo de conhecimento" entre a ação do agente e o resultado por ela produzido.

Teoria da Equivalência ou da *conditio* (art. 11, CP).

Adotou-se a Teoria da Equivalência dos Antecedentes ou da *conditio sine qua non*.

Não distingue entre causa e condição: tudo quanto contribui, *in concreto*, para o resultado, é causa.

Ao agente não deixa de ser imputável o resultado, ainda quando, para a produção deste, se tenha aliado à sua ação ou omissão, uma concausa, i.e., uma outra causa preexistente, concomitante ou superveniente.

Somente quando ocorra uma interrupção de causalidade, ou seja, quando sobrevém uma causa que, sem cooperar propriamente com a ação ou omissão, ou representando uma cadeia causal autônoma, produz, por si só, o evento; é que este não poderá ser atribuído ao agente, a quem, em tal caso, apenas será imputado o evento que se tenha verificado por efeito exclusivo da ação ou omissão.

Quando falamos em causalidade quer-se significar "somente a relação existente entre a ação e o resultado típico" (Baumann).

Causalidade nos crimes de ação e resultado: fez-se a opção (art. 13, CP) pela Teoria da Equivalência das Condições, segundo a qual causa de um fenômeno é a totalidade e cada uma das condições produtoras desse fenômeno, ou a conduta sem a qual "o resultado não teria ocorrido".

Considere-se que os tipos legais de crime são dolosos ou culposos. Fora disso é o campo do caso fortuito ou da força maior, onde não há crime.

Assim, a **causalidade**, ou seja, o elo de ligação entre a ação humana e o evento, não é puramente naturalístico, pois deve ser valorado, aferido conjuntamente com o elemento subjetivo do agente.

A **causalidade relevante** para o Direito Penal é aquela que foi ou, pelo menos, deveria ter sido visualizada, prevista, antecipada em mente pelo agente.

Com isso, o dolo e a culpa limitam, na cadeia causal, que pode ser infinita, o seguimento dessa cadeia relevante para o Direito Penal.

No homicídio, v.g., o fabricante ou o vendedor da arma, se não podiam prever, não respondem por coautoria ou participação, embora a fabricação ou a venda da arma tenha sido a *conditio sine qua non* do resultado. O mesmo ocorre com o fabricante do veículo nos delitos de trânsito.

Assim, onde a causalidade física estiver excluída, não se pode considerar presente um vínculo causal normativo. Exemplo: Caio corta o pulso de Ticio, mas este morre de enfarte, sem ligação com o corte.

No caso, a exclusão da causalidade física afasta a vinculação normativa entre o fato e o agente.

A presença da causalidade física/naturalista pode não ser suficiente para a caracterização da causalidade normativa, de que trata o Direito Penal, como se viu que certos antecedentes causais são excluídos da área de interesse do Direito Penal.

Há delitos em que não se exige qualquer vínculo de causalidade, como os de mera conduta ou de atividade, nos quais o legislador pune a conduta, sem preocupar-se com o resultado.

Assim, nem a negação do nexo causal, nem sua afirmação bastam para acarretar a presença ou a ausência de um crime.

Logo, a Teoria da Causalidade tem aplicação aos delitos materiais, i.e., aqueles para cuja consumação se exige a presença de um resultado. Aqui se indaga da existência de um nexo causal entre a ação do agente e o resultado típico.

Para a teoria da *conditio sine qua non* (art. 13, CP), a causalidade deve reputar-se presente mesmo quando a conduta do agente não seja a última condição do resultado.

Assim, se A e B, com intenção de matar, ministram, separadamente, sem conhecimento recíproco, um da conduta do outro, veneno insuficiente para a morte da vítima, mas ela vem a falecer pela soma das doses ministradas, A e B devem responder por tentativa de homicídio, não por homicídio consumado.

No exemplo uma das doses pode ser considerada causa superveniente relativamente independente, sem potencialidade, por si só, de produzir o resultado (art. 13, § 1º, CP).

Como, entretanto, não poderia ingressar na esfera de conhecimento ou de previsibilidade dos agentes, não deve acarretar-lhes a responsabilidade pela totalidade do resultado. Respondem ambos por tentativa de homicídio.

Exemplo: A desfere vários tiros em B que não morre dos tiros mas de infarto derivado de problemas cardíacos de que A não tinha conhecimento. Se ele soubesse dos problemas cardíacos, talvez fosse condenado pelo consumado e não pelo tentado.

Não afasta o nexo causal a possibilidade de obstar-se o resultado pelo auxílio de terceiros, ou de intervenção médica. Se a vítima morre, embora pudesse ser salva se levada a tempo ao hospital, responde o agente por homicídio consumado.

Trata o Código Penal, no art. 13, § 1º, da causa superveniente relativamente independente, que "por si só" produza o resultado.

Aqui o agente responde pelos fatos anteriores ao início do novo curso causal.

Exemplo: A, ferido mortalmente por B, morre no hospital por substância erroneamente ministrada. A nova causa "por si só" causou a morte.

Considera-se que, sem a ação de A, B não teria sido levado ao hospital ensejando o erro médico, é relativamente indiferente, instaurando um **novo curso causal** em substituição ao primeiro, acarretando a morte por sua exclusiva atuação.

A responderá por tentativa e não homicídio consumado.

Se existe cooperação ou conjugação de causas, i.e., se a causa relativamente independente não produz "por si só" o resultado, responde o agente pelo crime consumado, pois o resultado se insere na linha de desdobramento físico do encadeamento causal.

Se A, levado ao hospital, morre por infecção hospitalar, o curso causal anterior continuou atuando em certa medida, o que não foge da previsibilidade do agente.

Se assim é com a causa relativamente independente, não se pode deixar de considerar excluída a **causa absolutamente independente**, o mais.

Se a vítima de envenenamento vem a morrer por uma queda de viga em sua cabeça, antes que o veneno opere em seu organismo, quem ministrou o veneno responde por tentativa, não por homicídio consumado.

Causalidade nos crimes de omissão

O crime consiste em fazer o que está proibido ou em não fazer o que está determinado por norma preceptiva.

Os crimes de omissão correspondem a esta segunda categoria de infração: o agente não faz o que podia e estava obrigado a fazer.

Crimes omissivos se dividem em duas classes:

Omissivos próprios – são crimes de mera conduta (ex.: omissão de socorro) para cuja configuração se prescinde do nexo causal.

Omissivos impróprios ou comissivos por omissão. Há sempre um resultado em consideração, atribuível à conduta do omitente, surgindo a questão de saber se deve, ou não, exigir algum nexo causal e de que tipo – entre essa conduta omissiva e o resultado.

Os crimes omissivos próprios são necessariamente previstos em tipos específicos (arts. 135, 244, 246, 269 etc.).

Os crimes omissivos impróprios, ao contrário, se inserem na tipificação comum dos crimes de resultado. Exemplo: homicídio, lesão corporal etc. passíveis de serem cometidos por omissão.

O problema da causalidade nos delitos comissivos por omissão perdeu relevância diante do art. 13 do Código Penal, especificando as hipóteses em que esse nexo deva ser reputado presente, a saber:

a) tenha o agente, por lei, obrigação de cuidado, proteção ou vigilância;

b) de outra forma, assumiu a responsabilidade de impedir o resultado;

c) com seu comportamento anterior, criou o risco da ocorrência do resultado.

A omissão terá o mesmo valor penalístico da ação quando o omitente se colocar, por força de um dever jurídico (art. 13, § 2º), na posição de garantidor da não ocorrência do resultado.

Não se trata de um "não fazer" passivo, mas da "não execução de uma certa atividade juridicamente exigida" (Wessels).

A causalidade nos crimes comissivos por omissão não é fática, mas jurídica, consistente em não haver atuado o omitente, **como devia e podia**, para impedir o resultado.

No caso do art. 13, § 2º, "a", cuida-se do dever legal, derivado de norma legal.

O Código Civil impõe aos pais o dever de guarda, criação e educação dos filhos, prestando-lhes alimentos.

A omissão no cumprimento desse dever, quando o omitente podia cumpri-lo, caracteriza o crime omissivo próprio de abandono material (art. 241, CP) ou, se o responsável não diligenciar para obstar o resultado, o crime será comissivo por omissão.

O dever de evitar o resultado é sempre um dever derivado da norma jurídica.

A hipótese da letra "b" refere-se a quem tenha assumido o dever de agir para impedir o resultado. O Código Penal não definiu os modos e casos em que o obrigado assume a posição de "garante".

A posição de garante surge para todo aquele que, por ato voluntário, promessas, veiculação publicitária ou mesmo contratualmente, capta a confiança dos possíveis afetados por resultados perigosos, assumindo, com estes, a título oneroso ou não, a responsabilidade de intervir, quando necessário, para impedir o resultado lesivo. Exemplo: guia, salva-vidas, enfermeiro, médico de plantão em hospitais, organizadores de competições esportivas etc.

A posição de garantidor ou de garante é excepcional, atinge somente quem por lei ou voluntariamente tenha assumido essa responsabilidade.

Não se estende de forma generalizada a quem esteja em condições de prestar socorro, como no crime omissivo próprio de omissão de socorro (art. 135, CP).

Terceira e última hipótese é a do agente que, por seu comportamento anterior, criou o risco do resultado.

Quem produz o perigo, no meio social, tem o dever jurídico de atuar para impedir o resultado danoso.

Quem provoca incêndio ou queimadas está obrigado a intervir para evitar mortes, queimaduras ou danos à propriedade alheia.

Caso se omita, será autor dos crimes que, por sua omissão, lesem aqueles bens jurídicos ante a propagação de incêndio.

A ação precedente, criadora do perigo, pode ser conforme ou contrária ao Direito, culposa ou não. Sua qualificação jurídica é irrelevante.

O omitente, para ser autor de crime comissivo por omissão, deve ter tido a possibilidade de agir para impedir o resultado. Não basta o dever de agir. É preciso que tivesse a possibilidade física de agir, **ainda que com risco para sua pessoa**.

Tipicidade

Ilicitude é a contradição que se estabelece entre a conduta e uma norma jurídica.

Injusto é a própria conduta valorada como antijurídica. É algo que não nos é permitido fazer. O conceito de injusto engloba toda e qualquer ação típica e antijurídica, mesmo que não seja culpável.

Logo, o crime é um injusto culpável.

O injusto é uma conduta ilícita que pode não se aperfeiçoar como um verdadeiro crime, pela ausência da culpabilidade, possui quantidade e qualidade, podendo ser diferenciado qualitativa e quantitativamente.

A ilicitude é sempre a mesma, não ensejando diferenciações materiais ou escalonamentos.

Um homicídio não é mais antijurídico do que uma lesão corporal – inexistem graus de antijuridicidade.

Quanto ao injusto, existe distinção qualitativa e quantitativa entre um homicídio, uma lesão grave, uma leve, um fato doloso e um culposo.

No caso do **erro**, o desconhecimento do injusto não poderia ser confundido com o desconhecimento da lei.

A ilicitude é uma só para o Direito; o mesmo não ocorre com o injusto, que, admitindo gradação qualitativa e quantitativa, pode apresentar-se de modo diverso ou localizado.

Exemplo: nem todo injusto civil ou administrativo será um injusto penal (ocorre geralmente com os fatos culposos).

O injusto penal é um injusto mais concentrado de exigências em comparação com o injusto civil.

Constituem um mesmo momento o juízo de tipicidade e o de antijuridicidade, correspondendo à culpabilidade como juízo de valor, significa a reprovabilidade da ação injusta.

A antijuridicidade não é algo que se acrescenta ao fato através de um juízo de valor.

Antijuridicidade é um elemento do injusto, que só se dá, na esfera penal, enquanto típico.

Isso não quer dizer que se deva confundir o **tipo** com a **antijuridicidade** e renunciar à busca de qualquer distinção conceitual entre esses dois **elementos** do conceito dogmático de crime, pois ambos **se implicam**, mas **não se equivalem**.

Tipo não é mero índice de antijuridicidade, mas um portador de sentido de ilicitude, com função seletiva, i.e., aptidão para distinguir aquelas condutas que, por se apresentarem dignas de castigo, necessitam de julgamento criminal.

Não obstante, as causas de exclusão da ilicitude surgem destacadamente na lei com a mesma técnica legislativa dos tipos legais de crime, os tipos incriminadores e os justificadores.

O juiz primeiro constata a subsunção da conduta concreta ao tipo legal; depois passa à verificação da inexistência de causas de exclusão de ilicitude (elementos negativos do tipo).

O tipo é só uma expressão provisória de ilicitude e se afirma apenas sob reserva da não intervenção de uma causa justificativa.

Toledo aceita o conceito tripartido de crime – ação típica, antijurídica e culpável.

A ilicitude só se revela por inteiro na esfera penal quando:

- o fato está previsto em lei como crime;
- o fato não está autorizado por alguma norma jurídica permissiva (causa de justificação).

O fato típico é sempre antinormativo, mas ainda não antijurídico, porque, apesar de típico, pode ser lícito.

Resumindo:

Tipicidade e ilicitude implicam-se numa relação indissolúvel no interior do injusto, mas conceitualmente não se confundem.

O tipo só pode ser a descrição de condutas proibidas, "tipo de injusto".

A exclusão do injusto pela norma permissiva (causa de justificação ou de exclusão da ilicitude) opera-se no momento da realização do fato justificado; não depois, quando do raciocínio do julgador.

O tipo de injusto está infiltrado pela ilicitude, que lhe dá o verdadeiro conteúdo material; e não contém como elementos negativos, as causas de justificação.

Assim, quem fere outrem em legítima defesa comete ação de ferir um ser humano, mas não pratica um crime de lesões corporais.

O fato já nasce justificado.

Esse raciocínio se reforça na hipótese inversa, quando o fato se realiza sem a presença de qualquer causa de justificação. Aqui a adequação típica já dá o conteúdo da ilicitude do fato não apenas o "juízo condicionado" de ilicitude.

Seria irrealístico supor-se que o juiz, ao julgar o autor de latrocínio, deva buscar alguma causa que exclua a ilicitude do fato que já se revela, em concreto, um ilícito penal.

Tipo legal é um tipo de injusto condicionado, i.e., um tipo legal de crime.

O **tipo de injusto** contém os elementos essenciais do tipo legal, mais a nota da ilicitude.

Tipicidade formal × atipicidade

Tipicidade é uma das notas essenciais do conceito de crime.

Para que uma conduta seja considerada crime é preciso afirmar sua tipicidade, i.e., que tal conduta se ajuste a um tipo legal de crime.

Temos, de um lado, uma conduta da vida real e; de outro, o tipo legal de crime constante da lei penal.

A tipicidade formal consiste na correspondência que possa existir entre a primeira e o segundo (conduta/tipo).

O fato será atípico se não se ajustar a nenhum dos tipos legais existentes.

A tipicidade é um juízo formal de subsunção (mera tipicidade formal) que decorre da "função de garantia" do tipo, para que se observe o princípio da anterioridade da lei penal.

Tipo. Tipo legal. Tipo permissivo

Tipo exprime a ideia de modelo, esquema, forma de separar e agrupar em classes objetos particulares que apresentem algo de comum.

Em Direito Penal classificam-se em tipos algumas formas de comportamento humano. Conceito abstrato elaborado com aquele "algo de comum" que retiramos de uma variedade de entes particulares.

Tipo é uma descrição esquemática de indivíduos, coisas, objetos ou fenômenos.

O Direito Penal trabalha com os tipos e pensa por meio de tipos.

Tipos penais = tipos legais de crime.

Dentro do tipo está a conduta típica, sob o signo da causalidade típica adequada.

A aplicação do Direito Penal constitui a arte de manipulação de tipos.

O tipo penal é um modelo abstrato de comportamento proibido.

É descrição esquemática de uma classe de condutas que possuam características danosas ou ético-socialmente reprovadas, a ponto de serem reputadas intoleráveis pela ordem jurídica.

Concepção material do tipo e sua dupla ordem de valoração: **juízo de desvalor** ético-social que está na própria elaboração do tipo. A **carga valorativa** contida no tipo é que permite a este último desempenhar importante função seletiva sobre as mais variadas formas de comportamento humano, estabelecendo o que é permitido e o que não é no Direito Penal.

O tipo identifica condutas criminosas e descrimina os fatos atípicos; não exclui a ilicitude do fato na esfera extrapenal. Exemplo: dano culposo.

O fato atípico pode ser antijurídico; não pode, todavia, ser um injusto penal (isso revela a precedência da ilicitude).

O tipo é mais do que mero índice de antijuridicidade; é uma visão esquemática do injusto que, em concreto, pode ficar excluído pela incidência de uma norma permissiva ou causa de justificação.

A exclusão da tipicidade – função privativa do juízo de atipicidade – difere da exclusão da ilicitude – função do juízo de ilicitude do fato.

Não se confunde o papel do tipo com o da ilicitude. São momentos cognoscitivos diferentes.

Os tipos são limitados pelos tipos permissivos (causas de justificação).

O **juízo de tipicidade** parte de uma concepção material que veja no tipo algo dotado de conteúdo valorativo, modelo de conduta proibida, não apenas pura imagem formal, diretiva. O conceito de tipo legal deve coincidir com o conceito de tipo injusto.

O tipo legal desempenha função de garantia e função seletiva.

- O que é crime – juízo de tipicidade.
- O que não é crime – juízo de atipicidade.

Modernamente, procura-se atribuir ao tipo, além desse sentido formal, um sentido material.

A conduta, para ser crime, precisa ajustar-se formalmente a um tipo legal de delito. Não se pode ainda falar em tipicidade, sem que a conduta seja, a um só tempo, materialmente lesiva a bens jurídicos, ou ética e socialmente reprovável.

Isso leva à adoção de dois princípios modernos de Direito Penal, o da adequação social e o da insignificância.

Princípio da adequação social

É princípio geral de hermenêutica (Welzel): se o tipo delitivo é um modelo de conduta proibida, não é possível interpretá-lo, em certas situações aparentes, como se estivesse também alcançando condutas lícitas, i.e., socialmente aceitas e adequadas.

Não se deve confundir "adequação social" com "causa de justificação".

Ação socialmente adequada está desde o início excluída do tipo, porque se realiza dentro do âmbito da normalidade social, ao passo que a ação amparada por uma causa de justificação só não é crime, apesar de socialmente inadequada, em razão de uma autorização especial para a realização da ação típica.

A adequação social (chute no futebol) exclui desde logo a conduta em exame no âmbito de incidência do tipo, situando-a entre os comportamentos normalmente permitidos, i.e., atípicos.

Podem as condutas socialmente adequadas não ser modelares, de um ponto de vista ético.

Delas se exige apenas que se situem dentro da moldura do comportamento socialmente permitido ou dentro do quadro da liberdade de ação social – não se pode castigar aquilo que a sociedade considera correto.

Princípio da insignificância

Roxin propôs a regra auxiliar de interpretação segundo a qual se permite, na maioria dos tipos, excluir os danos de pouca importância.

Completa-se com o princípio da adequação social.

Pelo princípio da insignificância, o Direito Penal só vai até onde seja necessário para a proteção do bem jurídico. Não deve ocupar-se de bagatelas (dano, descaminho, peculato, injúria, difamação, calúnia).

O fato penalmente insignificante é excluído da tipicidade penal, mas pode receber tratamento adequado no âmbito cível, administrativo etc., quando assim o exigirem preceitos legais ou regulamentares extrapenais.

Aqui ressalta a anterioridade da ilicitude em relação ao tipo legal de crime.

Variações do conceito de tipo

- tipo em sentido amplo
- o *"Tatbestand"*
- tipo objetivo

- tipo total de injusto
- tipos abertos
- tipos fechados

A noção de "tipo de injusto" se constrói com elementos essenciais do "tipo legal", constantes de lei escrita, mas contém, além desses elementos, a nota de ilicitude do fato.

O tipo de injusto desempenha importante função no juízo de adequação típica (função fundamentadora), restringindo o âmbito de incidência do tipo legal.

Nem tudo que é formalmente típico (= subsumido a um tipo legal) é materialmente típico (= adequado a um tipo de injusto).

Tipo em sentido amplo – "*Tatbestand*"

É empregado ora para exprimir a tipificação legal dos delitos, ora para expressar um sentido complexo de tipo que se subdivide em uma parte objetiva (tipo objetivo), correspondente ou idêntica ao "tipo legal", e em outra parte subjetiva, abrangente do dolo e das intenções ou tendências com ele concorrentes.

O tipo assim entendido é ação antijurídica, legalmente tipificada, abrangente do resultado.

Tipo total de injusto

Concepção do tipo denominada Teoria dos Elementos Negativos do Tipo. Os pressupostos das causas de justificação integram o tipo como elementos negativos (ex.: matar alguém, salvo em legítima defesa).

O tipo total de injusto fundamenta a teoria do erro segundo o qual o erro que recai sobre os pressupostos de uma causa de justificação deve ser tratado como "erro de tipo" ou "erro de proibição".

Chegamos a idêntico resultado considerando "erro do tipo" o que recai sobre os elementos objetivos de um "tipo permissivo".

Tipos fechados – tipos abertos

Na criação dos tipos penais o legislador pode adotar dois critérios.

A descrição completa do modelo de conduta proibida, sem deixar ao intérprete nada além da correspondência entre a conduta concreta e a descrição típica, bem como a inexistência das causas de justificação. Tal critério conduz aos "tipos fechados". Exemplo: art. 121 do Código Penal.

Parte III • Direito Penal   373

O segundo critério consiste na descrição incompleta do modelo de conduta proibida, transferindo-se para o intérprete o encargo de completar o tipo, dentro dos limites e das indicações nele próprio contidas. São os "tipos abertos". Exemplo: crimes culposos, que precisam ser completados pela norma geral que impõe a observância do dever de cuidado.

Tipo legal de crime. Estrutura – tipo fundamental e tipos derivados

Tipo legal de crime – estrutura. Tipos legais (ou tipos incriminadores), parte especial do Código Penal e sua legislação complementar.

Estruturam-se sobre a descrição sintética da conduta proibida que pode ser uma ação ou uma omissão, expressa pelo **verbo**.

Como inexiste ação ou omissão sem o sujeito que age ou omite, prevê-se, na descrição típica, quem pode ser o autor do comportamento proibido.

Em certos casos esse autor é indeterminado, hipótese em que se identifica com o conceito de pessoa humana, como no homicídio (matar alguém).

Em outros, restringe-se o círculo de agentes de forma a limitar-se o número de pessoas que podem cometer o fato tipificado (ex.: prevaricação, art. 319, CP).

Em um **direito penal do fato** a tipificação deve acentuar um comportamento particular, i.e., o "fato do agente", não a pessoa do agente por sua forma de vida.

No roubo (art. 157, CP), pune-se determinada ação de roubar, não a circunstância de alguém ser tido por ladrão contumaz.

Examinados os tipos legais à luz do art. 18 do Código Penal, conclui-se que as condutas tipificadas devem conter a nota da voluntariedade.

Ficam excluídos do tipo todos os fenômenos a respeito dos quais se possa afirmar que o agente deu causa ao resultado típico sem contudo deter o "domínio do fato".

Mesmo nos crimes culposos há voluntariedade na causa.

Os fatos que não puderem ser reconduzidos a alguma forma de vontade do agente, por se apresentarem puramente causais, devem ser reputados atípicos.

Para ser agente de um crime não basta figurar fisicamente na cadeia causal como natureza morta. É preciso contribuir para o resultado como pessoa humana, dotada de vontade, mal utilizada (nos crimes de ação) ou não utilizada (nos crimes de omissão).

Para o aperfeiçoamento do injusto isso é suficiente.

A responsabilidade, ou não, do desempenho da vontade é problema para o juízo de culpabilidade.

Sendo inseparável da ação humana, descrita no tipo, a intencionalidade que a preside, ou o seu finalismo; incluímos igualmente no tipo, dolo, nos crimes, e a negligência, imprudência ou imperícia, nos crimes culposos.

O legislador pode punir uma simples conduta humana, como na prevaricação (art. 319, CP), independentemente dos efeitos externos que possa causar essa mesma conduta.

Pode o legislador punir a conduta que produza certo resultado danoso, como ocorre com o homicídio (art. 121, CP), em que a morte da vítima é o resultado que se liga à conduta do agente.

O resultado precisa estar descrito ou implícito no tipo, o que se obtém com o **verbo** adequado a exprimir a ação que implica resultado (matar, abandonar, subtrair, destruir, alterar etc.).

Disso resultam consequências práticas, seja para o exame da adequação típica de condutas que não chegaram a produzir resultado típico, seja para a configuração de um crime apenas tentado.

Tipo fundamental ou básico e tipos derivados

Tipo fundamental básico é o que nos oferece a imagem mais simples de uma espécie de delito. Dele não se pode extrair qualquer elemento sem que se desfigure a imagem do delito de que ele é a expressão.

Exemplo: art. 121 do Código Penal. Elementos: a) agente ativo, b) a conduta, c) dolo, d) agente passivo, e) resultado, f) nexo de causalidade.

Se fizermos abstração de qualquer um desses elementos essenciais, o fato poderá ser tudo menos homicídio.

Tipos derivados

São os que se formam a partir do tipo fundamental, mediante o destaque de circunstâncias que agravam ou atenuam o último. Se ocorre a agravação, dá-se um tipo qualificado; se a atenuação, tem-se o tipo privilegiado.

O tipo derivado pode constituir-se em uma **figura caudatária** do tipo fundamental, ou em uma **figura autônoma** (delito independente). No primeiro caso, as regras se aplicam a delito básico, aplicam-se também aos crimes qualificados ou privilegiados que dele derivam.

Na figura autônoma, o surgimento de um delito independente faz com que este se coloque fora da incidência daquelas regras. Exemplo: furto qualificado que não se beneficia da diminuição de pena do § 2º do art. 155, aplicável ao tipo fundamental do furto.

Quando a circunstância qualificadora ou atenuadora não altera a substância da conduta descrita no tipo básico, limitando-se o legislador a aduzir ao último características meramente agravadoras ou atenuadoras da pena, é de se concluir pela existência de um tipo agravado ou atenuado.

Denominações mais frequentes das várias espécies de crimes

A partir do conteúdo dos tipos incriminadores, procede-se a uma classificação dos crimes, por espécies.

Crimes comuns: designa aqueles delitos em que o agente do fato pode ser qualquer pessoa, não uma classe determinada de autores.

No Brasil, todo crime que não for de "responsabilidade" será crime "comum" (arts. 52, I e II; 102, I, *b* e *c* etc., CF) o crime de responsabilidade tem o significado de crime funcional – é o crime da função pública.

O tipo legal pode circunscrever ou ampliar os agentes possíveis de um certo delito.

Nos crimes gerais ou comuns o agente é indeterminado, podendo ser qualquer pessoa (ex.: homicídio, roubo, furto etc.).

Nos crimes especiais, o círculo de agentes possíveis fica reduzido àquelas pessoas designadas pelo legislador (ex.: funcionário público, no peculato; militar, nos crimes militares).

Nos crimes especiais, quem não possuir a característica prevista no tipo só pode ser considerado coautor ou partícipe, jamais autor do crime.

Delitos de mão própria são os que só podem ser cometidos por ação direta, pessoal, do agente referido no tipo (ex.: abandono de função, deserção).

Crimes comissivos: tipifica uma ação/atividade positiva. Proíbe-se "fazer" algo (matar, subtrair etc.).

Crimes omissivos: núcleo do tipo é a inatividade do agente. Proíbe-se "não fazer" algo, em contrariedade com o dever jurídico (deixar de prestar socorro, deixar o médico de comunicar à autoridade certas doenças etc.).

Os **crimes omissivos próprios** são de mera atividade (ex.: omissão de socorro).

Os **crimes comissivos por omissão ou omissivos impróprios** são crimes de resultado (ex.: deixar a mãe, propositalmente, de aleitar com o objetivo de matar a criança).

Os **crimes de atividade** são aqueles em que a ação humana esgota a descrição do tipo; a própria ação constitui o ponto final do conteúdo típico.

Em tais crimes, o resultado causal da ação, se existente, não entra em consideração para o juízo de tipicidade, pois o tipo desses delitos encerra, de forma nítida, um desvalor da ação proibida. É o que ocorre com a tentativa e com os delitos de prevaricação e corrupção ativa (arts. 319 e 333, CP).

Crimes materiais ou de resultado são aqueles cuja conduta está relacionada com o resultado previsto no tipo. A inocorrência do resultado impede a consumação do crime.

Tendo em vista o bem jurídico protegido podemos falar de:

– crime de dano – causa lesão efetiva;

– crime de perigo – conduz a uma potencialidade de lesão, realizável ou não, em concreto, que o legislador procura cortar no nascedouro.

Os **crimes de perigo** dividem-se em crimes de perigo concreto e crimes de abstrato ou presumido.

Nos **crimes de perigo concreto** a realização do tipo exige constatação, caso a caso, de perigo real, palpável, mensurável.

Nos **crimes de perigo abstrato**, ao contrário, dispensa-se a constatação, por se tratar de perigo presumido de lesão, como na quadrilha (art. 288, CP), punível, ainda quando a associação de malfeitores não chega a cometer os crimes a que se propunha (ex.: falsificação de papel-moeda, punível mesmo que o dinheiro falso não tenha sido objeto de troca ou circulação).

Os crimes de perigo não se equiparam aos formais.

O crime de perigo é material – pode ser formal do ângulo do resultado final que se quer evitar (ex.: falsificação de papel-moeda). Tal distinção tem importância no caso da tentativa.

Crimes qualificados pelo resultado são crimes materiais (de resultado) que possuem como principal característica a conjunção em seu interior do dolo e da culpa, de modo que o agente atua com dolo em relação ao fato antecedente e culpa quanto ao fato consequente (ex.: lesão corporal seguida de morte – § 3º, art. 129, CP).

Por vezes ocorre culpa no antecedente e dolo no consequente (ex.: homicídio culposo com omissão de socorro – § 4º, art. 121, CP).

Pode ocorrer o dolo no antecedente e dolo no consequente (lesão corporal seguida de perda de membro, deformidade permanente etc.).

Em tais casos, para evitar a responsabilidade objetiva, há de ser exigida, pelo menos, culpa no resultado mais grave (imprudência ou negligência), o que significa ser indispensável, no mínimo, a previsibilidade desse resultado.

Sem essa previsibilidade ocorre o caso fortuito, interrompendo-se o vínculo existente entre a ação e o resultado finalístico mais grave, hipótese em que só poderá o agente responder pelo fato antecedente (art. 19, CP).

A expressão crime qualificado pelo resultado é mais abrangente do que as expressões "crime preterintencional" ou "crime preterdoloso", por alcançar também a hipótese de culpa no antecedente.

Crime simples: é o crime que se identifica com um só tipo legal (lesão corporal).

Crime complexo: é o crime que representa a fusão de mais de um tipo (Ex.: roubo: constrangimento legal – art. 146, CP – mais a subtração – art. 155, CP).

Geralmente os crimes complexos são pluriofensivos por lesarem ou exporem a perigo de lesão mais de um bem jurídico tutelado.

O roubo atinge a liberdade e o patrimônio.

A tentativa nos crimes complexos

Assim, exemplificando, X mata a vítima para roubar, mas não consegue subtrair a coisa. O roubo é tentado ou consumado? Segundo o STF, é consumado (HC nº 73.597).

Crime instantâneo: possui como objeto jurídico bens destrutíveis (furto, injúria).

Crimes permanentes: aqueles cuja consumação, pela natureza do bem jurídico ofendido, pode protrair-se no tempo, detendo o agente o poder de fazer cessar o estado antijurídico por ele realizado. O momento consumativo é uma situação duradoura, cujo início não coincide com o de sua cessação (sequestro, cárcere privado, usurpação de função pública).

Crimes instantâneos de efeitos permanentes: são aqueles em que não a conduta do agente, mas apenas o resultado da ação é permanente (ex.: homicídio).

Tipo derivado: é o que se forma a partir do tipo fundamental mediante o acréscimo de circunstância que exprime uma agravação ou uma atenuação do conteúdo do injusto ou da culpabilidade do delito-base.

Quando o tipo derivado constitui modalidade agravada, o crime por ele modelado denomina-se **qualificado** (ex.: homicídio qualificado pela traição ou emboscada – art. 121, § 2º, IV, CP).

Se, ao contrário, constitui modalidade atenuada, o crime se diz **privilegiado** (ex.: homicídio privilegiado pelo motivo de relevante valor social ou moral – art. 121, § 1º, CP).

Tais variantes do delito-base podem adquirir um aspecto de total independência do delito de que derivam, constituindo um **delito autônomo** (ex.: infanticídio – art. 123, CP).

Tipo delitivo é congruente quando existe uma coincidência entre as suas partes subjetiva e objetiva (entre o dolo e o acontecimento objetivo).

Para a realização do **tipo congruente** (ex.: homicídio e apropriação indébita) é necessário e suficiente que o tipo objetivo – o acontecimento – se mantenha dentro da imagem da representação e vontade abrangida pelo dolo – o tipo subjetivo.

Há tipos estruturalmente **incongruentes** quando a lei estende o tipo subjetivo além do objetivo. Ocorre no rapto (art. 219, CP), para cuja consumação basta que o "fim libidinoso" esteja na intenção do agente, não necessitando concretizar-se em atos no mundo exterior.

Ocorre **defeito de congruência** quando a lei restringe o tipo subjetivo frente ao objetivo (delitos qualificados pelo resultado, nos quais o dolo vai até o resultado parcial – o *minus delictum*), ou quando, no caso concreto, falta a coincidência, exigida pelo tipo legal, entre a parte subjetiva e a objetiva (caso da tentativa).

Denominam-se **delitos de intenção** ou de tendência interna transcendente, aqueles em que o agente quer e persegue um resultado que não necessita ser alcançado de fato para a consumação do crime (tipos incongruentes).

Dividem-se em:

Delitos de resultado cortado: o agente espera que o resultado externo, querido e perseguido – e que se situa fora do tipo – se produza sem a sua intervenção direta (ex.: extorsão mediante sequestro – art. 159, CP –; crime no qual a vantagem desejada não precisa concretizar-se, mas se vier a concretizar-se será por ato de outrem).

Delitos mutilados de dois atos: o agente quer alcançar, por ato próprio, o resultado fora do tipo (ex.: falsificação de moeda – art. 289 – que supõe intenção de uso ou de introdução na circulação do dinheiro falsificado).

Delitos de fato permanente: deixam vestígios depois de si.

Delitos de fato transeunte: não deixam vestígio presente, bastam conjecturas legítimas para formarem o corpo de delito.

Crime de ação violenta: delito para cuja execução o agente emprega a força bruta ou a grave ameaça, conjugadamente ou não com armas ou instrumentos para matar, ferir ou subjugar pessoas (ex.: crimes de sangue, estupro, atentado violento ao pudor, roubo etc.).

Crimes de ação astuciosa: são aqueles em que o agente executa o crime por estratagemas bem engendrados e ardilosos (ex.: furto, estelionato, apropriação indébita etc.).

Tipo legal de crime – Elementos. Elementos objetivos e subjetivos. Elementos normativos. Elementos estranhos ao tipo. Condições de punibilidade e de procedibilidade. Escusas absolutórias ou causas pessoais de exclusão de pena

O **tipo delitivo**, como expressão esquemática de uma ação ilícita, contém:

a) a proibição da conduta descrita, i.e., o elemento valorativo que revela seu conteúdo material, bem como atua como limite da adequação típica, posto que as ações ou omissões ético-socialmente permitidas não podem estar abrangidos por um modelo de conduta proibida;

b) descrição da conduta proibida, i.e., aspecto fático sobre o qual incide a valoração e a proibição da norma.

Tal aspecto fático compõe-se de elementos objetivos e subjetivos.

A proibição não vem expressa no tipo por meio de um preceito normativo direto (não deves matar...), mas está normada no tipo que a implica, constituindo-se num signo de funções múltiplas.

O signo, modelo de conduta punível, tem função de garantia e fundamentadora, bem como possui função pedagógica, posto que se apresenta como algo revelado pelo legislador para que todos possam conhecer o dever de não matar, não furtar etc. imposto pelo Estado.

Para Binding o comportamento criminoso não transgride a lei penal, por ajustar-se ao tipo legal de crime, mas sim transgride o mandamento normativo subjacente no tipo.

Daí a diferença entre desconhecimento da norma e desconhecimento da lei penal.

Na descrição da conduta proibida o tipo abrange ou pode abranger: o sujeito ativo e o passivo da ação, a ação com seus elementos subjetivos e objetivos, o objeto da ação, o resultado e a relação de causalidade.

Elementos objetivos

Representam todas as circunstâncias da ação típica que não pertençam ao psiquismo, ao mundo anímico do agente.

São objetivos porque são independentes do sujeito do agente e que podem ser constatadas por outras pessoas que não o agente.

São objetivos todos aqueles elementos que devem ser alcançados pelo dolo do agente.

Elementos objetivos descritivos

São os que exprimem juízos de realidade, i.e., fenômenos ou coisas apreensíveis diretamente pelo intérprete (ex.: matar, coisa, filho, mulher etc.).

Elementos objetivos normativos

São os constituídos por termos ou expressões que só adquirem sentido quando completados por um juízo de valor (ex.: coisa alheia, propriedade, funcionário público, mulher honesta etc.) ou emitido pelo próprio intérprete (ex.: dignidade, decoro, reputação etc.).

Elementos subjetivos

São os fenômenos anímicos do agente, i.e., o dolo, especiais motivos, tendências e intenções.

Atualmente, não se questiona sobre a existência de elementos subjetivos nos delitos de intenção (ex.: o ânimo de lucro indevido, na extorsão – art. 158, CP) e em todas as formas de tentativa punível.

O que ainda se discute é se o dolo deve estar incluído ou não no tipo.

Para Francisco Toledo, o dolo deve estar incluído no tipo.

Como se constata dos arts. 20 e 21 do Código Penal, que tratam do erro, fica clara a localização do dolo no interior do injusto.

Assim, o que distingue os tipos dolosos dos tipos culposos é que nos primeiros há a presença do dolo e nos segundos a negligência, imprudência ou imperícia.

Situar o dolo e a culpa na culpabilidade impede falar-se em tipos dolosos e culposos, posto que as condutas só poderiam distinguir-se em momento posterior ao juízo de tipificação, i.e., quando do exame da culpabilidade.

Isso implicaria que o reconhecimento da inexistência de crime culposo, por ausência de previsão legal, só poderia ser proclamado na sentença que absolvesse o réu.

Como se sabe, o Judiciário não receberia uma denúncia que descrevesse um furto culposo não descrito em lei (ex.: alguém que, por equívoco, mas por negligência, apanhasse objeto alheio e levasse para casa).

Tal decisão se impõe diante do parágrafo único do art. 18 do Código Penal: "salvo nos casos expressos em lei" (= salvo previsão legal de um tipo culposo), todos os tipos legais de crime são dolosos (= contêm o dolo).

Inexistindo previsão legal de furto culposo, faltaria possibilidade jurídica do pedido, nos termos do art. 43, I e II, do Código de Processo Penal.

Condições objetivas de punibilidade e condições de procedibilidade ou de perseguibilidade

Autores como Nelson Hungria entendem que as condições de punibilidade sejam alcançados pelo dolo ou culpabilidade do agente, tornando-se difícil evitar uma responsabilidade objetiva, o que se dá pela transformação de um elemento objetivo do tipo (o resultado) em meras condições de punibilidade.

Tal posição não se coaduna com um sistema penal baseado no princípio da culpabilidade.

Mesmo para aqueles que consideram as condições objetivas de punibilidade como elementos constitutivos do crime (Fragoso), fica difícil erigir condição para a punição do crime falimentar deixar de admitir um conceito de tipo em sentido amplo, abrangente da totalidade dos pressupostos da punibilidade, representando um retorno à antiga noção do tipo, de origem processual equivalente ao *corpus delicti*.

Assim, o exame dos casos apresentados para justificar a existência das mencionadas condições, representa, em verdade, condições de procedibilidade (condições específicas da ação penal). Os demais, ou são características da conduta típica, portanto elementos do tipo; ou dizem respeito ao resultado, também elementos objetivos do tipo.

Nos casos por exemplo de falência ou de bigamia, o que fica suspenso não é o crime ou a tipicidade da conduta, mas sim o exercício da ação penal.

Escusas absolutórias e causas pessoais de exclusão de pena

Toledo não inclui as escusas absolutórias na categoria de condição de punibilidade ou de procedibilidade. São antes causas de exclusão de pena que operam em benefício de agentes ligados geralmente à vítima por vínculo de parentesco (ex.: arts. 181 e 348, § 2º, CP), ou por outra circunstância que o legislador queria instituir, por razões de política criminal.

Nesse caso, o crime subsiste, tanto que delas não podem valer-se os coautores que não apresentam as características personalíssimas do tipo de agente beneficiado pela norma legal (cônjuge, ascendente, descendente etc.).

Wessels distingue as **causas pessoais de exclusão de pena** das **causas pessoais de extinção de pena**.

As primeiras são circunstâncias legalmente reguladas que, de antemão, conduzem à impunibilidade e que devem ter se constituído no momento em que o fato é cometido (ex.: relação de parentesco).

As segundas são circunstâncias que só ocorrem depois do cometimento do fato e que impedem novamente, de modo retroativo, a punibilidade já fundamentada (ex.: desistência voluntária e arrependimento eficaz).

Tais causas, por se situarem fora do tipo, não precisam ser abrangidas pelo dolo do agente, quando do cometimento do fato.

Assim, o filho que, equivocadamente, furta coisa pertencente ao pai, por desconhecer esta circunstância, beneficia-se com a isenção de pena do art. 181 do Código Penal.

Ilicitude
A questão terminológica e a reforma penal

Toledo destaca a inadequação do termo "antijuridicidade" em lugar de ilicitude, posto que se trata de equívoco se atribuir ao delito, fenômeno jurídico, o caráter de algo antijurídico. Não se pode considerar que o delito seja um fato ou um ato jurídico e, ao mesmo tempo, um ato ou fato antijurídico.

A inclusão do delito no gênero dos fatos jurídicos é constatação óbvia de que o crime é uma criação do direito positivo (*nullum crimen sine lege*).

Delito é um fato juridicamente qualificado, um evento ao qual as normas jurídicas já atribuíram determinadas consequências, configurando-o e tipificando-o objetivamente.

O delito é um fato jurídico classificado entre os atos ilícitos. Pode-se a ele atribuir, dessa forma, a ilicitude (*vide* arts. 21 e 23, CP).

Assim, ilícito é o fato que contraria o ordenamento jurídico e ilicitude é a contradição entre a realização do tipo de uma norma proibitiva e o ordenamento jurídico como um todo.

Ilicitude formal e material. Conceito de ilicitude

Ilicitude é algo que se afirma do fato típico penal, diante da ordem jurídica.

A ilicitude é uma relação de propriedade que se atribui ao fato típico penal.

O termo "ilicitude" exprime a ideia de contradição, de antagonismo, de oposição ao Direito.

Um fato humano será ilícito sempre que se apresente em oposição à ordem jurídica, estabelecendo com esta uma relação de contraposição.

Tal ocorre tanto no fazer proibido como no não fazer o determinado pelo ordenamento.

A ilicitude penal é a propriedade de certos comportamentos humanos, seja sob a forma de ação, seja sob a forma de omissão, de se oporem à ordem jurídica.

Em nosso sistema vige o princípio *permittitur quod non prohibetur*, o círculo dos atos ilícitos é bem mais reduzido do que o dos atos lícitos.

Fazem parte dos atos lícitos todas as ações ou omissões ordenadas, toleradas ou apenas não expressamente vedadas pelo Direito, mesmo quando não ajustadas a rigorosos conceitos éticos (honradez, lealdade etc.).

Pertencem à esfera dos atos ilícitos os comportamentos comissivos ou omissivos portadores de um conteúdo antagônico ao "dever ser" da norma jurídica.

A **ilicitude formal** tem sido entendida como a relação de contrariedade entre o fato e a norma jurídica.

A **ilicitude material** leva, ainda, em consideração, a lesão ao bem jurídico protegido pela norma respectiva.

Seria ela ponto de referência para a criação de tipos legais e sua aplicação ao caso concreto, para a graduação do injusto e sua influência na dosimetria da pena e para a interpretação teleológica dos tipos.

Outra consequência da ilicitude material seria a possibilidade de admissão de causas supralegais de justificação, com base na ponderação de bens.

Concepção unitária

Há uma corrente que considera a distinção dispensável, adotada por Toledo.

Um comportamento humano antagônico com a ordem jurídica lesa bens jurídicos tutelados. Assim, a ilicitude só pode ser uma, i.e., aquela que se quer denominar de **material**.

Ilicitude, na definição de Toledo, é a relação de antagonismo que se estabelece entre uma conduta humana voluntária e o ordenamento jurídico, de modo a causar lesão ou expor a perigo de lesão um bem jurídico tutelado.

A **ilicitude** só poderá referir-se à ação humana. A contrariedade ao Direito se caracterizará por dois **pressupostos**:

primeiro: a existência de uma conduta voluntária na origem, positiva (ação) ou negativa (omissão), em antagonismo com o comando normativo (fazer o que está vedado ou não fazer o que está determinado);

segundo: a existência concomitante de possíveis ou reais consequências danosas, sobre o meio social, dessa mesma forma de conduta (lesão real ou potencial ao bem jurídico tutelado).

O primeiro pressuposto – conduta voluntária na origem – exclui da área do juízo de ilicitude os fenômenos puramente causais, inevitáveis, ocorridos sem qualquer interferência da vontade humana, i.e., puro resultado físico.

Somente as condutas dolosas, ou no mínimo culposas, nas quais a vontade está presente (nas dolosas a vontade vai até o resultado típico e nas culposas a vontade só alcança até a causa desse resultado), serão passíveis de se submeterem ao juízo de ilicitude.

Consequência da visão finalista do tipo, que nele inclui o dolo e a negligência, é a afirmação de que a ilicitude do delito será, necessariamente e sempre, uma ilicitude típica.

O tipo conterá um juízo de ilicitude condicionado. O injusto, a ação típica e ilícita.

O crime será um injusto culpável = ação típica, ilícita e culpável.

O segundo pressuposto – lesão ou perigo de lesão a um bem jurídico tutelado – revela o conteúdo material da ilicitude, que deixa de ser um conceito puramente formal, a mera infração de um dever.

Dentro dessa concepção material constroem-se causas supralegais de justificação, ao lado das causas legais, como por exemplo, o consentimento do ofendido, lesões em práticas desportivas, aceitação generalizada, lesões insignificantes ficarão excluídas do tipo de injusto (exclusão de tipicidade).

E desse intercâmbio entre o tipo e a ilicitude, no interior do conceito de injusto, que os unifica, surgirá um renovado Direito Penal.

Por fim, a ilicitude na área penal não se limitará à **ilicitude típica**, i.e., à ilicitude do delito; será sempre típica.

Um exemplo de ilicitude atípica pode ser encontrada na exigência da ilicitude da agressão ("agressão injusta"/"agressão ilícita") na legítima defesa.

A agressão que autoriza a reação defensiva na legítima defesa não precisa ser um fato previsto como crime, i.e., não precisa ser um ilícito penal, mas deverá ser,

Parte III • Direito Penal   385

no mínimo, um ato ilícito, em sentido amplo, por inexistir legítima defesa contra atos lícitos.

A ilicitude possui mais de uma função no Direito Penal: ora atua como elemento geral e estrutural de todo delito, com função delimitadora do ilícito penal; ora caracteriza o ato ilícito, em sentido amplo, penetrando na esfera penal para aí produzir efeitos distintos e atuar como fator de identificação daquelas lesões a bens jurídicos que podem ser legitimamente repelidas pela reação defensiva e daquelas outras que estamos obrigados a suportar, contra as quais nada podemos fazer.

Ilicitude penal e extrapenal

A ilicitude penal não se restringe ao Direito Penal: projeta-se para todo o Direito.

Welzel define ilicitude como sendo a contradição da realidade do tipo de uma norma proibitiva com o ordenamento jurídico como um todo.

Um fato ilícito penal não pode deixar de ser ilícito em outras áreas do Direito.

Não se confunde injusto com ilicitude. O injusto, por exigir também tipicidade, pode apresentar-se localizado em determinada área do Direito (ilícito civil, administrativo etc.).

Apenas o injusto típico penal não dispensa a nota da contrariedade com o ordenamento jurídico total, pelo que não pode deixar de ser um ilícito global.

Assim, um ilícito civil ou administrativo pode não ser um ilícito penal, mas a recíproca não é verdadeira.

Do mesmo modo, o que é civilmente lícito não pode ser, ao mesmo tempo, punido e proibido na esfera penal mais concentrada de exigências quanto à ilicitude.

Causas de exclusão da ilicitude

Tipo e ilicitude. As causas justificativas e a reforma penal. Causas legais e supralegais

O tipo legal é um portador da ilicitude penal, dotado de conteúdo material e de função seletiva (ilicitude típica).

Os tipos incriminadores servem para fundamentar o juízo de tipicidade de certos comportamentos humanos, juízo que se constitui também em juízo condicionado de ilicitude.

Trata-se de função de garantia, vinculada ao princípio da reserva legal, e serve para fundamentar o juízo de atipicidade da maioria dos comportamentos humanos.

Este juízo de licitude penal é definitivo no âmbito do exame da tipicidade do fato.

Se alguém, por imprudência, causa danos a outrem, tal dano culposo não configurará a figura do art. 163 do Código Penal, por ela não contemplar a modalidade culposa, permitindo o juízo de atipicidade do ato; devendo, por conseguinte, encontrar remédio na área do Direito Civil.

A ilicitude penal é uma ilicitude típica, inseparável do tipo legal de crime, i.e., não há ilicitude penal sem a tipicidade legal do fato.

Onde houver essa tipicidade há ilicitude que se condiciona à não ocorrência de uma causa de justificação.

O tipo legal de crime é um verdadeiro tipo de delito, um modelo de ato ilícito penal, com aptidão para separar os fatos penalmente lícitos dos que não o são.

Se os tipos incriminadores não possuíssem essa função seletiva, pouco restaria do princípio da reserva legal, pois dentro do tipo indiciador caberia, por exemplo, uma lesão corporal tanto por uma facada, quanto pelo bisturi médico; ou o hematoma do soco do inimigo e do lutador de boxe.

Disso resulta a aptidão seletiva dos tipos. A questão se resolve no plano da atipicidade.

Dessa forma, na concepção material sustentada por Toledo, bastam a adequação social e a difundida noção de atipicidade dessas espécies de lesões corporais para caracterizar a sua ilicitude, salvo se algum fato novo e significativo introduzir-se no quadro dos acontecimentos para alterar-lhes a fisionomia.

Inobstante a afirmação positiva da tipicidade do fato, em alguns casos, poderá não significar um juízo definitivo de ilicitude desse fato, pois se incidir alguma **causa excludente de ilicitude**, o fato, embora aparentemente típico, não será um crime, mas um lícito penal.

Se alguém atira e mata outrem, mas fica provado que foi em legítima defesa, não haverá crime de homicídio.

O juízo de atipicidade é um juízo definitivo de licitude penal, ao passo que o de tipicidade é um juízo condicionado.

Onde houver uma causa de justificação, já suficientemente caracterizada, faltará uma condição da ação penal, pois se o fato narrado na denúncia (art. 41, CPP) não constituir crime, fica autorizado o arquivamento ou a rejeição da denúncia ou queixa pelo juiz (art. 43, I, CPP).

Concluindo:

- a ilicitude penal exprime-se por meio dos tipos, i.e., é uma ilicitude típica;

- na técnica penal, o momento da exclusão da ilicitude está no juízo de atipicidade do fato imputado ao agente;
- as causas de justificação constituem um segundo modo de constatação da exclusão da ilicitude, quando a aparente tipicidade do fato imputado não tenha permitido anteriormente uma solução definitiva;
- serão consideradas causa de exclusão:
  · estado de necessidade;
  · legítima defesa;
  · estrito cumprimento do dever legal;
  · exercício regular de direito.

Quanto às causas supralegais de exclusão da ilicitude, embora ausentes na reforma de 1984, isso não deve levar à conclusão do caráter exaustivo das causas legais de justificação ou normas permissivas.

Tem-se admitido como excludente da ilicitude o consentimento expresso do ofendido, em relação a danos que atingem bens plenamente disponíveis.

Note-se que se cuida de consentimento justificante, i.e., aquele que se impõe de fora para a exclusão da ilicitude, não ao consentimento que exclui a adequação típica, quando a própria norma incriminadora pressuponha o dissenso da vítima (ex.: invasão de domicílio), ou quando o consentimento seja elemento essencial do tipo (ex.: rapto consensual).

A terminologia. Elementos objetivos e subjetivos

As causas de exclusão da ilicitude são também denominadas **causas de exclusão da antijuridicidade, causas de justificação** ou **justificativas, causas de exclusão de crime, descriminantes, eximentes, tipos permissivos.**

Para Toledo as causas de exclusão de ilicitude possuem elementos objetivos e subjetivos.

Juarez Tavares discorda desse posicionamento, defendendo o caráter puramente objetivo das causas de justificação, para as quais não se exigiria qualquer orientação de ânimo do agente em relação ao fato justificado.

Exemplo: médico, com intenção de lucro criminoso, provoca aborto sem verificação do estado de saúde da paciente; não poderá valer-se da causa prevista no art. 128, I, do Código Penal, sob a alegação de que constatara, posteriormente, que a gestante não poderia, de qualquer modo, suportar o prosseguimento da gravidez sem expor-se a grave perigo de vida.

Aqui, embora pudessem estar presentes os elementos objetivos do estado de necessidade, faltou seu elemento subjetivo, i.e., o intuito de salvar a gestante.

Toledo cita Maurach, dizendo que há impossibilidade de reconhecimento de uma causa de justificação quando:

a) o agente não tenha querido atuar juridicamente, mesmo que por mero acaso realize com seu ato um resultado valioso;

b) o agente tenha querido atuar conforme ao Direito, mas o resultado de seu ato seja desaprovado pela ordem jurídica.

O estado de necessidade

É a situação de perigo atual, para interesses legítimos, que só pode ser afastada por meio da lesão de interesses de outrem, igualmente legítimos.

Na legítima defesa há sempre uma opção pela prevalência do interesse legítimo que se opõe a uma agressão ilícita. O conflito se decide contra o ilícito.

Ambos os casos possuem o caráter de uma agressão autorizada a bens jurídicos, com a diferença de que no estado de necessidade ocorre uma ação predominantemente agressiva com aspectos defensivos, ao passo que na legítima defesa se dá uma ação predominantemente defensiva com aspectos agressivos.

Estado de necessidade defensivo ocorre quando o ato necessário se dirige contra a coisa de que promana o perigo para o bem jurídico defendido. Exemplo: quem é atacado por cão alheio mata o animal agressor; para apagar um incêndio, derruba árvores em terreno alheio.

Estado de necessidade agressivo é aquele em que o ato necessário se dirige contra coisa diversa daquela de que promana o perigo para o bem jurídico defendido. Exemplo: para prestar socorro a um doente grave, toma veículo alheio sem autorização do dono; quem, perdido em local ermo, comete furto de víveres para saciar a fome.

Estado de necessidade justificante e estado de necessidade exculpante. Teoria unitária e teoria diferenciadora

O estado de necessidade está entre as causas de justificação. Exclui, pois, a **antijuridicidade** do fato (arts. 23, I, e 24, CP). É o estado de necessidade justificante.

Em doutrina, fala-se de estado de necessidade que exclui a **culpabilidade**, o estado de necessidade exculpante.

Parte III • Direito Penal

O **estado de necessidade justificante** se configura quando o agente comete o ato para afastar, de si ou de outrem, perigo inevitável para a vida, para o corpo, liberdade, honra, propriedade ou para outro bem jurídico, se, na ponderação dos interesses conflitantes, o interesse protegido sobrepujar sensivelmente aquele que foi sacrificado pelo ato necessário.

O **estado de necessidade exculpante** se verifica quando o agente realiza uma ação ilícita para afastar de si ou de quem lhe é próximo, perigo não evitável, por outro modo, para o corpo, para a vida, liberdade, excluída a hipótese em que o mesmo agente esteja obrigado, por uma especial relação jurídica, a suportar tal perigo e também a de que este último tenha sido por ele provocado. Aqui se revela um quadro de inexigibilidade de outra conduta.

Toledo afirma o reconhecimento da **teoria diferenciada**: por vezes o estado de necessidade exclui a **ilicitude** (sacrifício de valores menores para salvar maiores), outras vezes exclui a **culpa** (casos de valores iguais aos que se salvam, ou mesmo de valores maiores, quando do agente não era exigível outro comportamento).

No estado necessário, dentro do qual o bem mais valioso foi sacrificado, poderá traduzir uma situação de inexigibilidade de outra conduta que se reputa causa de exclusão da culpabilidade.

Admite Toledo o estado de necessidade exculpante, como causa extralegal de exclusão de culpabilidade.

Estado de necessidade justificante. Requisitos. Conceito de perigo atual e dano. Provocação dolosa e culposa do perigo. Inevitabilidade da lesão. Conflito de bens e deveres

O estado de necessidade justificante exclui a licitude do fato. Está regulado nos arts. 23, I, 24 e parágrafos, 128, I, 146, § 3º, todos do Código Penal.

Segundo Toledo, pode ocorrer na hipótese de sacrifício de bem de menor valor ou de sacrifício de bem de igual valor.

Não se pode estabelecer preferências ou predominâncias entre bens fundamentais iguais. No entrechoque de vida contra vida há o reconhecimento de igual direito a dois sujeitos de direito colocados em uma situação de conflito que não elegeram, não provocaram e nem podem evitar.

No estado de necessidade, não se trata de contrapor à força de um o direito do outro, mas antes o direito de um ao direito do outro.

O Código Penal, no art. 23, I, diz não haver crime – excluindo-se a ilicitude do fato – quando o agente pratica o fato "em estado de necessidade". O art. 24 traz a definição de estado de necessidade.

São requisitos do estado de necessidade justificante:

a) o **perigo de lesão** a um bem jurídico;

Esse perigo deve ser atual e não pode ter sido voluntariamente provocado pelo agente do fato necessário. Há que resultar de um caso fortuito ou força maior.

Assim, por exemplo, quem provoca voluntariamente um incêndio, não pode legitimamente ferir um semelhante na disputa da fuga para salvar-se, ainda que essa seja sua única esperança de salvação.

O mesmo ocorre com quem tenha o dever legal de enfrentar o perigo (ex.: bombeiros).

b) **inevitabilidade da lesão ao bem de outrem**;

Na situação de conflito entre bens juridicamente protegidos, o sacrifício de um deles somente está autorizado quando a salvação do outro só possa fazer-se à custa desse sacrifício.

Se houver alguma possibilidade razoável de salvação de bem ameaçado, de modo que evite ou reduza o dano a bem de outrem, a inevitabilidade do dano causado, ou do dano maior, desaparece.

c) **conflito entre bens reconhecidos e protegidos pela ordem jurídica**;

No estado de necessidade não podem prevalecer, sobre direitos protegidos, vícios ou práticas desvaliosas.

d) **balanceamento de bens e deveres em conflito**;

Identificar no bem sacrificado valor igual ou inferior ao do bem defendido.

Afasta-se qualquer possibilidade de justificação do sacrifício do bem maior para salvação do menor, transferindo-se, neste caso, a solução para o juízo de culpabilidade.

e) **elemento subjetivo do agente**;

É a orientação de ânimo no sentido de salvar o bem ameaçado.

f) **Perigo. Perigo atual ou iminente. Dano.**

Perigo é a probabilidade de dano. Perigo atual ou iminente é o que está prestes a concretizar-se em um dano, segundo um juízo de previsão mais ou menos seguro.

Se o dano já ocorreu, o perigo perde a característica de atualidade.

Se existe a mera possibilidade de dano futuro, ainda incerto, o perigo deixa de ser iminente.

Dano (detrimento, perda, lesão) não é o mesmo que prejuízo.

O **dano** pode ou não estar acompanhado do **prejuízo**.

O **dano** como lesão real ou potencial a bens jurídicos está sempre presente em todo fato criminoso.

O **prejuízo**, como perda quantitativa ou qualitativa de algum bem, pode não ocorrer em certos crimes (crimes de mera conduta, tentados etc.), estando presente em outros crimes (ex.: consumados, contra o patrimônio).

O perigo, além de atual (ou iminente) não deve ter sido voluntariamente provocado pelo agente (art. 24, CP), conforme já destacado.

Disso não se pode concluir que só o ato doloso, não o culposo, afasta o estado de necessidade. Não se confundem "provocação de perigo" e "provocação de resultado".

Quem provoca um perigo conscientemente, age "por sua vontade" (ex.: engenheiro que explode uma mina) e, em princípio, atua licitamente, mas pode causar resultados danosos por negligência e, assim, culposos.

Neste caso a conduta é culposa no resultado, a despeito de ter sido provocado por ato voluntário do agente. A vontade está igualmente presente na culpa *stricto sensu* (vontade na causa de um resultado não querido).

Na culpa *stricto sensu* também existe vontade na ação causal e, por exceção, até no próprio resultado.

Para Toledo, o perigo culposo impede o estado de necessidade. A ordem jurídica não autoriza sacrifício de um direito, beneficiando quem já atuou contra ela, praticando um ilícito, que pode até ser crime.

Inevitabilidade da lesão. Inevitável é a lesão necessária, na medida da sua necessidade para salvar o bem ameaçado.

A lesão menor, quando suficiente para afastar o perigo, afasta o caráter justificante da lesão maior, que se reputa excessiva porque desnecessária.

Onde bastava a lesão corporal e houve morte, o fato não se considera justificado pelo estado de necessidade.

No caso, há que se pesquisar a natureza do excesso que pode ser doloso, culposo (art. 23, parágrafo único, CP) ou escusável se decorrer de perturbação, medo ou susto.

Conflito de bens. O estado de necessidade pressupõe conflito entre bens e interesses legítimos. Se um dos interesses em conflito não é legítimo, desaparece a possibilidade de sua defesa e, com isso, o estado de necessidade.

Todos os direitos são defensáveis (vida, honra, patrimônio), sejam próprios ou alheios, exista ou não parentesco entre o agente e o titular do bem.

Quando se trate de bens disponíveis, a intervenção de terceiros não pode prescindir da aquiescência do titular do direito exposto a perigo de lesão, pois, nesse caso, o titular do direito pode preferir suportar o dano.

Ponderação de bens e deveres. O bem de maior valor prefere ao de menor valor. Não há critérios milimétricos para o balanceamento dos bens em conflito.

A lei fala em sacrifício "não razoável". O princípio da razoabilidade preside a opção.

Os princípios são os mesmos na colisão de deveres. Assim, o médico, para evitar o contágio de doenças ou um crime iminente, pode quebrar o dever de sigilo profissional, se isso for absolutamente necessário para a salvação de vidas ou da saúde de pessoas. O dever maior predomina sobre o menor.

Havendo conflitos de igual valor, predomina a manutenção da situação pre-existente. Não pode, por exemplo, o médico, diante de dois pacientes necessitados de socorro e só dispondo de um único aparelho, cessar o socorro já iniciado, em relação a um, para instalar o aparelho no que chegou por último, com sacrifício da vida do primeiro.

Elemento subjetivo: o fato necessário deve ser praticado com o intuito de salvar o bem em perigo.

A legítima defesa
Conceito de legítima defesa. Requisitos essenciais

Faculdade de autodefesa contra agressões injustas não constitui delegação estatal, mas a legitimação pela ordem jurídica de uma situação de fato na qual o direito se impôs diante do ilícito. No Direito alemão o instituto se chama "defesa necessária", pois o direito não precisa retroceder diante do injusto, defendendo-se o bem jurídico e a ordem jurídica.

Na legítima defesa, aplica-se o princípio da solidariedade segundo o qual quem estiver em condições de exercer a legítima defesa, própria ou de ou-trem, estará legitimado a fazê-lo, desde que se contenha nos limites da norma permissiva.

Requisitos fundamentais:

a) agressão injusta, atual e iminente;

b) defesa necessária, moderada e proporcional à agressão (arts. 23, II, e 25, CP).

Para Toledo os elementos da causa de justificação são:

- repulsa à agressão atual ou iminente e injusta;
- defesa de direito próprio ou alheio;
- emprego moderado dos meios necessários;
- orientação de ânimo do agente no sentido de praticar atos defensivos.

A ação agressiva e a reação defensiva. Características. Agressão de inimputáveis. Prorrogação do agente. "*Aberratio ictus*"

Repulsa a agressão atual ou iminente e injusta:

A legítima defesa tem como primeiro aspecto o caráter de reação defensiva, excluindo do seu âmbito todo e qualquer ato agressivo na sua origem.

Quem não age para repelir ou impedir uma agressão atua fora dos limites de uma justa defesa. A reação defensiva só existe diante da ação agressiva que lhe dá origem.

Agressão atual

Agressão é a lesão ou ameaça de lesão, proveniente de uma ação humana a bens jurídicos.

É **atual** a agressão já em curso no momento da reação defensiva. Se a agressão já se consumou e produziu efeitos danosos, não é agressão atual.

Se ainda está na simples ameaça e não há perigo concreto presente, é promessa de agressão futura, para cuja repulsa estarão legitimados os órgãos de prevenção do crime.

A legítima defesa não se funda no temor de ser agredido nem no revide de quem já o foi.

Agressão iminente. É aquela que está para acontecer. A possibilidade concreta de agressão autoriza os atos necessários de defesa. É sinônimo de perigo concreto de agressão a ser aferido dentro de um quadro de probabilidades reais, não fantasmagóricas (estado de erro).

Nos crimes permanentes, a agressão será sempre atual, enquanto não cessada a permanência, enquanto durar o estado antijurídico.

Agressão injusta. Injusta é a agressão ilícita, antijurídica.

Um ato lícito pode ser uma agressão (ex.: penhora), mas não será uma agressão ilícita.

Não há legítima defesa contra legítima defesa ou contra agente que atua ao abrigo de outra causa de justificação.

Por outro lado, admite-se o estado de necessidade contra estado de necessidade.

Na legítima defesa a reação se faz contra uma reação injusta; já no estado de necessidade, a reação defensiva pode endereçar-se também contra um inocente.

No caso dos náufragos e a tábua de salvação, nenhum dos dois pode invocar contra o outro a legítima defesa, mas podem ambos ampararem-se no estado de necessidade.

Se um deles, na disputa do salva-vidas e para repelir o ataque não ilícito do outro, ferir ou matar o adversário, não cometerá crime, se o fato era inevitável.

Não se exige que a agressão injusta seja necessariamente um crime.

Agressão de inimputáveis

Se a agressão não precisa ser um crime, bastando a sua ilicitude, conclui-se que não seja necessariamente culpável, já que o juízo de culpabilidade pressupõe a tipicidade e a ilicitude.

Admite-se a legítima defesa contra inimputáveis: ébrios habituais, doentes mentais. Crianças não cometem crimes, mas praticam atos ilícitos e até típicos.

O agredido, nesse caso, deverá limitar-se à proteção dos bens e só poderá causar lesão ao agressor se não puder dele afastar-se sem o abandono do interesse ameaçado.

Provocação do agente

Não se deve confundir provocação com agressão. A provocação pode ou não ser uma agressão física; será injusta agressão autorizadora de atos de legítima defesa, desde que esta se desenvolva sem excessos.

A provocação, se não passar de pequeno confronto tolerado no meio social dos contendores, não dá azo à legítima defesa.

A legítima defesa não ampara os que, com nervos à flor da pele procuram duelos por nada. Neste caso, apesar da provocação, o provocador pode defender-se legitimamente de uma desproporcionada agressão do provocado.

Não poderá fazê-lo quando a provocação transformar-se em verdadeira agressão, ou quando for mero "pretexto de legítima defesa".

"*Aberratio ictus*" na reação defensiva

É comum a ocorrência de erro na execução nos atos necessários de defesa.

Em tais casos, não se desfigura a causa de justificação em exame, a teor do art. 73 do Código Penal, posto que o agredido responderá pelo fato como se tivesse atingido o agressor, i.e., a pessoa que pretendia atingir.

Não se exclui, porém, a responsabilidade civil pela reparação do dano causado ao terceiro inocente. Não se aplica ao terceiro inocente a regra do art. 65 do Código de Processo Penal, já que, quanto a ele, a lesão, apesar da absolvição do agente, não pode ser considerada um ilícito civil.

O direito defendido: vida, liberdade, patrimônio, honra etc. Bens do Estado e das pessoas jurídicas de direito público

Defesa de direito próprio ou alheio

São suscetíveis de legítima defesa todos os direitos, i.e., todo direito reconhecido pela ordem jurídica.

Não se considera a legítima defesa da honra, mas a adequação do emprego de certos meios violentos e excessivos de repulsa.

Pessoas ignorantes de certas regiões podem atuar com erro de proibição, i.e., erro sobre os limites da causa de justificação, em determinados casos concretos.

Necessidade dos meios utilizados. Princípio da proporcionalidade. A moderação. Emprego moderado dos meios necessários

Nem todo ato de defesa ou de autodefesa é legítimo, i.e., autorizado pela ordem jurídica.

O Direito impõe restrições para que o indivíduo, por seus próprios meios, possa fazer prevalecer seus interesses ou bens diante do agressor, sem o concurso dos órgãos do Estado.

Mesmo quando ocorre repulsa a injusta agressão, atual ou iminente, a direito próprio ou alheio, há que se examinar se a conduta daquele que defende os bens ou interesses ameaçados desenvolveu-se dentro de um quadro de necessidade e com moderação.

Por isso, a lei fala em usar "moderadamente dos meios necessários".

Meios necessários de defesa

São necessários os meios reputados eficazes e suficientes para repelir a agressão.

Não se deve confundir "necessidade dos meios empregados" com "necessidade da defesa".

Não há direitos absolutos e o próprio Direito Penal não deve colidir com valores éticos fundamentais.

Seria incongruente adotarem-se os princípios da insignificância e da adequação social para excluir o crime e, ao mesmo tempo, deixar de acolher o da proporcionalidade, para impedir que se matem seres humanos por ninharias, em nome de uma "lógica" que nada tem de "humana" ou "razoável".

Welzel não admite a legítima defesa abusiva, quando a gravidade da lesão não se ponha em relação com a insignificância criminal da agressão (ex.: furto de frutas).

No moderno Direito Penal, só se admite a defesa de bens insignificantes quando os atos necessários e suficientes para tanto não causarem ao agressor danos expressivamente desproporcionais ao valor dos bens e interesses ameaçados.

É o princípio da proporcionalidade que, para Toledo, constitui princípio de hermenêutica, limitador da aplicação da legítima defesa, ou, ainda, um princípio regulador da reação defensiva, para evitar resultados absurdos, desvaliosos diante de certas situações.

Se dadas as circunstâncias, só um certo meio é suscetível de garantir a defesa, a utilização dele, mesmo impondo sacrifício de um interesse muito mais importante que o defendido, torna-se legítima.

Se vários meios, a um tempo, são suscetíveis de sustar a agressão, compreende-se que se utilize aquele que cause menor dano ao agressor.

Moderação no emprego dos meios

A moderação exigida no art. 25 do Código Penal diz respeito à intensidade dada pelo agente no emprego dos meios de defesa.

O requisito da moderação exige que aquele que se defende não permita que sua reação cresça em intensidade além do razoavelmente exigido pelas circunstâncias para fazer cessar a agressão.

O dependente que não sabe conter-se e cessa sua reação quando da cessação do perigo, comete excesso que, dependendo das circunstâncias, poderá ser doloso, culposo ou escusável.

A moderação não é um conceito rígido, suscetível de mensuração matemática.

Elemento subjetivo. "*Animus defendendi*"

Propósito de defender-se – ação defensiva, sem que com isso se exija uma consciência da licitude do fato.

Ofendículos. Emprego de animais e engenhos mortíferos na defesa da propriedade

Situam-se no campo da legítima defesa e são tolerados quando colhem o agressor, sendo censurados quando acertam inocentes.

A legítima defesa não é um direito, mas uma situação de fato valiosa, reconhecida pelo Direito para que não se dê prevalência à agressão ilícita. Assim, não pode extrapolar de seus limites para justificar condutas agressivas, não defensivas.

Os riscos que os ofendículos apresentam correm por conta de quem os utiliza. Se atingem um ladrão, ocorre, em princípio, legítima defesa; se apanham, contudo, uma criança inocente, há, pelo menos, crime culposo.

Excesso de legítima defesa. Excesso doloso e culposo

O art. 23, parágrafo único, do Código Penal significa que, em qualquer das causas de justificação, se o agente exceder os limites da norma permissiva, por dolo ou culpa em sentido estrito, deverá responder por crime doloso ou por crime culposo (caso haja a modalidade culposa).

A legítima defesa como descriminante é essencialmente objetiva. Negada sua moderação, surge o excesso de legítima defesa. Para apreciação de tal excesso a lei impõe critério que é objetivo e subjetivo. Diz a lei que se o excesso é doloso, o réu responde pelo crime imputado a título de dolo; se é culposo, responde pelo crime a título de culpa; se, porém, decorreu de caso fortuito, ficará isento de culpa e pena, devendo notar-se de passagem, que a culpa levíssima, ao contrário do que ocorre no Direito Civil, é equiparada ao fortuito, em Direito Penal.

Excesso doloso

Ocorre excesso quando o agente, ao se defender de uma injusta agressão, emprega meio desproporcionadamente desnecessário (ex.: para defender-se de um tapa mata a tiros o agressor) ou age com imoderação (ex.: depois do primeiro tiro que fere e imobiliza o agressor, prossegue na agressão até a morte do agressor).

Caracterizado o excesso doloso, responde o agente pelo fato como um todo doloso, beneficiando-se apenas com a atenuante do art. 65, III, "c", parte final ou, quando for o caso, com a causa de diminuição do § 1º do art. 121 do Código Penal.

Excesso culposo

É o excesso resultante da imprudente falta de contenção por parte do agente, quando isso era possível nas circunstâncias para evitar um resultado mais grave do que o necessário à defesa do bem agredido.

Nem todo estado emotivo caracteriza o excesso culposo. Em certas circunstâncias de medo ou susto, pode dar-se não o excesso punível, mas o excesso exculpante (caso de exclusão da culpabilidade).

A punição do excesso culposo somente se admitirá quando o excesso caracterizar crime culposo previsto em lei (art. 23, parágrafo único, c/c art. 17, parágrafo único, CP).

Concluindo, haverá excesso culposo quando:

a) o agente esteja, inicialmente, em uma situação de legítima defesa;

b) dela se desvia em momento posterior, seja na escolha dos meios de reação;

c) seja no modo imoderado de utilizá-los, por culpa *stricto senso*;

d) o resultado lesivo esteja previsto em lei tipificado como crime culposo.

Faltando qualquer dos requisitos essenciais da legítima defesa (necessidade de repulsa a injusta agressão, atual ou iminente), impossível cuidar-se do excesso culposo porque, nessa hipótese, não atua o agente ao amparo da causa de justificação, no bojo do qual ocorre o excesso em exame.

O excesso de defesa é, assim, o uso desnecessário ou imoderado de um certo meio, causa de resultado mais grave do que razoavelmente suportável nas circunstâncias.

Outras causas de exclusão da ilicitude. Estrito cumprimento de dever legal

Estrito cumprimento do dever legal. Requisitos. Excesso. Abuso de autoridade

Quem age em cumprimento de dever imposto por lei não comete crime, embora esteja causando eventual lesão a bem jurídico tutelado (art. 23, III, primeira parte, CP).

Atuam licitamente os agentes públicos que realizam prisões, arrombamento, busca e apreensão de pessoas ou coisas etc. (art. 6º, III, e art. 240, § 1º, CPP).

Só os atos rigorosamente necessários e que decorram de exigência legal expressa, amparam-se nesta causa de justificação.

Não estão os agentes do Estado autorizados a ferir ou matar as pessoas legitimamente perseguidas.

Se houver resistência (com emprego de violência ou de ameaça), por parte do agente passivo, cria-se situação de legítima defesa, facultando a possibilidade de reação com emprego moderado dos meios necessários para impedir ou repelir a agressão.

Os excessos poderão constituir crime de abuso de autoridade (arts. 3º e 4º, Lei nº 4.898/65), ou crimes culposos ou dolosos do Código Penal, ou ambos, conforme as circunstâncias.

É exigido o elemento subjetivo, i.e., orientação de ânimo no sentido de cumprir o dever imposto por norma legal.

Exercício regular de direito

Exercício regular é o que se contém nos limites impostos pelo fim econômico ou social do direito em causa, pela boa-fé e pelos costumes.

O exercício de um direito com o intuito de prejudicar caracteriza o seu irregular exercício, ou seja, o abuso de direito, se o dano ocorre. Nesse caso e quando o agente excede os limites objetivos de seu próprio direito, fica excluída a causa de justificação.

A defesa da posse pelo *desforço imediato* (art. 1.210, § 1º, CC/2002) é um exemplo de exercício regular de direito no caso de esbulho possessório, quando o desforço se realiza após a consumação do esbulho, sem o requisito da atualidade.

Na hipótese de turbação, trata-se de legítima defesa da propriedade.

No esbulho, contudo, descaracterizada a legítima defesa, por ausência de atualidade, o desforço imediato cai sob o domínio do exercício de um direito, instituído pelo art. 1.210, § 1º, do Código Civil de 2002, à luz do qual deve ser examinado.

A lei e os costumes toleram que pais e tutores imponham castigos corporais moderados aos menores sob sua guarda.

Tais castigos, denominados **direito correcional,** não podem ser excessivos, nem causadores de lesões.

Consentimento do ofendido

O Código Penal não inclui entre as excludentes o consentimento do ofendido. Deve, no entanto, ser reputado como causa extralegal/supralegal de justificação, quando se imponha de fora do tipo para a exclusão da ilicitude de fatos lesivos a bens plenamente disponíveis por parte de seus respectivos titulares.

Aníbal Bruno também admite consentimento como exclusão do ilícito quando decorra da vontade juridicamente válida do titular de um bem disponível.

Pondere-se que o consentimento do titular do direito desempenha mais de uma função na área penal. Casos há em que se apresenta como elemento essencial do tipo (rapto consensual – art. 220, CP; sedução – art. 217, CP).

Outros há em que sua presença ou ausência é totalmente irrelevante (homicídio – art. 121, CP). Outros, ainda, em que anula a própria tipicidade por excluir o dissenso da vítima que constitui elemento essencial do tipo (introdução de animais em propriedade alheia, art. 164, apropriação indébita).

Outros, ainda, atuam como verdadeira causa de justificação, como nos crimes de dano (art. 163, CP) e cárcere privado (art. 148, CP).

No caso das cirurgias, exclui-se não só a ilicitude, como a tipicidade do fato, realizado em benefício de quem o suporta.

São requisitos do consentimento justificante:

- que o ofendido, no momento da aquiescência, esteja em condições de compreender o significado e as consequências de sua decisão, possuindo, pois, a capacidade para tanto;

- que o bem jurídico lesado ou exposto a perigo de lesão se situe na esfera de disponibilidade do aquiescente;

- que o fato típico penal realizado se identifique com o que foi previsto e se constitua em objeto de consentimento pelo ofendido.

A doutrina alemã acolhe o **"consentimento presumido"** em caso de intervenções médicas e correção de crianças, por terceiros, na ausência de responsáveis.

No primeiro caso, cabe o estado de necessidade (art. 128, I, CP). No segundo, o que exceder os limites do estado de necessidade ou da legítima defesa, ocorrerá intromissão indébita na seara alheia, totalmente injustificada.

3.4. Culpabilidade

Noção e evolução da ideia de culpabilidade. Culpabilidade por fato doloso

Na linguagem usual, o termo "culpa" adquire um sentido de atribuição censurável, a alguém, de um fato ou acontecimento. Seu significado jurídico não é muito diferente.

1. Que coisa é a culpabilidade? Será um fenômeno psíquico? Será um juízo que se emite a respeito de algo? Será ambas as coisas?

2. Onde está a culpabilidade? Em que lugar podemos encontrá-la? Ela está no psiquismo do criminoso, ou na cabeça do juiz que julga o criminoso? Estará ela nos dois lugares?

3. Qual o objeto do juízo de culpabilidade? Será ele a pessoa do criminoso? Será ele apenas o fato criminoso, isto é, um fato episódico na vida do criminoso? Ou será ele ambas as coisas mencionadas?

Nullum crimen sine culpa

A palavra latina *poena* tinha o sentido de dor, sofrimento. A ideia de pena, como prevenção geral do crime, é ideia que existe desde os tempos mais remotos.

Parte III • Direito Penal **401**

A pena criminal como instrumento de intimidação, i.e., como medida de prevenção geral, só adquire algum sentido se correlacionarmos com a noção de **evitabilidade** do fato praticado.

Só se pode intimidar o homem, com algum proveito, com a ameaça de pena, de dor ou sofrimento, para que deixe de praticar fatos indesejáveis nocivos ao semelhante, à comunidade, à sociedade, quando tais fatos indesejáveis são evitáveis, ou seja, quando esteja na esfera do indivíduo fazer ou não fazer o que se quer evitar por meio de ameaça referida.

Assim, uma pena cominada a um espirro (ato impulsivo automático), para sede (estímulo orgânico incontrolável), para o ódio ou para algum tipo de aversão seria uma total inutilidade, além de absurda.

A história registra a utilização da pena criminal contra seres humanos, animais e até contra objetos inominados.

A responsabilidade era considerada objetivamente. Só interessava o fato exterior danoso. Considerava-se a simples causalidade física entre o fato causado e o agente. O Direito Penal era, então, um puro direito do resultado. A responsabilidade era objetiva.

Posteriormente, percebeu-se a diferença entre o causar inevitavelmente o dano e o causar um dano inevitável.

Distingue-se a morte causada por um raio daquela resultante de um assassinato. Percebeu-se que esse **algo** que distingue um fato do outro, constitui um importante aspecto só peculiar ao agir humano – a **evitabilidade** do fato.

Tal evitabilidade residia no interior do ser humano, no seu psiquismo, i.e., na faculdade que tem o homem de prever os acontecimentos e, portanto, de evitá-los, de provocá-los em certas circunstâncias, de manipulá-los.

Com isso, ao lado da evitabilidade, descobriu-se a previsibilidade e a voluntariedade do resultado danoso.

Com isso se começa a construir a noção de culpabilidade, com a introdução, na ideia de crime, de alguns elementos psíquicos, ou anímicos – a previsibilidade e a voluntariedade – como condições da aplicação da pena criminal – *nullum crimen sine culpa.*

Concepção psicológica da culpabilidade

Sobre esses dois elementos anímicos, um volitivo, outro intelectual (o voluntário e o previsível), construíram-se dois importantes conceitos penalísticos – o dolo e a culpa. Dolo, quando há voluntariedade do resultado danoso.

Culpabilidade é, pois...

Culpabilidade é, pois, uma ligação de natureza anímica, psíquica, entre o agente e o fato criminoso. Esgota-se nestas duas únicas relações que se supunha que pudesse existir entre o agente e seu fato: o dolo e a negligência. Admitiu-se, porém, como pressuposto da culpa jurídico-penal a imputabilidade, entendida como capacidade de ser culpável.

Concepção normativa da culpabilidade

Frank lançou a "teoria normativa da culpabilidade", introduzindo no conceito de culpa um elemento normativo, um juízo de valor, a reprovabilidade do ato praticado.

Para ser culpável não basta que o ato seja doloso, ou culposo, mas que, além disso, seja censurável ao autor.

O dolo e a culpa *stricto sensu* deixam de ser espécies de culpabilidade e passam a ser **elementos** dela.

A culpabilidade se enriquece, pois, com os novos elementos, o juízo de censura que se faz ao autor do fato e, como pressuposto deste, a exigibilidade de conduta conforme a norma.

Já Mezger é de opinião que:

> Dentro desta concepção normativa, a culpabilidade é, essencialmente, um juízo de reprovação ao autor do fato composto dos seguintes elementos: imputabilidade; dolo ou culpa *stricto sensu* (negligência, imprudência, imperícia); exigibilidade, nas circunstâncias, de um comportamento conforme ao Direito.

Assim, a censura de culpabilidade pode ser feita ao agente de um injusto típico penal se ele, ao praticar a ação punível, não agiu de outro modo, conformando-se às exigências do direito, quando, nas circunstâncias, podia tê-lo feito, i.e., estava dotado de certa dose de autodeterminação e de compreensão (imputabilidade) que o tornava apto a frear, reprimir, ou desviar sua vontade, ou o impulso que o impelia para o fim ilícito (possibilidade de outra conduta); e que, apesar disso, consciente e voluntariamente (dolo), ou com negligência, imperícia ou imprudência (culpa *stricto sensu*), desencadeou o fato punível.

Para os seguidores desta corrente, se indagarmos "o que é a culpabilidade" e "onde ela se encontra", receberemos a seguinte resposta, surpreendentemente:

a) a culpabilidade é um juízo de valor sobre uma situação fática de ordinário psicológica;

b) os seus elementos psicológicos (dolo ou culpa) estão no agente do crime, mas o seu elemento normativo está no juiz, não no criminoso.

Concepção da culpabilidade na doutrina finalista

A concepção normativa da culpabilidade representou um avanço dogmático e a retomada do conceito de dolo que volta a ser o *dolus malus*.

Para a culpabilidade normativa, o dolo é também normativo, i.e., voluntariedade, previsão e mais a consciência atual da ilicitude.

O elemento normativo do dolo é a consciência da ilicitude que, estando presente, possibilita o juízo de censura de culpabilidade.

O dolo, mais a consciência da ilicitude é o dolo mau, i.e., o agente age voluntariamente, com previsão do resultado e, além disso, persegue um fim que sabe ilícito.

Para a **teoria normativa**, a **culpabilidade** pressupõe a **imputabilidade** e se compõe de:

- dolo e culpa *stricto sensu*;
- possibilidade e exigibilidade de outra conduta;
- um juízo de censura ao autor por não ter exercido, nas circunstâncias, essa possibilidade.

Dentro desta mesma teoria, o **dolo**, que faz parte da **culpabilidade** compõe-se de:

- um elemento intencional, volitivo, i.e., a voluntariedade;
- um elemento intelectual, a previsão do fato;
- um elemento normativo, a consciência atual da ilicitude.

Wezel não compreende como se pode situar o dolo dentro do juízo de culpabilidade e, com isso, deixar a ação humana sem o seu elemento fundamental, a intencionalidade, i.e., o seu finalismo.

Tal vai contra a estrutura ontológica da ação, pois esta não se desliga de seu finalismo direcional, sob pena de fraturar a realidade.

Toda ação humana é essencialmente finalista – é dirigida a um fim. Esse finalismo, o elemento intencional, inseparável da ação, é o seu elemento direcional, é, em resumo, o dolo.

Numa tentativa de homicídio com ferimento no corpo da vítima, no aspecto exterior, nada distingue a tentativa de homicídio e lesões corporais.

O que faz o ferimento deixar de ser lesão para um fato mais grave é tão somente a intenção de matar que dirigiu a intenção criminosa do agente.

Se for retirada a intenção de matar não restará qualquer distinção possível entre a lesão corporal e a tentativa de homicídio.

O mesmo raciocínio vale para todos os crimes dolosos: o cirurgião que corta o paciente e o homicida que faz o mesmo com a faca; o que distingue as condutas é a intenção de curar e a de matar.

Por meio deste raciocínio, percebe-se que o elemento intencional, o dolo, faz parte da ação humana, e não do juízo de culpabilidade.

Welzel extraiu o dolo da culpabilidade e a culpa *stricto sensu* e os incluiu no conceito de ação.

Assim, localizou o dolo e a culpa *stricto sensu* do tipo legal de crime, pois se este é a descrição da ação proibida; e se o dolo e a culpa pertencem à ação, não se pode deixar de situar no tipo todos os elementos estruturais da ação. Os tipos passaram a ser tipos dolosos e tipos culposos de crime.

Assim:

Dolo do tipo:

- intencionalidade = finalidade da ação (elemento volitivo);
- previsão do resultado (elemento intelectual).

Culpabilidade:

- imputabilidade;
- consciência potencial da ilicitude;
- possibilidade e exigibilidade, nas circunstâncias, de um agir-de-outro-modo;
- juízo de censura ao autor por não ter exercido, quando podia, esse poder-agir-de-outro-modo.

Um bandoleiro do sertão ou criminoso habitual, quando mata ou furta, age dolosamente, porque tem a intenção de praticar o fato e sabe que o pratica.

Dele não se exige um dolo mau, adjetivado, nem mesmo a consciência ética de estar praticando um pecado.

Basta a intencionalidade e a previsão do fato criminoso.

Age também culpavelmente porque: sabe ou pode saber, num juízo leigo, profano, que faz algo proibido (consciência potencial da ilicitude).

Se é imputável, tem a possibilidade de evitar ou de inibir o ato lesivo, o injusto típico; sua conduta é censurável, portanto, por não ter exercido, nas circunstâncias, essa possibilidade. Atua, pois, dolosa e culpavelmente.

Para a corrente finalista, o que é culpabilidade e onde ela pode ser encontrada tem as seguintes respostas:

Parte III • Direito Penal **405**

a) culpabilidade é um juízo valorativo, um juízo de censura que se faz ao autor de um fato criminoso;

b) esse juízo só pode estar na cabeça de quem julga, mas tem por objeto o agente do crime e sua ação criminosa.

É preciso pensar na distinção elaborada por Graf Zu Dohna entre valoração do objeto e objeto da valoração.

A culpabilidade é uma valoração; não pode estar misturada com o objeto da mesma valoração que lhe é exterior. Assim, culpabilidade é apenas a censurabilidade, i.e., a valoração; o dolo situa-se no objeto da valoração.

Assim, o dolo está no tipo ao passo que a consciência da ilicitude está na culpabilidade.

Os arts. 20 e 21 do Código Penal adotam a teoria limitada da culpabilidade, i.e., que os tipos de crimes existentes são, em regra, dolosos. Para que alguém possa ser punido a outro título, i.e., por crime culposo, deve haver outra tipificação expressa também em lei ("salvo nos casos expressos em lei...").

Quando se transfere o dolo e a culpa *stricto sensu* para o tipo, permitimos que o juízo de culpabilidade possa ocupar-se com a evitabilidade ou inevitabilidade do fato praticado.

A culpabilidade está indissoluvelmente ligada à evitabilidade do fato e é um aspecto "só peculiar ao agir humano".

É necessário pesquisar a evitabilidade do fato e, pois, a sua censurabilidade. De uma culpabilidade concreta do aqui e agora. De uma culpabilidade "deste homem nesta situação", não do *homo medius*, abstrato, inexistente.

A censura de culpabilidade pressupõe que tenha podido o autor formar sua resolução de ação antijurídica mais corretamente, ou seja, de acordo com a norma, no sentido concreto de que este homem, nesta situação, tenha podido formar sua resolução de vontade de acordo com a norma.

A culpabilidade desponta como um momento crucial na aplicação da pena.

Com a construção desenvolvida, torna-se possível distinguir um erro excludente do dolo do tipo de outro excludente da censurabilidade, i.e., da culpabilidade (erro de tipo e erro de proibição).

Culpabilidade de autor. Culpabilidade do caráter. Culpabilidade pela conduta de vida. Culpabilidade pela decisão de vida. Culpabilidade da personalidade ou da pessoa

Aqui se interroga sobre o objeto do juízo de culpabilidade.

Generaliza-se a ideia de culpabilidade como um juízo de censura que se faz ao agente pelo seu fato típico e ilícito.

Quando se procura saber em que consiste esse juízo de censura e qual seu objeto imediato, adentra-se em uma região onde as ideias não são coincidentes.

Corrente de penalistas dominante opta pela culpabilidade do fato. A censura de culpabilidade recai sobre o fato do agente, i.e., sobre o comportamento humano (ação ou omissão) que realiza um fato-crime. Coloca-se a tônica no fato do agente, não no agente do fato.

Tal concepção de culpabilidade se apoia na concepção de que o agente, sendo dotado de certa capacidade de compreensão e escolha, é culpável por um fato ilícito, na medida em que concretiza o injusto; podendo, nas circunstâncias, ter agido de outro modo.

Com isso, o poder-agir-de-outro-modo coloca-se como pressuposto ou como fundamento do juízo de censura de culpabilidade.

Direito penal de autor e culpabilidade de autor

O Direito Penal moderno é um direito penal do fato. Está construído sobre o fato-do-agente e não sobre o agente-do-fato.

Os tipos penais descrevem um modelo de conduta proibida e não um tipo criminológico de autor (ex.: rufianismo, vadiagem etc.).

Assim:

- Direito penal do autor / fato-do-agente.
- Direito penal do fato / agente-do-fato.

Culpabilidade pelo fato. Direito penal do fato

O crime surge aos nossos olhos como um fato causado por um ser humano. Nele, podemos identificar dois fatores: o fato e o seu autor, ou a ação humana e o agente.

O Direito Penal moderno se inclina para o direito penal do fato. Os códigos e leis penais, de um modo geral, tipificam fatos (modelos de condutas humanas) e não perfis psicológicos de autores.

A legislação, no entanto, não despreza totalmente o autor, pois sua personalidade e antecedentes (habitualidade, tendência ao crime, primariedade, reincidência etc.) são considerados dentro do quadro da punibilidade do fato, no momento da quantificação da pena.

Toma-se como ponto de partida o fato do agente, mas não se coloca totalmente entre parênteses o agente do fato. O agente vem considerado em momento posterior, dando-se precedência ao fato.

O Direito Penal moderno é também um direito penal da culpa *nulla poena sine culpa*.

Dentro desse quadro, o *nullum crimen nulla poena sine lege*, o direito penal do fato e a culpabilidade do fato alinham-se como colunas de sustentação de um Direito Penal de índole democrática.

Culpabilidade e a problemática do erro. A consciência da ilicitude. Falta de consciência da ilicitude e ignorância da lei. Erro de tipo e erro de proibição

Culpabilidade normativa e erro

Quando se introduz no conceito de crime a ideia de culpabilidade, i.e., a ideia de punição do agente pelo fato-crime que lhe possa ser imputado e que lhe possa ser censurado, aí se encontrará um Direito Penal mais humanizado, que só permite a punição do agente se estiver ele dotado da capacidade de entender e de determinar-se; e se tiver falhado, de modo censurável, na utilização dessa capacidade.

Em um direito penal da culpabilidade, a pena passa a ser aplicada e medida segundo o grau da culpa do agente.

A ideia de dano ou de perigo causados cede lugar para um conceito mais complexo de dano ou de perigo censuravelmente provocados.

A exigência do elemento normativo "consciência da ilicitude do fato por parte do agente", para o aperfeiçoamento do juízo de culpabilidade normativa, é consenso entre os adeptos da teoria normativa da culpabilidade.

Não se pode emitir um juízo de reprovação em relação ao agente que, ao cometer o fato, não sabia nem tinha a possibilidade de saber o exato significado daquilo que fez.

Se o que permite o juízo de censura da culpabilidade é a imputabilidade, i.e., a capacidade de entender e de determinar-se com consciência e vontade, deve ser excluído o mencionado juízo de censura onde a capacidade de compreensão do injusto esteja irremediavelmente ausente, seja de modo permanente, seja de modo episódico.

A culpabilidade normativa, pois, exige a consciência da ilicitude para o aperfeiçoamento do juízo de censura da culpabilidade.

A consciência da ilicitude (ou da antijuridicidade)

Derivado da consciência da ilicitude, o especial "dever de informar-se", pode ser retirado do círculo amplo das atividades regulamentadas – profissionais liberais, técnicas, comércio habitual etc., nas quais um conjunto de normas jurídicas (legais, regulamentares, costumeiras ou estatutárias) estabelecendo condições e regras para o exercício de certas atividades que não fazem parte de todos e de cada um, existirá um especial dever jurídico de informar-se, pois o Estado e a sociedade, *omnium consensu*, permitem ao indivíduo o desfrute dos benefícios decorrentes da prática dessas atividades, que fogem ao padrão normal de conduta, mas, ao mesmo tempo, regulamentam a condição do seu exercício. Fora disso, o dever de informar-se será de exigibilidade realmente discutível.

Assim, a consciência da ilicitude é uma valoração paralela do agente na esfera do profano, bastando para que seja atingida que cada um reflita sobre os valores ético-sociais fundamentais da vida comunitária de seu próprio meio. Pode ser atual ou potencial.

Não aproveita ao agente a falta da consciência da ilicitude quando:

a) teria sido fácil para ele, nas circunstâncias, obter essa consciência com algum esforço de inteligência e com os conhecimentos hauridos da vida comunitária de seu próprio meio;

b) propositadamente, recusa-se a instruir-se para não ter que evitar uma possível conduta proibida;

c) não procura informar-se convenientemente, mesmo sem má intenção, para o exercício de atividades regulamentadas.

Falta de consciência da ilicitude e ignorância da lei

Como dificuldade de aceitação plena da escusabilidade da falta de consciência da ilicitude, seja como elemento do dolo (teoria do dolo), seja como elemento da culpabilidade (teoria da culpabilidade), adquire especial importância a questão de saber se deve existir, ou não, alguma distinção entre falta de consciência da ilicitude e ignorância da lei.

A moderna teoria do erro tem sido dificultada pela confusão entre a consciência da ilicitude e o conhecimento presumido da lei.

Lei é a norma escrita editada pelos órgãos competentes do Estado. Ilicitude de um fato é a correlação de contrariedade que se estabelece entre esse fato e a totalidade do ordenamento jurídico vigente.

Parte III • Direito Penal   **409**

Se tomarmos as leis e um fato da vida real, percebe-se que eventual ilicitude deste fato não está nele em si, nem nas leis, mas entre ambos, i.e., na mútua contrariedade que se estabeleceu entre o fato concreto, real, e o ordenamento jurídico no seu todo. Assim, pode-se conhecer a lei e não a ilicitude de um fato, o que bem revela a nítida distinção dos conceitos em exame.

O art. 21 do Código Penal prevê o princípio da inescusabilidade da ignorância da lei e a escusabilidade do desconhecimento do injusto.

A consciência da ilicitude se afere na concreta ausência no agente, e no momento da atuação, da consciência da ilicitude de uma certa conduta.

Erro de tipo, erro de proibição

O erro jurídico relevante ora recai sobre (tem por objeto) elementos ou circunstâncias integrantes do tipo legal de crime (fáticos ou jurídico normativos), ora recai sobre a antijuridicidade (ou ilicitude) da ação.

No **erro de tipo** tem-se um erro sobre elementos ou circunstâncias do tipo.

No **erro de proibição** tem-se um erro sobre a ilicitude do fato real.

No tipo corrupção ativa (art. 333, CP), ser o agente passivo "funcionário público" constitui elemento essencial do tipo.

O conceito de funcionário público – que é conceito jurídico normativo – consta da própria lei penal (art. 327, CP).

Quem oferece propina para a prática de ato de ofício a servidor de entidade autárquica ou paraestatal supondo que esta espécie de empregado não se reveste da condição de funcionário público, incorre em erro de tipo. Errou sobre um elemento integrativo do tipo.

Na bigamia (art. 235, CP), ser o agente ativo "casado" constitui elemento jurídico normativo do tipo, definido nas leis civis.

Quem, sabendo-se casado, mas enganando-se sobre seu verdadeiro estado, por supor inválido o casamento anterior, casa-se no civil novamente, antes da anulação ou divórcio, incorre em erro sobre o "estar proibido", ou seja, erro de proibição.

No crime de furto (art. 155, CP), dois elementos integrativos do tipo são a "coisa" e a circunstância de ser "alheia".

"Ser coisa" é um elemento fático descritivo; "ser alheia", por envolver o conceito de propriedade, é um elemento jurídico-normativo.

Quem se apoderar de um cheque ao portador, por supor que não se trata de coisa ou que lhe pertence, incorre em **erro de tipo**.

Se o agente, apesar de saber que o cheque é coisa móvel, alheia, pertencente a quem lhe deve importância igual à consignada no documento e dele se apodera, supondo estar autorizado a quitar-se por esse meio, o erro recairá sobre a ilicitude do fato, configurando **erro de proibição**.

Erro de tipo essencial e acidental

O erro de tipo essencial é sempre escusável, no crime doloso. Não é no crime culposo (culpa *stricto sensu*), quando previsto em lei.

É o que está dito no art. 20, § 1º, do Código Penal, pois a imprudência, imperícia e negligência são formas de erro evitáveis.

O erro de tipo essencial exclui sempre o dolo, independente de ser ou não evitável, vencível ou invencível, pois só se pode pensar em erro evitável que não se evitou, se ligarmos o fato a uma conduta culposa. Nesse caso, cai o tipo doloso, exsurgindo a modalidade culposa, se prevista em lei.

O erro de tipo essencial é só o que recai sobre algum elemento do tipo, sem o qual o crime deixa de existir.

No exemplo do furto, quem se apodera de coisa alheia móvel, pensando ser um objeto que lhe pertence, erra sobre elemento do tipo (o caráter alheio da coisa), sem o qual o crime deixa de existir. Não cometeria subtração alguma se o objeto lhe pertencesse. O erro é escusável.

Erro acidental é o que recai sobre circunstâncias acessórias ou estranhas ao tipo, sem as quais o crime não deixa de existir.

Exemplo: alguém, supondo matar Tício, mata Caio por engano. Trata-se de erro acidental, pois para o tipo homicídio basta matar um ser humano, sendo irrelevante se a vítima é X ou Y.

Erro de proibição escusável só quando inevitável

Em regra, aceita-se que nem todo erro de proibição seja escusável. É uma consequência lógica do que foi dito sobre "consciência da ilicitude".

Sendo o erro de proibição o resultado de um atuar sem a consciência da ilicitude, será ele escusável na medida em que essa falta de consciência da ilicitude também o for.

Chega-se ao conceito de inevitabilidade do erro de proibição, ou seja, pelo exame da inevitabilidade da falta da consciência da ilicitude.

Isto se consegue com uma inversão do raciocínio, a saber: conhecidos alguns critérios válidos para a identificação da evitabilidade da consciência da

Parte III • Direito Penal

ilicitude e, portanto, do erro; chega-se, por exclusão, à inevitabilidade do erro de proibição, em concreto, a partir do exame das peculiaridades de cada caso concreto.

Sumariando a evitabilidade, i.e., a inescusabilidade do **erro de proibição**:

1. exclui-se o erro de proibição relevante quando o agente atue com uma "consciência profana" do injusto;

2. é ainda excluído quando o agente:

   a) atue sem essa consciência, apesar de ter-lhe sido fácil, mas circunstâncias, atingir tal consciência profana (com o próprio esforço de inteligência e os conhecimentos hauridos na vida comunitária de seu próprio meio);

   b) atue sem essa consciência por ter, na dúvida, deixado propositadamente de informar-se para não ter que evitar uma possível conduta proibida;

   c) atue sem essa consciência por não ter procurado informar-se convenientemente, mesmo sem má intenção, para o exercício de atividades regulamentadas.

Assim:

Erro de proibição escusável

   a) **erro de proibição direto:** o agente, por erro inevitável, realiza uma conduta proibida por desconhecer a norma proibida, por conhecê-la mal, ou por não compreender o seu verdadeiro âmbito de incidência;

   b) **erro de mandamento:** o agente, que se encontre na "posição de garantidor", diante da situação de perigo, de cujas circunstâncias fáticas tem perfeito conhecimento, omite a ação que lhe é determinada pela norma preceptiva – dever jurídico de impedir o resultado – supondo, por erro inevitável, não estar obrigado a agir para obstar o resultado;

   c) **erro de proibição indireto:** o agente erra sobre a existência ou sobre os limites de uma causa de justificação, i.e., sabe que pratica um ato em princípio proibido, mas supõe, por erro inevitável, que, nas circunstâncias, milita a seu favor uma norma permissiva prevalecente.

Erro de proibição inescusável

As normas mais comuns de *ignorantia legis* identificam-se com o erro que recai sobre a vigência ou eficácia de uma lei, sobre a punibilidade do fato ou sobre a subsunção deste à hipótese legal, a saber:

a) **erro de vigência:** inescusável – o agente desconhece a existência de um preceito legal ou ainda não pôde conhecer uma lei recentemente editada;

b) **erro de eficácia:** inescusável – salvo hipóteses raras – o agente não aceita a legitimidade de um preceito legal por supor que ele contraria outro preceito de categoria superior, ou norma constitucional;

c) **erro de punibilidade:** inescusável – o agente sabe que faz algo proibido, ou devia e podia sabê-lo, mas supõe inexistir pena criminal para a conduta que realiza, desconhece a punibilidade do fato;

d) **erro de subsunção:** inescusável – o agente conhece a previsão legal, o fato típico, mas, por erro de compreensão, supõe que a conduta que realiza não coincide, não se ajusta ao tipo delitivo, à hipótese legal.

Descriminantes putativas

O art. 20, § 1º, do Código Penal, estabelece ser isento de pena quem, por erro plenamente justificado pelas circunstâncias, supõe situação de fato que, se existisse, tornaria a ação legítima.

Na parte final o preceito admite a punição a título de culpa, se prevista em lei a forma culposa.

Situações reais, configuradoras das causas de justificação do art. 23 podem, quando irreais, i.e., quando, por erro, existirem apenas na imaginação do agente, transformar-se, dentro de certos limites, em causas de erro escusável, denominando-se, então, descriminantes putativas, imaginárias, irreais.

O mais clássico exemplo de descriminante putativa é a legítima defesa putativa.

Dependendo da imagem que venha se alojar na mente do agente, poderá ela configurar um erro escusável, excludente do dolo, ou um erro derivado de culpa, caracterizador do crime culposo.

Toledo entende que o § 1º do art. 20 não esgota as hipóteses das descriminantes imaginárias (quem, por erro plenamente justificado pelas circunstâncias, supõe situação de fato que, se existisse, tornaria a ação legítima).

O preceito, complementado pela parte final do parágrafo (não há isenção de pena quando o erro deriva de culpa e o fato punível é como crime culposo; aplica-se apenas ao erro de "tipo permissivo" excludente do dolo, não ao erro excludente da censura de culpabilidade, tanto que se permite a punição a título de culpa *stricto sensu* (teoria limitada da culpabilidade).

As descriminantes putativas (= erro que recai sobre uma causa de justificação) não se limitam às hipóteses de exclusão do dolo, mas por vezes apresentam-se como pretensão à exclusão da censura de culpabilidade.

O erro sobre uma causa de justificação pode recair sobre os pressupostos fáticos dessa mesma causa (supor situação de fato), mas pode também recair sobre os limites ou existência da causa de justificação (supor estar autorizado).

Isso pode ocorrer quando alguém, para defender-se de um tapa no rosto, supõe estar autorizado a desferir um tiro fatal no agressor em legítima defesa, excedendo-se no emprego dos meios necessários.

Nesse caso pode não haver equívoco do agente sobre a "situação de fato", incidindo o erro somente sobre os limites da causa de justificação legítima defesa etc.

Não se poderia confundir "supor situação de fato" com "supor estar autorizado" para considerar-se ambas as hipóteses reguladas nos preceitos legais – art. 20, § 1º, Código Penal – que só cuidam da primeira, i.e., "supor situação de fato".

Na lacuna da lei não se poderá concluir por uma responsabilidade objetiva do agente sempre que possa ter incorrido em erro na escolha dos "meios necessários" para defender-se, quando se encontrava em uma induvidosa situação de legítima defesa.

Admitindo-se o fato exemplificado como resultante de um erro, este só pode ser o de proibição, que, na omissão da lei, deve ser analisado dentro do direito penal da culpabilidade, onde encontrará solução adequada, com a punição ou absolvição do agente, segundo a sua culpa e o grau desta.

Para Toledo, as descriminantes putativas têm melhor tratamento dentro da "teoria limitada da culpabilidade" segundo configurem, em concreto, o erro de tipo ou o erro de proibição, submetendo-se aos requisitos para a escusabilidade, ou não, de cada uma dessas formas básicas de erro.

O erro na reforma penal. Teorias do dolo e teorias da culpabilidade. Teorias extremadas e teorias limitadas. Opção do legislador brasileiro

A lei de reforma da parte geral do Código Penal dispõe, nos arts. 20 e 21, sobre o erro de tipo e o erro de proibição, com a denominação "erro sobre elementos do tipo" e "erro sobre a ilicitude do fato".

Destaca-se a denominada concepção normativa da culpabilidade, segundo a qual a consciência da ilicitude do fato é elemento indispensável para a caracterização do crime.

Deve-se procurar entender o erro de tipo e o de proibição dentro da distinção estabelecida pela dogmática penal entre os elementos estruturais do crime – o tipo e a ilicitude (ou antijuridicidade).

Como mencionado anteriormente, erro de tipo será todo erro ou ignorância que recai sobre circunstância que constitua elemento essencial do tipo legal.

Pouco importa que essa circunstância sobre a qual recai o erro seja fático-descritiva ou jurídico-normativa.

Em qualquer hipótese, tratando-se de elemento essencial do tipo, o erro será sempre erro de tipo.

Assim, quem invadir um escritório de trabalho fora dos casos autorizados, supondo que as dependências não estão abrangidas pela expressão "casa", se estiver realmente em erro, erra sobre o conceito jurídico-penal de "casa", do § 4º do art. 150 do Código Penal.

Como no caso o objeto do erro é um elemento essencial do tipo do crime em exame, o erro se classifica como erro de tipo. Na doutrina tradicional esse erro seria exemplo de erro de direito (e de direito penal).

No erro de tipo não importa a localização do objeto do erro no mundo dos fatos ou na esfera dos conceitos ou das normas de Direito. Importa saber se o objeto do erro pertence, ou não, na estrutura do crime, ao tipo objetivo. Em caso afirmativo será erro de tipo.

Como o dolo do agente deve abranger os elementos essenciais do tipo objetivo, o erro de tipo impede essa abrangência pelo que será sempre uma causa de exclusão do dolo, mas permitirá a punição por culpa *stricto sensu*, ensejadora do erro, se a figura culposa estiver prevista em lei.

O erro de proibição (erro sobre a ilicitude do fato) é todo erro que recai sobre o caráter ilícito da conduta realizada.

Aqui o objeto do erro não está situado entre os elementos do tipo legal, mas na ilicitude, ou seja, na relação de contrariedade que se estabelece entre uma certa conduta e o ordenamento jurídico. O objeto do erro não é o fato nem a lei. É a ilicitude. O agente supõe permitida uma conduta proibida, ilícita, uma conduta ilícita.

O seu erro consiste em um juízo equivocado sobre aquilo que lhe é permitido fazer na vida em sociedade. Mas não se trata de um juízo técnico-jurídico, que não se poderia exigir do leigo, e sim de um juízo profano, um juízo que é emitido de acordo com a opinião comum dominante no meio social e comunitário.

Daí a denominação "erro de proibição", ou "erro sobre estar proibido", para designar esta forma especial de erro ou de ignorância que se traduz numa espécie de cegueira para com os preceitos fundamentais da convivência social que chegam necessariamente ao conhecimento de todos e de cada um por meio de costumes, escola, religião, tradição, família etc.

Por isso é que o erro de proibição só é escusável quando inevitável, i.e., quando, apesar de tudo, não tiver sido possível ao agente evitar a falta de compreensão do injusto de seu atuar.

Sobre as teorias que disputam sobre o tratamento do erro que recai sobre uma causa de justificação temos:

a) **Teoria extremada do dolo:** a mais antiga situa o dolo na culpabilidade e a consciência da ilicitude no próprio dolo. O dolo é normativo, i.e., vontade, previsão e mais conhecimento de que se realiza uma conduta proibida (consciência atual da ilicitude).

Para os seguidores dessa teoria, o erro jurídico-penal – de tipo ou proibição – tem a virtude de excluir o dolo permitindo a punição por fato culposo.

O erro de proibição equipara-se quanto aos seus efeitos, ao erro de tipo, o antigo erro de fato, ao de direito.

b) **Teoria limitada do dolo:** substitui o conhecimento atual da ilicitude pelo conhecimento potencial; exige a consciência da ilicitude material, não puramente formal. Pode gerar a possibilidade de condenação não pelo que o agente faz, mas pelo que ele é, daí derivando um direito penal do autor.

c) **Teoria extremada da culpabilidade:** ou teoria estrita da culpabilidade surgiu com a doutrina finalista da ação e parte da reelaboração dos conceitos de dolo e de culpabilidade, empreendida pela doutrina finalista.

Separa do dolo a consciência da ilicitude. O que sobra do dolo, i.e., a vontade intencionalmente dirigida mais previsão do resultado – o dolo do fato – é transferido da culpabilidade para o injusto, passando, pois, a fazer parte do tipo legal.

A consciência da ilicitude passa a fazer parte da culpabilidade como um pressuposto necessário ao juízo de censura. Adota-se, porém, a consciência potencial da ilicitude.

Assim, no erro de tipo, o erro vicia o elemento intelectual do dolo – a previsão – impedindo que o dolo abranja os elementos essenciais do tipo.

Portanto, essa forma de erro exclui sempre o dolo, mas permite a punição por fato culposo, se prevista em lei, já que o erro de tipo (ex.: alguém mata um ser humano supondo ser um animal de caça) quase sempre deriva de uma falta de cuidado, de uma falta de atenção, por parte do agente.

A condenação por crime culposo, se prevista em lei, é possível porque, estando o dolo no tipo, não mais na culpabilidade, a exclusão do dolo deixa intacta a culpabilidade, não afetando um possível aperfeiçoamento da culpabilidade por crime culposo.

No erro de proibição fica anulada a consciência da ilicitude que está agora situada na culpabilidade.

Como não há crime sem culpabilidade, esta forma de erro impede a condenação, seja por dolo, seja por culpa. Se o erro for evitável atenua a pena, mas a condenação se impõe.

Em suma: o erro de tipo exclui o dolo, seja inevitável ou evitável; se o erro de tipo era evitável, há que se investigar a existência de um crime culposo.

O erro de proibição exclui a culpabilidade somente quando inevitável. A absolvição será certa, visto que não há possibilidade de condenação por dolo ou por culpa sem o aperfeiçoamento da censura de culpabilidade.

A teoria extremada e a teoria limitada da culpabilidade divergem quando se pretende aplicar essas noções ao erro que recai sobre uma causa de justificação – as denominadas descriminantes putativas.

Na teoria extremada da culpabilidade todo e qualquer erro que recaia sobre uma causa de justificação é erro de proibição, o que torna impossível a condenação por fato culposo ou por excesso culposo, já que o erro de proibição, se inevitável, exclui a culpabilidade, tornando inviável qualquer condenação; se evitável, não impede a condenação por fato doloso, mas inviabiliza a condenação por fato culposo por não ser pensável um fato doloso ao mesmo tempo culposo.

d) **Teoria limitada da culpabilidade:** coincide, em boa parte, com a teoria extremada.

A diferença está no tratamento do erro sobre causas de justificação.

Para a teoria estrita esse erro será sempre erro de proibição. Para a teoria limitada, há que se distinguir duas espécies de erro; uma, que recai sobre os pressupostos fáticos de uma causa de justificação; outra, que recai sobre a existência ou os limites da causa de justificação.

No caso de erro sobre os pressupostos fáticos de uma causa de justificação, considera a teoria limitada que ocorre um erro de tipo permissivo, que tem o mesmo efeito do erro de tipo, i.e., exclui o dolo, mas permite a punição do fato como crime culposo, se previsto em lei.

No caso de erro sobre a existência ou sobre os limites de uma causa de justificação, configura-se o erro de proibição com as consequências já examinadas (exclusão da culpabilidade, se inevitável, ou atenuação da pena, se evitável).

A divergência está no tratamento do erro sobre os pressupostos fáticos de uma causa de justificação; para a teoria extremada – erro de proibição – para a teoria limitada – espécie anômala de erro (erro de tipo permissivo), que produz os mesmos efeitos do erro sobre elemento do tipo, ensejando o aparecimento da modalidade culposa.

Parte III • Direito Penal 417

A culpa em sentido estrito

Culpabilidade por fato culposo. A problemática da culpa em sentido estrito (negligência, imprudência e imperícia)

Dentro do finalismo os tipos incriminadores são tipos dolosos e tipos culposos de crime.

Foi estudada a culpabilidade do fato doloso. Agora será a vez da culpabilidade do fato culposo.

Em nosso sistema existe uma enumeração taxativa de crimes culposos (*numerus clausus de crimina culposae*), i.e., os crimes culposos são apenas aqueles expressamente previstos em lei.

Onde não houver previsão legal, a conclusão é que não há o crime culposo, nos termos do art. 18, parágrafo único, do Código Penal.

Para a tipificação dos crimes culposos há uma técnica legislativa simplificadora. A regra é a conduta dolosa e, excepcionalmente, a culposa.

No crime doloso, o resultado ilícito não só é desejado como também previsto e perseguido pelo agente (Mévio, querendo matar o desafeto, desfere-lhe um tiro e de fato o mata).

No crime culposo, ao contrário, esse resultado, salvo raras hipóteses, acontece por azar, i.e., não está na previsão do agente (culpa inconsciente) ou, estando, não é por ele pretendido.

Exemplos:

Tício, ao examinar a arma que lhe é oferecida à venda, supondo-a descarregada, comprime o gatilho e, com isso, dispara, estarrecido, o tiro que atinge e mata o vendedor.

Caio sabe que, se atirar no alvo, poderá, nas circunstâncias, atingir um trabalhador que lavra a terra em local próximo à provável área de impacto. Mesmo assim, confiando na sua pontaria, atira no alvo, mas, por erro, fere mortalmente o trabalhador.

No primeiro exemplo, o do **crime doloso**, Mévio estava realmente determinado a obter o resultado danoso (morte do desafeto).

No segundo, o da **culpa inconsciente,** nem passou pela cabeça de Tício a hipótese de matar alguém.

No terceiro, o da **culpa consciente**, jamais pretendeu Caio ferir ou matar o camponês.

Se há algo de comum entre o segundo e o terceiro exemplos – em ambos o resultado foi produto de ignorância ou de erro – pois uma coisa é causar consciente e propositadamente a morte de alguém, outra é causá-la por erro ou ignorância.

Culpa em sentido estrito (negligência, imprudência ou imperícia)

Os princípios que regem a culpa *stricto sensu*, i.e., a responsabilidade por um fato causado por negligência ou imprudência, remontam ao Direito Romano (*Lex Aquilia*). Transplantou-se a criação do Direito Privado para o Direito Penal de forma definitiva.

Em que consiste a culpa *stricto sensu*, que vem crescendo e se desenvolvendo ao lado do dolo? O Código Penal, no art. 18, II, diz que o crime é culposo, quando o agente deu causa ao resultado por imprudência, negligência ou imperícia.

A imprudência exprime um comportamento comissivo, ao passo que a negligência dá ideia de uma conduta omissiva.

A imperícia é uma espécie de imprudência, pois exprime a prática de atividade técnica ou profissional, sem o preparo necessário ou sem a experiência exigível para a sua eficiente realização.

No caso do homicídio culposo, por exemplo, (art. 121, § 3º, c/c 18, II, CP), o tipo incriminador traz ínsita a proibição de um comportamento imprudente ou negligente que possa ser causa da morte de alguém.

O direito não pode ter a pretensão de proibir resultados sujeitos às leis da causalidade física.

Embora o resultado morte seja, no caso, elemento do tipo (se fizermos abstração da morte da vítima, desaparece o tipo homicídio culposo), é igualmente elemento essencial do mesmo tipo o ato imprudente e negligente, evitável, que o legislador penal quer seja efetivamente evitado.

Tanto o ato imprudente (abrangente da imperícia) quanto o negligente resultam de uma falta de observância, por parte do agente, do dever de comportar-se com cautela, com cuidado, quando sua ação ou omissão possa dar causa a resultados lesivos a bens jurídicos penalmente protegidos; termos em que, em suma, na base do delito culposo em exame (homicídio), como nos demais, está a violação de um **dever de cuidado**, quando as circunstâncias apontarem ao agente, segundo dados apreensíveis da experiência cotidiana, alguma razão para suspeitar da possibilidade de consequências danosas para sua conduta, ou, ao menos, para ter dúvidas a respeito dessas possíveis consequências.

Note-se que, na dúvida, impõe-se o dever de abstenção da conduta, pois quem, nesta área, se arrisca a se transformar em causador imputável de danos previsíveis, age com imprudência e se torna, por isso, agente de um crime culposo, caso concretize a realização do tipo.

Do mesmo modo que o crime doloso, o núcleo do crime culposo é uma ação humana (ação ou omissão). A diferença está na estruturação do tipo: no doloso pune-se a ação ou omissão dirigida ao fim ilícito; no culposo, o que se pune é o comportamento mal dirigido para o fim lícito.

O conceito de culpabilidade, em sua totalidade, é essencialmente o mesmo nos crimes dolosos e culposos. Também aqui se exige, para o juízo de censura da culpabilidade, a consciência potencial da ilicitude, i.e., que o agente, no momento da ação ou da omissão culposa, seja imputável e tenha tido ao menos a possibilidade de conhecimento do injusto, visto como tais elementos – a imputabilidade e a possibilidade de conhecimento do injusto – são dois pressupostos da culpabilidade nos crimes culposos.

Tal não significa que sejam o dolo e a culpa *stricto sensu* totalmente desprovidos de sentido para a nova concepção de culpabilidade.

Sendo o dolo parte integrante do tipo de injusto é ele pressuposto da culpabilidade dolosa. Além disso, caracteriza, juntamente com os restantes elementos da culpabilidade, especialmente a consciência do injusto, o conceito da mais grave forma de culpabilidade.

A culpabilidade de um agente que age culposamente, por corresponder a um tipo de injusto evidentemente menos grave, é por sua vez de menor gravidade, podendo situar-se em uma escala descendente que vai desde hipóteses mais sérias (culpa consciente) até limites mínimos, de culpa inconsciente que, em certas circunstâncias, podem configurar a culpa levíssima, equiparável, em Direito Penal, ao fortuito.

Daí a distinção que Toledo faz entre culpabilidade por fato doloso e culpabilidade por fato culposo.

Para Toledo, a tônica sobre o comportamento humano situado no centro do tipo (doloso e culposo) não significa que se deva considerar, nos crimes culposos, apenas o desvalor da ação, sem se levar em conta também o desvalor do resultado.

Mesmo que se queira desviar da definição legal do art. 18, II, do Código Penal, que expressamente fala em dar causa ao resultado, o certo é que, no rol dos fatos culposos, não será fácil incluir crimes de pura atividade ou de mera conduta, os quais, se admissíveis em tese, seriam exceção.

Não se pode argumentar com as raras exceções, generalizar a exclusão do desvalor do resultado, fator predominante na maioria dos tipos culposos (homicídio, lesões, incêndio, explosão etc.).

O mais razoável seria admitir que, como nos tipos dolosos, o legislador é livre para tipificar **crimes de resultado**, como na maioria dos casos, como **crimes de mera atividade**, quando isso for possível.

No primeiro caso, ao desvalor da ação agrega-se o desvalor do resultado, sendo este um inegável elemento essencial do tipo.

No segundo caso, quando se prescinde do resultado exterior, então sim será lícito falar-se em um puro desvalor da ação.

Toledo afirma que isso não levaria a uma responsabilização pelo resultado, posto que, nos crimes dolosos, o resultado deve ser alcançado pelo dolo, ao passo que nos culposos o resultado deve ser alcançado pelo dolo na previsibilidade do agente.

A não punição do fato, na ausência do evento danoso, diz respeito unicamente a um crime que não se aperfeiçoa.

Para Toledo, dizer que o desvalor do resultado (lesão ou periclitação de um bem jurídico) tem, nos crimes culposos, somente significação restritiva ou delimitadora das condutas relevantes para o Direito Penal, seria o mesmo que afirmar o desvalor do resultado, por um rodeio de palavras (circunlóquio), já que, de algum modo, se atribui ao resultado papel decisivo (o poder delimitador), como de resto ocorre com todo elemento essencial do tipo, sem o qual o crime não se aperfeiçoa.

Exemplo:

Motorista faz manobra arriscada na rua onde era fácil expor a perigo vidas humanas. Por sorte ninguém se fere ou morre. Pergunta-se: apesar da violação do dever de cuidado e da possibilidade de conhecimento do injusto, constituirá esta conduta desvaliosa um delito culposo?

Não, porque faltou a ocorrência do resultado (lesão ou morte), sem o qual não se aperfeiçoa o fato punível culposo do homicídio ou lesão corporal.

Não se pense que o resultado atua como condição objetiva de punibilidade. Somente seria aceitável essa afirmação se o resultado exterior pudesse ser excluído do tipo, nos crimes culposos que o exigem, sem desfigurar o próprio crime, como ocorre com as genuínas condições objetivas de punibilidade (ex.: sentença declaratória de falência nos crimes falimentares; a entrada no território nacional do agente de crime cometido fora do Brasil).

Tal porém, não ocorre nos crimes culposos de resultado, pois se deles extirpamos mentalmente o resultado, o que desaparece é o próprio crime, e não uma simples condição de sua punibilidade.

O resultado não só deve estar incluído no tipo, como é bom que esteja para que possa e deva ser abrangido também pela culpabilidade do agente (a consciência potencial da ilicitude). Fora do tipo isso não seria possível.

Um resultado meramente delimitador, seletivo ou condicionador da punibilidade em nada contribuiria para a formação do juízo de censura da culpabilidade.

Se, entretanto, estiver situado no tipo o quadro se modifica. Nessa última hipótese, não haverá crime quando se puder excluir a total possibilidade de previsão (a previsibilidade) do resultado, por parte do agente, ou quando se puder excluir a consciência potencial da ilicitude.

Tal se daria com o exemplo do cirurgião que causa a morte do doente, em intervenção cirúrgica sabidamente arriscada, mas necessária nas circunstâncias.

Se o resultado não puder ser atribuído à imperícia, não há culpa e, portanto, crime algum nesse fato, em razão da ausência de tipicidade.

O conteúdo do injusto no fato culposo é determinado pois, conjuntamente, pelo desvalor do resultado e pelo desvalor da ação, ou da conduta.

Concorrem para a estruturação dos delitos negligentes ou imprudentes, três elementos que constituem o fundamento do tipo de injusto.

A causação do resultado é a lesão ao dever de cuidado objetivo e a imputação do resultado baseado no erro da conduta, orientada no sentido da finalidade protetiva das normas de cuidado.

Assim, para que um fato real seja tipicamente culposo, é necessário que o agente tenha causado o resultado socialmente danoso por meio de uma conduta (ação ou omissão) dominada ou dominável pela vontade. Sem isso, estaria afastada a evitabilidade do fato, circunstância que se situa no centro do juízo de censura da culpabilidade.

Além disso, é preciso que o resultado concreto seja objetivamente previsível e que o agente lhe tenha dado causa por não ter empregado o cuidado que lhe era exigível nas circunstâncias. Ausente essa previsibilidade do resultado, estará também afastada a consciência potencial da ilicitude, sem a qual inexiste culpabilidade jurídico-penal.

O dever objetivo de cuidado consiste em preocupar-se o agente com as possíveis consequências perigosas de sua conduta (perigo para os bens jurídicos protegidos), facilmente revelada pela experiência da vida cotidiana, tê-las sempre presentes na consciência, e orientar-se no sentido de evitá-las, abstendo-se de realizar o comportamento que possa ser causa do efeito lesivo, ou somente realizá-lo sob especiais e suficientes condições de segurança.

O conceito desse dever objetivo de cuidado pode coincidir com o comando de normas legais ou regulamentares, como, por exemplo, regulamentos de trânsito, regras técnicas profissionais ou atividades regulamentadas.

Em tais casos, a inobservância das normas legais e regulamentares cria em desfavor do agente uma presunção de ter agido culpavelmente, incumbindo-lhe o difícil ônus da prova em contrário.

Assim, quem desobedece a sinal de trânsito e provoca acidente com vítimas, age culposamente (imprudência) e tem contra si a presunção de ter atuado culpavelmente (com previsibilidade do fato e, portanto, com a consciência potencial da ilicitude, infringindo um dever objetivo de cuidado).

Por outro lado, se provar que o veículo apresentava repentino defeito no sistema de freios e que isso não lhe poderia ser imputado, a título de negligência, porque acabava de retirar o carro de uma oficina idônea ou fora submetido a revisão global, o fato, embora danoso, não será culpável.

Quando não houver normas legais ou regulamentares específicas, o conteúdo do dever objetivo de cuidado só pode ser determinado por intermédio de um princípio metodológico, i.e., por meio da comparação do fato concreto com o comportamento que teria adotado, no lugar do agente, um homem comum inteligente e prudente.

Princípio da confiança. Culpa consciente e dolo eventual. Culpa inconsciente, caso fortuito e risco tolerado

Princípio da confiança

Se o dever objetivo de cuidado se dirige a todos, é justo que se espere de cada um o comportamento prudente e inteligente, exigível para uma harmoniosa e pacífica atividade no interior da vida social e comunitária.

Assim, admite-se que cada um comporte-se como se os demais se conduzissem corretamente.

A esse critério regulador da conduta humana se denomina "princípio da confiança".

Para a determinação em concreto da conduta correta de um, não se pode, portanto, deixar de considerar aquilo que seria lícito, nas circunstâncias, esperar-se de outrem, ou melhor, da própria vítima.

Culpa consciente e dolo eventual. Culpa inconsciente, caso fortuito e risco tolerado

Duas são as modalidades de culpa *stricto sensu*: a culpa consciente e a inconsciente. Na primeira, o agente prevê o resultado típico, tem-no como possível, mas confia em que poderá evitá-lo. Não quer o resultado, mas, por erro ou excesso de confiança (imprudência), por não empregar a diligência necessária (negligência) ou por não estar suficientemente preparado para um empreendimento cheio de riscos (imperícia), fracassa e vem a ocasioná-lo.

Na segunda – culpa inconsciente – o agente não prevê o resultado, comporta-se com desatenção, desleixo, descuido (negligência), afoiteza (imprudência), ou arrisca-se a práticas para as quais não está devidamente habilitado ou preparado (imperícia), transformando-se, assim, em causa cega do evento danoso.

Não obstante, tal cegueira é culpável, i.e., pode ser-lhe pessoalmente censurada porque o resultado inconscientemente causado era-lhe previsível e só aconteceu diante da violação do dever objetivo de cuidado que as circunstâncias, os costumes, normas regulamentares ou disciplinares lhe impunham.

A culpa consciente limita-se com o dolo eventual (art. 18, I, *in fine*, CP). A diferença é que na culpa consciente o agente não quer o resultado nem assume o risco de produzi-lo. Apesar de sabê-lo possível, acredita sinceramente poder evitá-lo, o que só não acontece por erro de cálculo ou por erro na execução.

No dolo eventual o agente não só prevê o resultado danoso como também o aceita como uma das alternativas possíveis.

A culpa inconsciente situa-se no extremo oposto, próximo ao caso fortuito. O que a distingue do caso fortuito, totalmente impunível, são a previsibilidade e a inevitabilidade do resultado.

Na culpa inconsciente o ato voluntário provoca um resultado danoso não previsto, mas previsível e evitável. No caso fortuito o resultado é imprevisto, imprevisível e, por isso, inevitável para o agente.

Risco tolerado

Quanto mais imprescindível seja um tipo de comportamento humano tanto maior será o risco que, em relação a ele, se deverá correr, sem que disso resulte uma reprovação jurídica.

Com isso se estabelece a linha demarcatória entre o fato culposo punível e o fato impunível resultante do risco juridicamente tolerado.

O cirurgião que opera um doente, em condições precárias, sabe que poderá causar-lhe a morte. Neste caso, mesmo que a morte ocorra, não terá agido com culpa se a intervenção era, nas circunstâncias, imprescindível para salvar o doente.

O mundo atual é cheio de perigos e tal fato não se coloca em linha de proteção do Direito Penal, pois não lhe incumbe, a título de afastar todos os riscos possíveis, obstaculizar ou impedir o desenvolvimento da vida moderna, tal como o homem, bem ou mal, a concebeu e construiu.

Voluntariedade na causa. Coautora em crime culposo. A tentativa

A conduta humana de que deriva, no fato culposo, o resultado danoso, precisa ser dominada ou dominável pela vontade.

Não se deve confundir a voluntariedade da ação ou da omissão com a voluntariedade do resultado danoso.

A voluntariedade da conduta está presente nos crimes dolosos e culposos, com a diferença de que, nos dolosos, se orienta no sentido de causação do resultado danoso; nos culposos não.

Existe sempre um comportamento – causa desejada, mas a seu respeito basta uma vontade ainda que mínima. De tal comportamento – causa deriva de um efeito não desejado.

Não se prescinde de um nexo de ordem subjetiva entre a conduta – causa e efeito; e isso porque o nexo, se bem que certamente estranho à vontade, refere-se, todavia, à esfera intelectiva.

O efeito não pretendido deve ser, de qualquer forma, previsível, ainda que mediante o emprego de um máximo de diligência.

Posta a questão nestes termos, não há dificuldade para a aceitação da coautoria nos crimes culposos. Nosso Código não dispõe de dispositivo a respeito e a solução decorre do sistema.

Para que se identifique o concurso, não é indispensável um prévio acordo das vontades: basta que haja em cada um dos concorrentes conhecimento de concorrer à ação de outrem.

Fica, destarte, resolvida a *vexata quaestio* da chamada autoria incerta, quando não tenha ocorrido ajuste entre os concorrentes.

Igualmente resolvida a questão sobre concurso no crime culposo, pois neste tanto é possível a cooperação material quanto a cooperação psicológica, i.e., no caso de pluralidade de agentes, cada um destes, embora não querendo o evento final, tem consciência de cooperar na ação.

As diferenças subjetivas ou objetivas das ações convergentes, na codelinquência, podem ser levadas em conta, não para atribuir a qualquer delas uma diversa importância causal, mas apenas para um diagnóstico de maior ou menor periculosidade.

Com relação à tentativa, não é possível sua configuração nos crimes culposos. Se o que define a tentativa é a intenção dirigida ao fim frustrado, i.e., ao resultado danoso; e se, como se viu, o que falta no crime culposo é a voluntariedade do resultado, não há como se admitir a tentativa culposa, verdadeira *contraditio in adjecto*.

Versari in re illicita. Responsabilidade penal pelo resultado. Crimes qualificados pelo resultado

A *versari* é forma de transição entre a responsabilidade objetiva e o direito penal da culpabilidade (quem se envolve com coisa ilícita é responsável também pelo resultado fortuito).

Nos crimes qualificados pelo resultado, também denominados delitos preterintencionais, ou preterdolosos, a responsabilidade pelo resultado não é objetiva, i.e., independente da culpabilidade do agente, pois a especial agravação da pena pelo fato consequente dependerá sempre de poder ser este atribuído à culpa (negligência, imprudência, imperícia) do agente (art. 19, CP).

Como exemplo deste crime, tem-se a lesão corporal seguida de morte (art. 129, § 3º, CP), como sendo figura híbrida de dolo e culpa: o dolo no fato antecedente e culpa no consequente.

O agente quer determinado resultado, mas, por culpa, provoca outro mais grave.

Qualquer tentativa no sentido de se prescindir da culpa em relação ao fato qualificador deve ser rejeitada, por implicar a admissão de uma responsabilidade sem culpa, o que se chocaria com o princípio básico de todo o sistema – o *nullum crimen sine culpa*. Hoje, isso seria impossível diante do art. 19 do Código Penal.

A justificação da admissão desses delitos qualificados pelo resultado pode ser encontrada em um dado da experiência, facilmente constatável.

Certos fatos estão tão estreitamente ligados a certas consequências que se torna quase impossível pensar nos primeiros separadamente das últimas.

Exemplo: incêndio e explosão com subsequentes lesões corporais graves ou morte (arts. 250 e 251 c/c art. 258, CP); lesão corporal grave com a posterior morte da vítima (art. 129, § 3º, CP).

Assim, quem, apesar desse conhecimento empírico, não se detém no momento da realização de tais fatos, não pode deixar de responder, pelo menos por culpa, em relação ao evento mais grave quando este, embora não previsto, apresentava-se como previsível.

Se, porém, ficar demonstrado que o evento mais grave era, nas circunstâncias, imprevisível, sendo decorrente de puro azar ou caso fortuito, não estará configurada a figura qualificada, devendo o agente responder somente pelo delito menor.

Causas de exclusão da culpabilidade

O crime é um injusto culpável. A conduta típica e ilícita só se aperfeiçoa como crime quando se lhe agrega a culpabilidade. A culpabilidade, por ser um juízo de censura, pressupõe a existência de um ilícito penal, pois não se faz juízo de reprovação ao comportamento lícito, reto.

Censura-se tão só aquilo que se fez em antagonismo com o comando de alguma norma, i.e., a conduta típica e antijurídica. Caracterizado, pois, o injusto penal, a presença da culpabilidade fecha a estrutura do crime.

É relevante saber como se deverá proceder para a constatação final da culpabilidade do agente pelo fato ilícito que lhe é imputado.

Para Toledo, deve-se pesquisar os **pressupostos** e os **elementos** da culpabilidade, verificando a eventual ocorrência de alguma causa de exclusão da culpabilidade.

Classificam-se as excludentes em duas classes:

a) causas que afastam a censurabilidade do fato porque negam, desde o início, *a priori,* a existência de um agente culpável;

b) causas que afastam a censurabilidade do fato porque anulam um dos elementos essenciais da própria culpabilidade.

Pertencem à primeira classe:

a) retardamento e enfermidade mental;

b) embriaguez completa por vício em álcool, substância entorpecente ou que provoque dependência;

c) menoridade.

Embora estas causas operem em momento anterior ao do surgimento dos elementos da culpabilidade, por isso também se chamam excludentes de imputabilidade, e podem ser consideradas espécie do gênero "causas de exclusão da culpabilidade", dentro de uma concepção teleológica; pois, em última análise, qualquer obstáculo à afirmação da imputabilidade do agente só tem sentido para o Direito Penal na medida em que possa excluir, por via de consequência, a culpabilidade.

Tanto é assim que a imputabilidade do agente afasta a culpabilidade sem atingir o injusto típico, o ilícito penal, que, em certas circunstâncias, continua a produzir efeitos jurídico-penais (medidas de segurança, medidas de proteção ou internamento etc.).

Por isso, tais causas devem ser pesquisadas em primeiro lugar.

Pertencem à segunda classe todas aquelas situações incompatíveis com a existência de algum dos elementos essenciais da culpabilidade, a saber:

a) inexigibilidade, nas circunstâncias, de outra conduta;

b) estado de necessidade exculpante;

c) embriaguez completa por caso fortuito ou força maior;

d) coação moral irresistível;

e) obediência hierárquica;

f) erro de proibição inevitável;

g) descriminantes putativas, quando traduziram erro de proibição inevitável;

h) o excesso exculpante de legítima defesa;

i) o caso fortuito.

Imputabilidade e inimputabilidade

Imputabilidade é sinônimo de atribuibilidade. Imputar é atribuir algo a alguém. Quando determinado fato é imputável a certa pessoa, está-se atribuindo a essa pessoa ter sido a causa eficiente e voluntária desse mesmo fato. Mais ainda: está-se afirmando ser essa pessoa, no plano jurídico, responsável pelo fato e, consequentemente, passível de sofrer os efeitos, decorrentes dessa responsabilidade, previstos no ordenamento vigente.

O termo "imputabilidade" contém, assim, uma certa carga valorativa.

Pode a imputabilidade estar referida não ao fato, mas diretamente ao agente. Nesta hipótese, significa aptidão para ser culpável. Quando se afirma que certa pessoa é imputável, está-se dizendo ser ela dotada de capacidade para ser um agente penalmente responsável.

Culpabilidade, responsabilidade e imputabilidade são expressões que, frequentemente, se confundem.

O Código Penal trata da imputabilidade no art. 26 e seguintes.

Imputabilidade é, tecnicamente, a capacidade de culpabilidade; a responsabilidade constitui um princípio segundo o qual toda pessoa imputável (dotada de capacidade e culpabilidade) deve responder pelos seus atos.

Sempre que o agente for imputável, será penalmente responsável, em certa medida; e se for responsável, deverá prestar contas pelo fato-crime a que der causa, sofrendo, na proporção direta de sua culpabilidade, as consequências jurídico-penais previstas em lei.

O conceito de culpabilidade apoia-se sobre o princípio da responsabilidade, segundo o qual as pessoas estão obrigadas a responder pela legitimidade de suas resoluções fáticas, nos limites da respectiva capacidade de compreensão ético-social.

O princípio da responsabilidade penal apoia-se, por sua vez, na imputabilidade do agente. Toledo discorda daqueles que entendem que a imputabilidade é pressuposto necessário da culpabilidade, não simples elemento desta.

Quais os elementos da imputabilidade, i.e., da capacidade de culpabilidade? Pode-se inferir dos arts. 26 a 28 do Código Penal dois elementos, a saber:

a) que o agente possua, ao tempo da ação ou da omissão, a higidez biopsíquica necessária para a compreensão do injusto e para orientar-se de acordo com essa compreensão;

b) que o agente tenha completado 18 anos.

Doença mental ou desenvolvimento mental incompleto ou retardado

Para que o agente de um crime seja dotado de imputabilidade, além dos 18 anos, deverá, à época do fato, estar no gozo de certas faculdades intelectivas e de determinado grau de saúde mental.

A lei penal exprime essas exigências de modo negativo, ao estabelecer as hipóteses de inimputabilidade ou de redução da responsabilidade (arts. 26 e parágrafo único, 27 e 28, §§ 1º e 2º, CP).

Com isso, pode-se afirmar ser a regra a imputabilidade do maior de 18 anos; a exceção, a inimputabilidade.

Assim, a inimputabilidade restringe-se aos casos expressos em lei e, processualmente, deve ser provada. Já a imputabilidade presume-se nos casos em que a lei não a exclua.

As primeiras hipóteses de inimputabilidade estão previstas no art. 26: doença mental ou desenvolvimento mental incompleto ou retardado.

Tendo o legislador usado termos genéricos, a compreensão das expressões "doença mental" e "desenvolvimento mental incompleto ou retardado" fica deferida ao prudente arbítrio do juiz que, em cada caso, se valerá do indispensável auxílio de perícias especializadas.

Parte III • Direito Penal **429**

É importante ter em mente a parte final do preceito, que traça os limites normativos extremos desse poder discricionário: doença ou qualquer anomalia que torne o agente, à época do fato, incapaz de ter a compreensão do injusto que realiza ou de orientar-se finalisticamente em função dessa compreensão.

Redução da capacidade

As causas já citadas, dependendo do grau de evolução, podem ou não conduzir a uma redução da capacidade de compreensão ou de autodeterminação do agente.

Nesse caso, fala-se de imputabilidade ou em responsabilidade diminuída, conforme o art. 26 do Código Penal.

A menor capacidade de compreensão do injusto ou a redução do poder de domínio dos próprios impulsos, resultante de causas mórbidas ("perturbação da saúde mental"), ou de desenvolvimento incompleto ou retardado, acarreta, quando não afasta, a imputabilidade do agente, uma atenuação de sua responsabilidade, no sentido em que empregamos o termo, o que repercute sobre o juízo de censura de culpabilidade, perfeitamente graduável, ensejando a possibilidade de redução da pena.

Toledo considera que a redução da capacidade de compreensão do injusto acarreta necessariamente a redução da capacidade de autodeterminação, mas a recíproca não é verdadeira.

Assim, por exemplo, um neurótico pode ter consciência do que faz mas não ter domínio de seus atos, i.e., não pode evitá-los.

Em qualquer destas hipóteses haverá o reconhecimento da existência das circunstâncias da atenuação de responsabilidade do art. 26 do Código Penal.

Menoridade

Em nosso ordenamento penal, o menor de dezoito anos é penalmente irresponsável, ficando sujeito à legislação especial (art. 27, CP).

Não se trata de critério científico, mas de política criminal. Nada indica que a idade de dezoito anos marque a capacidade de compreensão do injusto e de autodeterminação. É um limite razoável de tolerância.

Actio libera in causa. **Embriaguez. Estado de inconsciência**

O raciocínio utilizado para a *actio libera in causa* é: embora o agente não esteja no pleno gozo de suas faculdades de compreensão e de autodeterminação, no momento do fato, essa situação transitória de inimputabilidade seria resultante de um anterior ato livre de vontade (a causa da causa é também causa do que foi causado – *causa causae est causa causati*).

O Código Penal adota esse princípio no art. 28, pois a embriaguez, por álcool ou drogas, dota o indivíduo de especial periculosidade pelo afrouxamento de suas faculdades de inibição, ou, pela paralisação de funções psíquicas essenciais ao normal desempenho de certas atividades (dirigir veículos, conduzir armas etc.).

Sendo isso um fato de conhecimento geral, não se deve valorar em benefício do agente a embriaguez voluntária ou culposa, visto que quem se embriaga propositadamente, ou por imprudência, assume riscos calculados e não pode deixar de prever eventuais consequências desastrosas daquilo que fez nesse estado.

Do mesmo modo, quem se transforma em instrumento de si mesmo, para a comissão de um crime planejado (embriaguez preordenada) age com dolo e culpavelmente, tal como aquele que contrata e induz o cúmplice à prática do crime.

Pode-se ver no art. 28 do Código Penal um conteúdo que não conduza a se punir como doloso um resultado só atribuível a título de culpa ou a se punir pelo só resultado quem dela não participa sequer culposamente.

Os preceitos em causa devem ser interpretados em conjugação com o princípio da culpabilidade, já que não existe crime sem culpabilidade.

Dentro desse espírito, Hungria elaborou algumas hipóteses e soluções:

a) embriagou-se voluntariamente com o fim preconcebido de cometer o crime;

b) embriagou-se voluntariamente, sem o fim de cometer o crime, mas prevendo que em tal estado podia vir a cometê-lo e assumindo o risco de tal resultado;

c) embriagou-se voluntária ou imprudentemente, sem prever, mas devendo prever ou prevendo, e esperando que não ocorresse a eventualidade de vir a cometer o crime;

d) embriagou-se por caso fortuito ou força maior (sem intenção de se embriagar e não podendo prever os efeitos da bebida).

Nos casos "a", "b" e "c" é inegável que existe um vínculo de causalidade psíquica entre o ato de embriagar-se e o evento criminoso, entre o intencional, voluntário ou culposo estado de transitória perturbação fisiopsíquica e o crime.

Em todos os três o agente se colocou livremente em estado de delinquir, sabendo ou devendo saber que a embriaguez facilmente conduz à frouxidão dos freios inibitórios e à consequente prática de atos contrários à ordem pública.

Somente na quarta hipótese deixa de haver uma *actio libera causa*.

Para Toledo, apenas os casos "a" e "b" se resolvem pela *actio libera in causa*.

Na hipótese "c" só se poderá cogitar de um crime culposo e se houver previsão legal, pelo que se socorrerá do princípio da culpa *stricto sensu*.

Considerar-se o crime doloso, nessa hipótese, constitui uma incorreta congregação de culpa e dolo.

A ingestão de bebidas ou drogas, não leva, em todos os casos, a um estado de inconsciência apto a anular a capacidade de compreensão e de autodeterminação.

A simples redução dessa capacidade, de modo transitório, não pode causar em favor do ébrio maior benefício do que o estabelecido em favor do insano mental (parágrafo único do art. 26, CP).

Inexigibilidade de outra conduta

Culpabilidade e responsabilidade são conceitos que não se confundem. A culpabilidade acarreta sempre a responsabilidade. Quem é culpado é responsável e quem é responsável pode ser chamado a prestar contas pelo fato a que deu causa.

No Direito Penal a responsabilidade é pessoal e intransferível (ninguém pode ser punido por um comportamento que não seja seu); torna-se indispensável, antes da aplicação da pena, fixar-se, a quem pertence a ação que se quer punir.

Há que se estabelecer se a ação que se quer punir pode ser atribuída à pessoa do acusado, como algo realmente seu, ou seja, derivado diretamente de uma ação (ou omissão) que poderia ter sido por ele de algum modo evitada.

Essa possibilidade de evitar, no momento da ação ou da omissão, a conduta reputada criminosa é decisiva para a fixação da responsabilidade penal, pois, inexistindo tal possibilidade, será forçosa a conclusão de que o agente não agiu por conta própria, mas teve seus músculos acionados, ou paralisados, por forças não submetidas ao domínio de sua inteligência e/ou vontade. Há, pois, que se distinguir a mera causa física do comportamento humano "responsável".

O que é impossível de ser evitado só pode ser reconduzido ao mundo físico, puramente causal, não à pessoa humana, entendida como sujeito responsável, i.e., dotado da faculdade de dizer sim ou não, dentro de determinadas circunstâncias e limites.

A culpabilidade, para configurar-se, exige uma "normalidade das circunstâncias" que cercaram e poderiam ter influído sobre o desenvolvimento do ato volitivo do agente.

Na medida em que essas circunstâncias apresentem-se significativamente anormais, deve-se suspeitar da presença de anormalidade, também, no ato volitivo.

Tal raciocínio se aplica aos crimes culposos, já que também no comportamento negligente ou imprudente a anormalidade do processo psíquico, "por causa de circunstâncias fáticas", deve ser considerada em favor do agente.

Excesso de legítima defesa exculpante

O Código Penal prevê a legítima defesa justificante (art. 25), a putativa, exculpante (art. 20, § 1º) e os excessos puníveis a título de dolo ou culpa *stricto sensu* (art. 23, parágrafo único).

O Código Penal não trata do excesso exculpante, o que não impede sua admissibilidade, por aplicação do princípio *nullum crimen, nulla poena sine culpa*.

O que nosso ordenamento desabona, ao exigir "moderação" e emprego "dos meios necessários" (art. 25) é que seja abrangida por uma causa de exclusão da antijuridicidade a defesa excessiva, em princípio desnecessária e evitável.

Por ocasião da formulação do juízo de culpabilidade, se irá pesquisar o conjunto das circunstâncias fáticas e emocionais que presidiram o espetáculo para saber se o agente agiu, ou não, culpavelmente, i.e., se podia ter evitado o excesso em que incorreu ou, ao contrário, era-lhe humanamente impossível, no quadro emocional em que se debateu, medir e pesar, racionalmente, a agressão e a reação para ajustar a última, em peso e tamanho, à primeira.

O estado de perturbação mental, de medo ou de susto, pode configurar excesso intensivo, excludente da culpabilidade do agente.

O excesso de legítima defesa só é punido quando se apresenta doloso ou culposo, mas não o é se devido ao fortuito ou a erro escusável.

A emoção e a paixão

Emoção: alegria, tristeza, medo, cólera, ódio, aversão, amor. A paixão é um estado emocional exacerbado, com certa duração, capaz de interferir no desenvolvimento do raciocínio lógico, imparcial (art. 28, CP).

Coação irresistível, caso fortuito e força maior

Vis absoluta e vis compulsiva, coação física e coação moral

Na coação física o coagido não realiza uma verdadeira ação ou omissão, apresentando-se como simples objeto ou instrumento de violência, pelo que só se pode considerar autor do crime o agente da coação, não o coagido, paciente dessa mesma coação. Logo, exclui, se irresistível, o coagido de qualquer cogitação de autoria ou coautoria. A responsabilidade pelo fato é do coator.

Na coação moral, o coagido tem suas possibilidades de opção muito restringidas pelo temor de sofrer algum mal, não obstante age ou se omite impelido pelo medo, valendo-se de suas próprias forças. Se for irresistível, exclui a culpabilidade do coagido, por não lhe ser exigido, nas circunstâncias, conduta diversa da que realizou (art. 22, CP).

Caso fortuito e força maior (art. 28, §§ 1º e 2º, CP)

Na força maior o agente não tem a possibilidade de evitar o resultado danoso, ainda que previsível.

No caso fortuito, embora evitável esse resultado, falta ao agente a previsibilidade, mínimo exigível para a configuração da culpa consciente.

Para Toledo, na força maior a causa do resultado, o agente mediato, a *vis impulsiva* é uma força da natureza ou um acontecimento não provocado pelo agente imediato; na coação física o agente mediato, o autor da coação é um ser humano que responderá criminalmente pelo fato.

Conclui que a coação moral e o caso fortuito excluem a culpabilidade e a coação física exclui a própria ação humana.

Erro de proibição. Descriminantes putativas. Obediência hierárquica
Obediência hierárquica (art. 22, CP)

A obediência à ordem de superior hierárquico é causa de exclusão da culpabilidade.

Na obediência a ordem legítima tem-se causa excludente de ilicitude; na obediência a ordem ilegítima, excludente de culpabilidade.

Assim são requisitos da dirimente: ordem não manifestamente ilegal, relação de subordinação hierárquica entre o mandante e o executor, estrita observância da ordem.

PARTE IV

Direito Civil e Empresarial

Capítulo 1

Direito Civil Constitucional – o novo Código Civil e seu relacionamento com o microssistema do consumidor

Eis a pedra angular de todo o Direito Civil que for legislado sobre a base da natureza humana. As leis são feitas para o homem e não o homem para as leis. O homem é o ente inteligente e livre, e não uma tabula rasa em que o legislador construa codificações arbitrárias (Augusto Teixeira de Freitas, Esboço 1860, Typographia Universal de Saemmert).

SUMÁRIO: 1.1. A descodificação como fenômeno histórico. **1.2.** Compatibilização do novo Código Civil com a Constituição da República. **1.3.** Direitos humanos e relações jurídicas privadas. **1.4.** A tutela da personalidade e o ordenamento civil-constitucional brasileiro. Personalidade como objeto de situações jurídicas subjetivas. **1.5.** Técnica legislativa da parte geral do Código Civil/2002 – variedade das fontes normativas. **1.6.** Conceitos jurídicos indeterminados, conceitos normativos e poder discricionário. **1.7.** O Código Civil de 2002, os microssistemas e a Constituição Federal: premissas para uma reforma legislativa. **1.8.** Diálogo entre o Código Civil brasileiro de 2002 e o Código de Defesa do Consumidor: o diálogo das fontes. **1.9.** Os três tipos de diálogo possíveis entre o Código de Defesa do Consumidor e o Código Civil de 2002 e a superação do "conflito" pelo diálogo entre fontes. **1.10.** Diálogo sistemático de complementaridade e subsidiariedade: a entrada em vigor do Código Civil de 2002 e a não revogação do Código de Defesa do Consumidor. **1.11.** Da convergência de princípios e da divergência de campos de aplicação subjetivos. **1.12.** Campo de ação subjetivo do Código de Defesa do Consumidor e convergência no campo de aplicação material entre o Código de Defesa do Consumidor e o Código

> Civil de 2002. **1.13.** Relações de consumo como tema "não incorporado" ao Código Civil de 2002. **1.14.** As normas especiais sobre a "ordem" subsidiária e complementar de aplicação do Código Civil de 2002. **1.15.** Sistema geral central e microssistemas em diálogo: especialidade, coordenação e influências recíprocas. **1.16.** Coordenação entre a especialidade teleológica e hierárquica do Código de Defesa do Consumidor e a subsidiariedade do Código Civil de 2002: a função social do contrato de consumo. **1.17.** Relações entre iguais (civis ou empresários) e "diferentes" (consumidores e fornecedores) em um compartilhado campo de aplicação material. **1.18.** Função e teleologia diferentes em um convergente campo de aplicação material: uma nova chance para a teoria finalística. **1.19.** O Código Civil de 2002 como nova base conceitual do Código de Defesa do Consumidor e as influências recíprocas. **1.20.** Boa-fé, abuso de direito, contratos de adesão e cláusulas abusivas no Código Civil de 2002 e no Código de Defesa do Consumidor. **1.21.** Conflitos entre o Código Civil de 2002 e o Código de Defesa do Consumidor. **1.22.** Considerações finais. **1.23.** Referências.

Com a entrada em vigor do novo Código Civil inicia-se o momento de sua construção interpretativa, sendo necessário, para dele extrair todo o seu conteúdo normativo, compatibilizá-lo com a Constituição da República.

Torna-se indispensável manter um comportamento crítico em face do novo Código, procurando lhe conferir a máxima eficácia social, em vista dos valores consagrados no ordenamento civil-constitucional.

1.1. A descodificação como fenômeno histórico

O Código Civil de 1916 era fruto das doutrinas individualista e voluntarista consagradas no Código de Napoleão, onde o valor fundamental era o indivíduo. O Direito Privado tratava de regular, do ponto de vista formal, a atuação dos sujeitos de direito, notadamente o contratante e o proprietário, os quais aspiravam poder contratar, fazer circular riquezas, adquirir bens, como expansão da própria inteligência e personalidade, sem restrições ou entraves legais.

Afirmava-se que o Código Civil brasileiro era a Constituição do Direito Privado, constituindo-se em garantia legal, resguardando as relações patrimoniais contra a ingerência do Poder Público.

438   Problemas e Soluções em Direito • Eugênio Rosa de Araújo

A partir dos anos 20 do século XX, a era de estabilidade e segurança do Código Civil entra em declínio em face de inúmeros acontecimentos: movimentos sociais, o processo de industrialização, o advento do esforço de guerra, propiciando o aparecimento de uma legislação de emergência, derivada da necessidade de intervenção estatal na ordem econômica.

Logo após a promulgação do Código Civil foram editadas leis excepcionais, assim denominadas por dissentirem dos princípios dominantes do corpo codificado, desmentindo o sentido de completude do Código.

Tal fenômeno, acelerado e intensificado após os anos 30, levou o Código Civil a perder seu caráter de exclusividade na regulação das relações patrimoniais privadas.

Um processo de especialização das leis, por sua técnica, objeto e finalidade em relação ao corpo codificado, propiciou a denominada descodificação do Código Civil, com o aparecimento de inúmeros estatutos, tais como o de locações, Estatuto da Criança e do Adolescente, Código de Defesa do Consumidor, registros públicos, alimentos, divórcio, Estatuto da Terra, universos legislativos que se constituem em verdadeiros microssistemas, pequenas codificações que funcionam com inteira independência temática, a despeito dos princípios do Código Civil, passando ele a ter função meramente residual, aplicável, tão somente, em relação às matérias não reguladas pelas leis especiais.

1.2. Compatibilização do Novo Código Civil com a Constituição da República

Com a entrada em vigor do Código Civil de 2002, parece indispensável conferir-lhe a máxima eficácia social para que não se percam de vista os valores consagrados no ordenamento civil-constitucional.

Como se viu, desde a edição do revogado Código Civil de 1916, o Direito Civil veio sendo profundamente alterado, de maneira gradual, mas intensa, por meio do legislador e da magistratura, sobretudo com a Constituição Federal de 1988.

O Código Civil foi perdendo a centralidade no sistema de fontes normativas, desaguando no já falado movimento de descodificação, e reservou à Constituição Federal de 1988 o papel de reunificação do sistema.

1.3. Direitos humanos e relações jurídicas privadas

Nosso Direito pátrio herdou do Direito Romano a divisão "Direito Público/Direito Privado". Inspirado pelas ideias fundamentalistas que exaltavam o indivíduo, o Direito Civil assegurava a liberdade de contratar e a apropriação dos bens, ao passo que a doutrina dos direitos humanos engendrou mecanismos de proteção do indivíduo em face do Estado.

A sublimação do indivíduo no Direito Civil dá-se pela autonomia da vontade, enquanto as garantias fundamentais, concebidas pelo Direito Público, afastam as ingerências do Estado da esfera privada.

O dirigismo contratual e a formulação de novos meios processuais e substanciais de controle e de participação social corroboram este fenômeno de superposição dos espaços públicos e privado, suscitando uma redefinição de limites e uma profunda relativização conceitual.

Na democracia capitalista globalizada, pouca serventia mostram os mecanismos de proteção dos direitos humanos, se as políticas públicas e a atividade econômica privada escaparem aos mecanismos de controle jurídico, incrementando a exclusão social e o desrespeito à dignidade da pessoa humana.

Na era dos contratos de massa e na sociedade tecnológica, a responsabilidade civil baseada na culpa, por exemplo, mostra-se pouco eficaz, impondo-se a busca de soluções de índole objetiva, preferencialmente preventivas, não meramente ressarcitórias, em defesa de uma melhor qualidade de vida e da realização da personalidade.

São também insuficientes as técnicas do Direito Privado de proteção da pessoa humana, consubstanciadas na doutrina dos direitos da personalidade. A tipificação dos direitos de personalidade, concebida sob o paradigma dos direitos patrimoniais, com sua meticulosa taxionomia, a definição de poderes do titular e os mecanismos previamente definidos para a sua proteção, mostram-se inteiramente aquém das inúmeras e crescentes demandas da pessoa humana, inseridos em situações que se multiplicam e se diversificam ao sabor dos avanços tecnológicos, sendo insuscetíveis de se afastarem da rígida pretensão normativa, muito embora merecedora da tutela pelo ordenamento jurídico.

Vivemos uma crescente necessidade de proteção da pessoa na atividade econômica, onde a insuficiência da técnica regulamentar reflete a vigência da superação do individualismo, plasmada na cláusula geral de tutela da dignidade da pessoa humana nas relações intersubjetivas.

Os exemplos dessas deficiências são inúmeros, todos eles confrontam a atividade econômica privada com a tutela dos direitos fundamentais.

Hoje, a proteção dos direitos humanos reclama análise multidisciplinar e concita o intérprete a harmonizar fontes nacionais e supranacionais, reformulando o conceito de ordem pública, que se expande para os domínios da atividade econômica privada.

Muitas vezes o descompasso entre a realidade fática e a legislativa (rectius interpretativa) propiciou verdadeira agressão à dignidade da pessoa humana, por exemplo, a negativa de registro de transexual, o exame obrigatório de DNA em sede de investigação de paternidade e a prisão cível por dívidas.

No caso de exame de DNA, o direito à integridade física configura verdadeiro direito subjetivo da personalidade, garantido constitucionalmente, cujo exercício, no entanto, se torna abusivo se servir de escusa para eximir a comprovação, acima de qualquer dúvida, de vínculo jurídico a fundamentar adequadamente as responsabilidades decorrentes da relação de paternidade.

A proteção dos direitos humanos não mais pode ser perseguida a contento se confinada no âmbito do Direito Público, sendo possível mesmo aduzir que as pressões do mercado, especialmente intensas na atividade econômica privada, podem favorecer uma conspícua violação à dignidade da pessoa humana, reclamando, por isso mesmo, um controle social com fundamento nos valores constitucionais.

No campo das relações privadas, a usual técnica regulamentar mostra-se avessa à proteção dos direitos humanos, pois que incapaz de abranger todas as hipóteses em que a pessoa humana se encontra a exigir tutela.

Seja por seu caráter compromissório, seja pela maior estabilidade do processo legislativo necessário à sua rescisão, seja por sua posição hierárquica no ordenamento jurídico, deve ser utilizada, sem qualquer cerimônia, pelo operador, aproveitando-se da opção do constituinte pela intervenção nos institutos do Direito, como propriedade, família, atividade empresarial, relações de consumo etc.

No que tange especificamente à proteção da pessoa humana, mantém-se despercebida, as mais das vezes, pelos civilistas, a cláusula geral de tutela fixada pela Constituição, nos arts. 1º, III; 3º, III e 5º, § 2º.

Segundo o art. 1º, III, a República Federativa do Brasil tem como fundamento a dignidade da pessoa humana. Nos termos do art. 3º, III, constituem-se objetivos fundamentais da República a erradicação da pobreza e da marginalização e a redução das desigualdades sociais e regionais. Finalmente, pelo art. 5º, § 2º, os direitos e garantias expressos na Constituição (com aplicação imediata, consoante o § 1º) não excluem outros decorrentes do regime e dos princípios por ela adotados, ou dos tratados internacionais em que o Brasil seja parte.

Recentemente, a Emenda Constitucional nº 45/2004 operou importantíssima alteração no texto constitucional, acrescentando o § 3º ao art. 5º, passando as normas internacionais sobre direitos humanos a ser reconhecidas como de *status* constitucional, se aprovadas pelas duas Casas do Congresso por 3/5 dos seus membros em dois turnos de votação, bem como submeteu, pela nova redação do § 4º, nossa jurisdição à do Tribunal Penal Internacional, a cuja adesão o Brasil tinha se manifestado.

Tais preceitos compõem os princípios fundamentais da República e precedem, topográfica e interpretativamente, todos os demais capítulos constitucionais.

A Constituição, no plano hermenêutico, condiciona e conforma todo o tecido normativo: tanto o corpo constitucional, no mesmo plano hierárquico, bem como o inteiro ordenamento infraconstitucional, com supremacia sobre todas as demais normas jurídicas.

Quer a ordem constitucional, com a cláusula geral da tutela da dignidade da pessoa humana e o estabelecimento dos princípios introdutórios, definir uma nova ordem pública, da qual não se podem excluir as relações jurídicas privadas, funcionalizando a atividade econômica aos valores existenciais e sociais ali definidos.

Pode-se afirmar que a tutela dos direitos humanos na atividade econômica (relações de direito privado) consolida-se na interpretação dos espaços públicos e privados na medida em que os avanços tecnológicos e a ampliação dos mercados tendem a "despersonificar" o indivíduo, aniquilando conquistas sociais e fomentando o predomínio de uma perversa lógica econômica.

Impõe-se que a absorção dos tratados de proteção dos direitos humanos não seja vista à luz de critérios econômicos e mercadológicos, e que na compatibilização das fontes normativas possa ser preservada a tábua de valores culturais, jurídicos e éticos nacionais consagrada nos textos constitucionais e na história jurisprudencial de cada país.

É necessária uma nítida superação conceitual, no plano interpretativo, entre os valores sociais e os valores econômicos que presidem o ordenamento, entre a pessoa jurídica e a pessoa humana; entre a lógica do mercado e a lógica existencial, concernente ao cidadão, para o qual há de se voltar, em última análise, toda a ordem jurídica contemporânea.

1.4. A tutela da personalidade e o ordenamento civil-constitucional brasileiro. Personalidade como objeto de situações jurídicas subjetivas

Os avanços de tecnologia dos grupamentos urbanos expõem os seres humanos a novas situações sem paradigmas no passado, demandando uma construção com base nos direitos da personalidade, direitos atinentes à tutela da pessoa humana, considerados essenciais à sua dignidade e integridade (saúde, educação, assistência social e acesso à Justiça).

A separação entre o sujeito e o objeto do direito é postulado lógico, quando o interesse protegido dirige-se a uma utilidade externa, tal qual ocorre nas relações jurídicas patrimoniais. Entretanto, a regra não se adapta à categoria das relações jurídicas não patrimoniais.

Os direitos subjetivos privados, os direitos de personalidade, possuem como características a generalidade, a extrapatrimonialidade, o caráter absoluto, a inalienabilidade, a imprescritibilidade e a intransmissibilidade.

Generalidade, porque concedida a todos pelo simples fato de estarem vivos. Extrapatrimonialidade, consistente na insuscetibilidade de uma avaliação econômica desses direitos, ainda que a sua lesão gere reflexos econômicos. Absolutos, já que oponíveis *erga omnes*, impondo-se à coletividade o dever de respeitá-los. Indisponíveis, porque retiram do seu titular a possibilidade de deles dispor, tornando-os, também, irrenunciáveis e impenhoráveis. A imprescritibilidade impede que a lesão a um direito da personalidade, com o passar do tempo, possa convalescer com o perecimento da pretensão ressarcitória ou reparadora. A intransmissibilidade constitui característica controvertida, estando a significar que se extinguiria com a morte do titular, em decorrência do seu caráter personalíssimo.

O Código Civil consagrou os direitos da personalidade nos arts. 11 a 21, assegurando proteção expressa aos direitos da personalidade em geral, indicando, de maneira não taxativa, os direitos à integridade física, direito ao nome e a proteção à imagem.

Os rígidos compartimentos dos Direitos Público e Privado nem sempre se mostram suficientes para a tutela da personalidade, que exige a um só tempo a proteção do Estado e das sociedades intermediárias – família, empresa, associações –, como ocorre, com frequência, nas matérias atinentes à família, à inseminação artificial e à procriação assistida, ao transexualismo, aos negócios jurídicos relacionados à informática, às relações de trabalho em condições degradantes, e assim por diante.

Os direitos da personalidade são inatos, isto é, nascem unicamente pelo fato de nascerem com a pessoa humana, segundo a disciplina do direito positivo; são todos direitos da personalidade, embora nem todos os direitos da personalidade sejam inatos (ex.: direito moral do autor, cuja existência pressupõe a criação intelectual).

Assim, como inato, o direito da personalidade nasce imediata e contratualmente com a pessoa (direito inato). Está-se diante do princípio da igualdade: todos nascem com a mesma titularidade e com as mesmas situações jurídicas subjetivas. A personalidade comporta imediata titularidade de relações personalíssimas.

Para Pietro Perlingieri, a personalidade humana mostra-se insuscetível de recondução a uma "relação jurídica-tipo" ou a um "modelo de direitos subjetivos típicos", sendo, ao contrário, valor jurídico a ser titulado nas múltiplas e renovadas situações em que o homem possa se encontrar a cada dia. Daí resulta que o modelo de direito subjetivo tipificado será necessariamente insuficiente para atender às possíveis situações subjetivas em que a personalidade humana reclame tutela jurídica.

Não se pode basear os direitos de personalidade sob o único paradigma dos direitos patrimoniais, já que uma só massa patrimonial comporta tantos direitos quantas distintas relações jurídicas que possam ser identificadas à luz dos interesses em jogo e ainda que entre tais relações jurídicas haja um vínculo originário.

A realização plena da dignidade humana, como quer a Constituição Federal em vigor, não se contenta com a setorização da tutela jurídica ou com a tipificação de situações previamente estipuladas, nas quais possa incidir o ordenamento.

A tutela da pessoa humana, além de superar a perspectiva setorial (Direito Público/Privado), não se satisfaz com as técnicas ressarcitória e repressiva (binômio lesão/sanção), exigindo, ao reverso, instrumentos de promoção do homem, considerado em qualquer situação jurídica de que participe, contratual ou extracontratual, de Direito Público ou de Direito Privado.

Nosso ordenamento constitucional não considera a personalidade como um novo reduto de poder do indivíduo, no âmbito do qual seria exercido a sua titularidade, mas como valor máximo do ordenamento, modelador da autonomia privada, capaz de submeter a atividade econômica a novos critérios de validade.

É preciso salvaguardar a pessoa humana em qualquer momento da atividade econômica, quer mediante os específicos direitos subjetivos (saúde, nome, imagem etc.), quer como inibidor de tutela jurídica de qualquer ato jurídico patrimonial ou extrapatrimonial que não atenda a realização da personalidade.

A prioridade conferida à cidadania e à dignidade da pessoa humana (art. 1º, I e III, CF), fundamentos da República, e a adoção do princípio da igualdade substancial (art. 3º, III), ao lado da isonomia formal do art. 5º, bem como a garantia residual estipulada pelo art. 5º, §§ 2º e 3º, da Constituição Federal, condicionam o intérprete e o legislador ordinário, modelando todo o tecido normativo infraconstitucional com a tábua de valores ali estabelecida.

A escolha da dignidade da pessoa humana como fundamento da República, associada ao objetivo fundamental de erradicação da pobreza e da marginalização, e de redução das desigualdades sociais, juntamente com a previsão do § 2º do art. 5º, no sentido da não exclusão de quaisquer direitos e garantias, mesmo que não expressos, desde que decorrentes dos princípios adotados pelo texto maior, configuram uma verdadeira cláusula geral de tutela e promoção da pessoa humana, tomada como valor máximo do ordenamento.

Tais diretrizes estabelecem parâmetros para o legislador, para os Poderes Públicos, protegendo o indivíduo contra a ação do Estado e alcançam também a atividade privada, informando as relações contratuais no âmbito da iniciativa econômica. Não há negócio jurídico que não tenha seu conteúdo redesenhado pelo texto constitucional.

A tutela da personalidade é dotada do atributo da elasticidade. No caso da pessoa humana significa a abrangência da tutela, capaz de fazer incidir a proteção do legislador e, em particular, o ditame constitucional de salvaguarda da dignidade humana a todos as situações, previstas ou não, em que a personalidade, entendida como valor máximo do ordenamento, seja ponto da referência objetivo.

Para Pietro Perlingieri, elasticidade da tutela da personalidade significa que não existe um *numerus clausus* de hipóteses tuteladas, mas que é tutelado o valor da personalidade, sem limites, ressalvados os postos no interesse de certas personalidades, não de terceiros. Elasticidade das relações pessoais significa, portanto, que a sua tutela deve ser estendida também às hipóteses (juridicamente relevantes) não previstas pelas leis ordinárias.

Já na regulamentação das relações jurídicas patrimoniais, ao revés, a dignidade da pessoa humana é o limite interno capaz de definir com novas bases as funções sociais da propriedade e da atividade econômica (art. 5º, XXII, XXIII, 170, *caput e* incisos III, VII e VIII).

Os grupos sociais, como a família, os sindicatos, a universidade, a empresa, as associações filantrópicas ou mesmo religiosas, todas elas igualmente, devem ter seu regulamento interno adequado ao pleno desenvolvimento da personalidade humana, não lhes sendo consentido impor aos seus associados normas de conduta que não se coadunam com os princípios já referidos.

As comunidades intermediárias têm a sua razão de ser e sua justificativa no papel que representam para a promoção da pessoa humana, deixando de ser tuteladas no momento em que deixem de cumpri-lo.

A tutela da personalidade não pode se conter em setores estanques, de um lado os direitos humanos e de outro as chamadas situações jurídicas de direito privado. A pessoa, à luz do sistema constitucional, requer proteção integrada, que

Parte IV • Direito Civil e Empresarial

supere a dicotomia Direito Público/Direito Privado e atenda à cláusula geral fixada pelo texto maior, de promoção da dignidade humana.

Procedente a crítica à doutrina da personalidade que reproduz a lógica dos direitos subjetivos patrimoniais, formados por técnica excessivamente regulamentar. Procura-se tipificar os direitos da personalidade e descrever seu conteúdo, reservando-se erroneamente a tutela jurídica somente ao titular de tais direitos.

A tutela da personalidade se estende a todos os momentos da atividade econômica, daí decorrendo que a validade dos atos jurídicos, por força da cláusula geral de tutela da personalidade, está condicionada à sua adequação aos valores constitucionais e realização da pessoa humana.

Nesse contexto, a pessoa jurídica, como entidade intermediária constitucionalmente privilegiada, deve ser merecedora da tutela jurídica apenas e tão somente como um instrumento (privilegiado) para a realização das pessoas que, em seu âmbito de ação, é capaz de congregar.

1.5. Técnica legislativa da parte geral do Código Civil/2002 – Variedade das fontes normativas

Do ponto de vista metodológico, duas são as principais características do Código Civil: a unificação do direito das obrigações e a adoção da técnica das cláusulas gerais, ao lado da técnica regulamentar, como resultado de um processo de socialização das relações patrimoniais, introduzindo-se no direito codificado a função social da propriedade privada e da atividade contratual.

A unificação do Direito Privado se faz sentir especialmente no livro relativo ao direito das empresas, já a partir do art. 966, que traz o conceito de empresário, objetivamente considerado como o titular de atividade econômica profissionalmente organizada.

A inclusão das cláusulas gerais revelou atualização em termos de técnica legislativa, mas exige cuidado especial por parte do aplicador, em razão do alto grau de discricionariedade atribuída ao intérprete. Assim, ou se tornam letra morta ou dependem de uma construção doutrinária capaz de lhes atribuir um conteúdo menos subjetivo.

O legislador procura associar em seus enunciados genéricos, prescrições de conteúdo completamente diverso em relação aos modelos tradicionalmente reservados às normas jurídicas. Cuida-se de normas que não prescrevem uma certa conduta, mas, simplesmente, definem valores e parâmetros hermenêuticos. Servem assim como ponto de referência interpretativo e oferecem ao intérprete os critérios axiológicos e os limites para a aplicação das demais disposições normativas.

Na experiência brasileira, o Estatuto da Criança e do Adolescente (Lei nº 8.069/90), o Código de Defesa do Consumidor (Lei nº 8.078/90) e o Estatuto da Cidade (Lei nº 10.257/2001) são bons exemplos de ampla utilização das cláusulas gerais e de conceitos jurídicos indeterminados associados a normas descritivas de valores.

Torna-se imprescindível que o intérprete promova a conexão axiológica entre o corpo codificado e a Constituição Federal, que define os valores e os princípios fundantes da ordem pública. Desta forma dá-se um sentido uniforme às cláusulas gerais, à luz da principiologia constitucional, que assumiu o papel de reunificadora do Direito Privado, diante da pluralidade de fontes normativas e da progressiva perda da centralidade normativa do Código Civil de 1916.

As cláusulas gerais do novo Código Civil poderão apresentar uma alteração relevante no panorama do Direito Privado brasileiro desde que lidas e aplicadas segundo a lógica da solidariedade constitucional e da técnica interpretativa contemporânea.

Volta-se a ciência jurídica à busca de técnicas legislativas que possam assegurar uma maior efetividade aos critérios hermenêuticos. Nesta direção, parece indispensável, a definição de princípios de tutela da pessoa humana, descrevendo nos textos normativos os cânones hermenêuticos e as prioridades axiológicas, os contornos da tutela da pessoa humana e os aspectos centrais da identidade cultural que se pretende proteger, ao lado de normas que permitem, do ponto de vista de sua estrutura e função, a necessária comunhão entre o preceito normativo e as circunstâncias do caso concreto.

Cabe ao intérprete, não mais ao legislador, a obra de integração do sistema jurídico e esta tarefa há de ser realizada em consonância com a legalidade constitucional.

No que concerne à parte geral, algumas cláusulas gerais utilizadas pelo codificador merecem especial atenção, relativamente à proteção dos direitos da personalidade e à boa-fé objetiva como cânones interpretativos.

Os direitos da personalidade, ausentes no Código Civil de 1916, foram admitidos no Brasil por força de construções doutrinárias, com base em leis especiais e na Constituição da República. O Código Civil de 2002 regula alguns direitos da personalidade, como se vê no art. 12, que prevê a possibilidade de cessação de ameaça ou da lesão a direito da personalidade e o ressarcimento pelos danos causados;

e o art. 21, "a vida privada da pessoa natural é inviolável, e o juiz, a requerimento do interessado, adotará as providências necessárias para impedir ou fazer cessar ato contrário a esta norma".

Ambos os dispositivos, lidos isoladamente, não trazem grande novidade, sendo certo que a vida privada é constitucionalmente inviolável (art. 5º, X, CF) e que qualquer lesão ou ameaça de lesão possibilita a correspondente tutela jurisdicional (art. 5º, XXXV, CF). Os preceitos ganham, contudo, maior significado se interpretados como especificação analítica da cláusula geral da tutela da personalidade prevista na Constituição Federal: arts. 1º, III (a dignidade humana como valor fundamental da República), 3º, III (igualdade substancial) e 5º, § 2º (mecanismo de expansão do rol dos direitos fundamentais).

A partir daí, deverá o intérprete romper com a ótica tipificadora seguida pelo Código Civil, ampliando a tutela da pessoa humana, não apenas no sentido de admitir uma maior ampliação de hipóteses de ressarcimento; no intuito de promover a tutela da personalidade mesmo fora do rol de direitos subjetivos previsto pelo legislador codificado. Pode-se dizer aqui que o Direito Civil sofreu um processo de constitucionalização, tornando-se socializado e despatrimonializado.

É insuficiente qualquer construção doutrinária que tipifique os direitos da personalidade ou cogite de um único direito geral da personalidade, por acabar limitando a proteção da pessoa à atribuição do poder para salvaguarda meramente ressarcitória, conforme a lógica dos direitos patrimoniais.

A personalidade humana não pode ser reduzida a uma situação jurídica-tipo ou a um elenco de direitos subjetivos típicos, de modo a se proteger as múltiplas e renovadas situações em que a pessoa venha a se encontrar. Muitos manuais analisam a personalidade do ponto de vista exclusivamente estrutural, ora como elemento subjetivo da estrutura das relações jurídicas, identificada com o conceito de capacidade jurídica, ora como elemento objetivo, ponto de referência dos direitos da personalidade. Reproduz-se, desse modo, a técnica do direito de propriedade, delineando-se a tutela da personalidade de modo setorial e insuficiente.

A proteção constitucional da pessoa humana supera a setorização da tutela jurídica (direitos humanos = direito público/direito da personalidade = direito privado) bem como a tipificação de situações previamente estipuladas, nas quais pudesse incidir o ordenamento.

É lícito considerar a personalidade como valor máximo do ordenamento, modelador da autonomia privada, capaz de submeter toda atividade econômica a novos critérios de legitimidade.

Configuram uma verdadeira *cláusula geral de tutela e promoção da pessoa humana*, tomada como valor máximo do ordenamento, a escolha da dignidade da pessoa humana como fundamento da República, a erradicação da pobreza e da marginalização e redução das desigualdades sociais como objetivos fundamentais e a previsão dos §§ 2º e 3º do art. 5º, no sentido da não inclusão de quaisquer direitos e garantias mesmo que não expressos na Constituição.

Trata-se do ocaso da concepção da proteção da pessoa humana associada exclusivamente à atribuição de titularidades e à possibilidade de obtenção de ressarcimento.

Assim, os arts. 11 a 23 do Código Civil de 2002 devem ser lidos à luz da tutela constitucional emancipatória, para irmos além da proteção do indivíduo contra o Estado, para alcançarmos também a atividade econômica privada, informando as relações contratuais de tal modo que possamos dizer que não há negócio jurídico ou espaço de liberdade privada que não tenha seu conteúdo redesenhado pelo texto constitucional.

Destaca-se a cláusula geral da boa-fé objetiva (arts. 113 e 422, CC/2002), já adotada pelo Código de Defesa do Consumidor, agora estendida às relações contratuais em geral, consubstanciada na lealdade, informação e transparência, ligadas no dever de interpretar o negócio de modo a preservar o conteúdo econômico e social perseguido pelas partes.

A leitura da cláusula geral da boa-fé objetiva, a partir dos princípios constitucionais informadores da atividade econômica privada, dá o verdadeiro sentido transformador do preceito na teoria da interpretação dos negócios jurídicos. O dever de interpretar os negócios jurídicos conforme a boa-fé objetiva encontra-se irremediavelmente informado pelos quatro princípios fundamentais para atividade econômica privada, a saber:

- dignidade da pessoa humana (art. 1º, III, CF) – fundamento da República;
- valor social da livre-iniciativa (art. 1º, IV, CF) – fundamento da República;
- a solidariedade social (art. 3º, I, CF) – objetivo da República;
- a igualdade substancial (art. 3º, III, CF) – objetivo da República.

Permitem, assim, as cláusulas gerais, a superação da regulamentação casuísta, através de normas jurídicas aplicáveis direta e imediatamente aos casos concretos.

O Constituinte vinculou diretamente tais dispositivos do art. 170 da Constituição Federal, espancando qualquer dúvida quanto ao significado instrumental da atividade econômica privada para a consecução dos fundamentos e objetivos da ordem constitucional.

Entende-se, então, o real significado da cláusula geral da função social do contrato (art. 421, CC/2002), pois à luz da Constituição Federal, a função social torna-se razão determinante e elemento limitador da liberdade de contratar, na medida em que esta só se justifica na presunção dos fundamentos e objetivos da República. Extrai-se daí a função social do contrato como o dever imposto aos contratantes de atender – ao lado dos próprios interesses individuais perseguidos pelo regulamento contratual – a interesses extracontratuais socialmente relevantes, dignos de tutela jurídica, que se relacionam com o contrato ou são por ele atingidos.

Tais interesses dizem respeito, por exemplo, aos consumidores, livre concorrência, meio ambiente, relações de trabalho etc.

À função social do contrato associa-se a boa-fé objetiva que, seja como princípio interpretativo (art. 113 c/c art. 402), seja como princípio fundamental do regime contratual (art. 422 c/c art. 402), significa o dever de interpretar o negócio de modo a preservar o conteúdo econômico e social perseguido pelas partes, daí decorrendo os deveres anexos e recíprocos de lealdade, informação e transparência, nas fases pré-negocial, negocial e pós-negocial.

Cumpre destacar, em breve síntese, os contornos do que, hoje, tem-se entendido por conceitos jurídicos indeterminados, conceitos normativos e poder discricionário, categorias de enorme importância para o correto manejo da operabilidade, socialidade e eticidade que norteiam a exegese do Código Civil e os demais microssistemas que com ele mantêm contato.

1.6. Conceitos jurídicos indeterminados, conceitos normativos e poder discricionário

Ao lado da técnica de legislar com normas regulamentares, i.e., através de previsões específicas e circunstanciadas, coloca-se a técnica das cláusulas gerais. Legislar por cláusulas gerais significa deixar ao juiz, ao intérprete, uma maior possibilidade de adaptar a norma às situações de fato. Exemplo: ordem pública, bom costume, equidade, diligência, lealdade no adimplemento, boa-fé no contrato etc.

Ao lado das cláusulas gerais, vamos enfrentar, então, o momentoso tema dos conceitos indeterminados, que se caracterizam por um elevado grau de indeterminação.

Hoje nos deparamos com diversos modos de expressão legislativa que são de molde a fazer com que o julgador (o órgão aplicador do Direito) adquira autonomia em face da lei.

Como modos de expressão deste tipo, distinguiremos: os conceitos jurídicos indeterminados, os conceitos normativos, os conceitos discricionários e as cláusulas gerais (diferentes formas de afrouxamento da vinculação legal).

Conceito indeterminado: conceito cujo conteúdo e extensão são em larga medida incertos. Conceitos absolutamente determinados são muito raros no Direito (v.g., conceitos numéricos).

Os conceitos jurídicos são predominantemente indeterminados pelo menos em parte, v.g., aqueles conceitos naturalísticos que são recebidos pelo Direito, como os de escuridão", "sossego noturno", "ruído", "perigo" e "coisa", do mesmo modo se pode dizer dos conceitos jurídicos de "crime", "ato administrativo", "negócio jurídico" etc.

Nos conceitos jurídicos indeterminados podemos distinguir um núcleo conceitual e um halo conceitual. Sempre que temos uma noção clara do conteúdo e da extensão de um conceito, estamos no domínio do núcleo conceitual. Onde as dúvidas começam, começa o halo do conceito.

Conceitos normativos: em certa medida são também conceitos indeterminados. Contrapõem-se estes conceitos aos conceitos descritivos, i.e., aqueles que designam "descritivamente" objetos reais ou que participam da realidade, ou seja, objetos perceptíveis pelos sentidos: "homem", "morte", "cópula", "escuridão", "vermelho", "velocidade", "intenção" etc.

Também entre os conceitos descritivos se encontram muitos conceitos indeterminados. Nem todos os conceitos indeterminados são, porém, e ao mesmo tempo "normativos".

Destacando-se dois significados diferentes do conceito normativo *stricto sensu,* podemos entender por conceitos "normativos" aqueles que, contrariamente aos conceitos descritivos, visam a dados que não são simplesmente perceptíveis pelos sentidos, mas que só em conexão com o mundo das normas se tornam representáveis e compreensíveis.

Os conceitos descritivos de "homem", "morte" e "escuridão" são conceitos de experiência, mesmo quando referidos a valores. Ao contrário, dizer que uma coisa é "alheia" podendo ser objeto de furto, significa que ela pertence a outro que não o agente. Pressupõe-se o regime de propriedade do Direito Civil.

Sentido normativo (e não simplesmente referido a valores) tem-no, de igual modo, conceitos jurídicos como "casamento", "afinidade", "funcionário público", "menor", "indecoroso", "íntegro", "indigno", "vil" (baixo), os quais radicam seu teor de sentido em quaisquer normas (Direito ou Moral).

Conceitos como casamento e menoridade são relativamente determinados, pois os pressupostos da sua aplicação são definidos de modo bastante preciso. Pode-se mesmo definir estes pressupostos por meio de conotações descritivas, v.g., declarando "menor" aquele que ainda não completou 18 anos.

É sempre necessária uma valoração para aplicar, no caso concreto, um conceito normativo. Por exemplo, se alguém é casado ou menor tal pode ser "estabelecido" por critérios descritivos. Ao contrário, se uma predisposição caracterológica é "indigna", se um motivo é "vil", se um escrito é "pornográfico", se uma representação é "blasfema", isso só poderá ser decidido com base numa valoração.

Os conceitos desta espécie chamam-se "conceitos carecidos de um preenchimento valorativo". O volume normativo destes conceitos tem de ser preenchido caso a caso, por meio de atos de valoração (valoração individual autônoma ou implementação de valorações alheias ["generalidade de pessoas"]). Seja como for, à valoração irá inerente uma indeterminação que nos mostra os conceitos normativos como uma classe especial de conceitos indeterminados.

Conceitos discricionários: põem-se a serviço do afrouxamento da vinculação legal, bem como permitem uma certa autonomia da valoração pessoal.

É necessário saber se, ao lado dos conceitos indeterminados e normativos, podemos reconhecer os discricionários, que postulam uma particular posição ou atitude do funcionário ou do juiz.

Vista pelos clássicos, a discricionariedade é no sentido de que o ponto de vista daquele que exerce o poder discricionário deve valer como relevante e decisivo.

Para Forsthoff, poder discricionário significa um espaço de liberdade para a ação e para a resolução, a escolha entre várias espécies de conduta igualmente possíveis. O direito positivo não dá a qualquer destas espécies de conduta preferência sobre as outras.

"Espaço livre" é a possibilidade de escolher entre várias alternativas diferentes de decisão, quer esteja apenas entre duas decisões contraditoriamente opostas (v.g., conceder ou não uma autorização) ou entre várias decisões à escolha numa relação disjuntiva (nomear um professor de uma lista de três).

É o conteúdo intrínseco do critério "possibilidade de escolha" que evidencia a particularidade dos conceitos de discricionariedade. Tal possibilidade não é só a de fato, mas também uma possibilidade jurídica: é o Direito, quase sempre a lei, que numa parte da norma abre a possibilidade de uma escolha entre várias alternativas de fatos possíveis.

No caso da "discricionariedade vinculada" o exercício do poder de escolha deve ir endereçado a um escopo e resultado da dicção que é o "único ajustado", em rigorosa conformidade com as diretrizes legais, ao lado de uma cuidadosa consideração de todas as "circunstâncias do caso concreto".

A incerteza eventualmente existente é um mal que se tem de aceitar. O espaço residual (espaço livre – restringido) da subjetividade na apreciação do justo, depois de atendidos as regras e as circunstâncias, pode não ser totalmente eliminado.

Os espaços da livre apreciação distinguem-se das genuínas atribuições de poder discricionário (i.e., atribuições de poder para uma discricionariedade livre) pelo fato de que as atribuições de poder reconhecem um "espaço ou domínio de liberdade de decisão própria" onde deve decidir-se segundo as "concepções próprias" daquele a quem a competência é atribuída.

O autêntico poder discricionário é atribuído pela lei, quando a decisão sobre o correto ou conveniente é confiada à responsabilidade de alguém e definida à valoração individual da pessoa chamada a decidir em concreto, porque se considera a melhor solução aquela que, dentro de determinados limites, como pessoa consciente de sua responsabilidade, faça valer seu próprio ponto de vista.

É problema de interpretação verificar quando é que, na relação entre a lei e a administração, temos de aceitar a abertura de um "poder discricionário".

Tem-se que decidir caso a caso qual intenção inspira aqueles conceitos que se suspeita sejam discricionários, se eles possibilitam a descoberta de uma decisão como a única justa (correta) segundo critérios firmes.

Os conceitos indeterminados (mormente os descritivos indeterminados) e os conceitos normativos (v.g., características normativas – hipótese legal no Direito Penal com "mal sensível") não se reportam a valorações pessoais, se bem que permitam um espaço residual de apreciação pessoal do justo e correto, porque a sua interpretação e aplicação no caso concreto é ambivalente.

Inversamente, pode-se dizer que os conceitos discricionários, como regra, são formulados pela sua própria estrutura como indeterminados e normativos (v.g., interesse público, equidade, dureza).

Se se pode falar de discricionariedade do legislador e do governo, também é possível a judicial, que aparece na determinação das consequências jurídicas do fato punível ou na fixação da reparação pecuniária do dano moral, ou em certas medidas processuais baseadas na mera conveniência (reunião de processos). O "podem" não significa mera possibilidade fática, mas traduz um poder de escolha.

No domínio da administração ou jurisdição, a convicção pessoal (valoração) de quem seja chamado a decidir é elemento decisivo para determinar qual das várias alternativas que se oferecem como possíveis, dentro de certo "espaço de fogo", será havida como sendo a melhor e a justa.

É problema de hermenêutica indagar onde e em que extensão tal discricionariedade existe.

Os conceitos indeterminados contrapõem-se aos conceitos determinados; os conceitos normativos contrapõem-se aos descritivos; os espaços ou âmbitos de livre discrição contrapõem-se às vinculações aos critérios objetivos do justo.

O conceito multissignificativo de cláusula geral é conceito que se contrapõe a uma elaboração casuística das hipóteses legais. Casuística é aquela configuração da hipótese legal (enquanto somatório de pressupostos que condicionam a estatuição) que circunscreve particulares grupos de casos na sua especificidade própria.

As cláusulas gerais e o método casuístico nem sempre se excluem mutuamente dentro de uma certa matéria jurídica, mas, antes, podem também se complementar. Uma combinação de ambos é o método exemplificativo.

As cláusulas gerais não possuem qualquer estrutura própria. Não exigem processos de pensamento diferentes daqueles que são pedidos pelos conceitos indeterminados, os normativos e os discricionários. Tendo em vista sua técnica legislativa e graças à sua generalidade, elas tornam possível sujeitar um mais vasto grupo de situações, de modo ilacunar e com possibilidade de ajustamento, a uma consequência jurídica.

O casuísmo está sempre exposto ao risco de apenas fragmentar e "provisoriamente" dominar a matéria jurídica. Este risco é evitado pela utilização das cláusulas gerais, embora outros riscos devam ser aceitos.

Constitui um ato de interpretação interrogar os conceitos normativos contidos em lei para saber se eles foram concebidos como objetivos critérios de valor ou como autorizações para se proceder a uma valoração pessoal, como conceitos dos quais decorre uma apreciação "vinculada" ou um genuíno poder discricionário.

Nos conceitos descritivos indeterminados, não nos afastamos da base da interpretação e daquela que lhe é conexa da subsunção. O manejo dos conceitos puramente empíricos é interpretação. Por exemplo "período noturno" e "escuridão" são conceitos empíricos que podem dificultar a interpretação e a subsunção (que na interpretação se baseia) dos casos concretos e abrigar o aplicador do Direito a uma particular ponderação.

Os conceitos normativos contêm certa ambiguidade. Esta significa que o conceito em questão pressupõe certas normas (menoridade, casamento, funcionário etc.) ou a normatividade traduz carência de um preenchimento valorativo.

Exemplo: saber se o dedo indicador é um "membro importante do corpo", se os combates de boxe são compatíveis com os bons costumes, ou se um curador "violou gravemente suas obrigações".

Em tais casos, a lei é de opinião de que há concepções morais dominantes pelas quais o juiz deve se deixar orientar. Se se tratar, v.g., de questões éticas fundamentais, o juiz não poderá desprezar aquilo a que chama "lei moral objetiva", que o legislador pressupõe e aceita como válida.

A função dos conceitos normativos em boa parte é justamente permanecerem abertos às mudanças das valorações. A valoração que o conceito normativo aqui exige é uma questão de conhecimento. O órgão aplicador do Direito tem que averiguar quais são as concepções éticas efetivamente vigentes. A valoração pessoal é apenas uma parte do material do conhecimento, e não o último critério de conhecimento.

Assim, as decisões através das quais estes conceitos normativos carecidos de preenchimento valorativo são "concretizados" têm o significado de algo como uma espécie de interpretação destes conceitos; ao mesmo tempo que também a determinação da valoração correspondente ao caso concreto revela certo parentesco com a subsunção.

Os conceitos normativos (ao contrário dos descritivos) podem adaptar-se elasticamente à configuração particular das circunstâncias do caso concreto e ainda a qualquer mudança das concepções valorativas.

Nos conceitos normativos-subjetivos, cujos protótipos são os genuínos conceitos discricionários, os quadros ou molduras da livre descrição autorizam o órgão aplicador do Direito a considerar como vinculante e justa a valoração por ele pessoalmente tida por justa. Nestes termos, cientemente se conformam com uma pluralidade de sentidos.

O quadro ou moldura de decisão pessoal não só é restringido por limites legais, mas ainda segundo os costumes ou a ideia de direito ou de Estado.

A proibição de arbitrariedade e da falta de pertinência exige consideração, posto que na utilização do poder discricionário são evitados excessos e os abusos desse poder. Neste momento, estamos a supor que a decisão "pessoal" é uma decisão ajustada, proferida com base numa convicção íntima e sincera.

A discricionariedade implica não apenas a livre escolha dos fins, mas também, em certos casos, livre escolha dos meios, embora não seja possível negar uma certa relatividade desta distinção.

Por diversas formas o aplicador do Direito, através da equidade que se prende com os conceitos indeterminados e com os conceitos normativos, com as cláusulas

Parte IV • Direito Civil e Empresarial

de discricionariedade e as cláusulas gerais, é chamado a descobrir o direito do caso concreto, não simplesmente através da interpretação e da subsunção, mas também através de "valorações e decisões de vontade".

No exercício do poder discricionário surgem várias alternativas à escolha (fungibilidade), cada uma delas pode ser fungível e defensável, em vista da grande ambiguidade que permanece dentro do "espaço de fogo".

Essa fungibilidade ou justificabilidade não exclui a esgrima de argumentos e críticas sobre as razões por que precisamente esta ou aquela decisão é a melhor e "genuinamente" reta. O reto tem de ser sempre defensável, mas nem tudo que é defensável tem de ser aceito como reto pois que continua a ser discutível. Aquilo que em todo caso tem de ser reconhecido como defensável deve valer como caindo no espaço de manobra do poder discricionário e, nessa medida, deve valer como correto.

Aplicadores do Direito são comissionados a procurar o que é de direito, o que é conveniente e o que é a medida justa no caso concreto, por modo a empenhar a sua responsabilidade e a sua melhor ciência e consciência, sim, mas ao mesmo tempo também por um modo criativo e talvez mesmo inventivo.

Nelson Nery Júnior, em seu *Código Civil Anotado* oferece, em breve síntese, as linhas gerais do novo Código, enfatizando o tema das cláusulas gerais e os denominados conceitos jurídicos indeterminados.

O Código Civil de 2002 regula as relações jurídicas civis, i.e., relações jurídicas entre as pessoas naturais e jurídicas entre si e em face das coisas que possam ser de sua titularidade.

Unificou o direito das obrigações e revogou parcialmente o Código Comercial, deixando de fora, por exemplo, os registros públicos, locação de imóveis para fins residenciais, sociedade anônima e a falência.

Convivem com o Código Civil de 2002 os microssistemas (pequenas codificações setorizadas, v.g., divórcio, Estatuto da Criança e do Adolescente, locações, Código de Defesa do Consumidor etc.), relativizando o conceito do código e mobilizando seu sistema por intermédio de cláusulas gerais.

Nosso sistema optou por ser móvel (não fechado), adotando as cláusulas gerais, os conceitos legais indeterminados e os conceitos determinados pela função, como elementos integradores da unidade e da ordenação do sistema.

Nem todas as relações jurídicas de Direito Privado são regidas pelo Código Civil de 2002, pois, por exemplo, as relações trabalhistas e as de consumo têm regulamento próprio, na Consolidação das Leis do Trabalho e no Código de Defesa do Consumidor.

As relações jurídicas mercantis, que permanecem regidas pelo Código Comercial e leis esparsas (v.g., sociedades anônimas) continuam sob esses regimes especiais, aplicando-se o Código Civil subsidiariamente, quando a norma invocada for compatível com o sistema da lei especial.

Unificando o direito das obrigações (tese monista), o novo Código Civil revogou a parte primeira do Código Comercial (arts. 1º a 456), somente vigendo sua parte segunda (arts. 457 a 796), que trata do Comércio Marítimo, exceto o Título IX (do naufrágio e salvados) que foi revogada pela Lei nº 7.542/86.

Já haviam sido revogados no Código Comercial os dispositivos referentes à parte terceira (Das quebras – arts. 797 a 913) pela Lei de Falências e a parte final com o título único "Da administração da justiça nos negócios e causas comerciais (arts. 1º a 30) pelo Código de Processo Civil de 1939.

Ficaram ainda em vigor do Código Comercial os arts. 457 a 730 e 740 a 796, referentes ao comércio marítimo.

O sistema do Código Civil de 2002 está impregnado de cláusulas gerais, que se caracterizam como fonte de direito e de obrigações, havendo grande interação entre aquelas e os princípios gerais do direito, os conceitos legais indeterminados e os conceitos determinados pela função.

Princípios gerais de direito são regras de conduta que norteiam o juiz na interpretação da norma, do ato ou do negócio jurídico. Podem ou não ser positivados (previstos expressamente em lei), constituem-se em regras estáticas carentes de concreção e têm como função principal auxiliarem o juiz no preenchimento das lacunas (art. 4º, LINDB; art. 126, CPC).

Conceitos legais indeterminados (ou conceitos jurídicos indeterminados) são palavras ou expressões indicadas na lei, de conteúdo e extensão altamente vagos, imprecisos e genéricos e, por isso mesmo, abstratos e lacunosos, cabendo ao juiz, no momento de fazer a subsunção do fato à norma, preencher os claros e dizer se a norma atua ou não no caso concreto.

Preenchido o conceito legal indeterminado, a solução já está preestabelecida na própria norma legal, competindo ao juiz apenas aplicar a norma, sem exercer nenhuma função criadora. Distinguem-se das cláusulas gerais pela finalidade e eficácia. A lei enuncia o conceito indeterminado e dá as consequências dele advindas.

No Direito Administrativo, por exemplo, não bastam as cláusulas gerais (que permitem ao juiz liberdade do preenchimento dos conceitos) porque o princípio da legalidade (art. 37, *caput*, CF) só permite que seja realizado o que a norma expressamente autorizar.

Exemplos de conceitos legais indeterminados:

- atividade de risco (art. 927, parágrafo único, CC)
- caso de urgência (art. 251, parágrafo único, CC)
- perigo iminente (art. 188, II, CC)
- divisão cômoda (art. 2.019, CC)
- coisas necessárias à economia doméstica (art. 1.643, I, CC)
- necessidade imprevista e urgente (art. 581, CC)

Ressalte-se que o preenchimento da indeterminação do conceito legal indeterminado será feito pelo juiz por meio de valores éticos, morais, sociais, econômicos e jurídicos, o que transforma o conceito legal indeterminado em conceito legal determinado pela função.

Os conceitos legais indeterminados se transmudam em conceitos determinados pela função que têm de exercer no caso concreto. Servem eles para propiciar e garantir a aplicação correta, equitativa do preceito ao caso concreto.

Nos conteúdos das ideias de boa-fé (art. 422, CC/2002), bons costumes (art. 187, CC/2002), ilicitude (art. 186, CC/2002), abuso do direito (art. 187, CC/2002) etc., está implícita a determinação funcional do conceito, como elemento de previsão, pois o juiz deverá dar concreção aos referidos conceitos, atendendo às peculiaridades do que significa boa-fé, bons costumes, ilicitude ou abuso do direito no caso concreto.

Cláusulas gerais são normas orientadas sob forma de diretrizes, dirigidas ao juiz, vinculando-o ao mesmo tempo em que lhe dão liberdade para decidir. São formulações contidas na lei, de caráter significativamente jurídico e abstrato, cujos valores devem ser preenchidos pelo juiz, autorizado para agir assim em decorrência da formulação da própria cláusula geral, que tem natureza de diretriz.

Distinguem-se dos conceitos legais indeterminados pela finalidade e eficácia, pois aqueles, uma vez diagnosticados no caso concreto, já têm uma solução preestabelecida em lei, cabendo ao juiz aplicar a referida solução. As cláusulas gerais, ao contrário, se diagnosticadas pelo juiz, permitem-lhe preencher os claros com os valores designados para aquele caso, para que se dê a solução que ao juiz parecer mais correta, ou seja, concretizando os princípios gerais de direito e dando aos conceitos legais indeterminados uma determinabilidade pela função que têm de exercer naquele caso concreto.

As cláusulas gerais têm como função dotar o sistema interno do Código Civil de 2002 de mobilidade, mitigando as regras mais rígidas, além de atuar de forma a concretizar o que se encontra previsto nos princípios gerais de direito e nos conceitos legais indeterminados, prestando-se, ainda, para abrandar as desvantagens do estilo excessivamente abstrato e genérico da lei. Para tanto, as cláusulas gerais passam, necessariamente, pelos conceitos determinados pela função. O juiz exerce relevante papel no exercício dos poderes que derivam das cláusulas gerais, porque ele instrumentaliza, preenchendo com valores, o que se encontra abstratamente contido nas referidas cláusulas gerais.

Ressalte-se que a cláusula geral não é princípio ou regra de interpretação; é norma jurídica, i.e., fonte criadora de direitos e obrigações e têm função instrumentalizadora porque vivifica o que se encontra contido, abstrata e genericamente, nos princípios gerais de direito e nos conceitos legais indeterminados e, por isso, é mais concreta e efetiva do que esses dois institutos.

Exemplos de cláusulas gerais:

- função social do contrato (art. 421);
- boa-fé objetiva e probidade (art. 422);
- ato ou negócio jurídico deve ser realizado atendendo aos seus fins sociais e econômicos;
- empresa deve atuar atendendo a função social da propriedade;
- atos de permissão e tolerância não induzem posse (art. 1208).

Assim:

Quando a norma prevê a consequência, houve determinação de conceito legal indeterminado; a solução a ser dada pelo juiz é aquela previamente prevista na norma.

Quando a norma não prevê a consequência, dando ao juiz a oportunidade de criar a solução, houve aplicação da cláusula geral: a consequência não estava prevista na norma e foi criada pelo juiz.

O Código Civil de 2002 aplica-se subsidiariamente às relações trabalhistas, de consumo (CDC), Estatuto da Criança e a enorme gama de outras leis esparsas que versam sobre matérias específicas do Direito Privado, que não foram revogadas pelo novo sistema legal, tendo em vista ser o estatuto que estabelece os fundamentos da teoria geral do Direito Privado, disciplinando situações e relações jurídicas entre os titulares de direito e a respeito de seus interesses sobre os objetos de direito.

Termino as considerações gerais sobre o novo Código Civil aduzindo que, em relação especificamente ao Código de Defesa do Consumidor, todas as relações jurídicas de consumo que tenham como sujeitos o fornecedor (art. 3º, *caput*, CDC) e o consumidor (arts. 2º, 17 e 29, CDC) e por objeto o produto (art. 3º, § 1º, CDC) ou

Parte IV • Direito Civil e Empresarial   459

serviço (art. 3º, § 2º, CDC) são objeto de disciplina por ele, sobre elas não incidindo, diretamente, o Código Civil.

Há que se ler, portanto, o Código Civil de 2002 na perspectiva civil-constitucional, para se atribuir não só às cláusulas gerais, mas a todo o corpo codificado um significado coerente com a tábua de valores desta ordenação, que pretende transformar efetivamente a realidade a partir das relações jurídicas privadas, segundo os ditames da solidariedade e justiça social.

Cumprirá aos operadores do Direito conferir um grau máximo de efetividade ao novel Código Civil, submetendo-o a uma filtragem constitucional, escoimando-o, via interpretação conforme, de eventuais exageros, deformações, retrocessos e pugnando para que seja um canal propulsor e solidário da cláusula geral da tutela da promoção da pessoa humana.

1.7. O Código Civil de 2002, os microssistemas e a Constituição Federal: premissas para uma reforma legislativa

A completude do Código Civil de 2002, que caracteriza o processo legislativo com pretensão exclusiva, descarta a utilização de fontes de integração heteronômicas, forjando-se um modelo de sistema filiado, autossuficiente, ao qual as Constituições não diziam respeito.

A miragem da codificação é a completude: uma regra para cada caso. O Código é para o juiz um prontuário do qual não pode se afastar.

A partir de 1930 o Código Civil se transforma em centro normativo do Direito comum, ao lado do qual proliferam as leis especiais, incumbidas de disciplinar novas figuras emergentes na realidade econômica e não previstas pelo codificador. Constituíram assim o direito especial.

Nos anos 60, inteiras matérias são subtraídas da matéria codificada e não mais apenas os institutos do chamado direito especial.

A evolução do cenário econômico e social passou a exigir do legislador uma intervenção que não se limita à tipificação de novas figuras do Direito Privado (antes direito especial), abrangendo, em legislação própria, toda uma vasta gama de relações jurídicas que atingem diversos ramos do Direito.

Microssistemas são leis que regulamentam exaustivamente extensas matérias e passam a ser designadas como estatutos, veiculando não apenas normas de direito material, mas também processuais, de Direito Administrativo, regras interpretativas e até de Direito Penal.

O legislador deixa de atuar de maneira genérica e neutra, definindo objetivos de política legislativa, incentivando com subsídios fiscais, atuando como agente de promoção de valores e políticas públicas, delineando-se o que se nomeou de "função promocional do Direito".

As demandas sociais impõem, a cada momento, atos normativos de grande fugacidade e variabilidade.

É evidente a ausência de parâmetros homogêneos a ponto de se apregoar a existência de um direito da pós-modernidade: cultura jurídica pós-moderna (Erik Jayme).

Fenômenos da cultura jurídica pós-moderna:

1. pluralismo
2. comunicação   papel primordial dos direitos humanos
3. a narrativa
4. o retorno aos sentimentos

1. **Pluralismo** de fontes legislativas a regular o fato; pluralismo de sujeitos a proteger (por vezes indeterminados); pluralismo dos agentes ativos a quem imputar a responsabilidade (fornecedores que se organizam em cadeias) em relações extremamente despersonalizadas, múltiplas, multifacetadas.

2. **Comunicação:** valor máximo da pós-modernidade associado à valorização extrema do tempo, do Direito como instrumento de comunicação, de informação, como valorização do eterno e do transitório, do congelar momentos e ações para garantir a proteção dos mais fracos e dos grupos que a lei quer privilegiar. Comunicação é o método de legitimação; o consentimento legitimador é só aquele informado e consentido.

3. No que concerne *à narrativa*, entreviu-se o surgimento de normas que não criam deveres simplesmente, mas descrevem valores.

    Há um novo método de elaborar normas legais, não normas para reputar condutas, mas normas que narram seus objetivos, seus princípios, suas finalidades, positivando os objetivos do legislador no microssistema de forma a auxiliar na interpretação teleológica e no efeito útil das normas, sendo o art. 19 do Estatuto da Criança e do Adolescente exemplo desta fluidez e narratividade das leis e na Filosofia do Direito.

4. O *retorno aos sentimentos*: a ideia utilitária de que as razões de ordem econômica determinam ou devem determinar as ações do homem não são

mais convenientes. Os homens se batem pelos valores da alma. Em Direito, é a salvaguarda da identidade cultural que é a expressão destes sentimentos. Trata-se do *revival* dos direitos humanos, espinha dorsal da produção normativa contemporânea.

Para Gustavo Tepedino, o retorno aos sentimentos e aos valores da pessoa humana, por parte da cultura contemporânea, representaria não já uma contradição, mas uma reação à lógica do mercado que caracteriza a globalização, talvez o último recurso para a salvaguarda das identidades culturais locais.

A impossibilidade de conhecimento da difusa legislação em vigor transformou o art. 3º da Lei de Introdução às Normas do Direito Brasileiro numa espécie de mito, numa sociedade em que a desigualdade mais odiosa e mais penosa não se estabelece entre quem tem e quem não tem, mas entre quem sabe e quem não sabe (Perlingieri).

A teoria das cláusulas gerais evita as profundas lacunas causadas pela evolução da sociedade; sendo impossível ao legislador acompanhar o passo dos acontecimentos, e infrutífera a tentativa de tipificar a totalidade das situações jurídicas que, assim como os bens jurídicos objeto do Direito, multiplicam-se a cada momento.

A teoria das cláusulas gerais, imposta pela contemporaneidade, reclama uma definição narrativa de critérios interpretativos coerentes com a *ratio* do sistema, voltada para valores não patrimoniais, como quer nosso texto constitucional.

O legislador contemporâneo – instado a compor, de maneira harmônica, o complexo de fontes normativas, formais e informais, nacionais e supranacionais, codificadas e extracodificadas – deve valer-se de prescrições narrativas e analíticas, em que consagra, expressamente, critérios interpretativos, valores a serem preservados, princípios fundamentais como engradeamentos axiológicos com teor normativo e eficácia imediata, de tal modo que todas as demais regras do sistema, respeitados os diversos patamares hierárquicos, sejam interpretadas e aplicadas de maneira homogênea e segundo conteúdo objetivamente definido.

Se o pluralismo ensejou a desconstrução do sistema federado (o código), das categorias e dos institutos jurídicos (v.g., propriedade e negócio jurídico), inútil seria tentar recompor o sistema com um novo e unificado corpo legislativo, por melhor que fosse, sem que se alterasse, profunda e radicalmente, a cultura jurídica em cujo meio se pretenda inseri-lo.

Consolida-se o entendimento de que a reunificação do sistema, em termos interpretativos, só pode ser compreendida com a atribuição de papel proeminente da Constituição Federal, através dos princípios da solidariedade social, da dignidade da pessoa humana e função social da propriedade.

No Código de Defesa do Consumidor, os princípios da boa-fé objetiva e do equilíbrio das prestações reduzem a importância da vontade individual em homenagem aos sobreditos princípios constitucionais.

A progressiva atribuição de eficácia normativa aos princípios vem associada ao processo de abertura do sistema jurídico. Num sistema aberto, os princípios funcionam como conexões axiológicas e teleológicas entre, de um lado, o ordenamento jurídico e o dado cultural, e de outro, a Constituição Federal e a legislação infraconstitucional.

Sob a ótica civil-constitucional, a boa-fé representa a valorização da pessoa humana em oposição à senhoria da vontade expressa pelo individualismo jurídico. O contrato vem configurado como um espaço de desenvolvimento da personalidade humana, uma relação econômico-jurídica em que as partes devem colaboração umas com as outras com vistas à construção de uma sociedade que a Constituição Federal quer livre, justa e solidária.

O art. 51, IV, do Código de Defesa do Consumidor permite buscar na normativa constitucional critérios de interpretação e densificação que funcionalizam a proteção da pessoa, de sua dignidade, para onde convergem os princípios constitucionais.

A boa-fé é uma cláusula geral cujo conteúdo é estabelecido em concordância com os princípios gerais do sistema jurídico (liberdade, justiça e solidariedade) numa congregação com a racionalidade global do sistema.

Ao lado de tais considerações, podemos afirmar que os novos fatos sociais ensejam soluções objetivistas, e não subjetivistas, revelando a preocupação com o conteúdo e finalidades das atividades desenvolvidas pelo sujeito de direito.

A preocupação central já se volta não tanto para o indivíduo, mas para as atividades por ele desenvolvidas e os riscos delas decorrentes.

O legislador preocupa-se com as atividades que possam causar risco e impacto social, bem como a forma de utilização dos bens disponíveis, de molde a assegurar resultados sociais pretendidos pelo Estado.

A legislação especial garante os objetivos sociais e econômicos definidos pelo Estado.

A Constituição Federal inaugura nova fase e novo papel para o Direito Civil, a ser valorado e interpretado juntamente com os inúmeros diplomas setoriais, cada um deles com uma vocação universalizante – a era dos estatutos: Estatuto da Criança, Código de Defesa do Consumidor, locações, registros públicos, Estatuto da Cidade, do Idoso, da Terra etc.

Parte IV • Direito Civil e Empresarial **463**

Muitas vezes tratam, além do setor temático de incidência, de normas processuais e penais, normas de Direito Administrativo, estabelecendo, inclusive, princípios interpretativos, fixando verdadeiro arcabouço normativo para inteiros setores retirados do Código Civil. Aqui ocorre a própria subtração do instituto.

Características dos estatutos (microssistemas):

1. leis que definem objetivos concretos com a fixação de diretrizes da política nacional do consumo, idosos, imóveis urbanos, proteção da criança etc.

O legislador, em lugar de usar tipos jurídicos, vale-se das cláusulas gerais: o intérprete delas depreende os comandos incidentes sobre inúmeras situações futuras, muitas sequer alvitradas pelo legislador, mas que se situam em certas situações-padrão, dando lugar a cláusulas gerais, abrangentes e abertas;

2. a linguagem da lei é menos jurídica e mais setorial, v.g., informática, novas operações contratuais, assuntos financeiros ou econômicos, dificultando a interpretação;

3. atuam reprimindo comportamentos indesejados e agindo por meio de incentivos, propondo vantagens ao destinatário da norma jurídica (redução de impostos em autêntica função promocional do Direito – direito premial);

4. não se limitam à disciplina das relações patrimoniais. A Constituição Federal impõe inúmeros deveres extrapatrimoniais nas relações privadas, tendo em mira a realização da personalidade e a tutela da dignidade da pessoa humana. O legislador condiciona a proteção de situações jurídicas ao cumprimento de deveres não patrimoniais;

5. há uma passagem do monossistema (CC/2002) para o polissistema. Formado pelos estatutos, microssistemas do Direito Privado.

Não se pode concordar com os civilistas que encaram os princípios constitucionais como princípios gerais de direito.

Princípios gerais do direito são preceitos extraídos implicitamente da legislação, pelo método indutivo.

Segundo ainda se pensa, quando certa situação concreta está prevista expressa e casuisticamente, não se reconheceria legislação aplicável, mesmo na presença de cláusulas gerais que, versando sobre a espécie, seriam consideradas mero programa de ação legislativa, endereçadas ao legislador futuro.

1.8. Diálogo entre o Código Civil brasileiro de 2002 e o Código de Defesa do Consumidor: o diálogo das fontes

Diante do atual pluralismo pós-moderno de um Direito com fontes legislativas plúrimas, surge a necessidade de coordenação entre as leis no mesmo ordenamento.

Tradicionalmente, os critérios para resolver os conflitos de leis no tempo seriam a anterioridade, a especialidade e a hierarquia. A doutrina hoje procura a harmonia e a coordenação entre as normas do ordenamento jurídico (concebido como sistema) em lugar de exclusão. É a denominada coerência derivada ou restaurada, procurando uma eficiência funcional do sistema plural e complexo do nosso Direito, evitando a autonomia, a incompatibilidade ou a não coerência.

Atualmente, é necessária uma conveniência de paradigmas e a convivência de leis com campos de aplicação por vezes convergentes e, em geral, diferentes, em um mesmo sistema jurídico, que é agora um sistema plural, fluido, mutável e complexo.

Erik Jayme propõe a coordenação dessas fontes. Uma coordenação flexível e útil das normas em conflito no sistema, a fim de se estabelecer a sua coerência, i.e., uma mudança de paradigma: da retirada simples (revogação) de uma das normas em conflito do sistema jurídico à convivência dessas normas e seu diálogo para alcançar a sua *ratio*, à finalidade "narrada" ou "comunicada" em ambas.

É necessário o diálogo das fontes a permitir a aplicação simultânea, coerente e coordenada das plúrimas fontes legislativas convergentes. Diálogo porque há influências recíprocas, porque há aplicação conjunta das duas normas ao mesmo tempo e ao mesmo caso, seja complementar, seja subsidiariamente, seja permitindo a opção voluntária das partes sobre a fonte prevalente (v.g., convenções internacionais de leis-modelos), ou mesmo permitindo uma opção por uma das leis em conflito abstrato. Uma solução flexível e aberta, de interpenetração, ou mesmo a solução mais favorável ao mais fraco da relação (tratamento diferente aos diferentes).

1.9. Os três tipos de diálogo possíveis entre o Código de Defesa do Consumidor e o Código Civil de 2002 e a superação do "conflito" pelo diálogo entre fontes

Necessário refletir sobre quais seriam os "diálogos" possíveis entre o Código de Defesa do Consumidor, como lei anterior, especial e hierarquicamente constitucional (art. 48, ADCT e art. 5º, XXXI, CF) e o novo Código Civil de 2002, como lei posterior, geral e "hierarquicamente inferior", mas trazendo normas de ordem pública, de aplicação imperativa a contratos novos e antigos (art. 2.035, parágrafo único, CC/2002).

São três os tipos de diálogos possíveis entre estas importantíssimas leis da vida privada.

1. **Na aplicação simultânea das duas leis**, uma pode servir de base conceitual para a outra (**diálogo sistemático de coerência**), especialmente se uma lei é igual à outra especial, se uma lei é a central do sistema e a outra microssistema específico (não completa materialmente, apenas com completude subjetiva de tutela de um grupo da sociedade), v.g. – o que é nulidade, pessoa jurídica, prova, decadência, prescrição etc. Se tais conceitos não estiverem definidos no microssistema (v.g., consumidor, fornecedor, serviço e produto – arts. 2º, 17, 29 e 3º, CDC) terão sua definição atualizada pela entrada em vigor do Código Civil de 2002.

2. **Na aplicação coordenada das duas leis**, uma lei pode completar a aplicação da outra, a depender de seu campo de aplicação no caso concreto (**diálogo sistemático de complementaridade e subsidiariedade em antinomias aparentes e reais**) a indicar a aplicação complementar tanto de suas normas quanto de seus princípios, no que couber, o que for necessário ou subsidiariamente; v.g., as cláusulas gerais de uma lei podem ter uso subsidiário ou complementar em caso regulado pela outra lei. Subsidiariamente, o sistema geral de responsabilidade civil sem culpa ou sistema geral de decadência podem ser usados para regular aspectos de casos de consumo, se trazem normas mais favoráveis ao consumidor. Este "diálogo" é exatamente contraposto, ou no sentido contrário da revogação ou ab-rogação clássicos, em que uma lei era retirada do sistema pela outra. Agora há escolha pelo legislador (arts. 721, 732 e 777, CC/2002) ou pelo juiz (no caso concreto do favor *debilis* do art. 7º, CDC) daquela que vai "contemplar" a *ratio* da outra (veja-se, ainda o art. 729, Código Civil de 2002, sobre aplicação conjunta das leis comerciais).

3. **Diálogo das influências recíprocas sistemáticas,** como no caso de uma possível redefinição do campo de aplicação de uma lei, v.g., a definição de consumidor e de consumidor equiparado pode sofrer influências finalísticas do Código Civil de 2002, posto que este repele relações entre iguais, dois iguais consumidores ou dois iguais fornecedores entre si; no caso de dois fornecedores, tratando-se de relações empresariais típicas, em que o destinatário final fático da coisa ou do fazer comercial é um outro empresário ou comerciante. É a influência do sistema especial no geral e do geral

no especial em um diálogo de duplo sentido (*diálogo de coordenação e adaptação sistemática*).

Em resumo: haveria o diálogo sistemático de coerência, o diálogo sistemático de complementaridade e subsidiariedade em antinomias e o diálogo de coordenação e adaptação sistemática.

O texto, em vista da possibilidade de diminuição de efeitos do sistema do Código de Defesa do Consumidor, de combate aos abusos com a entrada em vigor das cláusulas gerais do CC/2002, analisará apenas as normas contratuais, e, nas obrigacionais, aquelas consideradas cláusulas abusivas.

1.10. Diálogo sistemático de complementaridade e subsidiariedade: entrada em vigor do Código Civil de 2002 e a não revogação do Código de Defesa do Consumidor

O sistema de direito pode ser definido como "um todo estruturado hierárquica e funcionalmente", visto hoje como "um complexo de elementos em integração 'coerentes' ou 'orgânicos', de 'normas, princípios e jurisprudências', conjunto de elementos diversos cuja organização e integração fornece a toda ordem jurídica positiva reconhecida como tal os meios para alcançar coerência e seu funcionamento".

1.11. Da convergência de princípios e da divergência de campos de aplicação subjetivos

O novo Código Civil brasileiro traz ao Direito Privado geral os mesmos princípios do Código de Defesa do Consumidor, v.g., função social dos contratos (art. 421), a boa-fé objetiva (art. 422) etc. A convergência de princípios entre o Código de Defesa do Consumidor e o Código Civil de 2002 é a base da inexistência principiológica de conflitos possíveis entre estas duas leis que, com igualdade e equidade, visam à harmonia nas relações civis em geral e nas de consumo ou especiais.

Não haveria entre as leis o conflito de princípios, mas de normas ou antinomias. Só há conflito de normas quando o campo de aplicação das leis é o mesmo naquele caso concreto. A convergência de campos de aplicação pode levar ao conflito; já a convergência de princípios é o caminho para o diálogo de fontes. Mesmo considerando que princípios também são normas, aqui a eficácia maior é a na teleologia ou função no sistema visto como um todo.

A convergência de princípios permite a coabitação ou diálogo das leis novas e antigas no mesmo sistema jurídico (CDC e CC/2002). É possível trabalhar hoje com uma visão plural de um possível campo de aplicação do Código de Defesa do Consumidor, revisitado diante da entrada em vigor do Código Civil de 2002.

Segundo o § 2º do art. 2º da Lei de Introdução às Normas do Direito Brasileiro, a lei nova, que estabeleça disposições gerais "a par das já existentes" como o Código Civil de 2002, "não revoga nem modifica a lei anterior", no caso do Código de Defesa do Consumidor. O § 1º do art. 2º da Lei de Introdução ao Código Civil diz que a lei posterior revogará a anterior quando: a) expressamente o declare; b) repele inteiramente a matéria de que tratava a anterior; c) seja com ela incompatível. Os dois primeiros casos não parecem ocorrer na prática: nem o Código Civil de 2002 revogou expressamente o Código de Defesa do Consumidor, nem tratou de relação de consumo. É possível examinar os detalhes desta divergência fundamental entre o campo de atuação do Código Civil de 2002, como lei geral posterior, e o do Código de Defesa do Consumidor, como lei especial para regular a relação de consumo.

Subjetivamente, o campo de atuação do Código de Defesa do Consumidor é especial, regulando a relação entre fornecedor e consumidor (arts. 1º, 2º, 3º, 17 e 29) ou relação de consumo (arts. 4º e 5º). Já o campo de aplicação do Código Civil de 2002 é igual; regula toda relação privada não privilegiada por uma lei especial.

O Código de Defesa do Consumidor é um microssistema especial, um código para agentes "diferentes" da sociedade de consumidores, em relação entre "diferentes" (desiguais) (um vulnerável – o consumidor – e um experto – o fornecedor). O outro, o Código Civil de 2002, é um Código geral, para os iguais, para relações entre iguais, civis e empresariais. Não há colisão possível entre as duas leis.

1.12. Campo de ação subjetivo do Código de Defesa do Consumidor e convergência no campo de aplicação material entre o Código de Defesa do Consumidor e o Código Civil de 2002

É importante destacar o campo de aplicação subjetivo de uma lei especial. O foco no sujeito de direito é a característica do Direito Privado: é para protegê-lo que são criadas as leis especiais, microssistemas como o Código de Defesa do Consumidor. O aplicador da lei deve examinar o conflito com olhos plurais, pois a nova teoria do sujeito é outra: o sujeito está fragmentado e é plural, como é o grupo dos consumidores. O Código de Defesa do Consumidor assegura um sistema jurídico que reflete de forma plural, com a criação de direitos individuais, individuais homogêneos, coletivos e difusos. Ele tem uma dimensão coletiva expressa (mesmo sem perder a dimensão individual). O sujeito de direitos que protege é individual, mas é também abstratamente plural, ao mesmo tempo protegido pelas mesmas normas (todas também de ordem pública – art. 1º, CDC).

Nas normas do Código Civil de 2002, prevalece a dimensão individual, pois regulamentar o caso privado entre iguais e os direitos daí resultantes é sua finalidade principal.

O Código Civil de 2002 unifica o Direito Comercial e o Civil no que se refere às obrigações, e muitos contratos que estão presentes no sistema do direito privado geral, e são expressamente regulados por esse Código, também podem ser contratos de consumo, v.g., compra e venda, transporte ou seguro podem ser de cunho civil (entre dois consumidores ou dois proprietários de condomínios) ou empresarial (se entre dois empresários) ou, ainda, de consumo (se entre um consumidor e um fornecedor ou empresário, na terminologia do CC/2002).

A lei que regulará a relação depende assim, não só do tipo de relação (serviço, seguro, compra e venda), mas também dos atores presentes ou de presença coletiva possível. Nos dois primeiros casos, incide o Código Civil de 2002; no último o Código de Defesa do Consumidor é aplicado subsidiariamente a ele.

A própria subsidiariedade é um diálogo, um diálogo de complementaridade, pois até para saber qual das leis se aplica propriamente, já aplicamos conjuntamente as duas leis, a descobrir qual deverá ter aplicação subsidiária. Primeiro esgota-se a aplicação de uma lei, depois, no que couber, aplica-se conjuntamente (e subsidiariamente) a outra.

O art. 7º do Código de Defesa do Consumidor representa uma cláusula de abertura, uma interface com o sistema maior: os direitos dos consumidores podem estar em outras leis e não só nesse Código. O Código Civil de 2002 trará novos direitos aos consumidores mormente após a Emenda Constitucional nº 45/2004, com a nova redação do § 3º do art. 5º da Constituição Federal.

Nesse diálogo de complementaridade e subsidiariedade em antinomias aparentes ou reais entre o Código de Defesa do Consumidor e o Código Civil de 2002, nas cláusulas gerais deste podemos encontrar uso subsidiário ou complementar em caso regulado pelo Código de Defesa do Consumidor, se mais favoráveis ao consumidor. O juiz concretizará o *favor debilis* permitido no seu art. 7º, que menciona, inclusive, a equidade (justiça no caso concreto – tópica).

Dentre as referidas cláusulas gerais temos:

a) responsabilidade sem culpa pela atividade de risco (art. 927, parágrafo único);

b) responsabilidade sem culpa das empresas e empresários individuais pelo fato do produto (art. 931);

Parte IV • Direito Civil e Empresarial   **469**

c) redução da prestação ou alteração da forma de execução do contrato de mútuo por onerosidade excessiva (art. 480);

d) redução da cláusula penal (art. 413).

1.13. Relações de consumo como tema "não incorporado" ao Código Civil de 2002

Não ocorrerá a revogação do Código de Defesa do Consumidor pelo Código Civil de 2002 por se tratar de lei geral. Esta preserva as leis especiais regulando expressamente os conflitos e sua hierarquia. O que há é uma cláusula de revogação expressa: art. 2.045.

Por outro lado, o art. 2.043 preserva apenas as normas penais, processuais e administrativas, indicia a existência de uma revogação tácita, revogando somente as leis especiais incorporadas expressamente no texto do Código Civil de 2002.

O Código Civil de 2002 não incorporou o tema desejado. São mencionadas, apenas, as expressões "consumo", em seu sentido clássico de destruição, nos arts. 86, 307, 1.290 e 1.392; bens distintos a consumo, nos arts. 206 e 592; e crimes "contra relação de consumo", no § 1º do art. 1.011.

Ao Código de Defesa do Consumidor não se aplica o Código Civil de 2002, art. 2.043, posto que o tema de defesa do consumidor não foi a ele incorporado.

Até mesmo as normas sobre função social do contrato (art. 421, CC/2002), princípio da boa-fé (art. 422, CC/2002) e contratos de adesão (art. 424, CC/2002) nada falam sobre consumidores, pois são normas gerais e genéricas, aplicáveis a contratos civis e comerciais. Assim, as leis especiais não incorporadas ao Código Civil de 2002 ficaram preservadas e serão prevalentes em relação à lei civil geral subsidiária.

1.14. As normas especiais sobre a "ordem" subsidiária e complementar de aplicação do Código Civil de 2002

Subjetivamente, a relação de consumo continua regulada pelo Código de Defesa do Consumidor – lei especial regulada pela lei geral mais nova –; materialmente, a convergência poderia existir, no caso de as normas sobre contratos no Código Civil de 2002 regularem sua aplicação subsidiária em relação às leis especiais. O art. 593, que menciona "serviços", presentes e definidos no Código de Defesa do Consumidor, o faz em sede de norma geral e subsidiária, incidindo somente naqueles contratos que não sejam trabalhistas ou sejam regulados por leis especiais.

A "prestação de serviços de consumo" continua regulada pelo Código de Defesa do Consumidor, e a trabalhista, pelas leis trabalhistas.

Dessa forma, os arts. 777 (seguros), 729 (corretagem) e 692 (mandato) levam a concluir que a regra é a aplicação subsidiária do Código Civil de 2002 em relação às leis especiais anteriores.

Quando se tratar de obrigação entre um consumidor (arts. 2º, parágrafo único, e 29, CDC) e um fornecedor (art. 3º, CDC) aplica-se prioritariamente o Código de Defesa do Consumidor e subsidiariamente o Código Civil de 2002, mas só no que couber e *ao lado (não no lugar)* das normas dessa lei especial tutelar dos consumidores.

No art. 732 do Código Civil de 2002 há uma exceção expressa: no contrato de transporte prevê a subsidiariedade das leis especiais, mesmo se de fonte internacional, como a Convenção de Varsóvia. Aqui a aplicação prioritária é do Código Civil de 2002, em exceção ao sistema normal, que é de aplicação subsidiária de suas normas.

O Código Civil de 2002 preserva as leis especiais civis das matérias que não tratou, preservando o Código de Defesa do Consumidor por razões constitucionais (art. 48, ADCT). Ele é uma lei básica, mas não global, do Direito Privado, e a defesa específica dos consumidores ficou fora do seu campo de aplicação principal.

1.15. Sistema geral central e microssistemas em diálogo: especialidade, coordenação e influências recíprocas

Pode-se afirmar que o diálogo sistemático é o dominante ou o fenômeno síntese de nova visão dos conflitos de leis no tempo.

Há um diálogo de influências recíprocas sistemáticas entre o Código de Defesa do Consumidor e o Código Civil de 2002 e a adaptação do sistema, com uma redefinição do campo de aplicação do primeiro, ao sofrer influências finalísticas do segundo, e uma transposição das conquistas do "direito dos juízes" alcançado com o uso do Código de Defesa do Consumidor, como v.g., a contratação conforme a boa-fé e o combate das cláusulas abusivas.

O Código de Defesa do Consumidor influenciou muito o sistema geral do Direito Privado com as cláusulas gerais e com a visão maximalista da interpretação dos art. 2º e 29 quanto à definição de consumidor.

Espera-se agora a influência do Código Civil de 2002 para a redução do campo de atuação do Código de Defesa do Consumidor, posto que aquele foi feito para

Parte IV • Direito Civil e Empresarial

as relações interempresários ou entre iguais, mesmo que de aquisição fática "final" de insumos de produção.

É preciso considerar como se dará à coordenação entre a lei especial voltada para a equidade, o Código de Defesa do Consumidor, e a aplicação subsidiária do Código Civil de 2002, lei voltada para a igualdade geral, pois há um campo de aplicação material compartilhado entre estas duas leis. Após, é preciso analisar como se dará a adaptação sistemática, sabendo-se que o Código Civil de 2002 pode ser usado como nova base conceitual para o Código de Defesa do Consumidor e pode influenciar também a sua aplicação no que se refere à boa-fé, abuso do direito, contratos de adesão e cláusulas abusivas e vice-versa.

1.16. Coordenação entre a especialidade teleológica e hierárquica do Código de Defesa do Consumidor e a subsidiariedade do Código Civil de 2002: a função social do contrato de consumo

A noção de igualdade em Direito Privado influenciará a aplicação casuística do Código Civil de 2002, um Código para iguais. Esta visão de igualdade e de tratamento igual/desigual para os iguais/desiguais, no caso concreto, está intrinsecamente ligada à noção moderna – tão importante em matéria contratual – de equidade (justiça para o caso concreto).

Diante do atual pluralismo de fontes no Direito Privado brasileiro, é preciso frisar como – em seu espírito e teleologia – o Código de Defesa do Consumidor está ligado a um novo paradigma de diferença, de tratamento de grupos ou plural, de interesses difusos e de equidade.

1.17. Relações entre iguais (civis ou empresários) e "diferentes" (consumidores e fornecedores) em um compartilhado campo de aplicação material

Tratar igualmente os iguais e desigualmente os desiguais, com equilíbrio e calma é mais do que o princípio da igualdade, é equidade, uma solução justa para o caso concreto.

Igualdade supõe uma comparação, um contrato, uma identificação no caso, e só pode ser abordada sob o ponto de vista de uma comparação.

Assim, em um só tipo contratual (v.g., mandato ou seguro) podem estar presentes várias naturezas, sujeitos de direito, iguais ou diferentes na comparação entre si, comparação necessariamente casuística e finalística, no caso, no papel econômico representado por cada um naquele contrato especial, a constatar o seu *status* (empresários, civis, consumidores) daí derivado.

Determinar o campo de atuação do Código Civil de 2002 aos contratos é tarefa hercúlea, pois os papéis que os sujeitos de direito representam no mercado e na sociedade se modificam de um ato para outro. Exemplo: o profissional liberal é empresário (art. 996) em um momento e, no próximo, pode ser consumidor de um serviço para sua família e um civil perfeito na sua relação de condômino.

É necessário, portanto, distinguir entre o que é igual e o que é diferente na sociedade pós-moderna atual.

O sistema do Código de Defesa do Consumidor coaduna-se com a pós-modernidade (direitos qualificados por sua origem, no discurso dos direitos humanos) e o Código Civil de 2002 coaduna-se mais com a modernidade e a individualidade (agora com uma eticidade e sociedade mais claras) com base no discurso dos direitos adquiridos.

Pós-moderno é o direito a ser (e continuar) diferente, é o direito da igualdade material (e tópica) reconstruída por ações positivas do Estado em prol do indivíduo identificado com determinado grupo.

Todas as normas do Código de Defesa do Consumidor são de ordem pública (art. 1º) e de lei especial, pois está a procura da equidade, do tratamento casuístico/tópico da justiça contratual, com calma e equilíbrio, não voltado para o igual geral, mas para o diferente.

1.18. Função e teleologia diferentes em um convergente campo de aplicação material: uma nova chance para a teoria finalística

Um elemento vital para um olhar pós-moderno dos contratos e do campo de atuação do Código Civil de 2002 é a função. Como a relação pode ser civil, comercial ou de consumo é preciso que o aplicador da lei tenha uma visão funcional (aptidão para determinada finalidade) desta relação e do contrato daí resultante (ex.: arts. 421, 422 e 1.228, CC/2002).

O Direito Privado atual não se concentra mais no ato, e sim na atividade, não mais naquele que declara, mas naquele que recebe a declaração (confiança despertada), não mais nas relações bilaterais, mas nas redes, sistemas e grupos de contratos. Há uma nova visão finalística e total (logística) da relação contratual complexa atual.

Hoje, a diferenciação maior provém do caráter finalístico da relação (em especial de consumo: consumidor é o destinatário final): a matéria pode ser comercial, mas se a finalidade é de consumo, a relação é de consumo. Do conjunto das circunstâncias é que resultará a natureza da relação obrigacional dos contratos.

Para Nelson Néri Júnior, o objeto do Código de Defesa do Consumidor é a relação de consumo, assim entendida como a relação jurídica existente entre o fornecedor e o consumidor tendo como objeto a aquisição de produtos ou utilização de serviços pelo consumidor. O Código de Defesa do Consumidor não fala de "contrato de consumo", "ato de consumo", "negócio de consumo", mas de "relação de consumo", termo que tem sentido mais amplo do que aquelas expressões. Segundo ele, são elementos da relação de consumo:

a) como sujeitos: o fornecedor e o consumidor;

b) como objeto: os produtos e os serviços;

c) como finalidade, caracterizando-se como elemento teleológico das relações de consumo, serem elas celebradas para que o consumidor adquira o produto ou utilize o serviço "como destinatário final" (art. 2º, *caput*, última parte, CDC).

O Código Civil de 2002 traz esta principiologia ínsita em sua cláusula geral: art. 421 (função social do contrato). Impede ao intérprete identificar a função social do contrato que examina e no contexto que examina, para realizar a igualdade equitativa de tratamento dos sujeitos envolvidos. A base (razão) e o limite (ordem pública e abuso do direito) serão dados pelo exame da função social dos contratos.

A justiça contratual só será alcançada pelo aplicador da lei se bem escolher os códigos e as normas que se aplicam, separada, conjunta ou subsidiariamente, àquela relação contratual em especial. O Código de Defesa do Consumidor define a função social dos contratos de consumo, protegendo o consumidor, daí suas normas de ordem pública sobre cláusulas abusivas, interpretação, oferta e responsabilidade civil.

Em resumo: o Código Civil de 2002 é um Código para as relações entre iguais, relação entre civis e relações entre empresários, ambas pontuadas pelas diretrizes da **eticidade, socialidade** e **operabilidade**, denominados pelo princípio da boa-fé nas relações obrigacionais. Excepcional e expressamente o Código Civil regula a proteção dos agentes que mereçam a tutela através das leis especiais (campo de aplicação *ratione personae* geral do CC/2002) ou incorpora leis especiais que regulam contratos antes atípicos (campo de aplicação *ratione materiae* geral do CC/2002).

A ideia de um Código geral (Código central de Direito Privado) é uma ideia de igualdade que respeita as leis especiais não incorporadas (art. 2.043, CC/2002), preserva algumas leis sobre atividades comerciais (art. 732, CC/2002) e os microcódigos ou microssistemas (CDC) que continuam em vigor com seu campo de aplicação especial e tutelar intacto (art. 2.045, CC/2002).

Em resumo: a relação entre dois civis, sem habitualidade, continuidade ou fim econômico ou de lucro, é uma relação civil *stricto sensu* e será regulada pelo Código Civil, em relação entre iguais. Fora do âmbito das relações familiares, estão cada vez mais raras essas relações civis puras, onde ainda se pressupõe a igualdade entre as partes leigas.

Já a relação entre um civil, destinatário final do serviço, e um empresário, é uma relação de consumo (arts. 2º e 3º, CDC), uma relação entre "diferentes", tutelando, a lei, um deles, o vulnerável (art. 4º, III, CDC), o consumidor, e será por isso, (art. 5º, XXXII, CF) de proteção apenas deste agente econômico. Se a relação é de consumo, aplica-se prioritariamente o Código de Defesa do Consumidor e só subsidiariamente, no que couber e for completamente necessário, o Código Civil de 2002.

O Código Civil de 2002, regulando a boa-fé, função social do contrato nas relações interempresários, redefinirá campo de aplicação do Código de Defesa do Consumidor, a beneficiar a teoria finalista em uma adaptação do sistema ao diálogo destas duas leis. O Código Civil deve ter efeito útil onde os contratos interempresariais não mais precisam ser regulados pelo Código do Consumidor (seja pela expansão maximalista do art. 2º do CDC, seja pela expansão protetiva do art. 29, a todos os contratos de adesão).

Os contratos interempresariais não mais necessitam ser regulados pelo Código de Defesa do Consumidor, pois o Código Civil de 2002 traz os mesmos princípios protetores – boa-fé objetiva (art. 422, CC/2002), onerosidade excessiva (arts. 317 e 478, CC/2002) e lesão (art. 157, CC/2002) e ainda normas específicas para regular as relações entre iguais.

1.19. O Código Civil de 2002 como nova base conceitual do Código de Defesa do Consumidor e as influências recíprocas

Os microssistemas tratam exaustivamente de um tema, regulam exclusivamente um tipo de contrato ou regulam relações jurídicas de um grupo social, como os consumidores (idosos, crianças e adolescentes etc.). O Código de Defesa do Consumidor é lei especial das relações de consumo, mas não é exaustiva ou com pretensão de completude (art. 7º, CDC). Nas suas lacunas, o sistema geral incide – assim é o diálogo sistemático de normas entre a lei geral e a lei especial.

1.20. Boa-fé, abuso de direito, contratos de adesão e cláusulas abusivas no Código Civil de 2002 e no Código de Defesa do Consumidor

O Código Civil de 2002 é a lei central (mas não tutelar) do sistema de direito privado e servirá de base conceitual nova para o microssistema específico do Código de Defesa do Consumidor, naquilo que couber. Assim, v.g., o que é abuso de direito, o que é nulidade, o que é pessoa jurídica, o que é prova, decadência, prescrição e assim por diante – se conceitos não definidos no microssistema, terão sua definição atualizada pelo Código Civil.

Aprofundando no diálogo do novo Código Civil com o Código de Defesa do Consumidor, vamos focar um pouco o fenômeno do contrato nas cláusulas abusivas.

O Código Civil, no art. 422, obriga a todos os contratantes (leigos e profissionais) a guardar na conclusão e na execução dos contratos os princípios da probidade e boa-fé. Limita a liberdade contratual geral à função social do contrato (art. 421), assim como traz normas sobre o controle (art. 424) e a interpretação dos contratos de adesão (art. 423) entre "civis" e entre empresários (art. 966).

O art. 424, que trata de cláusulas abusivas, não conflita com os arts. 51, 53 e 54 do Código de Defesa do Consumidor, ao contrário, revoga o seu espírito, havendo um diálogo neste sistema penal.

O art. 424 aplica-se apenas a cláusulas presentes em contrato de adesão. O Código Civil de 2002 não define o que é contrato de adesão (nem o art. 424, nem o art. 423). Os aplicadores não poderão usar o conceito do art. 54 do Código de Defesa do Consumidor, onde a lei especial será "expandida" para geral. O que ocorrerá é um diálogo de aplicação simultânea para distinguir campos de aplicação. Assim, a definição do que é um contrato de adesão entre empresários para utilização do art. 424 do Código Civil ("por adesão") será outra, que não a do art. 54 do Código de Defesa do Consumidor ("de adesão").

Não que a definição legal do art. 54 não seja usada no caso; é usada justamente para ser afastada de mesmo como argumento/paradigma para afirmar que o caso é diferente.

A regra é distinção sistemática do campo de aplicação e o diálogo de base conceitual da lei geral (CC/2002) em relação à lei especial (CDC). Assim apesar de um caso ser uma relação de consumo e a ele se aplicar prioritariamente o Código de Defesa do Consumidor, uma definição legal presente no sistema geral (v.g., nulidade absoluta) pode ser usada como base conceitual da outra lei especial "no que couber", isto é, quando a lei especial não possuir uma definição própria e se a definição da lei geral não contrariar o espírito protetivo da lei especial. Esta é a regra. Assim, também, se ao caso se aplica a lei geral, prioritariamente, por ser um contrato interempresarial de insumo da produção, normalmente a lei especial de consumo não se aplica, nem serve de base conceitual ou de fundamento para a decisão do caso interempresários. Esta é a regra. A exceção é que uma definição de lei especial possa ser usada em caso de aplicação prioritária de cada lei geral. Tratando-se de lei especial de consumo, há um possível diálogo de influência recíproca excepcional como sendo possível em relações civis puras, envolvendo pessoas ou contratantes mais fracos e mais raramente nas relações entre profissionais ou empresários.

Exemplo deste diálogo:

Nulidade absoluta: a lei especial proíbe a prática e sanciona de nulidade algumas cláusulas abusivas (arts. 51 e 53, CDC) e traz uma cláusula geral de boa-fé (art. 51, IV, CDC). O que significa exatamente neste microssistema, "nulidade de pleno direito" cabendo ao juiz determinar. A nulidade dos arts. 51 e 53 do Código de Defesa do Consumidor é uma espécie de nulidade absoluta do sistema geral de Direito Civil, que pode ser declarada de ofício pelo juiz. A base conceitual da interpretação do que é a nulidade do Código de Defesa do Consumidor continuará a ser o Código Civil (art. 166, VI).

Abuso do direito: a nova definição de abuso do direito do art. 187 do Código Civil de 2002 pode propor um diálogo controverso com o Código de Defesa do Consumidor, posto que foi colocado na seção referente aos atos ilícitos. O abuso de direito passou a se relacionar expressamente com a função social do contrato, com a boa-fé objetiva e os bons costumes.

O espírito é o mesmo do Código de Defesa do Consumidor e poderia servir de base conceitual para a ideia de abuso que permeia, implicitamente, as suas normas.

Questão complexa é quanto à utilização expressa da palavra "abusivo" em matérias contratuais, como no art. 51, que proíbe as "cláusulas abusivas" nos contratos de consumo.

Nelson Néri Júnior considera impossível utilizar o art. 187 do Código Civil de 2002 como base conceitual do art. 51 do Código de Defesa do Consumidor, isto é, que nele a ideia de abuso de direito seria mais ampla no que tange à matéria e mais específica no que tange à vulnerabilidade do cocontratante. No que diz respeito às práticas comerciais (arts. 37, 39 e 43, CDC), se abusivas, o uso do art. 187 do Código Civil de 2002 pode fortalecer a ideia de lealdade e respeito aos direitos da personalidade do consumidor, por exemplo, no caso de banco de dados e de práticas consideradas abusivas.

Prescrição e decadência: o sistema geral do Código Civil de 2002 (art. 207) supera a antiga querela sobre ser possível ou não obstar a decadência, como prevê o art. 26, § 2º, do Código de Defesa do Consumidor. Tal dispositivo encontra agora base conceitual e dogmática no Código Civil, que autoriza lei especial a prover tais exceções. De outro lado, se a base para os prazos prescricionais vai ser procurada também no seu sistema geral, algumas dúvidas podem surgir.

O Código de Defesa do Consumidor não define o que é prescrição e impõe somente alguns prazos. O Código Civil de 2002 indica claramente que a prescrição é o fim da pretensão (art. 189). Esta definição legal poderá ser usada como base conceitual para o Código de Defesa do Consumidor e, em matéria prescricional, é quase sempre usada ao lado de outras leis gerais ou especiais, em diálogo de aplicação simultânea. A jurisprudência utiliza, ao lado dos prazos do Código de Defesa do Consumidor, os prazos prescricionais do sistema geral, se mais favoráveis ao consumidor ou se previstos por norma específica para determinados contratos em um diálogo de complementação e subsidiariedade.

Da mesma forma, o art. 43 do Código de Defesa do Consumidor, sobre banco de dados, estabeleceu o prazo de 5 (cinco) anos (§ 1º), mas remete aos prazos prescricionais gerais, afirmando o art. 43, § 5º, que, consumada a prescrição relativa à cobrança de direitos do consumidor, não serão fornecidas, pelo Serasa, informações que possam dificultar novo acesso ao crédito junto aos fornecedores. O art. 206 do Código Civil de 2002 reduziu os prazos prescricionais para fins de retirada das informações negativas nos bancos de dados de consumo (REsp 472.203 – Humberto J. de Barros).

O STJ decidiu que é possível utilizar, nos bancos de dados de consumo, o prazo prescricional referente à pretensão da dívida (cobrança de "dívidas líquidas", em cinco anos, art. 206, § 5º, I, CC/2002, ou para a cobrança de "dívida ilíquida" por vias ordinárias, 10 anos, art. 205, CC/2002) como é feito hoje ainda, ou o prazo novo mais favorável ao consumidor, "do pagamento de título de crédito" (art. 206, § 3º, VIII, CC/2002).

O Código Civil de 2002 fragmentou o combate às cláusulas abusivas. São três tipos de regulamentação. O Código Civil, aplicado de forma pura para relações civis; Código Civil e das leis especiais comerciais nos casos de contratos entre comerciantes ou interempresários; e a aplicação prioritária do Código de Defesa do Consumidor nas relações mistas entre um civil e um empresário, i.e., entre um consumidor e um fornecedor. Uma visão de diálogo das fontes pode ajudar a transpor conquistas de um microssistema para o sistema geral, e vice-versa.

1.21. Conflitos entre o Código Civil de 2002 e o Código de Defesa do Consumidor

O Código Civil de 2002 introduziu princípios do Código de Defesa do Consumidor (função social dos contratos e boa-fé objetiva) no sistema do direito privado geral, unificando o Direito Comercial e o Civil no campo das obrigações.

O Código Civil de 2002 serve de base conceitual e normativa para o Código de Defesa do Consumidor, possuindo a mesma visão renovada da teoria contratual, permitindo a intervenção do Estado no conteúdo dos contratos, a visão de totalidade de obrigação, os deveres de boa-fé e a função social do contrato.

Para Claudia Lima Marques, os contratos de longa duração assinados até a entrada em vigor do Código Civil de 2002, terão como base conceitual e normativa o Código Civil de 1916 (art. 2.035)

O parágrafo único do art. 2.035 revigora a tese de que há que prevalecer, na ordem pública, a nova definição de abuso. Assim, contratos internacionais que contenham abusos, que desrespeitam a boa-fé e a função social dos contratos, podem não prevalecer em face do Código Civil de 2002.

Quanto aos contratos novos de consumo, não há antinomia de princípios entre o Código de Defesa do Consumidor e o Código Civil de 2002, podendo haver antinomias de regras e de eventuais derrogações. O Código Civil vai atualizar o Código de Defesa do Consumidor, dando-lhe nova base conceitual.

Como o Código Civil de 2002 é norma geral mais nova, não revogará o Código de Defesa do Consumidor, que é lei especial. O art. 2.045 não se aplica ao Código de Defesa do Consumidor e o 2.043, do mesmo modo, porque ele não foi incorporado ao Código Civil. Tal exegese é reforçada pelo art. 48 do Ato das Disposições Constitucionais Transitórias, pelos arts. 5º, XXXII, e 170, V, CF (recentemente, no RE 351.750, Inf. STF 366, o Supremo Tribunal Federal decidiu que o Código de Defesa do Consumidor é lei especial em relação ao Código Civil, mas é lei geral em relação à Convenção de Varsóvia e aos Protocolos de Haia e Montreal, prevalecendo estas em caso de conflito).

Até mesmo as normas sobre função social do contrato (art. 421), boa-fé (art. 422) e contratos de adesão (art. 424) nada mencionam sobre consumidores, pois não são normas gerais e genéricas, aplicáveis a contratos civis e comerciais.

As leis especiais, não incorporadas ao Código Civil de 2002 ficaram preservadas e são prevalentes em relação à lei civil geral subsidiária. No caso do art. 593, a expressão "serviços" esclarece que a regulação do Código Civil é geral e subsidiária, inclusive sobre aqueles contratos que não forem trabalhistas e não forem regulados

Parte IV • Direito Civil e Empresarial **479**

por leis especiais, i.e., as prestações de serviço de consumo continuam reguladas pelo Código de Defesa do Consumidor, e as trabalhistas, pelas leis trabalhistas.

Um exemplo de antinomia aparente é a nova regra de onerosidade excessiva. O Código de Defesa do Consumidor prevê que a vantagem exagerada do fornecedor é abusiva e viola a boa-fé (art. 51, VI), estabelecendo parâmetros abertos para que o juiz a concretize (art. 51, § 1º). Nula a cláusula, o contrato mantêm-se (art. 51, § 2º), porque é direito do consumidor a continuidade do vínculo.

O Código Civil de 2002 é voltado para as obrigações civis e comerciais (estas relações interempresariais); também conhece a onerosidade excessiva, mas exige a prova da "extrema vantagem" para o outro contratante, e permite, apenas ao empresário onerado pelo contrato, que rescinda o contrato, não assegurando o direito de continuar no negócio, nos termos do art. 478.

Outros exemplos de antinomias aparentes de regras poderiam ser dados, sempre levando-se em conta que os campos de aplicação são diferentes e há prioridade da lei especial: a revogabilidade da oferta (arts. 427 e 428), o silêncio como aceitação (art. 11, CC) necessidade de registro do contrato preliminar (art. 463, parágrafo único) em confronto com irrevogabilidade da oferta que desperta a confiança (art. 35, CDC); silêncio não é aceitação (art. 939, parágrafo único, CDC) e o contrato preliminar que permite, inclusive, a execução específica, mesmo sem registro (art. 18, CDC).

Por exemplo:

- boa-fé: arts. 113, 187 e 422.
- equilíbrio as relações e função social – arts. 187, 421, 473, parágrafo único, 478, 479, 480 e 884.
- responsabilidade objetiva dos empresários – arts. 927, parágrafo único, e 931.

1.22. Considerações finais

Em face da teoria do "diálogo das fontes" o Código de Defesa do Consumidor ganha com o Código Civil de 2002, pois seus princípios básicos são quase os mesmos.

Quatro são os princípios básicos que afetam o novo direito obrigacional brasileiro:

- **Princípio da Vulnerabilidade:** determina quais as relações contratuais estarão sob a égide desta lei tutelar e de seu sistema de combate ao abuso;

480   Problemas e Soluções em Direito • Eugênio Rosa de Araújo

- **Princípio da Confiança:** estabelece as bases de garantia legal de produtos e serviços, e possibilita a interpretação de uma responsabilidade objetiva para toda a cadeia de fornecimento;

- **Princípio da Boa-Fé:** basilar de toda conduta contratual, mas aqui deve ser destacada sua função limitadora da liberdade contratual;

- **Princípio do Equilíbrio Contratual:** tem maiores reflexos no combate à lesão ou à quebra da base do negócio, podendo ser aqui destacada sua função de manutenção da relação no tempo.

À exceção do princípio da vulnerabilidade, que dá sustento à especialidade do Código de Defesa do Consumidor, os outros três princípios encontram-se hoje incorporados no sistema geral do direito privado, pois presentes no Código Civil de 2002.

Aos magistrados, precipuamente, caberá o exercício deste mandato concedido – via cláusulas gerais – pelo Legislativo, de forma que as relações interpessoais possam, definitivamente, ingressar no Direito Civil Constitucional brasileiro do terceiro milênio.

1.23. Referências

ARAÚJO, Eugenio Rosa de. Interpretação conforme a Constituição e controle difuso de constitucionalidade. In: *A constitucionalização do direito. A Constituição como lócus da hermenêutica jurídica.* Rio de Janeiro: Lumen Juris, 2003.

AULOY, Jean-Calais. *Code de la consommation.* Paris: Dalloz, 2001

BARCELOS, Ana Paula de. *A eficácia jurídica dos princípios constitucionais:* o princípio da dignidade da pessoa humana. Rio de Janeiro: Renovar, 2002.

BARROSO, Luiz Roberto. *Temas de direito constitucional.* São Paulo: Saraiva. v. I e II

_____. *Interpretação e aplicação da Constituição.* São Paulo: Saraiva.

_____. *O direito constitucional e a efetividade de suas normas.* Rio de Janeiro: Renovar.

_____. *A boa-fé no direito privado.* São Paulo: RT, 2002.

_____. *Diretrizes teóricas do novo código civil brasileiro.* São Paulo: Saraiva.

FACHIN, Luis Edson. *Estatuto jurídico do patrimônio mínimo.* Rio de Janeiro: Renovar, 2001.

_____. *Teoria crítica do direito civil à luz do novo código civil.* Rio de Janeiro: Renovar, 2003.

JAYME, Erik. *Visões para uma teoria pós-moderna de direito comparado.* São Paulo: RT, 1999.

JUNIOR, Nelson Nery. *Novo código civil.* São Paulo: RT.

LOTUFO, Renan. *Direito civil constitucional.* São Paulo: Malheiros, 2002.

Parte IV • Direito Civil e Empresarial **481**

MARQUES, Claudia Lima. *Contratos no código de defesa do consumidor*. São Paulo: RT, 1999.

_____. *Comentários ao código de defesa do consumidor*. São Paulo: RT, 2003.

MENDES, Gilmar Ferreira. *Direitos fundamentais e controle de constitucionalidade*. São Paulo: Saraiva, 2004.

MORAES, Alexandre de. *Direito constitucional*. 6. ed. São Paulo: Atlas, 1999.

MORAES, Maria Celina Bodin de. O princípio da solidariedade. In: *Os princípios da Constituição Federal de 1988*. Rio de Janeiro: Lumen Juris.

NEGREIROS, Teresa. *Fundamentos para uma interpretação constitucional do princípio da boa-fé*. Rio de Janeiro: Renovar, 1998.

PASQUALOTTO, Adalberto. O código de defesa do consumidor em face do novo código civil. *Revista de Direito do Consumidor*, 43, RT.

PERLINGIERI, Pietro. *Perfis do direito civil*. 2. ed. Rio de Janeiro: Renovar, 2002.

REALE, Miguel. *Estudos preliminares do código civil*. São Paulo: RT, 2003.

SARMENTO, Daniel. *Direitos fundamentais e relações privadas*. Rio de Janeiro: Lumen Juris, 2004.

_____. *A ponderação de interesses na Constituição Federal*. Rio de Janeiro: Lumen Juris, 2002.

SCHIER, Paulo Ricardo. *Filtragem constitucional*. Porto Alegre: Sergio Fabris, 1999.

TEPEDINO, Gustavo. Crise de fontes normativas e teoria legislativa na parte geral do código civil de 2002. In: *A parte geral do novo código civil; estudos na perspectiva civil-constitucional*. Rio de Janeiro: Renovar, 2003.

_____. *Temas de direito civil*. 2 ed. Rio de Janeiro: Renovar, 2001.

_____. *Problemas de direito civil constitucional*. Rio de Janeiro: Renovar, 1999.

Capítulo 2

Breve introdução ao Direito de Empresa[1]

> **SUMÁRIO: 2.1.** Introdução. **2.2.** Meios de produção, força de trabalho, mercado, empresa, empresário. Perfis da empresa: subjetivo, funcional, patrimonial, objetivo e corporativo. **2.3.** Conclusão. **2.4.** Referências.

2.1. Introdução

Antes de enveredarmos no estudo propriamente do Direito de Empresa, é necessária uma breve incursão em algumas categorias do conhecimento da Economia, levando-se em conta que vivemos numa economia capitalista, onde toda atividade econômica é, de regra, voltada para a obtenção do lucro e onde o Estado só intervém ou atua diante de hipóteses específicas e de forma subsidiária.

Assim, o capitalismo é um sistema econômico no qual a economia se baseia na separação entre trabalhadores juridicamente livres, que dispõem de sua força de trabalho e a vendem em troca de salário; e os capitalistas, os quais são proprietários dos meios de produção e contratam os trabalhadores para produzir mercadorias ou serviços para o mercado, visando à obtenção de lucro.

Os meios de produção são o conjunto formado pelos meios de trabalho e pelo objeto de trabalho. Os meios de trabalho incluem os instrumentos de produção (ferramentas, máquinas), as instalações (edifícios, silos, armazéns), as diversas formas de energia e combustível e os meios de transporte. O objeto de trabalho é o elemento sobre o qual ocorre o trabalho humano: a terra e as matérias-primas, as jazidas minerais e outros recursos naturais.

Como se disse, os bens e serviços são produzidos para o mercado. Este, em sentido geral, designa um grupo de compradores e vendedores que estão em

---

[1] Artigo em homenagem ao Juiz Dr. Luiz Eduardo Pimenta Pereira.

Parte IV • Direito Civil e Empresarial 483

contato próximo para que as trocas entre eles afetem as condições de compra e venda dos demais.

Um mercado existe quando compradores que pretendem trocar dinheiro por bens e serviços estão em contato com vendedores desses mesmos bens e serviços.

Desse modo, o mercado pode ser entendido como o local teórico (ou não) do encontro regular entre compradores e vendedores de uma determinada economia.

Ele é formado pelo conjunto de instituições em que são realizadas transações comerciais (feiras, lojas, Bolsas de Valores etc.) e se expressa na maneira como se organizam as trocas realizadas em determinado universo por indivíduos, empresas e governo.

Em síntese: é o local onde atuam os agentes econômicos trabalhadores, consumidores, empresários e Estado.

2.2. Meios de produção, força de trabalho, mercado, empresa, empresário. Perfis da empresa: subjetivo, funcional, patrimonial, objetivo e corporativo

Em relação ao desenvolvimento da atividade econômica, é preciso conceituar os fatores de produção: estes vêm a ser os elementos indispensáveis ao processo produtivo de bens materiais. São a terra (terras cultiváveis, florestas, minas etc.), o homem (trabalho) e o capital (máquinas, equipamentos, instalações e matérias--primas). Veremos mais adiante que ao empresário incumbe coordenar e dirigir os fatores da produção, levando, em linha de consideração, o tipo de atividade econômica que elegeu para desenvolver (ex.: fator terra na agroindústria ou o fator capital na prestação de serviços de informática).

Assim, no capitalismo o empresário ordena os fatores de produção visando à obtenção do lucro e, para tanto, corre riscos.

O risco é a condição de um investidor diante das possibilidades de perder ou ganhar dinheiro. Os juros ou o lucro são explicados como recompensas recebidas pelo investidor por assumir determinado risco de incerteza econômica, relativa a eventualidades como modificações nas taxas de câmbio, recusa do produto pelo consumidor ou investimento numa atividade cujos resultados sejam negativos, i.e, revelem prejuízo.

Por outro lado, o lucro pode ser sucintamente definido como o rendimento atribuído ao capital investido diretamente por uma empresa. Em geral, o lucro consiste na diferença entre a receita e a despesa de uma empresa em determinado período.

Para Sylvio Marcondes, que elaborou o projeto do Direito de Empresa do novo Código Civil, a empresa surgiu quando o artesão passou a produzir para o mercado, buscando saída para seus produtos e enfrentando o risco para auferir lucros.

Produzir é criar utilidade, permitindo satisfazer uma necessidade. Como se opera a produção? Quais são os fatores da produção?

Como se disse, tradicionalmente, elenca-se os fatores de produção como sendo o trabalho, a terra e o capital. Ao empresário incumbe conjugar os bens do proprietário, as faculdades do trabalhador e o capital do capitalista.

Logo, a função do empresário é organizar e dirigir o negócio, elaborar o plano geral de produção, fixar as quantidades e qualidades dos produtos a fabricar em razão de uma procura prevista. Para tanto, reúne ele os fatores de produção e os adapta e controla; o quadro em que se desenvolve esta coordenação é a **empresa**.

Relata que, pelo art. 2.082 do Código Civil italiano, no qual foi inspirado o nosso art. 966, é empresário quem exercita atividade econômica organizada para o fim da produção ou da troca de bens e serviços. A empresa é, pois, em sentido instrumental, a organização do trabalho que dá lugar à atividade profissional do empresário, e, em sentido funcional, a atividade profissional organizada pelo empresário.

Segundo Sylvio Marcondes, pode-se dizer que a empresa "não existe", mas "se exerce"; não é "um ser" – nem sujeito nem objeto – mas "um fato"; quem é, o que existe, são o empresário, como sujeito, e o "estabelecimento", como objeto. O "exercício" que o empresário faz do estabelecimento constitui exatamente a **empresa**.

Há, portanto, na concepção de empresa comercial, um substrato econômico, consistente na organização dos fatores da produção realizada pelo empresário, no sentido da atividade empreendedora, visando à obtenção de lucro e correndo o risco correspondente.

Sabemos que Sylvio Marcondes abeberou-se na doutrina italiana mais autorizada, especialmente no trabalho de Alberto Asquini denominado "Perfis da Empresa"; ressaltando o referido autor italiano que o Código, embora não tenha oferecido uma definição jurídica da empresa, pontificou que o conceito de empresa é o conceito de um fenômeno de muitos lados (poliédrico).

Seriam cinco os perfis: subjetivo, funcional, patrimonial e objetivo e por fim, o corporativo.

Perfil subjetivo: a empresa como empresário.

Quem exerce a empresa é a pessoa jurídica ou pessoa física, não os seus órgãos sociais, através dos quais a pessoa jurídica explora sua atividade.

É a atividade econômica organizada (atividade empresarial: organização do trabalho alheio e do capital próprio ou alheio) que implica ao empresário a prestação de um trabalho autônomo de caráter organizador e a assunção do risco (técnico e econômico) correlato.

Não é empresário quem exerce atividade econômica à custa de terceiros e com o risco de terceiros; tampouco o é quem presta um trabalho autônomo de caráter exclusivamente pessoal (de caráter material ou intelectual); não é empresário, ainda, quem exerce uma simples profissão (o guia, mediador, carregador etc.), nem quem exerce uma simples profissão intelectual (advogado, médico, enfermeiro etc.), a menos que o exercício desta profissão gere uma atividade especial, organizada sob a forma de empresa (art. 2.238, Código Civil italiano). Exemplo: farmácia (farmacêuticos), hospital (médico) e instituição de ensino (professor).

O fito da produção para troca, ou a troca de bens e serviços, resulta na essencial referência da noção de empresário ao conceito econômico de empresa operante para o mercado.

Qualquer organização produtiva com o fim de troca dá lugar a uma atividade empresarial.

O caráter de continuidade é da essência da profissionalidade, i.e, não pode ser exercida ocasionalmente.

No conceito de profissionalidade surge como elemento natural o fim de lucro (embora não essencial) como motivo da atividade do empresário.

O conceito da profissionalização da atividade empresarial reduz-se ao conceito de sua continuidade, enquanto o elemento fim de lucro surge, em tal conceito, somente como elemento natural e não essencial.

Perfil funcional: a empresa como atividade empresarial.

A empresa econômica é uma organização produtiva que opera no tempo, guiada pela atividade do empresário e que, sob o ponto de vista funcional ou dinâmico, aparece como uma força em movimento que é a atividade empresarial dirigida a um determinado escopo produtivo.

Assim, a empresa em sentido funcional é a atividade profissional organizada do empresário.

O conceito de atividade empresarial tem grande relevância na teoria jurídica da empresa porque, para se chegar à noção de empresário, é preciso partir do conceito de atividade empresarial; porque da diversa natureza da atividade empresarial – agrícola ou comercial – depende a qualificação do empresário; como agrícola ou comercial, e porque faz-se necessário para a aplicação das normas particulares relativas às relações da empresa.

Diante das premissas econômicas citadas, o conceito de atividade empresarial implica numa atividade voltada a recolher e organizar a força de trabalho e o capital necessários para a produção ou distribuição de determinados bens e serviços, e a realizar a troca dos bens ou serviços colhidos ou produzidos.

A atividade empresarial reduz-se a uma série de operações (fatos materiais e atos jurídicos) que se sucedem no tempo, ligadas entre si por um fim comum.

A profissionalidade decorre da constância, no tempo, dessa série de operações e, normalmente, do seu preordenamento com o fito de lucro, inerente (embora não essencial) à empresa econômica.

Para afirmar-se a existência da atividade empresarial é necessário caracterizar a existência das operações fundamentais da empresa e, para se chegar à existência do empresário, é necessário constatar-se o caráter profissional da atividade empresarial.

Perfil patrimonial e objetivo: a empresa como patrimônio "aziendal" e como estabelecimento.

O exercício da atividade empresarial dá lugar à formação de um complexo de relações jurídicas que têm por centro o empresário (direito sobre os bens de que o empresário se serve, relações com os empregados, fornecedores e clientela etc.); o fenômeno econômico da empresa, projetado sobre o terreno patrimonial, dá lugar a um patrimônio especial distinto, por seu escopo, do restante do patrimônio do empresário.

A característica eminente de tal patrimônio é a de ser resultante de um complexo de relações organizadas por uma força em movimento – a atividade do empresário – que tem o poder de desmembrar-se da pessoa do empresário e de adquirir, por si mesma, um valor econômico; assim, tal patrimônio surge como uma entidade dinâmica, e não estática. A este patrimônio é dado o nome de estabelecimento.

Tanto o Código Civil italiano (art. 2.555) como o brasileiro (art. 1.142) consideram o estabelecimento como todo o complexo de bens organizado para o exercício da empresa por um empresário.

Perfil corporativo: a empresa como instituição.

Aqui a empresa vem considerada como aquela especial organização de pessoas que é formada pelo empresário e pelos empregados, seus colaboradores. O empresário e seus colaboradores formam um núcleo social organizado, em função de um fim econômico comum, no qual se fundem os fins individuais do empresário e dos singulares colaboradores: a obtenção do melhor resultado econômico na produção.

Parte IV • Direito Civil e Empresarial **487**

A organização se realiza através da hierarquia das relações entre o empresário, dotado de um poder de mando, e os colaboradores, sujeitos à obrigação de fidelidade no interesse comum.

A noção de empresa como organização de pessoas para um fim comum leva a enquadrar, juridicamente, a empresa na figura da "instituição".

Instituição é toda organização de pessoas – voluntária ou compulsória – embasada em relações de hierarquia e cooperação entre os seus membros, em função de um escopo comum. Cada instituição cria no seu interior um ordenamento elementar que ainda que reconhecido pelo ordenamento jurídico do Estado, que é a instituição soberana, pode, por sua vez, considerar-se como um ordenamento jurídico de grau inferior (teoria da pluralidade dos ordenamentos jurídicos de Santi Romano).

A outorga da personalidade jurídica a uma organização de pessoas tem, essencialmente, o escopo de se atribuir a um sujeito, diverso dos indivíduos, as relações jurídicas externas da organização. O reconhecimento de uma organização de pessoas como instituição implica somente no reconhecimento de um determinado modo de ser: das relações internas entre os componentes da organização em relação a um fim comum.

Quando uma organização de pessoas é elevada, pelo Direito, ao grau de pessoa jurídica, o fenômeno da personalidade pode absorver aquele da instituição, também nas relações internas. Mas a vida de uma organização de pessoas como instituição, é uma vida interna que por si mesma não implica, de nenhum modo, personificação.

A empresa, sob o perfil corporativo, oferece um exemplo típico de instituição, sendo possível identificar os seus elementos institucionais.

Nela encontram-se todos os elementos característicos de uma instituição: o fim comum, i.e, a conquista de um resultado produtivo que supera os fins individuais do empresário (lucro) e dos empregados (salário); o poder ordenatório do empresário em relação aos trabalhadores subordinados; a relação de cooperação entre esses; a formação de um ordenamento interno da empresa, que confere, além do aspecto contratual e patrimonial, um particular aspecto institucional.

2.3. Conclusão

Concluindo, a teoria jurídica da empresa deve compreender o estatuto profissional do empresário, o ordenamento institucional da empresa (disciplina o trabalho na empresa), a disciplina do estabelecimento e a atividade empresarial nas relações externas (relações de empresas).

Resta, ainda, realizar um escorço de importante trabalho elaborado por José Gabriel Assis de Almeida, denominado *A Noção Jurídica de Empresa*.

Segundo o autor, o conceito econômico de empresa é o de uma organização ou entidade que exerce atividade econômica. A empresa atua como uma unidade econômica, i.e., como unidade autônoma de produção e circulação de bens e serviços – uma unidade produtora de riqueza.

Ressalta que para produzir e circular bens e serviços é necessária a reunião de alguns elementos.

Os fatores de produção resultam da utilização do capital (dinheiro e maquinaria) e do trabalho (trabalhadores e dirigentes).

Surge a empresa como organização dos fatores da produção (capital e trabalho) cujo objeto é a produção ou circulação de bens e serviços.

Soma-se a estes fatores o risco que pode implicar em resultados positivos ou negativos da atividade exercida.

O lucro, por outro lado, não constitui requisito para a configuração da empresa, dada que algumas atividades, por vezes estatais, embora organizadas sob a ótica empresarial, não visam ao lucro.

Ligada à noção jurídica de empresa, está a evolução da atividade econômica, visível em três aspectos:

a) alargamento do conceito de atividade econômica;

b) o fato de o direito ter se tornado mais flexível;

c) o enfraquecimento da personalidade jurídica das sociedades comerciais.

A partir do momento em que o Estado se nega a prestar serviços, estes passam a ser exercidos pela iniciativa privada (princípio da subsidiariedade). Há, pois, a retribuição econômica/financeira, que é o traço primordial da iniciativa privada.

O direito flexível promoveu o conceito de controle, distinto do conceito de propriedade; e a teoria da desconsideração da personalidade jurídica enfraqueceu a personalidade das sociedades comerciais.

Tais fatores criaram o clima propício ao aparecimento de um conceito jurídico de empresa.

Os conceitos formais ligados à definição do sujeito de direito foram flexibilizados, isto é, houve a constatação de que determinados conceitos jurídicos, ligados à figura do comerciante, e que eram tradicionais, não mais correspondem plenamente às realidades econômicas.

Muitas são as manifestações jurídicas do conceito de empresa.

No Direito do Trabalho o art. 2º da Consolidação das Leis do Trabalho diz que se considera empregador a empresa individual ou coletiva que, assumindo os riscos da atividade econômica, admite, assalaria e dirige a prestação pessoal dos serviços.

Aqui, a empresa surge enquanto atividade econômica e entidade responsável pelos riscos da atividade econômica. O que não exerce uma atividade econômica não pode ser propriamente "empresa".

Profissionais liberais devem ser considerados empresa porque exercem atividade econômica e correm os riscos do sucesso/insucesso da atividade exercida.

No caso dos grupos, a noção de empresa ultrapassa os limites da própria personalidade jurídica de cada um de seus membros. Fica patente a desconsideração da pessoa jurídica no sentido de se formar uma nova entidade, a empresa.

A noção de empresa é maior que a tradicional noção de sociedade ou de pessoa física.

É que a empresa é desvinculada da forma jurídica. Essa empresa existe mediante o exercício de uma atividade econômica que vai se desenvolvendo independentemente das transformações e estruturas jurídicas organizadas em torno dela. É irrelevante apurar quem é o sujeito de direito que exerce a atividade.

Os conceitos jurídicos tradicionais são estreitos demais para a noção jurídica de empresa. Esta tem uma noção mais larga e mais abrangente do que as noções clássicas de pessoa física ou de pessoa jurídica.

No Direito Tributário, a alteração da forma jurídica não altera o conteúdo da atividade econômica e as consequências do seu exercício. O Direito Tributário reconhece a empresa e a coloca acima das estruturas jurídicas.

Código Tributário Nacional

> **Art. 132.** A pessoa jurídica de direito privado que resultar de fusão, transformação ou incorporação de outra ou em outra é responsável pelos tributos devidos até à data do ato pelas pessoas jurídicas de direito privado fusionadas, transformadas ou incorporadas.
>
> Parágrafo único. O disposto neste artigo aplica-se aos casos de extinção de pessoas jurídicas de direito privado, quando a exploração da respectiva atividade seja continuada por qualquer sócio remanescente, ou seu espólio, sob a mesma ou outra razão social, ou sob firma individual.

Art. 133. A pessoa natural ou jurídica de direito privado que adquirir de outra, por qualquer título, fundo de comércio ou estabelecimento comercial, industrial ou profissional, e continuar a respectiva exploração, sob a mesma ou outra razão social ou sob firma ou nome individual, responde pelos tributos, relativos ao fundo ou estabelecimento adquirido, devidos até à data do ato:

I – integralmente, se o alienante cessar a exploração do comércio, indústria ou atividade;

II – subsidiariamente com o alienante, se este prosseguir na exploração ou iniciar dentro de seis meses a contar da data da alienação, nova atividade no mesmo ou em outro ramo de comércio, indústria ou profissão.

A empresa continua, após a extinção, como entidade autônoma, com vida jurídica própria. E tanto tem vida autônoma que a estrutura jurídica que passa a abrigar aquela empresa responde pelos seus atos pretéritos.

Há uma clara dicotomia entre a noção jurídica de empresa e a noção de sujeito de direito.

O fundamento da responsabilidade do sucessor baseia-se unicamente no fato de que, na realidade, a atividade é exercida por uma mesma empresa e qualquer alteração na sua estrutura jurídica é irrelevante.

O art. 133 do Código Tributário Nacional revela a existência de uma entidade econômica autônoma que, apesar de ter sido vendida e adquirida, permanece íntegra; e tanto permanece íntegra que os tributos relativos a ela continuam a incidir e são exigíveis da pessoa à qual essa empresa se incorporou.

No Direito de Concorrência, que vem a ser o conjunto de normas visando a garantir, num determinado mercado, a manutenção de condições neutras que permitam uma concorrência eficiente entre os diferentes operadores econômicos, o fenômeno da empresa pode ser notado no art. 15 da Lei nº 8.884/94 (revogada pela Lei nº 12.529/2011): "Esta lei aplica-se às pessoas físicas ou jurídicas de direito público ou privado, bem como a quaisquer associações de entidades ou pessoas, constituídas de fato ou de direito, ainda que temporariamente, com ou sem personalidade jurídica, mesmo que exerçam atividade sob regime de monopólio legal", bem como no art. 6º da Lei nº 4.137/62: "Considera-se empresa toda organização de natureza civil ou mercantil destinada à exploração por pessoa física ou jurídica de qualquer atividade com fins lucrativos".

"Empresa" aqui significa a organização voltada à exploração de atividade econômica com fins lucrativos. Ela surge não como sujeito de direito mas como objeto de direito e será explorada por uma pessoa física ou jurídica. A personalidade jurídica não é elemento essencial para a definição jurídica de empresa.

No citado art. 15 da Lei nº 8.884/94 (revogada pela Lei nº 12.529/2011), tem-se manifestação da noção de empresa, sendo que as infrações mencionadas no art. 20 decorrem do exercício de atividade econômica.

Segundo o art. 20 da Lei nº 8.884/94 (revogada pela Lei nº 12.529/2011), qualquer estrutura jurídica que seja capaz de produzir comportamentos ali descritos será considerada uma empresa.

Em relação ao direito do consumidor, o art. 3º da Lei nº 8.078/90 define fornecedor em virtude do exercício da atividade econômica:

> **Art. 3º** Fornecedor é toda pessoa física ou jurídica, pública ou privada, nacional ou estrangeira, bem como os entes despersonalizados, que desenvolvem atividade de produção, montagem, criação, construção, transformação, importação, exportação, distribuição ou comercialização de produtos ou prestação de serviços.
>
> § 1º Produto é qualquer bem, móvel ou imóvel, material ou imaterial.
>
> § 2º Serviço é qualquer atividade fornecida no mercado de consumo, mediante remuneração, inclusive as de natureza bancária, financeira, de crédito e securitária, salvo as decorrentes das relações de caráter trabalhista.

A personalidade jurídica não tem importância para os fins de ser ou funcionar como empresa. Esta não pode ser consumidora, pois exerce uma atividade econômica; os bens ou serviços por ela adquiridos são necessariamente vinculados e destinados àquela atividade econômica. São bens ou serviços que, direta ou indiretamente, serão repassados para as pessoas com as quais ela negocia.

O Direito Processual Civil, nos arts. 677 e 678 (atuais arts. 862 e 863, NCPC), trata da penhora de empresa, estabelecimento comercial, industrial ou agrícola:

> **Art. 677.** Quando a penhora recair em estabelecimento comercial, industrial ou agrícola, bem como em semoventes, plantações ou edifício em construção, o juiz nomeará um depositário,

determinando-lhe que apresente em 10 (dez) dias a forma de administração.

§ 1º Ouvidas as partes, o juiz decidirá.

§ 2º É lícito, porém, às partes ajustarem a forma de administração, escolhendo o depositário; caso em que o juiz homologará por despacho a indicação.

Art. 678. A penhora de empresa, que funcione mediante concessão ou autorização, far-se-á, conforme o valor do crédito, sobre a renda, sobre determinados bens ou sobre todo o patrimônio, nomeando o juiz como depositário, de preferência, um dos seus diretores.

Parágrafo único. Quando a penhora recair sobre a renda, ou sobre determinados bens, o depositário apresentará a forma de administração e o esquema de pagamento observando-se, quanto ao mais, o disposto nos arts. 716 a 720; recaindo, porém, sobre todo o patrimônio, prosseguirá a execução os seus ulteriores termos, ouvindo-se, antes da arrematação ou da adjudicação, o poder público, que houver outorgado a concessão.

Para o Direito Processual Civil, a empresa se aproxima da figura jurídica do estabelecimento comercial. A noção de empresa não corresponde, porém, à de estabelecimento.

Sabe-se não ser possível penhorar um sujeito de direito, apenas poderá a penhora recair sobre objeto de direito.

Assim, a empresa tem de ser necessariamente algo diferente, que não seja nem o estabelecimento, nem a pessoa jurídica detentora do estabelecimento.

O Direito Societário, pela letra dos arts. 2º e 206 I, "d", da Lei das Sociedades Anônimas, avisa que pode ser objeto da companhia qualquer empresa de fim lucrativo não contrário à lei ou à ordem jurídica:

Art. 2º Pode ser objeto da companhia qualquer empresa de fim lucrativo, não contrário à lei, à ordem pública e aos bons costumes.

§ 1º Qualquer que seja o objeto, a companhia é mercantil e se rege pelas leis e usos do comércio.

§ 2º O estatuto social definirá o objeto de modo preciso e completo.

§ 3º A companhia pode ter por objeto participar de outras sociedades; ainda que não prevista no estatuto, a participação é facultada como meio de realizar o objeto social, ou para beneficiar-se de incentivos fiscais.

[...]

Art. 206. Dissolve-se a companhia:

I – de pleno direito:

[...]

d) pela existência de 1 (um) único acionista, verificada em assembleia-geral ordinária, se o mínimo de 2 (dois) não for reconstituído até à do ano seguinte, ressalvado o disposto no artigo 251.

Adota a empresa como atividade econômica que se estrutura por meio de uma sociedade anônima.

Caso o número de sócios se torne insuficiente, a companhia não se dissolve imediatamente; busca-se a reconstituição do número de sócios, posto que, para além da forma societária, existe uma realidade econômica que merece a proteção do Direito.

Além da sociedade e dos sócios, existe uma outra realidade que merece a proteção por parte do Direito, que é a empresa.

O interesse da sobrevivência da empresa sobrepõe-se ao interesse particular dos sócios.

O Direito Falimentar fornece um caso clássico de manifestação de empresa: é a massa falida. A massa não tem personalidade jurídica, no entanto pode reclamar direitos.

O síndico é representante da massa, mas não age em nome próprio (art. 59, LF c/c art. 12, III, CPC – atual art. 75, V, NCPC – art. 22, III, "c", Lei nº 11.101/2005, que elenca as atribuições do administrador judicial).

Embora tenha empregados, deva impostos etc., a massa não existe juridicamente como sujeito de direito.

O projeto de lei de falências adota o conceito econômico de empresa: como exercício de atividade econômica de forma independente.

A empresa transcende aos seus proprietários e não pode ficar vinculada àqueles que causam a sua ruína.

O intuito é permitir que aquele conjunto ou entidade que vinha exercendo uma atividade econômica continue a fazê-lo, sob a direção de outras pessoas, talvez mais diligentes ou mais hábeis.

Os contornos da noção jurídica de empresa não se encaixam confortavelmente nas categorias de sujeito de direito, objeto de direito e de relação jurídica, vindas do Direito Romano; havendo autores que consideram o conceito de empresa desnecessário, bastando os conceitos de pessoa, sociedade, personalidade jurídica e de estabelecimento.

A forma jurídica não é elemento relevante na noção jurídica de empresa, assim como a personalidade jurídica não é importante na noção de empresa.

É possível existir empresa sem personalidade jurídica, como ente despersonalizado.

A empresa tem muita elasticidade, sendo compreensível que a pessoa jurídica não seja o elemento essencial desta realidade.

O núcleo comum da empresa é a atividade econômica que busque o lucro e que tenha independência no exercício dessa atividade.

A empresa seria a atividade econômica contra uma remuneração (não necessariamente com lucro) e de forma independente.

Conclusão: a utilidade e funcionalidade do conceito jurídico de empresa é a de permitir uma melhor adaptação da norma ao fato, com uma melhor eficácia da norma.

2.4. Referências

ABREU, José Manuel Coutinho de. *Da empresarialidade*. Coimbra: Almedina, 1996.

ALMEIDA, José Gabriel Assis de. A noção jurídica da empresa. *Revista de informação legislativa*, v. 36, n. 143, p. 211-229, 1999.

ANDRADE JR., Attilla de Souza Leão. *Comentários ao novo código civil*. Rio de Janeiro: Forense, 2002. v. IV.

ASQUINI, Alberto. Perfis da empresa. *RDM* 104/109.

BARRETO FILHO, Oscar. *Teoria do estabelecimento comercial*. São Paulo: Max Limonad, 1969.

BORBA, José Edvaldo Tavares. *Direito societário*. Rio de Janeiro: Renovar, 2003.

CAMPINHO, Sérgio. *Direito de empresa*. 2. ed. Rio de Janeiro: Renovar, 2003.

CARVALHOSA, Modesto. *Comentários ao código civil*. São Paulo: Saraiva, 2004. v. 13.

DINIZ, Maria Helena. *Dicionário jurídico*. São Paulo: Saraiva.

DINIZ, Souza (Trad.). *Código civil italiano*. Rio de Janeiro: Record, 1961.

Parte IV • Direito Civil e Empresarial

FABRETTI, Laudio Camargo. *Direito de empresa no código civil*. São Paulo: Atlas, 2003.

FIUZA, Ricardo. *Novo código civil comentado*. São Paulo: Saraiva, 2002.

GOMES, Luiz Souza. *Dicionário econômico e financeiro*. 9. ed. Rio de Janeiro: Borsoi, s./d.

HENTZ, Luiz Antonio Soares. *Direito de empresa no código civil de 2002*. 2. ed. São Paulo: Ed. Juarez de Oliveira, 2003

LUCCA, Newton de. *Comentários ao código civil brasileiro*. Rio de Janeiro: Forense, 2005. v. IX.

MARCONDES, Sylvio. *Problemas de direito mercantil*. São Paulo: Max Limonad, 1970.

MIRANDA, Pontes de. *Tratado de direito privado*. Rio de Janeiro: Borsoi, 1965.

SANDRONI, Paulo. *Novíssimo dicionário de economia*. São Paulo: Best Seller, 1999.

SZTAJM, Rachel. *Teoria jurídica da empresa*. São Paulo: Atlas, 2004.

WALD, Arnoldo. *Comentários ao novo código civil*. Rio de Janeiro: Forense, 2005. v. XIV.

Capítulo 3

Aplicação da *disregard doctrine* em benefício da pessoa singular do sócio[1]

> **SUMÁRIO: 3.1.** Introdução. **3.2.** Tutela da personalidade: dignidade da pessoa humana e direito da personalidade. **3.3.** O direito fundamental à livre-iniciativa. **3.4.** Desconsideração da personalidade jurídica. **3.5.** Desconsideração da personalidade jurídica da pessoa colectiva em benefício da pessoa singular do sócio. **3.6.** Conclusão. **3.7.** Referências.

3.1. Introdução

O presente trabalho pretende discutir a possibilidade de aplicação da teoria da desconsideração da personalidade jurídica da pessoa coletiva, com vistas a beneficiar a pessoa singular do sócio, em razão da força dos comandos constitucionais da dignidade da pessoa humana, desenvolvimento da personalidade pelo trabalho e da livre-iniciativa.

Desde já é preciso destacar o caráter central da pessoa humana no âmbito do Direito Comunitário, bem como no ordenamento constitucional e infraconstitucional portugueses, os quais necessitam de interpretação e aplicação conjugada e sistemática, dentro do âmbito mais espraiado do sistema protetivo da pessoa humana no continente europeu[2].

---

1   Texto apresentado em Doutorado na Universidade Autónoma de Lisboa (Portugal).

2   "A pessoa é sujeito individual, substancial, racional, dotado de espiritualidade e, por isso, capaz de se relacionar. É um ser livre. A pessoa existe em si e por si. Ela preside, é o cerne da sua existência individual e realiza, de modo pleno, o conceito de individualidade." BARBAS, Stela Marcos de Almeida Neves. *Direito do genoma humano.* Coimbra: Almedina, 2007, p. 170. Prossegue a autora a fls. 174 asseverando: "A aceitação da tese de que o homem possui ontologicamente dignidade, ou, se preferível, que o homem, pelo facto de ser homem, está dotado desta característica, implica, desde logo, duas consequências: a primeira é a de que se a dignidade pertencer por natureza ao homem, então quer dizer que é própria de todos os homens, e, como tal, são todos iguais. A segunda consiste

Neste sentido, buscou-se, na jurisprudência portuguesa e brasileira, julgados em que o sócio da pessoa colectiva viu uma pontual ineficácia considerada para o fim de proteger a dignidade da pessoa humana do sócio, com vistas à proteção do mínimo existencial, ou do património mínimo à sua subsistência, em conjunto com a fruição do direito fundamental ao livre exercício da atividade econômica.

Nos casos trazidos para análise, foi necessário desconsiderar a pessoa colectiva para que a dignidade e o direito de personalidade à subsistência fossem protegidos, fazendo emergir do "levantamento", o regime jurídico da pessoa singular, submerso e ínsito ao regime da pessoa colectiva, daí falar-se em desconsideração da pessoa colectiva em favor da pessoa singular do sócio.

Chegou-se, dessa forma, a uma releitura da *disregard doctrine*, que não é expressamente positivada no Direito português, visando à tutela da dignidade humana e do direito de personalidade da pessoa singular, por meio de casos em que, embora a pessoa colectiva fosse a titular da relação jurídica posta, foi necessária sua desconsideração para a protecção do direito de personalidade e da dignidade da pessoa singular.

Sublinha-se, desde já, a redação do Tratado de Lisboa, que disciplina a União Europeia, que, em seu art. 2ª afirma:

> A União funda-se nos valores do respeito pela dignidade da pessoa humana, da liberdade, da democracia, da igualdade, do Estado de Direito e do respeito pelos direitos do homem, incluindo os direitos das pessoas pertencentes a minorias. Estes valores são comuns aos Estados-Membros, numa sociedade caracterizada pelo pluralismo, a não discriminação, a tolerância, a justiça, a solidariedade e a igualdade entre homens e mulheres.

No campo específico do ordenamento constitucional português, o art. 1º da Constituição da República portuguesa diz que Portugal é uma República soberana, baseada na dignidade da pessoa humana e na vontade popular e empenhada na construção de uma sociedade livre, justa e solidária.

Consagrando a validade e eficácia internas do já citado Tratado de Lisboa, o art. 8º.4 da Constituição portuguesa, preceitua que as disposições dos tratados que regem a União Europeia e as normas emanadas de suas instituições, no exercício

---

no facto de que, se a dignidade é exclusiva do homem, nem os animais nem as coisas a detêm, distinguindo-se, deste modo, dos demais. Em síntese, a pessoa enquanto ser corpóreo, racional e espiritual supera o mundo material. O homem é, por assim dizer, um macrocosmo em relação ao microcosmo." BARBAS, Stela Marcos de Almeida Neves, op. cit., p. 174

das respectivas competências são aplicáveis na ordem interna, nos termos definidos pelo Direito da União, com respeito pelos princípios fundamentais do Estado de Direito Democrático.

Quanto ao ordenamento interno português, o tema tocará nos dispositivos dos arts. 70, 227 e 334 do Código Civil, 737 do Código de Processo civil e 270-A do Código das Sociedades Comerciais, com vistas a fundamentar a tutela e proteção do direito da personalidade do sócio pela via da desconsideração da pessoa colectiva.

3.2. Tutela da personalidade: dignidade humana e direito da personalidade

Conforme o já citado art. 270-A do Código das Sociedades Comerciais, a sociedade unipessoal pode ser constituída por apenas uma pessoa singular, sendo que esta, pela cláusula geral do direito da personalidade do art. 70 do Código Civil português fica protegida de qualquer ofensa ou ameaça de ofensa à sua personalidade física ou moral. Em parelho a este regime está o art. 737º.2 do Código de Processo Civil português que considera como relativamente impenhoráveis os instrumentos de trabalho e os objetos indispensáveis ao exercício da atividade ou formação profissional do executado.

Oportuno, neste passo, frisar que a dignidade da pessoa humana não se confunde com os direitos fundamentais, bem como os direitos da personalidade[3],

---

3 ASCENSÃO, José de Oliveira. *Teoria geral. Introdução. As pessoas. Os bens. Direito Civil.* 3. ed. São Paulo: Saraiva, 2010. v. I. "A dignidade da pessoa humana implica que a cada homem sejam atribuídos direitos, por ela justificados e impostos, que assegurem esta dignidade na vida social. Esses direitos devem apresentar um mínimo que crie o espaço no qual cada homem poderá desenvolver a sua personalidade. Mas devem representar também um máximo, pela intensidade da tutela que recebem. Assim se funda a categoria dos direitos da personalidade" (p. 59). "não há equivalência entre direitos fundamentais e direitos da personalidade. Antes de mais, a preocupação da abordagem é diferente. As Constituições têm em vista particularmente a posição do indivíduo face ao Estado e provavelmente a do cidadão, que continua a ser destinatário de muitas previsões" (p. 61). "Na ordem jurídica portuguesa, o preceito fundamental da lei ordinária em matéria de direitos da personalidade é o art. 70 CC, cujo n. 1 determina: "A lei protege os indivíduos contra qualquer ofensa ilícita ou ameaça de ofensa à sua personalidade física ou moral" (p. 65); "Este preceito contém um princípio preciso: o da generalidade da tutela da personalidade. Para que um direito de personalidade seja reconhecido não é necessária específica proteção legal: basta que decorra da personalidade ontológica" (p. 65). "É essencial compreender que o preceito não se limita a qualquer noção formal de pessoa, pois então teríamos critério para demarcar o seu âmbito: é vicioso dizer que tudo o que respeita ou atinge uma pessoa singular é considerado violador da personalidade. A lei pressupõe a personalidade ética especificando-as nas suas duas vertentes física e moral. Por isso, o art. 70 tem necessariamente de ser considerado como janela aberta no sistema positivo, pela qual se dá a intromissão dos conteúdos ônticos. A aplicação do artigo pressupõe uma permanente valoração à luz desses conteúdos" (p. 66). Em sentido semelhante, FERNANDES, Luis A. Carvalho. *Teoria geral do direito civil.* 6. ed. Lisboa: Universidade Católica Editora, 2012, v. I, que ao discorrer sobre os direitos da personalidade

embora a pessoa singular sócia da sociedade unipessoal desfrute desta tríade protetiva, voltada para pequenos negócios (v.g., reparo de bicicletas, eventos *low cost*, serviços de fotografia etc.).

Não é o caso de desenvolver neste trabalho aspectos específicos da sociedade unipessoal, mas não se pode desconsiderar os problemas derivados de capital social mínimo, responsabilidade ilimitada por não integralização de capital social, a subcapitalização e o dever constitucional de tratamento diferenciado (art. 86º.1, CRP).

A dignidade da pessoa humana ilumina e funda todo o ordenamento constitucional e infraconstitucional e se volta, basicamente, à promoção do mínimo existencial da pessoa singular, pois se constitui no conjunto mínimo de direitos autónomos de que toda pessoa é titular, bem como são emanações da própria dignidade da pessoa.

Assim, a cláusula geral da dignidade da pessoa humana no ordenamento português assegura ao ser humano um tratamento que lhe garanta a possibilidade de prestações mínimas como saúde, educação, assistência social, trabalho, segurança e acesso ao Judiciário.

Tal preceito fundante da ordem constitucional ilumina todo o ordenamento constitucional de forma positiva, impedindo atuação a ele contrária, bem como guiará a atuação da aplicação da lei e da produção legislativa.

Dizer "dignidade na vida social" significa a garantia de um mínimo que assegure um espaço para o desenvolvimento da personalidade e um máximo que lhe dê

---

afirma: "Não basta afirmar a suscetibilidade de direitos (o poder de ser titular) envolvido na noção técnico-jurídica de personalidade, qual tal é; o princípio, enquanto referido a uma mera qualidade jurídica, ficaria esvaziado de sentido, se lhe não fosse dado conteúdo significativo e útil, e uma inerente protecção, assegurando-se a cada pessoa jurídica – e pelo simples fato de o ser – um conjunto mínimo de direitos, inerente a essa qualidade e de que ela se torna imediatamente titular, ao adquirir personalidade" (p. 84). "Esses direitos, por serem mera projeção da imanente dignidade do homem, prendem-se, assim, com bens fundamentais da própria pessoa, desde logo no plano físico e moral, mas também no jurídico, para o princípio ganhar conteúdo significativo e plena eficácia no seu campo específico de actuação – o do Direito" (p. 84). "Pode-se assim afirmar que personificar o homem envolve o reconhecimento de um conjunto mínimo de direitos, de conteúdo fundamentalmente não patrimonial" (p. 84). "Esses, numa designação bastante corrente, são os direitos da personalidade, fórmula que tem a virtude de, por si só, chamar a atenção para o facto de se tratar de poderes jurídicos determinados pelos modos de ser fundamentais da pessoa" (p. 84). Em obra clássica, Pires de Lima e Antunes Varela, no *Código civil anotado*. 4. ed. Coimbra: Coimbra ed., 1987, v. I, afirmam sobre o art. 70 do Código Civil Português que "O artigo limita-se a declarar, em termos muito genéricos e muito sucintos, a ilicitude das ofensas ou das ameaças à personalidade física ou moral dos indivíduos, sem descer à minuciosa referência analítica a que recorre por exemplo, o anteprojeto do Código Francês (arts. 151. e ss.). "Mas daquela referência genérica pode, sem dúvida, inferir-se a existência de uma série de direitos (à vida, à integridade física, à liberdade, à honra, ao bom nome, à saúde, até ao repouso essencial à existência física etc.), que a lei tutela nos termos do nº 1 do artigo" (p. 104).

efetividade. Basta que a pessoa exista como personalidade ontológica para a fruição do direito à personalidade.

Neste sentido, o art. 70 do Código Civil é cláusula geral por meio da qual se dá o reconhecimento de conteúdos ônticos: a protecção à pessoa vem do simples fato de o ser e que faz exsurgir, por isso, um conjunto mínimo de direitos inerente a esta qualidade.

No caso da sociedade unipessoal (art. 270-A, CSC), vemos que a pessoa colectiva é constituída de um único sócio, pessoa singular, que é o titular do capital social, sendo lícito deduzir deste preceito que a dignidade da pessoa humana e os direitos fundamentais da pessoa do sócio – enquanto pessoa singular – são inseparáveis da pessoa colectiva[4], posto que esta nada mais é que a sanção premial concedida pelo Estado para que o indivíduo possa obter seu mínimo existencial.

3.3. O direito fundamental à livre-iniciativa

No ordenamento constitucional português, a livre-iniciativa é em primeiro lugar mencionada como democracia económica e princípio fundamental da República, conforme o art. 2°, reaparecendo como princípio da organização económica no art. 80°, letra "c", ambos da Carta Constitucional.

Sem embargo destes preceitos expressos, a leitura sistemática do texto nos leva a realizar interpretação conglobante de outros artigos da Constituição, tais como 9°, letras "a" e "d" (tarefas fundamentais do Estado para criar condições económicas e promover o bem-estar e direitos económicos), bem como os arts. 16°, $26^{\circ}.1$, $61^{\circ}.1$, $82^{\circ}.3$ e $86^{\circ}.1$, os quais nos permitem afirmar que a livre-iniciativa se constitui em direito fundamental acatado no ordenamento constitucional português, apto a gerar pretensões negativas de proteção contra o Estado e positivas de pretensões perante o Estado e terceiros.

De forma muito sucinta pode-se afirmar que esta liberdade é o espaço de atuação na economia independente da compressão do Estado.

Essa liberdade – de iniciativa – será exercida na atividade económica de produção, circulação, distribuição e consumo de bens e serviços, dentro do mercado,

---

4   Sobre a inseparabilidade do direito da personalidade da pessoa singular, ínsito nas pessoas colectivas, veja-se SOUSA, Rabindranath V. A. Capelo de. *Direito geral de personalidade*. Coimbra: Coimbra Ed., 2011, p. 601: "[...] poderá falar-se – *stricto sensu* – e como que numa segunda escolha, de direito "geral" da personalidade das pessoas colectivas para significar que a elas não pertencem apenas os direitos especiais de personalidade expressamente previstos na lei mas também os conteúdos devidamente adaptados do direito geral da personalidade das pessoas singulares, não inseparáveis destas e que se mostrem necessários ou convenientes à prossecução dos fins das pessoas colectivas".

Parte IV • Direito Civil e Empresarial 501

palco onde atuam os agentes económicos, quais sejam, o Estado, os empresários, os trabalhadores e os consumidores.

É evidente que, para que alguém se lance numa atividade lícita é necessário que se tenha ciência da possibilidade de exercício da atividade, a que chamaremos de sensibilidade (saber que existe a possibilidade), bem como tenha acesso à atividade económica eleita, a que chamaremos de acessibilidade (acesso ao desempenho da atividade económica eleita para ser exercida).

Uma vez no exercício da atividade económica, o agente deve desfrutar da faculdade de contratar ou não; deve poder escolher com quem contratar e que tipo de negócio efetuar, fixando o conteúdo do contrato, bem como possa mobilizar o aparelho estadual para que se faça cumprir o avençado entre as partes.

Aqui fica patente que o direito fundamental da livre-iniciativa se desdobra em: liberdade de investimento ou de acesso (direito à empresa), liberdade de organização e liberdade de contratação (direito de empresa)[5].

---

5   MONCADA, Luis S. Cabral de. *Direito económico.* 2. ed. Coimbra: Coimbra Ed., 1988: "O direito de livre iniciativa económica privada é considerado agora, depois da revisão constitucional de 1982, como um autêntico direito fundamental e de um modo autónomo, sem ser colocado na dependência de um outro direito fundamental" (p. 14). "Este direito compreende várias vertentes quais sejam a liberdade de criação de uma empresa e a de gerir autónomamente ou sem interferências externas" (p. 141). "Já se conhecem contudo os limites que para este direito fundamental decorrem os princípios da reserva de empresa pública e da livre-iniciativa dos poderes públicos" (p. 141). "Conclui-se assim que não foi seu conteúdo máximo mas sim seu conteúdo mínimo que a Constituição consagrou tal direito fundamental" (p. 141). "A concretização do direito de livre-iniciativa económica privada ou de livre empresa, compreende a preservação do seu conteúdo múltiplo enquanto liberdade de acesso ao mercado e de exercício ou cessação da atividade empresarial" (p. 142). "Nenhum destes aspectos poderá ser eliminado em favor de outro; a manutenção de todos eles é condição necessária da afirmação do direito de livre empresa privada" (p. 142). "Nesta conformidade a defesa constitucional do direito de livre empresa privada implica claras tomadas de posição do legislador ordinário quanto a questões como as do condicionamento industrial e licenciamento dos estabelecimentos industriais, defesa da concorrência, regime de preços, proteção ás pequenas e médias empresas e, de um modo geral, quanto à estratégia geral da política de fomento económico" (p. 143). "Restrições ao seu regime, e para concluir, pode a lei levá-las a cabo, pois que se trata de direitos subjetivos alicerçados num princípio de valor que é o da dignidade da pessoa humana, e como tais virtualmente exclusivistas como aliás todos os valores éticos" (p. 143). "O seu conteúdo oscila assim entre um máximo e um mínimo essencial. è neste último sentido que a lei os deve interpretar de modo a viabilizar o seu tratamento jurídico sem esquecer o virtual concurso de outros direitos e valores. Descer abaixo daquele conteúdo mínimo é transformar a lei em serva do poder" (p. 149). VAZ, Manuel Afonso. *Direito económico. A ordem económica portuguesa.* 4. ed. Coimbra: Coimbra Ed., 1998: "Sabemos já que o legislador constitucional configura este direito como um direito fundamental dos cidadãos e que sua inserção formal nos direitos 'sociais' não prejudica a aplicação do regime dos 'direitos, liberdade e garantias', na medida em que a iniciativa económica privada é garantida como direito essencialmente 'negativo' ou 'de defesa', revestindo-se de natureza análoga aos 'direitos, liberdades e garantias' e beneficiando, assim, do regime destes (cfr. art.17º)" (p. 164-165). "A liberdade de iniciativa económica privada tem o seu fulcro sensível na liberdade de empresa, quando esta se entenda nas suas três vertentes ou subliberdades: liberdade de investimento ou de acesso (direito à empresa), liberdade de organização e liberdade de contratação (direito de empresa)" (p. 165). "A liberdade de investimento significa o direito que possui o titular de um capital de colocá-lo na actividade ou

indústria que julgue conveniente. O investimento pode levar à criação de uma empresa, à aquisição de empresas já existentes ou ao aumento de capital dessas empresas. Em sentido negativo, esta liberdade significa o direito de retirar o capital investido quando o proprietário o julgue conveniente" (p. 165). "A liberdade de organização é o direito de organizar livremente o processo de produção, isto é, definir objetivos, combinar os factores de produção e dirigir a actuação das pessoas empregues na atividade empresarial" (p. 165). "Esta liberdade é inerente à actividade empresarial, pois esta consiste basicamente na combinação trabalho/capital para a obtenção de um produto. Ao empresário compete maximizar a produção, minimizando os custos, de modo a assegurar rentabilidade ao capital investido" (p. 165). "A liberdade de contratação ou liberdade negocial significa o direito do empresário de escolher os seus fornecedores e os clientes dos seus produtos, assim como fixar o preço das mercadorias. Também significa a liberdade de contratação da mão de obra e a fixação de salários e de outras condições de trabalho" (p. 166). "[...] para que estes preceitos não entrem em contradição com os princípios fundamentais da constituição económica, impõe-se uma interpretação contida destes preceitos, de modo que fique sempre a salvo a liberdade de empresa privada na sua dupla qualidade de direito subjetivo fundamental e de princípio ou garantia institucional da ordem económica portuguesa" (p. 170). FRANCO, António L. Souza *et allii*. A *Constituição económica portuguesa. Ensaio interpretativo*. Coimbra: Almedina,1993. "A iniciativa económica privada (que tomaremos como prototípica) é, pois, um direito que consiste em tomar todas as iniciativas que sejam conformes ao ordenamento (a constituição e a lei) para produzir bens e serviços. Por vezes, identifica-se livre-iniciativa com a liberdade de empresa (iniciativa empresarial), mas esta identificação não é inteiramente correta: a iniciativa económica abrange todas as formas de produção, individuais ou coletivas, e as empresas são apenas as formas de organização com características substancial e formal (jurídica) de índole capitalista, normalmente contempladas, quando são privadas, como objeto principal ou exclusivo, pelo Direito Comercial. As formas não empresariais da iniciativa tendem a ser residuais em economias capitalistas, nas áreas de indústria e serviços; mas já são muito importantes no domínio do Direito Agrário, no qual também vigora a liberdade de iniciativa privada" (p. 196-197). SANTOS, António Carlos dos *et allii*. *Direito económico*, 7. ed. Coimbra: Almedina, 2014: "O direito de iniciativa privada (art.61º) é explicitamente considerado como um direito económico e não apenas como um princípio de organização económica. Trata-se direito independente do direito de propriedade, pesem embora as naturais conexões entre ambos, mas que goza de idêntica proteção (art. 17º e art. 18º, CRP)" (p. 51). "Ele traduz a possibilidade de exercer uma atividade económica privada, nomeadamente através da liberdade de criação de empresas e da sua gestão. Compreende a liberdade de investimento ou de acesso a qual se traduz no direito de escolha da atividade económica a desenvolver, a liberdade de organização, ou seja, liberdade de determinação do modo como a atividade vai ser desenvolvida (incluindo a forma, qualidade e preços dos produtos ou serviços produzidos) e a liberdade de contratação ou liberdade negocial, que abrange a liberdade de estabelecer relações jurídicas e de fixar, por acordo, o seu conteúdo" (p. 51-52). MIRANDA, Jorge *et allii*. A *Constituição portuguesa anotada*. Coimbra: Coimbra Ed., 2005. t. I. "Num primeiro momento, trata-se da liberdade de iniciativa em sentido estrito ou, de outra optica, da liberdade de estabelecimento. É o direito de iniciar uma actividade económica; o direito de constituir uma empresa; o direito que pode ser individual e que pode ser institucional, de organização de certos meios de produção para um determinado fim económico" (p. 620). "No segundo momento, é o resultado da iniciativa e, ao mesmo passo, a condição da sua prossecução – a empresa – que ressalta. Trata-se agora da liberdade de empresa, do direito da empresa de praticar os atos correspondentes aos meios e fins predispostos e de reger livremente a organização em que tem de assentar. E este direito tem um caráter fundamentalmente institucional, mesmo quando, porventura, seja ainda uma empresa constituída por uma só pessoa: uma vez criada a empresa, ela adquire maior ou menor autonomia em relação àquele ou àqueles que a tenham constituído" (p. 621). CANOTILHO, J. J. Gomes *et allii*. *Constituição da república portuguesa anotada*. Coimbra: Coimbra Ed., 2007. v. 1. "Ao reconhecer a liberdade de iniciativa económica privada (nº 1), a Constituição considera-a seguramente (após a primeira revisão constitucional) como um direito fundamental (e não apenas como um princípio objetivo da organização económica), embora sem a incluir diretamente entre os direitos, liberdades e garantias (beneficiando, porém, da analogia substantiva com eles, enquanto direito determinável e de exequibilidade imediata). Este entendimento constitucional do direito de iniciativa privada está em consonância com

Claro que esta liberdade não é absoluta em face da conexão existente no interior do próprio ordenamento constitucional quando se tratar de atividade tipicamente estatal ou cooperativista, sendo certo que esta atividade será menos livre quanto mais intervenha o Estado, via intervenção direta na atividade económica, ou que venha a sofrer abusos do poder económico ou que suporte atividade objeto de monopólio (participação estatal na economia por exclusão da iniciativa privada).

Disso resulta que a liberdade de iniciativa, como direito fundamental, é plenamente aplicável à pessoa singular do sócio de sociedade unipessoal por quotas.

3.4. Desconsideração da personalidade jurídica

Como se sabe, o ordenamento jurídico português prevê as pessoas singulares a par das pessoas colectivas, ambas entes dotados de personalidade jurídica. Desta personalidade exsurge a titularidade de direitos e obrigações autónomos sendo certo que as pessoas singulares são membros das pessoa colectivas. Os direitos e deveres de cada qual não se confundem.

Com o tempo, porém, constatou-se a ocorrência de inúmeras situações em que a linha demarcatória entre pessoa singular e colectiva se esmaeceu, deixando espaço para a desconsideração da personalidade jurídica das sociedades comerciais, também assim denominada "*disregard of legal entity*" ou "*lifting the corporate veil*" do Direito anglo-saxão e da "penetração da pessoa juridica" no Direito alemão[6].

---

o estatuto da empresa e do sector privados no âmbito da "constituição económica" (p. 789). "A liberdade de iniciativa privada tem um duplo sentido, por um lado, na liberdade de iniciar uma atividade económica (liberdade de criação da empresa, liberdade de investimento, liberdade de estabelecimento) e, por outro lado, na liberdade de organização, gestão e actividade da empresa (liberdade de empresa, liberdade do empresário, liberdade empresarial). No primeiro sentido, trata-se de um direito pessoal (a exercer individual ou coletivamente); no segundo sentido é um direito institucional, um direito da empresa em si mesma. Ambas estas vertentes do Direito de iniciativa económica privada podem ser objeto de limites ou restrições mais ou menos extensos" (p. 790).

6   CORDEIRO, António Menezes. *Tratado de direito civil português*. 2. pré-edição. Coimbra: Almedina, 2002. v. I, t. III. "Em termos simplificados, adiantamos que a existência de pessoas colectivas permite limitar a responsabilidade patrimonial e isentar os administradores e agentes das consequências dos actos imputáveis do ente colectivo. A presença dos limites específicos implica que, por dívidas ao ente colectivo, sejam chamadas a responder outras pessoas ou que certos actos não se repercutam totalmente na pessoa colectiva a que sejam formalmente imputados" (p. 165-166) Ainda CORDEIRO, *Tratado:* "Verifica-se uma subcapitalização relevante para efeitos de levantamento da personalidade, sempre que uma sociedade tenha sido constituída com um capital insuficiente. A insuficiência é aferida em função do seu próprio objeto ou da sua actuação surgindo, assim, como tecnicamente abusiva" (p. 177). No mesmo sentido, MENDES, Castro. Teoria geral do direito civil. *AAFDL*, I, 1995, p. 362 assevera: "[...] não devemos antropomorfizar a pessoa colectiva a ponto de perdermos de vista que – ao contrário da pessoa singular, fim em si mesma – ela não é mais que um instrumento de realização de interesses humanos. Inclusivamente, a personificação pode ser, ou passar a ser, instrumento de abuso, e deve nesse caso ponderar quais os verdadeiros interesses humanos em causa. Esta atitude é o que os juristas anglo-saxónicos chama romper o véu da pessoa colectiva."

504   Problemas e Soluções em Direito • Eugênio Rosa de Araújo

Tais doutrinas[7] se encontram atualmente pacificadas e sistematizadas como condutas societárias reprováveis, em face das quais o instituto pode ser manejado, podendo-se elencar, num rol apenas exemplificativo: a confusão ou promiscuidade entre as esferas jurídicas da sociedade e dos sócios; a subcapitalização da sociedade; a insuficiência de recursos patrimoniais necessários à concretização do objeto social; as relações de domínio grupal, entre outras.

Malgrado isso, a legislação portuguesa não contém referência expressa à desconsideração da personalidade jurídica, mas adota a doutrina sob a perspectiva da boa-fé e do abuso do direito, emergente da interpretação sistemática do art. 762, nº 2 com o art. 334, ambos do Código Civil.

3.5. Desconsideração da personalidade jurídica da pessoa colectiva em benefício da pessoa singular do sócio

Caso emblemático de desconsideração da pessoa colectiva, ou da relativização da separação do património da pessoa colectiva e da pessoa do sócio, em favor da pessoa do sócio pessoa singular, ficou explicitada na ementa de apelação cível no Tribunal da Relação de Évora[8] que denota ação de despejo de pessoa colectiva

---

7   Como restou consignado na ementa do acórdão da Apelação 798108.8TBEPS.G1, da relatoria do Juiz Manuel Bargado, em 17/11/2011, à unanimidade de votos: "I – Na vertente do abuso da responsabilidade limitada (que não se confunde com o abuso da personalidade), estão mais ou menos sistematizadas as condutas que podem conduzir à aplicação do instituto da desconsideração da personalidade, avultando, de entre elas, a confusão ou promiscuidade entre esferas jurídicas das sociedades e dos sócios, a subcapitalização, a originária ou superveniente da sociedade, por insuficiência de património necessário para concretizar o objeto social e prosseguir a sua actividade; as relações de domínio grupal. II – Para além destas situações, também se podem perfilar outras em que a sociedade comercial é utilizada pelo sócio para contornar uma obrigação legal ou contratual por ele assumida individualmente, ou para encobrir um negócio contrário à lei, funcionando como interposta pessoa. III – Na desconsideração da personalidade jurídica é necessário determinar-se se existe e com que potencialidade uma atuação em fraude à lei. Esta verificar-se-á aquando da existência de um efeito prejudicial a terceiros. IV – A simples prova de que a sociedade unipessoal de que o réu é sócio gerente não tem qualquer prédio inscrito em seu nome no serviço de finanças do distrito de Braga, sem a prova de que todos os proventos e bens adquiridos pelo réu para aquela sociedade, enquanto seu sócio gerente, tenham sido por este desviados para o seu património ou para o património do casal que constitui com a ré, não autoriza que se chame ao caso a figura da desconsideração da personalidade jurídica das pessoas colectivas".

8   Apelação 291/06/-2 do Tribunal da Relação de Évora, de 24/07/2007, da relatoria do Juiz Mario Serrano, com a seguinte ementa: "I – Numa ação de despejo com fundamento na cedência do locado sem autorização do senhorio ou com fundamento na falta de comunicação de tal cedência – quando a lei o imponha – incumbe aos autores a alegação da prova da falta de comunicação porquanto trata-se de factos constitutivos da pretensão deduzida pelos autores. II – [...] III – Se o arrendatário era uma pessoa singular que exercia no locado uma dada actividade e para melhor desenvolver resolveu constituir uma sociedade por quotas unipessoal de que é o único sócio aí continuando a exercer a actividade de sempre, verifica-se uma alteração da qualidade do locatário, mas tal alteração não configura propriamente uma cedência do locado. IV – Quando muito será, numa cessão da posição

Parte IV • Direito Civil e Empresarial **505**

formada por antigo arrendatário, então pessoa singular, e cuja transformação em sociedade unipessoal não havia sido comunicada ao senhorio, ensejando a resolução do contrato de arrendamento.

Ponderou o aresto que se o arrendatário era uma pessoa singular que exercia no locado uma dada atividade e para melhor a desenvolver constituiu sociedade por quotas unipessoal, de que é o único sócio aí continuando a exercer a atividade de sempre, verifica-se uma alteração da qualidade do locatário, mas tal alteração não configura propriamente uma cedência do locado.

Considerou o acórdão que, quando muito, seria uma cessão da posição do locatário, para uma sociedade por quotas unipessoal de que é o único sócio e precisamente o anterior locatário. Estar-se-ia diante de uma mera alteração do estatuto jurídico do proprietário do estabelecimento comercial instalado no locado em face a este mesmo estabelecimento sem verdadeira mudança de seu substrato pessoal.

Acrescentou que alçar a alteração meramente formal da qualidade do arrendatário, em fundamento de despejo, constitui uma situação manifesta de abuso de direito por excesso dos limites do fim social e econômico deste mesmo direito.

Termina afirmando que a cedência do locado não se traduziu numa verdadeira e própria mudança da pessoa singular que continua a ocupar aquele espaço, nele prosseguindo essa pessoa a mesma atividade comercial que até então vinha ali desenvolvendo.

No Brasil, caso julgado pelo Superior Tribunal de Justiça[9] em 1996, decidiu possível a retomada de imóvel residencial pertencente a pessoa colectiva, para moradia de sócio quotista, pessoa singular.

---

do locatário, aqui R., para uma sociedade por quotas unipessoal de que é o único sócio precisamente o anterior locatário. Ou seja, estamos perante uma mera alteração do estatuto jurídico do proprietário do estabelecimento comercial instalado no locado face a esse mesmo estabelecimento, sem verdadeira mudança do seu substrato pessoal. V – Arvorar esta alteração meramente formal da qualidade do arrendatário, em fundamento de despejo, constitui uma situação manifesta de abuso de direito por excesso dos limites do fim social e económico desse mesmo direito".

9   Superior Tribunal de Justiça, REsp 29.301, 6ª Turma, julgamento 13/08/1996, publicado em 30/09/1996, Rel. Min. Vicente Leal: "Civil. Ação de despejo. Retomada para uso de sócia da empresa locadora. Lei nº 6.649/79. Art. 52, X. Aplicação analógica. Possibilidade. Por via de interpretação analógica do preceito inscrito no art. 52, X, da Lei nº 6.649/79, é admissivel a retomada de imóvel para uso próprio de sócio de empresa locadora". Em sentido análogo é o REsp 84.756, 4ª Turma, julgamento 25/03/1996, da Relatoria do Ministro Ruy Rosado de Aguiar: "Execução. Impenhorabilidade. Motorista. Ônibus escolar. Microempresa. É absolutamente impenhorável o ônibus escolar que serve para o exercício da profissão de motorista (art. 649, V, CPC), não obstante registrado em nome da firma individual, da qual o devedor é titular. A microempresa é forma de atuação do profissional no mercado de trabalho e deve ser ignorada quando tal desconsideração é necessária para prevalecer a norma instituída em benefício do profissional".

O que se depreende do caso concreto, é que o imóvel de propriedade da pessoa colectiva – e não do sócio pessoa singular – foi retomado do arrendatário da pessoa colectiva, para moradia da pessoa singular do sócio.

Destaca-se que o imóvel não estava afetado ao exercício da empresa, apenas compunha o acervo patrimonial da sociedade, deixando clara a flexibilização da autonomia patrimonial e a desconsideração da personalidade jurídica em favor do sócio para o desfrute do direito fundamental de habitação, ligado ao mínimo existencial.

Ainda no Brasil e perante o Superior Tribunal de Justiça[10], em 2009, o tribunal reconheceu a impenhorabilidade de imóvel de pessoa colectiva, que compunha seu estabelecimento e que era seu único bem.

O tribunal considerou que a penhora inviabilizaria a empresa individual da executada, que atuava no ramo de fabricação de equipamentos industriais, não podendo a atividade prosseguir sem o imóvel, aliado ao fato de este também servir de residência do sócio.

Destacou que, mantida a penhora, restaria cerceada sua atividade laboral e ferido o direito social do trabalho, tornando o bem, assim, impenhorável, nos termos do art. 649, V, do Código de Processo Civil de 1973 (atual art. 833, V, NCPC brasileiro).

Ponderou-se, ainda, que a interpretação teleológica do art. 649, V, do Código de Processo Civil de 1973 (atual art. 833, V, NCPC), deve observar os princípios fundamentais constitucionais da dignidade da pessoa humana e dos valores sociais do trabalho e da livre-iniciativa (art. 1º, incs. III e IV, CF) e do direito fundamental da propriedade limitado à sua função social (art. 5º, incs. XXII e XXIII, CF), legitima a interpretação de que o imóvel profissional constitui instrumento necessário ou útil ao desenvolvimento da atividade objeto do contrato social,

---

10 Superior Tribunal de Justiça, REsp 114.767, Corte especial, julgamento 2/12/2009, publicado em 4/02/2009, Rel. Min. Luiz Fux: "A penhora de imóvel no qual se localiza o estabelecimento da empresa é excepcionalmente, permitida, quando inexistentes outros bens passíveis de penhora e desde que não seja servil à residência da família. 2. O art. 649, V, do CPC, com a redação dada pela Lei nº 11.382/2006, dispõe que são absolutamente impenhoráveis os livros, as máquinas, as ferramentas, os utensílios, os instrumentos ou outros bens móveis necessários ou úteis ao exercício de qualquer profissão. 3. A interpretação teleológica do art. 649, V, do CPC, em observância aos princípios fundamentais constitucionais da dignidade da pessoa humana e dos valores do trabalho e da livre-iniciativa (art. 1º, incs. III e IV, CRFB/88) e do direito fundamental de propriedade limitado à sua função social (art. 5º, incs. XXII e XXIII, CRFB/88), legitima a inferência de que o imóvel profissional constitui instrumento necessário ou útil ao desenvolvimento da atividade objeto do contrato social, máxime quando se tratar de pequenas empresas, empresas de pequeno porte ou firma individual".

Parte IV • Direito Civil e Empresarial

máxime quando se tratar de pequenas empresas, empresas de pequeno porte ou firma individual[11].

3.6. Conclusão

O trabalho humano, na vertente do dispêndio de energia vital para a obtenção do mínimo existencial, tem enfrentado inúmeros obstáculos na economia globalizada, com altos índices de desemprego e crises económicas em vários países do mundo desenvolvido, não sendo exceção o caso português.

No campo do Direito Comunitário, a dignidade da pessoa humana, prevista no Tratado de Lisboa, se constitui em valor-chave que ilumina todos os ordenamentos constitucionais parcelares da comunidade Europeia, com destaque, no caso português, para o art. 8º.4 da Carta portuguesa, que incorpora à ordem interna o conteúdo do ordenamento comunitário.

A dignidade da pessoa humana, bem assim o direito de personalidade, colocam o ser humano, em si, como ser apto a receber proteção ao mínimo existencial, o que pode ser empreendido pela via do exercício de atividade económica amparada pelo direito fundamental à livre-iniciativa.

O ser humano tem, assim, direito a empreender e direito à empresa, i.e., direito a se lançar livremente à atividade económica lícita, bem como à gestão de sua empresa.

---

11 Sobre a impenhorabilidade dos instrumentos de trabalho, veja-se FACHIN, Luiz Edson. Estatuto jurídico do patrimônio mínimo. Rio de Janeiro: Renovar, 2001, p. 223-224: "Uma das projeções atuais da impenhorabilidade defere especial proteção aos instrumentos de trabalho. A tutela compreende os meios indispensáveis ao respectivo exercício profissional e, a rigor, dá abrigo à pessoa em si mesma, inserida nesse contexto. Na impenhorabilidade dos instrumentos de trabalho estão compreendidos os utensílios necessários ou úteis ao exercício de qualquer profissão". Prossegue: "Tal prescrição torna imune à execução forçada por parte do Estado tudo o que seja útil ou imprescindível ao exercício da profissão do devedor. Perfeitamente se vislumbra um dever de solidariedade humana, de não despir o executado dos meios necessários para sustentar-se". Arremata dizendo: "[...] a pessoa está no núcleo fundamental do Direito e nele se projeta sob as vestes jurídicas da personalidade. Pessoa e personalidade se irmanam para sustentar a categoria do sujeito, a quem se reconheceu direitos e obrigações, num sujeito que exercita seus afazeres profissionais". Sobre a profissão como direito inerente á personalidade, veja-se MAIDAME, Marcio Manoel. Impenhorabilidade e direitos do credor. Curitiba: Juruá, 2007, p. 191: "[...] a profissão representa um elemento formativo essencial da personalidade, na medida em que o trabalho, além de proporcionar meios econômicos para que o trabalhador possa arcar com os seus custos de vida e de sua família, ocupa grande parte do tempo das pessoas e permite que elas desenvolvam as suas subjetividades (i.e., criatividade, virtudes etc.) e interajam socialmente". Em sentido análogo é a opinião de CALIXTO FILHO, Salomão. O novo direito societário. 4. ed. São Paulo: Malheiros, 2011, p. 250: "No caso concreto era necessário permitir ao sócio, incapaz de trabalhar (como administrador) em consequência de um acidente rodoviário, pleitear em nome próprio ressarcimento do dano sofrido pela sociedade em consequência do abandono da gestão. A desconsideração novamente permite, portanto, incluir entre os danos materiais causados ao sócio os danos meramente patrimoniais causados à sociedade".

Nesse passo, tais liberdades vêm ao encontro da proteção à personalidade da pessoa singular, sócia de pessoa jurídica, posto que esta, no caso da pessoa colectiva unipessoal, não dispensa aquela.

Pontua-se que, em alguns casos, como demonstrado, o objetivo da pessoa colectiva, pode tornar-se um óbice ao desfrute do mínimo existencial, sendo necessário o afastamento pontual, o levantamento da personalidade jurídica da pessoa colectiva para a emergência de regime jurídico da pessoa do sócio, pessoa singular, em ordem a dar cumprimento ao valor da dignidade da pessoa humana.

Destacaram-se doutrina e casos julgados no Brasil e em Portugal, de desconsideração da pessoa colectiva em benefício da pessoa do sócio, pessoa singular, de modo a se obter regime mais protetivo e consentâneo com os valores já mencionados.

Tal postura implica na relativização do princípio da autonomia do património da pessoa colectiva, permitindo, em casos em que o mínimo existencial esteja em jogo, a desconsideração da pessoa colectiva em busca de regime jurídico mais protetivo.

Trata-se de perspectiva ainda não positivada nos ordenamentos jurídicos, tanto em Portugal, quanto no Brasil, mas que vem sendo admitida nas dobras ou franjas da interpretação sistemática das respectivas Constituições e dos ordenamentos civis e comerciais.

Em síntese, em ambos os ordenamentos nasce a possibilidade de proteção da dignidade da pessoa humana, do direito fundamental à livre-iniciativa e da proteção da personalidade, na via da obtenção do mínimo existencial, da desconsideração por meio da personalidade jurídica da pessoa colectiva em benefício da pessoa do sócio, pessoa singular.

3.7. Referências

ANASTÁCIO, Gonçalo (Coord.). *Tratado de Lisboa anotado e comentado*. Coimbra: Almedina, 2012.

ASCENSÃO, José de Oliveira. *O direito. Introdução e teoria geral*. 13. ed. Coimbra: Almedina, 2005.

_____. *Teoria geral do direito civil*. 3. ed. São Paulo: Saraiva, 2015. v. I.

BARBAS, Stela Marcos de Almeida Neves. *Direito do genoma humano*. Coimbra: Almedina, 2007.

CANOTILHO, J. J. Gomes *et allii*. *Constituição da República portuguesa anotada*. Coimbra: Coimbra Ed., 2007. v. I.

_____. *Código civil*. 2. ed. Coimbra: Almedina, 2011.

Parte IV • Direito Civil e Empresarial   509

_____. *Código das sociedades comerciais*. 11. ed. Coimbra: Almedina, 2015.

_____. *Código de processo civil*. 32. ed. Coimbra: Almedina, 2013.

_____. Constituição da República portuguesa. 19. ed. Lisboa: Quid Juris, 2015.

CORDEIRO, António Menezes. *Tratado de direito civil português*. 2. ed. Coimbra: Almedina, 2011. v. I, t. II.

COSTA, Ricardo Alberto Santos. *A sociedade por quotas unipessoal no direito português*. Coimbra: Almedina, 2002.

DUWELL, Marcus *et allii*. The Cambridge Handbook of Human Dignity. *Interdisciplinary perspectives*. Cambridge: Cambridge University Press, 2014.

FACHIN, Luiz Edson. *Estatuto jurídico do patrimônio mínimo*. Rio de Janeiro: Renovar, 2001.

FERNANDES, Luis A. Carvalho. *Teoria geral do direito civil*. Lisboa: Universidade Católica de Lisboa. 6. ed., 2012. v. I, e v. II, 5. ed, 2014.

FRAGA, Luís Alves de. *Metodologia da investigação*. Lisboa: Universidade Autónoma de Lisboa, 2015.

FRANCO, António de Souza *et allii. A Constituição económica portuguesa. Ensaio Interpretativo*. Coimbra: Almedina, 1993.

GOUVEIA, Jorge Bacelar. *Manual de direito constitucional*. Coimbra: Almedina, 2005. v. II.

LAKATOS, Eva Maria *et alli. Fundamentos de metodologia científica*. 4. ed. São Paulo: Atlas, 2001.

LIMA, Pires de *et allii. Código civil anotado*. 4. ed. Coimbra: Coimbra Ed., 1987. v. I.

MAIDAME, Márcio Manoel. *Impenhorabilidade e direitos do credor*. Curitiba: Juruá, 2007.

MCCRUDDEN, Christopher. *Understanding human dignity*. Oxford: Oxford University Press, 2013.

MIRANDA, Jorge *et allii. Constituição portuguesa anotada*. Coimbra: Coimbra Ed., 2005. v. I, e 2006. v. II.

MONCADA, Luis S. Cabral de. *Direito económico*. 2. ed. Coimbra: Coimbra Ed., 1988.

NOVAIS, Jorge Reis. *A dignidade da pessoa humana*. Coimbra: Almedina. 2005. v. I, e 2006. v. II.

PALMA, Augusta Ferreira. *Das pequenas e médias empresas*. Coimbra: Almedina, 2001.

PINTO, Carlos Alberto da Mota. *Teoria geral do direito civil*. 3. ed. Coimbra: Coimbra Ed., 1996.

PORTO, Manuel Lopes (Coord.). *Tratado de Lisboa anotado e comentado*. Coimbra: Almedina, 2012.

SALOMÃO FILHO, Calixto. *O novo direito societário*. 4. ed. São Paulo: Malheiros, 2011.

SANTO, João Espirito. *Sociedade unipessoal portuguesa*. Coimbra: Almedina, 2015.

SANTOS, António Carlos dos *et allii. Direito económico*. 7. ed. Coimbra: Almedina. 2014.

SANTOS, Felipe Cassiano dos. *A sociedade unipessoal por quotas. Comentários e anotações dos artigos 270-A a 270-G do código das sociedades comerciais.* Coimbra: Coimbra Ed., 2009.

SARLET, Ingo Wolfgang. *Dignidade da pessoa humana e direitos fundamentais.* 4. ed. Porto Alegre: Livraria do Advogado, 2006.

SOUSA, Rabindranath Valentino Aleixo Capelo de. *O direito geral de personalidade.* Coimbra: Coimbra Ed., 2011.

VASCONCELOS, Pedro Pais de. *Teoria geral do direito civil.* 8 ed. Coimbra: Almedina, 2015.

VAZ, Manuel Afonso. *Direito económico.* 2. ed. Coimbra: Coimbra Ed., 1988.

Capítulo 4

Garantias das obrigações: configuração das garantias especiais atípicas[1]

> **SUMÁRIO**: 4.1. Introdução. 4.2. Tutela da personalidade: dignidade humana e direito da personalidade. 4.3. O direito fundamental à livre-iniciativa. 4.4. O princípio da autonomia da vontade: liberdade de celebração e de estipulação. 4.5. Garantias atípicas: o caso da garantia bancária autónoma. 4.5.1. A garantia bancária autónoma. 4.5.2. Excepção de não cumprimento do contrato. 4.5.3. Compensação. 4.5.4. Cláusula *negative pledge*. 4.5.5. Cláusula *cross-default*. 4.5.6. A consignação de receita em garantia. 4.5.7. Cláusula *step-in-rights*. 4.5.8. *Covenant*. 4.6. Conclusão. 4.7. Referências.

4.1. Introdução

O presente trabalho tem como foco as garantias especiais atípicas das obrigações, traçando os contornos elementares da autonomia da vontade a começar pelos fundamentos da dignidade da pessoa humana insertos no Tratado de Lisboa e na Constituição da República de Portugal, nos quais se lastreiam a liberdade de estipulação e celebração dos negócios jurídicos.

Tal liberdade e autonomia expressam, na vertente do seu exercício, o direito de personalidade, na medida em que viabilizam um espaço de criação da própria personalidade humana, suas necessidades, seus desejos e sua persecução do estado de bem-estar, inerentes a qualquer ser humano.

Nesse diapasão, o direito de crédito recebe a proteção do Direito, denominando-se garantia das obrigações, cujo conteúdo consiste em certificar ao credor os meios necessários para realizar seu direito no caso de seu descumprimento, a teor

---

1   Texto apresentado em Doutorado na Universidade Autónoma de Lisboa (Portugal).

do disposto no art. 601 do Código Civil português, segundo o qual a garantia geral é comum a todos os credores e consiste na possibilidade de estes se pagarem com o património do devedor.

Por outro lado, a garantia especial implica na preferência a um credor de ser pago preferencialmente antes dos demais credores, tais como a penhora e a preferência no caso de declaração de falência e que se sobrepõe à garantia geral já mencionada.

Acrescenta-se que as garantias especiais consistem em situações em que a posição do credor vem a ser um reforço que sobeja àquela que resulta da simples responsabilidade patrimonial do devedor[2], podendo-se afirmar que sempre haverá uma garantia especial quando exista algum reforço da posição jurídica do credor, em contraste com a posição de outros credores.

Ainda no campo das garantias especiais, serão pessoais caso haja um direito subjetivo com a finalidade de garantia ou um bem determinado objeto de prestação, ou, ainda, numa coisa – caso em que a garantia especial será uma garantia real.

Assim, as garantias pessoais sujeitam um terceiro à execução de seu património, em caso de não cumprimento pelo devedor, como, por exemplo, a fiança e o aval[3]; as garantias reais, por outro lado, se visualizam pela possibilidade de o credor obter o pagamento preferencial do seu crédito pela venda de bens ou seus rendimentos. Constituem-se, por isso, em categoria de direitos reais de garantia, posto que oneram bens determinados, independentemente da sua titularidade, como por exemplo o penhor, a hipoteca, o privilégio e o direito de retenção[4].

Ainda no campo das garantias de créditos, podemos identificar casos especiais de garantias, as quais não se reportam a quaisquer dos tipos já mencionados, a saber a separação de patrimônios, a prestação de caução e a cessão de bens aos credores.

No presente trabalho tratar-se-á dos contornos convencionais, constitucionais e legais das denominadas garantias especiais atípicas. Tais garantias não nos

---

2   LEITÃO, Luís Manuel Teles de Menezes. *Direito das obrigações*. 9ª ed. Coimbra: Almedina, 2014, p. 303. v. II.

3   Como observa Menezes Leitão (op. cit., p. 304): "Para esse efeito, os terceiros assumem uma obrigação própria, através da qual ficam subsidiária ou solidariamente responsáveis pelo cumprimento da obrigação do principal devedor".

4   Menezes Leitão (op. cit., p. 304) destaca que os credores titulares de garantias reais dizem-se credores preferenciais por oposição aos outros credores comuns ou quirografários.

permitem o reenvio às garantias pessoais ou reais, pois não se ubicam em nenhuma das modalidades já referidas.

Como dito, o percurso será o de localizar a autonomia da vontade no ordenamento comunitário, no ordenamento constitucional português e no ordenamento legal português com ênfase nos preceitos do Código Civil português, a teor dos arts. 219º (liberdade de forma), 223º (estipulação de forma especial), 227º (boa-fé objetiva) 271º (condições ilícitas ou impossíveis), 280º/281º (desconformidade com a lei), 335º (colisão de direitos), 405º (liberdade contratual) e 473º (enriquecimento sem causa) do referido diploma.

4.2. Tutela da personalidade: dignidade humana e direito da personalidade

Desde já é preciso destacar o caráter central da pessoa humana no âmbito do Direito Comunitário, bem como no ordenamento constitucional e infraconstitucional português, os quais necessitam de interpretação e aplicação conjugada e sistemática, dentro do âmbito mais espraiado do sistema protetivo da pessoa humana no continente europeu.

Sublinha-se, desde já, a redação do Tratado de Lisboa que, em seu art. 2º afirma:

> A União funda-se nos valores do respeito pela dignidade da pessoa humana, da liberdade, da democracia, da igualdade, do Estado de Direito e do respeito pelos direitos do homem, incluindo os direitos das pessoas pertencentes a minorias. Estes valores são comuns aos Estados-Membros, numa sociedade caracterizada pelo pluralismo, a não discriminação, a tolerância, a justiça, a solidariedade e a igualdade entre homens e mulheres.

No campo específico do ordenamento constitucional português, o art. 1º da Constituição da República portuguesa diz que Portugal é uma República soberana, baseada na dignidade da pessoa humana e na vontade popular e empenhada na construção de uma sociedade livre, justa e solidária.

Consagrando a validade e eficácia internas do já citado Tratado de Lisboa, o art. 8º.4 da Constituição portuguesa preceitua que as disposições dos tratados que regem a União Europeia e as normas emanadas de suas instituições, no exercício das respectivas competências, são aplicáveis na ordem interna, nos termos definidos pelo Direito da União, com respeito pelos princípios fundamentais do Estado de Direito Democrático.

Oportuno, neste passo, frisar que a dignidade da pessoa humana não se confunde com os direitos fundamentais, nem com os direitos da personalidade[5].

A dignidade da pessoa humana ilumina e funda todo o ordenamento constitucional e infraconstitucional e se volta, basicamente, à promoção do mínimo existencial da pessoa singular pois se constitui no conjunto mínimo de direitos autónomos de que toda pessoa é titular, bem como são emanações da própria dignidade da pessoa.

Assim, a cláusula geral da dignidade da pessoa humana no ordenamento português assegura um tratamento ao semelhante que lhe garanta a possibilidade de

---

5   ASCENSÃO, José de Oliveira. *Teoria geral. Introdução. As pessoas. Os bens. Direito civil.* 3. ed. São Paulo: Saraiva, 2010. v. I. "A dignidade da pessoa humana implica que a cada homem sejam atribuídos direitos, por ela justificados e impostos, que assegurem esta dignidade na vida social. Esses direitos devem apresentar um mínimo que crie o espaço no qual cada homem poderá desenvolver a sua personalidade. Mas devem representar também um máximo, pela intensidade da tutela que recebem. Assim se funda a categoria dos direitos da personalidade" (p. 59). "Não há equivalência entre direitos fundamentais e direitos da personalidade. Antes de mais, a preocupação da abordagem é diferente. As Constituições têm em vista particularmente a posição do indivíduo face ao Estado e provavelmente a do cidadão, que continua a ser destinatário de muitas previsões" (p. 61). "Na ordem jurídica portuguesa, o preceito fundamental da lei ordinária em matéria de direitos da personalidade é o art. 70 CC, cujo n. 1 determina: "A lei protege os indivíduos contra qualquer ofensa ilícita ou ameaça de ofensa à sua personalidade física ou moral" (p. 65). "Este preceito contém um princípio preciso: o da generalidade da tutela da personalidade. Para que um direito de personalidade seja reconhecido não é necessária específica proteção legal: basta que decorra da personalidade ontológica" (p. 65). "É essencial compreender que o preceito não se limita a qualquer noção formal de pessoa, pois então teríamos critério para demarcar o seu âmbito: é vicioso dizer que tudo o que respeita ou atinge uma pessoa singular é considerado violador da personalidade. A lei pressupõe a personalidade ética especificando-as nas suas duas vertentes física e moral. Por isso, o art. 70 tem necessariamente de ser considerado como janela aberta no sistema positivo, pela qual se dá a intromissão dos conteúdos ônticos. A aplicação do artigo pressupõe uma permanente valoração à luz desses conteúdos" (p. 66). Em sentido semelhante, FERNANDES, Luis A. Carvalho. *Teoria geral do direito civil.* 6. ed. Lisboa: Universidade Católica Editora, 2012, v. I, que ao discorrer sobre os direitos da personalidade afirma: "Não basta afirmar a suscetibilidade de direitos (o poder de ser titular) envolvido na noção técnico-jurídica de personalidade, qua tale; o princípio, enquanto referido a uma mera qualidade jurídica, ficaria esvaziado de sentido, se lhe não fosse dado conteúdo significativo e útil, e uma inerente protecção, assegurando-se a cada pessoa jurídica – e pelo simples fato de o ser – um conjunto mínimo de direitos, inerente a essa qualidade e de que ela se torna imediatamente titular, ao adquirir personalidade" (p. 84). "Esses direitos, por serem mera projeção da imanente dignidade do homem, prendem-se, assim, com bens fundamentais da própria pessoa, desde logo no plano físico e moral, mas também no jurídico, para o princípio ganhar conteúdo significativo e plena eficácia no seu campo específico de actuação – o do Direito" (p. 84). Pode-se assim afirmar que personificar o homem envolve o reconhecimento de um conjunto mínimo de direitos, de conteúdo fundamentalmente não patrimonial" (p. 84). "Esses, numa designação bastante corrente, são os direitos da personalidade, fórmula que tem a virtude de, por si só, chamar a atenção para o facto de se tratar de poderes jurídicos determinados pelos modos de ser fundamentais da pessoa" (p. 84). Em obra clássica, Pires de Lima e Antunes Varela, no *Código civil anotado*, 4. ed. v. I, Coimbra: Coimbra Ed. 1987, afirmam sobre o art. 70 do Código Civil português: "O artigo limita-se a declarar, em termos muito genéricos e muito sucintos, a ilicitude das ofensas ou das ameaças à personalidade física ou moral dos indivíduos, sem descer à minuciosa referência analítica a que recorre por exemplo, o anteprojeto do Código Francês (arts. 151. e ss.); "Mas daquela referência genérica pode, sem dúvida, inferir-se a existência de uma série de direitos (à vida, à integridade física, à liberdade, à honra, ao bom nome, à saúde, até ao repouso essencial à existência física etc.), que a lei tutela nos termos do nº 1 do artigo" (p. 104).

Parte IV • Direito Civil e Empresarial

prestações mínimas como saúde, educação, assistência social, trabalho, segurança e acesso ao Judiciário.

Tal preceito fundante da ordem constitucional ornamenta todo o ordenamento constitucional de forma positiva, impedindo atuação a ele contrária, bem como guiará a atuação da aplicação da lei e da produção legislativa.

Dizer "dignidade na vida social" significa a garantia de um mínimo que assegure um espaço para o desenvolvimento da personalidade e um máximo que lhe dê efetividade. Basta que a pessoa exista como personalidade ontológica para a fruição do direito à personalidade.

Disso resulta que a possibilidade de entabulação de negócios jurídicos atípicos encontra amparo no Tratado de Lisboa, na Constituição da República portuguesa e no Código Civil, na vertente de possibilidade de atuação para fruição da dignidade da pessoa e do direito da personalidade na busca do mínimo existencial.

4.3. O direito fundamental à livre-iniciativa

No ordenamento constitucional português, a livre-iniciativa é em primeiro lugar mencionada como democracia económica e princípio fundamental da República, conforme o art. 2º , reaparecendo como princípio da organização econômica no art. 80º, letra "c", ambos da Carta Constitucional.

Sem embargo destes preceitos expressos, a leitura sistemática do texto nos leva a realizar interpretação conglobante de outros artigos da Constituição, tais como art. 9º, letras "a" e "d" (tarefas fundamentais do Estado para criar condições económicas e promover o bem-estar e direitos económicos), bem como os arts. 16º (âmbito e sentido dos direitos fundamentais), 26º.1(desenvolvimento da personalidade), 61º.1(liberdade de iniciativa privada), 82º.3 (setor privado como princípio da ordem económica) e 86º.1 (incentivo a pequenas e médias empresas), os quais nos permitem afirmar que a livre-iniciativa se constitui em direito fundamental acatado no ordenamento constitucional português, apto a gerar pretensões negativas de proteção contra o Estado e positivas de pretensões perante o Estado e terceiros.

De forma muito sucinta pode-se afirmar que esta liberdade é o espaço de atuação na economia independente da compressão do Estado.

Essa liberdade – de iniciativa – será exercida na atividade económica de produção, circulação, distribuição e consumo de bens e serviços, dentro do mercado, palco onde atuam os agentes económicos que são o Estado, os empresários, os trabalhadores e os consumidores.

É evidente que, para que alguém se lance numa atividade lícita é necessário que tenha ciência da possibilidade de exercício da atividade, a que chamaremos de sensibilidade (saber que existe a possibilidade), bem como tenha acesso à atividade económica eleita, a que chamaremos de acessibilidade (acesso ao desempenho da atividade económica eleita para ser exercida).

Uma vez no exercício da atividade económica, o agente deve desfrutar da faculdade de contratar ou não; deve poder escolher com quem contratar e que tipo de negócio efetuar, fixando o conteúdo do contrato, bem como podendo mobilizar o aparelho estatal para que se faça cumprir o avençado entre as partes.

Aqui fica patente que o direito fundamental da livre-iniciativa se desdobra em: liberdade de investimento ou de acesso (direito à empresa), liberdade de organização e liberdade de contratação (direito de empresa)[6].

---

6   MONCADA, Luis S. Cabral de. *Direito económico.* 2. ed. Coimbra: Coimbra Ed., 1988: "O direito de livre iniciativa económica privada é considerado agora, depois da revisão constitucional de 1982, como um autêntico direito fundamental e de um modo autónomo, sem ser colocado na dependência de um outro direito fundamental" (p. 14). "Este direito compreende várias vertentes quais sejam a liberdade de criação de uma empresa e a de gerir autónomamente ou sem interferências externas" (p. 141). "Já se conhecem contudo os limites que para este direito fundamental decorrem os princípios da reserva de empresa pública e da livre iniciativa dos poderes públicos" (p. 141). "Conclui-se assim que não foi seu conteúdo máximo mas sim seu conteúdo mínimo que a Constituição consagrou tal direito fundamental" (p. 141). "A concretização do direito de livre-iniciativa económica privada ou de livre empresa, compreende a preservação do seu conteúdo múltiplo enquanto liberdade de acesso ao mercado e de exercício ou cessação da atividade empresarial" (p. 142). "Nenhum destes aspectos poderá ser eliminado em favor de outro; a manutenção de todos eles é condição necessária da afirmação do direito de livre empresa privada" (p. 142). "Nesta conformidade a defesa constitucional do direito de livre empresa privada implica claras tomadas de posição do legislador ordinário quanto a questões como as do condicionamento industrial e licenciamento dos estabelecimentos industriais, defesa da concorrência, regime de preços, proteção às pequenas e médias empresas e, de um modo geral, quanto à estratégia geral da política de fomento económico" (p. 143). "Restrições ao seu regime, e para concluir, pode a lei levá-las a cabo, pois que se trata de direitos subjetivos alicerçados num princípio de valor que é o da dignidade da pessoa humana, e como tais virtualmente exclusivistas como aliás todos os valores éticos" (p. 143). "O seu conteúdo oscila assim entre um máximo e um mínimo essencial. è neste último sentido que a lei os deve interpretar de modo a viabilizar o seu tratamento jurídico sem esquecer o virtual concurso de outros direitos e valores. Descer abaixo daquele conteúdo mínimo é transformar a lei em serva do poder" (p. 149). VAZ, Manuel Afonso. *Direito económico. A ordem económica portuguesa.* 4. ed. Coimbra: Coimbra Ed., 1998. "Sabemos já que o legislador constitucional configura este direito como um direito fundamental dos cidadãos e que sua inserção formal nos direitos 'sociais' não prejudica a aplicação do regime dos 'direitos, liberdade e garantias', na medida em que a iniciativa económica privada é garantida como direito essencialmente 'negativo' ou 'de defesa', revestindo-se de natureza análoga aos 'direitos, liberdades e garantias' e beneficiando, assim, do regime destes (cfr. art.1 7º)" (p. 164-165). "A liberdade de iniciativa económica privada tem o seu fulcro sensível na liberdade de empresa, quando esta se entenda nas suas três vertentes ou subliberdades: liberdade de investimento ou de acesso (direito à empresa), liberdade de organização e liberdade de contratação (direito de empresa)" (p. 165). "A liberdade de investimento significa o direito que possui o titular de um capital de colocá-lo na actividade ou indústria que julgue conveniente. O investimento pode levar à criação de uma empresa, à aquisição de empresas já existentes ou ao aumento de capital dessas empresas. Em sentido negativo, esta liberdade significa o direito de retirar o capital investido quando o proprietário o julgue conveniente" (p. 165). "A liberdade de organização é o direito de organizar livremente o processo de produção, isto é, definir objetivos, combinar os factores de produção e dirigir a actuação das pessoas empregues na atividade empresarial" (p. 165). "Esta liberdade é inerente à actividade empresarial, pois

Parte IV • Direito Civil e Empresarial 517

esta consiste basicamente na combinação trabalho/capital para a obtenção de um produto. Ao empresário compete maximizar a produção, minimizando os custos, de modo a assegurar rentabilidade ao capital investido" (p. 165). "A liberdade de contratação ou liberdade negocial significa o direito do empresário de escolher os seus fornecedores e os clientes dos seus produtos, assim como fixar o preço das mercadorias. Também significa a liberdade de contratação da mão de obra e a fixação de salários e de outras condições de trabalho" (p. 166). "[...] para que estes preceitos não entrem em contradição com os princípios fundamentais da constituição económica, impõe-se uma interpretação contida destes preceitos, de modo que fique sempre a salvo a liberdade de empresa privada na sua dupla qualidade de direito subjetivo fundamental e de princípio ou garantia institucional da ordem económica portuguesa" (p. 170). FRANCO, António L. Souza *et allii. A Constituição económica portuguesa. Ensaio interpretativo.* Coimbra: Almedina,1993. "A iniciativa económica privada (que tomaremos como protótipica) é, pois, um direito que consiste em tomar todas as iniciativas que sejam conformes ao ordenamento (a Constituição e a lei) para produzir bens e serviços. Por vezes, identifica-se livre-iniciativa com a liberdade de empresa (iniciativa empresarial), mas esta identificação não é inteiramente correta: a iniciativa económica abrange todas as formas de produção, individuais ou coletivas, e as empresas são apenas as formas de organização com características substancial e formal (jurídica) de índole capitalista, normalmente contempladas, quando são privadas, como objeto principal ou exclusivo, pelo Direito Comercial. As formas não empresariais da iniciativa tendem a ser residuais em economias capitalistas, nas áreas de indústria e serviços; mas já são muito importantes no domínio do Direito Agrário, no qual também vigora a liberdade de iniciativa privada" (p. 196-197). SANTOS, António Carlos dos *et allii. Direito económico.* 7. ed. Coimbra: Almedina, 2014: "O direito de iniciativa privada (art. 61º) é explicitamente considerado como um direito económico e não apenas como um princípio de organização económica. Trata-se direito independente do direito de propriedade, pesem embora as naturais conexões entre ambos, mas que goza de idêntica proteção (art. 17º e art. 18º, CRP)" (p. 51). "Ele traduz a possibilidade de exercer uma atividade económica privada, nomeadamente através da liberdade de criação de empresas e da sua gestão. Compreende a liberdade de investimento ou de acesso a qual se traduz no direito de escolha da atividade económica a desenvolver, a liberdade de organização, ou seja, liberdade de determinação do modo como a atividade vai ser desenvolvida (incluindo a forma, qualidade e preços dos produtos ou serviços produzidos) e a liberdade de contratação ou liberdade negocial, que abrange a liberdade de estabelecer relações jurídicas e de fixar, por acordo, o seu conteúdo" (p. 51-52). MIRANDA, Jorge *et allii. A Constituição portuguesa anotada.* Coimbra: Coimbra Ed., 2005. t. I. "Num primeiro momento, trata-se da liberdade de iniciativa em sentido estrito ou, de outra optica, da liberdade de estabelecimento. É o direito de iniciar uma actividade económica; o direito de constituir uma empresa; o direito que pode ser individual e que pode ser institucional, de organização de certos meios de produção para um determinado fim económico" (p. 620). "No segundo momento, é o resultado da iniciativa e, ao mesmo passo, a condição da sua prossecução – a empresa – que ressalta. Trata-se agora da liberdade de empresa, do direito da empresa de praticar os atos correspondentes aos meios e fins predispostos e de reger livremente a organização em que tem de assentar. E este direito tem um caráter fundamentalmente institucional, mesmo quando, porventura, seja ainda uma empresa constituída por uma só pessoa: uma vez criada a empresa, ela adquire maior ou menor autonomia em relação àquele ou àqueles que a tenham constituído" (p. 621). CANOTILHO, J. J. Gomes *et allii. Constituição da República portuguesa anotada.* Coimbra: Coimbra ed., 2007. v. 1. "Ao reconhecer a liberdade de iniciativa económica privada (nº 1), a Constituição considera-a seguramente (após a primeira revisão constitucional) como um direito fundamental (e não apenas como um princípio objetivo da organização económica), embora sem a incluir diretamente entre os direitos, liberdades e garantias (beneficiando, porém, da analogia substantiva com eles, enquanto direito determinável e de exequibilidade imediata). Este entendimento constitucional do direito de iniciativa privada está em consonância com o estatuto da empresa e do sector privados no âmbito da "Constituição económica" (p. 789). "A liberdade de iniciativa privada tem um duplo sentido, por um lado, na liberdade de iniciar uma atividade económica (liberdade de criação da empresa, liberdade de investimento, liberdade de estabelecimento) e, por outro lado, na liberdade de organização, gestão e actividade da empresa (liberdade de empresa, liberdade do empresário, liberdade empresarial). No primeiro sentido, trata-se de um direito pessoal (a exercer individual ou coletivamente); no segundo sentido é um direito institucional, um direito da empresa em si mesma. Ambas estas vertentes do direito de iniciativa económica privada podem ser objeto de limites ou restrições mais ou menos extensos" (p. 790).

Claro que esta liberdade não é absoluta em face da conexão existente no interior do próprio ordenamento constitucional quando se tratar de atividade tipicamente estatal ou cooperativista, sendo certo que esta atividade será menos livre quanto mais intervenha o Estado, via intervenção direta na atividade econômica, ou que venha a sofrer abusos do poder econômico ou ainda que venha a exercer atividade objeto de monopólio (participação estatal na economia por exclusão da iniciativa privada).

Disso resulta que a liberdade de iniciativa, como direito fundamental, é plenamente aplicável às situações de contratação onde se estabelecem o princípio da autonomia da vontade e seus consectários lógicos da liberdade de celebração e de estipulação, os quais serão enfrentados em seguida.

4.4. O princípio da autonomia da vontade: liberdade de celebração e de estipulação

Em conexão com o postulado da dignidade da pessoa humana e o princípio do direito da personalidade, o princípio da autonomia da vontade implica no poder que as pessoas têm de dar leis a si próprias e de se regerem por elas, sendo neste espaço de liberdade que as pessoas podem atuar e reger seus interesses entre si da forma que entenderem por meio de negócios jurídicos.

Não se olvida que este espaço de liberdade não é absoluto e tem como limites as leis imperativas, a moral, os bons costumes e a ordem pública e as limitações naturais da natureza das coisas.

Assim, são os negócios jurídicos e não a lei que dão o regime às regulações estipuladas, no caso, o regime será traçado pela vontade das partes interessadas, veiculando a liberdade de celebrar, a liberdade de optar pelo tipo de contrato e a liberdade de fixação do conteúdo do negócio jurídico[7].

---

7   VASCONCELOS, Pedro Pais de. *Teoria geral do direito civil*. 8. ed. Coimbra: Almedina, 2015. "Em sentido amplo, a autonomia excede o campo do Direito Civil e até do Direito Privado, e abrange o conceito de autodeterminação do Direito Internacional Público, e o poder constituinte no Direito Constitucional. A autonomia em sentido amplo, é o poder que as pessoas têm de se dar leis para si próprias e de se reger por elas" (p. 14). "Num sentido restrito, a autonomia privada pressupõe um espaço de liberdade em que as pessoas comuns podem reger os seus interesses entre si, como entenderem, através da celebração de negócios jurídicos ou de contratos e do exercício de direitos subjetivos, sem terem de se sujeitar a diretrizes de terceiros. Este espaço de liberdade não é absoluto e tem como limites os ditames da lei e da moral, e as limitações impostas pela natureza. Dentro deste espaço, as pessoas têm liberdade de se autorreger e de criar direito" (p. 14). Tratando o negócio jurídico como ato de autonomia privada assevera: "Os negócios jurídicos são atos que põem em vigor as regulações queridas pelos seus autores. Como acentua Larenz, são os negócios jurídicos, e não a lei, que dão vigência às regulamentações estipuladas. Diferentemente do que sucede com os atos jurídicos simples e com os meros factos jurídicos, no caso dos negócios jurídicos não é a lei que determina unilateral e fixamente as consequências jurídicas. O regime jurídico e as consequências jurídicas dos

negócios jurídicos são instituídas pelos próprios negócios. A causa eficiente é a autonomia privada, é o ato da autonomia privada, é a acção das partes, e não a lei" (p. 362). "A liberdade de celebração postula uma livre decisão por parte do autor de celebrar ou de não celebrar o negócio. O negócio é uma acção não vinculada, é uma manifestação do livre-arbítrio da pessoa que se decide, que se determina, a interromper a inércia e a vincular de certo modo. Além da liberdade de celebrar ou não, intervém também no negócio jurídico a liberdade de determinar o seu conteúdo. Na celebração do negócio, o papel do livre-arbítrio não se confina à livre determinação quanto à sua celebração; o autor tem também o poder de determinar em que termos se quer vincular, qual o conteúdo da regulação que com o negócio vai se por em vigor, quais os moldes em que o negócio vai produzir modificações na sua esfera jurídica" (p. 368). Quanto aos limites da iniciativa privada, leciona: "A autonomia privada não significa a liberdade de estipulação de quaisquer conteúdos negociais. São vários os preceitos legais, no Código Civil que limitam a liberdade de estipular o conteúdo dos contratos e dos negócios. Desde logo o artigo 405º do Código Civil estatui em geral que a formação do conteúdo contratual deve conter-se "dentro dos limites da lei". Ainda que geral, os artigos 280º, 294º e 398º a 401º do Código Civil limitam a liberdade de estipulação e submetem-na à lei, à moral, à ordem pública e à natureza. Noutros locais do Código e na demais legislação, as limitações à liberdade de fixação de conteúdos negociais são multidão, embora, em regra, se apliquem a dominios sectoriais e muito específicos da vida negocial privada e por vezes, pouco ou nada acrescentem às limitações mais genéricas já contidas no Código Civil" (p. 374). Na dicção de José Engrácia Antunes, discorrendo sobre o princípio da liberdade contratual, assevera: "Tal princípio jusprivatístico geral possui, desde logo, uma primeira dimensão: a liberdade de celebração dos contratos (*abschluBfreitheit, freeedom of contract*), consistente na faculdade de os sujeitos jurídicos livremente concluir contratos ou recusar a sua celebração" (p. 125). Destaca o autor as exceções ao princípio: "Tais exceções consubstanciam-se em obrigações legais de contratar (*AbschluBzwan*) impostas por normas cogentes ou imperativas, que, suprimindo a autonomia e liberdade negocial dos sujeitos de diversos contratos mercantis (usualmente o seu sujeito activo, isto é, o empresário), fazem recair sobre estes um dever jurídico de os concluir". Prossegue aduzindo: "Os exemplos desta contratação mercantil forçosa ou obrigatória são inúmeros, multiplicando-se *ad nauseam usque*. É o caso dos numerosos contratos celebrados por empresas concessionárias de serviços públicos, os quais, independentemente de se tratar de empresa pública ou privada, estão impedidas de recusar a celebração de contratos com os utentes dos seus bens ou serviços que preencham os requisitos legais ou regulamentares exigidos" (p. 127). Acrescenta afirmando: "O princípio da liberdade contratual possui ainda uma segunda dimensão fundamental: a liberdade de modelação ou estatuição dos contratos (*Inhaltsfreihei*) consistente na faculdade conferida aos contraentes de fixar livremente o conteúdo ou termos do contrato. Semelhante dimensão encontra também hoje relevantes exceções no domínio da contratação mercantil, traduzidas em regimes legais de controlo do conteúdo contratual que visam essencialmente assegurar os pressupostos de uma efectiva autodeterminação e igualdade das partes contraentes: estão neste caso o regime das cláusulas contratuais gerais (LCCG, aprovada pelo Decreto-Lei nº 446/85, 25 de outubro) e do abuso de dependência económica (art. 7º, LGC)" (p. 129). Arremata dizendo: "O conjunto destes novos processos, alternativos e especiais, de contratação mercantil tem o significado de uma crise do modelo legal clássico da formação contratual previsto no Código Civil, tornando necessária uma reflexão sobre o verdadeiro alcance e actualidade dos paradigmas legais e dogmáticos tradicionais no âmbito do Direito Comercial: goste-se ou não da ideia, a verdade é que a formação e a celebração dos contratos mercantis mais relevantes e mais complexos deixaram há muito de se realizar segundo o modelo único e arquetípico previsto pelo legislador civil" (p. 132). Segundo Mario Julio de Almeida Costa, dissertando sobre a liberdade contratual: "Do referido princípio derivam várias consequências: os contraentes são inteiramente livres, tanto para contratar ou não contratar, como na fixação do conteúdo das relações contratuais que estabeleçam, desde que não haja lei imperativa, ditame de ordem pública ou bons costumes que se oponham (art. 405º) a declaração de vontade das partes não exige, via de regra, formalidades especiais (art. 219º) e pode ser expressa ou tácita (art. 217º)" (p. 207). Prossegue afirmando: "[...] convirá explicitar o pensamento legislativo que, no seu máximo âmbito, comporta analiticamente três aspectos. Assim: a liberdade de celebração quer dizer, é a iniciativa privada que pertence a decisão de realizar ou não o contrato; a liberdade de selecção do tipo contratual – no sentido de que cabe à vontade dos particulares a

Neste sentido é preciso destacar que são vários os preceitos que limitam a liberdade de estipular, podendo ser mencionados, numa relação meramente exemplificativa os seguros obrigatórios de veículos, o casamento, as cláusulas contratuais gerais (Decreto-Lei nº 446/85) e o contrato promessa.

Disso se constata que a liberdade de celebração, a liberdade do tipo contratual e a liberdade de estipulação sofrem a compressão da dignidade da pessoa humana, o direito da personalidade, a ordem pública, como limite de proteção à sociedade e aos bons costumes, como proteção da mentalidade datada de um povo, implicando que a atipicidade

---

escolha do contrato a celebrar, tipificado na lei ou qualquer outro; e a liberdade de estipulação que se reconduz à faculdade de os contraentes modelarem, de acordo com os seus interesses, o conteúdo da espécie negocial eleita" (p. 207). Pires de Lima e Antunes Varela, no seu *Código civil anotado*, 4. ed. Coimbra: Coimbra Ed., 1987, a fls. 355, v. I, lecionam: "O princípio da liberdade contratual é uma aplicação da regra da liberdade negocial, sendo ambos eles um corolário do princípio da autonomia privada, só limitado, em termos gerais, nas disposições dos artigos 280º e seguintes (cfr. art. 398º) e, em termos especiais, na regulamentação de alguns contratos". Prosseguem: "Em virtude da liberdade contratual, ninguém pode ser compelido à realização dum contrato. Esta regra também tem excepções. Há, por exemplo, obrigação de celebrar um contrato, se essa celebração for o conteúdo dum contrato preliminar, chamado contrato-promessa (cfr. arts. 410º e ss.)". Aduzem: "Pelo próprio texto do artigo se verifica que o princípio da liberdade contratual se desdobra em vários aspectos a saber: a) a possibilidade de as partes contratarem ou não contratarem, como melhor lhes aprouver; b) a faculdade de, contratando, escolher cada uma delas, livremente, o outro contraente; c) a possibilidade de, na regulamentação convencional dos seus interesses, se afastarem dos contratos típicos ou paradigmáticos disciplinados na lei (celebrando contratos atípicos) ou de incluírem em qualquer destes contratos paradigmáticos cláusulas divergentes da regulamentação supletiva contida no Código Civil". Arrematam ao afirmarem: "A liberdade contratual, no entanto, é apenas reconhecida – diz logo no começo do nº 1 – "dentro dos limites da lei". E são cada dia mais numerosos e intensas as limitações que a lei põe à autonomia privada. Uma dessas limitações, visando a proteção do contraente mais fraco ou menos experiente foi recentemente estabelecida, no domínio dos contratos de adesão, pelo Decreto-Lei nº 446/85, de 25 de outubro, que disciplina através de preceitos de natureza imperativa as chamadas cláusulas contratuais gerais" (p. 356). Importantes as lições de Francisco Amaral, em seu *Direito civil*, Introdução. 5. ed. Rio de Janeiro: Renovar, 2003, p. 343 e ss., ao discorrer sobre a autonomia privada: "[...] poder de criar, nos limites da lei, normas jurídicas, i.e., o poder de alguém dar a si próprio um ordenamento jurídico e, objetivamente, o caráter próprio desse ordenamento constituído pelo agente, diversa mas complementarmente ao ordenamento estatal. [...] constitui-se, portanto, em uma esfera de atuação do sujeito no âmbito do direito privado, mais propriamente em espaço que lhe é concedido para exercer a sua atividade jurídica. Os particulares tornam-se, desse modo, e nessas condições, legisladores sobre seus próprios interesses" (p. 347). "Os limites da autonomia privada são a ordem pública e os bons costumes. Ordem pública como conjunto de normas jurídicas que regulam e protegem os interesses fundamentais da sociedade e do Estado e as que, no direito privado, estabelecem as bases jurídicas da ordem econômica. E bons costumes como o conjunto de regras morais que formam a mentalidade de um povo e que se expressam em princípios como o da lealdade contratual, da proibição de lenocínio, dos contratos matrimoniais, do jogo etc." Na mesma toada o clássico Inocêncio Galvão Telles, no seu *Direito das obrigações*. 7. ed. Coimbra: Coimbra Ed.: "A liberdade, em princípio, refere-se ao se e ao como do contrato: se há de ser lembrado e como há de sê-lo. Dentro dos limites da lei, as partes são livres de celebrar ou não o contrato e de atribuir a este o conteúdo que lhes aprouver, fazendo figurar nele as cláusulas do seu agrado" (p. 62). "A determinação do conteúdo podem inclusivamente afastar-se dos modelos expressamente previstos na lei (contratos típicos), adoptando fórmulas da sua inventiva ou apenas consagradas pelos usos ou pela prática (contratos atípicos). Podem também formar contratos resultantes da conjugação de cláusulas correspondentes a dois ou mais tipos regulados na lei (contratos mistos). O princípio da liberdade contratual está formulado no artigo 405º" (p. 62).

dos negócios jurídicos encontra um dique no Direito Comunitário, na Constituição da República, no Código Civil, especialmente nos arts. 219º, 223º, 227º 271º, 280º, 281º, 335º, 405º e 473º bem como na legislação especial de cunho imperativo.

A jurisprudência do Superior Tribunal de Justiça já enfrentou o tema, destacando-se o seguinte julgado, *verbis*:

> 1. O regime jurídico da garantia bancária autónoma, à primeira solicitação (*on first demand*) é determinado pelas cláusulas acordadas e pelos princípios gerais dos negócios jurídicos (arts 217º e ss., CC) e dos contratos (art. 405º e ss. do CC).
>
> 2. A função da garantia autónoma não é a de assegurar o cumprimento de um determinado contrato mas antes a de assegurar que o beneficiário receberá, nas condições previstas nos termos da garantia, uma determinada quantia em dinheiro. E, por isso, perante uma garantia autónoma a primeira solicitação de nada servirá vir-se esgrimir com argumentos retirados do contrato principal, pois a garantia tem fins próprios, autossuficientes, servindo, como diz Galvão Telles, como um simples sucedâneo de um depósito em dinheiro.
>
> **3. Contudo, mesmo no caso de tal garantia, deve impor-se a exigência de um limite, cuja violação implicaria um desrespeito de princípios basilares da ordem jurídica portuguesa e que o contrato em questão, mesmo dotado da referida autonomia, não pode pôr em causa. Podendo o garante recusar o pagamento quando, comprovadamente, for manifesta a improcedência do pedido. Pois a autonomia da garantia bancária tem, desde logo, como limite a ofensa dos princípios gerais de direito, como sejam os do abuso de direito, da boa-fé e da confiança.**
>
> 4. E está entre esses limites a cessão da posição contratual por banda do dador da ordem, operada entre ele e um terceiro, com a anuência expressa do beneficiário e com o desconhecimento do garante. Pois que a garantia autónoma à primeira solicitação vale somente para o negócio-base nela mencionado, não podendo o mesmo ser afectado com outros sujeitos, sem o consentimento do garante.
>
> (STJ, 2ª Seção, Serra Baptista, 27/05/2010 – 25878-7) (grifo nosso).

522 Problemas e Soluções em Direito • Eugênio Rosa de Araújo

Do que se verifica do ordenamento comunitário, constitucional e legal português, a autonomia da vontade, voltada à livre estipulação e celebração de negócios jurídicos, encontra parâmetros aptos à limitação da sua referida autonomia, em razão de postulados maiores e o prestígio de valores imperativos da ordem pública, os quais conferem uma circunscrição para os negócios atípicos, a exemplo da garantia autónoma bancária, e outras, como se verá no ponto seguinte.

4.5. Garantias atípicas: o caso da garantia bancária autónoma

4.5.1. A garantia bancária autónoma

O contrato de garantia bancária, não se encontrando previsto na legislação portuguesa, é aquele pelo qual o banco que a presta se obriga a pagar ao beneficiário certa quantia em dinheiro, no caso de inexecução ou má execução de determinado contrato (o contrato-base), sem poder invocar em seu benefício quaisquer meios de defesa relacionados com esse mesmo contrato.

A garantia autónoma é uma figura triangular, supondo três ordens de relações jurídicas: (i) relação entre o garantido e o beneficiário (credor principal); (ii) relação entre o garantido e o garante (banco); (iii) relação entre o garante (banco) e o beneficiário (credor principal)[8].

---

8 Conforme anota Luis Manuel Teles de Menezes Leitão, no seu *Garantias das obrigações*. 4. ed. Coimbra: Almedina, 2012, a respeito das garantias especiais atípicas: "Desde sempre a doutrina reconheceu a existência de certas situações em que o credor possui um reforço da garantia geral, mas que não se reconduzem nem a garantias pessoais, nem a garantias reais, nem sequer às outras modalidades que autonomizámos de utilização de propriedade em garantia e garantias especiais sobre direitos ou sobre universalidades. Para alguns autores, trata-se de garantias eventuais, uma vez que o efeito de o credor se subtrair ao regime do concurso com outros credores aparece como resultado de um instituto, cuja função primordial não é propriamente a de atribuir uma garantia. Outros preferem falar em garantias indirectas. Preferimos, por nosso lado, falar em garantias especiais atípicas, em ordem a referir os institutos que, representando um reforço da posição dos credores, não se deixam reconduzir a nenhuma das modalidades acima referidas" (p. 279). Pedro Romano Martinez e Pedro Fuzeta da Ponte, em trabalho já clássico, *Garantias de cumprimento*, Coimbra: Almedina, 1994, ao se referirem às garantias indirectas, asseveram: "A imaginação dos interessados, associada com a autonomia privada, permite criar um sem número de figuras jurídicas, mediante as quais se pode obter uma garantia de cumprimento de deveres obrigacionais. A multiplicidade das situações depende dos casos concretos, mas sempre se podem indicar dois institutos que, indirectamente, podem apresentar uma função de garantia de cumprimento" (p. 84-85). Outro trabalho de relevo é o de L. Miguel Pestana de Vasconcelos. *Direito das garantias*. 2. ed. Coimbra: Almedina, 2016, no qual leciona sobre as garantias atípicas: "Grande parte das garantias são já antigas e estão previstas e reguladas na lei: exemplo claro é o da fiança. São garantias típicas. Outras vezes, são fruto da autonomia privada, da constante necessidade de se criarem figuras mais aptas aos fins que se pretendem alcançar e que aqui se ligam à tutela do crédito. A permanente criação de novas garantias é mesmo uma das características deste quadrante. Essas figuras, embora, por vezes com contornos bem fixados na prática negocial, não estão previstas e reguladas na lei, sendo nessa medida garantias (legalmente)

Nela estão em jogo três negócios jurídicos: (i) o contrato-base, em que são partes o garantido, o mandante da garantia, e o beneficiário; (ii) o contrato qualificável como de mandato, mediante o qual o mandante incumbe o banco de prestar garantia ao beneficiário e (iii), por último, o contrato de garantia, celebrado entre o banco e o beneficiário, em que o banco se obriga a pagar a soma convencionada logo que o beneficiário o comunique de que a obrigação garantida venceu e não foi paga e solicite o pagamento, sem possibilidade de invocar a prévia excussão dos bens do beneficiário ou a impossibilidade da obrigação por este contraída.

Entre as situações de garantia autónoma, figura a garantia *on first demand*, que se pode traduzir por uma promessa de pagamento à primeira interpelação ou solicitação, não podendo ser discutido o cumprimento ou incumprimento do contrato, bastando a interpelação do beneficiário da garantia, autonomia que a distingue, assim, da fiança.

A garantia autónoma à primeira solicitação vale somente para o negócio-base nela mencionado e, ocorrendo cessão da posição contratual pelo garantido, operada entre ele e um terceiro, com a anuência expressa do beneficiário e com o desconhecimento do garante, a garantia extingue-se, sendo legítima a recusa do garante.

Neste sentido, esclarecendo os contornos da garantia, decidiu o Supremo Tribunal de Justiça em arestos insertos no dgsi.pt sob a rubrica garantia bancária

---

atípicas. Contudo, como se deixou antever, são muito frequentemente socialmente típicas. Exemplo claro, entre nós, é a garantia autónoma à primeira solicitação" (p. 70-71). Sobre as garantias autónomas, escreveu António Menezes Cordeiro em seu *Manual de direito bancário*: "A função de garantia autónoma não é, tanto, a de assegurar o cumprimento dum determinado contrato. Ela visa, antes, assegurar que o beneficiário receberá, nas condições previstas no texto da própria garantia, uma determinada quantia em dinheiro. Por isso, perante uma garantia autónoma à primeira solicitação, de nada servirá vir esgrimir com argumentos retirados do contrato principal: a garantia tem fins próprios, autossuficientes, servindo, nas palavras de Galvão Telles, como um simples sucedâneo de um depósito em dinheiro. Mas não um equivalente perfeito, uma vez que, em casos de má fé manifesta, ela pode ser bloqueada. Acessoriamente, a garantia autónoma, tem ainda outras finalidades. Ela vem dar credibilidade ao mandante, mesmo no plano do contrato principal. Na verdade, no domínio das relações internacionais, as partes, muitas vezes, não se conhecem. Assim, quando surjam com garantias, elas sossegam-se mutuamente: isso significa que são conhecidas nas respectivas praças e que, pelo menos nelas, uma instituição bancária reconhecida se responsabiliza. Logo, é de se presumir que sejam capazes de honrar a obrigação principal. Um segundo aspecto, acessório mas importante, tem a ver com o papel financeiro das garantias: pelo atalho da garantia, o garante concede fundos ao mandante, entregando-os directamente ao beneficiário. Tudo visto, resta constatar que a garantia autónoma é um negócio muito enérgico, que requer uma série de cuidados por parte dos intervenientes. O mandante vê-lhe escapar o controlo do pagamento. Assim, ele poderá ter de assistir, impotente, ao pagamento, pelo garante, de uma quantia que ele poderia reter e que, depois, ele terá de reembolsar, com juros e comissões, ao próprio garante. O garante, por seu turno, assume uma responsabilidade que terá de honrar, mesmo quando descubra que o mandante não oferece a necessária confiança. Por isso – em regra – a garantia autónoma é prestada mediante contragarantias idóneas, ou através de esquemas que tornem comportável o risco que representa" (p. 764-765).

autónoma, que esta se aperfeiçoa como garantia atípica e submetida ao pálio do art. 405 do Código Civil, *verbis*:

> I) **O contrato de garantia autónoma é um negócio atípico, inominado, que o princípio da liberdade contratual – art. 405º, nº1, do Código Civil – *consente*.** Com base nesse contrato, o garante, em regra um Banco, obriga-se a pagar a um terceiro *beneficiário* certa quantia, verificado o incumprimento de um contrato-base, sendo mandante ou ordenante o devedor nesse contrato.

> II) A independência do contrato de garantia autónoma em relação ao contrato-base é um dos traços distintivos da garantia bancária e uma das características que lhe conferem *autonomia*, que na fiança não existe por esta ser caracterizada pela acessoriedade. A característica da autonomia é mais patente quando a garantia deva ser prestada à primeira solicitação, *on first demand*.

> III) Na *garantia autónoma* o garante não pode, em regra, opor ao garantido (beneficiário) os meios de defesa ou excepções decorrentes das relações credor-devedor na contrabase, ao invés do que sucede na fiança, aí o fiador pode opor ao credor, não só os meios de defesa que lhe são próprios, como também os que competem ao devedor/afiançado.

> IV) O pagamento à 1ª solicitação (*on first demand*), assumido pelo garante, implica a sua obrigação de pagar ao beneficiário a indemnização objecto da garantia, não podendo opor-lhe quaisquer excepções reportadas à relação principal (contrato-base), a menos que haja evidentes e graves indícios de actuação de má fé, nela se incluindo a conduta abusiva do direito.

> V) Valendo a garantia autónoma durante o período de vigência do contrato-base e não podendo o garante invocar, as relações entre credor e devedor nesse contrato, não se compreende que o garante, quando interpelado pelo beneficiário possa invocar que a garantia caducou pelo simples facto deste, ante o incumprimento do devedor/ordenante, tenha exigido o pagamento da garantia após a cessação do contrato-base.

VI) *In casu* a exigência da garantia, depois de cessado o contrato-base, está justificada pela necessidade de, entre o credor e o devedor no contrato-base ter sido acordado que haveria um prazo para *acerto de contas*, após a revogação do contrato, o que seria decisivo para que o credor/beneficiário da garantia pudesse exigir ao garante a quantia devida pelo incumprimento.

VII) Não se afigura lesiva da boa-fé, que na ausência de qualquer prazo para que o beneficiário reclamasse do garante o seu direito, se deva considerar que existe um prazo de caducidade no contrato de garantia para o exercício do direito do beneficiário, sobretudo, se, como é inerente aos contratos em causa (credor- -devedor no contrato-base, e na relação entre o ordenante e o garante), o beneficiário, além de ter um fundamento para não reclamar logo o *quantum* da garantia, mais não pede que aquilo que, inquestionavelmente, resulta do incumprimento pelo devedor no contrato-base reportado ao tempo por que este vigorou.

VIII) Com a celebração do contrato de garantia autónoma, nenhum crédito *nasce* no momento da celebração do contrato para o *beneficiário*, mas não deixa de existir um seu direito subjectivo logo que verificado o incumprimento do ordenante/ devedor, o que implica a sua *protecção*, ainda que no mero domínio da expectativa jurídica do seu potencial direito de crédito, pois o beneficiário sabe que, em caso de incumprimento pelo ordenante seu devedor, obterá imediatamente do garante o pagamento do crédito tão logo o solicite, fazendo prova, em regra, documental do inadimplemento.

IX) O não exercício do direito pelo beneficiário em relação ao garante, na vigência do contrato, ante o incumprimento evidenciado pelo devedor-ordenante que só pôde ser quantificado após a cessação do contrato-base, não demonstra ter havido por parte de beneficiário abuso evidente, nem manifesta fraude ou lesão do princípio da boa-fé, pelo que a recusa do garante exprime incumprimento do contrato de garantia.

(STJ, 7.279/08, Rel. Fonseca Ramos, 6ª Seção, 20/03/2012) (grifo nosso).

Em síntese, não só a doutrina, mas também a jurisprudência do Supremo Tribunal de Justiça[9], percebem a garantia bancária autónoma como negócio atípico,

---

9   I – O contrato de garantia autónomo entronca a sua legalidade no princípio da liberdade contratual.
II – Será através de todas as cláusulas introduzidas na convenção negocial e da interpretação do sentido das declarações de vontade das partes que o contrato de garantia acabará por ser caracterizado (qualificado) de fiança ou de garantia bancária.
III – Tanto a garantia autónoma como a fiança têm um traço comum: estão vinculadas a uma função garantia; mas a garantia é autónoma, porque é independente da validade e subsistência do contrato-base, ao passo que a fiança é acessória, porque subordinada a essa validade e subsistência.
IV – A garantia autónoma assegura ao beneficiário determinado resultado, desde que o beneficiário diga que o não obteve da outra parte, sem que o garante possa opor ao beneficiário as excepções de que o garantido pode prevalecer-se.
V – A recusa de pagamento por parte do garante só pode ter lugar desde que este esteja na posse de prova líquida de um comportamento abusivo do beneficiário (STJ 086426, Miranela Gusmão, 23/03/1995) (grifo nosso).
I. Com base no contrato de garantia bancária autónoma, o garante, em regra um Banco, obriga-se a pagar a um terceiro – beneficiário – certa quantia, verificado o incumprimento de um contrato-base, sendo mandante ou ordenante (preferimos "ordenante" a "ordenador") o devedor nesse contrato, sem que o garante possa opor ao beneficiário (credor no contrato-base) quaisquer excepções reportadas ao contrato fundamental.
II. A autonomização em relação ao contrato-base é um dos traços distintivos da garantia bancária e uma das características que lhe conferem autonomia, que na fiança não existe por esta ser caracterizada pela acessoriedade. A característica da autonomia é mais patente quando a garantia deve ser prestada à primeira solicitação, "on first demand".
III. Dada a característica da autonomia, o garante, sendo a garantia bancária autónoma à primeira solicitação, não pode socorrer-se de meios de defesa senão os decorrentes do próprio contrato de garantia.
IV. A garantia bancária pode ser automática ou não automática. **Sendo automática**, em regra, à *primeira solicitação* (mas podendo não revestir esta modalidade), o garante deve pagar, não podendo discutir ou fundamentar a recusa reportando-se ao contrato-base, como, no caso, entrar a discutir se houve ou não incumprimento do contrato-base.
V. Na garantia à *primeira solicitação*, o garante bancário está obrigado a pagar, face à autonomia, à potestividade e à automaticidade do contrato, mas esta obrigação não é incompatível com a exigência de prova do incumprimento do ordenante.
VI. A fronteira entre a *garantia automática* ou *não automática* não passa pela consideração de que naquela, o beneficiário pede ao garante e este sem mais deve pagar, por contraponto à garantia não automática em que o garante pode, reportando-se ao contrato de garantia, questionar se o pressuposto da sua responsabilidade se verifica, mormente, no caso em que se *acertou* que o pedido de pagamento contemplado na garantia ficava dependente de prova, não de factos relacionados com o contrato-base (em relação ao qual o garante é alheio), mas em relação ao contrato de garantia.
VII. Na fiança, em função da sua característica da acessoriedade – art. 627º, nº 2, do Código Civil – não existe o efeito automático de responsabilização do fiador ante o incumprimento *lato sensu* do afiançado, porque o fiador, só renunciando ao benefício da excussão prévia – art. 638º e 640ºa) do Código Civil – e assumindo a qualidade de obrigado principal, ou principal pagador, deixa de poder opor ao credor os meios de defesa deste.
VIII. Exercendo o correcorrente a actividade profissional bancária não pode, como se leigo fosse, prevalecer-se de qualquer equivocidade das suas declarações, sabendo o contexto em que, como no caso, emite uma garantia solicitada pelo ordenante. **Não valendo como *ultima ratio* interpretativa a literalidade do texto, não é contudo razoável considerar que um Banco, quando presta uma *garantia bancária*, possa afirmar que prestou uma fiança, escudando-se no facto de o texto da garantia dizer que "*se obriga como principal pagador*" para sustentar que o que prestou foi uma fiança bancária sendo que no texto utiliza as palavras "*beneficiário*" e "*parte ordenadora*" que, segundo os usos bancários, são utilizadas quando se está perante garantia autónoma, figura diversa da fiança bancária.**

Parte IV • Direito Civil e Empresarial 527

deixando claro que a autonomia da vontade na vertente de celebração de negócios que não estejam tipificados expressamente em lei, se submetem aos postulados gerais dos ordenamentos que dialogam em fontes diversas, demonstrando que não há um critério absoluto de formulação absolutamente livre para as garantias atípicas[10].

4.5.2. Excepção de não cumprimento do contrato

No que concerne à excepção de não cumprimento do contrato, cujo preceito relativo se encontra no art. 428 e seguintes do Código Civil, considera Luis Menezes Leitão (nota, op. cit., p. 280) que embora a excepção não se possa considerar uma garantia típica, "acaba por desempenhar numa menor medida a mesma função das garantias de cumprimento".

Isto se dá porque a parte pode se recusar ao cumprimento de sua contraprestação, enquanto a parte adversa não cumprir sua parte no contrato.

Nesse diapasão, Menezes Leitão assignala:

IX. Na *garantia autónoma simples*, sendo ela condicionada e não absoluta, compete ao beneficiário a prova do incumprimento por parte do ordenante/devedor. Tendo o beneficiário executado o garante, pedindo o pagamento da garantia, compete ao executado a prova da inexistência de factos que evidenciem o preenchimento do requisito de que depende o cumprimento do contrato de garantia.

X. Da junção do contrato promessa, da declaração emitida pelo ordenante e do contrato de garantia não resultando, desde logo, uma situação de incumprimento pontual das obrigações do ordenante, não se pode afirmar que tais documentos *"importem constituição ou reconhecimento de obrigações pecuniárias, cujo montante seja determinado ou determinável por simples cálculo aritmético..."*, como exige o citado art. 46º c) do Código de Processo Civil, na redacção aplicável, e por isso, não dispõe o exequente/beneficiário de título executivo (STJ 526/12, Rel. Fonseca Ramos, 6ª Seção, 25/11/2014) (grifo nosso).

10 Na lição autorizada de Pedro Pais de Vasconcelos, em seu *Contratos atípicos,* 2. ed. Coimbra: Almedina, 2009, p. 216-217: "Dentro dos contratos atípicos devem distinguir-se desde logo os que são completamente diferentes dos tipos contratuais legais e os que não são. Os contratos atípicos podem ser completamente diferentes dos tipos contratuais legais. São os contratos atípicos puros, que a literatura em língua alemã designa como *sui juris, sui generis* ou ainda *eigener Art*. Não é fácil imaginar e criar um contrato que não tenha nada dos tipos já reconhecidos na lei ou na prática. No entanto, nada impede, em princípio, que assim aconteça. Tem acontecido com alguma frequência a importação de tipos contratuais originários de outros sistemas e que são muito diferentes de tudo quanto está consagrado tipicamente, quer na lei, quer na prática. Tal tem sucedido com contratos que são típicos no sistema anglo-americano como, por exemplo o *leasing,* o *factoring,* o *franchising* e que em grande parte dos ordenamentos europeus continentais são legalmente atípicos, embora socialmente típicos. Em Portugal, a maior parte deles foi já tipificada na lei. estes contratos encontram, quer na prática, quer na literatura da especialidade, abundantíssima matéria para a referência do tipo social normativo e para o processo de comparação que permite a analogia e, com ela, a qualificação e a concretização da disciplina, na interpretação e na integração. Estes contratos só legalmente são contratos atípicos puros. Socialmente nem sequer são atípicos. Na maior parte dos casos, os contratos atípicos não são puros; são construídos a partir de um ou mais tipos que são combinados ou modificados de modo a satisfazerem os interesses contratuais das partes. Estes são os chamados contratos mistos. Na prática, quase todos os contratos atípicos são mistos. Os contratos mistos não são um *tertium genus* em relação aos contratos típicos e aos atípicos, nem uma categoria intermédia; os contratos mistos são atípicos, embora estejam mais próximos dos típicos do que os contratos típicos puros".

Enquanto a outra parte não efectuar a que lhe cabe, implica que aquela seja uma posição superior a dos credores comuns em relação à satisfação do seu crédito, desempenhando assim o exceptio não apenas uma função coercitiva, mas também uma função de garantia (nota, op. cit., p. 2.800).

Neste sentido são os seguintes acórdãos do Supremo Tribunal de Justiça:

> I – A excepção de não cumprimento do contrato é a faculdade que, nos contratos bilaterais, cada uma das partes tem de recusar a sua prestação enquanto a outra não realizar ou não oferecer a realização simultânea da sua contraprestação.
>
> II – Tendo havido estipulação de prazos diferentes para o cumprimento das prestações, a limitação constante da parte inicial do art. 428º, nº 1, do CC, aplica-se, apenas ao contraente que esteja obrigado a cumprir em primeiro lugar, continuando a ser admissível para o outro o recurso à excepção de não cumprimento, não entrando em mora se não realizar a sua prestação enquanto a sua contraprestação não for realizada.
>
> III – Esta excepção também se aplica às situações de cumprimento defeituoso ou de incumprimento parcial da prestação contratual.
>
> IV – Nos casos referidos em IV, o alcance da excepção de não cumprimento do contrato deve ser feito em conformidade com o princípio da boa-fé e a possibilidade de recurso ao abuso de direito, por forma a que o alcance da excepção de não cumprimento seja proporcional à gravidade da inexecução.
>
> V – Se o preço total da obra era de € 190 000 e a parte retida correspondia ao valor de € 50 000, valor de um prédio dado em pagamento, esta não é excessiva quando os defeitos da obra exigiam uma intervenção em todos os compartimentos do edifício. (4871/07.1TBBRG.G1.S1, 7ª Seção, Rel. Granja da Fonseca, 22/01/2013, unanimidade)
>
> I. No contrato de empreitada relativo a imóveis de longa duração, tem o dono da obra a obrigação de respeitar dois prazos, com vista a obter a eliminação de defeitos, denunciando-os: um, de cinco anos, durante os quais "pode descobrir defeitos"

(prazo de garantia supletiva), outro, de um ano, a partir do conhecimento (descoberta).

Tendo em conta as regras do ónus probatório, cabe ao empreiteiro, enquanto A./Reconvinte, arguir a excepção da caducidade, com vista a obstar ao reconhecimento do direito dos AA., RR./Reconvintes, à eliminação dos defeitos invocados.

Porém, tendo sido respeitados estes dois prazos por parte do dono da obra, irreleva na decisão o incumprimento da sua obrigação de indicação de data precisa da descoberta do vício.

II. É perfeitamente invocar a *exceptio* no contrato de empreitada.

A referência legal à inexistência de prazos diferentes não é obstáculo. Com efeito, o que a lei pretende é que o excepcionante não se encontre obrigado cumprir antes da contraparte, o que significa que a diversidade de prazos apenas obsta à invocação da exceptio pelo contraente que primeiro deve efectuar a prestação, mas já não impede o outro de opô-la.

III. No caso de incumprimento parcial, o alcance da exceptio deve ser proporcional à gravidade da inexecução, sob pena de abuso do direito.

IV. Procedendo a *exceptio*, só a partir do cumprimento integral da sua obrigação é permitido ao A./empreiteiro exigir juros dos RR./donos da obra, caso estes não se expliquem atempadamente.

(571/2002.P1.S1, 1ª Seção, Rel. Urbano Dias, 20/10/2010, unanimidade)

4.5.3. Compensação

Noutro giro, cumpre destacar a compensação como garantia atípica, como bem assignalou Menezes Leitão (nota, op. cit., p. 280), com propriedade:

> A compensação possui igualmente uma função de garantia das obrigações na medida em que para além de facilitar a extinção dos créditos, evitando a realização dos pagamentos, assegura ao credor um meio suplementar de realização do seu crédito, já que ele pode ser extinto, não apenas pelo pagamento, mas através da declaração de compensação com o contracrédito que sobre ele tem o devedor.

O Supremo Tribunal de Justiça, nesse passo, já se pronunciou, com os seguintes julgados:

1)Tal como prevê o artigo 847.º do Código Civil, a compensação é uma forma de extinção das obrigações quando os obrigados são simultaneamente credor e devedor, operando-se o que, em linguagem coloquial, se apoda de "encontro de contas".

2) Então, o compensante, se demandado (ou interpelado) para cumprir exonera-se do seu débito através da realização do seu crédito, na mesma lide.

3) A compensação legal ali prevista não é automática mas sempre potestativa, por depender de uma declaração de vontade, ou pedido, do titular do crédito secundário.

4) Esse pedido surge pela via da reconvenção se o crédito do demandado for superior ao do demandante mas sê-lo-á por excepção peremptória se o contracrédito for de montante inferior ao pedido.

5) São pressupostos da compensação legal a validade do crédito principal e uma reciprocidade creditícia.

6) São requisitos do instituto a exigibilidade, em sentido forte (não mera expectativa, nem resultante de obrigação natural), do contracrédito, a sua titularidade pelo compensante e a homogeneidade dos créditos, sendo irrelevante a sua iliquidez.

7) Impedem a extinção por compensação os créditos do Estado (ou outra pessoa colectiva de direito público) salvo excepção legal, a sua impenhorabilidade e a proveniência de factos ilícitos dolosos (neste dois últimos casos excepto se ambos o forem).

8) O facto ilícito tanto pode, para este efeito, ser gerado no âmbito da responsabilidade contratual como no da responsabilidade aquiliana.

9) O juízo de causalidade numa perspectiva meramente naturalística de apuramento da relação causa-efeito, insere-se no plano puramente factual insindicável pelo Supremo Tribunal de Justiça, nos termos e com as ressalvas dos artigos 729º, nº 1 e 722º, nº 2 do Código de Processo Civil.

10) Assente esse nexo naturalístico, pode o Supremo Tribunal de Justiça verificar da existência de nexo de causalidade, que se prende com a interpretação e aplicação do artigo 563º do Código Civil.

11) O artigo 563º do Código Civil consagrou a doutrina da causalidade adequada, na formulação negativa nos termos da qual a inadequação de uma dada causa para um resultado deriva da sua total indiferença para a produção dele, que, por isso mesmo, só ocorreu por circunstâncias excepcionais ou extraordinárias.

12) De acordo com essa doutrina, o facto gerador do dano só pode deixar de ser considerado sua causa adequada se se mostrar inidóneo para o provocar ou se apenas o tiver provocado por intercessão de circunstâncias anormais, anómalas ou imprevisíveis.

13) O disposto nos artigos 916º e 917º do Código Civil é aplicável apenas à venda de coisas defeituosas, que não à denúncia de danos causados pela mora no cumprimento de contratos de compra e venda.

14) O abuso de direito, que dispensa o *animus nocendi* tem por base a existência de um direito subjectivo na esfera jurídica do agente, já que tem como principal escopo impedir que a estrita aplicação da lei conduza a notória ofensa do sentimento jurídico socialmente dominante, comportando duas modalidades: *venire contra factum proprium* e situações de desequilíbrio, como sejam o exercício danoso inútil, a actuação dolosa e a desproporção grave entre o exercício do e o sacrifício por ele imposto a outrem.

(2226/07-7.TJVNF.P1.S1, 11/01/2011, 1ª Seção, Rel. Sebastião Póvoas)

I – A compensação é uma forma de extinção das obrigações em que, no lugar do cumprimento, como subrogado dele, o devedor opõe o crédito que tem sobre o credor (art. 847º, CC).

II – A compensação legal ali prevista não é automática mas sempre potestativa, por depender de uma declaração de vontade, ou pedido, do titular do crédito secundário.

III – Para que a extinção da dívida por compensação possa ser oposta ao credor, exigem-se a verificação dos seguintes requisitos: a) a existência de dois créditos recíprocos; b) a exigibilidade (forte) do crédito do autor da compensação; c) a fungibilidade e a homogeneidade das prestações; d) a não exclusão da compensação pela lei; e, e) a declaração de vontade de compensar.

IV – A referida exigibilidade pressupõe que se configure um direito de crédito, decorrente de uma obrigação civil, vencida, incumprida e ainda não extinta.

V – Isso não ocorre quando, como no caso vertente, o crédito invocado depende de uma condenação, a proferir em processo penal, de pessoas singulares e decorrente atribuição de uma indemnização à ré, a pagar solidariamente pelos seus autores materiais, pela autora e outra pessoa colectiva, pelo deve o mesmo ser tido como incerto, hipotético, não dando direito ainda a acção de cumprimento ou à execução do património do devedor, nem habilitando, quem o invoca, a obter a respectiva compensação. (11148/12.9 YIPRT-A.L1.S1, 1ª Seção, Paulo Sá, 01/07/2014, unanimidade)

4.5.4. Cláusula *negative pledge*

Instigante tema é o da garantia atípica denominada "Cláusula *negative pledge*".

Com efeito, tal garantia gera uma obrigação de não fazer, no sentido de que o devedor deverá se abster de onerar seu património com outras garantias reais ou pessoais.

Para Menezes Leitão, trata-se de:

> [...] uma garantia fraca, na medida em que não garante ao credor qualquer direito sobre bens presentes ou futuros do devedor, pelo que, em caso de violação da garantia, não se permite ao credor afectado opor a sua posição aos outros credores, mas apenas obter do devedor uma indenização, ou eventualmente a exigibilidade antecipada de cumprimento (nota, op. cit., p. 284).

4.5.5. Cláusula *cross-default*

Destaca o Prof. Menezes Leitão, a garantia atípica da cláusula *cross default*, em sua obra (nota, op. cit., p. 284), lecionando:

A cláusula *cross default* determina consequentemente que o cumprimento da obrigação perante um dos credores desencadeie um efeito dominó, permitindo a reacção imediata de todos os outros credores. Mas para além disso, representa uma garantia da *par conditio creditorum*, evitando que a estipulação de prazos de vencimento das obrigações impeça os outros credores de exigir atempadamente o cumprimento.

4.5.6. A consignação de receita em garantia

No que concerne à garantia atípica da consignação de receita em garantia, alerta o Prof. Menezes Leitão (nota, op. cit., p. 285) que tem sido corrente o uso de consignação de receitas de determinado negócio de devedor para garantia do cumprimento de uma obrigação, tais como receitas de filmes ou de estádios de futebol.

Como ilustração pertinente ao tema, deve ser mencionado no ordenamento jurídico brasileiro, a recente Lei nº13.155/2015, que, no seu art. 4º, § 6º, considera como receitas dos clubes de futebol, as referentes à transmissão de imagens, receitas de patrocínios, publicidade, luva e marketing, receitas com transferências de atletas, receitas de bilheteria e receitas das atividades sociais dos clubes de futebol.

4.5.7. Cláusula *Step-in-rights*

Dita cláusula refere-se ao direito de intervenção e assunção de controle de determinado projeto e consiste no direito do credor de intervir no controle e administração da sociedade, com a finalidade de resolver determinados inadimplementos e/ou falhas da sociedade do projeto, regularizando as atividades do empreendimento, além de preservar as garantias e contratos.

Tal garantia tem como finalidade que o financiador possa garantir a integridade do empreendimento como um todo, podendo, inclusive, em situações extremas, preparar o empreendimento para venda por meio da excussão das garantias oferecidas pelo devedor.

4.5.8. *Covenant*

Trata-se de garantia atípica que consiste no fato de que as obrigações de fazer ou não fazer, denominadas *covenants*, fornecem importante garantia ao financiador, haja vista que compõem uma disciplina exigente à sociedade do projeto, podendo o financiador monitorá-la diretamente.

Em preciso verbete no seu *Glossário de administração pública*, Paulo Cesar Fulgêncio:

> *Covenant* – constitui um sistema de garantia indireta, próprio de financiamentos, representado por um conjunto de obrigações contratuais acessórias, positivas ou negativas, ou seja, é um compromisso ou promessa em qualquer contrato formal de dívida, reconhecido em lei, protegendo os interesses do credor e estabelecendo que determinados atos devem ou não cumprir-se, podendo ser compromissos restritivos ou obrigações de proteção[11].

4.6. Conclusão

À guisa de inventário das ponderações alinhavadas a respeito dos negócios atípicos, como produto da autonomia da vontade, vê-se que o *iter* a ser percorrido para sua configuração, deve levar em linha de consideração o Tratado de Lisboa, a Constituição da República portuguesa e a ordem legal interna do Código Civil português, bem como as leis especiais de caráter imperativo, as quais fornecem o ambiente de conformação e limitação dos referidos negócios.

Os contratos atípicos partem do exercício da autonomia da vontade, sempre com o olhar voltado para a dignidade da pessoa humana (mínimo existencial) e do direito da personalidade (espaço de desenvolvimento livre da personalidade), os quais compõem os valores e princípios delimitadores da vontade negocial autónoma.

Destacou-se o princípio da ordem económica da livre-iniciativa como direito fundamental ao lançamento a uma atividade económica lícita, também visualizado sob a perspectiva do desenvolvimento livre da personalidade, bem assim da autonomia da vontade, nas vertentes da liberdade de celebração e estipulação.

De outra banda, a jurisprudência portuguesa, pela mão do Supremo Tribunal de Justiça, no caso da garantia bancária autónoma, vem no mesmo sentido de esclarecer que a autonomia da vontade sofre conformação ao sistema como um todo, onde encontra sua força normativa e seus limites, e cuja inobservância poderá gerar a nulidade da avença.

4.7. Referências

ALMEIDA, Carlos Ferreira. *Contratos I*, 5. ed. Coimbra: Almedina, 2015.

AMARAL, Francisco. *Direito civil. Introdução*. 5. ed., Rio de Janeiro: Renovar, 2003.

---

11   Fulgêncio, Paulo Cesar. *Glossário de administração pública*. Rio de Janeiro: Mauad, 2007, p. 175.

ANASTÁCIO, Gonçalo. *Tratado de Lisboa anotado e comentado*. Coimbra: Almedina, 2012.

ANDRADE, Manuel A. Domingues. *Teoria geral da relação jurídica*. Coimbra: Coimbra Ed. v. I, 1997; v. II, 1998.

ANTUNES, José A. Engrácia. *Direito dos contratos comerciais*. 4. reimpr. Coimbra: Almedina, 2015.

ASCENSÃO, José de Oliveira. *Teoria geral. Direito civil*. São Paulo: Saraiva. v. I, 3. ed., 2010; v. II, 3. ed., 2010; v. III, 2. Ed., 2010.

_____. *O direito. Introdução e teoria geral*. 13 ed. Coimbra: Almedina.2011.

AZEVEDO, Álvaro Villaça. *Teoria geral dos contratos típicos e atípicos*. São Paulo: Atlas, 2002.

CANOTILHO, J. J. Gomes *et allii*. *Constituição da República portuguesa anotada*. Coimbra: Coimbra Ed., 2007. v. 1.

CORDEIRO, António Menezes. *Manual de direito bancário*. 4. ed. Coimbra: Almedina, 2010.

_____. *Tratado de direito civil português*. Coimbra: Almedina, 2010. v. II, t. IV.

COSTA, Mario Júlio de. *Direito das obrigações*. 9. ed. Coimbra: Almedina, 2001.

_____. *Noções fundamentais de direito civil*. 4. ed. Coimbra: Almedina, 2001.

DANZ, Erich. *A interpretação dos negócios jurídicos*. Trad. Fernando de Miranda. São Paulo: Saraiva, 1941.

FERNANDES, Luis A. Carvalho. *Teoria geral do direito civil*. v. I, 6. ed., 2012. v. II, 5. Ed. Lisboa: Universidade Católica Editora, 2014.

FORGIONI, Paula A. *Contratos empresariais. Teoria geral e aplicação*. São Paulo: Revista dos Tribunais, 2015.

Fraga, Luis Alves. *Metodologia da investigação*. Lisboa: Universidade Autónoma de Lisboa, 2015.

FRANCO, António L. Souza *et allii*. *A Constituição económica portuguesa. Ensaio interpretativo*. Coimbra: Almedina,1993.

FULGÊNCIO, Paulo Cesar. *Glossário de administração pública*. Verbete *covenant*. Rio de Janeiro: Mauad, 2007.

GOMES, Orlando. *Contratos*. 12. ed. Rio de Janeiro: Forense, 1987.

_____. *Transformações gerais do direito das obrigações*. 2. ed. Rio de Janeiro: Revista dos Tribunais, 1980.

LAKATOS, Eva Maria. *Fundamentos de metodologia científica*. 4 ed. São Paulo: Atlas, 2001.

LEITÃO, Luís Manuel Teles de Menezes Leitão. *Direito das obrigações*. v. I, 13. ed. 2016; 9. ed. v. II, v. III, 10. ed. 2015. Coimbra: Almedina, 2014.

_____. *Garantia das obrigações*. 4. ed. Coimbra: Almedina, 2012.

_____. *Direitos reais*. 3. ed. Coimbra: Almedina, 2012.

_____. *O enriquecimento sem causa no direito civil*. Coimbra: Almedina, 2005.

LIMA, Pires de. *Código civil anotado*. 4. ed. Coimbra: Coimbra Ed., 1987. v. I.

MARTINEZ, Pedro Romano. *Garantias de cumprimento* (estudo teórico-prático). Coimbra: Almedina, 1994.

MIRANDA, Jorge *et allii*. *A Constituição portuguesa anotada*. Coimbra: Coimbra Ed., 2005. t. I.

MIRANDA, Pontes. *Tratado de direito privado*. Rio de Janeiro: Borsoi, 1962. t. XXXVIII.

MONCADA, Luis S. Cabral de. *Direito económico*. 2. ed. Coimbra: Coimbra Ed., 1988.

_____. *Lições de direito civil*. 4. ed. Coimbra: Almedina, 1995.

NOVAIS, Jorge reis. *A dignidade da pessoa humana*. Coimbra: Almedina, 2015. v. I.

OLIVEIRA, Nuno Manuel Pinto. *Princípios de direito dos contratos*. Coimbra: Coimbra Editora, 2011.

PERLINGIERI, Pietro. *Perfis do direito civil. Introdução ao direito civil constitucional*. 2. ed. Rio de Janeiro: Renovar, 2002.

PINTO, Carlos Alberto da Mota. *Teoria geral do direito civil*. 3. ed. Coimbra: Coimbra Editora, 1996.

PONTE, Pedro Fuzeta. *Garantias de cumprimento*. Coimbra: Almedina, 1994.

PORTO, Manuel Lopes. *Tratado de Lisboa anotado e comentado*. Coimbra: Almedina, 2012.

PORTUGAL. *Código civil*. 2. ed. Coimbra: Almedina, 2011.

_____. *Código de processo civil*. 32. ed. Coimbra: Almedina, 2013.

_____. *Constituição da República portuguesa*. Quidjuris, 19. ed., 2015.

PRATA, Ana. *Dicionário jurídico*. Verbetes "crédito" e "garantia". 3. ed. Coimbra: Almedina, 1990.

_____. *Tutela constitucional da autonomia privada*. Coimbra: Almedina, 2016.

SANTOS, Filipe Cassiano dos. *Direito comercial português*. Coimbra: Coimbra Editora, 2007. v. I.

SANTOS, António Carlos dos *et allii*. *Direito económico*. 7. ed. Coimbra: Almedina, 2014.

ROPPO, Enzo. *O contrato*. Coimbra: Almedina, 2009.

TELLES, Inocêncio Galvão. *Manual dos contratos em geral*. Coimbra: Coimbra Editora, 2002.

_____. *Direito das obrigações*. 7. ed. Coimbra: Coimbra Editora, 1997.

VARELA, Antunes. *Código civil anotado*. 4. ed. Coimbra: Coimbra Editora, 1987. v. I.

_____. *Das obrigações em geral*. Coimbra: Almedina. 10. ed., 2000. v. I, v. II, 7. ed. 2003.

VASCONCELOS, L. Miguel Pestana de. *Direito das garantias*. 2. ed. Coimbra: Almedina, 2016.

VASCONCELOS, Pedro Pais de. *Teoria geral do direito civil*. 8. ed. Coimbra: Almedina, 2015.

_____. *Contratos atípicos*. 2. ed. Coimbra: Almedina, 2009.

VAZ, Manuel Afonso. *Direito económico. A ordem económica portuguesa*. 4. ed. Coimbra: Coimbra Ed.,1998.

VERÇOSA, Haroldo Malheiros Duclerc. *Direito comercial. Teoria geral do contrato.* 2. ed. São Paulo: Revista dos Tribunais.

Jurisprudência

SUPREMO TRIBUNAL DE JUSTIÇA. Processo 25878/07.3 yylsb – A.L1.S1, 2ª Secção, Rel. Serra Batista, julgamento 25/05/2010, unanimidade. Disponível em: <http://www.dgsi. pt/jstj.nsf/954f0ce6ad9dd8b980256b5f003fa814/11abe277ae566bb1802577340035d-f90?OpenDocument>. Acesso em: 27 dez. 2016.

SUPREMO TRIBUNAL DE JUSTIÇA. processo. 7279/08 TBMAL.P1.S1, 6ª secção, Relator Fonseca Ramos, julgado em 20/03/2012, unanimidade. Disponível em: <http://www.dgsi.pt/jstj.nsf/954f0ce6ad9dd8b980256b5f003fa814/11abe277ae566bb-1802577340035df90?OpenDocument>. Acesso em: 27 dez. 2016.

SUPREMO TRIBUNAL DE JUSTIÇA. processo 086426 JSTJ00026890, Relator Miranda Gusmão, julgamento em 23/03/1995, unanimidade. Disponível em: <http://www.dgsi.pt/jstj.nsf/954f0ce6ad9dd8b980256b5f003fa814/5783feb0691284e1802568f-c003b3845?OpenDocument>. Acesso em: 27 dez. 2016.

SUPREMO TRIBUNAL DE JUSTIÇA. Processo 526/12.3 TBPVZ – A.P1.S1, Relator Fonseca Ramos, julgamento em 25/11/2014, unanimidade. Disponível em: <http://www.dgsi.pt/jstj.nsf/954f0ce6ad9dd8b980256b5f003fa814/2a668ee728231b0380257d9c003f-1d55?OpenDocument>. Acesso em: 27 dez. 2016.

SUPREMO TRIBUNAL DE JUSTIÇA. Processo 571/2002.P1.S1, Relator Urbano Dias, julgamento em 26/10/2010, unanimidade. Disponível em: <http://www.dgsi.pt/jstj.nsf/0/92c08f4e45b4842d802577cf00398be8?OpenDocument>. Acesso em: 27 dez. 2016.

SUPREMO TRIBUNAL DE JUSTIÇA. Processo 2226/07 – 7TJVNF.P1.S1, Relator Sebastião Póvoas, julgamento em 11/01/2011, unanimidade. Disponível em: <http://www.dgsi. pt/jstj.nsf/954f0ce6ad9dd8b980256b5f003fa814/70facfcb82cd53d6802578150057a-56f?OpenDocument>. Acesso em: 27 dez. 2016.

SUPREMO TRIBUNAL DE JUSTIÇA. Processo 11148/12.9YIPRT-A.L1.S1, *1ª*. Secção, Relator Paulo Sá, julgamento em 1º/07/2014, unanimidade. Disponível em: <http://www.dgsi.pt/jstj.nsf/954f0ce6ad9dd8b980256b5f003fa814/30dda26db90a26df80257d-0900359d06?OpenDocument>. Acesso em: 27 dez. 2016.

PARTE V

O Direito e a Metodologia

Capítulo 1

Recensão – *Metodologia da Ciência do Direito*, de Karl Larenz

SUMÁRIO: PARTE HISTÓRICO-CRÍTICA (CAPÍTULO V). **I** – A DISCUSSÃO METODOLÓGICA ATUAL. **1.1.** Da jurisprudência dos interesses à jurisprudência da valoração. **1.2.** A questão dos critérios de valoração supralegais. **1.3.** Conteúdo da norma e estrutura da realidade. **1.4.** A base da solução justa do caso concreto. **1.5.** Tópica e procedimento argumentativo. **1.6.** A vinculação à lei e o modelo subsuntivo. **II** – PARTE SISTEMÁTICA. **1.7.** A jurisprudência como ciência normativa. Linguagem dos enunciados normativos. **1.8.** A jurisprudência como ciência compreensiva. Conhecer mediante o interpretar. **1.9.** A importância da pré-compreensão e a estrutura circular do ato de compreender. O discurso e o seu valor semântico. **1.10.** Interpretação e aplicação das normas como processo dialético. **1.11.** O pensamento orientado a valores na jurisprudência. **1.12.** O pensamento convertido a valores no âmbito da aplicação do Direito. **1.13.** O pensamento orientado a valores no âmbito da dogmática jurídica. **1.14.** Acerca das teses de Niklas Luhmann sobre a dogmática jurídica. **1.15.** A importância da jurisprudência para a atividade jurídica prática. **1.16.** O contributo cognoscitivo da jurisprudência. **1.17.** A metodologia como autorreflexão hermenêutica de jurisprudência. **III** – ESTRUTURA LÓGICA E PARTES INTEGRANTES DA PROPOSIÇÃO JURÍDICA. **1.18.** A proposição jurídica como proposição dispositiva. Crítica da teoria imperativista. **1.19.** Proposições jurídicas incompletas. **1.20.** Proposições jurídicas aclaratórias. **1.21.** Proposições jurídicas restritivas. **1.22.** Proposições jurídicas remissivas. **1.23.** Ficções legais como remissões. **1.24.** A proposição jurídica como elemento de uma regulação. **1.25.** Confluência (concurso) de várias proposições jurídicas ou regulações. **1.26.** O esquema lógico de aplicação da lei. **1.27.** O silogismo de determinação de consequência jurídica (o suporte lógico da interpretação). **1.28.** A obtenção da premissa menor: o caráter meramente limitado da subsunção. **1.29.** A derivação de consequência jurídica por intermédio da conclusão. **1.30.** A confirmação e a apreciação jurídica da situação de fato. A situação de fato como acontecimento e como enunciado. **1.31.** A seleção das proposições jurídicas pertinentes à confirmação da situação de fato. **1.32.** As apreciações requeridas. **1.33.** Juízos baseados na percepção. **1.34.** Juízos baseados na interpretação da conduta humana. **1.35.** Outros juízos proporcionados pela experiência social. **1.36.** Juízos de valor. **1.37.** A irredutível margem da livre apreciação por parte do juiz. **1.38.** A interpretação das declarações jurídico-negociais. As declarações jurídico-negociais como arranjos de consequências jurídicas. **1.39.** Sobre a interpretação dos negócios jurídicos. **1.40.** Sobre a classificação dos contratos obrigacionais em tipos contratuais legais. **1.41.** A situação de fato verificada. **1.42.** Sobre a comprovação dos fatos no processo. **1.43.** A distinção entre questão de fato e questão de direito. **1.44.** A interpretação das leis. A missão da interpretação. A função da interpretação no processo de aplicação da lei. **1.45.** O objeto da interpretação: vontade do legislador ou sentido normativo da lei. **1.46.** Os critérios de interpretação. O sentido literal. **1.47.** O contexto significativo da lei. **IV** – INTENÇÃO REGULADORA, FINS E IDEIAS NORMATIVAS DO LEGISLADOR HISTÓRICO. **1.48.** Critérios teleológico-objetivos. **1.49.** O preceito de interpretação conforme a Constituição. **1.50.** A inter-relação dos critérios de interpretação. **1.51.** Comparação da interpretação da lei com a interpretação dos negócios jurídicos. **1.52.** A interpretação dos fatos conformadores. A aspiração a uma resolução justa do caso. **1.53.** A alteração da situação normativa. **1.54.** Problemas especiais de interpretação. Interpretação estrita e ampla. A interpretação de disposições excepcionais. **V** – SOBRE A INTERPRETAÇÃO DA CONSTITUIÇÃO. **VI** – MÉTODOS DE DESENVOLVIMENTO JUDICIAL DO DIREITO. **1.55.** O desenvolvimento judicial do Direito como continuação da interpretação. **1.56.** A integração das lacunas da lei (desenvolvimento do Direito imanente à lei). Conceito e espécies de lacunas da lei. **1.57.** A integração de lacunas "patentes", em especial por analogia. **1.58.** A integração de lacunas "ocultas", em especial por redução teleológica. **1.59.** Outros casos de correção teleologicamente fundamentada do texto legal. **1.60.** Constatação de lacunas e integração de lacunas. **1.61.** A solução de colisões de princípios e normas mediante a "ponderação" de bens. **1.62.** O desenvolvimento do Direito de acordo com a natureza das coisas. **1.63.** Desenvolvimento do Direito de acordo com um princípio ético-jurídico. **1.64.** A formação do conceito e do sistema na jurisprudência. O sistema "externo" ou conceptual-abstrato. Tarefa e possibilidade de formação jurídica do sistema. **1.65.** O conceito abstrato e sistema "externo" por seu intermédio articulado. **1.66.** A construção jurídica como instrumento de concretização. **1.67.** Tipos e séries de tipos. O "tipo" como forma de pensamento em geral. **1.68.** A importância do tipo na ciência do Direito. **1.69.** O sistema "interno". A importância dos princípios jurídicos para a formação do sistema. **1.70.** O caráter "aberto" e fragmentário do sistema "interno".

Uma explicação necessária

Esta é uma recensão de parte – Capítulo V da parte histórico-sistemática e toda a parte sistemática – da 3ª edição da *Metodologia da Ciência do Direito*, de Karl Larenz, editada em 1997, pela Fundação Calouste Gulbenkian.

Ela veio sendo elaborada durante cinco anos em que seis leituras foram realizadas. Não se destinava à leitura de terceiros – era apenas um guia pessoal para uso no dia a dia da judicatura.

Por solicitação de amigos, dentre eles o Desembargador Federal André Fontes, que tiveram acesso a esta recensão, acedi à feitura de algumas cópias, que receberam sugestões que logo foram acolhidas e obscuridades foram devidamente aclaradas.

Durante estes anos em que elaborei a recensão, entendi prudente a leitura de algumas obras disponíveis do autor, para melhor conhecer seu pensamento. Assim, não só o seu saboroso *Derecho Justo*, editado pela Civitas, em 1985, mas ainda o *Derecho Civil, Parte General* e *Derecho de Obligaciones*, ambos editados pela Editorial *Revista de Derecho Privado*, respectivamente, em 1978 e 1958, foram objeto da nossa atenção.

Não menos importantes para a compreensão do denso pensamento de Larenz foram o *Pensamento Sistemático e Conceito de Sistema na Ciência do Direito*, de Claus Wilhelm Canaris, a *Introdução ao Pensamento Jurídico*, de Karl Engisch; e a *Tópica e Jurisprudência*, de Theodor Viehweg.

A legislação que utilizei para a elaboração do trabalho foi o *Código Civil Alemão*, traduzido por Souza Diniz em 1960 pela Distribuidora Record Editora, o *Código Penal Alemão*, traduzido por Lauro de Almeida, editado pela Editora da Universidade de São Paulo, e a versão (em francês) da Constituição alemã disponível no site <http://www.planalto.gov.br>.

Sob o aspecto da metodologia do trabalho científico vali-me dos ensinamentos sobre a técnica da recensão constantes da obra de Delcio Vieira Salomon *Como Fazer uma Monografia*, p. 165/178, 6ª edição, Belo Horizonte, Interlivros, 1979.

A digitação, durante estes anos, decifrando meus manuscritos em coiné, foi de Andréa H. B. Vianna Araújo, e a revisão minuciosa foi realizada, com paciência búdica, por Maria da Glória Graça Mello Cortes. Bia Madureira, como sempre, firme no timão da 17ª Vara Federal. A elas meu eterno reconhecimento.

Não fosse o amor pela magistratura, o grande incentivo dos amigos e o apoio de minhas queridas auxiliares, este momento não seria possível.

PARTE HISTÓRICO-CRÍTICA (CAPÍTULO V)
I – A DISCUSSÃO METODOLÓGICA ATUAL

1.1. Da jurisprudência dos interesses à jurisprudência da valoração

No início do séc. XX, a "jurisprudência dos interesses" ressentiu-se da aplicação equívoca da expressão "interesse", ora entendida como fator causal da motivação do legislador, ora como objeto das valorações por ele empreendidas e, ainda, como critério de valoração.

Ponderou-se que seria necessário que o conceito de interesse fosse circunscrito à pretensão das partes numa lide e distingui-lo dos critérios legais de valoração.

Tais critérios seriam decorrência da ideia de justiça inferida pelo legislador. Dessa forma, as leis são instrumentos de regulação de conflitos de interesses previsíveis e típicos entre particulares ou grupos sociais, de tal modo que um interesse tenha que ceder a outro na medida em que um deles possa prevalecer.

Essa "prevalência" consubstancia uma valoração, posto que o legislador para além de valorar interesses individuais ou de grupos, também leva em conta pontos de vista de valoração, por exemplo: exigências do tráfego e a necessidade de segurança jurídica.

O modo pelo qual se valora interesses e necessidades nos respectivos meios de regulação e o modo pelo qual se dá preponderância a qualquer um deles se funda e decorre da legislação encontrada e dos participantes do processo legislativo.

As valorações do legislador permitem extrair resultados para a interpretação da lei e para a solução de casos não diretamente regulados, através da analogia à luz de critérios de valoração.

Tal concepção corresponde a uma "jurisprudência de valoração". Em muito casos o juiz não pode decidir unicamente com base na lei ou nas valorações do legislador.

Em outros casos a lei se utiliza de conceitos indeterminados ou de cláusulas gerais. Aqui, apresenta-se ao juiz, no caso concreto, um quadro geral que terá de preencher mediante uma valoração adicional.

O mesmo ocorre quando novas questões aparecem e o legislador sobre elas ainda não se posicionou; ou quando desaparecem os pressupostos de que partiu o legislador para efetuar sua valoração; ou ainda, quando normas colidem entre si, sem que seja possível saber a qual atribuiria o legislador prevalência (Código de Ética Médica: falar a verdade ao paciente/possibilidade de que com a verdade piore o estado de saúde).

O problema se complica quando a mera subsunção se torna insuficiente, sendo necessário um juízo de valor para qualificar a própria situação de fato de determinado modo, de acordo com a previsão legal.

Em inúmeros casos, e não apenas "nos casos de fronteira", entra no lugar da valoração do legislador a valoração pessoal do juiz, da qual se subtrai a comprovação de acordo com um critério objetivo.

A subsunção requer, em muitos casos, que a norma à qual a situação de fato deva ser subsumida seja interpretada, i.e., que seja estabelecido o seu sentido preciso e determinante.

A interpretação da lei exige a constatação dos fatos, a constatação do texto e de toda e qualquer circunstância que possa vir a contribuir para a interpretação.

Exige, ainda, a interpretação e a observância das regras da lógica. Uma interpretação que não seja conforme às regras da lógica é incorreta.

O que é específico na interpretação, i.e., o apreender o sentido ou o significado de um termo ou de uma proposição no contexto de uma cadeia de regulação, vai além, carecendo de considerações de razoabilidade, vez que as constatações empíricas nem sempre são possíveis.

Não é possível dispensar completamente os ingredientes subjetivos, vez que se trata de ponderações que exigem uma ratificação do intelecto, suscetíveis de controle, posto que exigível, tanto quanto possível, uma objetividade no processo de interpretação, objetividade que se deve buscar e obter de acordo com a lei ("corretamente entendida").

A ciência jurídica trabalha com modos de pensamento como a analogia, comparação de casos, conformação de tipos e concretização de critérios abertos de valoração, que permitem a passagem a uma jurisprudência de valoração, cuja metodologia clarifica a especificidade desses modos de pensamento e a sua relação com os instrumentos tradicionais de pensamento (elaboração de conceitos, construção jurídica, subsunção).

Tal jurisprudência de valoração exige o reconhecimento de valores ou critérios de valores supralegais ou pré-positivos, que subjazem às normas legais e para cuja interpretação e complementação é legítimo lançar mão, pelo menos sob determinadas condições.

Com este propósito, pode-se invocar os valores positivados nos direitos fundamentais, especialmente nos artigos referentes aos direitos fundamentais, permitindo conceber o Direito como algo que tem a ver com a Justiça, com a conduta socioeticamente correta, desaguando na solução justa dos litígios, i.e., na justiça do caso concreto.

Coloca-se a questão de como seria suscetível de fundamentação a afirmação de que tal decisão seria, no caso, a decisão justa. Deparamo-nos com a questão de se os valores e o que é valioso são, em termos gerais, suscetíveis de reconhecimento em sentido racional.

Um caminho para o juízo justo foi proposto pela "tópica", cuja pretensão de aplicabilidade à jurisprudência foi empreendida por Viehweg.

Na "tópica", procede-se a um discurso vinculado ao caso, com tratamento englobante dos problemas dele emergentes, com o objetivo de um consenso dos interlocutores ou a "aptidão de consenso" da solução proposta em conclusão. Em tal discurso são considerados relevantes os diversos pontos de vista ("*topoi*") que se mostrem aptos a servir de argumentos pró ou contra a solução ponderada.

O argumento sobre as consequências ("o que é que ocorreria caso fosse adotada esta ou aquela solução") desempenha um papel de particular importância. No entanto, a discussão poderia tornar-se infindável, pois que jamais se sabe se novos pontos de vista ("*topoi*"), que nunca foram considerados, devem ser levados em conta. O juiz tem que chegar a uma conclusão, colocando-se a questão de como se deve dar como concluído o diálogo.

Se a solução de questões jurídicas deve ser obtida pela via de um processo argumentativo (não necessariamente a "tópica"), então indaga-se quais são os argumentos admissíveis na discussão jurídica, qual o peso relativo que se lhes atribui, qual o valor "posicional" a que tal ou qual argumento pode pretender. Estas questões procuram ser respondidas pela teoria da argumentação jurídica.

Chegam ao contexto desta teoria as questões da interpretação da lei, dos critérios de valoração supralegais, o alcance dos precedentes, o argumento sobre as consequências etc.

A passagem a uma jurisprudência de valoração, a crítica ao modelo de subsunção e, por último, a preponderância da justiça do caso, bem como do procedimento argumentativo, levaram a uma renovada discussão da possibilidade e utilidade da construção do sistema na ciência do Direito.

As normas jurídicas apresentam-se em determinadas cadeias de regulação. Elas têm de se harmonizar entre si de tal modo que se possa evitar a ocorrência de decisões contraditórias.

A atual discussão que se trava hoje na Filosofia do Direito, relativa ao conceito de justiça, coloca no centro do debate a produção de enunciados racionalmente informados e suscetíveis de fundamentação sobre valores ou princípios éticos.

1.2. A questão dos critérios de valoração supralegais

Se a solução de uma lide exige um juízo de valoração, v.g., "negligência grave", ou uma ponderação de interesses ou bens; importa saber se existem critérios pelos quais possa o juiz orientar seu julgamento ou se será inevitavelmente inspirado pelo seu sentimento subjetivo ou pela sua opinião.

Zippelius analisou a questão em vista dos direitos fundamentais, os quais são muitas vezes formulados como conceitos que carecem de preenchimento, cuja aplicação requer um juízo de valor.

A bússola das valorações do juiz estaria nas concepções dominantes de justiça, baseadas nos direitos e garantias fundamentais previstos na Constituição, exprimindo a convicção da maioria e garantindo um consenso ao máximo abrangente.

Uma vez que o juiz aplica o Direito em nome dessa comunidade jurídica, só pode ter em conta a ética nela vigente, que vive nos membros dessa comunidade, conformando-lhes o comportamento e o critério de julgamento.

Vem, dessa forma, a noção de que os valores, enquanto conteúdos de consciência, não são idênticos aos atos em que são vivenciados, mas são, assim, partilháveis e suscetíveis de complementação mediante processos de pensamento e comunicáveis mediante analogia de ações suscetíveis de comparação ou outras situações.

Não se trata aqui de atos de valoração que ocorrem uma vez só, mas de valorações.

Os princípios jurídicos fornecem critérios de valoração porque são diretrizes que operam a mediação entre a ideia de Direito (ou os valores jurídicos de escalão superior) e as regulações de direito positivo.

Quanto mais genéricos (vagos) os princípios, mais fundamentais serão, pois não afloram num determinado conteúdo enunciativo, atuando de modo determinante na legislação e na aplicação do Direito. Mesmo quando se deixam em aberto várias possibilidades, excluem outras; são mais do que meras fórmulas vazias que determinam o trabalho dos juristas em todos os graus.

Sabe-se que as normas jurídicas perseguem sempre determinados fins e, entre esses, não apenas os do legislador do momento, mas também fins objetivos da ordem jurídica, os quais são reclamados tão somente pela racionalidade intrínseca da ordem jurídica. Entre esses fins existe, necessariamente, uma hierarquização que não depende da discricionariedade do legislador.

O pensamento teleológico é pensamento a partir de fins; é, simultaneamente, pensamento a partir do todo que lhe é supraordenado. A interpretação teleológica, incluindo as proposições jurídicas, é, por isso, a evidenciação e desenvolução do sentido e do fim de partes, em relação com um todo pensado, orgânico, quer dizer, funcionalmente estruturado.

Direito justo será um direito positivo que, como um todo, nos seus princípios reitores e na sua concatenação, corresponde, no quadro das relações presentes, à ideia de uma ordem justa. A ideia do Direito é, nessa conformidade, a ideia de uma comunidade que efetiva a liberdade de todos de um modo equilibrado.

1.3. Conteúdo da norma e estrutura da realidade

O Direito é determinado de um modo profundo no seu conteúdo, pelas relações naturais e sociais, que o ordenam, ou com as quais o seu ordenamento se conexiona. Assim, no tocante às condicionantes ontológico-antropológicas e socioculturais do Direito, fala-se de sua vinculação básica às realidades.

Malgrado isso, há um certo ceticismo sobre a ideia de "natureza das coisas", na medida em que é nas estruturas da realidade que reside o parâmetro daquilo que verdadeiramente deveria acontecer.

Muller acentua que, da estrutura material das relações da vida a serem reguladas, se pode inferir consequências para a regulação, já que incumbe ao juiz, justamente, a concretização da norma, a decisão concreta de um problema de regulação.

A "concretização" não significa apenas densificar a norma que é dada, torná-la mais concreta, mas produzir, pela primeira vez, a norma de acordo com a qual o caso é, então, decidido.

Esse conceito designa não a circunscrição de uma dada norma geral ao caso, mas o produzir de uma norma jurídica geral no quadro da resolução de um determinado caso.

A norma está na lei, o "texto da norma", não é a norma de acordo com a qual o caso vem a final a ser decidido, não é a norma decisória, mas apenas o ponto de partida para a sua construção, ponto de partida mediante o qual o caso é tratado. A decisão teria de ser, apenas, compatível com o texto da norma; este constituiria a baliza da concretização possível da norma.

A norma não está acabada e aplicável. O seu sentido completa-se apenas e sempre na concretização. Só na argumentação jurídica obtém o texto o seu significado, só aqui é produzida a base decisória da sentença.

A norma a construir é constituída pelo "domínio da norma" e o "programa da norma".

O "domínio da norma" são os fatos que podem estar tematicamente em conexão com a norma em questão, i.e., o setor da realidade da vida que é possivelmente interpelado pela norma.

O "programa da norma" é a "pauta ordenadora" obtida no decurso da interpretação do texto da norma.

A norma, tal como está na lei, "o texto da norma", constitui somente o ponto de partida para a atividade judicial. Seria um erro acreditar que a norma jurídica como base decisória de uma sentença está já dada no texto da norma.

A base decisória de uma sentença não estaria simplesmente no texto da norma, mas teria de ser elaborada em primeira mão pelo juiz. O que não é a este respeito compreendido é que a aplicação de uma norma não é possível apenas por via de uma simples subsunção.

O sentido da lei não se deixa averiguar sem o sentido e a natureza das situações da vida a julgar. A natureza da relação da vida deve ser vista no sentido ou valor dela imanente, que tem que ser "posto de acordo" com o que é intencionado na lei. Sempre que raciocinamos com base na natureza das coisas, estamos do mesmo modo perante a situação de fato e perante o valor, e experimentamos o entrelaçamento entre ser e dever ser.

A natureza da coisas remete para a forma de pensamento do tipo, pois ele é algo de relativamente concreto. Ao invés do conceito geralmente abstrato, não é

Parte V • O Direito e a Metodologia   549

definível, mas tão só explicável, não fechado, mas aberto, interliga, torna conscientes conexões de sentido.

O tipo, no plano do Direito, manifesta-se como mediação entre a ideia de Direito e a situação da vida, daquilo em torno do que, em última análise, gravita em todo pensamento jurídico: a mediação entre justiça da norma e justiça material. É antecipadamente atribuída ao legislador a tarefa de descrever tipos.

Se o legislador procurar abarcar em conceitos, de modo tanto quanto preciso, as situações típicas da vida, terá, então, a atividade judicial de "arrombar" continuamente esses conceitos, de modo que as realidades da vida possam ser convenientemente ajuizadas.

Nisto consiste o processo de realização do Direito, com um permanente fechar e abrir e fechar de novo dos conceitos da lei. Uma conceituação sem resíduos dos tipos é inalcançável e, por isso, temos de apreender, no achamento concreto do Direito, os tipos intencionados pela lei, as representações do modelo que a ela subjazem.

Existem relações sociais que são típicas, i.e., que se repetem continuamente, de modo análogo, como o casamento e a família, a relação entre pais e filhos, professores e alunos, a propriedade (no sentido não técnico, daquilo que é meu), o contrato; que são, em si, portadoras do seu sentido peculiar e também dos traços fundamentais de uma ordenação – aqui é possível e legítimo remontar à "natureza das coisas".

A tentativa de abarcar os tipos em definições conceituais fracassa necessariamente. A máxima precisão da linguagem só se deixa alcançar com o preço do máximo esvaziamento de conteúdo e de sentido.

1.4. A base da solução justa do caso concreto

Um dos termos de que se ocupa a metodologia é de como é possível ao juiz chegar à solução justa dos casos submetidos a julgamento.

Esser ressaltou que, onde quer que a jurisprudência transcenda o quadro legal, sempre observará os pensamentos jurídicos gerais ou os princípios que da lei pode extrair. Tais pensamentos ou princípios são eficazes independentemente da lei. Justificam-se pela natureza das coisas ou do instituto em causa e se constituem numa peça fundamental para cada solução particular que pertença ao mesmo círculo problemático no qual se inserem.

Para ele, os princípios não são inferidos indutivamente a partir da lei "corretamente" entendida (segundo seu conteúdo de sentido imanente), nem por dedução, a partir de um sistema de Direito natural imutavelmente válido, ou de uma hierarquia de valores existentes para si.

Para além da referência à natureza das coisas ou de uma determinada instituição, i.e., a um sentido do ser inscrito nas próprias relações humanas, é preciso pesquisar as zonas pré-positivas dos princípios ético-jurídicos e a convicção geral.

Os princípios formam-se, primeiro, inconscientemente, num longo processo subterrâneo, até que encontram uma formulação convincente positivada no Direito, que permite à prática judicial funcionar como um transformador dos princípios pré-positivos em proposições e instituições jurídicas positivas.

Uma ideia jurídica nova pode achar acolhimento no Direito vigente, entendido este não só como a totalidade das leis, mas como o conjunto das proposições jurídicas e dos princípios de decisão em vigor.

Princípios não são nem proposições jurídicas (normas), nem proposições na acepção da lógica (proposições axiomáticas de que pudessem ser inferidos por dedução racional-concreta, proposições de dever).

O princípio jurídico é descoberto no caso concreto; só depois se constitui numa fórmula que sintetiza uma série de pontos de vista que, nos casos típicos, se revelam adequados.

Se o caso é atípico, ou se sobrevém uma modificação ainda que mínima dos critérios culturais de valor que historicamente deram vida ao princípio, a solução pode vir a ser precisamente a contrária.

Mesmo depois de descoberto o princípio, seu desenvolvimento ulterior na jurisprudência não é a simples aplicação, mas um processo de permanente conformação.

Para o princípio adquirir eficácia prática, é preciso ainda uma cunhagem judicial ou legislativa, que o transforme em injunção vinculativa, pois, de regra, ele não contém em si próprio esta injunção por lhe faltar a determinabilidade dos casos de aplicação, que é característico da proposição jurídica.

O princípio, uma vez descoberto, não propicia uma simples inferência da decisão. Serve apenas como ponto de partida para a formação judicial da norma no caso concreto. A norma não é encontrada de um modo interpretativo a partir de um princípio, mas criada por uma síntese judicial. Só a casuística nos faz saber o que é o Direito. Onde quer que faltem as previsões formuladas por via legislativa, a casuística é, na realidade, fonte do Direito.

Para Esser, a jurisprudência não constitui o Direito vigente apenas onde a lei deixa de se pronunciar, ou onde é cometida ao juiz a conformação da norma através das cláusulas gerais, normas em branco, ou a remissão a "standards" ("bons costumes" ou "regras do tráfego" ou "o que ordinariamente acontece"), ou ainda a critérios extralegais (embora objetivos), de base empírica e densidade variáveis.

Toda aplicação da lei já é uma interpretação e o achamento do Direito não é nunca mero trabalho de subsunção.

Não existe nenhuma distinção de princípio entre interpretação extensiva e preenchimento de lacunas mediante analogia. A interpretação é sempre e já desenvolvimento do Direito. O preenchimento de lacunas e a interpretação integradora não são tarefas acessórias de criação do direito por parte do juiz, mas coincidem com o caráter reprodutivo geral da interpretação, o qual não é possível sem um quadro, uma representação de princípios, que possibilite a integração daquilo que é díspar num sistema.

Toda interpretação representa uma articulação entre lei escrita e Direito não escrito, que conforma em primeira mão a verdadeira norma positiva (*law in action*). Toda interpretação requer intervenção espiritual ativa e que o seu resultado, o texto entendido em determinado sentido, corporize algo de novo face ao ponto de partida, o texto "tal como se encontra na lei".

Esser subestima o significado do texto e com ele a participação do legislador na *law in action*, ao sublinhar que o que é na verdade o Direito vigente é determinado em primeira mão pela jurisprudência (atividade decisória dos tribunais).

A questão está em saber como é que a jurisprudência se prende com o texto legal. Indaga-o no sentido de achar a solução do caso em conformidade com o estatuído pelo Direito, ou utiliza-o com o objetivo de dar uma solução satisfatoriamente fundamental por outros meios?

Esser afirma que a jurisprudência tem agido de acordo com o segundo modo, considerando-o legítimo. Ressalta que a doutrina dominante (que remonta a Savigny), oferece diversos critérios de interpretação (literal, sistemático, histórico e teleológico), sem poder dizer, no entanto, a qual se atribui a prevalência nos casos que conduzam a resultados contraditórios entre si.

Pode, assim, o juiz dar prevalência ao critério que se revele mais ajustado a legitimar a decisão do caso previamente eleita como a mais justa.

Distingue-se o "achamento" da decisão da "fundamentação" da decisão. Atingida a decisão adequada ao caso concreto (achamento), segue-se a demonstração de sua compatibilização (fundamentação) com o Direito legislado, onde o juiz utiliza o "método" (histórico etc.) que se demonstrar adequado a este fim.

À fundamentação incumbe a função de controle, quando o juiz abandona uma solução que a princípio previu, sempre que esta a final não se revele suscetível de fundamentação.

O juiz chegaria, assim, não à evidência de sua fundamentação, mas ao que seria suscetível de legitimação e conformidade à lei, no caso concreto.

É decisiva a questão de saber-se por que vias encontra o juiz a decisão que considera justa, quando o trilho da lei só é tomado em consideração numa segunda linha.

Esser trata a questão à luz dos princípios jurídicos não positivados e a pontos de valoração extralegais. Fala de uma incursão em valorações pré-sistemáticas, de consenso de valores, quadros e modelos de regulação pré-jurídicos e de atitudes extrajurídicas de expectativa e convicção.

Os juízos de valor pré-jurídicos ou pré-positivos condicionam o trabalho dogmático; nenhuma operação intelectual, mesmo elementar, pode ser compreendida sem um tal juízo de valor do juiz que busca a solução justa de um conflito no caso concreto.

Em relação ao tema da solução justa para o caso concreto, Fikentscher sublinha que a justiça apresenta duas componentes: a justiça equitativa e a justiça material.

Na justiça equitativa, exige-se tratamento idêntico para o que deve ser identicamente valorado, i.e., a mesma pauta para casos similares.

No caso da justiça material, trata-se de adequação da norma decisória à situação de fato em questão.

É necessário ter-se consciência, porém, que a maior parte das regras que existem na lei não é conformada de tal modo que permita a sua aplicação mediante uma mera subsunção, exigindo uma concretização que não se limita às vias de inferência lógica.

Assim, a norma subsumida ao fato não seria, na maior parte dos casos a regra patente na lei, mas uma norma que o próprio juiz constrói, embora sempre com base na regra legal e na perspectiva do caso a ser julgado.

Essa norma de decisão denomina-se "norma do caso" e é por meio dela que se procede à ordenação da situação de fato carecida de resolução.

Somente em raros casos, como estabelecimento de um prazo ou uma idade, a norma legal coincidirá com a norma do caso.

Em todos os outros casos, a lei não é diretamente aplicada, mas estabelece balizas e fornece referências para o modo como a norma do caso deve ser obtida.

Face ao texto legal, é possível distinguir um limite de sentido literal e um limite de sentido normativo.

Por limite de sentido literal deve-se entender o sentido linguístico de um texto jurídico, mediante o qual pode ser transmitido um entendimento de enunciados juridicamente relevantes.

Dentro dos quadros do sentido literal, tem o juiz plena liberdade de produzir normas do caso; tal ocorre na linha do que comumente se denomina interpretação.

Onde o teor literal da lei é passível de diversas interpretações, vale como lei toda a gama de possibilidades de interpretação dentro dos limites do sentido literal.

É possível afirmar que a força vinculativa da lei consiste em que o juiz, no processo de produção da norma do caso, se atém ao escopo legislativo, à valoração ínsita na lei, ao sistema de normas e aos esquemas de pensamento – e isto em relação a um dado momento histórico. O que determina o quadro dessa vinculação é o teor literal da lei.

A vinculação à lei (Fikentscher) entende-se como uma indicação valorativamente adequada de como os casos devem ser decididos: a vinculação à norma do caso, em contrapartida, como a possibilidade de subsunção do caso em questão à norma do caso previamente construída.

Uma vez que cada caso é em si distinto de qualquer outro, as normas do caso são impelidas para o domínio dos fatos, para o âmbito da situação de fato a ser subsumida à hipótese abstrata.

O resultado desse processo é a conclusão de que a situação de fato a julgar se encontra dentro do campo de "detecção da norma", i.e., seu âmbito legal de aplicação.

1.5. Tópica e procedimento argumentativo

Os Tribunais devem decidir de modo justo e, se a aplicação da lei (via subsunção) não oferecer tal garantia, é natural que se busque tal resultado mesmo sem apoio numa norma legal.

Esse processo se apresenta como um tratamento circular, que aborde o problema a partir dos mais diversos ângulos e que traga à colação todos os pontos de vista (legais ou extrajurídicos) que possam ter algum relevo para a solução ordenada à Justiça, com o objetivo de estabelecer um consenso entre os intervenientes.

Para Viehweg, a jurisprudência só conseguiria cumprir a sua verdadeira missão, i.e., o responder à questão de se saber o que é justo em cada caso, aqui e agora, se procedesse topicamente.

Define-a como um processo especial de tratamento de problemas, que se caracteriza pelo emprego de certos pontos de vista, questões e argumentos gerais, considerados pertinentes – os tópicos. Estes são pontos de vista utilizáveis em múltiplas instâncias, com validade geral, que servem para a ponderação dos prós e dos contras das opiniões e podem conduzir-nos ao que é verdadeiro. Empregam-se para pôr em marcha a discussão de um problema e abordá-lo, por assim dizer, de vários lados, bem como para descobrir o contexto inteligível, sempre anterior ao problema, em que este tem lugar.

Enquanto o pensamento dedutivo-sistemático procura apreender este contexto inteligível como um sistema omnicompreensivo, como uma rede de deduções lógicas, o pensamento tópico não abandona o terreno definido pelo próprio problema, insiste sempre no problema e regressa sempre a ele.

O pensamento tópico não leva a um sistema (total), mas a uma pluralidade de sistemas, sem demonstrar a sua compatibilidade a partir de um sistema total. Tem o seu centro no problema concreto, não num contexto problemático ou material mais amplo, que simplesmente aflorasse no problema concreto.

Viehweg distingue a tópica em dois níveis.

O primeiro e mais rudimentar lança mão de pontos de vista mais ou menos casuais, escolhidos arbitrariamente e que são aplicados ao problema. Assim se procede quase sempre na vida quotidiana.

No segundo nível, os pontos de vista são objeto de pesquisa e depois coligidos em catálogos de tópicos, que se afiguram adequados a certos tipos de problemas. Os tópicos têm seu sentido sempre a partir do problema, a cuja elucidação se destinam, e têm de ser entendidos como possibilidades de orientação ou cânones do pensamento.

Os tópicos jurídicos são os argumentos utilizados na solução de problemas jurídicos e que podem contar neste domínio com concordância geral (*consensus omnium*).

Larenz afirma que tópico é toda e qualquer ideia ou ponto de vista que possa desempenhar algum papel nas análises jurídicas, sejam estas de que espécie forem.

Note-se que a obrigação de fundamentação da sentença torna necessário um processo intelectual ordenado, em que cada argumento obtenha seu lugar respectivo, processo que conduz a um silogismo.

O jurista tem, de fato (tal como o legislador) de ponderar os problemas de uma controvérsia, quais as consequências que a estatuição ou não estatuição dos conjuntos de normas como norma reguladora acarretariam, mas tem a esse propósito de respeitar o conjunto das opções do Legislativo.

O juiz, de regra, não alcança a decisão que busca e que pretende que seja justa mediante um aproveitamento, sempre controvertido, de princípios últimos e altamente genéricos, mas mediante um procedimento passo a passo, em que procura assegurar o sentido correto das regras legais em questão, que também devem ser entendidas de forma que nelas aflore a intenção de justiça.

Onde a lei não dê outro amparo ao juiz no achamento de uma decisão, que deve ser reconhecida como materialmente justa, ela terá ainda a possibilidade de um desenvolvimento do Direito para além da lei, que deverá fundamentar materialmente, advindo para o juiz uma grande responsabilidade por sua decisão.

A ideia que se tornou familiar aos juristas, devido a Viehweg, de que a solução de um problema jurídico decorreria não de um processo consistindo em deduções lógicas, mas por meio de uma problematização global de argumentos pertinentes, conduziu a uma crescente familiarização com os pressupostos e as regras da argumentação jurídica.

Trata-se tanto da estrutura lógica da argumentação (especialmente a possibilidade de uma fundamentação de juízos de valor); de regras de argumentação, como de argumentos jurídicos específicos.

Argumentar significa fornecer fundamentos que permitam a uma afirmação apresentar-se como justificada, pertinente ou, pelo menos, discutível. Para atingirem este fim, os fundamentos têm de ser de tal modo que convençam os participantes na discussão, cuja existência se pressupõe, e que permitam suplantar os contra-argumentos por eles aduzidos.

Por outro lado, uma metodologia é concebida mais para o problema de uma pesquisa juscientífica, de um parecer, ou mesmo da fundamentação de um julgamento. Aqui não se trata apenas do argumento mais forte, mas de um processo ordenado de pensamento, que possa afiançar que pontos de vista essenciais não foram deixados fora de consideração.

Na teoria da argumentação jurídica, Alexy sublinha que o discurso jurídico é um caso particular do discurso prático geral. O que o discurso jurídico e o discurso prático geral têm de comum é que em ambos se impõem, com a afirmação de um determinado enunciado entendido como normativo, uma pretensão à justeza desse enunciado.

Em última instância, são os fundamentos racionais que deverão decidir qual o peso que se deve atribuir em cada caso a cada forma de argumento particular.

As modalidades de interpretação (cânones) não constituem garantia de que o único resultado correto seja alcançado com uma segurança razoavelmente grande, mas são, entretanto, mais do que meros instrumentos de uma legitimação de uma decisão achada e fundamentada de um outro modo. São fórmulas a que uma argumentação jurídica tem de recorrer, quando pretende satisfazer a pretensão de justeza que nela se suscita e que, diferentemente do discurso prático geral, se prende muito particularmente com a vinculação à lei.

1.6. A vinculação à lei e o modelo subsuntivo

O processo de uma dedução da maior parte das decisões a partir da lei por meio de uma subsunção lógica (da situação de fato sob a previsão de uma norma legal) ou é geralmente inadequado, ou então só lhe reconhecem um significado mínimo.

A mais recente metodologia reconhece aos tribunais uma grande participação na conformação e desenvolvimento do Direito no seu processo de aplicação, *a law in action*, o que é condizente com a constatação de qualquer um de que, por exemplo, para se informar sobre o direito das obrigações atual, não bastaria contar só com o Código Civil.

A fundamentação tem a função, na decisão do juiz, de comprovar que a resolução está em conformidade com a lei. O jurista não deve emprestar aos termos legais um qualquer significado, mas deve achar o conteúdo semântico da lei em ligação com a lei e com o legislador.

Na subsunção, trata-se de superar o hiato linguístico entre a previsão legal, na maior parte das vezes descrita em termos muito gerais, e o recorte mais forte da situação de fato, que sublinha os traços específicos da situação de fato ser julgada.

O resultado da interpretação forma a premissa maior de um silogismo, cuja premissa menor é a constatação de que certo fato apresenta certas características. A conclusão é formada pelo enunciado de que o agente era aquele que realizou o fato.

Um tal engrenar de inferências, cujas premissas são o texto da lei e a determinação conceitual mais em pormenor, obtida com a sua interpretação e a descrição da situação de fato, caracteriza o modelo dedutivo de fundamentação e o torna atrativo pela impressão de ser uma sequência de pensamentos rigorosa, conforme a lógica.

II – PARTE SISTEMÁTICA

Os modos de manifestação do Direito e as ciências correspondentes

O Direito é um fenômeno complexo, que se manifesta em distintos planos do ser e em diferentes contextos. Apresenta uma estreita relação com a existência social do homem; é um conjunto de regras às quais os homens se conformam e ordenam entre si condutas, que podem ser avaliadas de acordo com as referidas regras.

O Direito é condição das formas mais desenvolvidas de sociabilidade, possibilitando a prevenção de conflitos ou a sua solução pacífica. Tais objetivos são obtidos pelas vias jurisdicionais e suas possibilidades de execução prática.

Surge o Direito como fenômeno social, quando questionamos seu papel nos processos sociais, as condições de um surgimento e vigência na sociedade, da sua eficácia, sobre o seu "poder" ou "impotência". Nessa perspectiva, é objeto da Sociologia do Direito.

A noção de Direito sugere uma pauta pela qual devemos orientar nossa conduta traduzida na ideia de vinculatividade (injuntividade/imperatividade). A imperatividade não é o mesmo que sua eficácia.

Quando o Direito tem de ceder perante o "não Direito", não se despoja (com a perda da eficácia) da sua pretensão de validade.

A própria expressão "regra de conduta" é ambivalente. Pode significar modo de conduta reiterado (uniformidade) ou uma norma no sentido de uma pauta vinculante, de uma exigência de conduta que se apresenta com a pretensão de vinculatividade. Ambas podem ser regras de direito. No primeiro caso, atribuímos eficácia no plano dos fatos e no segundo caso, o sentido de uma norma, e assim, a pretensão de vinculatividade (sentido normativo). A jurisprudência (dogmática jurídica) ocupa-se do Direito como um fenômeno pertinente à esfera normativa.

Há outro aspecto quando o Direito se apresenta como fenômeno histórico. O homem é um ser histórico e o Direito também apresenta a estrutura temporal da historicidade, mantendo-se durante algum tempo, num processo contínuo de adaptação às variedades do tempo histórico, que tem a marca do homem. Compreender o Direito do presente implica em ter em vista o seu "tornar-se" (alteração) histórico, bem como sua abertura face ao futuro. A persistência do passado no Direito, historicamente – que se altera e é alterado – é o tema da história do Direito.

A Sociologia do Direito, a jurisprudência e a história desfrutam de uma justaposição geradora de nexos de relação e toda norma jurídica pertence à realidade na qual foi concebida, bem como à realidade em face da qual deve operar.

O jurista tem que atender aos fatos sociais a que se refere uma norma e tomá-los em conta quando a interpreta.

As soluções de um ordenamento são, em geral, respostas a problemas jurídicos gerais que possuem posicionamento comparável na maioria dos ordenamentos jurídicos.

A jurisprudência considera o Direito positivo como uma tentativa de transformar os pontos de uma coexistência pacífica e de solução de conflitos em normas e decisões ponderadas; entrevendo tais pontos nos princípios diretores do Direito vigente, alcança um certo distanciamento das regras e decisões particulares, permitindo a crítica (crítica imanente).

O jurista deve obter dados necessários e o material de experiência das ciências que em cada caso sejam competentes.

A missão do jurista é preocupar-se com a salvaguarda dos princípios do Estado de Direito, bem como evitar contradições de valoração indesejáveis ou que conduzam a efeitos subsequentes gravosos em outros domínios jurídicos.

1.7. A jurisprudência como ciência normativa. Linguagem dos enunciados normativos

Caracteriza-se a jurisprudência (dogmática) como a ciência sobre o direito que dela se ocupa antes de tudo sob o seu aspecto normativo, i.e., que se ocupa do sentido das normas. Trata-se nela da validade normativa e do conteúdo de sentido das normas do Direito positivo, incluindo as máximas de decisão contidas nas sentenças judiciais.

A jurisprudência se vê como ciência normativa, como um sistema de enunciados sobre o Direito vigente. Seus enunciados têm influência sobre o conteúdo daquilo a que se referem, i.e., das normas jurídicas. Devemos perguntar o que significa dizer que a jurisprudência produz enunciados sobre o "Direito vigente".

Validade normativa significa a pretensão de conformação ou vinculatividade de uma exigência de conduta ou de uma pauta pela qual a conduta humana haja de ser medida. Tem de distinguir-se da vigência fática de uma norma, que deve entender-se como sendo a sua eficácia ou possibilidade de conseguir impor-se.

Se um jurista pergunta se uma lei é válida não quer saber se é observada, mas se a pretensão de validade, que enquanto norma lhe é natural, se encontra justificada de acordo com os preceitos constitucionais relativos à produção legislativa de normas.

Para comprovar sua validade, compara a norma com outras normas. A esta espécie de normas pertencem não só as normas constitucionais sobre competência legislativa, mas também todas as que limitam a liberdade do legislador no que toca à conformação do conteúdo das suas normas, já que estas, os direitos fundamentais, vinculam também o legislador como Direito imediatamente aplicável, segundo a lei fundamental (Constituição Federal).

A vinculação do legislador ordinário aos princípios do Estado de Direito e aos direitos fundamentais estabelecidos na Constituição confere à atividade decisória judicial e à dogmática, uma importância considerável em relação ao legislador.

Os enunciados sobre a validade e o conteúdo (conteúdo de sentido) das normas jurídicas não são enunciados sobre fatos passíveis de comprovação experimental.

A atividade do jurista se inicia quando se perquire se o ato e seu conteúdo (lei aprovada mediante o fato do processo legislativo de votação) satisfazem todas as condições estabelecidas na Constituição, para que uma lei seja válida.

A resposta a esta questão (afirmativa ou não) não é o resultado de uma observação fática, mas o de uma comprovação normativa, na qual o sentido do ato há de ser avaliado em face das normas competentes para o efeito (pressupostos como válidos) e, com base nelas, julgado e avaliado. O mesmo ocorre no contrato.

As manifestações verbais ou escritas podem ser objeto de prova no processo. O que nelas é juridicamente relevante é o sentido intencionado pelas partes: elas expressam que se vinculam ao que foi acordado, que querem fazê-lo valer. Se as declarações têm esse sentido, é para o jurista uma questão de interpretação das declarações. Se a resposta é afirmativa, o jurista confronta o contrato com a lei, aferindo os pressupostos de validade do contrato (capacidade, forma). Aqui, novamente, de um lado, trata-se do sentido interpretado do evento; por outro lado, do sentido de determinadas normas que lhe são aplicáveis e, por fim, se o evento assim considerado é conforme a norma. Mesmo quando os eventos do mundo exterior levam a colocar uma questão jurídica, trata-se sempre em definitivo do seu sentido jurídico.

Os pontos relativos ao sentido não podem ser respondidos nem mediante observação experimental, nem mediante medição ou quantificação, porque não se está no campo das ciências naturais.

Os processos sociais não têm seu curso em vias de sentido único, comprováveis de modo experimental, mas estão em interação com muitos outros.

Nas ciências sociais trata-se de questão sobre o que ocorre ou ocorrerá (o fático). Mas no fático que elas indagam, baseiam-se relações de sentido de teor diverso, dentre as quais as relações normativas. A jurisprudência recorta as relações normativas de sentido do Direito enquanto tal e as converte no tema da sua indagação (as relações normativas compõem a base fática para relações de sentido).

Existem modos de abordagem para apreensão de conexões entre fatos ou dirigidos ao sentido normativo, sendo relevante a distinção entre validade "factual" e "normativa" e a correspondente ambivalência do termo "regra". O significado de "dever ser" e "justificação" não pode ser traduzido na linguagem que se refere ao domínio dos fatos. Tais expressões têm o caráter de termos-chave, mediante os quais se constitui uma esfera de sentido particular. Isto vale para, v.g., o "direito subjetivo", para a titularidade. Se na linguagem que se refere ao domínio dos fatos se define direito subjetivo, seja como "poder de vontade", como "relação de poder juridicamente protegido", está-se desse modo a assinalar o seu efeito na esfera social. O sentido normativo (o que cabe a cada um) não é evocado. O sociólogo opera com um conceito de contrato que tem em vista a eventualidade da sua ruptura e possível sanção. Descreve sua vigência fática mas não sua validade normativa.

As palavras podem significar coisas diferentes quando usadas em conexão com um enunciado sobre o normativo ou sobre o fático, v.g., legitimidade e legitimação.

A questão de se uma decisão do legislador, juiz ou órgão administrativo está justificada no sentido do Direito natural ou, pelo menos, do Direito positivo, não é idêntica à questão relativa a se os destinatários estão dispostos a aceitá-la ou não.

O significado de uma palavra não é uma propriedade estável, mas resulta em cada caso do seu uso em um determinado "jogo-de-linguagem". Para interpretar, devo saber antes "que papel deve desempenhar realmente a palavra na linguagem". Pode-se dizer, v.g., que a validade em sentido normativo exprime a efetividade da norma em sentido sociológico, mas não se podem interdefinir ambos os termos.

Não se pode definir o dever ser – a vinculação do devedor à prestação e o poder de exigir do credor – mediante expressões do domínio do fático, como expectativa (de uma sanção) ou poder (mediante imposição), mesmo quando ambas as dimensões aparecem interligadas, uma vez que uma e outra não querem dizer a mesma coisa. É preciso ter em conta em que sentido é que se usa um termo, para que não se saia de modo inconsciente de um jogo de linguagem para outro, o que significa sempre uma confusão de conceitos.

Um jogo de linguagem é o modo especial como (dentro de determinada linguagem) se fala de determinado setor de coisas ou âmbito de experiência (técnica, arte, Direito). Numa linguagem fala-se sempre sobre algo. A compreensão por intermédio da linguagem é compreensão de uma coisa que é trazida à linguagem. A coisa de que se fala na linguagem normativa da jurisprudência é a "coisa direito".

O Direito vigente se oferece em normas jurídicas, de regra, escritas, que envolvem pretensão de validade, em decisões jurídicas ou em máximas de decisão que nelas se contêm. Isto que lhe é "dado" é o que ela pretende "compreender". Pretende reconhecer e enunciar o que isto quer dizer, para além do que diz o sentido literal imediatamente compreensível.

1.8. A jurisprudência como ciência "compreensiva". Conhecer mediante o interpretar

Na jurisprudência, trata-se de compreender para além da compreensão de expressões linguísticas, do sentido normativo que a elas corresponde. A compreensão de expressões ocorre de modo reflexivo, mediante o interpretar (compreender é sempre interpretar). É sempre pressuposta a mediação da percepção sensorial (do fonema ou dos signos escritos).

A conversação imediata do dia a dia tem a estrutura circular de todo o compreender e é irreflexiva, porque para quem ouve e compreende não é problemático o sentido do discurso, não se lhe torna presente a possibilidade de diferentes interpretações – se for este o caso, o sentido levado em conta, ou então o sentido havido como "pertinente", converte-se em objeto de reflexão e, com isso, de "interpretação". Interpretar é uma atividade de mediação pela qual o intérprete compreende o sentido de um texto, que se lhe tenha deparado como problemático.

Na atividade de mediação, o intérprete tem presente os diferentes significados possíveis de um termo ou de uma sequência de palavras e pergunta-se sobre qual é ali o significado correto.

Interroga o contexto textual, seu conhecimento do objeto de que no texto se trata, examina a situação que deu origem ao texto ou ao seu discurso, bem como outras circunstâncias "hermeneuticamente relevantes", que possam ser consideradas como indícios relativamente ao significado procurado. A conclusão não é logicamente vinculante, mas uma opção devidamente fundamentada, entre diferentes possibilidades de interpretação. "Interpretar" um texto quer dizer, portanto, decidir-se por uma entre muitas possíveis interpretações, com base em considerações que fazem aparecer tal interpretação como a "correta".

A jurisprudência é uma ciência porque problematiza por princípio textos jurídicos, quer dizer, questiona-os em relação com as diferentes possibilidades de interpretação. Os textos são problematizáveis deste modo porque estão redigidos em linguagem corrente, ou então numa linguagem especializada a eles apropriada, cujas expressões (com ressalva de números, nomes próprios e determinados termos técnicos) apresentam uma margem de variabilidade de significação que torna possível inúmeros cambiantes de significação.

É na progressão de tais cambiantes que se estriba a riqueza expressiva da linguagem e a sua susceptibilidade de adequação a cada situação. Seria um erro aceitar-se que os textos jurídicos só carecem de interpretação quando surgem como particularmente "obscuros", "pouco claros" ou "contraditórios"; ao contrário, todos os textos jurídicos são susceptíveis e carecem de interpretação.

As sentenças (assim como as leis e os contratos) também carecem de interpretação. As diretrizes das decisões não são normas vinculativas. Devem ser entendidas com base no pano de fundo das conexões de fundamentação patentes nas decisões e da situação de fato, para medir o seu alcance. A mera reprodução de decisões não é ainda jurisprudência; toda elaboração jurídica de decisões começa, porém, com a sua interpretação; subsequentemente, a jurisprudência ordena-as em novas conexões de sentido.

A questão de saber quando é que uma interpretação pode ser considerada como "pertinente", depende do objetivo segundo o qual um texto deve ser interpretado. Na vida quotidiana é o caso de constatar a opinião do autor de um discurso, de uma carta ou de compreender melhor o texto, com a ajuda deste. É o caso das explicações sobre objetos técnicos, e instruções de uso, de livros técnicos ou de noticiários da imprensa. A opinião do autor interessa aqui apenas na medida em que pode contribuir para a compreensão da coisa.

Ao contrário, ela constitui mera interpretação, v.g., nos testemunhos literários, nas manifestações de posição pessoal. Conforme seja o objetivo da interpretação, serão umas ou outras as circunstâncias "hermeneuticamente relevantes".

Caso se trate da opinião do autor, deve-se levar em conta o motivo da declaração, a situação do locutor, sua relação com o receptor da carta, seu modo peculiar de expressão, propensão de ocultar sua opinião, exagerar determinados termos etc.

Se se trata, ao invés, da coisa exposta, são importantes as informações posteriores a respeito dela.

A linha de interpretação dos textos jurídicos é uma questão fundamental da metodologia e se constitui numa distinção significativa, sempre que nesses textos se trate de leis, decisões judiciais ou negócios jurídicos.

1.9. A importância da "pré-compreensão" e a estrutura circular do ato de compreender – o discurso e seu valor semântico

A interpretação de um texto não só tem a ver com o sentido de cada uma das palavras, mas com o de uma sequência de palavras e frases que expressam um contínuo nexo de ideias. O sentido contínuo resulta da compreensão de cada uma das palavras e frases, conquanto o significado de cada uma não esteja fixado na linguagem geral, de tal modo que possa vir a ser usado sempre exatamente na mesma acepção. Ao contrário, o significado da palavra resulta do seu posicionamento na frase, bem como da conexão total de sentido dentro do qual ela surja no discurso ou no texto (são relevantes os aspectos da semântica e da sintaxe).

Resulta daí uma especificidade do processo de compreender denominado "círculo hermenêutico": uma vez que o significado das palavras em cada caso só pode inferir-se da conexão de sentido do texto e este, por sua vez, em última análise, apenas do significado das palavras que o formam e da combinação destas, então terá o intérprete de, em relação a cada palavra, tomar em perspectiva previamente o sentido da frase por ele esperado e o sentido do texto no seu conjunto. A partir daí, sempre que surjam dúvidas, retroceder ao significado da palavra primeiramente aceite e, conforme o caso, retificar este ou sua ulterior compreensão do texto, tanto quanto seja preciso, de modo a resultar uma concordância sem falhas. Para isso, lançará mão, para controle e auxiliares interpretativos, das "circunstâncias hermeneuticamente relevantes".

A imagem do "círculo" não será adequada senão na medida em que não se trata de que o movimento circular do compreender retorne pura e simplesmente ao seu ponto de partida (então tratar-se-ia de uma tautologia), mas de que eleva a um novo estágio a compreensão do texto. Se o significado de uma palavra aceito em primeira mão pelo intérprete não se adequar ao nexo do sentido do texto, tal como este se vem a revelar ao intérprete no decurso do processo interpretativo, então o intérprete terá que retificar sua suposição original; se os possíveis (imagináveis) significados da palavra revelam uma conexão de sentido diversa daquela que inicialmente o intérprete tenha conjecturado, este retifica a sua conjectura.

Mesmo no caso em que se confirme plenamente a conjectura inicial de sentido, o intérprete já não estará situado no mesmo ponto, já que sua mera suposição ou ideia se converte em certeza. A conjectura de sentido (o pré-conceito) tem o caráter de uma hipótese, que vem a ser confirmada mediante uma interpretação conseguida.

O processo do compreender não tem apenas uma direção linear, como uma demonstração matemática, mas em passos alternados, que tem por objetivo o esclarecimento recíproco de um mediante o outro (e, por este meio, uma abordagem com o objetivo de uma ampla segurança).

Este modo de pensamento não só se manifesta no propósito da interpretação de textos, de acordo com a conexão de significado e da *ratio legis*, mas também no processo de aplicação da norma a uma determinada situação fática. Fala-se de um "ir e vir de perspectiva", entre o elemento de previsão da norma e a situação fática. E manifesta-se com nitidez a propósito da concretização de pontos de valoração carentes de preenchimento em relação a casos típicos e a grupos de casos.

No início do processo do compreender existe, por regra, uma conjectura de sentido. O intérprete está munido de uma "pré-compreensão"; esta se refere à coisa de que o texto trata e à linguagem em que se fala dela.

O texto traz algo à linguagem; só fala àquele que já compreende tão amplamente a sua linguagem e a coisa de que ele fala, que tem o acesso franqueado àquilo que o texto diz.

A base comum que estabelece a ligação do texto com o intérprete e que permite a este o acesso àquilo que o texto diz é a linguagem e, para além dela, a cadeia de tradição em que ambos se inserem. Trata-se da compreensão de textos transmitidos, de testemunhos linguísticos, ou quaisquer outros do passado. A cadeia de tradição, onde as leis, decisões judiciais e conhecimentos dogmáticos estão inclusos, constitui o pano de fundo de toda a interpretação jurídica (histórica, sistemática ou teleológica), conglobante, enfim, posto que não há, aqui, uma hierarquia, apenas eventual preponderância.

A pré-compreensão não se refere só à "coisa direito", à linguagem, à cadeia de tradição, às decisões judiciais e aos argumentos habituais, mas também aos contextos sociais, às situações de interesses e às estruturas das relações da vida a que se referem as normas jurídicas (o domínio da norma) v.g. – na locação é necessário dimensionar o "posicionamento de interesses", onde o locatário tem a necessidade de alojamento e a proteção contra a usura, e o locador, o direito ao investimento de capital em habitação que o compense de modo satisfatório. São situações fáticas relevantes para a pré-compreensão.

A "pré-compreensão" permite ao juiz uma determinada conjectura de sentido face a seu entendimento da norma e da solução a encontrar, como também constrói para si uma "convicção de justeza" com base nas suas pré-compreensões alcançadas graças a uma "atuação eficaz sobre as possibilidades de evidência na valoração pré--dogmática", antes mesmo de começar com a obrigatória interpretação da lei ou com considerações dogmáticas. Estas servem de "controle de concordância" para comprovação da compatibilidade da solução já encontrada com o sistema do Direito positivo.

O termo "pré-compreensão" usa-se hoje em um sentido distinto do da hermenêutica. Pretende-se referir não a um entendimento, mas à parcialidade daquele que raciocina com pré-juízos, que dimanam de seu seio social, da sua origem e formação e determinam o seu ato de julgar. Ninguém é imune a eles, porém não se constituem em barreira absoluta e intransponível. Sua superação é possível mediante um processo permanente de autoexame e a preocupação constante com a "questão em si mesma".

O pré-juízo, neste sentido negativo, como barreira ao conhecimento que se transpõe com a preocupação pela questão, não deve ser confundido com a "pré--compreensão" no sentido da hermenêutica, como uma condição (positiva) da possibilidade de compreender a questão de que se trata.

1.10. Interpretação e aplicação das normas como processo dialético

As normas jurídicas são interpretadas para serem "aplicadas" a casos concretos. A maior parte das situações fáticas é complexa. No começo está o texto da lei, e no final, entretecida em torno do texto, uma teia de interpretações, restrições e complementações, que regula a sua "aplicação" no caso singular e que transmudou seu conteúdo.

A "aplicação" é um momento inerente a todo o "compreender". No compreender tem lugar sempre algo de semelhante a uma aplicação do texto, que haja de se compreender, à situação presente do intérprete. A aplicação é um elemento tão integrante do processo hermenêutico como o compreender ou o interpretar.

O conhecimento histórico só pode ter lugar em cada caso; o passado é visto na sua continuidade com o presente, e é isso que o jurista faz na sua tarefa prático-normativa.

O problema fundamental para quem aplica a norma não é a distância temporal, mas a distância entre a necessária generalidade da norma e a singularidade de cada caso concreto. Mediá-la é tarefa de "concretização" da norma.

A junção de bitola da norma (que requer a sua aplicação uniforme) e a necessidade, que ocorre constantemente de interpretação (ulterior), bem como, por fim, a "retroação" da interpretação e da concretização, uma vez conseguidas, em relação a uma ulterior aplicação da norma, têm de ser tomadas em conta, se se quiser que o processo (dialético, de acordo com sua estrutura) de aplicação do Direito não venha a ser considerado unilateralmente, e nestes termos, de modo incorreto.

1.11. O pensamento orientado a valores na jurisprudência

Ao interpretar as leis não se pode descurar que se trata de um tipo de enunciado que traduz um preceito que deve ser seguido, de uma bitola de julgamento prescrita, i.e., de norma.

O legislador que estatui uma norma ou que intenta regular um determinado setor da vida por meio de normas guia-se por certas intenções de regulação às quais subjazem determinadas valorações.

Tais valorações manifestam-se no fato de que a lei impõe proteção absoluta a certos bens, deixa outros sem proteção ou os protege em menor escala.

Compreender uma norma jurídica requer o desvendar a valoração nela imposta a seu alcance. A sua aplicação requer o valorar o caso a julgar em conformidade com ela ou acolher de modo adequado a valoração nela contida ao julgar o caso.

Note-se que, quando a previsão da norma está formulada em termos de conceitos fáticos isentos de valoração aos quais possa ser subsumida a situação fática, um procedimento lógico faz-se necessário para constatar-se que todos os traços distintivos que formam o conceito hão de estar presentes na situação *sub judice*. Se esta constatação puder ser feita, então a situação de fato cai dentro do conceito.

Tais constatações, por vezes, exigem juízos intermédios ou auxiliares, v.g., "coisas consumíveis" ou "coisas móveis cujo uso regular consiste no consumo ou alienação". O "uso regular" – sabe o julgador pela experiência a um juízo desse tipo – é raramente exato. Noutros casos há que julgar uma conduta humana, se nela se expressa uma determinada vontade de efeitos jurídicos. Tal juízo não é uma pura constatação de fatos, reclamando antes uma interpretação. Finalmente, existem previsões legais que exigem um juízo de valor, como a "apreciação razoável do caso".

É um equívoco acreditar que a aplicação dessas normas, cujo elemento de previsão está conceitualmente configurado, se esgota no procedimento lógico da subsunção. Antes de aí se poder chegar, tem já lugar um ato de julgar, que de modo algum está sempre isento de notas de valoração.

Nem sempre se apresentam conceitualmente configurados todos os elementos da previsão normativa. Muitas vezes a lei, para a caracterização de uma situação de fato, lança mão, em vez de um conceito, de exclusivamente notas distintivas irrenunciáveis. Ou então, contém uma pauta de valoração "que carece de preenchimento" e que só na sua "aplicação" ao caso particular pode ser plenamente "concretizada".

Em ambos os casos não é uma simples "aplicação" da norma, mas de realizar uma valoração que esteja de acordo com a norma ou o critério diretivo "tido em conta". Tal "correspondência", para os fins de uma subsunção, não significa uma equivalência precisa, para ser convincente, de múltiplas mediações. Por isso, a jurisprudência é tanto no domínio prático (o da "aplicação do Direito") como no domínio teórico (o da "dogmática"), um pensamento em grande medida "orientado a valores".

Que um tal pensamento "orientado a valores" é uma das possibilidades de pensamento e, no que exatamente consiste a sua especificidade, não é algo muito claro para os juristas, porque equiparam o pensamento jurídico com a subsunção ou com as deduções lógicas. Não consideram como susceptíveis de fundamentação racional os juízos de valor.

1.12. O pensamento convertido a valores no âmbito da aplicação do Direito

A peculiaridade do pensamento "orientado a valores" pode ser clareada com a distinção entre "conceito" e "tipo".

O caráter valorativo de toda a aplicação do Direito fica diminuído quando a previsão da norma aplicável foi veiculada de forma conceitual, de modo que a situação de fato precisa apenas ser subsumida à previsão da norma. Mas isso não é frequente.

Só se pode falar de um "conceito" em sentido estrito quando for possível defini-lo claramente, mediante a indicação exaustiva de todas as notas distintivas que o caracterizam.

O sentido de uma tal definição é o de que "só quando" e "sempre que" todas as notas distintivas do conceito se apresentem em algum objeto, poderá este ser subsumido ao conceito pertencente à classe de objetos por ele designado.

A premissa maior do silogismo da subsunção é a definição do conceito e a premissa menor é a constatação de que o objeto apresenta todas as notas distintivas mencionadas na descrição. A conclusão é o enunciado de que X pertence à classe dos objetos designados pelo conceito, ou que X é um caso do gênero que se designou mediante o conceito. Para o jurista a situação fática X seria um "caso" da previsão normativa conceitualmente apreendida.

Não é raro que uma definição legal contenha um (ou vários) elemento(s) que não permita uma mera subsunção.

Não é suficiente uma consideração baseada unicamente nas notas distintivas particulares, apreendidas de modo geral (e assim uma subsunção meramente lógica), mas requer-se um juízo que leve em conta diferentes pontos de vista, combináveis de modo diverso. O juízo que aqui se requer não é exatamente um juízo de valor, mas um juízo que é mediatizado por certas vivências sociais, v.g., pelo que é adequado para o uso regular de um edifício ou que seja usualmente entendido como seu equipamento normal.

A pretensa definição do conceito é uma descrição de tipos considerados exemplares.

Um conceito está fixado por meio da sua definição, de tal modo que haja de aplicar-se ao caso concreto "só quando e sempre que" se possa nele encontrar o conjunto das notas características da definição. Esta proposição não vale para o tipo.

As notas características indicadas na descrição do tipo não precisam (pelo menos algumas delas) estar todas presentes. São passíveis de gradação e até certo ponto comutáveis entre si. Consideradas isoladamente, só têm o significado de sinais ou indícios. É decisivo, porém, sua conexão com a realidade concreta.

Trata-se de saber se as notas características tidas como "típicas" estão presentes em tamanho, grau e intensidade que a situação de fato "no seu todo" corresponda à imagem fenomênica (fator característico descrito no tipo) do tipo. O tipo não se define, descreve-se.

Se o legislador conforma um conceito para a caracterização de uma situação de fato, é-lhe necessário estabelecer esta situação de fato de modo tão preciso quanto possível, de tal forma que a sua ocorrência no caso singular possa ser constatada por via da subsunção, sem recorrer a pontos de vista valorativos.

O legislador elege notas características de tal modo que o conceito conformado a partir delas recubra a situação de fato que ele tomou em consideração.

Aplicando o conceito, suas notas características se voltam a afastar a questão da valoração. A subsunção ao conceito é, no "caso ideal", um procedimento isento de valoração. Aquele que aplica a lei fica liberto do incômodo da "ponderação" valorativa, o que torna a aplicação do Direito "segura".

O "pensamento tipológico" cuida sempre da relação com o ponto de vista valorativo diretor ao descrever os grupos de casos, pois todos os traços distintivos que se nos apresentam estão orientados a este valor como meio constitutivo da unidade do todo e só assim tem "significado".

A coordenação ao tipo exige, no caso singular, o ter em conta este ponto de vista valorativo dirigente, pois só ele decide, em última instância, se os "traços distintivos" ou as "metas características" aqui presentes justificam ou não, pelo seu grau de intensidade e a sua articulação, coordenação. A coordenação ao tipo é, assim, ao invés da subsunção a um conceito, um processo de pensamento orientado a valores.

Ao regular um fato da vida, o legislador ou delimita a situação fática tida em vista ou, por via conceitual, fixa notas características do modo mais nítido possível ou, ainda, por meio da designação de um tipo, que ele pode esclarecer mediante a indicação dos traços distintivos tidos por paradigmáticos com exemplos.

Se optar por uma fixação conceitual, o intérprete não pode deixar de atender a esta circunstância. Restam-lhe as possibilidades de uma interpretação teleológica (dentro dos limites do sentido literal possível e da coerência significativa da regulação) da analogia ou da redução teleológica.

Caso se trate de um tipo, a sua maior margem de variação à abertura relativa possibilitam-lhe um procedimento mais elástico. "Tipo" e "conceito" não são contraposições rígidas, admitindo pontos de comunicação.

Um conceito definido mediante notas características tidas como acabadas pode conter uma nota característica que, por seu turno, é "aberta", à maneira de um tipo. Por outro lado, um tipo pode aproximar-se de um conceito mediante a fixação de notas características imprescindíveis. A descrição de um tipo pode ser entendida como um estágio anterior à formação de um conceito e uma pretensa definição conceitual pode apresentar-se como descrição de um tipo.

A necessidade de um pensamento "orientado a valores" surge com a máxima intensidade quando a lei recorre a uma pauta de valoração que carece de preenchimento valorativo, para delimitar uma hipótese legal ou também uma consequência jurídica. Tais pautas são, v.g., a "boa-fé", uma "justa causa", uma "relação adequada" (de prestação ou contraprestação), um "prazo razoável" ou "prudente arbítrio".

O pensamento tipológico desempenha papel específico na formação de grupos de casos e no tratamento dos elementos que para eles são típicos. Resta ao julgador uma margem livre de apreciação, sobretudo onde se trata de um "mais" ou "menos".

No tocante às pautas carentes de preenchimento valorativo, torna-se claro que a sua "aplicação" exige sempre a sua concretização; quer dizer, a determinação ulterior do seu conteúdo, e esta, por seu turno, retroage à "aplicação" da pauta em casos futuros semelhantes, posto que cada concretização (alcançada) serve de comparação e torna-se assim ponto de partida para concretizações posteriores. A pauta é "concretizada" no julgamento do caso em que o julgador a reconheça como "aplicável" ou "não aplicável".

1.13. O pensamento orientado a valores no âmbito da dogmática jurídica

O pensamento orientado a valores é imprescindível na aplicação do Direito, na medida em que não se trata de mera subsunção, mas de coordenação valorativa e de concretização, não se passando, assim, no campo da dogmática jurídica.

A contribuição da dogmática, nesse aspecto, seria a de uma transformação de questões de valoração em questões de conhecimento ou de verdade.

A dogmática não se esgota na interpretação, mas também não é pensável sem ela, pois os conceitos com que opera são, em grande parte, explicações em código face a determinados conteúdos de regulação, que, por seu lado, carecem de interpretação.

A dogmática não integra, no conteúdo do conceito, a referência de valoração (ou referência de sentido), mas intenta defini-lo, mediante aquelas notas características, cuja presença pode ser constatada sem uma nova valoração – ou seja, por mera subsunção.

Muitos conceitos com que o jurista trabalha têm natureza puramente técnico-jurídica e são conceitos classificatórios que proporcionam clareza e facilidade na aplicação do Direito, vez que tornam possível uma subsunção. Conceitos tais como letra, cheque, ordem de pagamento, inscrição provisória, reserva, graduação, registro, cancelamento são frequentemente definidos na lei ou é fácil dela retirar sua definição.

O pensamento orientado a valores no campo da dogmática opera quando se procede tipologicamente, não quando se procede conceitualmente. Os princípios jurídicos não são senão pautas gerais de valoração ou preferências valorativas em relação à ideia do Direito, que todavia não chegaram a condensar-se em regras jurídicas imediatamente aplicáveis, mas que permitem apresentar "fundamentos justificativos" delas. Estes princípios subtraem-se de uma definição conceitual (como as pautas carecidas de concretização), o seu conteúdo de sentido pode esclarecer-se com exemplos.

Os recentes trabalhos dogmáticos sobre a doutrina do negócio jurídico não partem de um conceito de negócio jurídico, vazio de conteúdo, mas da sua função como meio de conformação jurídica autônomo-privada ou de tipos de atos. Entendem a conformação jurídica autônomo-privada como expressão de autodeterminação responsável, expressando-se, aí, a responsabilidade na vinculação em relação à outra parte.

Intenta-se compreender melhor a regulação legal como o resultado do jogo coordenado de princípios, efetuando delimitações, preenchendo lacunas e harmonizando, entre si, as soluções.

No caso do conceito de propriedade, não se vai trabalhar com o conceito do Código Civil; antes, se retomará de novo o sentido de propriedade como garantia jurídica de um espaço "externo" de liberdade. O que seja "propriedade", no sentido do nosso ordenamento jurídico, resulta da totalidade dos preceitos respectivos, que se prendem à ideia de espaço pessoal de liberdade e o limite social que resulta das exigências de convivência em uma comunidade jurídica.

A questão relativa ao âmbito da tutela constitucional da propriedade não pode ser respondida mediante a indicação das "notas características adequadas à subsunção", mas só com base em "múltiplos pontos de vista judiciais de valoração", de cujo esclarecimento se trata no trabalho dogmático.

Propriedade, no sentido da Lei Fundamental, é toda posição jurídica de valor patrimonial que serve de base ao modo pessoal de vida ou à atuação econômica. Trata-se de conceito funcional de propriedade, referido à função ético-jurídica e político-jurídica da propriedade.

A dogmática já não é tanto problema de ingerência lógica de premissas estáveis, mas pensamento compreensivo e orientado a valores. Pode designar também uma atividade que consiste na desenvolução de conceitos determinados pelo conteúdo, no preenchimento adicional de princípios e na recondução de normas e de complexos normativos a estes conceitos fundamentais e a princípios.

O termo "dogmática" significa a vinculação do processo de conhecimento àquilo que na lei é assumido e que, neste quadro, deixa de ser questionado. Só na medida em que se desprenda desta vinculação, quer dizer, que coloque na sua mira estruturas materiais, que valem independentemente de um Direito positivo, é que o termo "dogmática" deixa de ser ajustado.

1.14. Acerca das teses de Niklas Luhmann sobre a dogmática jurídica

Para o jurista atual, o sentido da dogmática não consiste em fixar o que está simplesmente estabelecido, mas em possibilitar a distância crítica, em organizar estratos de reflexões, de motivos, de ponderações de proporção, meios pelos quais o material jurídico é controlado para além do que é imediatamente dado e é preparado para a sua utilização.

Uma das funções essenciais da dogmática jurídica é a de que, por seu intermédio, o material jurídico dado, em leis e decisões judiciais, é despido da sua imediatez e do seu caráter de mero dado, é posto num contexto geral e, olhado de novo a partir daqui, torna-se susceptível de interpretação numa medida mais ampla.

A função da dogmática não consiste em aprisionar o espírito, mas em acrescer liberdades no tratamento de experiências e textos.

A aparelhagem conceitual dogmática possibilita um distanciamento também e precisamente aí onde a sociedade espera sujeição. É ela que possibilita a recolocação de dúvidas e o acréscimo de incertezas comportáveis.

A dogmática realiza a mediação permanente entre as exigências últimas dos valores fundamentais e princípios geralmente aceitos, tanto como o conjunto das normas "dadas", como entre estas, e deste modo, em última instância, também com os próprios princípios – e as suas "aplicações" em situações multímodas e variáveis.

1.15. A importância da jurisprudência para a atividade jurídica prática

A jurisprudência cumpre uma tarefa prática que decorre do fato de que as leis precisam sofrer permanente interpretação e necessitam também de preencher lacunas, adequar-se a diferentes situações e a crescente clareza e sintonização das normas entre si; evita, ainda, contradições valorativas, o que decorre do princípio de igual medida, i.e., da ideia de justiça. Pretende alcançar critérios precisos para a solução de questões jurídicas e a decisão de casos jurídicos e nos quadros do Direito que em cada momento vigora e das suas valorações fundamentais.

Para a Jurisprudência como ciência, a exigência é de que fundamente e assegure os seus enunciados com métodos hermeneuticamente admissíveis de pensamento orientado a valores e que, por seu turno, se abstenha de juízo de valor e decisões não fundamentáveis.

A Jurisprudência dos tribunais, pela sua própria natureza, prende-se em maior medida ao caso singular do que a dogmática, cujo esforço orienta-se muito mais por uma bitola tão elevada quanto possível de "justiça do caso". O jurista dogmático tem em vista, em muito maior escala, o geral, o típico dos casos.

Os novos problemas jurídicos surgem porque novos fatos sociais supervenientes reclamam uma regulação em conformidade com os pontos de vista da justiça distributiva, da proteção da parte socialmente mais débil ou da prevenção de perigos.

Haverá sempre um grande número de casos que reclamam um julgamento não só generalizado, mas também individualizante e tipificado. Desenvolver para estes pautas que possibilitem uma apreciação elástica, orientada a pontos de vista valorativos e a princípios que transbordem mas que ao mesmo tempo estão referidos ao caso ou ao tipo, continua a ser tarefa da jurisprudência.

1.16. O contributo cognoscitivo da jurisprudência

A ideia de que a jurisprudência não é trabalho conceitual valorativamente neutro, que não é dogmática num mau sentido (sentido de uma dedução a partir de premissas maiores fixadas), mas que é, antes do mais, pensamento orientado a valores, é que abre o curso ao reconhecimento de um contributo cognoscitivo da jurisprudência.

É possível, no quadro de um dado sistema de pautas valorativas, serem produzidas asserções sobre seu conteúdo, alcance e significado, que aspirem a "correção" em relação com este sistema. É possível, como prova o fato de a jurisprudência, aclarar, tornar praticáveis e desenvolver ulteriormente, por via da interpretação e concretização com vistas a casos "representativos", pautas de valoração que nos são dadas de qualquer modo em uma moral positiva.

O erro dos positivistas é o de que só consideram as regulações legais na sua pura positividade, como postas, mas não como respostas possíveis e problemas jurídicos, i.e., problemas que constantemente surgem das possibilidades e compulsões das relações inter-humanas, sob a ideia diretriz de uma ordenação justa dessas relações que ao mesmo tempo garanta a segurança.

É decisivo que a jurisprudência, por detrás dos problemas e das respostas que a eles dá o Direito positivo, identifique as ideias jurídicas específicas (as *rationes legis*) e os princípios jurídicos reitores, e ainda determinadas estruturas materiais e as distinções que elas proporcionam, que fundamentam (no sentido de justificar) estas respostas ou que reclamam novas.

Na medida em que nos torna conscientes dos conteúdos de justiça, que revela princípios jurídicos reitores e que os concretiza em diversos contextos, desenvolvendo o "sistema interno", a jurisprudência presta um contributo também para o melhor conhecimento dos princípios de um (qualquer) Direito justo. Nesta medida, não se tratará então somente de conhecimentos que sejam "ajustados" precisamente no quadro deste Direito positivo, mas de conhecimento jurídico (conhecimento da "coisa Direito"), pura e simplesmente.

1.17. A metodologia como autorreflexão hermenêutica da jurisprudência

A metodologia de qualquer ciência é a reflexão desta ciência sobre o seu próprio proceder, sobre os modos de pensamento e meios de conhecimento de que lança mão.

Toda a ciência desenvolve tais modos de pensamento e determinados procedimentos para se certificar de sua matéria e para verificar seus enunciados. A reflexão sobre este procedimento não ocorre em separado da sua aplicação e está em estrita conexão com a ciência em causa.

Já não se pergunta se esta ou aquela interpretação ou integração na esfera de sentido de uma pauta de valoração é acertada, mas o que é que acontece quando se interpreta uma lei; se concretiza uma pauta carecida de preenchimento e sobretudo quando e sob que condição pode ser considerada acertada uma tal interpretação ou coordenação. A metodologia descreve assim não só como se há de proceder de fato, mas coloca também a questão do valor, do êxito possível de determinados métodos.

A meta do trabalho juscientífico é assim, por um lado a descoberta de uma unidade interna, de uma contínua conexão de sentido das normas e, por outro lado, a sua concretização tendo em vista distintas constelações de casos.

A metodologia traz a questão do modo adequado de conhecimento da "coisa Direito".

É uma questão que aí pode responder uma ciência que tematize a peculiaridade, a específica capacidade de sentido dessa coisa mesma, i.e., a Filosofia do Direito (ainda que independente da sua concreta apresentação em um Direito "positivo"). A metodologia conduz, necessariamente, a uma filosofia.

Por hermenêutica entende-se a doutrina sobre as condições de possibilidade e os modos específicos do "compreender em sentido estrito", quer dizer, do compreender aquilo que é dotado de sentido enquanto tal, em contraposição ao "explicar" de objetos sem ter em conta as referências de sentido.

Compreender aquilo que é dotado de sentido (enquanto tal) difere de explicar sem ter em conta referências de sentido. A hermenêutica propicia, via modos específicos e apuração de condições de possibilidades, o convencimento do objeto e os seus possíveis sentidos.

A aplicação do Direito não pode separar-se da interpretação e do desenvolvimento do Direito. O pensamento orientado a valores é imprescindível na jurisprudência e não pode equiparar-se a valores pessoais; pode ainda tornar claro quais as formas de pensar específicas – como o tipo, a pauta carecida de preenchimento, o conceito funcionalmente determinado – se serve um tal pensamento.

A metodologia da jurisprudência pode caracterizar-se como a sua autorreflexão à luz da hermenêutica. Autorreflexão quer dizer a descoberta e julgamento hermenêutico dos métodos e formas de pensar aplicados de modo mais ou menos consciente na jurisprudência.

Trata-se de saber que contributo determinado método é capaz de oferecer para que se proceda de modo metodologicamente correto.

A metodologia jurídica não é "lógica jurídica formal", nem "instrução sobre a técnica de solução de casos".

A interpretação não é uma atividade que possa realizar-se somente de acordo com regras estabelecidas; carece sempre da fantasia criadora do intérprete.

Embora se reconheça a presença de "circunstâncias hermeneuticamente relevantes", é preciso acrescentar que não é possível um catálogo exaustivo de todas as circunstâncias que possam ser hermeneuticamente relevantes.

As regras metodológicas da interpretação e da concretização das normas jurídicas têm, por um lado, que cumprir, naturalmente, as condições hermenêuticas e, por outro, estão, por sua vez, tal como as normas a interpretar, ao serviço de uma criação e desenvolvimento do Direito, conforme ao sentido e à substância; e assim, devem ser vistas sempre sob este aspecto (ex.: art. 4º, LINDB do Brasil).

As indicações metodológicas fundamentadas na hermenêutica e reconhecidas pela jurisprudência não possuem o estatuto de normas jurídicas. A regra metodológica em si tem apenas uma função auxiliar. O não levá-la em conta não torna, por si só, incorreto o julgamento.

A metodologia da jurisprudência só pode "esclarecer" na medida em que se eleva acima dos preceitos de cada ordenamento jurídico e os examina à luz dos conhecimentos gerais da hermenêutica.

Novos conhecimentos hermenêuticos como, v.g., que o "interpretar" não é simplesmente receptivo, mas é sempre uma atividade produtiva, modificam tanto a autocompreensão da jurisprudência, quanto também a hermenêutica pode obter novos conhecimentos dos métodos aplicados na jurisprudência. A "mediação" tem que ser vista em ambos os sentidos.

A metodologia pretende contribuir para as tarefas práticas da jurisprudência mediante o refinamento da consciência metodológica. Sua meta primeira é a obtenção de conhecimentos sobre a ciência do Direito e, como tal, uma parte da teoria do Direito.

III – ESTRUTURA LÓGICA E PARTES INTEGRANTES DA PROPOSIÇÃO JURÍDICA

Toda ordem jurídica contém regras que pretendem que aqueles a quem se dirigem se comportem de acordo com elas.

Estas regras representam, também, normas de decisão para aqueles a quem cabe a resolução jurídica de conflitos e devem julgar de acordo com elas.

As normas jurídicas são normas de conduta para os cidadãos e normas de decisão para os tribunais e órgãos administrativos.

É característico de uma "regra" sua pretensão de validade, i.e., ser o sentido a ela correspondente uma exigência vinculante de comportamento ou ser uma pauta vinculante de julgamento; enfim, o seu caráter normativo. Pretende ter validade geral para todos os casos de uma determinada espécie.

A proposição jurídica distingue-se, em face de seu sentido normativo, de uma proposição enunciativa, que contém uma afirmação de fatos ou uma constatação.

Toda proposição é uma estrutura linguística, na qual algo está conectado com outra coisa.

Uma proposição enunciativa contém o enlace entre um objeto e uma propriedade ou modo de comportamento que se lhe atribui; que dele se afirma, v.g., "este carro é vermelho". Todo enunciado suscita a pretensão que de fato é ou assim foi, submetendo-se ao critério de verdade, podendo atribuir-se-lhe o predicado de "verdadeiro" ou "falso".

A proposição jurídica enlaça, como qualquer proposição, uma coisa com outra. Associa à situação de fato, à "previsão normativa", uma consequência jurídica. O sentido dessa associação é que sempre que se verifique a situação de fato indicada na previsão normativa, entra em cena a consequência jurídica, i.e., vale para o caso concreto.

A consequência jurídica situa-se sempre no âmbito normativo e sobrevém em todo o caso em que se dê uma validação do pressuposto de fato da norma.

A ligação de um evento fático, tal como descrito na previsão normativa, a uma consequência jurídica que se situa no âmbito do juridicamente vigente "entrando em vigor" (com a realização do pressuposto de fato), é o que é específico da proposição jurídica enquanto forma de expressão linguística de uma norma.

O nexo entre o pressuposto de fato com a consequência jurídica é uma "ordenação de vigência" e não uma afirmação, como na proposição enunciativa.

O dado da norma não diz: assim é de fato; mas diz: assim deve ser de Direito, assim deve valer, de forma vinculativa (fato + consequência jurídica = ordenação de vigência vinculante).

1.18. A proposição jurídica como proposição dispositiva. Crítica da teoria imperativista

A teoria imperativista crê que todas as disposições jurídicas podem reduzir-se a proposições que prescrevem ou proíbem uma determinada conduta, i.e., são imperativos, e quer reservar só para estas a designação de "proposições jurídicas".

O que é que ocorre, entretanto, com aquelas proposições que dispõem que alguém adquire ou perde um direito? Existem numerosas normas jurídicas cuja consequência jurídica imediata ou próxima consiste não tanto na imposição ou modificação de um dever quanto na aquisição ou perda de um direito. Do mesmo modo, há normas jurídicas que regulam a constituição de um poder de representação, a aquisição ou perda de um poder de representação voluntária, de um poder de disposição ou legitimidade para a aceitação, pois que nem sempre corresponde necessariamente à constituição de um tal "poder jurídico" o surgimento de um dever.

Nem toda norma jurídica contém um comando ou uma proibição, mas contém uma ordenação de vigência. O sentido como proposição normativa é colocar em vigência consequências jurídicas. De acordo com a sua forma lógica, é uma proposição hipotética. O que se quer dizer é: sempre que uma situação de fato concreta S realiza a previsão P, vigora para essa situação de fato a consequência jurídica C.

É preciso distinguir as "proposições dispositivas", que contêm uma ordenação de vigência, das proposições enunciativas dos imperativos. As disposições são distintas dos comandos.

Um comando dirige-se a outras pessoas e exige delas uma determinada conduta; ao invés, a disposição não inclui necessariamente no seu comando a conduta de outra pessoa. A disposição parte de algo que deve ser. O comando visa ao acatamento, à disposição a que o disposto seja aceito como regulativo do que "vale" em sentido normativo. O efeito imediato do comando é o seu acatamento; o efeito imediato da disposição é a validade do disposto. A estatuição de normas é um ato constitutivo mediante o qual fatos e relações são conformados no plano do juridicamente vigente.

A confusão entre normas dispositivas e imperativas está amplamente difundida entre juristas, lógicos e filósofos.

Proposição enunciativa contém uma afirmação e difere das proposições preceptivas ou imperativas. As proposições jurídicas não são proposições enunciativas, porque não afirmam algo, mas ordenam algo; crê-se então poder associá-las à classe das proposições preceptivas (imperativas). As proposições dispositivas constituem *per si* uma classe de proposições adicional, sendo as proposições jurídicas o seu caso de aplicação mais importante, se é que não o único.

1.19. Proposições jurídicas incompletas

Uma lei consiste numa pluralidade de proposições que não são todas proposições jurídicas completas. Algumas servem só para pormenorizar a previsão normativa, alguns elementos ou a consequência jurídica de uma norma jurídica completa; outras restringem uma proposição jurídica abrangente, ou excepcional na sua aplicação a um grupo de casos; outras, ainda, remetem, em vista de um elemento da provisão normativa ou a consequência jurídica, para outra proposição jurídica.

Todas as proposições desse gênero são frases completas mas, como proposições jurídicas, são incompletas. Embora incompletas, o fato de serem proposições jurídicas significa que comungam do sentido de validade da lei, que não são proposições enunciativas, mas partes de ordenações de vigência. Sua força constitutiva, fundamentadora de consequências jurídicas, só é recebida em conexão com outras proposições jurídicas. Por exemplo, a lei dirá: "Para os efeitos desta lei, coisas são apenas os objetos corpóreos".

Aqui não se trata de um enunciado, mas da indicação, vinculante para quem haja de aplicar a lei, de entender o termo "coisa" no sentido indicado. Esta indicação só cobra significado prático em conexão com as proposições jurídicas em que se emprega o termo "coisa".

A proposição preenche uma função auxiliar para a compreensão por ela prescrita de outras proposições jurídicas, completas ou incompletas.

Dentre as proposições jurídicas incompletas distinguimos as aclaratórias, as restritivas e as remissivas.

1.20. Proposições jurídicas aclaratórias

Delimitam em pormenor um conceito ou tipo empregados em outras proposições jurídicas (proposições jurídicas delimitadoras), ou especificam ou completam o conteúdo de um termo utilizado no seu significado geral com respeito a distintas configurações do caso (proposições jurídicas complementadoras).

As proposições jurídicas delimitadoras se referem a elementos da previsão normativa; as proposições jurídicas complementadoras esclarecem uma consequência jurídica, v.g. (conceito de negligência, boa-fé).

As proposições jurídicas complementadoras têm o sentido de determinar mais em pormenor o conteúdo da consequência jurídica resultante de outras proposições jurídicas. A previsão da proposição jurídica está determinada, no essencial, mediante a remissão para outros preceitos, e só em conexão com eles se trata de uma proposição jurídica completa.

1.21. Proposições jurídicas restritivas

Por vezes, a previsão de uma proposição jurídica está conformada na lei de modo tão amplo que, segundo seu sentido literal, abarca situações de fato para as quais não deve valer. Esta proposição é então restringida por outra proposição restritiva. As proposições jurídicas restritivas contêm uma ordenação negativa de vigência ("não vigora") que só se torna compreensível em conjugação com uma ordenação positiva de vigência precedente.

O verdadeiro alcance da lei só é conhecido quando se tomam em conta as restrições contidas na lei; a proposição jurídica completa resulta somente da conexão da ordenação positiva de vigência com as ordenações negativas que, por sua vez, a restringem.

Quando a proposição jurídica prevê a não presença de certos fatos, falamos de "notas distintivas negativas da previsão" (aquisição de boa-fé a um não titular).

1.22. Proposições jurídicas remissivas

Muitas vezes, a consequência jurídica de uma previsão é determinada mediante remissão para outra norma. Isto ocorre, por vezes, por meio da fórmula "o mesmo vale".

A aplicação "correspondência" significa que os elementos singulares da previsão regulados mediante remissão e os da previsão a cuja consequência jurídica remete – ou seja, os elementos de um contrato de compra e venda – devem pôr-se em relação uns com os outros, de modo a que aos elementos que devam ser considerados semelhantes se associem a mesma consequência jurídica, segundo a função de cada um e a sua posição na cadeia de sentido da previsão.

A remissão é um meio técnico-legislativo para evitar repetições incômodas. A lei pode conseguir o mesmo resultado que o alcançado através de uma remissão, mediante uma ficção.

1.23. Ficções legais como remissões

A ficção jurídica consiste em equiparar algo que se sabe que é desigual.

Em vez de a lei ordenar que as consequências jurídicas de P1 vigorem também para P2, ela finge que P2 é um caso de P1. P2 deve ser considerado por quem aplica a lei "como se fosse um caso de P1". Em contrapartida, se P2 não deve ser considerado como se fosse um caso de P1, embora de fato o seja, então a lei quer excluir para P2 as consequências jurídicas de P1 que, de outro modo, sobreviriam – trata-se, então, de uma restrição encoberta.

A ficção legal é um meio de expressão que desempenha a função ora de uma remissão, ora de uma restrição, ora de uma aclaração.

A ficção como meio de fundamentação de uma sentença judicial, diferentemente da norma jurídica, manifesta a pretensão de correção, no sentido de um conhecimento adequado; não ordena, mas quer convencer. No contexto da fundamentação de uma sentença, a ficção significa que um elemento da previsão do qual o juiz faz derivar uma consequência jurídica é ficcionado, quer dizer, é dado por ele como presente na situação de fato, embora ele saiba, ou pelo menos isso deveria ser-lhe claro, que na realidade assim não é.

1.24. A proposição jurídica como elemento de uma regulação

As proposições jurídicas contidas numa lei estão relacionadas entre si de diferentes modos e só na sua recíproca delimitação e no seu jogo concertado produzem uma regulação. A ordem jurídica não é um acervo de proposições jurídicas, mas regulações. Na regulação de uma matéria, o legislador conforma as previsões e associa-lhes certas consequências jurídicas, sob determinados pontos de vista reitores. Estes pontos de vista só proporcionam a compreensão de cada proposição segundo o significado que em cada caso lhe cabe e no seu jogo de conciliação. A jurisprudência tem o papel de elaborar as referências de sentido que desse jogo de conciliação resultam. Cada proposição é sempre considerada como parte de uma regulação mais ampla.

O alcance de cada proposição só pode ser entendido também em conexão com a regulação total a que pertence e, frequentemente, em conexão com outras regulações e com a relação em que estas se encontram entre si, especialmente quando várias proposições jurídicas ou regulações concorrem entre si.

1.25. Confluência (concurso) de várias proposições jurídicas ou regulações

As previsões de várias proposições podem coincidir de tal modo que a mesma situação de fato seja abarcada por elas. Fala-se de uma confluência ou concurso de proposições. Se ambas as proposições ordenam as mesmas consequências, então o concurso não levanta problemas. Se A causa um dano a B e configura uma infração à lei de medicamentos, está obrigado a reparar o dano. O direito de B está duplamente escorado na lei. Se as consequências jurídicas de ambas as disposições são diferentes sem que se excluam reciprocamente, cabe perguntar se ambas as consequências jurídicas sobrevêm uma a par da outra e se a de uma proposição jurídica exclui as outras, de modo a que só tenha as consequências da primeira. Se as consequências jurídicas se excluem reciprocamente, só uma das proposições jurídicas é que pode ser aplicada. Pois que não teria sentido que a ordem jurídica quisesse prescrever ao mesmo tempo A e não A. Tem que se decidir em tais casos

Parte V • O Direito e a Metodologia

qual das proposições jurídicas prevalece sobre a outra. Se uma delas é anterior à outra, a mais antiga cede à mais recente. Se as proposições que entre si concorrem se acham na mesma lei, são necessários outros critérios para se decidir se há de aplicar-se uma de par com a outra, ou se apenas uma, e qual delas deve prevalecer.

Na teoria civilista a expressão "concurso de normas" é empregada para designar todos os casos em que as previsões de várias proposições dizem respeito à mesma situação de fato.

Numa relação lógica de especialidade, o âmbito de aplicação da norma especial se insere totalmente no da mais geral, quando, portanto, todos os casos da norma especial são também casos da norma mais geral. É o que ocorre quando a previsão da norma especial contém todas as notas distintivas da norma mais geral e, além disso, pelo menos uma nota distintiva adicional. Nestes casos a norma especial afasta sempre, no seu âmbito de aplicação mais reduzido, a norma mais geral que é restringida pela especial.

Sempre se deve perguntar se as consequências jurídicas da norma especial só complementam, nos termos da intenção reguladora da lei, a norma mais geral, a modificam, ou, ao invés, a devem substituir no seu âmbito de aplicação. Esta é uma questão de interpretação (teleológica e sistemática). Só quando as consequências jurídicas se excluem é que a relação lógica de especialidade conduz necessariamente ao afastamento da norma mais geral.

Há que distinguir dos casos de especialidade aqueles em que coincidem só parcialmente as previsões de duas normas; quer dizer, alguns casos caem sob uma previsão, outros sob a outra, e outros sob ambas. Ou seja, se, na medida em que uma situação de fato se adapte a ambas as previsões, subentram ambas as consequências jurídicas de par uma com a outra, ou se uma afasta a outra. Também aqui depende, mais uma vez, do sentido e escopo das regras em questão e das valorações que lhes estão por detrás. Pode ser que a lei tenha querido submeter, por motivos especiais, determinados eventos a uma regulação unitária que considerou como excessiva para estes casos. Caso, se quisesse então, mesmo assim, aplicar esta outra norma a uma parte desses eventos que caem também sob a previsão de uma outra norma, o escopo da regulação especial poderia, com isso, vir a frustrar-se para uma parte dos casos. Por isso, é de aceitar em tais casos o afastamento da outra norma (fala-se aqui, não de especialidade, mas de subsidiariedade em consequência de uma regulação exaustiva). Se ao invés, uma das duas normas não deve ser tida como regulação exaustiva, então ambas são aplicáveis, sempre que as suas previsões sejam coincidentes e as consequências jurídicas não se excluam mutuamente. Exemplo: perturbação da propriedade – as consequências jurídicas – pretensão de abstenção e pretensão de indenização por danos – não se excluem, antes se complementam reciprocamente. Trata-se de um concurso cumulativo, ou concurso de pretensões ou concurso de normas de pretensão. Trata-se nesta distinção da questão de se, no caso de aplicabilidade de várias normas que fundamentam pretensões, surgirem várias pretensões que estão dirigidas ao mesmo objetivo, mas que, por exemplo, podem ser reclamadas independentemente, ou se é só uma pretensão que surge, e que está fundada na lei de vários modos.

Não são só proposições jurídicas singulares que podem entrecortar-se entre si no seu âmbito de aplicação, mas também complexos de regulação globais. Uma das questões de concurso mais discutidas em Direito Civil é a de relação entre responsabilidade contratual e extracontratual. Nem toda violação de contrato é ação ilícita; não obstante, muitas violações de contratos, mormente as violações de deveres de proteção contratual, realizam, concomitantemente, a previsão de uma ação ilícita. Ambos os complexos de regulação são aplicáveis, em princípio, um de par com o outro.

No caso em que uma mesma conduta representa tanto uma violação do contrato como um delito, concorrem em simultâneo não só duas normas, mas dois complexos de regulação. Trata-se de concurso cumulativo de normas.

1.26. O esquema lógico da aplicação da lei

As proposições jurídicas são regras de conduta ou de decisão, expressas em forma de linguagem. Para cumprirem esta função têm de ser aplicadas. Como é aplicada uma norma jurídica?

Existe um esquema invariável dentro do qual se procede toda aplicação de uma norma jurídica. Com esquema lógico aparentemente simples. Não aplicamos apenas normas jurídicas isoladas, mas uma regulação global, com inclusão das decisões "negativas" que nela se encontram. A principal dificuldade resulta da natureza dos meios de expressão linguística e da inevitável discrepância entre a regulação projetada para uma determinada realidade e a variabilidade dessa realidade; quer dizer, o caráter "fluido" da maior parte dos fatos regulados.

1.27. O silogismo de determinação da consequência jurídica (o suporte lógico da interpretação)

Uma proposição jurídica completa, segundo o seu sentido lógico, diz: sempre que a previsão P está realizada numa situação de fato concreta S, vale para S a consequência jurídica C. A previsão P, conformada em termos gerais, realiza-se numa determinada situação de fato quando S é um caso de P. Para saber se a consequência jurídica vigora para uma situação de fato, tenho que examiná-la e submetê-la, como "caso" a uma determinada previsão legal. Se assim for, a consequência jurídica resulta de um silogismo que tem a seguinte forma: se P realizar uma situação de fato, vigora para essa situação de fato a consequência jurídica C (premissa maior). Esta determinada situação de fato S realiza P, quer dizer, é um "caso" de P (premissa menor). Para S vigora C (conclusão).

Denomina-se a figura lógica descrita como o "silogismo de determinação da consequência jurídica".

Nele, a premissa maior é constituída por uma proposição jurídica completa e a premissa menor, pela subordinação de uma situação de fato concreta, como um "caso", conformada à previsão da proposição. A conclusão afirma que para esta situação de fato vale a consequência jurídica mencionada na proposição jurídica. O mesmo acontecimento da vida pode realizar, embora não com todos seus traços particulares, as previsões de diferentes proposições, que são aplicáveis conjuntamente. Uma mesma conduta pode realizar a previsão de uma violação de contrato e de um ato ilícito. A consequência jurídica é, de acordo com ambas as normas, o surgimento de uma obrigação de indenização.

Para a resolução de um "caso jurídico" é necessário o exame das proposições jurídicas que, em virtude das suas previsões, hajam de ser consideradas relevantes.

Não raramente, a lei restringe uma ordenação de consequências jurídicas concebida de modo demasiado amplo, de modo a, mediante uma ordenação negativa de vigência, excluir de sua aplicação uma parte dos casos que recaiam sob a previsão da primeira norma. A proposição jurídica completa é então apenas a que resulta quando se toma em consideração também a norma restritiva. Assim, não é suficiente a comprovação de que a situação de fato cai sob a previsão da norma conformada de modo excessivamente amplo; tem de ser também comprovado que ela cai sob a previsão da norma restritiva. A consequência jurídica referida na primeira norma só vale para tal situação de fato quando ela recaia sob a previsão da primeira norma, mas não caia sob a previsão da norma restritiva.

1.28. A obtenção da premissa menor: o caráter meramente limitado da subsunção

A problemática do procedimento silogístico reside principalmente na correta constituição das premissas, especialmente da premissa menor. A premissa maior não pode ser retirada simplesmente do texto da lei; carece de interpretação e nem toda proposição jurídica está, de modo algum, contida na lei.

A obtenção da premissa menor, i.e., do enunciado de que S é um caso de P, denomina-se processo de "subsunção", cujo núcleo se considera também um silogismo lógico.

O esquema desse silogismo representa-se do seguinte modo:

P está caracterizada de modo pleno pelas notas N1, N2 e N3

S apresenta as notas N1, N2 e N3

Logo, S é um caso de P.

Na lógica entende-se por silogismo de subsunção um silogismo "que ocorre de modo a que os conceitos de menor extensão se subordinem aos de maior extensão, se subsumam a estes".

Isto só pode ocorrer definindo ambos os conceitos e estabelecendo que todas as notas do conceito superior se repetem no conceito inferior, o qual, por isso, tem uma extensão menor, porque se diferencia das outras notas por uma nota adicional. Por exemplo: o conceito de "cavalo" pode ser subsumido no conceito de "mamífero", porque todas as notas necessárias e suficientes para a definição de "mamífero" se repetem também no conceito de "cavalo", plenamente definido.

Na verdade, não são os fatos que são subsumidos, mas enunciados sobre uma situação de fato, ocorrida como tal. A situação de fato como enunciado, tal como aparece na premissa menor, tem que ser distinguida da situação de fato enquanto fenômeno da vida a que se refere tal enunciado.

A premissa menor do silogismo de subsunção é o enunciado de que as notas mencionadas na previsão da norma jurídica estão globalmente realizadas no fenômeno da vida a que tal enunciado se refere. Para poder produzir esse enunciado, tem que ser antes julgada a situação de fato enunciada, quer dizer, o fenômeno da vida, em relação à presença das notas características respectivas. É nesse processo de julgamento que reside o ponto fulcral da aplicação da lei.

Quando do julgamento sobre se a situação de fato descrita preenche as notas características da previsão legal, fica notória a circunstância de que a descrição da situação de fato ocorre na linguagem corrente, mas que a linguagem da lei contém muitas expressões peculiares e conceitos de um relativamente elevado grau de abstração.

O silogismo de subsunção não pode ser indefinidamente prosseguido, necessitando de certos juízos elementares que já são proporcionados por silogismos que se assuntam em percepções – próprias ou alheias – (juízos de percepção) ou em determinadas experiências, em especial as que pertencem ao âmbito das experiências sociais.

A subsunção supõe um ajuizamento da situação de fato enunciada, segundo critérios que se podem ainda mencionar linguisticamente mas que não podem ser definidos subsequentemente. Já por este motivo é problemático qualificar a formação da premissa menor somente como "subsunção", pois que, com isso, obstrui a participação decisiva do ato de julgar.

Não é por acaso que na lógica se fala de subsunção de conceitos a conceitos. O esquema de subsunção pressupõe que o conceito superior, a que corresponde a previsão da proposição jurídica, possa ser definido mediante a indicação de todas as notas, cuja presença é não só necessária mas suficiente para que ele se subsuma. Por isso, a subordinação de uma determinada situação de fato S à previsão P, por via de um silogismo de subsunção, só é possível se P puder ser plenamente definido mediante a indicação, que seja suficiente, de determinadas notas, ou, por outras palavras, quando com a caracterização de P mediante as notas N1 até Nx se trata da definição de um conceito.

Os tipos e as pautas de valoração carecidos de preenchimento subtraem-se a uma tal definição, mesmo quando podem ser circunscritos e esclarecidos mediante a indicação de pontos de vista reitores, de traços característicos e por meio de exemplos.

A coordenação de um fenômeno da vida a um tipo ou à esfera de sentido de uma pauta carecida de preenchimento não é subsunção, mas coordenação valorativa. Em lugar do juízo que diz que as notas distintivas indicadas na previsão estão aqui presentes, existe o juízo que diz que a situação de fato *sub judice* se equipara ou se aproxima a uma outra em todos os aspectos decisivos para o julgamento, e que deverá julgar-se do mesmo modo. Isto também é válido quando uma nota conceitual é uma pauta "móvel". Por isso, em vez de processo de subsunção, se deveria falar da coordenação da situação de fato à previsão de uma norma jurídica.

A subsunção pressupõe um ajuizamento da situação de fato, o qual, por seu lado, não se refere, já em última análise a silogismos, mas tão somente a juízos de percepção e experiência. Exemplo: vermelho não tem definição; se chega a ele por coordenação de outros vermelhos – é o juízo de percepção e experiência que permite identificar o vermelho.

1.29. A derivação da consequência jurídica por intermédio da conclusão

Muitas vezes a conclusão do silogismo de determinação da consequência jurídica não é suficiente para a determinação da consequência jurídica no caso particular.

O silogismo de determinação da consequência jurídica não acarreta, em muitos casos, uma determinação precisa da consequência jurídica, mas apenas uma moldura que precisa ser ulteriormente preenchida.

Existem proposições jurídicas que se servem, para a determinação da situação de fato, de um conceito indeterminado, de uma pauta carecida de preenchimento como a "boa-fé" ou "razão importante" e que, por isso, requerem mais do que o processo de subsunção que aqui vai escrito.

1.30. A conformação e apreciação jurídica da situação de fato. A situação de fato como acontecimento e como enunciado

As proposições jurídicas devem ser aplicadas a eventos fáticos, a uma situação de fato que se verificou. Isto só é possível na medida em que a situação de fato verificada é enunciada.

O que no fato-tipo de um juízo aparece como "situação de fato" é a situação de fato como enunciado.

O que aconteceu tem que ser mencionado com este fim (como enunciado), e aquilo que é mencionado tem de ser posto numa certa ordem.

A situação de fato, como enunciado, efetua sempre uma seleção dentro de uma realidade inabarcável, do constante fluir do acontecer dos fatos; acha esta seleção desde logo o julgador, tomando em conta a possível relevância jurídica de cada um dos fatos.

A situação de fato enquanto enunciado não está assim "dada" de antemão ao julgador, mas tem que ser primeiramente conformada por ele, tomando em consideração, por um lado, os fatos que lhe chegaram ao conhecimentos e, por outro lado, a sua possível significação jurídica.

A atividade do jurista não se inicia normalmente com a apreciação jurídica da situação de fato que se lhe oferece como acabada, mas desde logo com a formação da situação de fato que adiciona-se à sua apreciação jurídica.

Na formação da premissa menor do silogismo de determinação da consequência jurídica, distinguem-se três elementos, a saber:

a) a representação do caso da vida concreto, da situação de fato (verificada);

b) a constatação de que esta situação de fato se verificou efetivamente assim;

c) a apreciação da situação de fato, enquanto situação que apresenta as notas distintivas da lei, quer dizer, mais precisamente do antecedente da premissa maior (da previsão legal).

A "ideia" que o julgador tem da situação de fato verificada tem que ser por ele articulada para poder comparar com as notas distintivas da previsão legal, e a situação de fato verificada tem que ser com ele enunciada numa linguagem que seja conforme a lei.

A apreciação da situação de fato, enquanto situação que corresponde (ou não) às notas distintivas da previsão legal, não vem após a situação de fato enunciada, mas a acompanha, uma vez que a conformação da situação de fato só resulta tomando em consideração a possível significação de cada um dos fatos.

Resta a constatação de que esta situação de fato se verificou efetivamente assim, de que a situação de fato como enunciado reflete de modo adequado a situação de fato verificada.

O relato originário, a situação de fato em bruto será em parte encurtada pelo julgador e em parte complementada, até que a situação de fato definitiva contenha apenas os elementos (mas todos eles) do evento real que sejam relevantes face às normas jurídicas eventualmente aplicáveis.

A situação de fato ocorrida tem um núcleo que dá pretexto a que em torno dele se coloque uma questão jurídica.

Para poder apreciar juridicamente a situação de fato, tal como se verificou, o julgador tem de reduzi-la à forma de um enunciado, em que recolha tudo aquilo (e só aquilo) que possa ser relevante para a apreciação jurídica. O que é relevante para a apreciação jurídica resulta das normas jurídicas potencialmente aplicáveis à situação de fato. O julgador parte, portanto, da situação de fato que lhe é relatada, examina quais as normas jurídicas que lhe são potencialmente aplicáveis, complementa em seguida a situação de fato atendendo às previsões destas proposições jurídicas que ele (o julgador) concretiza de novo (sempre que essas normas não permitam sem qualquer dificuldade uma subsunção) atendendo a essas consequências. A situação de fato como enunciado só obtém sua formulação definitiva quando se tomam em atenção as normas jurídicas em conformidade com as quais haja de ser apreciada; mas estas, por sua vez, serão escolhidas e, sempre que tal seja exigido, concretizadas, atendendo à situação de fato em apreço.

1.31. A seleção das proposições jurídicas pertinentes à conformação da situação de fato

A seleção das proposições jurídicas relevantes para a conformação da situação de fato definitiva parte primeiro da situação de fato em bruto e põe à prova as normas que são potencialmente aplicáveis.

Um pôr à prova indiscriminado pode não levar a lugar algum. Daí a importância do "sistema externo", formado por conceitos gerais abstratos, segundo pontos de vistas classificatórios mais ou menos formais. Só o sistema possibilita proceder metodicamente, num certo grau, na busca das proposições jurídicas que hão de ser trazidas à consideração. O julgador que se oriente pelo sistema é capaz de delimitar de certo modo o caso, uma vez que reconhece o setor de onde devem ser retiradas as normas aplicáveis. O jurista não busca, sem qualquer orientação, em todo o ordenamento, mas limita-se àqueles âmbitos de regulação que podem realmente entrar em consideração. Se houver dúvida se na aplicação do Direito Público ou Privado, perguntará que critérios são determinantes para a delimitação destes complexos de regulação. Procurará trazer a exame todas as circunstâncias relevantes em relação a estes critérios. O julgador as recolherá na situação de fato enquanto enunciado que ele haverá de conformar. No entanto, se a situação de fato não oferece motivo algum para pôr em dúvida que deve ser apreciada pelo Direito Privado, então não se realizarão novas perguntas e ponderações neste sentido.

A conformação definitiva da situação de fato enquanto enunciado depende da seleção das normas jurídicas que lhe são potencialmente aplicáveis; estas dependem, também, das circunstâncias que chegaram até então ao conhecimento do julgador e do seu conhecimento de novos e mais estritos complexos de normas, em cujo âmbito de regulação cai a situação de fato ou, à primeira vista, pode cair.

1.32. As apreciações requeridas

Na apreciação de uma situação de fato são exigidos do julgador juízo de índole muito distinta, já que a subsunção pressupõe certos juízos elementares. O peso decisivo da aplicação da lei não reside na subsunção final, mas na apreciação que a antecede dos elementos particulares da situação de fato enquanto tal, que correspondem às notas distintivas mencionadas na previsão. É deste núcleo central da aplicação da lei, da apreciação requerida da situação de fato, que agora vai se tratar.

1.33. Juízos baseados na percepção

A situação de fato enquanto enunciado refere-se, em primeira linha, a eventos ou situações fáticas; diz-nos quando, onde e de que modo ocorreu isto ou aquilo. Os enunciados sobre fatos assentam, em regra, em percepções. As percepções particulares associam-se com base na experiência cotidiana, em imagens representativas e a estas é dado um nome. Nisto esconde-se já algo semelhante a uma interpretação.

De tais imagens representativas, assentadas na percepção e interpretação é que se compõe, em geral, a situação jurídica em bruto (v.g., sujeito viu uma nuvem e confundiu com montanha; viu um vulto que "latiu", concluindo ser um cão).

Ocorre que as previsões legais nem sempre se referem a fatos verificáveis pela percepção, mas também às ações humanas e às declarações de vontade, que hajam de compreender-se de modo determinado, como, v.g., que hajam de interpretar-se como declarações de vontade jurídico-negocial. Muitas vezes a previsão já exige uma valoração jurídica do ocorrido. Trata-se, com frequência, de juízos que assentam numa interpretação da conduta humana, na experiência social ou numa valoração.

Também as relações jurídicas podem ser elementos da previsão legal, v.g., o proprietário de determinada coisa, representante legal de outrem etc.

A existência de uma certa relação jurídica num determinado período não é um fato da natureza, que, como tal, fosse acessível em princípio à percepção, mas, antes, um fato do mundo juridicamente vigente aqui e agora. Uma consequência jurídica, decorrente da aplicação de normas jurídicas a certos eventos da vida, pode atuar como elemento da previsão de uma outra proposição jurídica.

1.34. Juízos baseados na interpretação da conduta humana

Somente o lado externo da conduta humana é acessível, de modo imediato, à percepção. A conduta humana é um agir dirigido a fins.

A conduta percebida como agir dirigido a fins depende de uma multiplicidade de experiências sobre o que é que as pessoas intentam conseguir com uma tal conduta em uma tal situação.

Na interpretação das declarações jurídico-negociais se trata da indagação daquele significado que o ordenamento jurídico considera como juridicamente vinculativo. A interpretação das declarações jurídico-negociais requer não só uma interpretação com base na compreensão linguística e nas experiências sociais, como também coloca exigências jurídicas específicas.

1.35. Outros juízos proporcionados pela experiência social

Frequentemente é necessário, para tornar mais precisos determinados fatos, tal como a lei os configura, ir além da percepção empírico-social. O juízo de que uma coisa é defeituosa já contém um impacto normativo.

Qualificamos, pois, uma coisa defeituosa quando esta não é como deveria ser. Nesta conformidade, o critério é a valia ou idoneidade da coisa para o uso habitual ou pressuposto pelo contrato.

O uso normal e o valor de uma coisa resultam com base em fatos que são objeto de experiência social. O julgador, ao indagar sobre a qualidade devida da coisa, ao contrário do que ocorre ao indagar sobre a sua qualidade fática, não se pode apoiar unicamente em juízos de percepção, mas forma o seu juízo com ajuda de experiências sociais. Tais experiências não são suficientes aqui para um julgamento seguro em todos os casos, de modo que permanece uma certa margem de livre apreciação.

Por vezes, a decisão não se leva a cabo mediante a subsunção a uma norma previamente dada na concepção de um conceito (tráfego, por exemplo), mas funda-se na ponderação de fatos (se uma coisa alterada é "nova" em relação a outras semelhantes).

Nem sempre o juiz tem que proceder à apreciação de fatos sociais no caso particular. Poderá invocar as máximas gerais de experiência. Pode se qualificar de máxima geral de experiência o fato de as maçãs ou os limões serem coisas que podem determinar-se segundo o número de peças ou o peso, ou de a aptidão de um terreno para a construção ser uma propriedade do mesmo, considerada no tráfego como essencial. O juiz acha tais máximas de experiência com base na sua própria experiência social e, muitas vezes, nos livros jurídicos de comentário. Elas servem-lhe de meio auxiliar da apreciação jurídica e asseguram, até certo ponto, a regularidade da aplicação da lei. Não são proposições jurídicas porque não têm vinculatividade normativa e a sua correção, enquanto máximas de experiência, depende de que possam continuar a fazer-se subsequentemente às experiências correspondentes. Se elas se tornarem duvidosas, o juiz terá de apreciar de novo os fatos que lhe servem de base, sob o ponto de vista da valoração legal.

1.36. Juízos de valor

O julgador, na apreciação de certos eventos, com base em experiências sociais, pondera fatos, quer dizer, valora-os na sua significação concreta sob o ponto de vista da regulação legal. É evidente que se lhe exige um juízo de valor quando, para poder coordenar a situação de fato com a previsão da norma legal, tenha de julgar segundo uma pauta que primeiro ele tenha de concretizar, uma pauta carecida de preenchimento (v.g., bons costumes, diligência devida, justa causa etc.).

A apreciação da situação de fato, tal como a configura a pauta carecida de preenchimento, não pode separar-se da questão relativa a que consequência jurídica é aqui "adequada", no sentido da lei.

A questão da "adequação" de uma consequência jurídica (a uma situação de fato de determinada espécie) é uma questão de valoração. Esta valoração tem que empreendê-la o julgador dentro do quadro que lhe é previamente dado pela norma. A questão é de se e de que modo tais juízos de valor são fundamentáveis mediante considerações de ordem jurídica. Como questão preliminar surge aqui a do significado lógico ou semântico de um juízo de valor.

Por valorar ou avaliar deve-se entender um ato de tomada de posição. O objeto a avaliar será julgado como desnecessário, preferível a outro ou secundário em relação a ele. Algo que todas as pessoas ou uma pessoa considera desejável chama--se um "bem", v.g., paz, saúde, independência, ausência de coação etc.

Se o juízo de valor é expressão de uma tomada de posição, esta é, antes de tudo, a de quem em cada caso haja de julgar. Mas disto não se deve concluir que o juízo de valor seja só um enunciado sobre o ato de valoração empreendido internamente por aquele que julgar. O juízo de valor não trata da constatação de um fato, mas da valoração de uma situação de fato. O juízo de que "esta conduta é contrária à moral" ou de que "uma exigência deste tipo é contrária à boa-fé" não só quer dizer que o julgador as sente como tal, mas que a conduta ou a exigência em causa "merece" uma tal valoração, que esta apreciação lhe advém por causa do Direito.

Os juízos de valor não só expressam algo sobre a própria valoração do julgador, mas algo sobre como deve ser julgada esta situação de fato, segundo a convicção conscientemente formada do julgador, sob pontos de vista jurídicos, em conformidade às exigências e pautas de valoração do ordenamento jurídico.

A tarefa do jurista é a materialização das valorações. Incumbe-lhe um valorar ligado a princípios jurídicos com a ajuda de um pensamento "orientado a valores". Para ele as pautas de valoração por que há de reger-se estão previamente dadas no ordenamento jurídico, na Constituição e nos princípios jurídicos por ela aceitos, mesmo quando necessitem, para a sua aplicação, de outros atos, como uma concretização. Para o jurista, "justificar" uma decisão quer dizer que ela está em consonância com estas pautas fundamentais e com sua posterior configuração no ordenamento jurídico global – com inclusão dos critérios de decisão elaborados pela jurisprudência dos tribunais.

O legislador, quando usa expressões do tipo "boa-fé", "equidade" e "exigibilidade" tem presentes aqueles casos sobre cuja apreciação existe um consenso geral, segundo a pauta indicada. A pauta contém uma ideia jurídica geral que sugere uma orientação segundo certos pontos de vista.

A jurisprudência consegue enriquecer o conteúdo da pauta relativamente "indeterminada", concretizá-la em relação a certos casos e grupos destes e, deste modo, criar um entrelaçado de modelos de resolução em que possam ser arrumados os novos casos a serem julgados.

O processo de pensamento não se desenvolve numa só direção, mas num sentido recíproco: as ideias jurídicas gerais aos casos que hão de ser julgados em conformidade com elas; a partir destes casos, através dos casos típicos e ideias jurídicas mais especiais, ao princípio geral. Importa saber que circunstâncias são importantes, e em que medida, para a valoração exigida (em conformidade com o critério geral), pois só aqueles casos que são iguais em relação a todas essas circunstâncias deverão ser julgados de modo idêntico.

Não se deve exigir de uma fundamentação jurídica, pelo menos quando se trate de juízos de valor, o rigor lógico de um raciocínio matemático ou físico. "Fundamentar" quer dizer aqui justificar a decisão com base no Direito vigente, mediante ponderações a empreender sabiamente. Mesmo quando isto não seja plenamente alcançado, o juiz, que entenda corretamente a sua função, há de esforçar-se nesse sentido com as suas melhores aptidões.

1.37. A irredutível margem de livre apreciação por parte do juiz

Não só na concretização de uma pauta de valoração carecida de preenchimento, como também, por vezes, no julgamento de uma situação de fato com base em experiências sociais e na coordenação a um tipo (como possuidor de animal, detentor em nome alheio, coisa acessória), resta ao juiz uma margem de livre apreciação, que já não pode ser colmatada mediante ponderações convincentes para quem quer que seja.

Quando a lei prescindiu da fixação, quando esta seja possível, de uma dimensão quantitativa para a delimitação ("desproporção manifesta"); há lugar, em vez de uma limitação rígida, a um espaço intermédio, adentro do qual a resolução pode ser deste ou daquele modo. Algo semelhante acontece quando só existem transições fluidas, como entre dia e noite, um grupo de árvores e um bosque, leve e grave etc.

O juiz tem que chegar a uma resolução do caso que lhe foi submetido e, por isso, tem que se decidir a julgar de um ou outro modo a situação de fato que lhe foi submetida. Tem que se aceitar o inevitável risco de insegurança para a jurisprudência dos tribunais em tais casos. É suficiente que o juiz tenha esgotado todos os meios de concretização de que dispõe, com a ajuda de reflexões jurídicas e que sua resolução surja como plausível, i.e., quando pelo menos haja bons argumentos que apontem tanto no sentido de sua correção, como em sentido oposto.

O juiz se contenta com a mera plausibilidade de uma resolução, quando o leigo espera a correção comprovável, é algo que ressalta no caráter inevitável da irredutibilidade de margens de livre apreciação e na obrigação de decidir que paira sobre o juiz.

Uma vez que é mais fácil dizer o que é claramente injusto do que é justo nos casos difíceis, o juiz pode evitar, deste modo, pelo menos uma resolução manifestamente injusta.

Da margem de livre apreciação que resta àquele que aplica o Direito, especialmente ao concretizar uma pauta carecida de preenchimento atendendo ao caso singular, mas também, num âmbito mais reduzido, ao realizar a coordenação a um tipo, bem como quando existem transições fluidas, há que distinguir o poder discricionário de ação ou de conformação do agente da Administração nos casos em que a lei deixa uma margem de decisão livre.

Entre a margem de livre apreciação daquele que aplica o Direito e a (vinculada) discricionariedade (poder discricionário de atuação) da Administração continua a existir esta diferença: a de que no processo de concretização de pautas que carecem de preenchimento, pelos tribunais, a decisão singular atua como exemplo e, nestes termos, contribui para estreitar a margem de livre apreciação residual, enquanto no domínio do poder discricionário de atuação tais efeitos não se dão na mesma medida.

No que se refere à dosimetria da pena subsiste um resíduo pessoal que não é eliminável por redução através da razão, ou seja, uma componente individual no ato de decisão. É tarefa da ciência do Direito, mediante o desenvolvimento de critérios esclarecedores e suficientemente praticáveis de estabelecimento da medida da pena, colocar o juiz em posição de tornar tão apurada quanto possível a decisão sobre a medida da pena, quer dizer, manter reduzida a margem de livre apreciação, dentro da qual ele pode se mover.

1.38. A interpretação das declarações jurídico-negociais. As declarações jurídico-negociais como arranjos de consequências jurídicas

Situações de fato juridicamente relevantes são, muitas vezes, aquelas que constam de uma ou mais declarações que estão dirigidas ao surgimento de consequências jurídicas (negócios jurídicos). Estas declarações carecem de esclarecimento. As declarações jurídico-negociais não são só situações de fato a cuja presença a lei ligue determinadas consequências jurídicas, mas indicam, segundo o seu próprio conteúdo, que deve ter lugar esta ou aquela consequência jurídica. Os negócios jurídicos são situações de fato que implicam já as consequências jurídicas que a eles estão primariamente coordenadas. Com isto, distinguem-se de modo fundamental de todas as outras situações de fato juridicamente relevantes.

A obrigação do contrato não resulta de que a lei a ligue a uma determinada previsão, como consequência jurídica, mas do próprio tipo legal "contrato obrigacional juridicamente válido".

Enquanto não soubermos a que é que as partes se obrigaram, não poderemos dizer a que tipo de contrato anuíram.

A primeira questão a que o jurista tem que responder para julgar sobre um contrato é: o que é que acordaram as partes? Deverá interpretar as declarações das partes do contrato. Só depois de apurado o que foi acordado, i.e., quais as consequências jurídicas que as partes acordaram, é que se coloca a questão subsequente de como se há de juridicamente classificar e julgar esse acordo, se, v.g., como compra e venda, doação mista, locação financeira, ou o que for. Por outro lado, da classificação depende a aplicabilidade de normas legais, na sua maior parte de natureza dispositiva, que complementam o acordo. A aplicabilidade das normas de integração do contrato depende da apreciação jurídica do contrato concreto, e este, por sua vez, daquilo que as partes nele convencionaram.

A questão sobre o que as partes convencionaram não é apenas uma questão de constatação de fatos ou de análise psicológica. As partes não comunicam só o que pretendem, mas chegam a um acordo sobre que, nas relações de uma parte com a outra, devem valer certas consequências jurídicas. O cliente tem de admitir que o sentido da sua declaração, que deve ser considerado juridicamente relevante, é vinculativo para ele.

1.39. Sobre a interpretação dos negócios jurídicos

Sempre que o significado juridicamente determinante de uma declaração se torna controvertido para as partes, necessita-se de interpretação pelo tribunal.

Se o declaratário entendeu de modo diferente que o declarante, então não é juridicamente determinante, nem o significado efetivamente intencionado, nem o efetivamente percebido. A ordem jurídica tutela a confiança do declaratário a fim de que a declaração valha com o significado com que podia e devia ser entendida, segundo as circunstâncias. Este é um significado normativo da declaração, sendo esta, para ele, decisiva, o "horizonte de compreensão do declaratário", posto que não precisa estar de acordo nem com o efetivamente pensado, nem com o efetivamente entendido.

Que ponderações tem o intérprete de empreender para averiguar o sentido normativo da declaração? Primeiro, coloca-se na posição do declaratário e considera-se as circunstâncias conhecidas ou conhecíveis no momento do acesso à declaração. O intérprete deve conceber o declaratário como um participante no tráfego, familiarizado com o uso geral da linguagem, o uso especial da linguagem do círculo de relações em causa e os usos do tráfego.

A interpretação das declarações particulares de vontade (inclusive das declarações de ambas as partes conducentes à celebração do contrato) distingue-se da interpretação contratual integradora como interpretação da regulação, válida entre as partes, criada por via do contrato. Esta pode conter lacunas ou se uma questão está ou não compreendida na regulação. Para a interpretação contratual integradora, são decisivos o contexto global do contrato, um escopo do contrato reconhecido por ambas as partes e a situação de interesses, tal como foi configurada por cada uma das partes.

Na interpretação do contrato não deve o juiz pôr suas próprias pautas de valoração no lugar das pautas das partes do contrato. O juiz está, na interpretação do contrato, vinculado às bases de valoração aceitas pelas partes, se é que a sua atividade haja ainda de continuar a ser interpretação do contrato.

A interpretação contratual integradora pertence a uma determinação mais em pormenor das consequências jurídicas. Estas não são inferidas da regulação legal, mas da regulação estabelecida pelas partes do contrato e, de certo modo, da regulação definitivamente configurada pelo juiz.

Do mesmo modo que na integração das lacunas da lei com ajuda de métodos interpretativos, também a possibilidade de uma "interpretação contratual integradora" assenta em que uma regulação em si harmônica contém mais do que aquilo que é diretamente dito nas suas palavras e frases. Trata-se do fenômeno de hermenêutica do "excesso de sentido", da possível discrepância entre "conteúdo de sentido" e "forma de sentido".

As regras legais se harmonizam entre si em muito maior medida do que a regulação de um contrato, muito mais fragmentária, por detrás da qual se perfilam interesses muito divergentes.

Se o contrato corresponde a um tipo legal, as lacunas do contrato são colmatadas com o Direito positivo legal. Se o contrato é, v.g., atípico, faltando uma regulação especial, a "interpretação contratual integradora" é a via para o preenchimento das lacunas do contrato.

1.40. Sobre a classificação dos contratos obrigacionais em tipos contratuais legais

A aplicação das regras dadas para um determinado tipo de contrato tem que ser antecedida pela classificação do contrato concreto na esfera de sentido desse tipo contratual. Isto ocorre por um silogismo de subsunção. Este pressupõe, como premissa maior, um conceito plenamente definido; a subsunção só pode se realizar quando e na medida em que for possível definir, de modo acabado, o tipo contratual legal mediante a indicação das notas distintivas fixas que o caracterizam. A lei dispõe de uma definição desse gênero, v.g., na compra e venda, na locação. É, porém, duvidosa uma conceituação rigorosa em relação à, v.g., prestação de serviço, empreitada ou mútuo.

Existem também tipos por detrás das fixações conceptuais da lei. Elementos de contratos podem associar-se entre si de maneira diferente, v.g., locação/venda e o *leasing*. Por conseguinte, pensou-se neste ponto sempre de modo tipológico. A existência de contratos mistos indica que nas definições legais se trata somente de descrições abreviadas de tipos. É possível distinguir tipos mais estritos que podem também acolher alguns elementos de outro tipo contratual.

A distinção entre conceito e tipo já foi vista nos termos de que o âmbito de um conceito é fixado de modo concludente pelas notas que formam a sua definição, enquanto o tipo não o é. Os traços que o caracterizam são tais que surgem sob diferentes graus de intensidade e podem, até certo ponto, reciprocamente substituir-se. Decisiva é a "imagem global" que resulta da regulação legal ou contratual e que permite conhecer certos pontos de vista reitores. Ainda que certos traços característicos possam ser irrenunciáveis para o tipo (onerosidade para a locação e a transferência para a compra e venda) e possibilitem, por isso, uma determinação do conceito, esta não torna dispensável o recurso ao tipo quando se manifestam desvios de imagem normal. O tipo é sempre mais rico em conteúdo que o conceito. A consideração tipológica abre a possibilidade de classificar adequadamente transformações de tipos e combinações de tipos.

Para a consideração tipológica, o contrato pode, em certos aspectos, integrar-se num tipo e noutros no outro, ou unir em si, de forma específica, traços de diferentes tipos num novo tipo. Nos contratos de tipo misto a questão é se os elementos de um ou de outro tipo contratual "predominam" na imagem global do contrato. Conjuntamente com a "coordenação" ao tipo, necessita-se de uma "ponderação" dos distintos elementos do contrato no seu significado concreto adentro do contrato, como relação jurídica unitária.

A flexibilidade muito maior da consideração tipológica frente à puramente conceptual, que resulta do que foi dito, só aparentemente se consegue à custa de uma menor medida de segurança jurídica, pois que, na verdade, em todos os casos em que, em vez de limites fixos, só existem transições gradativas ou tipos mistos, a jurisprudência dos tribunais não encontrará os enunciados decisivos por via conceptual, mas, com frequência, mais ou menos intuitivamente.

O método tipológico deriva da insuficiência da lógica da subsunção. A ponderação pode não redundar num resultado muito seguro e suscetível de livre apreciação. A necessidade de uma certa flexibilidade ao fazer a classificação adentro dos tipos contratuais legais resulta do princípio da liberdade contratual o qual tem como consequência que o comércio jurídico nem sempre se atém ao modelo do contrato regulado por ele, mas produz constantemente desvios e novos tipos.

1.41. A situação de fato verificada

A tarefa do juiz é apreciar juridicamente situações de fato que se verificaram e que não foram apenas imaginadas. A situação de fato e sua apreciação orientam-se às previsões das normas jurídicas potencialmente aplicáveis e às pautas de apreciação nelas contidas. A situação de fato como enunciado (cavalo) deve refletir por meio da linguagem e das formas de expressão de que dispõe, a situação de fato verificada, tal como ela se apresenta no processo ao tribunal; o juiz descreve-a como um fato que se verificou nestes termos e não de outro modo. De que meios dispõe o tribunal para conhecer que uma situação de fato se verifica efetivamente assim?

1.42. Sobre a comprovação dos fatos no processo

O juiz, de regra, não presenciou os fatos, mas é informado por percepções alheias. O meio pelo qual o juiz procurará obter uma imagem apropriada dos eventos é a conclusão obtida a partir dos chamados indícios. Intenções, motivos, boa-fé, só podem ser inferidos com base em indícios, uma vez que não são acessíveis de modo imediato a uma percepção alheia. Entende-se por indícios aqueles fatos ou eventos que em si mesmos não fazem parte da situação de fato, mas que permitem uma inferência sobre um evento a ela pertinente. Numa tal inferência funciona como premissa maior, regra geral, uma determinada máxima de experiência, uma lei natural ou uma regra de probabilidade e como premissa menor o fato indiciário que, ou é especificado no processo, ou está corroborado por inspeção ocular ou testemunho fidedigno. Só quando a premissa maior é uma lei natural ou um corolário das leis naturais é que a inferência é vinculativa em relação ao fato a comprovar.

Provar quer dizer criar no tribunal o convencimento da exatidão de uma alegação de fatos. Este convencimento pode também o juiz adquiri-lo mesmo quando, com base em indícios presentes, somente um elevado grau de probabilidade faz propender a que a alegação dos fatos seja ajustada.

Colocam-se limites à comprovação daquilo que realmente aconteceu. No entanto, às alegações de fatos que são aceitos ou não impugnados pela parte contrária deverá o juiz dá-los como provados, mesmo que não esteja convencido de sua exatidão. O juiz pode, assim, estar sujeito a pôr como base do seu julgamento uma situação de fato que ele pessoalmente está convencido de que não se verificou desse modo. Mesmo onde não prevalece o princípio dispositivo, mas o inquisitório, põem-se certos limites ao achamento da verdade pelo tribunal.

Os eventuais obstáculos ao achamento judicial da verdade protegem outros bens jurídicos, em especial os direitos irrenunciáveis de personalidade e interesses de terceiros dignos de proteção. O achamento da verdade é decerto um fim muito importante no Direito Processual, mas não o seu fim único. Este pode ceder a outros fins mais importantes.

1.43. A distinção entre questão de fato e questão de direito

A questão de fato refere-se ao que efetivamente ocorreu e a questão de direito se refere a como há de se qualificar o ocorrido em conformidade com os critérios da ordem jurídica. A questão de fato é equiparada, na maioria das vezes, à denominada subsunção da situação de fato em causa à previsão de uma norma jurídica. O juiz julga sobre a questão de fato com base no que é aduzido pelas partes e na produção da prova; a questão de direito decide-a sem depender do que é alegado pelas partes, com base no seu próprio conhecimento do Direito e da lei, que tem de conseguir por si (*jura novit curia*). Por fatos, em contraposição à questão de direito, são ainda os processos psíquicos e ações, com abrangência do seu lado "interior", tudo aquilo que possui uma determinada localização no tempo.

A pergunta sobre se algo ocorreu efetivamente só pode ser colocada quando o "quê" (*quid*) sobre que se pergunta está determinado. Só pode ser determinado com expressões que, ou pertencem à linguagem corrente ou à linguagem legislativa. No último caso já entra algo de apreciação jurídica no estabelecimento da questão de fato.

A separação entre questão de fato e questão de direito pode muito bem realizar-se quando se pergunta unicamente se se apresentam ou se ocorreram certos fatos que são descritos com termos de linguagem corrente, inclusivamente quando estes termos se incorporaram na linguagem legislativa.

À questão de direito pertence a qualificação do ocorrido, com ajuda daqueles termos cujo conteúdo significativo, no contexto dado, resulta apenas do ordenamento jurídico, com base numa coordenação tipológica, numa ponderação de pontos de vista divergentes ou numa valoração jurídica nos quadros de uma pauta carecida de concretização.

Questão de fato é o que as partes disseram quando da celebração do contrato e o que a esse respeito uma e outra pensaram; é questão de direito saber com que significado cada uma das partes deixou valer a sua declaração – a questão da interpretação normativa das declarações de vontade. Se A causou um acidente por ter patinado numa curva molhada, a questão de fato é o estado do pavimento e a velocidade com que A conduzia na curva; se o seu modo de condução foi, nestas circunstâncias, "negligente", é questão de direito. Sobre esta questão (de direito), bem como sobre o significado de uma declaração que haja de ser considerada juridicamente determinante não pode exigir-se prova do processo. Em contrapartida, pode e deve exigir-se prova sobre todas as circunstâncias factuais de cuja existência depende a resposta à questão de direito.

Certos recursos só podem ocorrer na circunstância de que uma norma jurídica não foi aplicada ou não foi corretamente aplicada.

A norma jurídica não foi corretamente aplicada se o tribunal incorreu em erro na apreciação jurídica da situação previamente constatada, i.e., na resposta à questão de direito. Esta distinção não tem sido enfrentada de modo consequente. Considera como questão de direito o julgamento de uma determinada conduta como negligente, mas considera questão de fato se a negligência foi leve ou grave. Trata-se, em ambos os casos, de uma questão de valoração, i.e., de uma questão de direito. A interpretação das declarações de vontade de particulares (indagação do sentido juridicamente determinante, i.e., interpretação normativa) considera a jurisprudência como não passível de recursos extraordinários, a não ser que exista uma violação dos princípios gerais da interpretação, das leis do pensamento ou de máximas de experiências geralmente reconhecidas. Realmente, não se pode dizer aqui que se trata de uma questão de fato.

Quando a resposta final à questão de direito depende da tomada em consideração das numerosas particularidades da situação de fato, ou seja, relativamente à interpretação de contratos a propósito da concretização de uma pauta geral atendendo às circunstâncias do caso singular, o juiz tem uma maior proximidade com a matéria e está em condições de esclarecer a questão de fato, mediante seu poder inquisitório, enquanto o juiz que procede à análise dos recursos extraordinários colhe a sua informação na situação de fato que lhe é transmitida pelo juiz de primeira instância.

Aqui a questão de fato e a questão de direito se entrelaçam de modo quase indissolúvel: o modo como o juiz vem julgar o evento concreto depende de quais circunstâncias toma em consideração em seu julgamento e que procura esclarecer em qualquer caso; a seleção das circunstâncias que há de tomar em consideração depende de se lhes atribuir ou não significado para a apreciação. Quando se trata essencialmente das singularidades próprias de cada caso, mas não daqueles traços típicos que se repetem noutros casos, desaparece a finalidade uniformizadora típica dos recursos extraordinários. Deixa-se ao juiz monocrático certa margem de livre apreciação, dentro da qual fica subtraída à comprovação pelo tribunal.

1.44. A interpretação das leis. A missão da interpretação. A função da interpretação no processo de aplicação da lei

A interpretação da lei é um processo de duplo sentido onde se conforma a situação de fato definitiva enquanto enunciado, a partir da "situação de fato em bruto", atendendo às proposições jurídicas potencialmente aplicáveis, e se precisa o conteúdo das normas a serem aplicadas, atendendo mais uma vez à situação de fato tanto quanto seja necessário. Interpretar é uma atividade de mediação, pela qual o intérprete traz à compreensão o sentido de um texto que se lhe torna problemático. O texto se torna problemático atendendo à aplicabilidade da norma a uma situação de fato. O significado preciso de um texto legislativo ser sempre problemático decorre do fato de a linguagem corrente (de que a lei muitas vezes se utiliza) não utilizar conceitos precisos (ao contrário da linguagem das ciências) que oscilam dentro de uma larga faixa e que pode ser diferente segundo as circunstâncias, a relação objetiva e o contexto do discurso, a colocação da frase e a entonação de uma palavra. Mesmo conceitos precisos contêm, frequentemente, notas distintivas que carecem de uma delimitação rigorosa. Muitos conceitos jurídicos não estão definidos na lei (negócio jurídico, pretensão, ilícito) e com frequência uma mesma expressão é usada em diferentes sentidos.

O juiz que se ocupa da interpretação de disposições legais especiais tem que indagar que conteúdo e que delimitação o legislador deu ao conceito, em geral, mas em particular à lei especial a aplicar e, por último, à norma singular aplicável.

A necessidade da interpretação pode ainda resultar de que duas proposições jurídicas prescrevem para a mesma situação de fato duas consequências jurídicas que reciprocamente se excluem. Mesmo quando não se excluem, surge a questão de se devem ter lugar uma a par com a outra, ou se uma norma repele a outra (questão do concurso de normas).

A missão da interpretação da lei é evitar a contradição entre as normas, responder a questões sobre concurso de normas e concurso de regulações e delimitar, uma em face das outras, as esferas de regulação, sempre que tal seja exigível. O objeto da interpretação é o texto legal como portador do sentido nele vertido, de cuja compreensão se trata na interpretação. Interpretação é desentranhamento, difusão e exposição do sentido disposto no texto, mas, de certo modo, ainda oculto. O texto nada diz a quem não entenda já alguma coisa daquilo de que se trata. Só responde a quem o interroga corretamente. A pergunta é previamente dada àquele que quer aplicar a lei pela situação de fato em bruto e pela sua transformação em situação de fato definitiva. Para formular corretamente, precisa-se conhecer a linguagem da lei e o contexto de regulação em que a norma se encontra. O modo de formular a pergunta traduz a participação do intérprete no resultado da interpretação e limita, ao mesmo tempo, as respostas possíveis.

A interpretação nunca é definitiva porque a variedade inabarcável e permanente mutação das relações da vida colocam o intérprete constantemente diante de novas questões. Também não é válida em definitivo, porque a interpretação tem sempre uma referência de sentido à totalidade do ordenamento jurídico respectivo e às pautas de valoração que lhe são subjacentes. Toda interpretação da lei, até certo ponto, está condicionada pela época. Só diante de uma mutação fundamental da consciência valorativa geral é que deve ser considerada pelo intérprete para alterar a interpretação, mormente quando esta tenha encontrado expressão em leis mais recentes ou num amplo consenso.

É mal colocada a questão de se a interpretação jurisprudencial é ciência ou arte.

Se se põe com base no conceito cientificista de ciência, não pode ser ciência. O seu procedimento não é o de um pensamento linear que avança numa só direção, mas o de um esclarecimento recíproco de cada conjectura de sentido, confirmando-a ou rejeitando-a. Esse procedimento se assemelha ao do artista, porque requer a mobilização das forças criadoras do espírito.

Não se trata de modelação ou configuração, mas de enunciados adequados sobre o conteúdo e alcance das normas. Tais enunciados estão (como qualquer enunciado) submetidos à exigência de correção, não significando isto uma verdade intemporal, mas correção para esta ordem jurídica e para este momento. Enquanto atividade conduzida metodicamente, que está dirigida a obter enunciados "corretos", i.e., adequados, a interpretação só é atividade científica se nos libertarmos da estreiteza do conceito cientificista de ciência.

1.45. O objeto da interpretação: vontade do legislador ou sentido normativo da lei?

Formou-se na literatura jusfilosófica e metodológica duas teorias sobre o objeto da interpretação da lei. A teoria subjetivista ou teoria da vontade, que considera escopo da interpretação a indagação da vontade histórico-psicológica do legislador; e a teoria objetivista ou teoria da interpretação imanente à lei, onde a exploração do sentido é inerente à própria lei.

A verdade da teoria subjetivista é que a lei jurídica, ao invés da lei natural, é feita por homens e para homens, é expressão de uma vontade dirigida à criação de uma ordem, tanto quanto possível, justa e adequada às necessidades da sociedade. Existe, por trás da lei, uma intenção reguladora, valorações, aspirações e reflexões substantivas, que nela acham expressão mais ou menos clara.

A verdade da teoria objetivista é que uma lei, logo que seja aplicada, irradia uma ação que lhe é peculiar, que transcende aquilo que o legislador tinha intentado. A lei intervém em relações da vida diversas e em mutação, cujo conjunto o legislador não podia ter abrangido e dá resposta a questões que o legislador ainda não tinha colocado a si próprio. Adquire, com o decurso do tempo, cada vez mais como que uma vida própria e afasta-se, desse modo, das ideias de seus autores.

Na lei, como na vontade do seu autor ou de uma regulação jurídica, confluem tanto as ideias subjetivas e metas, como certos fins e imperativos jurídicos objetivos em relação aos quais o legislador não precisa ter consciência ou de a ter em toda sua amplitude. Quem quiser compreender plenamente uma lei tem de ter uns e outros em consideração.

O escopo da interpretação só pode ser o sentido do que agora é juridicamente determinante, i.e., o sentido normativo da lei. Mas o sentido da lei que há de ser considerado juridicamente determinante tem de ser estabelecido atendendo a intenções de regulação e às ideias normativas concretas do legislador histórico e, de modo nenhum, independentemente delas. É antes o resultado de um processo de pensamento em que todos os momentos mencionados, ou seja, tanto os subjetivos como os objetivos, hão de estar englobados e que nunca chega a seu termo.

A expressão "vontade da lei" só é apropriada para encobrir a relação de tensão que a cada momento pode surgir entre a intenção originária do legislador e o conteúdo "em permanente reformulação" da lei, conteúdo que hoje deve ser considerado como determinante. O "sentido normativo da lei" não exclui, antes inclui, esta relação de tensão; está, portanto, sempre referido também à vontade do legislador (vontade da lei – sentido normativo da lei).

A interpretação não deve ser deixada ao arbítrio do intérprete, mas decorrer de modo seguro e comprovável, sendo preciso ter critérios de interpretação pelos quais possa guiá-lo.

Os elementos gramatical, lógico, histórico e sistemático da interpretação não podem ser isolados, mas devem atuar conjuntamente. Não se trata de diferentes métodos de interpretação, mas de pontos de vista metódicos que devem ser todos tomados em consideração para que o resultado da interpretação imponha a pretensão de correção (no sentido do enunciado adequado). Os critérios devem ser ponderados, todos, e de forma conglobante.

1.46. Os critérios de interpretação. O sentido literal

Toda interpretação de um texto inicia-se com o sentido literal. É o significado de um termo ou de uma cadeia de palavras no uso linguístico geral.

A flexibilidade, a riqueza de cambiantes e a capacidade de adaptação da linguagem geral constituem ao mesmo tempo a sua força e a sua fraqueza, o que tem como consequência que, do uso linguístico, apenas se não obtém um sentido literal inequívoco. Em lugar disso encontramos significados possíveis e variantes de significado, a partir de onde aquilo que é pensado em concreto só se obtém com base na conexão do discurso, da coisa de que ele trata ou das circunstâncias acompanhantes. A estes critérios correspondem, com respeito à interpretação da lei, a conexão de significado, a intenção reguladora do legislador e a estrutura do setor material regulado.

A conexão de significado da lei e também o escopo de uma regulação serão inferidos da sucessão e conjugação daqueles significados que correspondem aos termos particulares e aos encadeamentos de frases do texto legal, em conformidade com o uso linguístico geral ou com o uso linguístico especial por parte da lei.

Trata-se aí do processo de olhar para frente e para trás, do esclarecimento recíproco, que é conhecido pelo nome de "círculo hermenêutico".

Quanto menor for o sentido literal, conforme o uso linguístico geral, ou um uso linguístico jurídico especial, menos se deverá prescindir do seu conhecimento, devendo desencadear o processo do compreender mediante o interpretar.

Os termos que obtiveram na linguagem jurídica um significado específico, v.g., contrato, crédito, herança, legado, são usados nas leis, com este significado especial. Deste modo eliminam-se inúmeras variantes de significado do uso linguístico geral e o círculo de possíveis significados com o esclarecimento do uso linguístico jurídico preciso, a interpretação pode chegar a seu termo.

O teor literal tem uma dupla missão: é ponto de partida para a indagação judicial do sentido e traça, ao mesmo tempo, os limites de sua atividade interpretativa. Uma interpretação que não se situe no âmbito do sentido literal possível, já não é interpretação, mas modificação de sentido. O sentido literal possível é tudo aquilo que, nos termos do uso linguístico que seja de considerar como determinante em concreto, pode ser ainda entendido como o que com esse termo se quer dizer.

O legislador parte do uso linguístico do seu tempo. Se se trata de um termo da linguagem técnico-jurídica que o legislador usou no sentido em que era entendido no seu tempo, há que partir do significado então do termo. Caso se partisse, sem mais, do significado atual, haveria provavelmente de se falsear a intenção do legislador.

É diferente quando o significado de um termo não estava fixado num determinado sentido à data do surgimento da lei, sentido que o legislador fez seu. Então é recomendável tomar como limite da interpretação o sentido literal que é hoje possível, no caso de, deste modo, se possibilitar uma interpretação que chegue a ser mais conforme com o fim ou com a ideia de base da norma.

O sentido literal a extrair do uso linguístico geral ou, sempre que ele exista, do uso linguístico especial da lei ou do uso linguístico jurídico geral, serve à interpretação como uma primeira orientação, assinalando enquanto sentido literal possível o limite da interpretação propriamente dita.

1.47. O contexto significativo da lei

Qual, dentre as múltiplas variantes de significado que podem corresponder a um termo, resulta com a maior exatidão possível do contrato em que ela é usada? O contexto significativo da lei determina a compreensão de cada uma das frases e palavras, assim como a compreensão de uma passagem do texto é codeterminada pelo contexto. Trata-se aqui do círculo hermenêutico. Uma lei, as mais das vezes, é constituída por proposições jurídicas incompletas – a saber: aclaratórias, restritivas e remissivas, que só conjuntamente com outras normas se complementam numa norma jurídica completa ou se associam numa regulação. O sentido de cada proposição só se infere quando é considerado como parte da regulação a que pertence. Quando a lei resulta para outra disposição, tem de ser esta levada em conta para que se esclareça o alcance da norma remissiva.

Para além desta função legal do contexto, proporcionadora da compreensão, o contexto significativo da lei desempenha, ainda, um amplo papel em ordem à sua interpretação, ao poder admitir-se uma concordância objetiva entre as disposições legais singulares. Entre as várias interpretações possíveis segundo o sentido literal, deve por isso ter prevalência aquela que possibilita a garantia de concordância material com outra disposição.

A questão relativa à conexão de significado da lei não pode nem se desligar completamente da questão relativa ao sentido literal possível, nem ser respondida com a questão relativa a outros critérios de interpretação. A conexão de significado da lei, e também a sistemática conceitual que lhe é subjacente, só é compreensível quando se tomam também em consideração os fins da regulação.

O critério do contexto significativo exige, em primeiro lugar, prestar atenção ao contrato, tal como se requer para a compreensão de todo o discurso ou escrito coerentes. Exprime a concordância material das disposições dentro de uma regulação. A conexão de significado da lei, só pode compreender-se, em muitos casos, quando se retorna à teleologia da lei e ao sistema interno, que lhe subtraz, das opções valorativas e princípios reitores. A questão relativa à conexão de significado conduz então aos critérios teleológicos. As regras tradicionais de interpretação não podem ser individualizadas como métodos independentes entre si. Ao invés, manifestam-se no processo de concretização não só complementando-se e apoiando-se umas às outras, mas sempre entrelaçadas materialmente uma com as outras logo desde o princípio. O intérprete não pode escolher entre diferentes métodos.

IV – INTENÇÃO REGULADORA, FINS E IDEIAS NORMATIVAS DO LEGISLADOR HISTÓRICO

O sentido literal resultante do uso linguístico geral ou de uso linguístico especial por parte da lei, assim como o contexto significativo da lei e a sistemática conceitual que lhe é subjacente, deixam sempre em aberto diferentes possibilidades de interpretação. É natural que se pergunte sobre qual a interpretação que melhor corresponde à intenção reguladora do legislador ou à sua ideia normativa. Com isso, chegamos ao elemento histórico da interpretação que se há de ter em conta ao averiguar o sentido da lei normativamente determinante.

A intenção reguladora do legislador e as decisões valorativas por ele encontradas para alcançar manifestamente esse desiderato continuam a ser arrimo obrigatório para o juiz, mesmo quando acomoda a lei por via da interpretação teleológica ou do desenvolvimento do Direito, em face de novas circunstâncias não previstas pelo legislador ou quando a complementa.

O que se aprova no Legislativo, sobre o que parlamentares formam uma opinião e que aprovam é intenção reguladora e os fins da lei, as repercussões sociopolíticas e a "tendência" global da lei. A sua aprovação vale só para o texto enquanto tal, não para uma determinada interpretação do texto. Só os fins, estatuições de valores e opções fundamentais determinados na intenção reguladora ou que dela decorrem, sobre os quais, de fato, os participantes no ato legislativo tomaram posição, podem ser designados como "vontade do legislador", que se realiza mediante a lei. As ideias normativas concretas, i.e., as ideias claras sobre o significado e alcance precisos de uma disposição particular ou de um termo particular, não são do legislador. Suas opiniões são importantes para a interpretação, pois que na escolha dos termos terão empreendido reflexões sobre o seu alcance e que os escolheram de modo a que se aproximassem da intenção regulativa do legislador. Estas opiniões não representam uma bitola vinculativa para o intérprete que, ao contrário, frequentemente se afastará delas porque as ideias normativas dos autores da lei ficam geralmente aquém das possibilidades de aplicação da norma.

Como fontes de conhecimento das ideias normativas das pessoas envolvidas na preparação e redação da lei, entram em consideração os diferentes projetos, os atos das comissões de assessoria e as exposições de motivos junto aos projetos e as atas das sessões parlamentares. Estes testemunhos deverão ser interpretados tendo como pano de fundo o entendimento linguístico da época, assim como a doutrina e jurisprudência de então. É este o ponto em que as indagações históricas se convertem em meio auxiliar da interpretação jurídica.

As mesmas fontes de conhecimento servem também para averiguar a intenção reguladora e dos fins do legislador, sempre que não sejam evidentes a partir da própria lei, de um preâmbulo, das disposições introdutórias, das epígrafes, do contexto significativo da lei e das decisões valorativas daí resultantes. Uma regulação pode ter só um único fim. A maior parte das vezes uma regulação legal persegue fins diversos em diferentes frases. Exemplo: as regras sobre a situação jurídica das pessoas com capacidade negocial limitada têm por fim, em primeira linha, a proteção destas pessoas frente às consequências potencialmente desfavoráveis dos seus próprios atos. Mas ao mesmo tempo, restringe-lhes aquela medida de possibilidade de atuação jurídico-negocial própria que, na opinião do legislador, é compatível com este fim socialmente desejável.

Se nos são postos a claro pelo legislador estes diferentes fins de regulação e a valoração deles expressa na regulação, podem também daí retirar-se certas consequências em ordem à interpretação das disposições particulares.

Diante disso, é possível, em lugar de proceder a uma interpretação em sentido estrito, proceder a uma correção do teor literal da disposição, de acordo com a ideia de proteção a ela subjacente. Tais correções do teor literal da lei em conformidade com o seu escopo pertencem à esfera da redução ou extensão teleológica, quer dizer, a um desenvolvimento do Direito "imanente à lei".

Interpretação teleológica quer dizer de acordo com os fins cognoscíveis e as ideias fundamentais de uma regulação. A disposição particular há de ser interpretada no quadro do seu sentido literal possível e em concordância com o contexto significativo da lei, no sentido de corresponder otimamente à regulação legal e à hierarquia destes fins. O intérprete há de ter sempre presente a globalidade dos fins que servem de base a uma regulação. O intérprete, a partir dos fins estabelecidos pelo legislador histórico, vai além da vontade do legislador, entendida como fato histórico, e das ideias normativas concretas dos autores da lei, e entende a lei na sua racionalidade própria.

Pode-se reconhecer o escopo da lei, a "política da lei", como um critério de interpretação, especialmente no Direito Econômico. As construções jurídicas e as previsões conformadas deverão, quanto à sua importância para a interpretação, ficar atrás da política da lei. Política da lei quer dizer os objetivos políticos da lei. Se o objetivo de uma lei se situa no campo político-econômico, a "interpretação teleológica" da lei não quer dizer senão que a lei deve ser interpretada de modo a que este objetivo político-econômico seja alcançado do melhor modo possível. Por isso, "política da lei" e escopo político da lei não são critérios de interpretação diferentes.

1.48. Critérios teleológicos-objetivos

Os fins que o legislador intenta realizar por meio da lei são fins objetivos do Direito, como a paz, justa resolução dos litígios, o "equilíbrio" de uma regulação no sentido da consideração otimizada dos interesses que se encontram em jogo, a proteção dos bens jurídicos e um procedimento judicial justo. Todos nós aspiramos a uma regulação que seja "materialmente adequada".

Temos dois grupos de critérios de interpretação teleológico-objetivos, que têm que ser decisivos em todos aqueles casos em que os critérios até agora discutidos não sejam capazes de dar uma resposta isenta de dúvidas.

– O legislador não pode alterar a realidade.

– Princípios ético-jurídicos estão antepostos à regulação.

– É preciso tomar-se em consideração a coisa de cuja regulação se trata (domínio da norma).

Por um lado, trata-se das estruturas do âmbito material regulado, dados factuais, em relação aos quais nem o legislador pode alterar o quer que seja, e que lhe toma em consideração de modo racional a propósito de qualquer regulação; por outro lado, trata-se dos princípios ético-jurídicos, que estão antepostos a uma regulação. São chamados teleológico-objetivos porque não dependem de se o legislador teve sempre consciência da sua importância para a regulação por ele conformada, conquanto esta só se deixa compreender na sua globalidade enquanto por eles condicionada.

Para se saber qual é a interpretação "materialmente adequada" é preciso tomar-se em consideração a coisa de cuja regulação se trata e considerar na norma a interpretar sua especificidade e sua estrutura especial.

Cunhou-se a expressão "domínio da norma" para estes setores a que está orientada uma norma ou regulação. Por tal entende-se o "segmento da realidade social na sua estrutura fundamental, que o programa da norma escolheu ou criou parcialmente como seu âmbito de regulação". A norma jurídica não é "nenhuma forma vertida autoritariamente na realidade, mas uma consequência ordenadora e disciplinadora a partir da estrutura material do próprio setor social regulado".

As estruturas materiais previamente dadas do "domínio da norma" são, de fato, critérios objetivos de interpretação. São critérios teleológico-objetivos, pois que o seu atendimento para o ato de interpretar resulta de que a lei em causa intenta uma regulação materialmente adequada.

O princípio da igualdade de tratamento tem uma grande importância entre os critérios de interpretação teleológico-objetivos. A diferente valoração de previsões valorativamente análogas aparece como uma contradição de valoração, que não se coaduna com a ideia de justiça, no sentido de "igual medida". Evitar contradições de valoração é uma exigência para o legislador e para o intérprete.

O intérprete deve procurar evitar contradições de valoração, interpretando as proposições jurídicas nos quadros do seu sentido literal passivo e contexto significativo. Nem sempre isto é possível, por tratar-se de postulado ético-jurídico que só é realizável de modo aproximativo.

As contradições de valoração não se confundem com contradições de normas, ocorrentes em situações em que normas ordenam para a mesma situação de fato consequências jurídicas que entre si se excluem.

Uma contradição de normas tem que ser eliminada, reconhecendo-se a prevalência de uma delas, ou restringindo-se ambas, vez que é ilógico que sobrevenham conjuntamente consequências jurídicas que reciprocamente se excluem.

Contradições de valoração têm de ser aceitas de vez em quando e podem ser superadas mediante ponderação. Nesse passo, é útil orientar a interpretação aos princípios ético-jurídicos, como o princípio da tutela da confiança e o princípio de responder pelas insuficiências do círculo negocial próprio.

Na interpretação é sempre necessário, por isso, examinar até que ponto a regulação legal deixa espaço a um ou outro princípio. Em relação ao alcance e à combinação dos princípios é determinante o sistema interno do Direito. Do sistema interno resulta também a *ratio legis*. A expressão tem várias acepções. Significa tanto o escopo como o fundamento racional, o princípio de uma regulação.

Uma contradição de valoração pode surgir adentro da ordem jurídica subsequentemente, uma vez que leis mais recentes respondem a uma mesma questão jurídica, para um outro âmbito espacial e material, de modo diverso de uma lei anterior. Por vezes adapta-se a interpretação da lei mais antiga à legislação mais recente.

1.49. O preceito da interpretação conforme a Constituição

Entre os princípios ético-jurídicos, pelos quais a interpretação deve orientar-se, cabe uma importância acrescida aos princípios elevados a nível constitucional. Estes são os princípios e decisões valorativas que encontram expressão na parte dos direitos fundamentais da Constituição, quer dizer, a prevalência da dignidade da pessoa humana, a tutela geral do espaço de liberdade pessoal, princípio da igualdade, ideia de Estado de Direito, de Estado Social, Democracia etc.

Uma disposição da legislação ordinária que esteja em contradição com um princípio constitucional é inválida. Uma disposição só é inconstitucional e, portanto, inválida, quando não pode ser interpretada "em conformidade com a Constituição". Se uma interpretação, que não contradiz os princípios da Constituição, é possível segundo os demais critérios de interpretação, há de preferir-se a qualquer outra em que a disposição viesse a ser inconstitucional. Disso decorre que entre várias interpretações possíveis, segundo os demais critérios, sempre obtém preferência aquela que melhor concorde com os princípios da Constituição. "Conformidade com a Constituição" é um critério de interpretação.

A interpretação conforme a Constituição não pode ultrapassar os limites que resultam do sentido literal possível e do contexto significativo da lei.

O Tribunal Federal tem dito que não é possível interpretação conforme a Constituição em face do claro teor literal. E tampouco deve a interpretação deixar de atender ao escopo da lei.

Quando o legislador tenha intentado um efeito mais amplo do que o permitido nos termos da Constituição, a lei pode ser interpretada restritivamente conforme a Constituição. Nesse caso se preservaria da intenção do legislador o máximo que se poderia preservar, conforme a Constituição. No caso, já não seria interpretação, mas uma redação teleológica e, por conseguinte, um desenvolvimento do Direito conforme à Constituição.

Em nenhum caso pode a interpretação conforme defraudar ou falsear num ponto essencial a meta legislativa. Não pode, no decurso da interpretação, uma lei inequívoca segundo o teor literal e o sentido ser investida de um sentido contrário, nem o conteúdo normativo ser determinado de novo de modo fundamental, nem a meta legislativa defraudada num ponto de vista essencial.

Os princípios ético-jurídicos de escalão constitucional (v.g., igualdade) traduzem um Direito diretamente vigente, mas que não está formulado em normas jurídicas, nas quais previsão e consequência jurídica estejam claramente delimitadas, enquanto princípios são pautas carecidas de preenchimento, para cuja concretização são convocados tanto o legislador ordinário como a jurisprudência. Aqui vale um primado de concretização do legislador. Onde o princípio deixe em aberto diferentes possibilidades de concretização, os tribunais estão vinculados à escolhida pelo legislador ordinário, não lhes sendo lícito substituí-la por outra que sua opinião prefira, seja por interpretação conforme ou correção da lei.

Só existe margem para a concretização imediata de um princípio constitucional pelos tribunais quando, ou uma lacuna da lei não pode ser colmatada de outro modo senão por esta via, ou então a própria lei, mediante o emprego de conceitos carecidos de preenchimento, como o de bons costumes, confere ao juiz uma margem de livre concretização.

O Tribunal Constitucional Federal tem se referido a uma ordem de valores imanente à lei Fundamental, identificando uma ordem hierárquica de valores. A expressão "ordem de valores" ou "ordem hierárquica de valores" é equívoca, porque não há um catálogo completo de valores válidos "em si" (com a inclusão da posição hierárquica que cada caso lhes cabe). É verdade que a Lei Fundamental reconhece determinados valores humanos gerais tais como a dignidade da pessoa humana, princípio de igualdade, do Estado de Direito e do Estado Social. Tais direitos fundamentais ou princípios se relacionam uns com os outros de acordo com o sentido e, por isso, podem tanto complementar-se como delimitar-se entre si. É a Constituição como "um todo de sentido" ou da "unidade deste sistema fundamentante de valores". Em caso de colisão de direitos fundamentais ou bens jurídicos tutelados pela Constituição, utiliza-se preponderantemente o método da ponderação de bens no caso particular.

O Tribunal retira uma consequência peculiar da exigência de interpretação conforme à Constituição quando se trata de determinar mais em concreto os limites de

Parte V • O Direito e a Metodologia   611

um direito fundamental que, segundo a Constituição, pode ser restringido pelas "leis gerais". A lei geral que restringe o direito fundamental tem que ser, por seu lado, interpretada também à luz deste direito fundamental e do alto valor hierárquico que lhe cabe, de modo a que assim o direito fundamental continue a manter certa primazia. Tem lugar aqui, uma interação recíproca, no sentido de que as leis gerais, na verdade, impõem, segundo o teor literal, barreiras ao direito fundamental; mas elas têm que ser interpretadas com base no conhecimento do significado de estatuição valorativa desse direito fundamental do Estado liberal democrático, sendo assim elas mesmas restringidas na sua ação delimitadora do direito fundamental. Fala-se de uma "ação de irradiação" do direito fundamental sobre o simples Direito legal que o restringe. A interpretação restritiva que se exige da "lei geral", de acordo com a importância e o grau de valor do direito fundamental restringido desse modo, conduz de novo o Tribunal a uma ponderação de bens a saber, entre o direito fundamental e o bem protegido pela lei restritiva.

O Tribunal não considera o sentido literal possível da "lei geral" como limite de uma interpretação que a restringe, sendo antes a lei corrigida sempre que o exija a salvaguarda da primazia de valor do direito fundamental no caso particular. Então não se tratará já de uma mera interpretação (conforme a Constituição), mas de uma correção da lei orientada pelas normas constitucionais e pela primazia de valor de determinados bens jurídicos que delas se deduz.

1.50. A inter-relação dos critérios de interpretação

Nos critérios apontados não se trata de diferentes métodos de interpretação, entre os quais o intérprete pudesse escolher segundo o seu arbítrio, mas de pontos de vista diretivos, a que cabe um peso distinto.

O sentido literal possibilita extrair o uso linguístico geral, constitui o ponto de partida e, ao mesmo tempo, determina o limite da interpretação, pois que aquilo que está além do sentido possível e que já não é com ele compatível, mesmo na "mais ampla" das interpretações, não pode valer como conteúdo da lei. O sentido literal não é inequívoco, deixando margem para numerosas variantes de interpretação. O uso linguístico geral é precedido por uso linguístico especial da lei, a não ser que resulte de outros critérios que a lei afastou aqui do seu uso linguístico próprio.

O contexto significativo da lei é, enquanto "contexto", imprescindível para compreender o significado específico de um termo ou de uma frase precisamente neste contexto. O contexto significativo permite esperar que as diferentes normas de uma regulação concordem materialmente entre si.

Sempre que o sentido literal possível e o contexto significativo da lei deixam margem para diferentes interpretações, há de preferir-se aquela interpretação que melhor se ajuste à intenção reguladora do legislador e ao escopo da norma em causa (interpretação histórico-teleológica). A intenção reguladora e os fins do legislador podem averiguar-se a partir da situação histórica, do motivo da regulação, das declarações de intenção do legislador, de uma exposição oficial de motivos, assim como a partir do próprio conteúdo da regulação, conquanto esteja inequivocamente orientada a um fim. Na interpretação da lei o juiz está vinculado aos fins da lei e às decisões valorativas do legislador a eles subjacentes.

Deve-se dar preferência, nos quadros do sentido literal possível e da cadeia de significado (do contexto), à interpretação por meio da qual se evite uma contradição de valoração adentro do ordenamento jurídico.

Especial relevo exsurge na interpretação aos princípios ético-jurídicos de escalão constitucional. O requisito de interpretação conforme a Constituição exige dar preferência, nos casos de várias interpretações possíveis segundo o sentido literal e o contexto, àquela interpretação em que a norma, medida pelos princípios constitucionais, possa ter subsistência. O juiz que interpreta há de ter em conta, na concretização dos princípios constitucionais, o primado de concretização do legislador. Há de ter-se sempre em atenção a combinação dos princípios constitucionais, que se podem completar reciprocamente, mas também reciprocamente se limitar.

Ao sentido literal, o contexto significativo e a intenção reguladora do legislador histórico têm prevalência sobre os critérios teleológico-objetivos desde que não permitam aduzir fundamentos racionais que atribuam prevalência aos outros argumentos. Todos os critérios são sempre de tomar em conta, recusando-se uma relação hierárquica entre eles.

Como o sentido literal delimita a interpretação possível de uma disposição, deve-se começar por ele; em seguida, deve-se seguir para o contexto significativo, em que a disposição surge em relação com outros. O pano de fundo deve ser o escopo da regulação.

A interpretação não é, como vemos, um exemplo de cálculo, mas uma atividade criadora do espírito. Como no julgamento de uma situação de fato concreta com base numa pauta de valoração carecida de preenchimento ou numa coordenação tipológica, fica também ao intérprete, nos casos-limite, uma margem de livre apreciação, adentro da qual são "plausíveis" diferentes resoluções.

1.51. Comparação da interpretação da lei com a interpretação dos negócios jurídicos

Trata-se da interpretação dos negócios jurídicos, no contexto do ajuizamento jurídico de uma situação de fato, à qual se enlaçam consequências jurídicas.

Na interpretação dos negócios jurídicos, especialmente dos contratos (abstraídos os testamentos), trata-se quase sempre de duas partes, declarante e declaratário, que intencionaram e entenderam a declaração num sentido diferente, e agora disputam sobre qual interpretação deva ser determinante.

Em princípio, prevalece a declaração do declarante, desde que tenha sido clara para o destinatário. Este deve esforçar-se (dentro do exigível) por ir ao encontro da intenção do declarante, indagando-a em termos retrospectivos.

Só quando a declaração tiver sido entendida por ambos no mesmo sentido é que ela vale nesse sentido, sem que se tenha ainda que remontar ao significado que objetivamente deva ser entendido.

Ao invés, na interpretação da lei, não se trata do entendimento e da possibilidade de entendimento de ambas as partes, por exemplo, do autor da norma e do destinatário da norma. Não se trata de como é que cada um dos destinatários entendeu a norma. Trata-se de proceder à incursão no contexto da regulamentação, nos seus fins e, com isso, na intenção do legislador histórico. Por detrás da regulamentação legislativa está a vontade do legislador de criar uma regulamentação justa; estão princípios ético-jurídicos e a "natureza das coisas" de que na regulamentação se trata, está a exigência de tratar igualmente aquilo que é igual e de evitar contradições valorativas. Tudo isto não tem qualquer papel na interpretação dos negócios jurídicos, ou tem-no só de modo subordinado.

Tanto na interpretação dos negócios jurídicos como na interpretação das leis, se trata do entendimento juridicamente relevante de expressões linguísticas. A necessidade da interpretação decorre sempre do caráter polissêmico e, em muitos casos, de abertura da linguagem corrente e da necessidade de isso ser remediado. Ambas seguem as funções especiais e os interesses das pessoas envolvidas (a lei e o contrato).

1.52. A interpretação de fatores conformadores. A aspiração a uma resolução justa do caso

O juiz que interpreta uma lei o faz diante de um caso concreto que tem que resolver. Resolução justa do caso é aquela que dá conta do interesse legítimo de ambas as partes, estabelecendo uma ponderação equilibrada dos interesses e que, por isso, pode ser aceita por cada uma delas, na medida em que também considera adequadamente o interesse da parte contrária. Mesmo que esta meta não possa ser sempre alcançada, aspirar a ela é para o juiz um imperativo de ordem moral.

Não é lícito ao juiz introduzir na lei o que se deseja extrair dela.

A não ser que a própria lei deixe ao juiz uma margem de apreciação e valoração pessoais em relação à sua interpretação e à concretização das pautas de valoração nela contidas, ele tem de ater-se ao que (mediante uma interpretação metodicamente adequada ou pela via de um desenvolvimento judicial admissível e materialmente requerida) a lei e o Direito estipulam.

Em caso de conflito entre a fidelidade à lei e a justiça do caso, o juiz, só em último caso, deve decidir segundo sua consciência. Hoje, o pêndulo se inclina muito para a justiça do caso concreto. O Estado de Direito não pode renunciar, nas complexas relações de nosso tempo, nem às leis, nem a uma magistratura que tome a sério a sua vinculação à lei e ao Direito.

1.53. A alteração da situação normativa

As relações fáticas ou usos que o legislador histórico tinha perante si e em conformidade aos quais projetou a sua regulação, como havia pensado, variaram de tal modo que a norma dada deixou de se "ajustar" às novas relações. Qualquer lei, como fato histórico, está em relação atuante com seu tempo. O que na gênese da lei atuava de modo determinado, desejado pelo legislador, pode posteriormente atuar de um modo que nem sequer o legislador previu, nem se o pudesse ter previsto, estaria disposto a aprovar.

A nova interpretação, para continuar a ser interpretação, tem de manter-se ainda nos quadros do sentido literal (de então, ou, se este possibilitar antes uma interpretação "ajustada ao tempo", do atual) e também do contexto da lei, não lhe sendo tampouco lícito sobrepor-se ao escopo da lei. Se a aplicação da lei vier a conduzir a um resultado completamente destituído de fim e de sentido, dentro das relações atuais, então a lei é inaplicável (v.g., relações temporárias). Quando ainda é pensável um fundamento ou fim racional para uma norma, mesmo que não seja o do legislador histórico, esta continua a ser aplicável com uma interpretação que se adapte.

Mais frequente é o caso em que o fim originário, para continuar a ser atingível, reclama, face à alteração das relações, outra interpretação, quer mais ampla, quer mais restrita (v.g., Lei das estradas de ferro de 1912, no Brasil).

A alteração da situação normativa pode assim conduzir à modificação-restrição ou extensão do significado da norma até aqui prevalecente.

Ao lado da alteração normativa, fatos como modificações na ordem jurídica global (novo CC, CF, CDC) podem provocar uma alteração de interpretação. As alterações subjacentes se operam de modo contínuo e não repentinamente. É também possível que uma interpretação que parecia originariamente como conforme à Constituição, deixe de o ser na sequência de uma modificação das relações determinantes.

1.54. Problemas especiais da interpretação. Interpretação "estrita" e "ampla". A interpretação de "disposições excepcionais"

A meta da interpretação não é a averiguação da vontade real do legislador histórico, mas averiguar o significado da lei que é hoje juridicamente decisivo. Este significado tem que se situar no âmbito do sentido possível do termo. Mas o sentido literal possível é variável. O significado "estrito" é aquele que, em relação a outros possíveis, tem um âmbito de aplicação estrito; e "amplo" aquele que tem um âmbito de aplicação mais amplo. O significado estrito se identificará com o "âmbito nuclear" que é intencionado em primeiro lugar ao usar este termo; "amplo" é então aquele significado que, em maior ou menor extensão, compreende também os fenômenos da franja marginal que, no uso linguístico geral, só algumas vezes se tem também em conta. O transcender da franja marginal, já não seria interpretação, tal como não seria com a exclusão daqueles fenômenos que se situam indubitavelmente no âmbito nuclear. No primeiro caso, só se poderia tratar de uma analogia; no segundo, de uma redução teleológica da lei.

Em geral afirma-se que as disposições excepcionais se interpretam restritivamente e que não são passíveis de aplicação analógica, o que, em termos tão gerais, não é correto.

O legislador, por vezes, introduz uma restrição na forma de uma proposição jurídica restritiva ou de uma ordem negativa de realidade.

Só quando se trata de uma exceção também segundo a matéria, tem a regra de interpretação aduzida um valor limitado. Trata-se de uma exceção segundo a matéria quando a lei derrogou, em relação a determinados casos, uma regra que procura conseguir validade no sentido mais amplo possível, porque a sua realização pareceu ao legislador, inclusivamente nesses casos, pouco prática ou oportuna e, devido a isso, acreditou poder aqui renunciar a ela. Tem de evitar-se aqui que, mediante uma interpretação excessivamente lata das disposições excepcionais, ou mediante a sua aplicação analógica, o propósito de regulação do legislador se transmude afinal no seu contrário. Mas isso não significa que a disposição excepcional haja de interpretar-se tão estritamente quanto possível ou que a analogia esteja excluída em todos os casos. É decisiva a razão pela qual o legislador excepcionou precisamente estes casos. Se as ideias normativas se dirigem exclusivamente a um determinado grupo de casos, a interpretação tão pouco deveria incluir novos casos quando tal não fosse possível segundo o sentido literal dos termos escolhidos, pois que de contrário seria infringido o princípio de igual tratamento daquilo que é igual no sentido.

V – SOBRE A INTERPRETAÇÃO DA CONSTITUIÇÃO

Deve-se entender a Constituição não tanto como uma ordem constituída, mas como *law in public action*, como processo político. Este processo exigiria uma interpretação aberta, uma abertura do cânone metodológico. Isto não significa que as regras de interpretação clássicas fossem afastadas; assemelhar-se-iam antes a um círculo na linhagem da Constituição viva. Meta de toda interpretação seria um entendimento da Constituição aberto (ao futuro) e nele uma equiparação de interesses justa, racional. A aplicação do Direito e também a realização da Constituição através dos tribunais representam um processo contínuo, no qual a interpretação constitui o fator mediante o qual a norma é permanentemente ajustada a novos dados temporais; subestima pois, porventura, a função estabilizadora da Constituição e a sua importância para a interpretação.

Não se vê fundamento para não se aplicarem os princípios interpretativos gerais também à interpretação da Constituição, pois que ela é, enquanto lei, tal como todas as outras leis (muitas redigidas em linguagem corrente) uma obra de linguagem, que, como tal, carece de interpretação, tal como as proposições nela contidas têm o caráter de normas; o seu efeito vinculativo não é certamente menor, mas mais vigoroso do que o das demais leis.

A arbitrariedade na escolha do método ou uma discricionariedade idêntica à do legislador, não são conciliáveis com a sua textura jurídico-constitucional. São aqui também de ter em atenção todos os critérios de interpretação.

É certo que a Constituição, sobretudo na parte dos direitos fundamentais, serve-se de conceitos carecidos de preenchimento, bem como de padrões éticos, como o de dignidade da pessoa humana, que traça a delimitação de um direito fundamental e deixa à interpretação um espaço de discricionariedade.

Na atividade decisória normal, a questão sobre as consequências ulteriores que porventura sobrevenham à resolução pensada (v.g., consequências econômicas de uma falência ou nulidade de um contrato) não desempenha qualquer papel.

Parte V • O Direito e a Metodologia

No que tange à avaliação das consequências previsíveis, esta avaliação só pode estar orientada à ideia de bem comum, especialmente à manutenção ou aperfeiçoamento da capacidade funcional do Estado de Direito. É, neste sentido, uma avaliação política, mas devendo-se exigir de cada juiz constitucional que se liberte, tanto quanto lhe seja possível, da sua orientação política subjetiva, de simpatia para com determinados grupos políticos, ou de antipatia para com outros, e procure uma resolução despreconceituada, racional.

VI – MÉTODOS DE DESENVOLVIMENTO JUDICIAL DO DIREITO

1.55. O desenvolvimento judicial do Direito como continuação da interpretação

Mesmo a lei cuidadosamente pensada não pode conter uma solução para cada caso, necessitando de regulação que seja atribuível ao âmbito de regulação da lei; toda lei contém, inevitavelmente, lacunas. Reconhece-se de há muito a competência dos tribunais para colmatar as lacunas da lei. Por vezes, trata-se não de colmatar lacunas mas de adoção de conformação de novas ideias jurídicas que tinham se insinuado na própria lei, e cuja realização vai além do plano originário da lei e o modifica em menor ou maior grau. A superação da lei só é possível dentre os princípios diretores da ordem jurídica no seu conjunto; por vezes motivada pela aspiração de fazer valer estes princípios em maior escala do que aconteceu na lei.

A interpretação da lei e o desenvolvimento judicial do Direito não são essencialmente diferentes, mas só como distintos graus do mesmo processo de pensamento. A simples interpretação da lei pelo tribunal já representa um desenvolvimento do Direito. O desenvolvimento judicial do Direito que ultrapasse os limites da interpretação lança mão de "métodos interpretativos" em sentido amplo. Assinalou-se como limite de interpretação em sentido estrito o sentido literal possível. Um desenvolvimento do Direito conduzido metodicamente para além desse limite, mas no plano originário da teleologia da lei em si, é preenchimento de lacunas, desenvolvimento do Direito imanente à lei. O desenvolvimento do Direito que esteja para além desse limite, mas dentro dos princípios diretores do ordenamento jurídico, é Direito superador da lei. O juiz, que não pode denegar a resolução do caso concreto, é obrigado a interpretar a lei e, sempre que contenha lacunas, deve integrá-las e só pode decidir-se a um desenvolvimento superador da lei quando o exijam razões de grande peso. Toda pauta carecida de preenchimento ao julgar um caso concreto significa um desenvolvimento do Direito. A primeira interpretação dos tribunais supõe já um desenvolvimento da norma, na medida em que considera pertinente um entre muitos significados possíveis segundo o sentido literal e, deste modo, elimina uma incerteza anteriormente existente. A interação do intérprete não se dirige a desenvolver a norma, mas apenas a conhecer e expressar o significado que está incluído no texto. A atividade típica do intérprete é expressar somente aquilo que o texto "corretamente entendido" afirma por si (fazer falar o texto). O texto só fala para quem o interroga corretamente e compreende a sua linguagem. São importantes para o preenchimento de lacunas da lei os mesmos critérios de interpretação, em especial a intenção reguladora, os fins do legislador e os critérios teleológicos-objetivos.

O desenvolvimento judicial do Direito precisa de uma fundamentação metódica se quiser que seu resultado haja de justificar-se como Direito, no sentido da ordem jurídica vigente. Precisa-se de uma justificação, pois, sem ela, os tribunais usurpariam um poder que não lhes compete. Têm entre si uma estreita ligação as questões relativas aos limites da competência dos tribunais em ordem a desenvolver o Direito ultrapassando os limites da verdadeira interpretação e, inclusivamente, da integração de lacunas imanentes à lei, e a possibilidade de um tal desenvolvimento do Direito.

1.56. A integração das lacunas da lei (desenvolvimento do Direito imanente à lei). Conceito e espécies de lacunas da lei

A faculdade de desenvolver o Direito cabe indiscutivelmente aos tribunais, sempre que a lei contenha lacunas. O conceito de lacuna na lei não assinala o limite do possível (e admissível) desenvolvimento do Direito, mas antes, o limite de um desenvolvimento do Direito imanente à lei, que se mantém vinculado à intenção reguladora, ao plano e à teleologia imanente à lei. Um desenvolvimento superador da lei é lícito aos tribunais apenas sob determinados pressupostos. Poderia pensar--se que existe uma lacuna sempre que a lei não contenha regra alguma para uma determinada configuração no caso, quando, portanto, se mantém em silêncio. Mas existe também um silêncio eloquente da lei. No silêncio eloquente o legislador não quis admitir um tal direito, sobre determinado fato e intencionalmente não incluiu na lei disposições a esse respeito. Nesse caso é necessária lei própria para colmatar a lacuna. Aqui, a lei não contém lacunas. Lacuna e silêncio não são a mesma coisa.

A lacuna pode se constituir na ausência de uma regra que restrinja os possíveis sentidos literais do texto, os quais não se adaptam ao seu sentido e escopo. Aqui, a regra legal carece de uma restrição não contida na lei e cuja ausência pode ser considerada uma lacuna.

Só se pode falar em lacunas de uma lei quando esta aspira a uma regulação para um determinado setor que é, em certa medida, completa.

Uma lei particular, e também uma codificação completa, só pode conter lacunas sempre e na medida em que falte pelo menos uma regra que se refere a uma questão que não tenha sido deixada ao espaço livre do Direito.

Na maioria dos casos em que falamos de lacuna da lei não está incompleta uma norma jurídica particular, mas uma determinada regulação em conjunto, quer dizer: esta não contém nenhuma regra para uma certa questão que, segundo a intenção reguladora subjacente, precisa de uma regulação. Trata-se das lacunas de regulação. Indagada a lei, a resposta teria de ser que justamente a questão não está regulada e que, por isso, a situação de fato correspondente fica sem consequência jurídica.

Uma resposta desta dada pelo juiz resultaria em denegação de justiça, se se tratar de uma questão que caia no âmbito de regulação jurídica intentada pela lei e não seja de atribuir, por exemplo, o espaço livre do Direito. Por isso, para chegar a uma solução juridicamente satisfatória, o juiz precisa preencher a lacuna da regulação legal, em concordância com a intenção reguladora a ela subjacente e com a teleologia da lei.

Tanto as lacunas normativas como as lacunas de regulação são lacunas dentro da conexão reguladora da própria lei. Se existe ou não tal lacuna, há de aferir-se do ponto de vista da própria lei, da intenção reguladora que lhe serve de base, dos fins por ela perseguidos e do "plano" legislativo. Uma lacuna da lei é uma interpretação contrária ao plano da lei.

De vez em quando se pensa que existe uma lacuna da lei só quando uma norma não pode ser aplicada em absoluto sem que lhe acrescente uma nova disposição que se encontra a menos na lei. Nestes casos, em que a norma particular está incompleta, pode-se falar de uma lacuna normativa.

O plano regulador que serve de base à lei há de inferir-se dela mesma pela via da interpretação histórica e teleológica.

A fronteira entre uma lacuna da lei e uma falha da lei na perspectiva da política legislativa só pode traçar-se na medida em que se pergunta se a lei é incompleta comparada com a sua própria intenção reguladora ou se somente a decisão nela tomada não resiste a uma crítica de política legislativa. Em ambos os casos a lei não contém uma norma que deveria conter. Se a lei não está incompleta (lacuna) mas defeituosa (falha), então não é caso de integração de lacunas, mas de desenvolvimento do Direito superador da lei. Um princípio que é inerente a toda lei é o do tratamento igual daquilo que é igual. Se uma lei regula uma determinada situação de fato A de uma determinada maneira, mas não contém nenhuma regra para o caso B, que é semelhante àquele no sentido da valoração achada, a falta de uma tal regulação deve considerar-se uma lacuna da lei.

Uma lacuna da lei não representa algo semelhante a um "nada", mas significa a falta de uma regra determinada, no plano da regulação ou do contexto global da lei. Isto é frequentemente ignorado. Uma lei é "lacunosa" ou incompleta sempre apenas em atenção à regulação por ela almejada, materialmente exaustiva e, neste sentido, "completa" e materialmente adequada. Uma lei é "lacunosa" somente em comparação com uma regra em falta, que ela (de acordo com sua teleologia própria) deveria conter.

Distinguem alguns a lacuna do Direito. Enquanto não existiu tráfego aéreo, este não precisou de regulação alguma. A lei não está incompleta, ainda que a ordem jurídica deixe de regular todo um setor que carece de regulação (posterior).

Não se pode deduzir uma faculdade genérica de colmatar tais "lacunas de direito" que não são "lacunas da lei". A lacuna de direito não se ajusta à ideia de uma "interpretação contrária ao plano". É que só se pode falar de um plano, de uma determinada intenção reguladora, em relação à lei, não em relação à ordem jurídica no seu conjunto. A ideia de planos jurídicos só se ajusta fundamentalmente a uma ordem jurídica totalmente codificada. A "lacuna do Direito" seria então uma imperfeição do Direito estatuído, comparado com o plano conjunto de codificação. Um tal plano conjunto não existe na realidade. Para todas as regras de uma ordem jurídica vale o requisito da ausência de contradição lógica, da compatibilidade material e da concordância de valorações.

A concordância interna, i.e., valorativa, das normas jurídicas e dos complexos de regulação é uma tarefa que constantemente se depara ao legislador, à jurisprudência dos tribunais e à ciência do Direito e que, de novo, há que levar a cabo. O "sistema interno", tal como o imagina a desejável unidade da ordem jurídica, não é um sistema "fechado", mas um sistema "aberto", que nunca está concluído, mas que é suscetível de evolução e está sujeito a ela. A ideia de um "sistema aberto" não se ajusta à ideia de uma "lacuna do Direito", no sentido de uma "imperfeição contrária ao plano" do conjunto da ordem jurídica. Por isso, não se empregará a expressão "lacuna do Direito" mas "lacuna" apenas no sentido de lacuna da lei.

Dentre as lacunas da lei distinguimos ainda entre lacunas "patentes" e "ocultas" assim como lacunas iniciais e subsequentes.

Existe "lacuna patente" quando a lei não contém regra alguma para um determinado grupo de casos, que lhes seja aplicável – se bem que, segundo a sua própria teleologia, devesse conter tal regra.

Fala-se de "lacuna oculta" quando a lei contém precisamente uma regra aplicável a casos desta espécie, mas que, segundo seu sentido e fim, não se ajusta a este determinado grupo de casos, porque não atende à sua especificidade, relevante para a valoração. A lacuna aqui consiste na ausência de uma restrição. Por isso, a lacuna está oculta, porque, ao menos à primeira vista, não falta aqui uma regra aplicável.

Na lacuna oculta (ausência de restrição) o seu preenchimento leva-se a cabo pela via de uma "redução teleológica" da norma, a redução omitida.

Existem lacunas de regulação, tanto "patentes" como "ocultas", conforme ou não possa em absoluto inferir-se regra alguma da regulação legal para um grupo de casos que carecem de uma regulação, segundo a intenção reguladora que lhe serve de base ou tenha sido realmente dada uma regra, mas não está declarada na lei uma restrição, exigida pelo seu sentido e pelo seu fim, para este grupo de casos (a situação de fato fica fora do alcance do cálculo de representações do legislador).

1.57. A integração de lacunas "patentes", em especial por analogia

Analogia é a transposição de uma regra, dada na lei para a hipótese legal (A), ou para várias hipóteses semelhantes, numa outra hipótese B, não regulada na lei, "semelhante" àquela. A transposição funda-se em que, devido à sua semelhança, ambas as hipóteses legais hão de ser identicamente valoradas nos aspectos decisivos para a valoração legal, quer dizer, funda-se na exigência da justiça de tratar igualmente aquilo que é igual. A integração da lacuna da lei, por via de um recurso a um princípio ínsito na lei, funda-se em que a situação de fato não regulada expressamente na lei é aquela a que o princípio (igualmente) se refere, sem que aqui intervenha um princípio contrário.

A transposição de uma regra, dada para a hipótese legal, numa outra "semelhante" a ela, quer dizer, que se há de considerar igual na sua valoração, denomina-se "*analogia legis*" ou analogia particular, porque é aplicada analogicamente uma norma legal particular a uma situação de fato não regulada por ela.

A *analogia juris* ou analogia geral: aqui, de várias disposições legais que ligam idêntica consequência jurídica a hipóteses legais diferentes, infere-se um princípio jurídico geral que se ajusta tanto à hipótese não regulada na lei como às hipóteses reguladas.

Os vários passos do raciocínio são os seguintes:

1. a lei prescreve um direito de denúncia, por motivos importantes, para uma série de relações obrigacionais;

2. em todas estas relações obrigacionais trata-se de obrigações de trato sucessivo;

3. as relações de trato sucessivo são relações jurídicas de mais longa duração e exigem das partes uma colaboração pessoal, um bom entendimento ou uma confiança recíproca absoluta;

4. a *ratio legis* das disposições legais resulta da peculiaridade de todas as obrigações de trato sucessivo;

5. por isso, a *ratio legis* não só se refere aos casos de obrigações de trato sucessivo;

6. portanto, na nossa ordem jurídica vale um princípio geral cujo conteúdo consiste em que em todas as obrigações de trato sucessivo é possível a denúncia por motivos importantes.

Exemplo: de uma série de disposições legais que preveem, para obrigações de trato sucessivo, um direito de cada parte à denúncia por "motivos importantes" deduz-se, por exemplo, que um tal direito de denúncia se dá em todas as obrigações de trato sucessivo.

Para o procedimento aqui designado como analogia geral é, portanto, decisivo recorrer à *ratio legis* comum a todos os preceitos particulares, assim como à sua generalização. A esse respeito há de analisar-se sempre até que ponto é aquela realmente suscetível de generalização e se as particularidades de certos grupos de casos justificam uma valoração divergente.

Nem sempre é necessária uma analogia geral para a descoberta de um princípio geral. De vez em quando é suficiente esclarecer a *ratio legis* subjacente a uma disposição legal particular, assim como saber que esta *ratio legis* se refere a um âmbito de casos mais amplos do que o mencionado na lei.

Numa relação muito próxima com a analogia está o denominado argumento *a majore ad minus*. Este diz: se, segundo uma disposição legal, para a previsão A vale a consequência jurídica C, então esta tem que valer "por maioria de razão" para a previsão B, semelhante àquela, pois a *ratio legis* de regra legal atende à previsão B ainda em maior medida. O argumento a *majore ad minus* está expresso nas palavras "pelo menos em igual medida". A verdadeira justificação do *argumentum a majore ad minus* radica, do mesmo modo que a do argumento por analogia, no imperativo de justiça de tratar igualmente hipóteses que, do ponto de vista valorativo, são iguais, sempre que não seja imposto pela lei, ou esteja justificado por razões especiais, um tratamento desigual.

À analogia e ao *argumentum a majore ad minus* contrapõe-se o argumento a contrário, o argumento pela inversa. Este diz: precisamente porque a lei ligou a consequência jurídica C (só) à previsão A, aquela não vale para outras previsões, mesmo quando estas devessem ser semelhantes a A. Esta conclusão só está justificada quando a regra legal contém expressamente, ou ao menos segundo o sentido, a palavra "só", posta aqui entre aspas; quer dizer, se a restrição da consequência jurídica C foi requerida claramente pelo legislador precisamente para a previsão A ou é obrigatória segundo a teleologia da lei. Se este é o caso, há de averiguar-se em primeiro lugar pela via da interpretação. De modo algum deve pressupor-se; se a regra legal não se entender no sentido de que a consequência jurídica só deve sobrevir nos casos por aquela assinalados, então o argumento pela inversa é já logicamente defeituoso. Mas se o argumento pela inversa depois se mantiver, então exclui-se, desse modo, por regra, não só uma analogia, mas também a existência de uma lacuna da lei. Pois as mais das vezes, não existe uma interpretação da regulamentação legislativa "contrária ao plano" ou admissível segundo a teleologia da lei.

1.58. A integração de lacunas "ocultas", em especial por redução teleológica

A lacuna "oculta" ocorre no caso em que uma regra legal, contra o seu sentido literal, mas de acordo com a teleologia imanente à lei, precisa de uma restrição que não está contida no texto legal. A integração de uma tal lacuna efetua-se acrescentando a restrição que é requerida em conformidade com o sentido. Com isso, a regra legal concebida demasiado ampla segundo seu sentido literal, é reduzida ao âmbito de aplicação que lhe corresponde segundo o fim da regulação teleológica (restrição).

Assim como a justificação da analogia radica no imperativo de justiça de tratar igualmente casos iguais, também a redução teleológica radica no imperativo de justiça de tratar desigualmente o que é desigual; quer dizer, de proceder às diferenciações requeridas pela valoração. Estas podem ser exigidas pelo sentido e escopo da norma a restringir, ou pelo escopo de outra norma que de outro modo não seria atingida, ou pela natureza das coisas, ou por um princípio imanente à lei prevalecendo num certo grupo de casos.

A restrição de uma norma pela via da sua redução teleológica vai amiúde acompanhada da ampliação do âmbito de aplicação de outra norma. Inversamente, a ampliação de uma norma legal restritiva por via de analogia significa uma restrição contida na norma por ela restringida, que vai mais além da restrição contida na lei.

Por vezes, a restrição de um preceito legal consegue-se também pela via de que a norma restritiva é achada com auxílio da concretização de uma pauta cujo conteúdo precisa ser preenchido, como a da "boa-fé".

1.59. Outros casos de correção teleologicamente fundamentada do texto legal

A analogia (resolução com base num princípio achado pela generalização de uma regra) e a redução teleológica representam uma correção do teor literal da lei (às vezes estrito ou amplo em demasia), conforme a *ratio legis* e à teleologia da própria lei; representam um desenvolvimento do Direito imanente à lei. Os casos em que o teor literal demasiado estrito é ampliado podem denominar-se casos de "extensão teleológica", sem que se trate de analogia.

1.60. Constatação de lacunas e integração de lacunas

A constatação de lacuna exige uma valoração crítica da lei segundo a pauta da sua própria teleologia e do preceito de tratamento igual daquilo que tem igual sentido. As considerações que para o efeito há de fazer-se conduzem, com frequência, a integrar a lacuna.

A analogia e a redução teleológica são operações do pensamento que não só servem para a integração de lacunas, mas também para a constatação de lacunas.

Quando o juiz tem que escolher entre não aplicar uma regra geral ou acrescentar a disposição requerida para a aplicação da lei, temos uma lacuna de denegação de justiça. Constata-se a lacuna e a necessidade de a integrar, mas permanece em aberto a questão relativa ao modo como se há de integrar a lacuna, se mediante uma analogia, uma extensão teleológica ou um recurso a um princípio ou à natureza das coisas. Existem lacunas não suscetíveis de preenchimento.

1.61. A solução de colisões de princípios e normas mediante a "ponderação de bens"

A propósito da interpretação conforme a Constituição, vimos que podemos nos servir da ponderação de bens no caso concreto para determinar o alcance em cada caso dos direitos fundamentais ou princípios constitucionais que colidam entre si no caso concreto. Ponderar e sopesar é apenas uma imagem; não se trata de grandezas quantitativamente mensuráveis, mas do resultado de valorações que – nisto reside a maior dificuldade – não só devem ser orientadas a uma pauta geral, mas também à situação concreta em cada caso. Não existe uma ordem hierárquica de todos os bens e valores jurídicos em que possa ler-se o resultado como numa tabela. Uma lei pode restringir-se à liberdade de exercício de profissão, mas não à liberdade de escolha da profissão. A liberdade de profissão e o exercício de profissão não se podem separar completamente entre si, particularmente quando se trata de

Parte V • O Direito e a Metodologia

assumir a atividade profissional. O direito fundamental deverá proteger a liberdade do indivíduo, devendo, em contrapartida, a reserva de regulação assegurar uma proteção suficiente dos interesses da comunidade. A proteção da comunidade será tanto mais urgente quanto maiores forem as vantagens e perigos que possam causar à comunidade com base no exercício inteiramente livre da profissão.

No caso dos farmacêuticos o bem da comunidade protegido é a saúde pública. Sua importância justifica as restrições à liberdade do indivíduo. É indiscutível que são necessários à saúde pública profissionais competentes no manejo ordenado dos medicamentos.

Ao direito fundamental à escolha da profissão se atribui um grau muito eleva-do no quadro geral da Constituição, e o bem comunitário de grau superior da saú-de pública cujo asseguramento deve servir a regulamentação legal posta em causa. Além disso, não se busca um denominador comum para estes dois bens jurídicos, o qual, evidentemente, não é possível encontrar. Em vez disso, procede segundo um princípio que poderia classificar-se da "restrição menor possível". As restrições do direito fundamental à livre escolha de profissão respeitantes a uma disciplina legal do exercício da profissão são lícitas, mas só na medida em que são necessárias, a fim de evitar um perigo sério, não evitável de outro modo, para o bem jurídico igual-mente importante de saúde pública. Este princípio representa a pauta com a qual o tribunal mede a licitude constitucional da regulação legal existente. É preciso fixar a ideia de que o meio e o fim têm que estar numa relação de adequação, que o prejuízo do bem jurídico protegido não deve ir além do que requer o fim aprovado.

No caso de delimitação do direito da personalidade, especialmente frente ao direito de liberdade de imprensa, ela salvaguarda interesses legítimos quando informa ou toma posição sobre assunto em relação ao qual exista um sério in-teresse de informação de opinião pública. Inobstante, ela não está livre de todas as limitações que resultam do Direito de cada um à conservação da sua honra. A imprensa deve se preocupar em examinar com cuidado a autenticidade das fontes de informação, abster-se de intromissões injustificadas na esfera privada, evitando exageros e ponderar se existe uma relação defensável entre o fim pretendido com a publicação e os danos causados à honra da pessoa em questão (princípio do maior respeito possível dos direitos alheios). Há que se exigir, ao menos, que exista uma relação adequada entre o fim perseguido e o prejuízo daquele sobre cuja atuação se informa; basta um sério interesse de opinião pública numa informação completa.

Pode-se deduzir alguns princípios para a ponderação de bens: trata-se de sa-ber se, segundo a ordem de valores contida na Constituição, se pode estabelecer uma clara prevalência valorativa de um dos bens aqui em questão em face do outro.

É preciso ter em conta os princípios da proporcionalidade, do meio mais idôneo ou da menor restrição possível. A lesão de um bem não deve ir além do que é necessário, ou, pelo menos, que seja defensável em virtude de outro bem ou de um objetivo jurídico reconhecido como de grau superior. Trata-se em relação ao princípio da proporcionalidade, de um princípio jurídico material, que se converte em fio condutor metodológico da concretização judicial da norma. A ponderação de interesses não é simplesmente matéria do sentimento jurídico, é um processo racional que não há de fazer-se, em absoluto, unilateralmente, mas que, pelo menos até um certo grau, segue princípios identificáveis e, nessa medida, é também comprovável.

A ponderação de bens no caso concreto é um método de desenvolvimento do Direito, pois que serve para solucionar colisões de normas – para delimitar umas das outras as esferas de aplicação das normas que se entrecruzam e, com isso, concretizar os direitos cujo âmbito, como o do direito geral de personalidade, ficou em aberto.

1.62. O desenvolvimento do Direito de acordo com a natureza das coisas

O conceito de "natureza das coisas" envolve conhecer a relação entre ser e dever ser, ser material e ser espiritual, realidade e valor. Quem vê na natureza das coisas um subsídio, transcende a mera factualidade e penetra na esfera do que é suscetível de sentido e de valor. Certos dados fundamentais pertencentes à natureza corpórea ou à natureza anímica e espiritual do homem, que não são mutáveis, ou o são dificilmente e em períodos mais longos, têm que ser tidos em conta pelo Direito; servem se ao homem não exigirem demais. Certas instituições, criadas e usadas pelos homens, precisam de certas regras para cumprir seus fins e funcionarem de acordo com eles. A natureza das coisas deixa margem para várias possibilidades de configuração, mas exclui algumas por plenamente "alheias às coisas", inadequadas às coisas. A natureza das coisas é importante em conexão com a igualdade pois exige que se diferencie adequadamente. Contribui para saber o que carece realmente de uma regulamentação e que fatores se hão de considerar na regulamentação. Exige, por exemplo, distinção entre crianças, adolescentes e adultos, tanto no tráfego jurídico-negocial, quanto na responsabilidade cível e penal. Disso se infere o grau de maturidade intelectual (característica da idade em si ou no caso concreto) e a capacidade de sentir a responsabilidade e de atuar de acordo com ela. Da natural necessidade de ajuda que tem a criança, resulta a necessidade de regular o direito e o dever de cuidar da criança, decorrendo da natureza das coisas que a lei indique os pais para isso. Se existe um direito sucessório é da natureza das coisas que o herdeiro venha a responder pelas dívidas do autor da sucessão. Da natureza da coisa "dinheiro" resulta, para a dívida pecuniária, que esta não pode simplesmente equiparar-se a uma obrigação real normal. O devedor de dinheiro está obrigado a proporcionar um valor em dinheiro nominal expresso em cifras, não à entrega de uma determinada mercadoria. Ninguém terá a ideia de "alugar" notas de banco, i.e., se obrigar a devolver as mesmas notas depois do uso. Isto seria contrário à coisa, porque o único uso possível das notas de banco consiste em gastá-las. O uso temporário de dinheiro não pode ser objeto de aluguel, mas apenas de mútuo. Daí resulta também a identidade de função dos juros do mútuo e dos rendimentos do aluguel e, portanto, a natureza jurídica do mútuo oneroso como um contrato sinalagmático.

A natureza das coisas é um critério teleológico-objetivo de interpretação, sempre que não se possa supor que o legislador tenha querido desatendê-la. A natureza das coisas é de grande importância em ordem à ponderação de bens no caso concreto.

Onde a reputação legal falseia de modo grosseiro a natureza das coisas, a jurisprudência dos tribunais corrige-a mediante um desenvolvimento do Direito superador da lei. Se o legislador passa por alto ou deprecia a natureza das coisas – e aí pode configurar o mundo segundo seus desejos –, terá a regulação corrigida pelos tribunais.

A natureza das coisas é o critério mais importante para saber se pode ter subsistência uma diferenciação aceita face ao princípio da igualdade. Serve também para o preenchimento de lacunas da lei constitucional, e na medida em que delas se possa falar também de lacunas ocultas. É possível, v.g., a possibilidade de uma competência federal "com base na natureza das coisas", que restringe a atribuição geral de competência aos Estados, e nesta medida corrige a Constituição escrita.

Assim, as deduções a partir da natureza das coisas são conceitualmente necessárias e requerem, necessariamente, uma determinada solução com exclusão de outras possibilidades de solução materialmente adequadas.

1.63. Desenvolvimento do Direito de acordo com um princípio ético-jurídico

Os princípios ético-jurídicos são pautas orientadoras da normação jurídica que, em virtude da sua própria força de convicção, podem justificar decisões jurídicas. Distinguem-se dos princípios técnico-jurídicos, que se fundam em razões de oportunidade pelo seu conteúdo material de justiça; por este motivo, podem ser entendidos como manifestações e especificações especiais da ideia de Direito, tal como esta se revela na consciência jurídica geral. Princípios não são regras imediatamente aplicáveis a casos concretos, mas ideias diretrizes, cuja transformação em regras que possibilitem uma resolução tem lugar em parte pela legislação, em parte pela jurisprudência, segundo o processo da concretização e do aperfeiçoamento de princípios mais especiais mediante a formação de grupos de casos.

Um princípio tem sido muito mencionado: o da proporcionalidade, enquanto exigência da medida indicada, da adequação entre meio e fim, do meio "mais idôneo" ou da "menor restrição possível" do direito ou bem constitucionalmente protegido. A ideia de justa medida tem uma relação estreita com a ideia de justiça, tanto no exercício dos direitos como na imposição de deveres e ônus, de equilíbrio de interesses reciprocamente contrapostos na linha do menor prejuízo possível.

Outro princípio jurídico que derivou do princípio do Estado de Direito é o princípio da confiança na relação do cidadão com a legislação. Tal princípio proíbe, em geral, uma retroatividade das leis e hipóteses legais já verificadas, tanto quanto a medida em que o cidadão devesse confiar na permanência da posição jurídica que para si deriva. O princípio da confiança é imanente à ordem jurídica, que, dentro dos limites que em cada caso se lhe assinalem, pode almejar a ser tido em conta em todos os ramos do Direito. Tal princípio não é absoluto. Poderiam justificar uma disposição retroativa razões de bem comum prementes e que estão supraordenadas ao imperativo da segurança jurídica.

A retroatividade própria das leis somente é admissível quando a justificam razões de bem comum prementes, supraordenadas ao imperativo de segurança jurídica. Na retroatividade imprópria a lei não atua sobre previsões já verificadas por inteiro, mas sim sobre aquelas previsões cuja validação já começou e a confiança do indivíduo na permanência de uma regulação legal há de ponderar-se juntamente com a importância da preocupação do legislador com o bem público; é decisiva, a esse respeito, por um lado, a dimensão do dano à confiança e, por outro lado, a importância da preocupação do legislador com o bem público.

1.64. A formação do conceito e do sistema na jurisprudência. O sistema "externo" ou conceptual-abstrato. Tarefa e possibilidades de formação jurídica do sistema

As normas jurídicas não estão desligadas umas das outras, mas estão numa conexão multímoda umas com as outras. Toda interpretação de uma norma tem de tomar em consideração a cadeia de significado, o contexto e a sede sistemática da norma, a sua função no contexto da regulamentação em causa. O ordenamento jurídico está subordinado a determinadas ideias jurídicas diretivas, princípios ou pautas gerais de valoração. A descoberta das conexões de sentido em que as normas e regulações particulares se encontram entre si e com os princípios diretivos do ordenamento jurídico, e a sua exposição de um modo ordenado que possibilite a visão do conjunto – quer dizer, na forma de um sistema – são duas das tarefas mais importantes da jurisprudência científica. O sistema de conceitos gerais abstratos formado segundo regras da lógica formal, que serve de base à sistemática de numerosas leis é apenas uma destas possibilidades. Este sistema, denominado "externo", baseia-se em que se hão de separar e generalizar, a partir dos fatos-tipo que são objeto de uma regulação jurídica, determinados elementos. A partir deles se formarão conceitos de gênero, que são ordenados de modo que, acrescentando ou subtraindo notas específicas particulares, se possam alcançar diversos graus de abstração. Os "conceitos inferiores" respectivos, que são os de menor grau de abstração, ao serem subsumidos aos conceitos "superiores" correspondentes permitem, finalmente, reconduzir a massa do material jurídico a alguns poucos conceitos "supremos".

A par disso, outras formas de pensamento, como o tipo, a ideia diretiva, o princípio que precisa ser concretizado e o conceito jurídico determinado pela função, começaram a ser utilizadas. Os tipos jurídicos são em si próprios "sistemas móveis" de elementos ordenados entre si, sob um determinado critério diretivo. Como tais, podem ordenar-se em "séries de tipos" que, por seu lado, podem ser concebidos como "sistemas móveis parciais". Os princípios diretivos que estão mais ou menos concretizados na regulação dada, mas que precisam ainda de ser concretizados, representam elementos de um "sistema interno", que tem por missão tornar visível e pôr em evidência a unidade valorativa interna do ordenamento jurídico. Como elemento de união entre estes princípios e os conceitos "abstratos", que não são tampouco de eliminar por completo, servem, finalmente, os conceitos "determinados pela função".

Argumentar com conceitos determinados pela função e com princípios implica ter em conta o sistema interno.

1.65. O conceito abstrato e o sistema "externo" por seu intermédio articulado

Indicamos os conceitos abstratos como elementos básicos do sistema externo. Chamam-se abstratos porque são formados de notas distintivas que são desligadas, abstraídas dos objetos em que aparecem e, na sua generalização, são isoladas, separadas tanto umas das outras como em relação aos objetos a que sempre estão ligadas de um modo determinado. O pensamento que abstrai recolhe um objeto da

630 Problemas e Soluções em Direito • Eugênio Rosa de Araújo

experiência dos sentidos, v.g., uma determinada planta ou animal. Sobressaem ne-les propriedades particulares ou "notas", gerais, desligadas de sua união com outras e assim isoladas.

Eliminando-se as notas particulares podem ser formados conceitos de ele-vado grau de abstração aos quais se podem subsumir todos aqueles que lhes são subordinados.

A seleção das notas distintivas que são recolhidas para a formulação de um conceito abstrato na sua definição é essencialmente codeterminada pelo fim que a ciência em causa persegue com a formação do conceito. O conceito jurídico que designa uma determinada classe de objetos nem sempre se identifica plenamente com o conceito correspondente de outra ciência, ou nem sequer com o que o uso linguístico corrente por ele entende. O conceito jurídico de animal para os fins de responsabilidade do seu detentor, liga-se ao uso corrente do termo, mas não valerá para as bactérias, qualquer que seja o modo como possam ser classificadas zoologicamente.

A lei tem como missão a massificação de uma enorme quantidade de fenôme-nos da vida, muito diferentes entre si e altamente complexos; é preciso caracteri-zá-los mediante notas distintivas facilmente identificáveis e ordená-los de modo a que sejam sempre idênticos, e lhes possam ligar idênticas consequências jurídicas. Para levar a cabo essa missão, forma-se a partir de conceitos abstratos previsões às quais possam ser subsumidos sem esforço todos os fenômenos da vida que apre-sentam notas distintivas do conceito. Não só são caracterizáveis mediante concei-tos abstratos as situações de fato a regular, mas também as consequências jurídicas e conteúdos de regulação a elas associados. A formulação de conceitos ainda mais gerais, como os de sujeito de direito, objeto de direito e negócio jurídico, possibilita a formulação de regras para todo o âmbito de aplicação desses conceitos, i.e., de uma parte geral. Do mesmo modo o direito das obrigações contém uma parte geral cujas regras valem para todos os contratos obrigacionais.

1.66. A "construção jurídica como instrumento de concretização"

A apresentação do conteúdo regulador de uma norma ou de um modelo con-tratual de tais conceitos que, ou já pertencem ao sistema ("externo"), ou devem inse-rir-se sem ruptura, é a missão da chamada "construção" jurídica. É imprescindível, na medida em que nos atenhamos à exigência de um sistema abrangente de conceitos, que seja isento de contradições e possibilite deduções. Construção é aquela atividade que serve para inserir no sistema uma regulação precisamente encontrada na lei ou

Parte V • O Direito e a Metodologia 631

um modelo de contrato desenvolvido no tráfego (não apenas um contrato individual, concreto), de modo a que resulte uma concatenação isenta de contradições e que possam ser traçadas comparações com outras regulações, que permitam pôr claramente em evidência tanto as diferenças como o que têm em comum.

1.67. Tipos e séries de tipos. O "tipo" como forma de pensamento em geral

Quando o conceito geral abstrato e o sistema lógico destes conceitos não são suficientes por si para apreender um fenômeno da vida ou uma conexão de sentido na multiplicidade das suas manifestações, oferece-se então o "tipo" como forma de pensamento. Entre os diferentes significados do termo "tipo" podem distinguir-se – sem pretensão de exaustibilidade – os seguintes.

O **tipo médio ou de frequência** se apresenta quando falamos das reações típicas de uma pessoa ou de uma multiplicidade de pessoas numa dada situação ou quando dizemos que uma certa situação atmosférica é típica desta região e época do ano. Típico aqui quer dizer: "aquilo que é de esperar segundo o curso normal", "normalmente".

O **tipo de totalidade ou configuração** se verifica quando falamos de uma típica casa rústica da saxônia e aludimos a um número maior ou menor de propriedades, de traços característicos que tipificam uma tal imagem na sua globalidade, sem que, por isso, tenham de estar todos presentes. Estes traços podem aparecer na imagem particular que nós associamos ao tipo, com diferente intensidade, com diferentes matizes e combinações. É uma imagem geral, contemplada comparativamente e se trata de uma nota distintiva do todo, i.e., de algo geral que se há de compreender na sua globalidade.

Ambas as espécies são tipos empíricos, i.e., as reações e evoluções respectivas podem ser confirmadas pela experiência.

1.68. A importância do tipo na ciência do Direito

Quando as normas jurídicas remetem para os usos do tráfego ou para o uso comercial, trata-se de um modo de comportamento normalmente esperado, i.e., de um tipo de frequência empírico que é atuado, em geral, pelos membros de um determinado grupo social e que se refere, imediata ou mediatamente ao tráfego negocial.

Trata-se de regras que têm já um caráter normativo na consciência daqueles que as cumprem ou que julgam segundo elas ("bons costumes"). Os usos do tráfego, os usos comerciais e a moral social têm para os juristas o significado de *standards*, i.e., de pautas normais de comportamento social correto, aceitos na realidade social. Tais *standards* não são regras às quais se possa fazer subsunção, mas pautas móveis que têm que ser inferidas da conduta reconhecida como típica e permanentemente concretizadas, ao aplicá-las ao caso a julgar. É um tipo médio de frequência que desempenha grande papel na denominada prova *prima facie*. Considerar-se-á como comprovado um processo causal, quando um tal processo causal corresponde, segundo as circunstâncias constatadas, ao procedimento típico do evento e não se comprovou qualquer circunstância que sugira aqui a possibilidade de um não típico processamento do evento. O processamento típico do evento o juiz deduz de "máximas de experiência", que por seu lado podem ser obtidas da experiência geral da vida.

Da maior importância é o tipo a que subjaz um elemento normativo. A lei serve-se dele, v.g., para a caracterização de um grupo de pessoas, atendendo a um papel social que se subtrai a uma fixação conceitual ("possuidor do animal", "encarregado de um assunto", o "possuidor em nome alheio"...).

Na formação do tipo e também da coordenação concreta do tipo entram tanto elementos empíricos como normativos; a união destes dois elementos constitui precisamente a essência desse tipo, que se poderia denominar tipo real normativo.

O legislador não precisa assumir o tipo tal como se formou na vida jurídica; pode, mediante a sua regulamentação, introduzir-lhe novos traços e descurar outros. Para o tipo tido em conta na lei é decisiva a regulação que na lei recebeu. A regulamentação contratual, ajustada pelas partes no caso concreto, pode afastar-se mais ou menos daquela outra; a partir de tais acordos podem desenvolver-se na vida jurídica novos tipos extralegais de contrato. Quer sejam legais ou extralegais, trata-se de regulamentação típica; é por isso que se distinguem os tipos estruturais dos tipos reais normativos. Formadora de tipos é a estrutura, i.e., a conexão provida de sentido de uma regulamentação, no "jogo concertado" de seus elementos.

1.69. O sistema "interno". A importância dos princípios jurídicos para a formação do sistema

Os princípios ético-jurídicos podem ser tidos como critérios teleológico-objetivos da interpretação e em conexão com o desenvolvimento do Direito. Os princípios são pautas diretivas de normação jurídica que, em virtude de sua própria força de convicção, podem justificar resoluções jurídicas.

Os princípios jurídicos não têm o caráter de regras concebidas de forma muito geral, às quais se pudessem subsumir situações de fato, igualmente de índole muito geral. Carecem antes, sem exceção, de ser concretizados, cabendo distinguir vários graus de concretização.

Os princípios podem entrar em contradição entre si. Sua atuação pode ocorrer numa medida maior ou menor, no que se distingue das regras. Princípios prescrevem que algo seja realizado na medida mais elevada possível, tendo em conta as possibilidades jurídicas e fáticas. No caso de uma contradição entre princípios, tem cada princípio de ceder perante o outro, de modo a que ambos atuem em termos ótimos – ("mandado de otimização"). Em que medida seja este o caso, depende do escalão do bem jurídico em causa em cada caso e requer uma ponderação de bens. Trata-se, em última análise, do valor posicional dos princípios individualmente considerados no quadro de um sistema de tais princípios. O pensamento aqui não é linear, mas é sempre de sentido duplo: o princípio esclarece-se pelas suas concretizações e estas pela sua união perfeita com o princípio. A formação do "sistema interno" ocorre através de um processo de "esclarecimento recíproco", em sentido estrito.

Se bem que os princípios jurídicos tenham, de regra, o caráter de ideias jurídicas distintivas, das quais não se pode obter diretamente resoluções de um caso particular, mas só em virtude de sua concretização na lei ou pela jurisprudência dos tribunais, existem também princípios que, condensados numa regra imediatamente aplicável, não só são *ratio legis*, mas em si próprios *lex*. São os denominados "princípios com forma de proposição jurídica".

Em contraposição a estes, poderíamos denominar os princípios que não têm caráter de norma, de "princípios abertos". A separação entre princípios abertos e com forma de proposição jurídica é fluida. Não se pode indicar com exatidão o ponto a partir do qual o princípio já está tão amplamente concretizado que pode ser considerado como princípio com a forma de proposição jurídica (ex.: liberdade contratual e liberdade de forma no Direito das obrigações, *nulla poena sine lege*, independência dos juízes, tribunais de exceção).

Os princípios com forma de proposição jurídica ocupam uma posição intermediária entre os princípios abertos (ex.: autônoma privada), que são por eles concretizados numa determinada direção, e as normas jurídicas com previsões concebidas de modo muito amplo. Distinguem-se destas últimas porque lhes cabe uma importância destacada no contexto global de uma regulação.

Entre os princípios com forma de proposição jurídica estão os princípios do "meio mais idôneo" e da "restrição menor possível" que servem muitas vezes de pauta de ponderação de bens. São uma forma de proposição jurídica enquanto existe um meio mais idôneo, apenas uma restrição menor possível – a que protege suficientemente o bem preferido do bem postergado – não se requerendo uma ulterior concretização da pauta. Em contrapartida, no caso do princípio da proporcionalidade em que se exige apenas uma "relação adequada" entre meio e fim, e que o dano que sobrevenha não esteja sem relação com o risco que devia ser afastado, trata-se de princípio aberto, porque nestes casos não é indispensável uma valoração adicional.

1.70. O caráter "aberto" e fragmentário do sistema "interno"

O sistema interno não é fechado, mas um sistema aberto, no sentido de que são possíveis tanto mutações na espécie de jogo concertado dos princípios, do seu alcance e limitação recíproca, como também a descoberta de novos princípios; seja em virtude de alterações da legislação, seja em virtude de novos conhecimentos da ciência do Direito ou modificações na jurisprudência dos tribunais. A razão última disso é que o sistema, como unidade de sentido de uma ordem jurídica concreta, comunga do modo de ser desta, não é estático, mas dinâmico.

A missão do sistema científico é tornar visível e mostrar a conexão de sentido inerente ao ordenamento jurídico como um todo coerente.

Pressupõe-se sempre que as regras de direito e os complexos de regulação estão em conexão de sentido. A plena concordância valorativa de todas as normas e resoluções não pode se dar porque surgiram em diferentes graus de evolução histórica, e uma valoração distinta num setor particular do ordenamento não pode ter de imediato repercussão noutro setor particular. Existem efeitos à distância de modificações num setor normativo sobre outro. Assim, as valorações da Constituição influem decisivamente na interpretação de algumas cláusulas gerais, sobretudo a dos bons costumes e a do direito de personalidade.

Existem ainda as "leis-medidas", que se prestam a missões e fins objetivos (em geral econômicos) totalmente determinados: não estão orientados a determinados princípios jurídicos. No entanto, aqui, os princípios constitucionais e os direitos fundamentais só atuam como limites ao legislador, não como ideias diretivas pelas quais se oriente o conteúdo da regulamentação.

Enquanto sistema aberto, o sistema é sempre inacabado e inacabável. O sistema interno é, além disso, "fragmentário", no sentido de que não podem integrar-se nele todas as normas ou regulamentações.

Para a descoberta do sistema interno é necessária a descoberta e concretização de princípios jurídicos, bem como a formação de tipos e conceitos determinados pela função. Estas são as formas específicas de pensamento de uma jurisprudência que a si própria se entende simultaneamente como pensamento "orientado a valores" e pensamento sistemático.

Capítulo 2

Recensão – *Pensamento Sistemático e Conceito de Sistema na Ciência do Direito*, de Claus-Wilhelm Canaris[1]

> **SUMÁRIO: 2.1.** A questão do significado da ideia de sistema para a ciência do Direito é dos temas mais discutidos da metodologia jurídica. **2.2.** A função da ideia de sistema na ciência do Direito. **2.3.** As qualidades da ordem e da unidade como características do conceito geral de sistema. **2.4.** A adequação valorativa e a unidade interior da ordem jurídica como fundamentos do sistema jurídico. Adequação e unidade como premissas teórico-científicas e hermenêuticas. **2.5.** Adequação e unidade como emanações e postulados da ideia de Direito. **2.6.** Conceito de sistema a partir das premissas da adequação valorativa e da unidade da ordem jurídica. **2.7.** O sistema como ordem de princípios gerais de direito. **2.8.** As vantagens na formação do sistema, dos princípios gerais de direito, perante normas, conceitos, institutos jurídicos e valores. **2.9.** Os tipos de funções dos princípios gerais do direito na formação do sistema. **2.10.** A abertura do sistema. **2.11.** A abertura do sistema objetivo como modificabilidade dos valores fundamentais da ordem jurídica. **2.12.** O significado da abertura do sistema para as possibilidades do pensamento sistemático e da formação do sistema na ciência do direito. **2.13.** Os pressupostos das modificações do sistema e a relação entre modificações do sistema objetivo e do sistema científico. **2.14.** Modificações do sistema objetivo. **2.15.** Modificações no sistema científico. **2.16.** A mobilidade do sistema. **2.17.** As características do sistema móvel, no conceito de Wilburg. **2.18.** Sistema móvel e conceito geral de sistema. **2.19.** Sistema móvel e Direito vigente. A prevalência fundamental das partes rígidas do sistema. **2.20.** A existência de

---

1   2. ed. Lisboa: Fundação Kalouste Gulbenkian, 1996.

> partes móveis no sistema. **2.21.** O significado legislativo e metodológico do sistema móvel. O sistema móvel e a necessidade de uma diferenciação mais marcada. **2.22.** Sistema móvel e cláusula geral. **2.23.** A posição intermédia do sistema móvel entre a cláusula geral e a previsão normativa rígida e a necessidade de uma ligação entre estas três possibilidades de formulação.

2.1. A questão do significado da ideia de sistema para a ciência do Direito é dos temas mais discutidos da metodologia jurídica

Em particular para o Direito Privado, a discussão metodológica mais importante do século XX foi a controvérsia sobre o sentido, a forma e os limites da formação do sistema jurídico (jurisprudência dos conceitos [positivismo] *versus* jurisprudência dos interesses [o Direito existe para realizar os interesses da vida]).

Theodor Viehweg renovou a discussão pela sua crítica ao sistema ao desenvolver o tema da tópica, permitindo o melhor entendimento dos fundamentos da metodologia jurídica, em especial do autoconhecimento da ciência do Direito como ciência da especificidade do pensamento e da argumentação jurídicos.

Como a metodologia jurídica guarda uma estreita conexão com a Filosofia do Direito, ficamos diante da problemática dos valores jurídicos mais elevados e da relação entre eles.

2.2. A função da ideia de sistema na ciência do Direito

O conceito de sistema jurídico pressupõe a identificação do conceito geral ou filosófico de sistema e a tarefa particular que ele pode desempenhar na ciência do Direito.

2.3. As qualidades da ordem e da unidade como características do conceito geral de sistema

Sobre o conceito geral de sistema, podemos identificar duas características básicas: a da ordenação e a da unidade. No que tange à ordenação, pretende-se com ela exprimir um estado de coisas intrínseco racionalmente apreensível, isto é, fundado na realidade. Evitando a dispersão em uma multiplicidade de singularidades desconexas, a unidade é característica do sistema que atua já na ordenação por intermédio de princípios fundamentais que lhe conferem sentido.

2.4. A adequação valorativa e a unidade interior da ordem jurídica como fundamentos do sistema jurídico. Adequação e unidade como premissas teórico-científicas e hermenêuticas

Num prisma metodológico, tais premissas devem ser consideradas como evidentes, reputando-se, desde logo, o Direito como ciência, isto porque o sistema jurídico é a tentativa de reconduzir o conjunto da justiça, com referência a uma forma determinada de vida social, a uma soma de princípios racionais. A hipótese fundamental de toda ciência é a de que uma estrutura racional, acessível ao pensamento, domine o mundo material e espiritual.

Dessa forma, a metodologia jurídica parte, nos seus postulados, da existência fundamental da unidade do Direito. Ela o fez, por exemplo, com a regra da interpretação sistemática ou através da pesquisa de princípios gerais de Direito, no campo da denominada analogia, colocando-se, com isso em sintonia com as doutrinas da hermenêutica geral; realmente, pertence a estas o chamado "cânon da unidade" ou da "globalidade", segundo o qual o intérprete deve pressupor e entender seu objeto como um todo em si significativo.

2.5. Adequação e unidade como emanações e postulados da ideia de Direito

A ordem interior e a unidade do Direito são mais do que pressupostos da natureza científica da jurisprudência e postulados da metodologia: elas pertencem às mais fundamentais exigências ético-jurídicas e radicam na própria ideia de Direito.

Assim, a exigência de "ordem" resulta diretamente do postulado da justiça, de tratar o igual de modo igual e o diferente de forma diferente, de acordo com a medida da sua diferença.

Tanto o legislador como o juiz estão adstritos a retomar os valores encontrados, "pensando-os até o fim", em todos as consequências singulares e afastando-os apenas justificadamente.

Devem, portanto, agir com adequação. Mas a adequação racional é, como foi dito, a característica da "ordem" no sentido do conceito de sistema e, por isso, a regra da adequação valorativa (retirada do princípio da igualdade) constitui a primeira indicação decisiva para a aplicação do pensamento sistemático na ciência do Direito.

Do mesmo modo, a característica da unidade tem sua correspondência no Direito, embora a ideia de "unidade da ordem jurídica" pertença ao domínio das considerações filosóficas. A unidade não é apenas um postulado lógico-jurídico, posto que se reconduz ao princípio da igualdade.

Procura a unidade garantir a ausência de contradições na ordem jurídica (seu componente negativo) e promover a realização da tendência generalizadora da justiça (componente positivo), superando aspectos possivelmente relevantes no caso concreto em favor de uns poucos princípios abstratos e gerais.

Diante de tais considerações sobre o pensamento sistemático, vê-se que a ideia do sistema jurídico se justifica a partir de um dos mais elevados valores do Direito, nomeadamente o princípio da justiça e das suas concretizações do princípio da igualdade e na tendência para a generalização.

Outro valor supremo a justificar a ideia do sistema jurídico é o da segurança jurídica. Tal valor pode ser traduzido na determinabilidade e previsibilidade do Direito, como estabilidade e continuidade da legislação e da jurisprudência ou simplesmente como praticabilidade da aplicação do Direito.

A formação de um sistema, portanto, agrega tais postulados por meio de um Direito adequadamente ordenado, dominado por princípios, e não um aglomerado inabarcável de normas singulares, desconexas e em demasiada contradição umas com as outras.

O pensamento sistemático revela, assim, na ideia de Direito, um conjunto de valores mais elevados imanente a cada Direito positivo, isto é, o papel do conceito de sistema é o de traduzir e realizar a adequação valorativa e a unidade interior da ordem jurídica.

2.6. Conceito de sistema a partir das premissas da adequação valorativa e da unidade da ordem jurídica

Sendo o ordenamento jurídico de natureza eminentemente valorativa (axiológica), seu sentido teleológico se completa na realização de objetivos e valores.

Um sistema representa a captura e a tradução de unidade e ordenação de um determinado âmbito material, com os meios racionais do pensamento teleológico adequados a realizar conexões de valorações jurídicas.

É necessário ter como premissa científica a hipótese de que o pensamento jurídico axiológico ou teleológico seja demonstrável de modo racional e abarcado em um sistema correspondente.

Tal é a condição de qualquer pensamento jurídico, principalmente como pressuposto do cumprimento do princípio da isonomia de tratar o igual como igual e o desigual desigualmente na medida de sua desigualdade.

2.7. O sistema como ordem de princípios gerais de direito

Caracteriza-se o sistema como ordem teleológica, devendo ser identificados os elementos que possam nele revelar a unidade interna e a adequação da ordem jurídica.

Devemos encontrar os elementos na sua multiplicidade de valores singulares e suas conexões, reconduzindo a multiplicidade do singular a alguns poucos princípios constitutivos, fundamentais e mais profundos, i.e., até os princípios gerais da ordem jurídica.

Trata-se, pois, de buscar por trás da lei a *ratio juris* determinante, posto que só assim podem os valores singulares sair do seu isolamento, encontrar sua conexão orgânica e obter aquele grau de generalização sobre o qual a unidade se torna perceptível.

O sistema deixa-se definir então como uma ordem axiológica ou teleológica de princípios gerais de Direito, na qual o elemento de adequação valorativa se dirige mais à característica de ordem teleológica; e o da unidade interna à característica dos princípios gerais.

Não é possível determinar, de antemão, quando deva um princípio valer como "geral", posto que, para a ordem jurídica, não se pode considerar todos os princípios como portadores de unidade e, por isso, sistematizadores.

Nem todos os princípios são relevantes para o sistema, como por exemplo, para o direito das obrigações: pode haver a formação de subsistemas menores, com princípios autônomos como o dos atos ilícitos, enriquecimento sem causa e o da responsabilidade.

De qualquer modo, uma parte do subsistema penetra, como geral, no sistema mais largo e, inversamente, o subsistema, só em parte, se deixa retirar dos princípios do sistema mais largo.

Dessa forma, modifica-se a generalidade de um princípio com a perspectiva do ponto de vista; é sempre decisiva a questão de quais os princípios jurídicos que se devem considerar constitutivos para a unidade interior do âmbito parcial de que se cuida, de tal modo que a ordem dele seria modificada, em seu conteúdo essencial, com a alteração de um desses princípios.

Para o Direito Civil, por exemplo, poderíamos citar como exemplos de princípios constitutivos do sistema, os princípios da autodeterminação, da autorresponsabilidade, da proteção do tráfego e da confiança, da consideração pelas esferas da personalidade e da liberdade de outrem, da restituição do enriquecimento sem causa etc.

2.8. As vantagens na formação do sistema, dos princípios gerais de direito, perante normas, conceitos, institutos jurídicos e valores

A questão que se impõe é se o sistema deva ser composto de princípios ou se outros elementos gerais como normas, conceitos, institutos jurídicos ou valores também participam de sua formação.

No que tange a um sistema de normas é preciso procurar justamente a conexão das normas e esta conexão não pode, também, consistir em uma norma. Os princípios jurídicos só excepcionalmente são formulados como normas, daí por que estas recuam perante a articulação mais flexível do princípio.

No que concerne a um sistema de conceitos gerais de Direito, este seria pensado como um sistema teleologicamente emulsionado, preenchido por uma determinada ordem jurídica. No entanto, eles deveriam ser conceitos teleológicos ou conceitos de valor; além disso deveriam ser considerados para a formulação do sistema apenas os conceitos concretos e não os conceitos gerais abstratos, vez que apenas os conceitos concretos são capazes de aglutinar em si o pleno sentido constitutivo da unidade interna.

O sistema deve promover a adequação valorativa e a unidade interior do Direito e, para tanto, os conceitos não estão aptos. Podemos dizer, então, que no conceito a valoração está implícita, ao passo que no princípio, a valoração está explícita e, por tal razão, ele é mais adequado para extrapolar a unidade valorativa do Direito.

A formulação dos conceitos é imprescindível para a subsunção, devendo ser ordenado um sistema de conceitos jurídicos correspondente aos princípios.

Ressalte-se que os princípios têm natureza teleológica e que, em caso de dúvida é necessária a valoração neles incluída. Exemplo: sendo duvidoso se determinado ato deva ser qualificado como negócio jurídico ou se uma posição jurídica pode ser considerada como um direito subjetivo, deve-se perguntar se, no caso concreto, procede a regulação preordenada pela autodeterminação privada ou se se deparam aqui os valores que indiquem tratar-se de direitos subjetivos.

No caso do sistema de institutos jurídicos, estes não tornam a valoração unificadora imediatamente visível. Eles se ligam a várias ideias jurídicas distintas; o complexo regulador da autonomia privada (instituto do Direito Privado) só pode ser compreendido a partir de uma atuação conjunta dos princípios da autodeterminação, da autorresponsabilidade e da proteção da confiança e do tráfego. Todos os institutos jurídicos estão sujeitos a uma pluralidade de princípios fundamentais.

Na procura da unidade do Direito, sempre há o retorno aos princípios gerais do Direito, vez que o sistema resulta de uma concatenação e ordenação interna.

Pode-se entender, portanto, o sistema como ordem de valores. Cada ordem jurídica se baseia em alguns valores superiores, cuja proteção ela serve.

O princípio possui um grau de concreção maior que o valor, compreendendo já a característica de proposição de Direito de estatuição (previsão) e consequência jurídica – ele se encontra em ponto intermediário entre o valor e o conceito.

Assim, os valores se deixam reformular nos princípios – onde as delimitações são fluidas – descendo, em um processo de concreção simultânea, em direção à norma.

2.9. Os tipos de funções dos princípios gerais do direito na formação do sistema

Em relação à função sistematizadora dos princípios pode-se elencar quatro características:

a) os princípios não valem sem exceção e podem entrar em contradição;

b) eles não têm uma pretensão de exclusividade;

c) eles possuem sentido próprio apenas numa combinação de complementação e restrição específicas;

d) para sua realização, precisam de uma concretização através de subprincípios e valores singulares, com conteúdo material próprio.

É evidente que entre a mera exceção e o princípio contrário existe uma passagem fluida, necessitando a verificação se o valor que requer a limitação possui uma generalidade tal que atue como princípio constitutivo do sistema.

Os princípios não têm pretensão de exclusividade, o que implica dizer que uma mesma consequência jurídica característica de um determinado princípio também pode ser conectada com outro princípio. Como exemplo, a doutrina do negócio jurídico só se torna compreensível a partir da ligação dos três princípios da autodeterminação, da autorresponsabilidade e da proteção da confiança.

Junto de uma tal complementação surge a limitação recíproca. O princípio da autodeterminação só se deixa apreciar se incluirmos na ponderação, os princípios contrapostos e limitativos e o âmbito de aplicação que lhe seja destinado, por exemplo, quando atuem as previsões de obrigação de contratar, da proteção no despedimento ou na legítima, de modo a atenuar a autonomia privada.

Finalmente, os princípios necessitam, para sua realização, da concretização, através de subprincípios e de valorações singulares com conteúdo material próprio. De fato, eles não são normas e, por isso, incapazes de aplicação imediata, devendo, antes, ser normatizados.

Vê-se que as consequências jurídicas quase nunca se deixam retirar, de forma imediata, da mera combinação dos diferentes princípios constitutivos do sistema, mas antes nos diversos graus da concretização com o surgimento de novos pontos de vista valorativos autônomos.

Não se pode reconhecer aos valores a categoria de elementos constitutivos do sistema, em razão de sua generalidade e seu peso ético-jurídico normalmente fraco. Eles não são constituintes de unidade de sentido do âmbito jurídico considerado, portanto, do Direito Privado.

2.10. A abertura do sistema

Fixou-se a definição de sistema como uma ordem teleológica de princípios gerais de Direito sendo, ainda, importantes duas qualidades suas: a abertura e a mobilidade.

No que tange à característica da abertura, é preciso frisar que um sistema fechado se caracteriza em uma ordem jurídica constituída casuisticamente, apoiada na jurisprudência e dominada pela ideia da codificação.

Por abertura, entende-se a incompletude, a capacidade de evolução e a alterabilidade do sistema. Ele se coloca em uma mudança permanente em razão da incidência de novos princípios.

Para melhor análise da abertura do sistema é preciso analisar dois lados do seu conceito, isto é, o sistema científico e o objetivo.

No que toca ao sistema científico, a abertura do sistema significa a incompletude e a provisoriedade do conhecimento científico. Cada sistema científico é assim: um projeto de sistema que apenas exprime o estado dos conhecimentos do seu tempo; por isso e, necessariamente, ele não é nem definitivo nem fechado, enquanto uma reelaboração científica e um progresso forem possíveis.

Dessa forma, nunca pode ser tarefa de um sistema fixar a ciência ou o desenvolvimento do Direito num determinado estado.

2.11. A abertura do sistema objetivo como modificabilidade dos valores fundamentais da ordem jurídica

O Direito positivo mesmo, numa ordem jurídica codificada, é suscetível de aperfeiçoamento em vários campos.

Os valores fundamentais constituintes, assim, devem mudar o sistema cujas unidades e adequação corporifiquem. Princípios novos podem ter validade e ser constitutivos para o sistema, conferindo historicidade em reforço à sua dinâmica.

Nesse diapasão, sempre que um novo princípio para o sistema obtenha validade, pode-se aceitar o nascimento de um outro sistema, que absorve o já existente.

Tal modificação não se dá em saltos, mas paulatinamente. Por exemplo: se o legislador consagrar sempre mais previsões de responsabilidade pelo risco, se elevaria assim um novo princípio jurídico à categoria de um elemento constitutivo do sistema, modificando-o.

2.12. O significado da abertura do sistema para as possibilidades do pensamento sistemático e da formação do sistema na ciência do Direito

A abertura atua como incompletude do conhecimento científico e como fator de modificabilidade da própria ordem jurídica. Ambas são formas de abertura essencialmente próprias do sistema jurídico e não podem consistir em entrave à formação do sistema na ciência do Direito, ou até mesmo caracterizar um sistema aberto como uma contradição em si.

A abertura do sistema científico resulta dos condicionamentos básicos do labor científico, que somente produz resultados provisórios. Enquanto for possível um progresso, o trabalho científico fará sentido.

2.13. Os pressupostos das modificações do sistema e a relação entre modificações do sistema objetivo e do sistema científico

O círculo de questões sobre a abertura do sistema não se esgota com a mera justaposição da incompletude do sistema científico com a modificabilidade do sistema objetivo.

É necessário analisar sob que condições são possíveis modificações em um dos dois sistemas, bem como o problema da relação na qual ambos os sistemas se encontram e que influência têm as modificações de um deles no outro.

À primeira vista, o sistema científico se modifica quando tenham sido obtidos novos ou mais exatos conhecimentos do Direito vigente; ou quando o sistema objetivo ao qual o científico tem de corresponder se tenha alterado; o sistema objetivo se modifica quando os valores fundamentais constitutivos do Direito vigente se alteram.

Em consequência, o sistema científico está em estreita dependência do objetivo e deve mudar-se sempre com este, enquanto o sistema objetivo, pelo seu lado, não é influenciado por modificações dentro do científico.

O problema conduz a duas questões complexas: a validade das fontes do Direito e a relação entre o Direito vigente objetivo e os seus conhecimentos de aplicação. Diz-se isso porque a questão dos fatores e pressupostos de uma modificação do sistema objetivo é idêntica à da admissibilidade de uma modificação do Direito vigente.

O problema das fontes do Direito e a questão da relação entre o sistema objetivo e científico são apenas subproblemas da questão geral das relações entre o Direito vigente objetivo e o seu conhecimento. Aqui, a validade e as fontes do Direito devem ser entendidas em seu sentido normativo, como o enunciado das proposições jurídicas que devam ser aplicadas.

2.14. Modificações do sistema objetivo

As fontes do Direito, de regra, são modificadas pelo legislador. Nem sempre, entretanto, é necessária a intervenção direta do legislador. As modificações do sistema podem resultar de atos legislativos que respeitem a domínios jurídicos diferentes.

Um dos exemplos é a doutrina da eficácia externa dos direitos fundamentais, compreensível sob a ótica da unidade da ordem jurídica e que, na forma da eficácia externa indireta, imediata ou mediata, modificou essencialmente o nosso sistema de Direito Privado (no caso do direito geral de personalidade, torna-se particularmente claro).

A força modificadora do sistema do Direito consuetudinário permitiu a alteração do sistema de direitos reais, com o reconhecimento da transmissão de garantias, que devem ser considerados como aperfeiçoamento *contra legem* do Direito, e, assim, só se pode apoiar na força derrogadora do Direito consuetudinário.

Sabe-se que a legislação e o Direito consuetudinário não são os únicos fatores para as modificações do sistema objetivo. Coloca-se então o problema de como esclarecer todas as modificações do sistema que reconduzam a criações jurisprudenciais do Direito.

Como entender, por exemplo, a culpa *in contrahendo* e a responsabilidade pela aparência jurídica, a violação positiva de crédito e o contrato com eficácia protetora de terceiros, a *exceptio doli* e a *suppressio*, o dever de contratar e a doutrina da alteração das circunstâncias, o direito das sociedades e das relações laborais de fato?

Tais institutos surgiram independentes de uma intervenção do legislador e é pouco satisfatório apoiar sua validade no Direito consuetudinário, porque os pressupostos deste não se verificavam no momento primeiro do seu aparecimento, de tal modo que se deveriam considerar, inicialmente, como inválidos e só posteriormente legitimados através de um Direito consuetudinário derrogante.

Explica-se o fenômeno porque o sistema objetivo é constituído por valores fundamentais ou por princípios fundamentais de Direito, fazendo isso pressupor que aquelas figuras novas respeitam valores que, de antemão, estavam imanentes ao nosso Direito Privado: a problemática deságua no fundamento da validade dos princípios gerais de direito.

Dessa forma, deve-se primeiro referir o Direito legislado, do qual, frequentemente, se deixam obter princípios gerais através de analogia, i.e., da indução. Realmente, algumas das mencionadas construções derivam dos valores da lei (ex.: a responsabilidade pela aparência jurídica, violação positiva do crédito e a doutrina da sociedade de fato).

Em casos que tais, o reconhecimento de um novo instituto não representa qualquer mudança no sistema objetivo, mas apenas uma alteração no sistema científico, uma vez que os valores relevantes já se continham de antemão na lei e apenas não eram reconhecidos no seu alcance total.

Nem todos os citados institutos, porém, podem se apoiar nos valores da lei. Muitos deles não são "exigidos" através da teleologia imanente da lei, mas apenas "inspirados" por ela; de outros, nem isso se poderá afirmar.

Segundo Wieacker, existe uma "ordem jurídica extralegal". As modificações no sistema podem, também, partir dele. A maioria das novas formações já referidas dispuseram de um "apoio" jurídico-positivo mas que não obtém, da lei, uma verdadeira legitimação.

Em tais casos, pode-se dizer que os valores de base já estavam imanentes à nossa ordem jurídica e tinham apenas sido identificados, tratando-se apenas de alteração no sistema científico, mas não no objetivo.

Faz-se necessário indagar por que razão tais valores, apesar de não constarem na lei, devem ser parte do Direito, quando se coloque a questão do seu fundamento de validade. E porque a lei e o costume se colocam fora do problema, surge a necessidade de uma reformulação das tradicionais fontes do Direito, a qual pode tomar duas direções: ou se coloca a jurisprudência na categoria de fonte autônoma do Direito (ao lado da lei e do costume) ou devemos reconhecer critérios de validade "extrapositivos", oferecendo-se então, a "ideia de Direito" e a "natureza das coisas".

Não é possível considerar a jurisprudência como fonte do Direito, porque a proposição colocada pelo Judiciário como fundamento de uma decisão não vale por ter sido exteriorizada pelo juiz, mas sim por estar convincentemente fundamentada, i.e., porque deriva de critérios de validade bastantes, exteriores à sentença judicial.

A segunda opção parece a mais acertada porque os princípios gerais de Direito podem ter também o seu fundamento de validade para além da lei, na ideia de Direito, cuja conscientização histórica eles largamente representam, e na natureza das coisas; por isso, tais critérios podem ser reconhecidos como fontes do Direito, subsidiárias em face da lei e do costume.

Dessa forma, para além da lei e do costume também podem conduzir a alterações do sistema objetivo aqueles princípios gerais do direito que representam emanações da ideia de Direito e da natureza das coisas.

Tais critérios, no entanto, não devem ser entendidos de modo a-histórico e estático; ao contrário, os princípios redutíveis à ideia de Direito só ganham o seu poder concreto em todas as regras através da referência a uma determinada situação histórica e da mediação da "consciência jurídica geral" respectiva, do mesmo modo em relação à natureza das coisas.

Assim, por exemplo, o princípio da confiança é de se considerar como uma emanação de ideia de Direito, sendo modelo de capacidade de modificação interna que se operou diante de certa situação histórica, determinada, essencialmente, através do Direito legislado e do estado de "consciência jurídica" geral.

Dessa forma, pode-se afirmar que a doutrina da culpa *in contrahendo* não se baseou sempre no princípio da confiança, mas pode aspirar ao reconhecimento como fundamento legítimo de aperfeiçoamento jurídico depois de uma determinada modificação na consciência jurídica geral, que tivesse conduzido a um acentuar mais forte de valores ético-jurídicos.

Outro tanto, se demonstra para o exemplo a partir de uma argumentação retirada da natureza das coisas, por exemplo, as concepções sobre a "natureza" da relação de trabalho sujeitaram-se a fortes mudanças e obtiveram validade em um processo paulatino.

O mesmo ocorreu com as cláusulas gerais, carecidas de preenchimento com valorações, como as remissões para os bons costumes ou a boa-fé, nas quais a própria lei deixa margem para a erupção de valorações extralegais e, necessariamente, mutáveis: também aqui existe um início de modificação do sistema objetivo, que decorre de modo semelhante ao da concretização de princípios gerais de Direito (para os quais as cláusulas gerais remetem com frequência).

2.15. Modificações no sistema científico

As modificações do sistema objetivo reportam-se, no essencial, a modificações legislativas, a novas formações consuetudinárias, à concretização de normas carecidas de preenchimento com valorações e à erupção de princípios gerais de Direito extralegais, que têm seu fundamento de validade na ideia de Direito e na natureza das coisas.

As modificações do sistema científico resultam dos progressos do conhecimento dos valores fundamentais do Direito vigente e traduzem, por outro lado, a execução de modificações do sistema objetivo.

As modificações do primeiro seguem, fundamentalmente, as alterações do último; os sistemas objetivo e científico estão também ligados na dialética geral entre o Direito objetivo em vigor e a sua aplicação.

2.16. A mobilidade do sistema

A mobilidade do sistema não se confunde com a sua abertura. Como se verá, um sistema móvel pode ser aberto ou fechado e um sistema aberto pode ser móvel ou rígido.

2.17. As características do sistema móvel, no conceito de Wilburg

Tais características aparecem claras na sua teoria da responsabilidade civil.

Para Wilburg, não há um princípio unitário que solucione todas as questões da responsabilidade civil e coloca, nesse lugar, uma multiplicidade de pontos de vista, elementos ou forças móveis, a saber:

a) uma falta causal para o acontecimento que se situe do lado do responsável. Esta falta tem peso diferenciado se provocada pelo responsável ou pelos auxiliares ou tenha até surgido sem culpa, por exemplo, em uma falha irreconhecível de uma máquina;

b) um perigo que o autor do dano tenha originado, através de uma ação ou posse de uma coisa, e que tenha levado ao dano;

c) o meio de causalidade entre as causas provocadoras e o dano verificado;

d) a ponderação social da situação patrimonial do prejudicado e do autor do prejuízo.

A consequência jurídica só emerge a partir da concatenação destes elementos, segundo seu número e peso. As "forças" não são, portanto, absolutas, de dimensões rígidas, mas definem seus efeitos pela sua articulação variável, podendo mesmo bastar apenas um dos elementos, desde que apresente um peso especial.

Inexiste uma hierarquia entre os elementos; todos se situam no mesmo nível e não precisam estar todos juntos; podendo haver, inclusive, a substituição de uns pelos outros. Nisso reside a mobilidade do sistema.

Dessa forma, as características essenciais do sistema móvel são, pois, a igualdade fundamental de categoria e a substitutividade mútua dos competentes princípios ou critérios de igualdade.

Como se vê, tais critérios não se confundem com a abertura do sistema, posto que a modificabilidade dos valores e dos princípios (abertura) não precisa ocorrer em um sistema móvel, pois nele podem os elementos ser firmes. Não é característica da abertura a igual categoria dos seus princípios e a renúncia a previsões firmes.

Em síntese: um sistema móvel pode ser aberto ou fechado e um sistema aberto pode ser móvel ou rígido.

2.18. Sistema móvel e conceito geral de sistema

Com sua concepção, Wilburg não quis dar uma ideia global de sistema, mas apenas apresentá-lo como móvel.

Típicas do sistema são as características da unidade e da ordem. No tocante à unidade, Wilburg optou pela elaboração de alguns poucos princípios constituintes, de cuja concatenação resulta toda a multiplicidade das decisões singulares, tornando perceptível a unidade na pluralidade – um sistema consiste, em regra, de vários princípios fundamentais.

Juntamente com a unidade, deve afirmar-se a ordem, pois, uma não existe sem a outra. Wilburg anotou a necessidade de uma "ordem interior", ou de uma "coexistência interna" do Direito. Tal necessidade não se contradiz com o fato de os critérios serem mutuamente substituíveis, posto que apenas um elemento dentre um determinado número pode, para uma matéria regulativa concreta, colocar-se no lugar do outro.

Por outro lado, a ordem não se choca com a igualdade fundamental entre os elementos (multiplicidade de pontos de vista), pois a igualdade na ordenação é uma forma de ordem. Embora a ideia de hierarquia esteja ligada ao conceito tradicional de sistema, esta categoria não é irrenunciável, desde que a sua falta não torne possível a existência de ordem interior.

Wilburg não considera todos e quaisquer pontos de vista relevantes na ordem jurídica fundamentalmente como iguais; ao contrário: a ideia de hierarquia não lhe é estranha, pois em muitos problemas particulares surgem pontos de vista secundários, os quais possuem um peso menor.

Parte V • O Direito e a Metodologia

Só dentro dos princípios fundamentais ordenadores existe, portanto, igualdade de categoria; poderá haver hierarquia na relação entre aqueles e os critérios relevantes para um problema singular.

Assim, perante um caso de enriquecimento, se poderá, em caso de dúvida, ponderar a situação patrimonial dos implicados; portanto, apenas onde os restantes critérios não permitam uma solução justa, isto é, apenas subsidiariamente, o que implica uma relação de hierarquia.

2.19. Sistema móvel e Direito vigente. A prevalência fundamental das partes rígidas do sistema

O sistema analisado aqui é o de Direito alemão que, não é, fundamentalmente, móvel, mas imóvel. Ele atribui, em regra, aos princípios singulares, âmbitos de aplicação delimitados, dentro dos quais eles não são substituíveis e prefere a formação rígida de previsões normativas, que exclua uma determinação variável das consequências jurídicas, em função da discricionariedade do juiz.

Mantendo-se o exemplo da responsabilidade civil, está determinado no Direito alemão quais são as consequências do princípio da culpa, do risco e sob que pressupostos se pode, excepcionalmente, considerar a situação patrimonial dos implicados. O parágrafo 829 do Código Civil determina que o inimputável autor de certos danos possa, nada obstante, ser obrigado a indenizar, segundo a equidade, desde que não seja possível obter tal indenização do terceiro obrigado a vigiá-lo e na condição de o inimputável em causa não ficar privado dos meios materiais necessários. Não há aqui qualquer espaço para uma ponderação de critérios "de acordo com o número e o peso" e isso vale para todas as outras partes do Direito Privado alemão e sua ordem jurídica.

2.20. A existência de partes móveis no sistema

O Direito alemão, contudo, contém hipótese que permite reconhecer uma limitação: o princípio do tudo-ou-nada do parágrafo 254 do Código Civil, segundo o qual o montante da indenização depende das "circunstâncias", desde que tenha havido igualmente culpa do lesado ou tenha atuado também um perigo inerente ao empreendimento.

Surge aqui o quadro característico do sistema móvel de Wilburg: devem ser ponderados vários fatores entre si, podendo um substituir o outro e sem que exista entre eles qualquer hierarquia rígida. Assim por exemplo, em vez do concurso de culpas, pode operar também um perigo do empreendimento; a concorrência de culpas pode levar à diminuição da pretensão indenizatória do lesado.

Não é possível concretizar uma previsão normativa rígida, mas apenas ponderar entre si determinados critérios "de acordo com o número e o peso", no sentido de Wilburg, sem fixar uma relação de hierarquia, por exemplo, entre a culpa e o risco.

Adite-se que não são quaisquer pontos de vista (estado civil, nacionalidade etc.), mas apenas critérios de imputação específicos, geralmente rígidos, como a intensidade da culpa, a periculosidade de um empreendimento ou de uma coisa, ou a intensidade do nexo de causalidade, referentes aos princípios que dominam o Direito da responsabilidade civil.

O seu sistema compreende, ao lado de uma "imobilidade" de princípio, um setor no qual os pontos de vista valorativos competentes são "móveis".

Existem muitos exemplos de mobilidade do sistema, principalmente onde as previsões normativas rígidas se complementam e acomodam através de cláusulas gerais: para determinar se um despedimento é antissocial, se existe um fundamento importante, se um negócio jurídico ou um comportamento são contrários aos bons costumes etc., é necessário ponderar entre si determinados pontos de vista "segundo o número e o peso", sem uma relação hierárquica firme.

Assim, a formação rígida de proposições normativas representa a regra e a "mobilidade" a exceção. O Direito positivo compreende, portanto, partes do sistema imóveis e móveis, com o predomínio dos primeiros.

2.21. O significado legislativo e metodológico do sistema móvel. O sistema móvel e a necessidade de uma diferenciação mais marcada

É preciso marcar a função sistematizadora dos princípios, posto que estes não têm uma pretensão de validade exclusiva, antes surgindo em complementação mútua, não sendo aptos para a formação de proposições jurídicas (Wilburg luta contra a falsa absolutização dos princípios).

2.22. Sistema móvel e cláusula geral

Apenas as especificidades do sistema móvel são decisivas, i.e., a ausência de uma formação rígida das previsões normativas, bem como a permutabilidade livre e a igualdade de categoria dos princípios de valoração. A ausência de rigidez das previsões normativas põe a questão de sua relação com as cláusulas gerais.

É característica da cláusula geral ser ela carente do preenchimento com valorações, i.e., o fato de não fornecer os critérios necessários à sua concretização, permitindo que estes surjam apenas diante do caso concreto e revelando pontos de erupção da equidade.

2.23. A posição intermédia do sistema móvel entre a cláusula geral e a previsão normativa rígida e a necessidade de uma ligação entre estas três possibilidades de formulação

O sistema móvel guarda um certo parentesco com as cláusulas gerais, carecidas de preenchimento com valorações; aquele ocupa uma posição intermediária entre a posição rígida e a cláusula geral.

O sistema móvel garante em menor grau a segurança jurídica do que o sistema imóvel, com forte hierarquização e previsões normativas firmes (é o caso, por exemplo, dos direitos reais).

Deve ser levado em conta ainda, que para além do valor segurança jurídica, também o da justiça pode entrar em contradição com um sistema móvel, pois a tendência "generalizadora" do princípio da igualdade pode entrar em conflito com as circunstâncias do caso singular e a ponderação dos elementos deste.

A justiça não remete apenas para uma tendência generalizadora, mas, também, para uma individualizadora, sendo compreensível que se recorra a esta característica para justificar o sistema móvel.

É necessário cuidado. Só se pode edificar o Direito a partir de uma concatenação de todas estas possibilidades de formulação. O sistema móvel se situa, assim, entre a formulação rígida de previsões normativas e a pura cláusula de equidade ou cláusulas gerais.

Capítulo 3

Breve contribuição ao método de estudo de casos em Direito

> **SUMÁRIO: 3.1.** Introdução. **3.2.** Linguística. **3.2.1** Signo, significado, significante, campo de significação. **3.3.** Lógica. **3.3.1.** Silogismo, subsunção, premissas maior e menor. **3.4.** Estudo do Direito por casos. **3.5.** *Common law*. **3.6.** Sistema romano-germânico. **3.7.** Tipos de uso de casos na compreensão do Direito. **3.7.1.** Tipo indutivo. **3.7.2.** Tipo dedutivo. **3.8.** Para ambos os métodos. **3.9.** Conclusão. **3.10.** Referências. **3.11.** Anexo.

3.1. Introdução

Como encontrar um fato relevante e o argumento adequado para um caso? Pode-se dizer, sem medo de errar, que a maioria das questões debatidas hoje no mundo do Direito gira em torno destas duas perguntas. O procedimento para respondê-las, e sua análise é o que nos move neste estudo, em que se une teoria e prática, para, no final, explicar a prática no reforço da teoria.

Para recolher exemplos em dias de *impeachment*, lavagem de dinheiro, prisões preventivas, acordos de leniência envolvendo bilhões; encontrar o fato relevante, do qual emerge a incidência de preceito jurídico, assim como o argumento adequado na busca de consenso para o conflito, torna-se a prática fundamental e essencial para a compreensão do Direito aplicável.

O estudo que ora se apresenta coloca à disposição do leitor noções básicas e elementares sobre linguística, lógica e conceitos jurídicos aptos a permitir ao operador realizar uma leitura ótima do fenômeno jurídico a ser apreendido e solucionado, trazendo o máximo de objetividade e facilitando o controle e a motivação da solução encontrada.

Disse uma vez Bobbio que a democracia abomina o poder que oculta e o poder que se oculta. Nestas próximas linhas se buscará demonstrar como lançar luz ao caso, com o auxílio da linguística, da lógica, de conceitos jurídicos por meio da teoria e de casos práticos explicados e que permitirão chegar à clareza necessária à legitimidade da solução, seja de uma palestra, aula, parecer ou julgamento.

3.2. Linguística

3.2.1. Signo, significado, significante, campo de significação

Para o nosso exame da metodologia por meio do estudo de casos é importante dispormos em nosso ferramental de noções elementares de linguística. Muitas delas já são de nosso conhecimento comum e intuitivo, como, por exemplo, o sinal de trânsito, que vemos várias vezes todos os dias e que compreendemos e obedecemos perfeitamente ao seu sistema de informação.

Como se sabe, o sinal de trânsito ou semáforo, sinaleira ou farol é composto de três sinais ou signos: o verde, o amarelo e o vermelho. O sinal vermelho tem o significado de parar, o amarelo de ter atenção e o verde de seguir adiante.

O signo "semáforo" dispõe de três significantes – vermelho, amarelo e verde – os quais traduzem os significados de parar, ter atenção e seguir.

Veja que este sistema de comunicação só faz sentido para nós quando estamos numa rua ou estrada, isto é, se estivermos num campo de significação em que estes sinais/significantes façam sentido.

Se alterarmos o campo de significação do semáforo e o colocarmos numa exposição de arte moderna, ele terá outra significação que não reflete as regras de trânsito, mas a criatividade artística.

Há um outro exemplo, um pouco mais completo, que nos dará uma ideia mais clara do mecanismo signo/significante/significado/campo de significação.

Tomemos um gafanhoto. O gafanhoto é um inseto em qualquer parte do planeta. No entanto, o signo gafanhoto/inseto pode ter significados diferentes, dependendo do campo de significação em que se vê inserido.

No México, por exemplo, gafanhoto pode ser visto como alimento; na China, como brinquedo e no Brasil, como praga agrícola.

É certo que nestes três países ele será um inseto e praga, mas não necessariamente como comida e brinquedo. Tudo dependerá do campo de significação em que a mensagem estiver sendo transmitida.

Assim, o contexto em que se insira o inseto/signo poderá traduzir significados diferentes, conforme a geografia, a cultura e a época.

No campo da legislação, por exemplo, um gafanhoto vivo usado como animal de·estimação, não sofrerá nenhuma regulação, ao passo que se for alimento num restaurante, estará submetido a regras sanitárias de qualidade do alimento posto para consumo. Como praga, poderá receber regulação a respeito de aplicação de agrotóxicos para seu combate em plantações.

Do que se percebe, os sinais e seus significados têm de ser contextualizados nos seus respectivos campos de significação, o que nos permite trasladar estas considerações para o campo do Direito, onde o texto legal é um signo, um sinal, portador de um significado, conectado e contextualizado em seu respectivo campo de significação.

3.3. Lógica

3.3.1. Silogismo, subsunção, premissas maior e menor

Ainda com o objetivo da preparação do terreno para o estudo de casos, é importante reter o conhecimento básico do conhecido juízo de subsunção que se pode fazer na interpretação e aplicação dos textos legais.

O juízo de subsunção é um silogismo, isto é, um raciocínio estruturado a partir de duas premissas que, por dedução, se chega a uma terceira, a conclusão.

Teremos, então a premissa maior, onde os fatos se encontram descritos, em abstrato, na lei. Exemplo famoso é a descrição do tipo penal do furto: "subtrair para si ou para outrem coisa alheia móvel".

Nesta premissa maior, encontramos uma descrição antecedente e abstrata dos fatos, ainda não acontecidos na realidade da vida e que não está referida ainda a nenhuma conduta concreta.

Já a premissa menor, que se coloca no campo dos fatos acontecidos na realidade concreta da vida, ficará "colorida" pela ocorrência da conduta descrita em abstrato. É o fato acontecido na vida real: Antônio que subtrai, para si, uma carteira (coisa alheia móvel) de propriedade de José.

Assim, o aplicador da lei, por exemplo o juiz, colocará em comparação o antecedente descrito em abstrato na lei (premissa maior) – subtrair para si ou para outrem coisa alheia móvel – e a ocorrência dos fatos acontecidos em concreto (premissa menor) – a subtração para si, por parte de Antônio, da carteira de José, com a consequente conclusão que será a incidência das penas previstas no art. 155 do Código Penal.

Tal juízo de subsunção se resume, na maioria dos casos, no confronto entre os fatos abstratos narrados no texto legal e os fatos ocorridos em concreto no mundo da vida e adaptados ao modelo legal, fazendo eclodir a conclusão de incidência das penas do texto penal.

Veja que a premissa menor oferece um outro desafio não menos importante. É que esta também se apresenta como uma premissa maior do caso ocorrido em concreto. Explico: no texto legal é necessário que a coisa seja "alheia" e "móvel". O fato ocorrido também deve se amoldar ao que abstratamente está descrito no texto legal.

Não se pode furtar um imóvel, muito menos um objeto que seja de nossa propriedade. Daí a necessidade de um segundo juízo de subsunção na compreensão do fato ocorrido.

Torna-se necessário, portanto, confrontar o enunciado legal – que traduz uma expressão linguística de sentido abstrato – e o fato ocorrido, a realidade contingente, atingida ou testemunhada pela experiência e pelos sentidos, daí a necessidade de um segundo juízo de subsunção na aferição dos fatos da premissa menor.

Nada obstante, ainda é necessário o contraste com o contexto em que se insere a ocorrência dos fatos, face à possibilidade de alteração do campo de significação do texto legal – lembremos do exemplo do gafanhoto.

A interpretação do texto legal, portanto, implica no reconhecimento de um problema, isto é, numa situação que inclui a possibilidade de uma alternativa (possibilidades do texto), já que, nem sempre, a situação tem um significado único.

Quando nos colocamos diante de um texto legal, devemos visualizar os seus signos linguísticos, seus significantes e seus significados, buscando o aferir com a maior precisão terminológica possível, a hipótese abstrata contida na lei.

É preciso ter em mente que o conceito visa a melhor descrição possível do fato e traduz uma classificação e a previsão dos objetos que possam ser apreendidos na realidade da vida.

Para tanto, é preciso colocar o raciocínio a serviço do argumento. O raciocínio redunda no procedimento de inferência de provas, ao passo que a busca de argumentos traduz qualquer razão, demonstração ou motivo capaz de captar um assentimento e induzir à persuasão do interlocutor.

Deve-se buscar a melhor compreensão possível da premissa maior, bem como reunir os melhores argumentos para a comprovação dos fatos ocorridos na premissa menor. A conclusão emergirá da compreensão abstrata e do convencimento sobre o fato concreto.

3.4. Estudo do Direito por casos

O caso é um acontecimento, um fato, um evento, uma circunstância. Difícil de conceituar mas relativamente fácil de intuir.

A metodologia de estudo por meio de casos é poderoso instrumento pedagógico, uma vez que permite ao estudante, no caso do Direito, compreender o texto legal através da análise da jurisprudência, identificando os princípios e as regras inseridas no sistema legal.

Aqui vamos enfrentar o instigante método da utilização de casos para a solução de problemas; o método é a decomposição do julgado identificando as partes, os argumentos, as teses e a legislação invocada.

No método de casos (*case method*) o aluno estuda e resume (*briefing*) o caso antes da aula, dele retirando as questões jurídicas principais (*issues*), analisando as razões de decidir (*holding*) do julgamento.

Assim, ficam em contraste o caso concreto e o sistema no qual está inserido.

3.5. *Common law*

No sistema da *common law*, o método de análise de casos é o indutivo, onde o pensamento vai de uma ou várias verdades singulares para uma verdade mais universal: do geral para o particular ou singular. Exemplo: um dos papéis do Direito do Consumidor é a proteção do consumidor perante o Estado e a empresa comercial. Logo, um dos papéis do Direito do Consumidor é a proteção do consumidor mais fraco.

No método indutivo da *common law* formula-se a regra, a norma a ser aplicada ao caso *sub judice* por meio da análise de casos pretéritos sobre a mesma matéria ou questão. Procura nas decisões anteriores não só os resultados finais, mas também os fatos que serviram de base ou fundamento para cada conclusão.

Aqui o juiz só vai considerar casos anteriores com fatos suficientemente semelhantes àquele que tem de solucionar. Analisando os fatos e as soluções das decisões anteriores, ele chegará a uma norma de decisão – a *ratio decidendi* – fundamento das decisões tomadas e aplicará essa norma ao novo caso.

O método indutivo da *common law* implica na aplicação do resultado de um caso anterior (*precedent*) ao caso concreto que está sendo decidido. Retoma-se a jurisprudência para compreender um texto ou uma construção gramatical do preceito a ser aplicado.

Para que seja excluído um precedente, deve-se chegar à conclusão de que ele não tem a *ratio decidendi* aplicável ao caso concreto (*distinguishing*).

3.6. Sistema romano-germânico

Aqui, a fonte primária e principal do Direito é a lei ou Código que será interpretado e aplicado. Tradicionalmente, a aplicação do Direito segue o método dedutivo, o qual se caracteriza pelo movimento do pensamento que vai de uma verdade universal a uma verdade particular ou singular.

Exemplos:

– o Estado de Direito tem o papel de garantir a igualdade perante a justiça;

– faz parte da igualdade tratar todos os processos com igual rapidez;

– logo, no Estado de Direito não deve existir um preceito que permita acumular a distribuição de processos nos tribunais, devendo ser distribuídos sem demora ao juiz natural.

Neste sistema, a expressão principal do raciocínio dedutivo é o silogismo. Aqui o juiz formula a norma a ser aplicada ao caso *sub judice* como resultado da dedução feita em torno do preceito abstrato do texto legal.

Diante do caso concreto o juiz deve procurar o preceito na lei e indagar seu conteúdo. Se os fatos couberem na norma, emerge a solução.

Exemplo: existe o preceito com os elementos ABC. Preenchidos os pressupostos, caberá a solução X. O caso a ser decidido apresenta os fatos "a", B1 e C7.

Em primeiro lugar se deverá examinar o conteúdo de cada elemento do preceito legal; em seguida, verificar se o fato em exame cabe nos conceitos/descrição do preceito ou não, afastando eventual dúvida quanto ao enquadramento do fato C7 no conceito de C.

Com enorme frequência os textos legais têm conceitos abstratos e o juiz busca conhecer o seu sentido exato, procurando apoio na doutrina e na jurisprudência, as quais podem ter extraído normas mais concretas dos seus princípios abstratos.

A jurisprudência anterior, com suas convergências e divergências é utilizada como instrumento de compreensão do conteúdo do texto legal.

Na *common law*, o caso singular normalmente não tem papel importante como no sistema romano-germânico. Isto porque, nele a jurisprudência é utilizada como argumento, sempre havendo, aqui e ali, correntes divergentes sobre determinada questão, as quais são integradas por um acórdão de Corte superior (STF ou STJ).

Neste trabalho, se usará o método misto, com elementos dedutivos e indutivos, o qual nos parece que atende ao sistema brasileiro onde há Cortes superiores que pretendem dar homogeneidade à jurisprudência, ao mesmo tempo em que permite a busca para a justiça do caso concreto.

3.7. Tipos de uso de casos na compreensão do direito
3.7.1. Tipo indutivo

No tipo indutivo, o método é a concentração no caso concreto, buscando o ferramental na jurisprudência e na doutrina para a solução de qualquer caso.

No tipo indutivo de solução de caso busca-se a identificação dos fatos da causa; dos textos legais invocados; a crítica da solução dada ao caso; a verificação das divergências doutrinárias e jurisprudenciais.

Assim:

a) seleção de um acórdão do STF ou STJ, dele extraindo o tema, a legitimidade das partes, a aplicabilidade do texto normativo invocado, os conceitos utilizados e outros elementos que o julgado permita;

b) apresentação dos textos principais que tratam do tema: Constituição Federal, Código Civil, Penal etc.;

c) apresentação e descrição da solução dada pelo tribunal, com identificação de ênfase em interpretação gramatical, sistemática, histórica ou teleológica;

d) discussão e crítica da solução dada pelo tribunal, trazendo argumentos contrários e a favor da solução, com subsídio de outros julgados e doutrina;

e) explicação da doutrina geral básica, o sistema e a estrutura da área do direito foco do caso, se possível com a posição histórica dos institutos.

3.7.2. Tipo dedutivo

No tipo dedutivo, a ênfase inicial é na hipótese abstrata do caso hipotético enfrentando a estrutura do tema de Direito. Apresenta-se o texto normativo principal (Constituição, lei ordinária etc.) e os preceitos principais que disciplinam o tema, situando o preceito dentro do sistema.

A leitura dos textos normativos é de grande utilidade para ilustrar a análise do caso. Com a leitura, demonstra-se suas eventuais inconsistências.

Em seguida, identificar a solução dada ao caso concreto, comparando as várias soluções que a jurisprudência ou doutrina específica fornecem para facilitar e aperfeiçoar o conhecimento do tema.

Assim:

a) escolher um caso simples na jurisprudência de tribunal superior;

b) apresentar os textos legais invocados no julgado;

c) esclarecer a doutrina básica, posição no sistema, história do instituto, estrutura da área do Direito etc.;

Parte V • O Direito e a Metodologia

d) expor a solução oferecida pelo ordenamento jurídico;

e) apontar as eventuais incertezas da lei ou apresentar versão sobre o caso que não possa ser solucionado diretamente pela aplicação pura e simples do texto normativo;

f) apresentar as soluções dadas no acórdão, referenciando cada fato e cada solução, com descrição minuciosa;

g) apresentar a solução em doutrina específica.

3.8. Para ambos os métodos

Há um caminho que deve ser seguido seja para o método indutivo, seja para o método dedutivo no estudo de casos em Direito.

O orientador deverá levar os alunos a responderem as seguintes perguntas no aresto escolhido:

Quem, está querendo **o quê**, **de quem** e por **qual razão**?

A resposta criteriosa a estas perguntas vai permitir a identificação dos fatos, dos textos invocados, dos argumentos alinhavados para cada questão de fato ou de direito bem como a solução dada a cada questão.

3.9. Conclusão

Tudo ponderado, o estudo de casos em Direito, conforme se demonstrou é instrumento capaz de pôr em prática, antigo brocardo romano segundo o qual *verba volant scripta manent exempla trahunt,* isto é: as palavras voam, a escrita fixa e o exemplo traz.

Por meio do estudo de casos, o estudioso do Direito se depara com elementos de história do Direito, estudo de métodos comparados (*common law* e *civil law*), apreende os importantes elementos do juízo de subsunção (premissas maior, menor e conclusão), a importância da semiótica (signo/significado/significante/campo de significação) e métodos de aproximação dos casos concretos (dedução/indução).

O objetivo deste trabalho foi entregar aos estudiosos do Direito um quadro mínimo, porém seguro, para abordagem dos casos concretos existentes na jurisprudência (nacional/estrangeira/judicial/administrativa), os quais, entendo, são o melhor caminho para a formação de juristas voltados para o problema.

Neste mundo de pós-verdade, medo líquido, globalização e efeito estufa é preciso refinar o entendimento da realidade. Oxalá tenha conseguido oferecer um guia simples e seguro.

3.10. Referências

Metodologia

CHARAUDEAU, Patrick. *Dicionário de análise do discurso*. São Paulo: Contexto, 2008.

COPI, Irving M. *Introdução à lógica*. São Paulo: Mestre Jou, 1978.

ELLET, William. *Manual de estudo de caso*. Porto Alegre: Bookman, 2008.

GIL, Antonio Carlos. *Estudo de caso*. São Paulo: Atlas, 2009.

GRAHAM, Andrew. *Estudo de caso*. Brasília: Enap, 2010.

PERELMAN, Chaïm. *Tratado da argumentação. A nova retórica*. São Paulo: Martins Fontes, 2000.

SAUSSURE, Ferdinand de. *Curso de linguística geral*. 30. ed. São Paulo: Cultrix, 2008.

TOULMIN, Stephen E. *Os usos do argumento*. São Paulo: Martins Fontes, 2006.

ZITSCHER, Harriet Christiane. *Metodologia do ensino jurídico com casos. Teoria e prática*. Belo Horizonte: Del Rey, 1999.

Responsabilidade civil do Estado

CAHALI, Yussef Said. *Responsabilidade civil do estado*. 3. ed. São Paulo: Editora dos Tribunais, 2007.

CRETELLA Júnior, José. *O estado e a obrigação de indenizar*. Rio de Janeiro: Forense, 1998.

DINIZ, Maria Helena. *Curso de direito civil brasileiro. Responsabilidade civil*. 22. ed. São Paulo: Saraiva, 2008. v. 7.

FREITAS, Juarez (Org.). *Responsabilidade civil do estado*. São Paulo: Malheiros, 2006.

STOCO, Rui. *Tratado de responsabilidade civil. Doutrina e jurisprudência*. 7. ed. São Paulo: Revista dos Tribunais, 2007.

Anexo

Caso Concreto

RESPONSABILIDADE CIVIL OBJETIVA DO PODER PÚ-
BLICO. ELEMENTOS ESTRUTURAIS. TEORIA DO RISCO AD-
MINISTRATIVO. FATO DANOSO (MORTE) PARA O OFENDIDO
(MENOR IMPÚBERE) RESULTANTE DE TRATAMENTO MÉ-
DICO INADEQUADO EM HOSPITAL PÚBLICO. PRESTAÇÃO
DEFICIENTE, PELO DISTRITO FEDERAL, DO DIREITO FUN-
DAMENTAL A SAÚDE, INDISSOCIÁVEL DO DIREITO À VIDA.

Os elementos que compõem a estrutura e delineiam o perfil
da responsabilidade civil objetiva do Poder Público compreendem
(a) a alteridade do dano; (b) a causalidade material entre o *eventus
damni* e o comportamento positivo (ação) ou negativo (omissão) do
agente público; (c) a oficialidade da atividade causal e lesiva imputável a agente do Poder Público que tenha, nessa específica condição,
incidido em conduta comissiva ou omissiva, independentemente da
licitude, ou não, do comportamento funcional; e (d) a ausência de
causa excludente da responsabilidade estatal. Precedentes. A omissão do Poder Público, quando lesiva aos direitos de qualquer pessoa,
induz à responsabilidade civil objetiva do Estado, desde que presentes
os pressupostos primários que lhe determinam a obrigação de indenizar os prejuízos que os seus agentes, nessa condição, hajam causado
a terceiros. Doutrina. Precedentes.

– A jurisprudência dos Tribunais em geral tem reconhecido a responsabilidade civil objetiva do Poder Público nas hipóteses em que o
eventus damni ocorra em hospitais públicos (ou mantidos pelo Estado),
ou derive de tratamento médico inadequado, ministrado por funcionário público, ou, então, resulte de conduta positiva (ação) ou negativa
(omissão) imputável a servidor público com atuação na área médica.

– Configuração de todos os pressupostos primários determina-
dores do reconhecimento da responsabilidade civil objetiva do Poder
Público, o que faz emergir o dever de indenização pelo dano pessoal
e/ou patrimonial sofrido.

(AI 734.689 AgR-ED Rel. Min. Celso de Mello, julgamento: 2012)

A hipótese é de menor que morreu devido a atendimento inadequado em hospital público. Aplicou-se a responsabilidade civil objetiva, cuja configuração independe de culpa, em caso de omissão do Poder Público.

A **legislação** citada veio indicada como sendo:

Constituição Federal/46;

Constituição Federal, art. 37, § 6º.

Da **argumentação** do acórdão, pode-se retirar a seguinte essência, captada do seu "inteiro teor":

1) a **teoria do risco administrativo**, consagrada em sucessivos documentos constitucionais brasileiros, desde a **Carta Política de 1946**;

2) **direito positivo** que instituiu, em nosso sistema jurídico, a responsabilidade civil objetiva do Poder Público, pelos danos que seus agentes, nessa qualidade, causarem a terceiros, por ação ou por omissão **(art. 37, § 6º, CF)**;

3) **princípio constitucional da responsabilidade civil objetiva do Poder Público**;

4) **ação,** no que concerne à **omissão** do **agente público**;

5) faz emergir, da mera ocorrência de **lesão** causada à vítima pelo Estado, o **dever de indenizá-la;**

6) pelo **dano moral e/ou patrimonial**;

7) **independentemente** de caracterização de **culpa** dos agentes estatais;

8) não importando que se trate de **comportamento positivo (ação)** ou que se cuide de **conduta negativa (omissão);**

9) daqueles **investidos da representação do Estado**;

10) o princípio da responsabilidade objetiva admite **abrandamento** e, até mesmo, **exclusão** da própria responsabilidade civil do Estado nas **hipóteses excepcionais** como o **caso fortuito** e a **força maior** ou **culpa atribuível à própria vítima;**

11) os **elementos** que compõem a **estrutura** e delineiam o perfil da responsabilidade civil objetiva do Poder Público compreendem: (a) a **alteridade do dano**; (b) a **causalidade material** entre o dano o **comportamento positivo (ação) ou negativo (omissão)** do agente público; (c) a **oficialidade** da atividade causal e lesiva imputável a agente do Poder Público, que, nessa condição funcional, tenha incidido em conduta comissiva ou omissiva independentemente da licitude, ou não, do seu comportamento funcional; e (d) a **ausência de causa excludente** da responsabilidade.

Juízo de subsunção

HIPÓTESE ABSTRATA = art. 37, § 6º, da Constituição Federal

> § 6º As pessoas jurídicas de direito público e as de direito privado prestadoras de serviços públicos responderão pelos danos que seus agentes, nessa qualidade, causarem a terceiros, assegurado o direito de regresso contra o responsável nos casos de dolo ou culpa.

HIPÓTESE CONCRETA = morte de menor em hospital público, por má prestação do serviço por médico, ou por mera inadequação do serviço, independente de ação desajeitada do agente.

CONCLUSÃO = caracterização da responsabilidade civil do Poder Público e a consequente condenação à reparação do dano sofrido.

Capítulo 4

Recensão – *Introdução ao Pensamento Jurídico*, de Karl Engisch[1]

> **SUMÁRIO: 4.1.** Sobre o sentido e a estrutura da regra jurídica. **4.2.** A elaboração de juízos jurídicos concretos a partir da regra jurídica, especialmente o problema da subsunção. **4.3.** A elaboração de juízos jurídicos abstratos a partir das regras jurídicas. Interpretação e compreensão destas regras. **4.4.** Interpretação e compreensão das regras jurídicas. Continuação: o legislador ou a lei? **4.5.** Conceitos jurídicos indeterminados, conceitos normativos, poder discricionário. **4.6.** Preenchimento de lacunas e correção do direito legislado incorreto. **4.7.** Da lei para o Direito, da jurisprudência para a Filosofia do Direito.

4.1. Sobre o sentido e a estrutura da regra jurídica

No Direito, a palavra "validade" tem um significado muito particular – ela traduz a ideia de que uma relação da vida é visualizada de determinada maneira (ex.: pais e filhos em face do Direito Civil e do Direito Penal).

De um modo geral, o Direito se curva diante da natureza e apenas afirma aquilo que é. Por exemplo, uma mulher casada que engravida tem a paternidade presumida de seu esposo. Considera-se (vale) como filho o feto, embora de forma presumida.

Nesse caso, o ponto de vista jurídico pode estar em conflito com o ponto de vista natural. A incerteza do pai é eliminada no interesse da segurança jurídica através da presunção de que o marido que coabitou com a mãe é o pai da criança.

Assim, muito embora o legislador se esforce, nem sempre os dados especificamente jurídicos precisam coincidir com os dados naturais, embora deva ser almejada a coincidência.

---

1 Fundação Calouste Gulbenkian.

O conceito jurídico do fato natural (ex.: o parentesco) tem um alcance particular que lhe empresta uma significação que funciona como hipótese legal, à qual a norma jurídica liga consequências jurídicas.

Quando se diz que o pai ilegítimo não é parente de seu filho ilegítimo, com esta regra jurídica se quer significar que à hipótese legal da descendência ilegítima não são ligados os mesmos efeitos jurídicos que à hipótese legal de descendência legítima.

O que são efeitos jurídicos? É a relatividade da regulamentação jurídica, sob a forma de diferentes efeitos jurídicos referidos à mesma situação fática básica, que nos faz compreender melhor a relatividade da regulamentação jurídica na formação dos conceitos da hipótese legal.

A sucessão legítima e a ilegítima poderiam ter diferentes consequências jurídicas, embora constituíssem uma mesma situação de fato material, porque o legislador tem a liberdade de, em face de um fato natural unitário, determinar diferentemente os pressupostos da hipótese na perspectiva de pontos de vista específicos, ao concebê-los de diferentes modos, tendo em conta diferentes consequências jurídicas.

As consequências jurídicas consistem em direitos (poderes jurídicos) e deveres, os quais são reconhecidos como jurídicos. Eles apenas são reconhecidos como jurídicos quando podem ser defendidos e efetivados através de meios jurídicos, i.e., podem fazer-se valer perante as autoridades judiciais e administrativas.

As consequências jurídicas são constituídas por direitos e deveres. No Direito há grandezas negativas, consequências jurídicas negativas, i.e., a negação de direitos e deveres. Se, v.g., um negócio jurídico é contrário à lei (promessa de prestar falso testemunho mediante paga), o negócio é nulo, o que significa que dele não resultam quaisquer direitos ou obrigações.

Pode-se distinguir, ainda, hipótese legal, da qual podem resultar direitos e deveres de conteúdo negativo, i.e., referentes a uma omissão, a um não fazer algo, v.g., não fazer barulho e o correspondente direito.

Autênticas grandezas negativas, em sentido jurídico, são negações de direitos e deveres que seguem conexas à nulidade dos negócios jurídicos contrários à lei e aos bons costumes. Elas representam um cancelamento das consequências jurídicas que nós, estranhamente, chamamos de "consequência jurídica", pois dizemos que a ofensa à lei por parte de um negócio jurídico tem por consequência jurídica a nulidade do negócio e que, portanto, ele não produz propriamente quaisquer consequências jurídicas.

Essa ambiguidade reside no fato de chamarmos "consequência jurídica" uma parte constitutiva da regra jurídica (composta de hipótese legal e consequência jurídica) que prescreve ou estatui a constituição de um direito ou dever ou aquilo a que o direito e o dever se referem (a prestação, a pena etc.).

Por exemplo, é preciso distinguir entre a estatuição da regra jurídica, prescrevendo que de um contrato de compra e venda resultam certos direitos e deveres (é esta a consequência jurídica como parte constitutiva da regra de direito) e os próprios direitos e deveres das partes contratantes que se encontram prescritos naquela regra: o direito do vendedor a exigir o preço da venda e o dever do comprador de pagar e receber a mercadoria.

Para afastar dúvidas, convém dar à consequência jurídica, quando esta seja entendida no sentido de elemento constitutivo da regra jurídica, a designação de comando ou estatuição jurídica.

O centro gravitacional do Direito reside no fato de ele positivamente assegurar direitos e impor deveres.

De um modo geral, tem-se a consequência jurídica ou efeito jurídico de uma factualidade juridicamente relevante, que consiste na constituição, extinção ou modificação de uma relação jurídica.

Relação jurídica é uma relação de vida definida pelo Direito (comprador/vendedor, cônjuges etc.).

Pelo lado do seu conteúdo, as relações jurídicas apresentam-se como poderes (direitos) aos quais se contrapõem os correspondentes deveres.

Se analisarmos a relação jurídica enquanto conteúdo de "consequência jurídica", veremos que ela não funciona como consequência jurídica, mas como hipótese legal destinada a produzir consequências jurídicas e que, ao invés, na medida em que a relação jurídica, ou a sua constituição, extinção ou modificação seja encarada como consequência jurídica, esta formulação, por sua vez, nada mais exprime senão direitos e deveres, sua constituição etc.

Pode-se concluir que as consequências jurídicas, que nas regras de Direito aparecem ligadas às hipóteses legais, são constituídas por direitos e deveres. As estatuições das consequências jurídicas prescrevem a constituição ou a não constituição de direitos e deveres.

É fora de dúvida que não existem direitos sem deveres, ao passo que é duvidoso que a todos os deveres correspondam direitos referidos ao cumprimento desses deveres.

As consequências jurídicas previstas nas regras de Direito são constituídas por deveres; e um dever consiste sempre no dever-ser de certa conduta.

As regras jurídicas são regras de dever-ser e são verdadeiramente proposições ou regras hipotéticas. Elas afirmam um dever-ser condicional, um dever-ser condicionado por meio da hipótese legal (ex.: na compra e venda, a entrega da coisa e o pagamento do preço).

Podemos afirmar que as regras jurídicas, como regras de dever-ser dirigidas a uma conduta de outrem, são imperativas. Pode-se esclarecer, ainda, o conceito de dever-ser pelo conceito de valor: uma conduta é devida (dever-ser) sempre que a sua realização é valorada positivamente e a sua omissão, valorada negativamente.

Dizer que as regras jurídicas são imperativas significa que exprimem uma vontade da comunidade jurídica, do Estado ou do legislador. Esta vontade dirige-se a uma determinada conduta dos súditos, exigindo-a com vistas a determinar a sua realização. Enquanto os imperativos jurídicos estiverem em vigor, têm força obrigatória. Os deveres (obrigações) são, portanto, o correlato dos imperativos.

Tanto as definições legais como as permissões são regras não autônomas: apenas têm sentido em combinação com imperativos que por eles são esclarecidos e limitados. Também os imperativos só se tornam completos quando lhes acrescentamos os esclarecimentos que resultam das definições legais e das delimitações do seu alcance, das permissões, assim como de outras exceções.

Os verdadeiros portadores de sentido da ordem jurídica são as proibições e as prescrições (comandos) dirigidas aos destinatários do Direito, entre os quais, os próprios órgãos estatais.

Em relação às denegações de consequências jurídicas (nulidade do negócio), as prescrições ou comandos que impõem a prestação são também limitados pelas regras sobre a nulidade dos negócios jurídicos.

No caso de revogação de um imperativo, a revogação não é, ela mesma, um imperativo nem parte integrante de um imperativo; no imperativo, a vontade do destinatário do Direito é vinculada, ao passo que na norma jurídica revogatória, essa vontade é libertada (revogação do aborto, p. ex.).

Se, no entanto, a regra da proibição do aborto é quebrada apenas em alguns casos (terapêutico), a proibição não deixa de ser regra geral, havendo em relação à parte destacada uma regra permissiva limitadora não autônoma.

Pelas normas revogatórias, certas formas de conduta são subtraídas ao domínio do jurídico e relegadas para o "espaço ajurídico". O que subsiste são imperativos.

Outra classe de normas importante é a das normas atributivas. São aquelas que conferem direitos subjetivos (ex.: garantias fundamentais, propriedade etc.).

O Direito objetivo é a ordem jurídica, o conjunto das normas ou regras jurídicas que nós concebemos como imperativas. O Direito subjetivo é o poder ou legitimação conferidos pelo Direito.

Os direitos subjetivos são mais do que simples permissões. Reconhece-se ao seu titular uma esfera de poder, de modo a ser-lhe possível, dentro dela, acautelar os seus próprios interesses. O direito subjetivo é um poder que ao indivíduo é concedido pela ordem jurídica e, pelo que respeita à sua finalidade, um meio para a satisfação de interesses humanos.

Toda regra jurídica perfeita (completa) contém uma prescrição (um comando); muitas, além disso, contêm uma concessão.

A regra jurídica que me atribui a propriedade não se limita a estabelecer para os outros a proibição de me perturbarem no domínio da coisa, antes me conferem, ao mesmo tempo, o domínio sobre a coisa, no sentido de que eu próprio possa exigir que não me perturbem.

A concessão de direitos subjetivos é, no fundo, um modo de falar sobre uma constelação de imperativos entrelaçados de uma forma especial.

Sempre que há direitos subjetivos, sempre que eles são concedidos, o são através da criação de imperativos. O Direito não dispõe de qualquer outro meio de ação, senão aquele que lhe é conferido através do poder de emitir comandos.

Os direitos subjetivos só podem ser concedidos quando se agravam as outras pessoas com exigências e obrigações, mesmo que se trate apenas da obrigação de conservar uma coisa ou abster-se de uma ação.

Em relação à distinção entre a simples permissão e a concessão de direitos subjetivos, é preciso frisar que a cada nova permissão são limitadas as proibições e os imperativos perdem terreno. Em novas concessões de direitos, os imperativos aumentam necessariamente. O domínio do permitido alarga-se tanto mais os imperativos se dissolvem. Inversamente, o inventário dos direitos subjetivos apenas pode aumentar em paralelo com o aumento do inventário das proibições e prescrições.

É preciso lembrar que a vontade do legislador não é desvinculada (incondicionada), um mero arbítrio. Os comandos e proibições do Direito têm as suas raízes nas chamadas normas de valoração e fundamentam-se em valorações, aprovações e desaprovações. Todo imperativo já pressupõe o juízo de que aquilo que se exige tem um valor particular, um valor próprio, e é por isso mesmo exigido.

O Direito enquanto norma determinativa (= imperativa) não é "pensável" sem o Direito enquanto norma valoradora – o Direito como norma valoradora é um pressuposto necessário e lógico do Direito como norma determinativa, pois quem pretende "determinar" alguém a fazer algo tem de previamente conhecer aquilo que quer determinar: ele tem de "valorá-lo" em um determinado sentido positivo.

Firmado que as normas jurídicas são, no seu conteúdo essencial, imperativos, cabe a pergunta: são imperativos categóricos ou hipotéticos?

Já se viu que as regras ou proposições jurídicas são regras hipotéticas de dever-ser.

Os imperativos hipotéticos colocam a necessidade prática de uma possível conduta como meio para qualquer outra coisa que se pretenda alcançar.

Os imperativos categóricos seriam aqueles que apresentassem uma conduta como objetivamente necessária por si mesma, sem referência a qualquer outro fim.

Os imperativos hipotéticos têm o seguinte teor: se queres alcançar este ou aquele fim, deves recorrer a este ou àquele meio. São indicações técnicas, nas quais se pressupõe "hipoteticamente" um determinado fim. Aqui a questão não é saber se o fim é racional ou bom, mas apenas o que temos de fazer para alcançá-lo. Um traço essencial da técnica de formulação dos imperativos hipotéticos é ensinar os meios de realizar determinados fins sem discutir ou apreciá-los moralmente.

De modo diverso, a função de um imperativo categórico é dizer qual o fim a que se deve propor ou seguir, em cada caso, incondicional e absolutamente sem referência a um outro fim.

Aqui, importa salientar que a **técnica** ensina os meios para alcançar o fim desejado e deixa à moral a determinação do próprio fim. A **técnica** é moralmente indiferente e recebe a significação de moralidade ou imoralidade a cujo serviço se propõe.

Indaga-se: a ciência jurídica é mais informada por uma orientação técnica ou ética? As regras jurídicas são concebidas como preceitos que exigem determinados meios para determinados fins. Grande parte dos imperativos proíbe ou prescreve determinadas condutas para criar aquelas posições de privilégio denominadas direitos subjetivos.

Ao lado disso, o Direito está sob o signo e o critério da conveniência política (da adequação a fins). Ele deve conformar e modelar a vida da comunidade de modo ajustado a certos fins.

O próprio Direito aprecia os fins em ordem aos quais estabelece as suas regras. Ele valora determinados fins como bons e por isso mesmo se submete, na medida em que é informado pela aspiração do "justo" aos princípios morais. Fixa, portanto, os fins e exige a sua realização de uma forma tão incondicional, de um modo tão "categórico", como a moral.

Na interpretação e na aplicação dos imperativos jurídicos, devemos enten-de-los/compreendê-los como meios para alcançar os fins que o Direito considera bons. Inversamente, quando nos achamos diante de imperativos hipotéticos, so-mos livres para decidir a favor ou contra o fim. Só se quisermos o fim e o quisermos alcançar com segurança, é que teremos de nos orientar pelo imperativo hipotético, o qual nos aconselha os meios apropriados.

Assim, o Direito tem ao mesmo tempo um caráter hipotético e categórico. Quanto à sua substância, a regra jurídica é um imperativo categórico. Ela exige/prescreve incondicionalmente (ex.: pagar impostos, contratos, tratados).

O certo é que depende de nós se queremos, ou não, vincular-nos à celebração de um contrato. Nesse caso, está em nossas mãos o poder de utilizar as regras e os preceitos jurídicos como meios para a modelação planejada de nossas relações de vida. Uma vez que nos tenhamos vinculado, é-nos exigido categoricamente o cumprimento das obrigações assumidas.

Toda regra jurídica representa uma hipótese, pois que ela é apenas aplicá-vel quando se apresentarem certas circunstâncias de fato que na própria regra se acham descritas.

A rigor, a proibição de matar tem o seguinte teor: quando não é caso de legí-tima defesa, guerra, sentença de morte, é proibido matar. Tem-se aqui um impera-tivo concebido sob a forma hipotética. Para não confundirmos com o "imperativo hipotético", podemos designá-lo como um "imperativo condicional".

Em determinados casos concretos, pode-se duvidar sobre o que pertence à hipótese legal e o que faz parte da consequência jurídica. Quando a lei diz "aquele que por ação ou omissão voluntária, negligência ou imprudência, violar direito e causar dano a outrem, ainda que exclusivamente moral, comete ato ilícito", pode-mos perguntar se a fórmula "causar dano a outrem" pertence à hipótese legal ou à consequência jurídica.

A solução é a seguinte: pertence à hipótese legal que um determinado prejuí-zo tenha surgido, e à consequência jurídica que esse prejuízo deva ser indenizado. Pertence à hipótese legal tudo aquilo que se refere à situação que está conexa ao de-ver-ser, e à consequência jurídica tudo o que determina o conteúdo deste dever-ser.

Tanto a hipótese legal como a estatuição (consequência jurídica) são, sob o aspecto de elementos da regra jurídica, representados por conceitos abstratos. A hipótese legal e a consequência jurídica (estatuição), como elementos constitutivos da regra jurídica, não devem ser confundidos com a concreta situação da vida e com a consequência jurídica concreta, tal como esta é proferida ou ditada com base naquela regra. Para maior clareza, chamamos por isso "situação de fato" ou "concreta situação da vida": a hipótese legal concretizada.

Outro problema é a questão de saber qual a relação que encontram entre si a hipótese legal e a consequência jurídica. Trata-se de uma relação de condicionalidade: a hipótese legal, como elemento constitutivo abstrato da regra jurídica, define conceitualmente os pressupostos sob os quais a estatuição da consequência jurídica intervém e a consequência jurídica é desencadeada.

É logicamente indiferente dizer que, sob as condições (pressupostos) formuladas na hipótese legal, vale (intervém) a consequência jurídica, ou dizer que para a hipótese legal vale a consequência jurídica.

Uma modificação no mundo do Direito somente surge (acontece) quando se verifica a situação descrita na hipótese legal para tanto necessária; ela se desencadeia sempre que a situação descrita na hipótese legal se apresenta como uma necessidade inarredável, por assim dizer automaticamente, e isto no preciso momento em que a situação descrita na hipótese legal se completa: entre a causa jurídica e o efeito não medeia, como na natureza física, qualquer espaço de tempo mensurável.

A causalidade jurídica (a circunstância de um fato arrastar consigo efeitos de direito) baseia-se na determinação da lei e, por isso, pode ser livremente modelada por ela: o Direito pode coligar a quaisquer fatos quaisquer consequências jurídicas.

Da ideia de causalidade jurídica extraem-se consequências práticas. Exemplo: uma consequência jurídica não pode produzir-se duas vezes ou ser duas vezes anulada. Não há "efeitos duplos" no Direito. Se adquiro o imóvel por compra e venda, não posso adquiri-lo novamente por usucapião; se um negócio é anulado por um motivo, não pode ser declarado nulo mais uma vez por outro motivo.

Um direito, uma vez constituído, não pode voltar a constituir-se, e um direito que ainda não se constituiu ou se extinguiu não pode ser anulado. Um direito não constituído não pode ser anulado.

Quando o juiz refere à regra jurídica uma faticidade concreta prevista na hipótese legal, uma situação da vida, i.e., quando ele a subsume à hipótese abstrata da lei, esta subsunção, por si só, não chega à consequência jurídica concreta; mas apenas quando logicamente pressupõe que, na lei, por um lado e, no caso concreto, por outro, a situação descrita na hipótese legal arraste consigo a consequência jurídica.

É a este arrastar atrás de si que os causalistas dão a designação de causalidade jurídica. Por conseguinte, chamaremos de causalidade esta conexão entre hipótese legal e consequência jurídica, *in abstrato* (dentro da regra jurídica, portanto) ou *in concreto* (quer dizer, com referência ao caso da vida que cai sobre a regra jurídica).

É sempre verdade que a causalidade natural se baseia em leis naturais, ao passo que a causalidade jurídica se funda em leis humanas, sendo estas últimas produto de uma criação arbitrária.

Cumpre mencionar a questão dos duplos efeitos. No caso, várias hipóteses legais trazem, abstratamente, a mesma consequência jurídica. Exemplo: uma pessoa compra um bem o qual já tenha usucapido. Aqui, o resultado concreto – transferência da propriedade –, de forma concreta e convergente, é baseado, no entanto, em hipóteses abstratas distintas.

É possível que se constituam, uma após outra, duas obrigações de realizar uma e a mesma prestação, e bem assim que eu seja proprietário por dois fundamentos distintos (comprei imóvel, o qual já havia usucapido), sendo indiferente que estes dois fundamentos surjam um ao lado do outro. É igualmente possível que uma mesma relação jurídica deva ser negada por dois fundamentos diferentes. É possível que um crédito seja pago e depois prescreva e, ainda, é possível que um negócio jurídico seja nulo por dois fundamentos, como por falta de forma e ao mesmo tempo por doença mental de uma das partes; pelo que poderá um negócio jurídico nulo ser ainda atacado em via de anulação e tornar-se nulo por este outro motivo, pois que também nesse caso trata-se apenas de uma pluralidade de fundamentos da não existência do vínculo.

O problema dos **efeitos duplos** é dificultado pelo fato de que nem sempre se distinguem e se separam com suficiente precisão os diferentes grupos de casos. Nos **duplos fundamentos**, trata-se de uma consequência jurídica procedente de vários fundamentos, ao passo que nos **efeitos duplos** trata-se de várias consequências jurídicas iguais quanto ao seu conteúdo.

A presença dos fatos concretos que preenchem a hipótese legal abstrata da regra jurídica passa a ser a base em que se funda o juízo cognitivo sobre a atualidade (= efetiva existência) da consequência jurídica.

A questão de saber em que medida uma mesma consequência jurídica pode ser derivada de vários complexos de fatos que a fundamentam, apenas pode ser decidida de caso para caso, segundo pontos de vista próprios do jurista e metodologicamente corretos. Fundamentalmente, nada obsta a admissibilidade de **efeitos duplos**, quer se trate de **duplos fundamentos** ou de **consequências duplas**.

O problema da subsunção parte do realce da conexão entre hipótese legal e consequência jurídica; de qualquer modo que a interpretemos ou designemos, aparece como uma conexão produzida pelo Direito positivo, i.e., pela lei.

4.2. A elaboração de juízos jurídicos concretos a partir da regra jurídica, especialmente o problema da subsunção

Vamos falar novamente do problema da regra jurídica.

O Direito, quando se dirige a nós, o faz tendo em conta que atuamos por meio de ações. A todo momento o Direito determina nossos atos e omissões através dos quais construímos nossa vida.

A forma sob a qual o Direito adquire um significado determinante do nosso viver consiste em dizer o modo como *in concreto* nos devemos conduzir. O Direito destila-se em regras concretas de dever-ser e a todo momento dele solicitamos como devemos ou não agir (o que é lícito, o que não se deve fazer...).

Sabemos que, na vida moderna, é a lei que nos informa sobre o concreto dever-ser jurídico, obrigando-nos a relacionar a vida com o Direito. Tal questão conduz-nos ao problema do "pensamento jurídico".

A determinação daquilo que, *in concreto*, é juridicamente devido ou permitido é feita de um modo autoritário, através de órgãos aplicadores do Direito e pelo Direito mesmo instituídos, i.e., através dos tribunais e das autoridades administrativas.

Rege-nos o princípio da legalidade (art. 5º, II, CF), sendo este um aspecto essencial do Estado de Direito de nossa vida pública.

Pelo princípio da legalidade, todos os atos do Estado devem poder ser reconduzidos a uma lei formal ou "com base" numa lei formal. Não se consente que um ato do Executivo seja pura e simplesmente fundamentado no Direito não escrito ou em princípios ético-sociais gerais como justiça, moralidade etc.

É preciso lembrar, no entanto, que é função da Administração e dos tribunais moldar a vida da comunidade estatal segundo pontos de vista de utilidade e equidade, inclusive segundo um critério discricionário ou de "livre-iniciativa".

Para analisarmos o pensamento dos juristas na aplicação da lei à concreta situação da vida, é preciso focar o processo de aplicação em que ele se apresenta de uma forma depurada.

O juiz, perante o seu cargo e a sua consciência, somente poderá sentir-se justificado quando a sua decisão também possa ser fundada na lei, o que significa ser dela deduzida. A descoberta e a fundamentação não são procedimentos opostos.

O centro de gravidade dessa fundamentação é a premissa menor. Nela já se acha mencionada a subsunção. Em regra, com ela encontra-se estreitamente conexa uma verificação de fatos, i.e., dos fatos que são subsumidos.

Temos de nos debruçar com mais vagar na verificação dos fatos como tais. As provas, diz-se, têm o objetivo de criar no juiz a convicção da existência de determinados fatos.

Assim como o historiador descobre os fatos históricos com base nas fontes a seu dispor, assim também no processo judicial os fatos juridicamente relevantes são descobertos com base nas declarações do acusado (confissão) e nos meios de prova: objetos suscetíveis de inspeção ocular direta, documentos, testemunhas e peritos.

Ao falarmos de fatos, temos em vista acontecimentos, circunstâncias, relações, objetos e estados, todos situados no passado, ou mesmo só temporalmente determinados, pertencentes ao domínio da percepção externa ou interna e ordenados segundo leis naturais.

A prova judicial é, na maioria dos casos, "por indícios", quer dizer: prova feita através de conclusões dos "indícios" para os fatos diretamente relevantes cuja verificação está em causa.

Indícios são os fatos que têm na verdade a vantagem de serem acessíveis à nossa percepção e apreensão atuais, mas que em si mesmos seriam juridicamente insignificativos se não nos permitissem uma conclusão para aqueles fatos de cuja subsunção às hipóteses legais se trata, e a que chamamos "**fatos diretamente relevantes**".

Aquilo que é **diretamente relevante** depende de cada regra jurídica e de sua hipótese legal. Também ao conceito de **fato diretamente relevante** pertence uma certa relatividade. Entre os indícios, a confissão no processo penal tem um valor; e no processo civil, outra.

Acrescente-se que também as afirmações das testemunhas dos fatos nada mais são do que "indícios". As afirmações (depoimentos) das testemunhas apenas são "fatos indiretamente relevantes", os quais permitem uma **conclusão** relativamente fundada para o fato que se situa no passado e sobre o qual são feitas afirmações (depoimentos).

Ao falarmos de conclusão, devemos frisar que se trata de uma **conclusão** apenas válida com certo grau de probabilidade, maior ou menor, baseada nas regras de experiência. Regras que, por sua vez, desempenham importante papel no procedimento judicial probatório e são fornecidas ao tribunal nos casos difíceis, por peritos.

A indagação processual da verdade é juridicamente regulada, observando-se os limites jurídicos processuais de sua indagação.

Parte V • O Direito e a Metodologia   **675**

Ora, se a verificação dos fatos integrada na premissa menor como um resultado parcial é já o produto de atos cognitivos e deduções complexas, algo de semelhante ocorre com a subsunção que se passará a considerar em si mesma.

Escolhamos um exemplo em que a lei, para a descrição do tipo legal, serve-se de conceitos que não requerem quaisquer valorações e, portanto, não são conceitos normativos, mas conceitos descritivos.

Podemos tomar o conceito de coisa e a questão de saber se a energia elétrica deve ser subsumida a este conceito.

Na subsunção, trata-se de submeter um caso individual à hipótese ou tipo legal e não diretamente subordinar ou enquadrar um grupo de casos ou uma espécie de casos.

Para Larenz, subsunção é a afirmação de que as características referidas na hipótese da regra jurídica encontram-se realizadas na situação de vida a que a mesma afirmação se reporta.

Assim, a subsunção é a determinação da coincidência do "complexo concreto de características" com a "definição abstrata do conceito" ou determinação da identidade "entre os conteúdos da experiência", significados em geral pelas palavras da lei (buzinar de carros) e o fato da experiência imediatamente sensível da situação concreta (o buzinar deste carro).

Ainda em relação à estrutura lógica da subsunção de um caso a um conceito jurídico, nota-se que ela representa uma relação entre conceitos: um fato tem de ser pensado em conceitos, pois que de outra forma – como fato – não é conhecido, ao passo que os conceitos jurídicos, como o seu nome diz, são sempre pensados na forma conceitual.

São, portanto, subsumidos conceitos de fatos a conceitos jurídicos.

A subsunção de uma situação de fato concreta e real a um conceito pode ser entendida como enquadramento desta situação de fato, do "caso", na classe dos casos designados pelo conceito jurídico ou pela hipótese abstrata da regra jurídica.

A interpretação do conceito jurídico é o pressuposto lógico da subsunção, a qual, por seu turno, uma vez realizada, representa um novo material de interpretação e pode servir posteriormente como material ou termo de comparação.

Em cada subsunção efetivamente nova, o caso a subsumir difere-se sob qualquer aspecto dos casos até então enquadrados na classe e, por conseguinte, impõe sempre ao jurista, que está vinculado ao princípio da igualdade, a penosa questão de saber se a divergência é essencial ou não.

A interpretação não só fornece o material de confronto para a subsunção como ainda os pontos de referência para a comparação. Desta forma, ela decide ao mesmo tempo sobre aqueles momentos (aspectos) do material de confronto e da situação de fato a decidir que hão de ser entre si comparados.

É ela ainda quem decide por que meios do espírito a comparação deve ser realizada: se por meio dos sentidos externos ou por meio do pensamento e, neste último caso, se por meio do pensamento cognitivo ou emocional.

São agora necessárias algumas considerações sobre as consequências de não se lograr estabelecer a premissa menor.

Até aqui, temos pressuposto que se consegue obter a premissa menor, que se chega à verificação de fatos que podem ser subsumidos a um conceito jurídico, e isto de modo a podermos, da combinação da premissa menor com a maior, deduzir a conclusão.

O ônus da prova relaciona-se com a hipótese de, apesar de todas as atividades probatórias, subsistirem dúvidas na questão de fato.

As dúvidas sobre os fatos não podem, como as dúvidas sobre o direito, ser afastadas, e nos esforçamos simplesmente para decidir por uma determinada concepção. Por outro lado, é também proibido ao tribunal recusar-se a decidir, alegando dúvida na questão de fato. O tribunal tem de resolver o litígio, muito embora não possa resolver a dúvida. De outro modo, ele não cuidaria da pacificação em concreto das relações da vida.

Caso existam dúvidas sobre a questão de fato, o juiz terá de "presumir" a situação de fato. No processo penal, *in dubio pro reo* e no processo civil, *in dubio contra actorem*.

Se, por exemplo, o demandado admite ter recebido o empréstimo e apenas se limita a contestar, com a alegação de que já o restituiu, caso a restituição continue a ser objeto de contestação e de dúvida, é ao demandado que cabe o ônus de provar esta exceção. Se não provar a restituição, será condenado a pagar ao demandante (equivale ao *in dubio contra reum*).

Relativamente àquelas oposições e exceções cuja prova compete ao demandado, este é equiparado, pelo risco do processo, a um demandante que não consegue provar os fatos que fundamentam sua pretensão.

4.3. A elaboração de juízos jurídicos abstratos a partir das regras jurídicas. Interpretação e compreensão destas regras

No capítulo anterior, tratou-se do silogismo jurídico. A premissa menor é o nervo que veicula até o caso concreto as ideias jurídicas gerais contidas na lei, i.e., na premissa maior, o que torna possível a conformidade do caso com a lei.

Viu-se que a subsunção contida na premissa menor remete para uma "interpretação" da lei e, dessa forma, para uma atividade mental realizada em torno da premissa maior.

Foi dito que a premissa maior, com a qual a menor se combina, é extraída da lei. Representou-se a lei como imperativo condicional (dever-ser através da limitação da lei), ao passo que a premissa maior correspondente à lei traduz um juízo hipotético (ordena uma ação que é boa relativamente a um objetivo possível ou real).

Seria muito simples se a elaboração da premissa maior se reduzisse a converter o imperativo condicional ("faça o que está na lei") a um juízo hipotético.

Cabe aqui relembrar algo que já se disse sobre juízos hipotéticos e imperativos condicionais.

Proposições ou regras devem ser hipotéticas. Elas afirmam (um dever-ser condicional), um "dever-ser" condicionado através da hipótese legal.

Embora as leis designem as consequências jurídicas como "obrigações" ou se exprimam de qualquer outra maneira, o que se quer significar sempre é que algo deve acontecer.

O "dever-ser" é dirigido por uma vontade supraordenada a uma vontade subordinada. O "tu deves" tem caráter imperativo. Podemos, então, afirmar que as regras jurídicas, como regras de dever-ser dirigidas a uma conduta de outrem, são imperativas.

O deverá-ser através do conceito de valor implica que uma conduta é devida (deve ser) sempre que a sua realização for valorada positivamente.

Os deveres (obrigações) são, portanto, correlatos dos imperativos.

A máxima "o que não é proibido é permitido" pode também ser invertida: "o que é permitido não é proibido". Tanto as definições legais como as permissões são, pois, regras não autônomas. Apenas têm sentido em combinação com imperativos que por elas são esclarecidos ou limitados.

As verdadeiras portadoras de sentido da ordem jurídica são as proibições e as prescrições (comandos) dirigidas aos destinatários do Direito, entre os quais se contam, de resto, os próprios órgãos estatais.

Uma primeira e mais complicada tarefa que o jurista tem de desempenhar para obter a premissa maior jurídica consiste em aglutinar num todo unitário as partes ou elementos de um pensamento jurídico-normativo completo que, por razões "técnicas", encontram-se dispersas, senão violentamente separadas.

O jurista deve reunir e conjugar aquelas partes constitutivas do pensamento jurídico-normativo que são necessárias para a apreciação e decisão do caso concreto.

No caso do art. 121 do Código Penal, a premissa maior completa seria: segundo o Direito Penal o homicida, "imputável", que não esteja numa "causa de justificação ou exclusão" e que provoque "intencionalmente" a morte de uma "pessoa" com "crueldade" ou "motivo torpe" etc., sofrerá a pena tal.

A complementação da premissa maior será, conforme o caso, tão extensa quanto o exigir da apreciação e da decisão do caso.

Quanto mais compreensiva e sutil a legislação, maiores são as exigências postas pela reunião e congregação das partes que integram a norma jurídica a fim de se obter um domínio mental da lei.

Quando aplicamos um artigo do Código, aplicamos todo o Código e todo o ordenamento jurídico.

Pode parecer a tese um exagero, mas ela põe em destaque a unidade do ordenamento jurídico, vez que é preciso traduzir a premissa maior dentro do contexto de todo o Código ou ordenamento jurídico, porque compõe um complexo harmônico de pensamentos jurídicos.

É preciso ter em mente que o jurista reúne o material legislativo disperso num todo unitário com sentido e, desta forma, prepara a premissa maior de que necessita no caso concreto. Se a esta premissa pode-se dar uma expressão linguística satisfatória, isso é coisa secundária e nem sempre possível.

Talvez a premissa maior apresente-se como uma tessitura de pensamentos que só possa receber uma expressão linguística adequada em uma série de proposições. O essencial será que, no sentido lógico, a conexão intrínseca dos pensamentos jurídicos forme aquela premissa maior com a qual se combinam a premissa menor e, através dela, a conclusão.

Aqui, trata-se de reconduzirmos a premissa maior do domínio do "extensivo" para o do "intensivo", isto é, "da subsunção global" para a "subsunção particular".

A subsunção se processa pela equiparação do caso a decidir "aqui e agora" àqueles casos que, sem dúvida, são abrangidos pela lei; mas a questão de saber quais são estes casos e sob que pontos de vista e aspectos o novo caso será passível de equiparação será decidida através da interpretação da disposição legal em foco.

Através da interpretação, são intercaladas, entre a premissa maior e a decisão do caso, várias premissas menores as quais facilitam a subsunção.

Um exemplo simplório: alguém furtar algo dentro de um "**espaço fechado**".

a) O **espaço fechado** que se destina ao ingresso de pessoas encontra-se cercado de dispositivos de segurança.

b) O **espaço fechado** é um carro, e dele são subtraídos objetos (o carro era conversível, em parte...)

c) O **espaço fechado** é um carro e um passageiro subtrai, de um outro, objetos.

A tarefa da interpretação é fornecer ao jurista o conteúdo e o alcance (extensão) dos conceitos jurídicos. A indicação do conteúdo é feita por meio de uma definição, i.e., pela indicação das conotações conceituais ("espaço fechado é um espaço aberto que..."). A indicação do alcance (extensão) é feita pela apresentação de grupos de casos individuais que são passíveis de subsunção ao conceito jurídico.

Vamos demonstrar agora a metodologia da interpretação, da apreensão do sentido do compreender jurídico.

Dispomos de inúmeros métodos de interpretação e pontos de vista interpretativos: a interpretação segundo o teor verbal (interpretação gramatical); a interpretação com base na coerência (conexidade) lógica; a interpretação "lógica" ou "sistemática", que se apoia na localização de um preceito no texto da lei e na sua conexão com outros preceitos; a interpretação a partir da conexidade histórica, particularmente baseada na "história da gênese do preceito"; e, finalmente, a interpretação baseada na *ratio*, no fim, no "fundamento" do preceito (a interpretação "teleológica").

Tais espécies de interpretação pertencem ao patrimônio adquirido da hermenêutica jurídica.

Enneccerus declara que a interpretação tem de partir do teor verbal da lei, tendo em conta as regras da gramática e o uso corrente da linguagem, ao tomar em particular consideração também os "modos de expressão técnico-jurídicos".

Acrescenta que, além do teor verbal, devem ser considerados "a coerência interna do preceito, o lugar em que se encontra e as suas relações com outros preceitos" (ou seja, a interpretação lógico-sistemática), assim como a situação que se verificava anteriormente à lei, toda sua evolução histórica, bem como a história da gênese do preceito, que resulta dos trabalhos preparatórios, e o fim particular da lei ou do preceito em singular (interpretação teleológica).

Arremata afirmando que o preceito da lei deve, na dúvida, ser interpretado de modo a ajustar-se, o mais possível, às exigências da nossa vida em sociedade e ao desenvolvimento de toda a nossa cultura (para Engish, é interpretação teleológica).

Com referência à interpretação gramatical, é frequente o mal-entendido que consiste em se supor que existe uma pura interpretação verbal ou terminológica distinta de uma interpretação do sentido.

Ora, o Direito "fala a sua própria língua". Por isso, o que importa sempre é o sentido "técnico-jurídico", o qual possui contornos mais rigorosos que o conceito da linguagem corrente.

Muitas vezes o legislador liga a uma palavra sentidos diferentes. Exemplo: funcionário, posse, propriedade, negligência etc. Fala-se, nestes casos, de uma "relatividade de conceitos jurídicos". Ela resulta inevitável, dada a inserção dos conceitos em contextos sistemáticos e teleológicos diferentes. A pura interpretação verbal é afastada pela interpretação sistemática e teleológica.

Em relação à interpretação sistemática e à teleológica, é preciso dizer que a conexidade (coerência) lógico-sistemática não se refere só ao significado dos conceitos jurídicos em cada contexto de ideias (v.g., o significado do conceito de posse no quadro dos parágrafos relativos ao abuso de confiança): a conexidade refere-se à plenitude do pensamento jurídico latente (oculto, não manifestado) na regra jurídica individual, com a sua multiplicidade de referências às outras partes constitutivas do sistema jurídico global.

É difícil separar a interpretação sistemática da teleológica: enquanto interpretação sistemática ela já é, simultaneamente, teleológica, tendo em vista que as regras têm por função preencher certos fins em combinação com outras normas, complementando-se mutuamente.

O conceito de fim é elástico e plurissignificativo. Ele se estende, segundo seu conteúdo, a ideias como manutenção da segurança jurídica, conservação da ordem pública, bem-estar social, proteção da boa-fé etc., fazendo com que a interpretação teleológica traduza-se em uma solução metódica dos conflitos de interesses através de critérios, valorações e opções legais.

Cumpre ainda falar sobre a "interpretação a partir da história do preceito". Trata-se de, com atenção a todos os elementos dentro do nosso alcance, penetrar o mais completamente possível no espírito do legislador e tomar em linha de conta a situação jurídica existente no momento em que a lei foi editada, situação em que há de se presumir que o legislador esteve presente.

A interpretação teleológica e a histórica entrelaçam-se principalmente quando é preciso descobrir o que o legislador teve em mente, visto que a correta compreensão dos preceitos exige o exame dos fundamentos histórico-culturais e o papel e significado da tradição (*vide* a importância, até hoje, do Direito Romano).

É preciso reconhecer que ainda não dispomos de uma teoria jurídica interpretativa que ofereça uma hierarquização segura dos múltiplos critérios de interpretação.

4.4. Interpretação e compreensão das regras jurídicas. Continuação: o legislador ou a lei?

Dizer que os métodos gramatical, lógico, histórico e sistemático devem ser considerados conjuntamente é passar por cima do problema.

A questão é intrincada. Importa que os juristas, ao interpretar, transcendam o horizonte visual da simples prática, voltando-se para uma compreensão num sentido mais elevado, mesmo que esta nos arraste para uma posição filosófica, histórico-cultural ou política.

4.4. Interpretação e compreensão das regras jurídicas. Continuação: o legislador ou a lei?

A moderna doutrina da compreensão conhece múltiplas distinções do compreender.

Costuma-se distinguir a compreensão de um sentido (apreensão do conteúdo objetivo de uma expressão) da compreensão do que venham a ser os motivos daquele que se exprime.

Outra distinção é a que procura compreender o que foi pensado e a que procura compreender quais razões teriam levado ao pensamento.

Tais reflexões levam a um trabalho de "conhecimento do conhecido", i.e., o conhecimento daquilo que foi produzido pelo espírito humano – o conhecido.

Pode-se dizer que é necessário compreender melhor o autor do que ele se compreender a si próprio.

André Gide dizia:

> Antes de explicar o meu livro aos outros, aguardo que os outros o expliquem a mim. Querer explicá-lo primeiro significaria ao mesmo tempo limitar o seu sentido; pois, ainda que saibamos aquilo que quisemos dizer, não sabemos todavia se dissemos apenas isso.

Tal é o desafio em situar a interpretação e a compreensão jurídicas.

É preciso, ainda, distinguir as intenções da história do Direito e as da dogmática jurídica.

Ao historiador do Direito, importa descobrir os motivos das leis (o que levou o legislador a inovar o ordenamento?) para revelar a faceta da compreensão pelos motivos.

A compreensão histórica da lei começa com o sentido "pensado e desejado", pondo em conexidade fatos históricos, com vistas à descoberta dos motivos, em um constante interrogatório das raízes históricas e do "espírito da época" em que a lei se desenvolveu e se formou.

No que se refere à dogmática jurídica, em princípio, a esta deve interessar o conteúdo da lei em si, seu alcance prático, extensão dos seus conceitos e normas, sem descuidar dos significados políticos, éticos e culturais que a envolvem.

Na teoria da interpretação, duas vertentes se digladiam – a teoria subjetivista e a teoria objetivista.

Em breve síntese, é possível dizer que a subjetivista prestigia a vontade do legislador, ao passo que a objetivista destaca o sentido objetivamente válido da regra jurídica.

A problemática tem um contorno muito interessante: o conteúdo objetivo da lei e, consequentemente, o último escopo da interpretação, seriam fixados pela "vontade" do legislador histórico, de modo que a dogmática deve seguir as pegadas do historiador ou, **ao contrário**, o conteúdo da lei tem autonomia em si mesmo e nas suas palavras enquanto "vontade da lei", revelando um sentido objetivo, independente do que passou pela cabeça do legislador e que, por isso, tem um movimento autônomo, suscetível de evolução como tudo na vida.

Dizem os objetivistas que, com a edição da lei, esta desprende-se do seu autor e adquire uma existência objetiva própria. A obra do autor é o texto da lei. As expectativas do autor da lei não apresentam nenhum caráter vinculativo, sendo meras expectativas, ficando, ele próprio, sujeito ao comando de sua criação.

O sentido incorporado na lei pode ser mais rico do que tudo aquilo que seus autores pensaram (se é que pensaram...), já que a lei e seu conteúdo não são estáticos, mas algo vivo, mutável e suscetível de adaptação.

O sentido da lei logo se modifica pelo fato de ela passar a constituir parte de uma ordem jurídica global e, portanto, participar da sua constante mutação em razão da unidade da ordem jurídica. Nunca é demasiado lembrar que quando se interpreta um artigo de lei, interpreta-se todo o ordenamento.

Novas disposições legais influem nas antigas, modificando-as ou dando-lhes novo colorido. Também novos fenômenos técnicos, econômicos, sociais, políticos, culturais e morais têm de ser juridicamente apreciados com base nas normas jurídicas preexistentes (vejam os exemplos do exame de DNA, a globalização, uniões estáveis entre homossexuais e a clonagem...).

O Direito, ao ser obrigado a encarar fenômenos e situações históricas que de maneira nenhuma poderiam ter sido pensadas, cresce para além de si mesmo.

Por isso, ficamos em condição de "compreender melhor" a lei do que compreender o próprio legislador histórico. É a partir da situação presente que nós, a quem a lei se dirige e que temos de nos afeiçoar a ela, havemos de tirar aquilo que é racional, adequado e adaptado às nossas circunstâncias.

O juiz, como membro de Poder, deve nortear sua interpretação de acordo com a época atual, situando-se no presente: sua perspectiva não deve voltar-se ao passado, mas ao presente e ao futuro.

Como membro do "Terceiro Poder", o juiz é, portanto, igual ao legislador, na medida em que, por meio de interpretação objetivista, deixa valer a lei no sentido de sua própria autonomia (da lei e da jurisdição).

No caso das leis interpretativas que veiculam interpretações autênticas, elas têm significado apenas para a disposição concreta cuja interpretação as esclarece. Trata-se de regra jurídica passível, ela própria, de interpretação.

Assim, a função jurídica da interpretação como critério do método interpretativo correto e científico deve servir-se de cada um dos métodos, visualizando o espaço histórico e sua objetividade.

Outra questão é a de se saber em que medida estes conteúdos de sentido (históricos ou objetivos) são vinculativos para a aplicação prática do Direito.

O problema se direciona para a mescla dos métodos, o que confere ao juiz legitimidade para, desprendendo-se da "vontade" do legislador histórico, dar à lei um sentido ajustado ao momento atual, um sentido razoável e adequado aos fins do Direito.

Tratado o tema da correlação entre o "pensamento" do legislador e a construção de sentido ajustada à situação atual, fica patente a necessidade de ajustar as teorias interpretativas aos métodos gramatical, sistemático e teleológico.

Somente através da combinação dos métodos histórico e objetivista poderemos obter decisões seguras no processo interpretativo.

Em todas as fases da interpretação (gramatical, lógico-sistemática e teleológica) persistirão questões em aberto e pontos de relativa ambiguidade. Em todas estas fases nos deparamos com a pergunta: vontade da lei ou do legislador? Que sentido ligou o legislador às suas palavras, ou então, qual o sentido que as palavras, em si mesmas, são portadoras?

Prossigo: que significado tem a conexão lógico-sistemática segundo as intenções do legislador, ou que significado resulta dessa conexão dentro da própria lei? Qual o fim que persegue o legislador histórico ou qual o fim que está imanente na lei?

No momento em que nos decidimos por uma teoria da interpretação, também as questões relativas ao teor literal, à conexão sistemática e ao fim assumem uma conformação específica.

Se cada elemento (literal, histórico, teleológico etc.) é, por si só, plurissignificativo, o quadro pode se alterar caso queiramos perquirir um momento histórico, ou mesmo descobrir uma interpretação razoável e ajustada à nossa realidade atual.

Isto traz novas dificuldades e novas dúvidas, mas o método redunda na possibilidade de um modo de interpretação gramatical-subjetivo, gramatical-objetivo, teleológico-subjetivo ou teleológico-objetivo, o que faz reconduzir a interpretação ao processo de interpretação.

Devemos, ainda, ter em conta que o subjetivismo ou o objetivismo, por si só, não caracterizam os métodos da interpretação e da compreensão. Se me ponho na posição subjetivista, permanece ainda a questão de saber o que se deve decidir em primeira linha: se os comandos que o legislador histórico "representou" (quais hipóteses e consequências jurídicas teve em mente), os seus fins (quais efeitos quis obter com os preceitos) ou a sua atitude globalmente considerada (quais ideias ou princípios o nortearam).

Do mesmo modo, se assumirmos o ponto de partida objetivista, também aqui teremos de considerar objetivos e pontos de vista segundo os quais o sentido objetivamente implícito na lei deve ser atualizado.

Aquilo que pode ser retirado da lei como objetivamente razoável, justo, de acordo com nossa época, ajustado à situação atual, apenas pode ser deduzido se soubermos o que queremos, i.e., um entendimento correto da lei tem como pressuposto que nós o compreendamos corretamente.

Somente quando já tivermos concebido a decisão e os fundamentos materiais em que ela se apoia, é que poderemos perguntar à lei em que medida esta decisão é "imanente" às suas palavras como sentido possível (pré-compreensão – círculo hermenêutico).

Para completarmos o quadro problemático entre a teoria subjetivista e a teoria objetivista da interpretação, resta ainda uma análise dos **conceitos** não unívocos de interpretação extensiva e interpretação restritiva, com algumas direções de pensamento conexas entre si.

Por um lado, podemos nos situar num aspecto linguístico e contrapor um sentido "imediato", "estrito", "rigoroso", "restritivo" a um sentido "afastado" ou "mediato", "lato", "extensivo". Uma teoria atém-se mais estritamente e a segunda, menos estritamente, ao sentido linguístico das palavras.

Muitas vezes utilizam-se os conceitos de interpretação extensiva e restritiva de um modo mais livre, referindo-os ao afastamento completo do sentido literal em favor de uma genuína vontade do legislador ou da lei. Por esta fórmula, dissolvem-se os limites entre a interpretação, por um lado, e o preenchimento de lacunas e a correção da lei que veremos adiante, por outro.

Vê-se que os dois conceitos acima referidos induzem a pensar na relação entre o sentido das palavras de um determinado preceito e o seu domínio de aplicação (sentido da palavra domínio de aplicação): a interpretação estrita (restritiva) refere o preceito a um círculo menor de casos do que a interpretação lata (extensiva).

As leis frequentemente se referem à palavra "causa". Esta palavra é interpretada ou no sentido de "relação condicionante", ou no sentido de "conexão típica" entre uma conduta e um resultado.

Segundo a primeira interpretação, todo e qualquer ferimento (por mais leve que seja) que, por qualquer complicação, conduza à morte, é "causal" em relação a esta; na segunda, ao contrário, tal ferimento só é "causal" em relação à morte que condicionou quando for tipicamente mortal. Esta interpretação apresenta-se em relação à primeira como "restritiva", enquanto restringe o domínio de aplicação do conceito de causa, e, portanto, o domínio de aplicação de todo o preceito.

A compreensão da contraposição dos conceitos de interpretação extensiva ou restritiva não é puramente linguística, mas, antes, objetiva ou de fundo, sendo-lhe inerente certo formalismo, na medida em que ele se refere à relação extrínseca dos preceitos da lei com o seu "âmbito", quer dizer, com o seu domínio de aplicação.

A distinção restritiva/extensiva adquire uma significação material quando a referimos à relação entre as normas jurídicas e a liberdade, ou aos direitos subjetivos, ou ainda, à preexistência de um princípio geral.

Por vezes afirma-se que *in dubio pro libertate* ou *singularia non sunt restringenda*. Neste caso, uma interpretação estrita e rigorosa (restritiva) equivale a um entendimento de que as leis penais, as restrições à propriedade, as imposições de deveres, as exceções a um princípio são interpretadas de forma a serem limitados tanto quanto possível o poder punitivo, a interferência na propriedade, a imposição de obrigações ou a exceção a uma regra.

À luz do que se disse sobre a distinção de interpretação extensiva/restritiva, é "extensiva" aquela interpretação que alarga o poder do Estado às expensas da liberdade, prejudica os direitos subjetivos ou quebra os princípios jurídicos fundamentais através do alargamento das exceções.

Por exemplo, o princípio segundo o qual os atos praticados para afastar um perigo atual para a integridade física ou a vida não devem ser sujeitos à punição (ex.: estado de necessidade); caso seja interpretado de forma extensiva significa uma limitação à punibilidade, o que alarga, eventualmente, o seu domínio de aplicação. Teremos, no entanto, uma exceção ao princípio do estado de necessidade quando um indivíduo, sendo policial, tem como obrigação legal resistir ao perigo e manter-se no seu posto com perigo de vida e sob quaisquer circunstâncias. Aqui o preceito relativo ao estado de necessidade é restringido através do alargamento do dever de enfrentar o mesmo estado de necessidade.

O exemplo do policial nos esclarece o caráter formal do **conceito de domínio de aplicação** e também sobre a relatividade dos conceitos de "princípio" e "exceção": o regime excepcional do policial constituiu um "retorno" à regra da punibilidade, já que se apresenta como **exceção de uma exceção**, i.e., exceção à impossibilidade excepcional dos atos praticados em estado de necessidade.

Pode-se colocar a questão das distinções até agora realizadas de forma crítica, posto que todas elas (restritiva/extensiva) estão sujeitas a certas reservas na medida em que vários preceitos mutuamente se completam. A limitação ou extensão de um dos preceitos pode ser, inversamente, um alargamento ou restrição de outros preceitos, sendo igualmente relativa a relação entre regra e exceção.

Verificamos que também o conceito de liberdade é, ele mesmo, muitas vezes relativo: num conflito entre um policial e um cidadão que "resista à autoridade", não está somente em jogo a liberdade do cidadão, mas também a liberdade de atuação do agente policial (o que implica dizer que as máximas *in dubio pro libertate*, *in dubio contra fiscum* ou *singularia non sunt extendenda* são pouco seguras).

Do que se viu, é possível aceitar a oposição conceitual já referida, operando-se com os conceitos de vontade do legislador e vontade da lei. Aqui, as palavras da lei são consideradas como meios de expressão da vontade do legislador ou da lei, e o seu sentido é ampliado ou restringido de acordo com essa vontade.

Do ponto de vista subjetivista, a distinção entre interpretação extensiva e restritiva refere-se apenas à relação lógica da expressão com o pensamento, na medida em que aquela pode ter um conteúdo menor ou maior que este.

No primeiro caso, a correção da expressão realiza-se através de uma interpretação extensiva; no segundo, através de uma interpretação restritiva. Ambas se propõem a fazer coincidir a expressão com o pensamento efetivo (do legislador).

Uma interpretação corretiva em qualquer sentido somente seria admissível no caso de as palavras da lei poderem ser consideradas ainda como uma declaração da sua vontade, se bem que imperfeita, inteligível, embora tomadas em consideração todas as circunstâncias relevantes.

Com isto, quer-se significar que a interpretação deve se manter sempre, de qualquer modo, nos limites do "sentido literal" e, portanto, pode, quando muito,

Parte V • O Direito e a Metodologia   **687**

"forçar" estes limites, mas nunca ultrapassá-los. Para além de tais limites, já não há interpretação extensiva, mas sim "analogia".

O mesmo pode se dizer da interpretação restritiva. Aquelas disposições que, por exemplo, expressamente (ainda que em contrário da vontade do legislador) se refiram apenas a "homens" (varões), nunca podem, por interpretação extensiva, abranger também as "mulheres" e serem, assim, alargadas aos "seres humanos em geral".

Como se apresentam, porém, os conceitos de interpretação extensiva e restritiva, do ponto de vista da teoria objetivista? Como tal teoria concebe e respeita o texto independentemente da vontade do legislador, como portador de um sentido imanente, à primeira vista pode parecer que sequer há qualquer margem para interpretação extensiva ou restritiva.

Se o sentido literal é unívoco, é porque o espírito objetivo se manifestou precisamente deste modo; se o sentido literal é equívoco, a decisão há de ser, então, a favor do sentido "razoável". Ocorre que, também nos objetivistas, deparamo-nos com os conceitos de interpretação extensiva e restritiva.

Para tal corrente, então, para fazer vingar o sentido razoável em face do teor verbal incorreto, é preciso verificar se a lei foi defeituosamente concebida (interpretação extensiva ou restritiva), pois do ponto de vista objetivista, não só a lei pode ser mais inteligente do que o seu autor, como também o intérprete pode ser mais inteligente do que a lei.

Por fim, e em um certo sentido, a interpretação extensiva e a restritiva já podem ser consideradas como uma espécie de complementação da lei. Indo adiante, ingressaremos na heurística (pesquisa) jurídica *praeter legem*, cujo principal exemplo é a analogia, e com a heurística jurídica *contra legem* que, em sentido estrito, significa uma "correção" da lei. Interpretar, portanto, apresenta-se como via de uma descoberta (heurística) do Direito *secundum legem*, de acordo com o princípio da fidelidade ao texto legal.

4.5. Conceitos jurídicos indeterminados, conceitos normativos, poder discricionário

Hoje nos deparamos com diversos modos de expressão legislativa que fazem com que o julgador (o órgão aplicador do Direito) adquira autonomia em face da lei.

Como modos de expressão deste tipo, distinguimos: conceitos jurídicos indeterminados, conceitos normativos, conceitos discricionários e cláusulas gerais (diferentes formas de afrouxamento da vinculação legal).

Conceito indeterminado é aquele cujo conteúdo e extensão são, em larga medida, incertos. Conceitos absolutamente determinados são muito raros no direito (v.g., conceitos numéricos).

Os conceitos jurídicos são predominantemente indeterminados pelo menos em parte, v.g., aqueles conceitos naturalísticos recebidos pelo Direito, como os de escuridão", "sossego noturno", "ruído", "perigo" e "coisa". Do mesmo modo se pode dizer dos conceitos jurídicos como "crime", "ato administrativo", "negócio jurídico" etc.

Nos conceitos jurídicos indeterminados, podemos distinguir um **núcleo** conceitual e um halo conceitual. Sempre que temos uma noção clara do conteúdo e da extensão de um conceito, estamos no domínio do núcleo conceitual. Onde as dúvidas começam, começa o halo do conceito.

Os conceito normativos, por sua vez, são também conceitos indeterminados. Contrapõem-se estes conceitos aos descritivos, i.e., aqueles que designam "descritivamente" objetos reais ou que participam da realidade, i.e., objetos perceptíveis pelos sentidos: "homem", "morte", "cópula", "escuridão", "vermelho", "velocidade", "intenção" etc.

Também entre os conceitos descritivos encontram-se muitos conceitos indeterminados. Nem todos os conceitos indeterminados são, porém e ao mesmo tempo, "normativos".

Destacando-se dois significados diferentes do conceito normativo *stricto sensu*, podemos entender por conceitos "normativos" aqueles que, contrariamente aos conceitos descritivos, visam a dados que não são simplesmente perceptíveis pelos sentidos, mas que só em conexão com o mundo das normas se tornam representáveis e compreensíveis.

Os conceitos descritivos de "homem", "morte" e "escuridão" são conceitos de experiência, mesmo quando referidos a valores. Ao contrário, dizer que uma coisa é "alheia" podendo ser objeto de furto significa que ela pertence a outro que não o agente. Pressupõe-se o regime de propriedade do Direito Civil.

No caso do sentido normativo (e não simplesmente referido a valores) tem ele, de igual modo, conceitos jurídicos como "casamento", "afinidade", "funcionário público", "menor", "indecoroso", "íntegro", "indigno", "vil" (baixo) os quais radicam seu teor de sentido em quaisquer normas (de direito ou morais).

Conceitos como casamento e menoridade são relativamente determinados, pois os pressupostos da sua aplicação são definidos de modo bastante preciso. Pode-se até mesmo definir estes pressupostos através de conotações descritivas, v.g., declarando "menor" aquele que ainda não completou 18 anos.

Parte V • O Direito e a Metodologia

É sempre necessária uma valoração para aplicar, no caso concreto, um conceito normativo: se alguém é casado ou menor, tal pode ser "estabelecido" por critérios descritivos. Ao contrário, se uma predisposição de caráter é "indigna", se um motivo é "vil", se um escrito é "pornográfico", se uma representação é "blasfema"; isso só poderá ser decidido com base numa valoração.

Os conceitos dessa espécie chamam-se conceitos carecidos de um preenchimento valorativo. O volume normativo destes conceitos tem de ser preenchido caso a caso, através de atos de valoração (valoração individual autônoma ou adoção de valorações alheias ["generalidade de pessoas"]). Seja como for, à valoração irá inerente uma indeterminação que nos mostra os conceitos normativos como uma classe especial de conceitos indeterminados.

Os conceitos discricionários põem-se a serviço do afrouxamento da vinculação legal, bem como permitem uma certa autonomia da valoração pessoal.

É necessário saber se, ao lado dos conceitos indeterminados e normativos, podemos reconhecer os discricionários que postulam uma particular posição ou atitude do funcionário ou do juiz.

Vista pelos clássicos, a discricionariedade é no sentido de que o ponto de vista de quem exerce o poder discricionário deve valer como relevante e decisivo.

Para Forsthoff, poder discricionário significa um espaço de liberdade para a ação e para a resolução; a escolha entre várias espécies de conduta igualmente possíveis. O Direito positivo não dá a quaisquer destas espécies de conduta preferência sobre as outras.

"Espaço livre" é a possibilidade de se escolher entre várias alternativas diferentes de decisão, esteja o espaço livre apenas entre duas decisões contraditoriamente opostas (v.g., conceder ou não uma autorização) ou entre várias decisões à escolha numa relação disjuntiva (nomear um professor em uma lista de três).

É o conteúdo intrínseco do critério "possibilidade de escolha" que evidencia a particularidade dos conceitos de discricionariedade. Tal possibilidade não é só a de fato, mas também uma possibilidade jurídica: é o Direito, quase sempre a lei, que numa parte da norma abre a possibilidade de uma escolha entre várias alternativas de fato possíveis.

No caso da "discricionariedade vinculada", o exercício do poder de escolha deve ir endereçado a um escopo e é resultado da dicção que é o "único ajustado", em rigorosa conformidade com as diretrizes legais, ao lado de uma cuidadosa consideração de todas as "circunstâncias do caso concreto".

A incerteza eventualmente existente é um mal que se tem de aceitar. O espaço residual (espaço livre – restringido) da subjetividade na apreciação do justo, depois de atendidos as regras e as circunstâncias, pode não ser totalmente eliminado.

Os espaços da livre apreciação distinguem-se das genuínas atribuições de poder discricionário (i.e., atribuições de poder para uma discricionariedade livre) pelo fato de que as atribuições de poder reconhecem um "espaço ou domínio de liberdade de decisão própria" onde se deve decidir segundo as "concepções próprias" daquele a quem a competência é atribuída.

O autêntico poder discricionário é atribuído pela lei quando a decisão sobre o correto ou conveniente é confiada à responsabilidade de alguém e definida à valoração individual da pessoa chamada a decidir em concreto, porque se considera a melhor solução aquela que, dentro de determinados limites, como pessoa consciente de sua responsabilidade, faça valer seu próprio ponto de vista.

É problema de interpretação verificar quando, na relação entre a lei e a Administração, temos de aceitar a abertura de um "poder discricionário".

Tem de se decidir caso a caso qual intenção inspira aqueles conceitos que se suspeita sejam discricionários, se eles possibilitam a descoberta de uma decisão como a única justa (correta) segundo critérios firmes.

Os conceitos indeterminados (mormente os descritivos indeterminados) e os conceitos normativos (v.g., características normativas – hipótese legal no Direito Penal com "mal sensível") não se reportam a valorações pessoais, se bem que permitem um espaço residual de apreciação pessoal do justo e correto, porque sua interpretação e aplicação no caso concreto é ambivalente.

Inversamente, pode-se dizer que os conceitos discricionários, como regra, são formulados pela sua própria estrutura como indeterminados e normativos (v.g., interesse público, equidade, dureza).

Se se pode falar da discricionariedade do legislador e do governo, também é possível falar da judicial, que aparece na determinação das consequências jurídicas do fato punível ou na fixação da reparação pecuniária do dano moral, ou em certas medidas processuais baseadas na mera conveniência (reunião de processos). O "pode" não significa mera possibilidade fática, mas se traduz em um poder de escolha.

No domínio da administração ou jurisdição, a convicção pessoal (valoração) de quem seja chamado a decidir é elemento decisivo para determinar qual das várias alternativas que se oferecem como possíveis entre certo "espaço de fogo" será havida como a melhor e a justa.

É problema de hermenêutica indagar onde e em que extensão tal discricionariedade existe.

Assim, os **conceitos indeterminados** contrapõem-se aos **conceitos determinados**; os **conceitos normativos** contrapõem-se aos **descritivos**; e os **espaços ou**

âmbitos de livre discrição contrapõem-se às **vinculações aos critérios objetivos do justo**.

O conceito multissignificativo de cláusula geral é conceito que se contrapõe a uma elaboração casuística das hipóteses legais. Casuística é aquela configuração da hipótese legal (enquanto somatório de pressupostos que condicionam a estatuição) que circunscreve particulares grupos de casos na sua especificidade própria.

As cláusulas gerais e o método casuístico nem sempre se excluem mutuamente dentro de uma certa matéria jurídica, mas, antes, podem também se complementar. Uma combinação de ambos é o método exemplificativo.

As cláusulas gerais não apresentam qualquer estrutura própria. Não exigem processos de pensamento diferentes daqueles que são pedidos pelos conceitos indeterminados, os normativos e os discricionários. Tendo em vista sua técnica legislativa, e graças à sua generalidade, elas tornam possível sujeitar um mais vasto grupo de situações, sem lacunas e com possibilidade de ajustamento a uma consequência jurídica.

O casuísmo está sempre exposto ao risco de apenas fragmentar e "provisoriamente" dominar a matéria jurídica. Este risco é evitado pela utilização das cláusulas gerais, embora outros devam ser aceitos.

Constitui um ato de interpretação interrogar os conceitos normativos contidos em lei para saber se eles foram concebidos como critérios objetivos de valor ou como autorizações para se proceder a uma valoração pessoal, como conceitos dos quais decorre uma apreciação "vinculada" ou um genuíno poder discricionário.

Nos conceitos descritivos indeterminados, não nos afastamos da base da interpretação e daquela que lhe é conexa da subsunção. O manejo dos conceitos puramente empíricos é interpretação. Por exemplo, "período noturno" e "escuridão" são conceitos empíricos que podem dificultar a interpretação e a subsunção (que na interpretação se baseia) dos casos concretos e obrigar o aplicador do Direito a uma particular ponderação.

Os conceitos normativos contêm certa ambiguidade. Esta significa que o conceito em questão pressupõe certas normas (menoridade, casamento, funcionário etc.) ou a normatividade traduz carência de um preenchimento valorativo. Exemplo: saber se o dedo indicador é um "membro importante do corpo", se os combates de boxe são compatíveis com os bons costumes, ou se um curador "violou gravemente suas obrigações".

Em tais casos, a lei é de opinião de que há concepções morais dominantes pelas quais o juiz deve se deixar orientar. Se se tratar, v.g., de questões éticas fundamentais, o juiz não poderá desprezar aquilo que se chama "lei moral objetiva", que o legislador pressupõe e aceita como válida.

A função dos conceitos normativos, em boa parte, é justamente permanecerem abertos às mudanças das valorações: a valoração que o conceito normativo aqui exige é uma questão de conhecimento. O órgão aplicador do Direito tem de averiguar quais são as concepções éticas efetivamente vigentes. A valoração pessoal é apenas uma parte do material do conhecimento, e não o último critério de conhecimento.

Assim, as decisões através das quais estes conceitos normativos carecidos de preenchimento valorativo são "concretizados" têm o significado de algo como uma espécie de interpretação destes conceitos, ao mesmo tempo que também a determinação da valoração correspondente ao caso concreto revela certo parentesco com a subsunção.

Os conceitos normativos (ao contrário dos descritivos) podem adaptar-se elasticamente à configuração particular das circunstâncias do caso concreto e ainda a qualquer mudança das concepções valorativas.

Nos conceitos normativo-subjetivos, cujos protótipos são os genuínos conceitos discricionários, os quadros ou molduras da livre descrição autorizam o órgão aplicador do Direito a considerar como vinculante e justa a valoração por ele pessoalmente tida por justa. Nestes termos, conscientemente se conformam com uma pluralidade de sentidos.

O quadro ou moldura de decisão pessoal não só é restringido através de limites legais, mas ainda por outras limitações segundo os costumes ou as ideias de direito ou de Estado.

A proibição da arbitrariedade e da falta de pertinência exige consideração, posto que na utilização do poder discricionário são evitados excessos e abusos desse poder. Neste momento, supomos que a decisão "pessoal" é uma decisão ajustada, proferida com base em uma convicção íntima e sincera.

A discricionariedade implica não apenas a livre escolha dos fins, mas também, em certos casos, a livre escolha dos meios, embora não seja possível negar uma certa relatividade desta distinção.

Por diversas formas, o aplicador do Direito, através da equidade que se prende com os conceitos indeterminados e com os conceitos normativos, com as cláusulas de discricionariedade e as cláusulas gerais, é chamado a descobrir o direito do caso concreto, não simplesmente através da interpretação e da subsunção, mas também através de "valorações e decisões de vontade".

Parte V • O Direito e a Metodologia   693

No exercício do poder discricionário surgem várias alternativas à escolha (fungibilidade), cada uma delas pode ser fungível e defensável, em vista da grande ambiguidade que permanece dentro do "espaço de fogo".

Essa fungibilidade ou justificabilidade não exclui a esgrima de argumentos e críticas sobre as razões por que precisamente esta ou aquela decisão é a melhor e "genuinamente" reta. O reto tem de ser sempre defensável, mas nem tudo que é defensável tem de ser aceito como reto, pois continua a ser discutível. Aquilo que em todo caso tem de ser reconhecido como defensável deve valer como dentro do espaço de manobra do poder discricionário e, nessa medida, deve valer como correto.

Aplicadores do Direito são comissionados a procurar o que é de direito, o que é conveniente e o que é a medida justa no caso concreto, para empenhar a sua responsabilidade e a sua melhor ciência e consciência, sim, mas ao mesmo tempo por meio de um modo criativo e, talvez por isso mesmo, inventivo.

4.6. Preenchimento de lacunas e correção do Direito legislado incorreto

Sabe-se que a lei pode autorizar ao juiz o exercício da função de legislador, dentro de certos limites, efetuando juízos de valor.

Veremos agora o Direito remetido a novas vias de pensamento quando se trata de preencher lacunas e retificar incorreções no ordenamento jurídico. Lacunas e incorreções podem ser reunidas sob o conceito comum de deficiência.

A deficiência denominada lacuna é afastada por meio da integração jurídica, atuando o juiz *praeter legem* e *supplendi causa*, ao passo que na incorreção o afastamento dá-se pela correção da lei: o juiz atua *contra legem*, *corrigendi causa*. A fronteira entre ambas nem sempre é nítida e segura.

O conceito de lacuna jurídica pode ser traduzido por uma incompletude insatisfatória no seio de um todo jurídico.

O que é o todo jurídico dentro do qual se abre a lacuna?

Houve quem desenvolvesse teoremas (proposições que, para se tornarem evidentes, carecem de demonstração) segundo a plenitude (fechamento ou completude) da ordem jurídica transformada em dogma e que contesta a existência de genuínas lacunas jurídicas.

Tais teoremas fundamentaram-se no conceito de espaço ajurídico. O todo jurídico estende-se sobre um determinado domínio e é, nestes termos, fechado. Ao lado dos domínios regidos pelo Direito existem outros que não são por ele afetados, v.g., os domínios da crença e das relações de sociabilidade. Estes domínios caem no "espaço ajurídico". Não se trata de lacunas, mas de algo que se situa fora do Direito. Realmente, uma lacuna jurídica seria uma lacuna no todo jurídico, certo que o espaço ajurídico se estende para além e em volta do jurídico.

As lacunas são deficiências no Direito Positivo (do Direito legislado ou do Direito Consuetudinário), apreensíveis como faltas ou falhas de conteúdo de regulamentação jurídica para determinadas situações de fato em que é de se esperar uma regulamentação, e que tais falhas admitam sua remoção através de uma decisão judicial jurídico-integradora.

Na medida em que a interpretação baste para responder às questões jurídicas, o direito não será lacunoso. Pelo contrário, a analogia possui uma função integradora. Ela não exclui as lacunas, mas as fecha ou as colmata. O mesmo vale para os princípios gerais do direito. Também quando o legislador, conscientemente, deixou uma questão em aberto para decisão, uma questão que ele deixou ao parecer da ciência e da prática, teremos de falar de uma lacuna.

Nestes termos, existem lacunas involuntárias e voluntárias. Para English, não se deveria falar de lacuna quando o legislador, através de conceitos jurídicos indeterminados, ou de cláusulas gerais, reconhece à decisão uma certa margem de variabilidade. Aqui, nos encontramos perante afrouxamentos planejados da vinculação legal para ajustamento da decisão às circunstâncias particulares do caso concreto e às concepções variáveis da comunidade jurídica.

A linha de fronteira entre a aplicação do direito *secundum legem* e o preenchimento de lacunas *praeter legem* torna-se pouco nítida nas cláusulas gerais.

Falou-se das lacunas sob o aspecto de sua relação intrínseca com o todo jurídico. Agora é preciso identificar o momento ou aspecto da incompletude insatisfatória, da incompletude contrária a um plano. Antes de sentirmos a não existência de uma regulação como lacuna, é preciso verificar o plano do legislador ou da lei, posto que uma inexistência planejada de certa regulamentação surge quando uma conduta, "consciente e deliberadamente", não é declarada como punível, quando nós aguardávamos sua punibilidade. Se a impunidade nos cai mal, pode-se falar de uma "lacuna político--jurídica", de uma "lacuna crítica", de uma "lacuna imprópria", i.e., de uma lacuna do ponto de vista de um futuro direito mais perfeito (*de lege ferenda*); não, porém, de uma lacuna autêntica e própria, i.e., de uma lacuna do Direito vigente (*de lege lata*).

O juiz não pode colmatar as lacunas de *lege ferenda*, mas apenas as de *lege lata*.

O conceito de espaço ajurídico se justifica na medida em que implica a ideia de que a não ligação, "consciente e deliberada", de consequências jurídicas a determinados fatos os deixa fora do Direito e não provoca uma verdadeira lacuna.

É sempre verdade que o primeiro passo do julgador consiste em verificar a necessidade e a justificação da integração de lacunas.

Para Engish, na determinação de lacunas não podemos nos ater apenas à vontade do legislador histórico. A mudança das concepções de vida pode fazer surgir lacunas que anteriormente não haviam sido notadas e que temos de considerá-las como lacunas do Direito vigente, e não simplesmente como lacunas jurídico-políticas.

Diz-se, ainda, que não há apenas "lacunas primárias", lacunas de antemão inerentes a uma regulamentação legal, mas, ainda, "lacunas secundárias", i.e., lacunas que só supervenientemente se manifestam, porque as circunstâncias se modificaram. As regulamentações jurídicas não raro se tornam posteriormente lacunosas em razão de fenômenos econômicos novos (v.g., inflação) ou de progressos técnicos (internet, inseminação artificial, clonagem), fazerem surgir questões jurídicas às quais a regulamentação anterior não oferece qualquer resposta satisfatória.

Voltando ao problema de saber por meio de que métodos de pensamento jurídico há de se proceder ao preenchimento das lacunas, devemos começar pelo mais conhecido de todos, o argumento de analogia.

A conclusão por analogia é uma conclusão "do particular para o particular", ao passo que a conclusão por dedução parte do particular para o geral. O conceito plurissignificativo de "semelhança" é o eixo da conclusão. Somente nos fenômenos particulares, a partir dos quais se conclui, se abstrai um pensamento geral, é possível concluir (dedução) para um outro particular.

Para que exista uma conclusão de analogia juridicamente admissível, requer--se a prova de que o particular, em relação ao qual a regulamentação falha, tenha em comum com o particular, para o qual existe regulamentação, aqueles elementos sobre os quais a regulamentação jurídica se apoia.

A analogia é lícita enquanto se verificar aquela semelhança. Quando a semelhança cessa, onde aparece uma diferença essencial, a analogia encontra os seus limites e surge, em certos casos, o chamado argumento a contrário, a saber, o argumento que parte da diversidade dos pressupostos para a diversidade das consequências jurídicas.

Existem outros problemas particulares conexos com o conceito de analogia no Direito.

Toda regra jurídica é suscetível de aplicação analógica, até mesmo de Direito Consuetudinário. Não tem aplicação apenas dentro do mesmo ramo do Direito, tampouco dentro de cada Código.

Vemos a analogia intercalada entre a interpretação e o argumento contrário. Também nem sempre é fácil descobrir a fronteira entre a interpretação e a analogia. Esta se insere por detrás da interpretação, por detrás mesmo da interpretação extensiva.

Se para a interpretação se assenta a regra de que ela encontra o seu limite onde o sentido possível das palavras já não dá abertura a uma decisão jurídica (o limite das hipóteses de interpretação é o sentido possível da letra); é nesse limite que começa a indagação de um argumento de analogia. Não raramente, é duvidoso saber se o sentido literal não poderá ser referido à situação concreta através de uma "interpretação extensiva".

A linha limítrofe entre a interpretação – especialmente a extensiva – por um lado, e a analogia, pelo outro, é fluida. Isso tem importância prática quando é juridicamente permitida toda espécie de interpretação, mas está proibida, em vez disso, uma aplicação analógica dos preceitos jurídicos.

As questões da metodologia da interpretação reaparecem, *mutatis mutandis*, na analogia, especialmente a questão de saber em que medida, para a descoberta do "pensamento fundamental" decisivo, deve-se procurar a vontade do legislador histórico ou a vontade "objetiva" da própria lei; e, logo, a questão de saber que significado têm os fins inerentes a um preceito para a apreensão do respectivo sentido (não se conhece apenas uma interpretação teleológica, mas também uma analogia teleológica).

Podemos distinguir a analogia da lei (*analogia legis*) da analogia do direito (*analogia juris*). Na primeira, parte-se de uma regra jurídica isolada e dela se retira um pensamento fundamental aplicável a casos semelhantes. Na segunda, parte-se de uma pluralidade de normas jurídicas e se desenvolve, com base nelas (através de indução), princípios mais gerais aplicados a casos que não cabem em nenhuma norma jurídica. Exemplo de *analogia juris*: uma série de preceitos individuais do Código Civil que impõem a obrigação de indenizar por uma conduta culposa em face da contraparte contratual, na fase da contratação, e fazem derivar o princípio geral de que – após a simples iniciação das negociações – fundamenta-se um dever de cuidado entre as partes, cuja violação induz a responsabilidade por perdas e danos (a responsabilidade por culpa *in contraendo*).

A distinção entre analogia da lei e analogia do direito, no fundo, apenas se refere à **base de indução** usada na elaboração do pensamento fundamental, a qual, em um caso, é mais restrita e, em outro, mais ampla. Trata-se apenas de uma diferença de grau.

Há limites para a analogia. Se uma disposição é editada para um determinado caso excepcional ou para um grupo de tais casos, não pode ser analogicamente aplicada a casos nos quais não se verifique esta situação excepcional. Cabe aqui o argumento a contrário: na falta dos pressupostos particulares, a consequência jurídica específica tem de ser denegada. Por outro lado, nos limites do pensamento fundamental do preceito excepcional, é bem possível uma analogia (a possibilidade de retirar o réu da audiência pode ser aplicada à testemunha – preceito singular).

A máxima *singularia non sunt extendenda* deve ser manejada com a maior cautela e não diz nada de novo em face das considerações anteriormente feitas sobre a relação entre a analogia e o argumento a contrário.

Diversamente, tem de se reconhecer como limite à admissibilidade da analogia a proibição desta, por vezes estabelecida pelo legislador: *nullum crimen sine lege, nulla poena sine lege*.

Como critério para determinação dos limites entre uma interpretação extensiva, ainda permitida, e uma aplicação analógica, que já não o é, temos novamente o sentido literal possível.

É hora de tratar da questão de saber por que modo se deve proceder ao preenchimento de lacunas quando a "capacidade de expansão" lógica e teleológica da lei ou de uma norma de Direito Consuetudinário não bastar para descobrir e fundamentar a decisão procurada.

No caso da interpretação extensiva, como apreciar juridicamente um tratamento médico com morfina para aliviar as dores insuportáveis de um paciente já condenado à morte, no caso de existir o perigo de, através da alta dose indicada, ser apressada a sua morte? Na medida em que nos apegarmos à lei penal e à sua interpretação tradicional, temos de reconhecer que o encurtamento da vida conscientemente aceito (porque prognosticado como altamente provável) é um ato de homicídio doloso (voluntário), que em todo caso pode ser punido com um pena mais branda quando possa estar ligado à "solicitação expressa e séria" do paciente morto. É também duvidosa a existência de um erro invencível sobre a proibição por parte do médico que provoca a "morte misericordiosa".

No manejo da analogia é preciso observar o critério de orientação da maior utilidade possível para a comunidade estatal, um proveito maior do que o prejuízo.

Recomenda-se como meio de preenchimento de lacunas, além das considerações puramente teleológicas sobre a aptidão de uma regulamentação jurídica para a realização prática de determinados fins, uma valoração jurídica, moral ou cultural, tanto do próprio fim como do meio de que se lança mão para o atingir. O princípio da ponderação e do confronto de bens e deveres é o único meio de proteger um bem jurídico ou cumprir um dever imposto ou reconhecido pelo Direito; a questão de saber se aquela ação é lícita, não proibida, ou ilícita deve ser decidida com base no valor relativo que o Direito vigente reconhece aos bens jurídicos ou deveres em conflito.

Tal fórmula, além de considerações práticas e técnicas (qual a gravidade do perigo que ameaça o bem jurídico, em que medida é necessário sacrificar um bem ou um dever?) há de se apoiar em critérios de valor "objetivos".

A questão decisiva será sempre de saber em que medida a "valoração pessoal" do juiz é entendida como uma decisão efetivamente pessoal, subjetiva, e em que medida ela é uma decisão que encontra apoio em critérios objetivos. Na dúvida, procurar-se-á no preenchimento de lacunas uma decisão objetiva.

Há ainda a questão de saber se, apesar das possibilidades de uma descoberta integradora do direito, não haverá casos nos quais não seja possível uma colmatação de lacunas, i.e., se, além das lacunas do Direito positivo, não haverá finalmente lacunas da ordem jurídica global. De fato, podem ficar em aberto lacunas insuscetíveis de preenchimento, que o dogma da plenitude do ordenamento jurídico, segundo o qual "para cada questão jurídica há de ser sempre possível encontrar uma resposta", não é absolutamente válido. É verdade que vale a regra do *non liquet*, que veda a denegação de justiça, mas ela não é válida *a priori*: em certos casos de lacuna, o juiz pode recusar a resposta. Pensemos nos casos do Direito Público e Internacional. O Tribunal não tem competência para proferir uma decisão segundo o critério ou segundo pontos de vista de oportunidade apenas.

Nestes termos, não existe uma plenitude (fechamento) da ordem jurídica que seja lógica e teorética (especulativa) juridicamente necessária. A plenitude da ordem jurídica deve ser mantida como uma ideia "regulativa", como um princípio da razão. O que de nós se exige é que a todas as questões jurídicas respondamos juridicamente, que colmatemos as lacunas do Direito positivo, na medida do possível, por meio de ideias jurídicas.

Ao lado do princípio da plenitude do ordenamento jurídico, cabe situar o princípio da unidade do ordenamento jurídico.

O princípio da unidade do ordenamento nos conduz às questões referentes à correção do direito incorreto. Uma das faces do princípio é o postulado da exclusão das contradições na ordem jurídica. Estas se apresentam como erros ou incorreções. Nem toda contradição redunda em uma incorreção.

Sobre as contradições na ordem jurídica, partindo do Direito legislado e traçando um paralelo com as lacunas primárias e secundárias, podemos distinguir as contradições primárias e secundárias, conforme identificadas desde o início do complexo de regras ou posteriormente.

O legislador, às vezes, se dá conta de uma contradição da lei nova com as pre-existentes, no todo jurídico mais amplo em que se insere a nova regulamentação.

Tal ocorre em contradições do novo com o antigo regime, onde nem sempre aquelas podem ser apreendidas pelo novo regime.

Podem-se identificar algumas espécies de contradições, cada uma com seu alcance particular e seu peculiar significado metodológico.

Por outro lado, as contradições de técnica legislativa consistem em uma falta de uniformidade da terminologia adotada pela lei. Exemplo: o conceito de funcionário no Direito Público não é o mesmo em Direito Penal. Pode alguém ser funcionário em sentido jurídico-penal sem que o seja em termos de Direito Público; do mesmo modo conceitos como coisa, posse, erro, publicidade, negligência e exceção têm nas diferentes normas jurídicas diferentes significações. Fala-se de uma relatividade dos conceitos jurídicos.

A ordem jurídica exige uma variação individualizante dos conceitos, com vistas à sua adaptação ao sentido particular da determinação do Direito em concreto.

A "negligência", no Direito Penal, tem interpretação diversa da do Direito Civil, porque a punição exige, na determinação da culpa, um grau mais elevado do que na indenização dos prejuízos, sendo certo que os conceitos recebam o seu conteúdo e o alcance do contexto em que se inserem, especialmente do contexto normativo e teleológico.

Podem ser ainda citadas as contradições normativas que consistem em uma conduta *in abstrato* ou *in concreto* aparecer ao mesmo tempo como prescrita e não prescrita, proibida e não proibida; ou até como prescrita e proibida. Exemplo: dever de obediência às ordens do superior e, ao mesmo tempo, proibição de atos puníveis como matar. Tal contradição normativa tem de ser removida.

Muitas contradições, no entanto, são aparentes. É o que podemos afirmar todas as vezes que, a uma interpretação correta das normas que *prima facie* se contradizem e da sua inter-relação, mostra-se, logo, que uma delas deve ter precedência sobre a outra. Incide aqui o postulado do princípio da unidade e da coerência (ausência de contradições) da ordem jurídica.

Tal postulado funciona da seguinte forma: a norma especial tem precedência sobre a geral; a norma superior prefere à inferior; a norma posterior tem precedência sobre a anterior.

Se, dentre várias normas entre si contraditórias, não for possível destacar uma como a "mais forte", como a única válida e decisiva, então, dentre as normas que entre si se contradizem, entrando em conflito umas com as outras, surge a chamada "lacuna de colisão", que deve ser colmatada segundo os princípios gerais do preenchimento de lacunas. Vê-se aqui como os postulados da coerência (ausência de contradições) e da plenitude da ordem jurídica se encontram.

As contradições valorativas são aquelas que resultam do fato de o legislador não ter se mantido fiel a uma valoração por ele próprio realizada. Exemplo: pena proporcionalmente mais grave para um crime de menor potencial ofensivo. Aqui, o legislador se põe em conflito com suas próprias valorações, e que, portanto, a contradição valorativa é uma contradição imanente. Tais contradições têm de ser aceitas, todavia, cada contradição valorativa imanente deve constituir um estímulo a que verifiquemos cuidadosamente se ela não poderá ser eliminada através da técnica de interpretação.

Contradições teleológicas, embora raras, aparecem sempre que a relação de meio e fim entre as normas não se verifica, mas deveria se verificar.

O legislador visa, com determinadas normas, a determinado fim, mas através de outras normas rejeita aquelas medidas que se apresentam como as únicas capazes de servirem de meio para se alcançar tal fim, ou ainda, adia a edição de normas que confiram executoriedade à lei.

Frequentes e inevitáveis são as contradições de princípios e se constituem em desarmonias que surgem em uma ordem jurídica pelo fato de, na constituição desta, tomarem parte diferentes ideias fundamentais entre as quais se pode estabelecer um conflito.

4.7. Da lei para o Direito, da jurisprudência para a Filosofia do Direito

O pensamento do jurista moderno se orienta pela lei, seu entorno, seu alcance, seus limites, suas lacunas e suas incorreções; tendo como meta a descoberta do Direito no caso concreto.

Veremos outros métodos de descoberta do Direito não vinculados à lei, destacando-se a sua descoberta por meio dos precedentes (*case law*).

O *case law* reside no fato de que o apoio que o juiz continental normalmente encontra na lei é, neste sistema, representado pelas decisões individuais anteriores de um tribunal superior (*House of Lords, Court of Appeal*), não só nos pontos em que a lei seja omissa, mas também quanto àqueles outros em que se trata de uma interpretação duvidosa da mesma lei.

Se o caso a ser decidido é igual a outro que já foi decidido por um tribunal, deve ser decidido de igual modo.

Sempre haverá o problema de saber se o novo caso é igual ao outro, sob os aspectos considerados essenciais.

Por outro lado, a regra jurídica expressa num precedente apenas é vinculativa na medida em que foi **necessária** para a decisão do caso jurídico anteriormente julgado; se ela foi concebida com maior amplitude do que a que teria sido necessária, não constitui essa parte uma razão de decidir decisiva para o futuro, mas, antes um *obter dictum*, um "dito de passagem" irrelevante do juiz.

Retornando ao sistema continental voltado para a lei, sabe-se que esta não é uma grandeza apoiada sobre si mesma e absolutamente autônoma, mas é estratificação e expressão de pensamentos jurídicos aos quais cumpre recorrer a cada passo, sempre que se pretenda compreender a lei corretamente, ou ainda restringi-la, completá-la ou corrigi-la.

Uma ideia apreensível deste direito nos dá a denominada jurisprudência dos interesses, a qual domina a interpretação, o preenchimento de lacunas e a correção dos erros da lei.

A jurisprudência dos interesses tem como concepção fundamental o fato de a ordem jurídica ser constituída de comandos (imperativos) que devem apreender os interesses materiais e ideais dos homens e tutelá-los na medida em que eles se apresentem como dignos de proteção e tutela.

É certo que os interesses dos homens não se situam isoladamente uns ao lado dos outros, mas se encontram, podendo colidirem entre si. Importa ao Direito a colisão de interesses, o "conflito de interesses".

Em toda parte, o Direito contrapõe certos interesses a outros. Ele dirime esses conflitos através da ponderação de interesses em conflito e do estabelecimento de um equilíbrio entre eles (Teoria Conflitual). Todo comando jurídico dirime um conflito de interesses (quando são contrapostos).

A propósito de cada norma jurídica deve destacar-se o conflito de interesses decisivo: cada análise exige a articulação dos interesses. O juiz, no Estado legalista, não os pondera segundo a sua fantasia, mas vinculado às soluções dadas aos conflitos pelo legislador. Prevalece o princípio da fidelidade à lei.

O juiz concretiza, caso a caso, as soluções gerais dadas aos conflitos pela lei, ao verificar, por confronto, que o conflito concreto se configura da mesma forma que o intuído pelo legislador ao criar a norma.

Somente quando o Direito o autoriza, excepcionalmente, a assentar a decisão na sua própria apreciação dos interesses, e especialmente nas delegações discricionárias, é que o juiz assume o papel de legislador.

A jurisprudência dos interesses coloca a lei num campo de forças sociais, econômicas e culturais, cuja consideração é indispensável para tornar inteligível sua função juridicamente ordenadora.

Em verdade, ao considerarmos apenas os interesses ou também outros fatores da vida como os elementos jurídico-causais determinantes e que, desse modo, têm também de ser tidos em conta para a interpretação, a compreensão, a integração e a complementação do Direito; sempre a decisão do legislador ou julgador do Direito deve traduzir a valoração dos interesses e desses outros fatores.

Os valores morais como a igualdade, a confiança e o respeito pela dignidade da pessoa humana não são interesses quaisquer ao lado de outros: eles são os elementos ordenadores do Direito Privado e do Direito Público; eles não se situam ao lado dos fatos a ordenar, no mesmo plano, mas por cima deles, em um plano superior. Por isso, o fundamento último de toda aplicação do Direito há de ser a conscientização das valorações sobre as quais se assenta nossa ordem jurídica.

As valorações do legislador não podem ser isoladas. Elas têm de ser relacionadas com outras que estão por detrás da lei e imprimem o seu cunho ao Direito.

O presente capítulo deixa entrever que a relação lei e Direito (lei/juristas – Direito/filósofos) em determinado ponto transforma-se em um problema e em um tema fundamentalmente filosófico-jurídico.

Um tema que se localiza no limiar de tais temas é o desenvolvido por Theodor Viehweg: o conceito de Tópica.

A Tópica como "técnica do pensar por problemas" já aparecia no "*Organon*", de Aristóteles, e era nessa obra aplicada a argumentos que não se apoiam em premissas seguramente "verdadeiras", mas, antes, em premissas simplesmente plausíveis, geralmente evidentes ou que pelo menos aparecem aos "sábios" como verdadeiras.

O processo tópico presta-se para a elaboração e colheita de pontos de vista e argumentos relevantes, mas não para a apreciação do seu peso e para a descoberta de regras de preferência na ponderação a fazer – a não ser que tais regras de preferência sejam elas mesmas, por sua vez, colocadas entre os pontos de vista (*Topoi*).

A Tópica parece carecer de complementação por parte de uma teoria dos valores, de um "sistema de valores", tal como aquele que dispomos no catálogo dos direitos fundamentais (que não são simples *Topoi*).

De uma maneira mais geral, em um Estado de Direito, o princípio da legalidade a reger a justiça e a administração, para a seleção, valoração e ponderação dos *topoi* nos remete aos métodos de interpretação da lei etc.; pelo que a tópica e hermenêutica tradicional encontram-se novamente.

Nos casos em que ao juiz ou administrador são deixados "espaços" para aplicação de conceitos, preenchimento de lacunas, complementação do Direito, chega-se ao ponto em que entram em cena "pontos de vista" materiais que ultrapassam a lei e para cuja busca é competente a Tópica.

Importa saber onde os *topoi* relevantes encontram seu apoio jurídico e assentam sua vinculação.

Todos os defensores da Tópica, quando não a referem logo como *topoi*, acentuam operações hermenêuticas como interpretação, analogia e argumento a contrário, que são pontos de vista de justiça, equidade, oportunidade, razoabilidade, senso comum, lei moral, natureza das coisas etc.

Com efeito: a questão, por exemplo, de saber se o Direito deve seguir a Moral (que moral?) ou erguer-se e suster-se apenas sobre os seus próprios pés, se um "senso comum" (ou "consenso") pode exigir relevância, se um tal consenso pode sequer existir na moderna "sociedade pluralista", assim como a questão de saber em que relação estão entre si a justiça e a oportunidade, a de saber se a justiça pela sua própria "natureza" deve, por uma via generalizadora, prestar o mais possível atenção à igualdade de tratamento ou, por uma via individualizadora, atentar na adequação à particularidade das circunstâncias e à especificidade das partes, o de saber o que pode significar "natureza das coisas" (o que significa nesta combinação verbal "natureza" e o que é que se entende aqui por "coisa" – matéria, assunto?), de saber o que é que se entende em geral por "ideia de direito", que tensões estão nela implícitas, se ela é "absoluta" ou apenas "relativamente válida", como pode lançar-se a ponte sobre o abismo que vai entre a sua majestosa generalidade (basta pensar na ideia de "bem comum") e os problemas jurídicos especiais ou singulares – todas estas são questões que se põem ao jurista, das quais ele não pude fugir, mas que, do ponto de vista metodológico, só podem ser respondidas pela Filosofia do Direito.

Rua Alexandre Moura, 51
24210-200 – Gragoatá – Niterói – RJ
Telefax: (21) 2621-7007
www.impetus.com.br

Esta obra foi impressa em papel offset 63g/m².